中國紀

辽沈战役

原国民党高级将领的战场记忆

全国政协文化文史和学习委员会 编

中国文史出版社

锦州指挥所旧址（后为锦州纺织厂办公室）

解放军攻克锦州北部重镇义县（一九四八年十月一日）

在辽西战场放下武器的国民党第四十九军中将军长郑庭笈（前左三）和第一九五师少将师长罗莘荥（前左二）

第六十军起义后即开赴九台，接受解放军改编。图为曾泽生（左三）与李树民（左一）、刘浩（左二）、杨滨（左四）在一起

东北野战军第一兵团司令员肖劲光（中）、政委肖华（左）亲切接见率部起义的曾泽生将军（原国民党第六十军中将军长）

一九四八年十一月一日，解放军攻进国民党东北“剿总”司令部大楼（后为沈阳铁路局办公楼）

郑洞国的指挥部（前为伪满银行大楼，后为中国人民银行长春市分行）

郑洞国（中）、范汉杰（右）、廖耀湘（左）被俘后都进了哈尔滨解放军官教导团学习

全国政协原常委黄翔（左一）、覃异之（左二）、黄维（左三）与全国政协文史专员郑庭笈（左四）赴四川参观考察归来（一九七八年夏于重庆至武汉江轮上）

全国政协常委侯镜如（右）、杜聿明（中）与全国政协原委员李仙洲在一起（一九八〇年秋）

杜聿明

范汉杰

卢浚泉

盛家兴

赵振华

何 滐

桂协华

黄炳寰

廖耀湘

李定陆

郭树人

陈时杰

郑庭笈

胡锻夫

侯镜如

林伟俦

施有仁

惠德安

郑洞国

曾泽生

陇 耀

任孝宗

张维鹏

张第东

李树民

史 说

龙国钧

尚传道

赵国屏

刘殿武

刘德裕

王理寰

高德昌

蔡树鸿

姜明文

林兆祥

秦祥征

王凤起

胡圣一

廖传枢

张干樵

廖铁军

谷振寰

杨肇骧

苏汉初

前　言

辽沈战役是中国人民解放战争中有决定意义的三大战役中的第一个战役，是在辽宁省西部和沈阳、长春地区进行的一次空前规模的大歼灭战。

解放战争进行到第二年，人民解放军已从内线作战转为外线作战。国民党军由于大批有生力量被歼，被迫由战略攻势转为战略守势。到一九四八年八月，其能用于第一线作战的部队，仅有一百七十多万人，被牵制在东北、华北、华东、中原、西北五个战场上，在解放军一个又一个的攻势下，疲于奔命。中原战场的洛阳、宛东、宛西、开封、睢杞等战役，粉碎了国民党军中原防御体系；西北战场的宜川等战役，迫使占领延安的国民党军南撤；华东战场的胶济路西段、潍坊、津浦路中段和华北战场的察南、绥东、保（定）北、晋中等战役，有力地配合了中原解放军和东北解放军的作战。

在东北战场，解放军于一九四七年五月至一九四八年三月，连续发动了夏、秋、冬三次攻势，国民党军被迫收缩到长春、沈阳、锦州三个孤立地区，陷入欲进无力，欲退难舍，困守无望的窘境。

一九四八年九月十二日，在华北人民解放军的配合下，东北人民解放军攻克昌黎，切断锦（州）榆（榆关，即山海关）线，断绝了华北国民党军队增援东北的陆上交通，揭开了辽沈战役的序幕。

国民党军在这个战役中先后投入的兵力计有：东北“剿总”上将总司令卫立煌指挥下的四个兵团（第一、六、八、九兵团），计十四个军、四十四个师（其中第二〇七师兵力相当于军，所辖旅和另外三个总部直属骑兵旅兵力相当于师），连同后由关内增援的第十七兵团（辖两个军七个师），共约六十万人。

东北人民解放军参战部队计有：十二个纵队，十七个独立师和特种兵部队，共七十余万人。

辽沈战役国民党军的作战方针，在战役前，蒋介石曾打算用其在沈阳的嫡系主力打通沈（阳）锦（州）线，尔后撤至锦（州）榆（关），必要时撤往南京、上海，但悬而未决。战役开始后，蒋介石察觉解放军意在攻取锦州，感到形势严重，决心力保锦州。蒋介石的方案是，除增调关内部队海运葫芦岛直接援锦外，坚令沈阳主力直出辽西，东西对进，以解锦州之围，相机在辽西与解放军决战，最后确保锦（州）、锦（西）、葫（芦岛），阻止解放军入关。锦州解放后，蒋介石仍坚持原方针。对此，国民党军在东北的一些主要将领一直持有不同意见，没有积极执行。蒋介石乃亲自出马，在十月二日至十八日半个多月的时间里，三飞沈阳、两临锦（西）葫，直接指挥廖耀湘、侯镜如两兵团。怎奈败局已定，补天乏术，对锦（州）、长（春）两点，是坚守还是突围？廖兵团在西进受阻被围后，是南退营口还是东回沈阳？上下意见有异，朝令夕改，方寸已乱，处处被动。

整个战役经过概略区分为三个阶段：

第一阶段（九月十二日至十月十九日）：攻克锦州，解放长春。

自解放军切断锦榆线后，即围攻义县、锦州。十月一日，义县为解放军攻克。国民党军组成“东进兵团”和“西进兵团”援锦。十月十日至十五日，东进兵团向塔山解放军多次猛攻，均被击退；西进兵团攻占彰武，进抵新立屯，并未能影响解放军对锦州的攻击。十五日，锦州国民党守军被解放军全歼，国民党东北“剿总”中将副总司令兼锦州指挥所主任范汉杰被俘。十七日，国民党第六十军在长春宣布起义。十九日，国民党新编第七军官兵和国民党东北“剿总”中将副总司令兼第一兵团司令官、吉林省政府主席郑洞国率兵团直属部队先后放下武器，久困的长春也随之宣告解放。

第二阶段（十月二十日至二十八日）：辽西会战，全歼廖耀湘西进兵团。

蒋介石为打通向关内的退路，仍决定让廖耀湘兵团与葫芦岛增援部队“对进”，妄图重占锦州。自十月二十一日起，廖兵团先是企图夺路西进，后则为了掩护南撤，使用其主力向黑山、大虎山猛攻，遭到解放军顽强阻击，不能前进一步。同时，国民党锦（西）、葫（芦岛）部队再次攻击塔山，依然无效。此时，解放军攻锦主力亦于二十一日迅速东调，协同由彰武地区南下各纵队于二十六日将廖耀湘兵团包围于黑山和大虎山以东、辽河以西的地域内，展开了大规模的围歼战。二十八日，西进兵团被全歼，兵团中将司令官廖耀湘亦被俘。

第三阶段（十月二十九日至十一月二日）：解放沈阳、营口。

长春解放后，原在该地区之解放军挥师南下，直指沈阳。围歼廖兵团的解放军主力之一部亦于十月二十九日向沈阳急进。三十日，卫立煌飞离沈阳。在解放军大军压境下，国民党沈阳守军瓦解，第二〇七师顽抗一阵即被全歼，其余则纷纷投诚，放下武器，或主动向解放军联系起义。十一月二日，沈阳解放，防守兵团中将司令官周福成被俘。同日，营口亦告解放。

至此，历时五十余天的辽沈战役，以歼灭国民党军四十七万余人和解放东北全境的辉煌战果而胜利结束。

十一月九日，在国民党东北"剿总"中将副总司令兼冀热辽边区司令官杜聿明指挥下的锦（西）葫（芦岛）国民党军余部，也由海上撤逃。

辽沈战役的胜利，连同其他战场的胜利，使国共双方武装力量的对比发生了根本变化，全国的军事形势又出现了一个新的转折点，人民解放军也由此获得了进行大规模歼灭战的经验和巩固的、有一定工农业基础的战略后方，而东北人民解放军则成为一支强大的战略预备队。国民党军在东北的惨败，大大削弱了它的有生力量，进一步挫伤了它的锐气，这对尔后的淮海战役，特别是平津战役产生了直接的影响。嗣后，人民解放军即乘胜向全国进军，全国解放的进程由此大大加快了。

辽沈战役的全部进程，充分显示了毛泽东军事思想的正确和伟大，同时，也彻底暴露了国民党在政治上和军事上的种种痼疾。抗日战争胜利以后，中国共产党提出继续与国民党合作，和平建国；各民主党派、各人民团体和各阶层进步人士也积极赞成中共提出的组建民主联合政府的正确主张；而蒋介石却顽固坚持"戡乱"方针，撕毁停战协定和政治协商会议的协议，悍然发动全面内战。得道多助，失道寡助。国民党当权者违背大多数人民的意志，逆历史潮流而动，其失败注定是不可避免的。

本书收录的文章，都是参加过辽沈战役的原国民党将领亲身经历的记录，它生动而真实地记述了当年国民党军官兵的心理状态和作战实况，其中也包含了不少军事上的经验。今天，我们编纂此书，就是为了供军事家、史学家和广大读者研究这段历史作参考。为了给读者提供真实的历史资料，在编审过程中，我们组成了辽沈战役专题考察组，赴东北有关地区调查、核对和搜集资料；还查阅了一些档案和地图资料，对原作失实之处进行了订正。尽管如此，由于事隔多年，某些事情及人名、地名、时间等难免记忆有误。某些重要问题，一时难以核定的，则数说并存或加注说明，以待研讨。由于篇幅所限，各个兵团、军、师的资料，只选用了有代表性的文章，有些稿件则摘录了其中的有关章节。为了阅读和研究方便，我们编写了《辽沈战役前后东北地区国民党军大事记》，核定了《辽沈战役国民党东北"剿总"指挥系统和战斗序列表》，《国民党东北"剿总"直辖部队及有关单位表》，绘制了战前态势和战役经过要图，并收集了一些历史图片。

本书的问世，曾得到吉林和辽宁省政协，吉林市、四平市、铁岭市、锦州市、黑山县、义县、锦西县和兴城县政协，吉林省革命博物馆，长春电影制片厂，黑山县人民武装部，锦州市辽沈战役纪念馆和中国人民革命军事博物馆的大力支持和帮助，全国政协常委、中国国民党革命委员会中央委员会副主席郑洞国、侯镜如和国务院参事室参事陈修和等同志对此书的编辑提出了宝贵意见，谨此一并致以衷心的感谢。

由于我们水平所限和时间仓促，本书难免有疏漏和不妥之处，恳请读者批评并希知情者对史实提出补充和订正。

中国人民政治协商会议全国委员会
文史资料研究委员会《辽沈战役亲历记》编审组
一九八五年七月

目录

第五章　长春起义和放下武器　259

第六章　沈阳解放　361

辽 沈 战 役

第一章

全战役概述

我在辽沈战役中所见之国民党高层百态

杜聿明*

一 陈诚从雄心勃勃接掌东北到悄然离开

从一九四六年下半年起到一九四七年上半年止，人民解放军已经击退了国民党数百万军队的疯狂进攻，并消灭了国民党军一百多万，迫使蒋介石转入了全面防御。此时蒋介石集团的内部矛盾也日益加深，各高级将领及部队长如顾祝同、刘峙、熊式辉、汤恩伯和我等均对陈诚表示不满。因为自陈任参谋总长以来，飞扬跋扈，任用私人，排除异己；装备补充，多偏重他的嫡系第十八军等部队。而对其他各部队则多予克扣留难，以致众怨沸腾，议论纷纭，发生一部分失业高级将领在南京紫金山孙中山灵前“哭灵”的事件。当时国民党统治区社会秩序紊乱，军纪废弛，曾流行着“军官总”“青年”“伤兵院”“国大代”“新闻记”等所谓“五毒”，到处闯祸。蒋介石也渐渐发现陈诚既不得军心，又指挥无能，就把国民党军种种弊端和失败的责任，都推到他的身上。首先收回他的人事权，接着又收回他的军事指挥权，由蒋亲自指挥。于是陈诚感到他当参谋总长只能管补给而不能管人事，也对蒋介石私下埋怨。记得有一次我向陈诚请示时，陈满腹牢骚地说：“你向老头子（指蒋介石）请示好了，我这个总长只是补给司令，其他我管不着。”这时，各方盛传陈诚将去东北。东北行辕主任熊式辉在一九四七年四月曾对我说：“陈诚这个家伙现在窘极无聊，出坏主意。据可靠消息说，陈诚在关内指挥作战都失败了，想来东北出出风头，挽回他的面子，现在正想打我的主意。我走了

* 作者当时系国民党徐州“剿总”中将副总司令兼前进指挥部主任，在辽沈战役后期又同时被任命为国民党东北“剿总”副总司令兼冀热辽边区司令官。

你也难顶他，我们两人要想法子对付这个小鬼。[①]”嗣后，解放军[②]进行夏季攻势，围攻四平街，风传陈诚来东北之声反形消沉。可是在七月七日蒋介石发布“戡乱”动员令，八日我因病重离开东北（拟出国治病，以后未去）之后几日，陈诚便于十二日到了沈阳，召集东北军事会议，并到铁岭向新编第六军“授勋”，以资拉拢[③]。这时，东北行辕主任熊式辉认为陈诚势将来东北接他的事，即连上蒋介石七封辞职信。后来熊在上海曾对我说，蒋一再复信抚慰，勉以国事为重，继续主持东北，绝不更动东北人事。熊还说：“我得到蒋介石的这些亲笔信后，正在准备整军经武之际，忽然蒋令陈诚来接我的事，给我泼了一头冷水。我历来认为蒋是一个权谋家，但未料到会这样整我，以后谁再为他卖命？你看我四月间得到的消息不错吧，我原来就防蒋这一手而未防到，唉!……”又说：“陈诚是想在东北出风头打几个胜仗，以挽回他在蒋介石面前失掉的信任。东北共军不是陈诚所想的那么容易打。陈一到东北就撤换四平街守将陈明仁，这使东北将领都很寒心，你等着瞧陈诚的好戏吧!”熊谈得非常愤慨不平。

事实果真如此。八月初，陈诚接替了熊的东北行辕主任，并将东北保安司令长官部取消，独揽东北党军政大权。八月七日，美国侵华头子魏德迈到沈阳与陈诚晤谈竟夜。这时，在国民党军政界中一些反对陈诚的

---

① 作者注：陈诚在一九四七年四月间派了一些特务到东北大肆宣传熊式辉和我等贪污腐化，并从各方面搜集证据，企图借此将熊和我赶出东北。而他自己到东北去主持作战，想打几个胜仗，以挽回在蒋介石面前失掉的信任。熊和我为防止陈诚的攻击，就先发制人，大加整顿，惩办贪污，没收了东北中正大学教务长（以后任校长）余协中私人接收的纸厂，取消了沈阳代理警备司令彭壁生的职务，以赵家骧兼代，以掩饰自己的弊端，平息舆论谴责，使陈诚无从借口攻击。（本书注释除注明“作者注”外，均为编者注。）

② 当时称东北民主联军。解放战争时期，东北人民解放军的番号有几次改变，一九四五年九月称东北人民自治军；一九四六年一月，改称东北民主联军；一九四八年一月，改称东北人民解放军；同年十一月，其野战部队称东北野战军；一九四九年一月，改称第四野战军。本书大部分文章多习惯以“东北人民解放军（简称解放军）”或“东北民主联军”相统称，我们未逐一更改。

③ 作者注：在国民党军四平保卫战中，我曾以陈明仁等守四平街有功，周福成等解围四平街得力，请蒋介石发给陈明仁青天白日勋章，发给周福成等云麾勋章。新编第六军这次因未照我的命令完成任务，未请颁发，所以陈诚才又乘机拉拢新编第六军，亲来补授勋章。

人，认为他到东北是得到美国主子魏德迈的大力支持，预料将来美援经济物资和军火，蒋介石将尽先供给东北，让陈诚在东北打几个胜仗，再将东北交给罗卓英，陈诚仍回南京任参谋总长。但谁也不相信他在东北能比熊式辉搞得更好，同时也谈论当时的中国的确是蒋家王朝，浙江人的天下，蒋介石除了浙江人以外，谁也不会完全信任。

陈诚初到东北，确实抱着一番雄心，大吹“要消灭共军，建设三民主义的新东北”。他锐意整军，大肆扩充部队，将东北原有的九个保安区十一个保安支队及交警总队等部队，扩编为四个军（新三军、新五军、新七军、新八军），把骑兵支队扩编为骑兵师（三个旅），又将青年军第二〇七师扩编为第六军，并从苏北调第四十九军王铁汉部到东北，另调楚溪春为沈阳防守司令官。连同原在东北的新一军、新六军、第十三军、第五十二军、第五十三军、第六十军、第七十一军、第九十三军八个军共达十四个军之多[①]。他又增加了炮兵、战车、汽车等部队，妄想集中优势兵力与解放军决战。另一方面，排除异已，他撤换了辽宁省主席徐箴、四平街守将第七十一军军长陈明仁、第五十二军军长梁恺和副军长兼第二师师长刘玉章及东北各保安支队司令，改由陈的心腹接替。据赵家骧于一九四八年三月间来上海对我说，当时曾有东北人士好心好意地对陈建议：“听说总长将东北各保安支队司令撤换，有许多部队会叛变投向共产党的。”陈反驳说：“谁要投，就让他去投。他今天投，我现在就缴他的枪！”口气真是不小。

当然，陈诚在东北既抱有雄心，也做了一些别人做不到的有利于蒋家王朝的事。他将东北国民党正规军扩充到十四个军后，就大加整肃军纪，惩办党政军贪污人员（如查办汽车兵团团长冯恺，逮捕前日本俘侨管理处处长李修业等），并到处取缔散兵游勇，将东北无聊军人田湘藩监禁法办，将高立人驱逐出境。一时东北人心也有些振奋，认为陈诚是有办法的。

一九四七年十月，东北解放军发动秋季攻势，先后消灭陈诚部队近十万人[②]，把陈诚吓得胆战心惊，无所适从。这时沈阳市民传着一句讽刺陈诚的顺口溜说：“陈诚真能干，火车南站通北站。”当解放军秋季攻

① 作者注：一九四七年十二月，解放军发起冬季攻势后，热河之第十三军拨归华北“剿总”指挥。

② 据查，一九四七年九月中旬，东北民主联军发动秋季攻势，至十一月五日结束，历时五十天，共歼敌六万九千余人。

势结束，正“利用两个战役之间的间隙，休息和整训部队[①]”之时，冬季攻势尚未大规模发动（其实解放军冬季攻势已在十二月十五日开始）。陈诚的气焰又嚣张起来，曾于一九四八年元旦发表告东北军民书，侈言“目前‘国军’已完成作战准备，危险时期已过”，并准备由铁岭、沈阳、新民三路出兵向解放区扫荡。不料陈诚这一反动计划刚开始进行，解放军即以迅雷不及掩耳的奇袭，于一月七日在辽西公主屯歼灭了国民党军在东北精锐部队之一——新编第五军，军长陈林达，师长留光天、谢代蒸被俘。这时吓得陈诚手足无措，星夜电蒋介石告急。蒋于十日亲飞沈阳。据说，当时陈诚将新编第五军被消灭的责任完全推到将领不服从命令上，请求惩办第九兵团司令官廖耀湘及新编第六军军长李涛。当日蒋介石召开师长以上军官会议，痛骂廖耀湘、李涛不服从命令，不顾国家民族利益，不积极去解新编第五军之围。其实据陈诚的副参谋长赵家骧在一九四八年二月对我说，自一九四七年解放军发动强大的秋季攻势以来，打得陈诚心惊胆寒，他并未料到解放军在一月初连续发动攻击。当陈诚的所谓扫荡计划将要开始时，即遭到解放军对公主屯发起的攻势。这时，陈诚已没有一九四七年秋初到东北时的猖狂气焰和个人独断专行，而是急忙召开幕僚会议，研究对策。赵还说：“我曾拟了一个放弃沈阳外围公主屯等据点，集中兵力守辽河以南沈阳据点，以攻势防御击破解放军攻击的计划。陈诚看到连称很好很好。但是陈诚时而想让陈林达守，时而又想让陈林达退，犹豫不定，不下命令执行。一直到六日晚上陈林达已被解放军四面包围，才决心令陈林达向沈阳撤退，但为时已晚。新编第五军一开始行动就被解放军分路截击，在一晚间被消灭得干干净净。”

由于陈诚举棋不定，优柔寡断，因而使陈林达部军心动摇，守无决心，退无依据，在公主屯动摇不定；当然也不可能有准备地令廖耀湘兵团协同陈林达部击破解放军的强大攻势。因之，当蒋介石在开会中责骂廖耀湘、李涛之后，廖、李都不服气，挺身出来说并未接到援救陈林达的命令，形成是非功过无法辨明的僵局。蒋、陈二人想借端惩办廖、李二人以维持陈诚“面子”的诡计不能得逞，尴尬异常。据当时参加会议的郑庭笈对我说，争吵到最后，陈诚在无可奈何中，只得站起来说：“新编第五军的被消灭完全是我自己指挥无方，不怪各将领，请‘总裁’按党纪国法惩

① 见《毛泽东选集》（横排本）第一一四四页。

办我，以肃军纪。”蒋介石接着说：“仗正在打着，俟战争结束后再评功过。”会议就这样结束了。

蒋介石离席后，陈诚接着对各将领说：“我决心保卫沈阳，如果共军攻到沈阳的话，我决心同沈阳共存亡，最后以手枪自杀。”陈以此来表现他对“党国的忠贞”。

会后，蒋介石召见各将领点名，勉励各将领要服从陈主任的命令，好好地完成东北“戡乱”任务。

蒋去后，陈诚见东北解放军冬季攻势未停，就叫他的老婆谭祥（又名谭曼意）去南京搬请宋美龄求蒋介石将他调回南京。谭祥在南京果然通过宋美龄打动了蒋介石的心，想把陈诚调回，而让别人去替死。蒋属意于卫立煌，即将卫由沪召来。当时卫表示不去，蒋介石即指使张群、顾祝同等人劝卫到东北去。张群曾对卫说：“以私人关系，我也不赞成你去东北；以国家前途计，希望你去东北挽回大局。”同时，谭祥为了急于挽救她的丈夫，也跑到卫家敦促卫立煌早日赴沈，并说：“东北共军打得好厉害，辞修病得无法对付，只有卫先生去才有办法，请卫先生早日赴沈接事。”卫夫人韩权华以后对我说，她当时听了这话，觉得“有利有权你们就争，弄得不可收拾的时候就叫人家去，这是什么心理”？

一九四八年一月二十二日，卫立煌到东北后，陈诚便于二月五日悄然离沈阳飞回南京。对陈诚在东北被解放军吓跑，成为国民党在东北的军政高级人员笑谈的中心资料。有的说：“陈诚初来东北气势汹汹，不可一世，原来是一个草包，到了紧要关头他就逃了。”有的说：“陈诚人小鬼大，他说同沈阳共存亡，最后以手枪自杀，那是想骗各将领自杀，他才不自杀呢！简直是骗子，有谁相信这个骗子呢！”不久，蒋介石找我到南京去。我想外界传说陈诚是被共产党打得昏倒了，并没有特别的急症。我有些好奇，就去看陈诚是真病还是假病。当即打电话到陈公馆说：“我想去看陈总长。”他的副官说：“总长有病不会客。”我又想，要在蒋介石底下做事向上爬，可不能得罪陈诚，不管我们之间有什么矛盾，表面上还是要应付他，于是决心去一趟，他见就见，不见就写一张名片，反正礼多人不怪。一到陈公馆，可巧他的副官不在，门口的卫兵接了名片要我等一等，然后带我进去。我见陈诚满面红光，比他一九四三年在昆明患十二指肠溃疡病时的精神还好得多①，不像个病人。我当时想，陈诚真是被共产党吓倒的，当然他病是有的，但并不是什么了不起的急病。这时蒋政权内部，特别是东北人士，对陈诚攻击得十分厉害。陈诚最初还想张牙舞爪吓唬这些人，以后陈见反对之声日益高涨，于是又改变手段，想接见东北人士，加以拉拢。他于十六日奉蒋命电邀东北军将领张作相、万福麟、马占山、邹作华及东北官绅张元夫、王树常、翟文选、米春霖、于济川等商讨东北问题，并为他自己的失败作辩护掩饰。他能接见这许多人讨论东北问题，这也说明他当时的病并不严重。以后他见到东北人士既吓不倒，又拉不到，仍然攻击他，就请假赴美治病，以避舆论指斥。

陈诚在南京住了一个多月，就溜到上海准备出国。四月间国民党国民大会开会期间，盛传陈诚赴美治病。有一次大会上白崇禧作军事报告，全体代表（我也在内）不约而同地大喊："杀陈诚以谢国人！""不让陈诚逃往美国！""到上海把陈诚扣留起来解京法办！"接着东北代表喊道："我们不要听军队的伙食怎样，我们要听各战场打得怎样！"山东代表赵庸夫大喊："胜利后不收编山东伪军，把三十万游击队逼上梁山，应请政府杀陈诚以谢国人。"东北代表张振鹭说："诸葛亮挥泪斩马谡，我们要求蒋主席演这出戏。"于归说："中央'戡乱'采取老鼠战略，如果东北失掉，华北失掉，华南也不保，难道都像陈诚一样想逃到美国去吗？"白崇禧听到骂他的政敌高兴得笑了。

陈诚在上海正准备出国之际，听到这些有失他"体面"的消息，既无面目出国，又怕真有人到上海来"捣乱"，于是赶快住进联勤总部上海陆军医院，以治十二指肠溃疡为名，躲藏起来。

二　蒋介石、卫立煌间的矛盾

如前所说，卫立煌本人并不愿意去东北，由于各方面的劝说，他才答允前往看看再说。

一九四八年一月十七日，蒋介石即明令派卫立煌为东北行辕副主任

① 作者注：一九四三年陈诚在昆明为了奉承他的美国主子，经常举行酒会招待美军顾问。十月间有一次喝酒过多，导致十二指肠溃疡，当时消瘦异常，卧床不起，以后治好，经常吃一种流质食品。据一九四六年秋间陈诚对我说，他吃这种食品营养足，每一个钟头吃一次，可以保证十二指肠不会发生问题，可是每天要花十几美元。

兼东北"剿总"总司令，专负东北军事全责；但东北行辕主任仍由陈诚兼任，而不常驻东北，由卫立煌代行主任职权，以顾全陈的面子。卫立煌去东北时，蒋介石写了一封亲笔信给陈诚，要陈诚等卫立煌把东北情况摸熟后再离开。二十一日卫立煌由南京飞北平，与李宗仁、傅作义商谈，次日由平抵沈。据闻总部人员大部由东北行辕调用，该部成立后行辕业务缩减，改为三组，分掌军事、政治、经济，由董英斌、董彦平、彭济群分任组长，彭并兼任秘书长。陈诚向来到了哪里就把哪里的权力一把抓，机构臃肿庞大，无所不包；而一旦交给别人，则必须削减权力，缩小编制。卫立煌到东北代理行辕主任时，行辕的编制削减就是一个例子。

当然蒋介石急于要卫立煌到东北去，也不能不给予一定的权力，首先是将东北党、政、军大权完全交给卫；其次，允许将陈诚在东北送掉的十万部队约四个军全部恢复充实；第三，由关内增兵若干，并充实兵员补充装备。卫到东北后即注意恢复、补充和整训部队。

这时，解放军冬季攻势继续进行，于一月二十六日解放新立屯，歼灭第四十九军第二十六师；二十九日解放沟帮子；三十日解放盘山。陈、卫皆以东北形势吃紧，急派罗卓英于三十一日赴北平，当晚与北平行辕主任李宗仁、华北"剿总"总司令傅作义、冀热辽边区司令官范汉杰等举行会议，商讨华北与东北协防问题。二月一日会议结束。罗卓英同范汉杰返沈，向陈、卫汇报。陈诚以向北平乞援无望，而解放军在辽南继续发动声势浩大的攻势，即于二月五日悄然离沈飞回南京。据郑洞国回忆说："陈诚被解放军吓得逃回南京时，还拉着我一同到南京，希望我在蒋介石的面前为他作证，证明国民党军在东北的失败，是各将领不服从命令，而不是他指挥失策。当晚蒋介石单独约陈和我吃饭，陈即向蒋介石讲了东北各将领的许多坏话。"二月六日解放军解放辽阳县城，歼灭暂编第五十四师全部。九日解放军打到沈阳城南郊白塔堡附近。蒋介石为整肃军纪，命令卫立煌于二月二十七日就地枪毙放弃职守的第四十九军第七十九师师长文礼。二月十二日蒋介石令卫立煌兼代东北行辕主任。十九日解放军解放沈阳外围据点的法库县城，歼灭新编第六军暂编第六十二师全部，又解放东北钢铁基地鞍山市，歼灭第五十二军第二十五师全部，师长胡晋生等被俘。

卫立煌到东北后，采取一种稳重态度，不管解放军打到什么地方，如解放新立屯、盘山、辽阳、法库、鞍山等城市，守军部队长如何告急，蒋介石再三电令他派兵解各地守军的围，他总是把主力集中在沈阳附近不动。并说："共军的目的和战术是围城打援，我们不能中共军的圈套。"

这时，蒋介石见卫立煌在东北不出沈阳一步，就改变原来支持卫保全东北的诺言，要卫留第五十三军及第二〇七师守沈阳，将主力从沈阳撤至锦州，急派国防部第三厅厅长罗泽闿及副厅长李树正去东北与卫协商。当时卫坚决反对，并派东北行辕副主任兼"剿总"副总司令郑洞国于二月二十三日同罗、李等人一同赴南京，二十四日飞牯岭，向蒋介石申述意见。卫以解放军已占领锦州、沈阳间要隘沟帮子，巨流河、大凌河已解冻泛浆，重武器及大部队皆无法通过。国民党军在沈部队残缺不全，非经过相当时期的整补不可，否则一出沈阳即有被消灭的危险，仍拟坚守沈阳，待部队整补完毕后，相机打通沈锦线。但蒋介石不同意卫的主张，仍令郑洞国回沈要卫立煌打通沈锦线，将主力撤至锦州，必要时可放弃吉林、长春。蒋还说："革命军北伐时有革命精神，以少胜众，北伐成功。樊钟秀以万余人能从广东一直打到河南。我们黄埔军队为什么不能打到锦州？"郑于二十五日返沈复命。从此蒋、卫间矛盾日益尖锐。

郑洞国返沈后，卫立煌即召集各将领开会，大家一致赞成卫的计划，主张不实行蒋介石的计划。其中尤以廖耀湘、赵家骧、罗又伦等主张最力。于是卫再派赵家骧、罗又伦赴南京见蒋，陈述利害得失。二十七日，解放军又解放开原。同时，华北解放军聂荣臻部三个旅，从冀东经兴隆、平泉向热东的凌源前进，以截断国民党军辽（宁）热（河）交通，进攻锦（州）榆（山海关）。

三月初赵、罗到上海对我说："这一回算把老头子说服了。蒋介石允诺卫在东北暂保现状，加紧补充训练，一俟部队整训完毕，再由沈阳、锦州同时发动攻势，打通沈锦线，将主力移至锦州。"当时我也表示同意这一方案。

赵、罗返沈后，将蒋介石的指示向卫陈述，卫以解放军越打越强，分散孤立的小据点将被解放军吃掉，即决心放弃吉林，集中长春固守。他命郑洞国、赵家骧飞吉林下达命令指挥撤退。这时，梁华盛已离长春。卫令郑在长春指挥部署，以准备应付解放军的进攻。郑在长春部署完毕后，即飞返沈阳。

三月九日解放军解放吉林和号称电都的小丰满；十三日解放四平街，歼守军一万九千余人。至此，解放军在东北发动的冬季攻势已告一段落[1]，共歼国民党军十五万余人。这时在东北的国民党军，只剩下长春、沈阳、抚顺、本溪、锦州、葫芦岛等几个孤立据点。沈阳、长春军民补给全靠飞机运输。而中航公司，自三月八日起决定每日只有四架飞机运输物资接济。同时，卫打算赶快将关内向东北增调的部队及补充兵员运到葫芦岛登陆，另在锦州以及沈阳附近抓捕大批青年壮丁将部队补充齐全，加紧训练，以长期固守沈阳。

可是蒋介石当时的方针，却与卫完全相反。他不从当时客观上的敌情、地形、敌我状况来确定方针，而是从他的主观愿望出发，始终未忘将沈阳主力撤至锦州的想法。他又召见卫立煌拟亲自说服卫将沈阳主力撤至锦州。卫于三月三十一日中午过北平，在机场与傅作义长谈后，即由北平飞南京，当晚向蒋介石汇报东北情况，翌日上午十一时蒋介石再度召卫谈话。据卫的补给司令刘耀汉于四月初来上海对我说，卫到南京的当天晚上，蒋介石向卫说，沈阳、长春交通断绝，单凭空运补给无法维持。蒋一再要卫将沈阳主力撤至锦州，在沈阳、长春留少数部队防守。卫以部队残破加未整训完成，不可能打到锦州，反而有被消灭的危险，坚决反对。蒋唉声叹气地说："我们运输机及汽油都无法维持东北这样庞大部队的补给，情势所迫，不得不将东北主力撤到锦州。"卫说他从未看到过蒋有这样的窘态表现。于是卫对蒋说："只要不将主力撤出沈阳，东北部队补给由我负责，请美顾问团帮助运输。"蒋介石说："好！好！只要你对于部队补给有办法，也可以照你的意见暂时不撤往锦州。但是一俟补充整训完成，仍要赶快打通沈锦线。"卫应允了，回来对刘说："我把东北的补给包下来了，明天请你到美军顾问团，请他们帮忙运输……"刘接着说："我第二天陪卫先生去拜会了美军顾问团团长巴大维，巴大维同意原则上尽量协助。十一时卫再去见蒋介石，蒋答应照卫的计划先巩固长春、沈阳、锦州三大战略要点，待部队整训完毕，再主动攻击敌人，打通沈锦线。这样，蒋的顾虑解除了，卫也很高兴，打算回去好好地整训部队。"刘还说："东北物资丰富，大有可为，不知陈诚为什么将东北搞得这样糟，东北党、政、军人员都骂陈诚：'打仗前他比谁都厉害，打起仗他比谁都熊。'卫先生初去时，每天都被打，现在局势转好了，稳定下来了，将来美军供应的物资运到，

① 东北人民解放军的冬季攻势于一九四七年十二月十五日开始至一九四八年三月十五日结束，历时三个月。

卫先生会有办法的。”又说，卫交代后，他在南京同美顾问团交涉了两三天，就一切装备补充运输补给的办法都同美方各部交涉妥善，他在上海家中看看就回沈阳去①。

五月十一日，美顾问团团长巴大维亲率美顾问及译员共九人赴沈视察，并会见卫立煌，十二日视察抚顺，十三日返回南京。据郑庭笈回忆说，美顾问团这次视察时，廖耀湘、李涛和他亲自陪同视察新编第六军新编第二十二师部队。该师当时表演了轻重武器射击和各兵种联合演习。除了巴、卫间秘密交涉他不了解外，公开宣布顾问团这次来沈阳的主要目的是：（一）视察飞机场的设备及容机量；（二）找仓库，准备运输十个师的美式装备，预定在一九四九年三四月间运到；（三）视察新编第一军、新编第三军、新编第六军及第二〇七师等美械装备部队，准备将超龄的轻重武器加以更换。视察后某日，卫立煌对郑庭笈说：“十个师的装备来到就有办法了。”

卫立煌这次到京，未屈从于蒋介石，反而把蒋介石说服了，又得到美顾问团的大力支援。卫回沈后，兵员、装备、给养源源而来。为着实行他长期固守长春、沈阳、锦州，锐意经营东北的计划，他积极整军经武，加紧训练，规定各军师间互相观摩，取长补短。卫也不断亲到各军视察，参观新编第六军、新编第一军在沈阳附近的陆、空联合演习，第七十一军在巨流河的防御战斗，第四十九军的射击教育和近距离战斗演习。卫还与郑庭笈及“剿总”工兵指挥官李贤一起视察沈阳铁西区各据点工事，计划扩充沈阳、锦州各机场，加紧修建锦西机场。对于抚顺矿油厂亦加大投资经营。

卫在东北整训一个多月之后，至五月初，蒋介石又令卫打通沈锦线，将主力撤到锦州。这时卫当然不同意，即派第九兵团司令官廖耀湘、“剿总”参谋长赵家骧、第六军军长罗又伦等代表他赴京见蒋，申述利害，请示机宜。据廖耀湘说：“五月初我到南京见蒋介石时，就已知道蒋介石决心要把沈阳国民党主力撤到锦州，只留第五十三军与第二〇七师守沈阳。其余各军及特种兵团（战车、炮兵、装甲车、骑兵等）统编为机动兵团，归我统率，随时准备行动。但卫立煌反对。”廖耀湘返沈后，卫、廖之间也发生矛盾。廖急于成立机动兵团扩充他个人的权力，卫怕

① 作者注：刘耀汉是留美学生，在抗日战争时期曾在外事局任翻译官，经常与美军接洽，担任蒋美间翻译。当时刘尚有狭隘爱国主义思想，人又善于应变，深得美蒋双方信任。

廖将沈阳的主力拉走，坚决反对，于是这个机动兵团始终未能成立。十八日蒋又召见东北“剿总”副总司令兼沈阳防守司令官梁华盛询问沈阳战局，接着蒋介石再召第七兵团司令官刘安祺赴京述职。梁华盛事后到上海对我说，蒋介石的意见仍然是要急于打通沈锦线，将沈阳主力撤到锦州。他认为不可能，刘当然也不敢接受蒋介石的这一任务，谁接受这一任务，谁就会被吃掉的。

蒋介石这时见东北各将领上至总司令卫立煌，下至兵团司令官、防守司令、军长，都不同意他的这一方案，于是决定将一月间成立的冀热辽边区司令部由秦皇岛移到锦州[①]。早在范汉杰到锦州时，蒋要范准备打通沈锦线，将沈阳主力撤到锦州，并由山东抽调第九军黄淑部及第五十四军阙汉骞部两个军由葫芦岛登陆归范指挥。六月初，蒋又电范加紧准备打通沈锦线。这时卫立煌主张巩固沈阳、锦西、葫芦岛防务，而蒋令范集中力量经营锦州，于是卫、范之间矛盾也日益加深。卫又怕范的边区司令部是归华北“剿总”及东北“剿总”双重指挥的机构，一旦华北吃紧，华北“剿总”会将部队调走，使沈阳更加孤立，对此，蒋、卫间有几度争执。七月二十日，卫奉召到南京见蒋解决这一问题，决定将冀热辽边区司令部改为东北“剿总”锦州指挥所，仍由范以东北“剿总”副总司令兼锦州指挥所主任坐镇锦州。据卫立煌事后对我说：“指挥所我主张设葫芦岛，蒋主张必须设在锦州，以后我要范移驻葫芦岛，范也是听蒋的指示，不理我的意见。”据范汉杰说：“南京国防部熟悉内幕的人说，蒋原拟要廖耀湘将沈阳主力带到锦州，即将东北国民党军全权给廖，以后见廖受卫的牵制，不能执行蒋的命令，又拟以我打通沈锦线，撤出东北主力，将权力交给我。”蒋介石指挥作战，不分析敌我态势、兵力对比及士气战力等客观条件，只是从他的主观愿望出发，认为只要将领听他的命令，他的反人民战争就可以得到胜利。所以，蒋介石为了把东北主力撤到锦州，用尽心机在东北物色能执行他命令的将领。初则属意于廖，后又属意于范，而把卫立煌晾在一边。弄得在东北的国民党将领中，各有所私，各怀鬼胎，各据一部分实力，个个要直接听蒋介石的命令，谁也无法统一指挥。因之，蒋介石在东北的反人民军事方针，一直拖到九月间解放军伟大的辽沈战役开始尚无决策。而蒋、

① 作者注：原来冀热辽边区司令部设于秦皇岛，归华北“剿总”及东北“剿总”双重指挥。

卫矛盾的焦点仍然是打不打通沈锦线将主力撤到锦州的问题。

三　蒋介石亲自出马

一九四八年九月十二日，东北人民解放军遵照毛泽东主席《关于辽沈战役的作战方针》，发起声势浩大的辽沈战役。攻势首先由北宁路榆、锦段开始。这时，蒋介石一方面对解放军这一决战性的战略估计不到，未料到解放军将榆锦路截断就可以“关门打狗”，歼灭全东北国民党军，他起初并未注意。而另一方面则因解放军又于九月十六日向济南发动攻击，同时东北人民解放军亦向锦州外围义县发动攻击，打得蒋介石头昏脑胀，顾了救济南，就顾不了援东北。所以蒋介石这时只有放开东北暂时不管，先集中精力亲自指挥济南作战。同时他令卫立煌经沈锦路出辽西直接解锦州之围，而卫与廖又坚决反对这一案。卫认为锦州之围应由关内出兵直接解决，而后与锦州部队会合出大凌河向大虎山攻击前进，这时沈阳主力西出与东进部队会师，所以没有执行蒋的命令。九月二十四日济南解放，东北义县亦已垂危。范汉杰连电乞援，蒋介石才召卫立煌于九月二十四日到南京开会。蒋迫令卫立煌由沈阳出兵支援锦州，卫仍然不愿接受。最后，蒋介石一面决定空运第四十九军到锦州增援，另一方面仍强要卫由沈阳向沈锦路攻击前进，并派参谋总长顾祝同到沈阳监督执行蒋的命令。而蒋介石本人仍在南京期待王耀武的下落，并日夜指挥空军对济南进行报复性的轰炸。

顾祝同、卫立煌及郑庭笈于二十六日由南京飞沈阳。据郑庭笈说：“二十七日开始空运第四十九军增援锦州，到二十八日只运去第七十九师一个师（欠一个团），锦州机场即被解放军炮火封锁，不能再运。”顾在沈期间，曾一再召集东北将领会议，要卫出兵沿沈锦路前进解锦州之围，卫仍坚决反对执行这项命令，并与顾多次争吵。卫甚至赌咒发誓：“出了辽西一定会全军覆没，你不信我同你画个‘十’字（画押的意思）。”据廖耀湘说，当时他主张沈阳主力应乘东北解放军主力攻击锦州时，一气撤至营口地区。卫立煌到这时不再反对廖主张撤至营口的方案，认为如不能照他的意见办时，可以实行这一方案，而顾祝同未得蒋介石同意是绝不敢同意撤至营口的。这样双方争执了好多次，仍未能解决。据赵家骧以后对我说：“顾对卫将一切不堪入耳的话都说出来了。卫为了免于被共军消灭，极力忍耐，但出辽西的命令，卫是绝对不干的。”最后顾祝同见义县即将完蛋，要卫立煌出兵辽西仍无希望，只能将东北负责将领的意见转报蒋介石作最后决定。顾祝同带着不愉快的心情回到南京。听说顾向蒋介石报告“东北负责将领不服从命令，不愿意打仗，企图避免作战”等等。

蒋介石得到顾祝同的汇报后非常愤怒，于九月三十日飞北平亲自指挥，随行者有俞济时、郭忏、桂永清、周至柔、罗泽闿等①。蒋午后即到华北“剿总”司令部地图室研究战况，对傅作义等十余人讲了一次话。据傅作义回忆说：“那次讲话的整个调子是泄气的。蒋说，‘革命’发生了困难，几年后美苏必战，战争的结果是美国胜利，我们也胜利。大家听了后，觉得完了，蒋介石从来没有讲过这样的话，而这次来这样讲，是泄气而不是打气。尤其是蒋介石自己毫无信心，想靠美国人侥幸地获胜，还有什么打头呢……”傅接着说，这是引起他对蒋介石思想上起变化最深刻的一件事。

以后一两天，蒋介石与傅作义商讨由华北抽兵增援东北的问题。商讨结果是，拟调华北林伟俦的第六十二军、黄翔的第九十二军（以后只去第二十一师一个师）及独立第九十五师；另决定放弃烟台，调出王伯勋的第三十九军。以上部队均由海运向葫芦岛集中，并调华北第十七兵团司令官侯镜如到葫芦岛统一指挥，在侯未到前由原驻葫芦岛的第五十四军军长阙汉骞指挥。

蒋介石在北平将应调兵力确定后，十月二日飞赴沈阳召开军事会议，对党政军各头目讲话，要他们“同心同德，配合军事完成‘戡乱’大业”；要求各将领“要有杀身成仁的精神，努力作战”。郑庭笈曾对我说，蒋介石二日到达沈阳后，午后四时即在“剿总”四楼主持军事会议，到会者除蒋介石的随员郭忏、周至柔、俞济时等外，还有驻沈阳的军长以上人员。首先是除听取赵家骧的情况报告和廖耀湘等发言外，决定将沈阳各军编为防守兵团和攻击兵团②。晚间，师长以上将领和辽宁省厅长以

① 当时俞济时系国民党总统府军务局局长，郭忏系国民党联勤总司令，桂永清系国民党海军总司令，周至柔系国民党空军总司令，罗泽闿系国民党总统府参军（原为国防部第三厅厅长）。

② 据廖耀湘谈，将沈阳的国民党军队编为防守兵团和攻击兵团，是当年五月在南京的一次军事会议上蒋介石亲自决定的。攻击兵团亦称“机动兵团”，后又称“西进兵团”。

上人员在“剿总”会餐，餐后厅长以上人员离开，蒋介石对师长以上人员讲话，大意说：我这次来沈阳是救你们出去，你们过去要找共军主力找不到，现在东北共军主力已经集中在辽西走廊，这正是你们为党国立功的机会。我相信你们能够发挥过去作战的精神，和关内我军协同动作，是一定可以成功的。关于空军的协助，后勤的补给，周总司令、郭总司令已经为你们准备好了。万一你们这次不能打出去，那么，来生再见。

蒋介石在沈阳部署完毕后，于三日下午返回北平。我记得这一天我也因徐州“剿总”的作战计划而来北平向蒋介石请示。听到蒋的左右（也许是俞济时，但记忆不清）对我说：“这次东北原来想要傅作义统一指挥，以后又感到去年冬季傅的军队在东北出了一次大风头，再让傅指挥下去，将来尾大不掉，无法控制。所以，老头子亲来指挥。现在范汉杰在锦州把共军牵住，葫芦岛集中精锐部队向东攻，廖耀湘出来向西打，再加上空军、海军的协同，一战可以击灭共军的主力，打开东北局面。”这时我想，东北共军数量已倍于我军，战略战术又非常灵活，恐怕不是如他们所说的那么乐观。所以，就未给蒋介石捧场。他接着问我：“你在东北很久，你的看法如何？”我说：“现在东北敌我情况不明了，不敢轻易作判断。”我记得当时罗泽闿在座，对我轻轻地瞪了一眼，站起来就走了。从蒋介石左右的人矜骄夸张的气焰来看，他们似乎觉得蒋介石“御驾亲征”，集中精锐的海空军击败解放军这一大规模的攻势是有着决定的胜算的。

我在北平见蒋介石两次，蒋并未问我对东北的意见。两天之后，蒋介石将我在徐州的对解放军作战计划批准了，我即于四日飞返徐州①。

五日，蒋介石飞天津，桂永清、侯镜如、俞济时、罗泽闿等同行。蒋赴塘沽新港视察后，即乘“重庆”号军舰亲赴葫芦岛部署指挥。据侯镜如说，蒋介石六日到葫芦岛召集各将领开会，大意说：这一次战役关系重大，等华北两个军及烟台一个军运到后，协同沈阳西进兵团包围锦州的共军，然后接应我沈阳主力到锦州。各将领的任务重大，几十万人的生命，都交给你们负责。你们要以“杀身成仁”的决心，击灭共军……蒋并宣布以后葫芦岛部队归侯镜如司令官指挥，在侯来到以前由原驻葫芦岛的第五十四军军长阙汉骞统一指挥向塔山、锦州攻击。同时指定桂永清及第

① 作者注：一九四八年九月底，我是在徐州拟了一个争取主动击破人民解放军的反人民作战计划，来北平请蒋介石核定的。

三舰队司令马纪壮指挥海军以二十四生的大炮[1]击毁塔山解放军阵地，协助陆军攻击。当日蒋还用电话向锦州范汉杰部表示慰问。

蒋介石在葫芦岛部署完毕后，于七日乘“重庆”号返塘沽，改乘火车返北平。据侯镜如说，在“重庆”号舰上看见蒋介石大发神经，有一次吃饭时，大骂桂永清：“海军腐化堕落成这样（蒋用白手套到处摸发现有灰尘），要亡国！”一直骂到吃完饭，气还未消。

后来据傅作义对我说，蒋介石当日返北平后，说他八日要到上海去。傅以为蒋到上海可能是为双十节发表什么谈话，就劝蒋不要去，蒋说他有私事要去。事后才知道蒋经国在上海“打虎”，要办投机倒把、扰乱金融的孔令侃，蒋得到消息急忙到上海去救孔。蒋一到上海，即将孔令侃救出。十日，金圆券贬值，市场混乱异常。傅接着说：“蒋介石要美人不要江山，我们还给他干什么！这是我对蒋介石思想失去信仰的又一个重要的原因。”

自十日开始，阙汉骞指挥葫芦岛已集中的第五十四军、第六十二军、暂编第六十二师等在空军、海军掩护下，以斗牛式的战法，向塔山附近的解放军第四纵队既设的阻击阵地正面实行强攻。十日、十一日攻击部队连续猛攻均失败。蒋介石为了急于挽救范汉杰被消灭的厄运，势必攻下塔山，又派他的华北战地督察组组长罗奇亲往葫芦岛监督独立第九十五师猛攻塔山[2]。哪知道蒋介石攻打得越急，解放军守得越坚强。在十四日一昼夜先后突入塔山阵地九次，均被解放军的沉着顽强一次一次地击退。打得国民党军谈虎色变，不敢再向解放军进攻。前线部队长怪蒋介石不明敌情、地形，强令向塔山攻坚，致遭无意义的牺牲，而蒋介石则大骂阙汉骞无用，不能执行他的命令击溃共军，解锦州之围。在锦州解放后，蒋介石有一次还对我说：“我们的将领真无用，以三个军加上优势空军炮火，把塔山都打平了，都不能攻进去，可惜我浪费了二十发二十四生的炮弹。”

在塔山的战斗中，蒋先令阙汉骞代侯镜如指挥。卫立煌不放心，就

① 生即厘米，指大炮口径。据邓兆祥谈，“重庆”号军舰大炮口径为一百五十二毫米。

② 作者注：独立第九十五师是罗奇带过的基本部队。罗对独立第九十五师攻塔山颇有信心，所以罗亲到葫芦岛给该师打气。据说，罗希望一战成功，他在蒋介石面前立功，拟重新掌握兵权。编者注：据侯镜如、林伟俦等回忆，罗奇随独立第九十五师于十月十日到达葫芦岛。十三日、十四日对塔山之攻击，该师均参加并担任主攻。

派了他的副总司令陈铁到葫芦岛设立指挥所，但陈并未直接指挥部队[①]。在十一日侯镜如亦到葫芦岛，蒋介石又派他的参军罗泽闿到葫芦岛监督部队执行他攻塔山的命令。在这期间卫立煌也亲来葫芦岛一次。据侯镜如说，卫主张要稳扎稳打不要强行攻坚，徒作无益的牺牲。罗泽闿则对卫大发脾气。

一九四八年十月十五日清晨，我在徐州正准备上火车去商丘，指挥徐州"剿总"所属的三个兵团向山东人民解放军发动所谓主动的攻击时，蒋介石忽然从南京来电话要我不要执行原定计划，到飞机场等他，同到东北去。我当时有点丈二和尚摸不着头脑。我等他多时，但他的座机未在徐州降落，以后蒋介石另派一架飞机接我到沈阳。

我到沈阳时，蒋介石已先到达，蒋介石住在励志社，我住在"剿总"招待所（即卫立煌公馆）。蒋介石立刻找我去。对我说："今天已给锦州范汉杰空投一封信，要他能守则守，不能守则退守锦西。"又说："同时给郑洞国也空投了一封信，要他赶快突围，否则沈阳也不等他了。"

当时我心想、锦州、长春的守、弃关系到整个东北作战计划，蒋投信前不同卫立煌等各将领商议，已形成东北国民党军"有正无奇，有奇无正"的局势。锦州守（无决心）退（已被解放军包围，势不可能）两难。长春突围不成，反被消灭。解放军可能集中全力围攻沈阳。我越想，心中越恼火，但慑于蒋介石的淫威，鉴于木已成舟，无法挽救，也未向蒋介石说什么。蒋这时一再问我的意见，我说："目前敌我情况未明，很难提出意见。"于是蒋要我找廖耀湘谈谈再说。

廖耀湘兵团在新立屯经过几日激战后，于十月十五日占领新立屯。

当晚，卫立煌的参谋长赵家骧等许多东北将领都来同我谈蒋、卫之间半年来的矛盾，就在于蒋要卫集中主力向大虎山、黑山之敌攻击，将主力撤至锦州，而卫则坚决不肯。赵又说："目前卫老总坚决反对廖兵团再西进……"

当时，我认为锦州战役之胜败，取决于范汉杰能否在锦州坚守半月，使解放军旷日持久，攻击顿挫，然后国民党军由沈阳、葫芦岛出兵，南北夹击，可收胜算。各将领皆同意我的意见。但我对蒋介石令长春

---

① 据彭杰如回忆，卫立煌九月底即已确定在葫芦岛成立指挥所，派陈铁为主任，十月四日陈在葫芦岛正式成立指挥所。十月六日蒋到葫芦岛宣布锦（西）葫各军统归侯镜如指挥，在侯未到职前归第五十四军军长阙汉骞指挥。

突围，守锦州无信心的两封信的情况，并未向他们透露，怕影响各将领及部队的士气。

十六日上午锦州情况已不明（事实上十五日晚已解放），蒋介石分别召见各将领，并令我同廖耀湘到新立屯视察后向他陈述攻击解放军的意见。我和邓文仪、侯腾[①]等当日上午乘火车到达新民车站廖耀湘兵团指挥所，和廖耀湘、郑庭笈等会面。在指挥所用了午餐，即同廖耀湘乘汽车赴新立屯视察，和军长潘裕昆、龙天武、李涛会面。这时我问廖耀湘的意见如何？廖吹他在彰武截断解放军的后路，在新立屯给解放军以极大的打击，又说如果范守住锦州，空军空投补给，由葫芦岛、锦西协同辽西兵团向锦州之敌攻击是可以的。可是廖却说："锦州本晚电讯已断，恐怕已完了。"接着廖又说了他主张从营口撤退的计划。我也同意廖的这一方案。其他各将领如潘裕昆、龙天武等皆认为锦州失守，不能再向西进，只有撤回沈阳或向营口撤退。我视察完毕，当日深夜返抵新民。郑庭笈对我说："委员长下午来电话要你讲话，我说你已到新立屯去了，没有什么交代。"深夜赶回沈阳后，赵家骧向我谈锦州守军被歼的情形，始知蒋介石由于范汉杰在锦州被消灭的消息证实后，吓得不敢在沈阳再住，急忙乘飞机逃走了。可是蒋介石并未检查他指挥失当的错误，反而把失败的责任完全归咎于葫芦岛的将领。据侯镜如说，范汉杰部在锦州被消灭后，蒋介石飞锦西，乘汽车到葫芦岛俱乐部大骂阙汉骞指挥不力，丧师辱国，该枪毙。但并未骂侯。吃饭后交代要侯指挥收复锦州[②]，当日蒋介石即飞返北平。

当时卫立煌与赵家骧认为锦州失守，廖兵团再无西进的必要，应迅速撤回新民，否则又有被解放军包围消灭的危险。但是慑于蒋介石"非攻锦州不可"的命令，又不敢独断专行，下令撤退。蒋介石到了北平先后派飞机传达他给卫立煌的"手谕"。据我所知，有一封信的内容是："据空军侦察报告，窜锦州共军大批向北票、阜新撤退。令廖耀湘兵团迅速向黑山、大虎山、锦州攻击前进。"又有一封信是要卫立煌设法援助郑洞国突围。关于前一命令卫立煌坚决不令廖耀湘继续西进，但又不敢令廖耀湘撤回新民。对后一指示，这时已先后接到郑洞国的电报，说曾泽生于某晚起义，新七军军长李鸿放下武器，现郑只守长春银行大楼。当时我也

① 邓文仪当时系国民党国防部政工局局长，侯腾是国防部第二厅厅长。

② 据了解，蒋介石十月十六日由沈阳飞北平途经锦西降落，又改令陈铁负责指挥锦（西）葫（芦岛）各军收复锦州。

曾电郑洞国说正设法援救他。十八日郑回电略称“大势已去，只有以死报命”。当晚，连接郑左右来的电话说“共军对银行大楼攻击猛烈，郑副总司令有自杀企图”云云。此后，长春电讯中断，情况不明。十九日即由其左右向解放军接洽，最后率残部放下武器。其实，我十七日电郑洞国说设法援救他，是承蒋介石的指示，幻想用美国直升机在银行大楼顶上降落将郑接出，而在沈阳并无直升机。空军驾驶员怯于解放军的火力封锁，也不敢在银行大楼降落。蒋介石口头上说他要想尽办法援救郑洞国脱险，可是他除这样向卫和我交代外，再也没有也不可能有其他的办法。所谓“援救”也只不过是自欺欺人的一种骗郑洞国的花招而已。

四　蒋介石坚持反攻锦州之谜

十八日蒋介石再度飞沈阳，召集卫立煌、我、赵家骧等开会。我向蒋汇报了在新立屯视察中各将领共同的意见后，蒋介石说：“据连日空军侦察，共军大批向北票、阜新撤退。我料定共军不会守锦州，现锦州已没有什么共军。”他强要卫立煌将第五十二军、第六军全部调归廖耀湘指挥，继续向锦州攻击前进，协同葫芦岛、锦西间已集中的部队，一举收复锦州。这时卫因历次会议上受蒋介石的责备，默不发言。蒋介石一再问：“俊如兄意见如何？”卫说：“请光亭（杜聿明）、大伟（赵家骧）讲讲。”我说：“对于东北敌我情况，我尚未十分摸清，请大伟兄作情况判断，然后再研究是否可以收复锦州。”

这时赵家骧起身摊开两张敌我态势图，说：“敌人在东北约有八十万。目前使用于锦州、锦西、黑山、大虎山一带的约有十一个纵队及若干独立师六七十万人；长春敌人的两个纵队近十万人[①]，不久可能南下威胁沈阳。现沈阳附近仅有我第六军的第二〇七师（三个旅），第五十二军的第二师、第二十五师，第五十三军的第一一六师、第一三〇师，共计六个师[②]；廖耀湘兵团所属新编第一军三个师（新编第三十师、第五十师、暂编第五十三师）；新编第六军两个师附步兵一团（新编第二十二师、第一六九师、暂编六十二师一个团，该师主力在葫芦岛整补），新编

① 实际长春解放军是一个纵队七个独立师。

② 据了解，第五十三军暂编第三十师亦在沈阳。

第三军三个师（第十四师、第五十四师、暂编五十九师）；第四十九军两个师一个步兵团（第一〇五师、指挥第六军第一九五师，第七十九师一个团，该师主力空运锦州）；第七十一军两个师（第八十七师、第九十一师）；共十二个师及骑兵师、炮兵团、战车营等。加上葫芦岛集中不完整的四个军（计第三十九军两个师、第五十四军三个师、第六十二军三个师、第九十二军一个师及独立第九十五师）①。两相比较，敌军兵力超过我军近两倍，而且无后顾之虞，可以集中兵力同我决战。而我军既要保卫沈阳，又要收复锦州。南北分进，既不能合击，又有被敌军各个击破之虞。所以，继续向锦州攻击，是值得慎重考虑的。”蒋介石听了这个不符合他的主观愿望的意见，愤怒地说：“我们空军优势，炮兵优势，为什么不能打？”蒋又问：“罗参军（泽闿）看怎么样？”罗是完全仰承蒋的鼻息的，他说：“委员长的看法是对的，我们空军、炮兵都占优势，可以南北夹击一举收复锦州。”蒋听到了合乎他意志的主张，连说嗯嗯，脸上泛起了一点笑容。又问：“光亭的看法？”我说：“赵参谋长的判断可能符合实际状况，目前敌我力量悬殊，还是以守为攻，相机收复锦州为好。”蒋见我未迎合他的主张，虽然怏怏不乐，但未作硬性的决定，只说：“你们研究研究再说。”当日蒋又急忙飞往北平。

这里要补说的是十五日蒋介石到沈阳时，带了联勤总司令郭忏、政工局局长邓文仪、国防部第二厅厅长侯腾同来。郭忏计划破坏沈阳兵工厂及搬运重要机器；侯腾布置特务电台，打算在国民党军被歼灭后，继续进行特务破坏活动；邓文仪则是衔蒋之命，说服东北将领，放弃沈阳，将东北各精锐部队撤回江南，保卫南京。当时我不了解蒋介石在一九四八年八月南京军事会议上曾经议论过“撤退东北，确保华中，坚持沈阳至十月底，以观时局发展，原则上不放弃沈阳，同时亦作撤退准备的作战指导计划②”。而蒋介石这次叫我到沈阳，也未告诉我这个计划，我也未向蒋介石问明白。所以，当时我不同意郭忏阴谋破坏沈阳兵工厂的计划，但搬走一部分重要机器，我还是同意的，并同沈阳兵工厂厂长陈修和谈过这个问题，希望他能够把水压机等由辽河运到营口转运上海。但陈坚决反对，他连搬运重要机器也不同意。对于侯腾布置特务电台，我未发表意见。对于邓文仪宣传放弃沈阳，我曾认为邓的这种说法是无军事常识。我

① 暂编第六十二师亦在锦西、葫芦岛地区。

② 作者注：见一九六一年《红旗》杂志第二期，叶剑英：《伟大的战略决战》。

对邓说：“就是老头子（指蒋介石）决定放弃沈阳，也要开诚布公说服将领，有计划、有步骤地撤退，而现在老头子正在强令收复锦州之时，你在这里宣传放弃东北、放弃沈阳，而且不分党、政、军人员逢人便讲，你这样做是来东北泄气，而不是打气的。”

十八日晚或十九日早晨，蒋介石来电要我同卫立煌一起到北平开会。我在飞机上同卫商议，两人共同的意见是绝不同意马上攻锦州，并建议蒋介石迅将廖耀湘兵团撤回新民，待将东北部队补充足额，整训完毕后，再相机收复锦州，打通北宁路。万一蒋介石坚决要放弃东北的话，也只有从营口撤退，而不能照蒋介石的意志强攻锦州，让东北国民党军全军覆灭。前一个意见卫极同意。对后一个意见，卫说见了蒋以后再说。我与卫午前到了北平。午后二时，蒋介石即召集傅作义、卫立煌和我在东城圆恩寺蒋介石行邸开会。会议开了四五个小时，蒋、卫的意见仍然对立，无法统一。卫坚持要集中兵力守沈阳，而蒋则非要收复锦州不可。我表示同意卫的意见。蒋介石问：“宜生兄的意见如何？”傅说：“关系国家大事，要好好地考虑。”蒋见没人附和他的意见，急得头胀眼红，从沙发上起来拍桌瞪眼大骂卫一顿，然后又举起拳头说：“马歇尔害了我们的国家。原来在抗战胜利后，我决定军队进到锦州后再不向前推进。以后马歇尔一定要接收东北，把我们所有的精锐部队都调到东北。弄得现在连守南京的部队也没有了。真害死人!”蒋介石坚持收复锦州之谜由此揭穿了。原来蒋介石在抗日战争胜利之后，“灵机”一动，决定在东北的接收只到锦州为止，再不打算前进。我想起一九四五年十月二十日前后我到了锦州，蒋介石接连电令我“非有命令再不准前进”，并指定东北行营也设在锦州。当时我不了解，蒋介石也未明白告诉我他的企图，我还怪蒋介石不让我们军队乘胜前进是失策。以后到一九四六年二月间，他完全听从美国主子的命令，将接收东北的军队由两个军（第十三军及第五十二军）增加到七个军（增调新编第一军、新编第六军、第六十军、第九十三军、第七十一军）。现在蒋介石的反人民战争在人民面前整个失败了，他又回想起三年前的“灵机”，好像有了锦州就是他的胜利。他不考虑此时的敌情、地形，尤其是兵力悬殊的实际情况，当然更不了解毛泽东主席这时已牵着他的鼻子，要把他的部队牵到大凌河附近消灭的，所以他还是一意孤行，定要反攻锦州；任何人的意见只要不符合他的主观意图，他是不可能接受的。蒋、卫双方的争执从两点钟一直争到五点钟左右，仍无结果。

当时我想起邓文仪在沈阳时宣传要放弃东北和蒋介石刚才说的话，

认为蒋介石已下定决心要放弃东北。但以我所了解蒋介石的心理，为顾全他个人的尊严，顾虑到国际影响和国内的政治压力，他绝不会明令撤退部队，放弃东北，而是希望由他的部属替他出主意背过，因此我就迎合蒋介石的心理，建议两个方案：第一个方案是令东北国民党军有计划地迅速从营口撤退；第二个方案是以营口为后方，以一部守沈阳，主力归廖耀湘指挥先转移到大虎山、黑山以南，将营口后方掩护确实，再向大虎山、黑山攻击；如果攻击成功，进而收复锦州，攻击不成功，即逐次抵抗并迅速向营口撤退。并先以第五十二军占领营口，掩护廖兵团撤退。蒋介石觉得我的第二个方案符合他的意图，马上同意。这时，卫立煌表现得很为难，闭口不言。傅作义在屋里转来转去，也未作声。蒋介石一再问“宜生看怎么样？”傅犹豫很久后只是说：“这是两条心。”就这样一直拖到六点钟左右。傅作义说：“我还要约他们几位吃饭。”蒋介石说：“好，好，你们去吃饭，吃了饭再来开会。”

吃饭后，我说：“我腰痛坐不住，不能去开会了。”傅说他也不去了，卫说他也不去了。于是大家分手告别。

晚间我想：“东北已弄得不可收拾，危在旦夕。徐州方面，共军即将发动冬季攻势，我如果再在北平待下去，势将又弄得一败涂地。东北我可以不负责任，徐州我不能不负责任。”所以，打算明天（即二十日）向蒋介石要求马上回徐州，对付解放军的冬季攻势，主意拿定后就睡了。

蒋介石见当晚各将领都未到他那里去开会，就派他的随从参军罗泽闿于午夜十二时来对我说：“老头子（指蒋介石）要你到东北去接卫立煌的事，要我来征求你的意见。”我很干脆地说：“我有病不能去。”罗先给我戴高帽子，大意说：“老头子认为东北只有你去才能执行他的命令挽回败局。现在卫立煌和各将领都不听老头子的话，不执行他的作战计划，所以弄得一败再败。希望你去能替老头子多分担点责任，为国家民族及个人着想，还是去好。”我说：“卫俊如的能力见解都比我高，经验又丰富，还是卫在东北有办法。我在徐州还有任务，现在徐州各部队都沿铁路线摆着，万一共军发动攻势，来个措手不及，势将打得一塌糊涂。”并对罗分析当时国民党军情况说：“东北失败的局面已经形成。谁也无法撒豆成兵，增加部队，击退共军的攻势。现在重要的是徐州，万一徐州再遭一次失败，则南京亦危，我们连半壁江山也无法保存。所以，我们大家应该向老头子建议，赶快对东北下定决策，要守就叫卫俊如守着，尚可能牵制东北共军主力不至于马上入关。如果不守东北，就干脆从营口撤退，免得一个一个都被共军吃掉，然后集中兵力巩固徐州，相机击破敌人的冬季攻势。”罗见两人越谈越远，直谈到午夜二时，仍未能完成蒋介石交给他的使命，就借老头子的命令来威胁说：“那么老头子的命令下来你怎么办呢？”我说：“就是下命令来我也不去。”罗见势成僵局，站起来就要走。这时我心中非常恼火。觉得：“你这个一步登天的小鬼（因为罗是军校第六期），敢以老头子的命令来威胁我!”我躺到床上没有理他，他就这样尴尬地走了。

罗走后我翻来覆去再不能合眼，想来想去，觉得阎王好见，小鬼难缠，我给罗以极大的难堪，他回去可能添油加醋在老头子面前告我一状，这我可吃不消。于是在早上六点钟左右，就到蒋介石行邸，等蒋一起床就向他陈述我的意见。果然蒋介石在七点钟一起来就找罗参军，一会儿罗下来对我说：“老头子要你去。”我立刻到了蒋介石的会客厅，时蒋正吃着早点。他首先问：“你昨晚同罗参军谈得怎么样？”我说：“我觉得还是卫俊如在东北，我回徐州比较好，详细情况及意见已向罗参军说过了。我想我还是赶回徐州去。”蒋说：“徐州不要紧，重要的还是东北。你去接卫俊如的事，指挥廖耀湘打锦州，一切都有办法。”我说：“东北我军士气不振，各军残缺不全，要打也得经过补充整训，才可以相机对敌攻击。”蒋说：“我们空军优势，炮火优势，为什么不能打？我认为可以打。”又问：“罗参军看怎么样？”罗泽闿附和蒋介石的意旨说：“总统看得对，我们空军优势，炮火优势，可以同敌人决战。”我举战国时代秦王伐楚的故事讽刺罗泽闿说：“昔日秦王伐楚问李信需要多少兵力，信说：‘不过二十万人。’又问王翦，翦说：‘信以兵二十万攻楚必败，以臣愚见非六十万不可。’秦王以王翦老而怯，不如李信壮而勇，遂用李信，而罢王翦[①]。罗参军既有这样的高见，认为目前可以与敌人决战，请校长任用罗参军做卫先生的参谋长，既可不变指挥机构，更可以收速战速决的效果。”罗听了大吃一惊，连称：“不能去，不能去。”蒋介石并未表示意见。

这时我反问蒋介石说：“校长（这是我对蒋介石亲切的称呼）看收复锦州有几成把握？”蒋说：“六成把握总有。”我觉得蒋介石似乎老糊涂了，有六成把握就想同解放军决战。为了竭忠尽力维护蒋家王朝苟延残

---

① 作者注：昔日秦王伐楚，命李信率兵二十万人，结果不出王翦所料，大败而归。秦王再起用王翦。率兵六十万，终于灭楚。

喘的局面，这时我心里还有一股热气，觉得不能不对蒋介石讲明胜败之道。于是引孙子兵法说：“孙子说，夫未战而庙算胜者得算多也，未战而庙算不胜者，得算少也，多算胜，少算不胜（下面还有‘而况于无算乎’这句话，我怕触怒了蒋介石未敢说出）。现在我们算到六成，只会失败，不会胜利。”这时蒋介石有些窘态。停了好久才说：“你看如何才可以收复锦州？锦州是我们东北的生命线。我这次来时，已经同美国顾问团商量好，只要我们保全锦州，美国就可以大量援助我们。现在应研究如何把锦州的敌人打退，将沈阳的主力移到锦州，保全锦州。以后我们一切都有办法。”这是蒋介石必须收复锦州的又一个谜底的揭开。

我考虑很久，对蒋介石说：“我现在还不完全了解我们的政策，就是说是不是放弃东北。如果放弃东北的话，就干脆明令放弃沈阳速从营口撤退，预料共军两三日内尚不至于发现我军的企图。在两三日后即使敌人发现，我亦处于主动地位，边打边撤，有可能全师而归；将主力控制于锦西、葫芦岛、兴城间，先打通北宁路西段（锦西、山海关段）然后补充整训完成，再大举进攻收复锦州。如果要东北的话，就必须先巩固沈阳、锦西、葫芦岛等大据点，锦州与锦西战略上只五十与百步之差。然后以逸待劳，锐意整补。如共军先我发动攻势，我军应利用沈阳、锦西两大据点既设工事抗击并摧毁敌人的攻势，然后一举出击，南北夹攻，收复锦州。如果在我整补完毕，共军尚未发动攻势，我即主动发起攻击，南北夹攻，亦可收复锦州。”蒋介石听了我的说明，尚未完全违背他必须收复锦州的愿望，就问：“这样你要多少时间？”我说：“目前还不敢预定，要看兵员补充和训练的情况而定。如马上将东北所有损失的部队补齐，三个月后可能向敌人攻击，否则半年也不敢定。”蒋说：“太久了，太久了！要赶快收复锦州，对我们有利。”我说：“孙子说五则攻之，十则围之，倍则奇正并用；有奇无正，有正无奇，每战必殆。以目前的敌我兵力比较，不是我倍于敌，更谈不上什么奇兵正兵。相反的倒是敌倍于我，敌人有奇有正，并可能集中五倍十倍兵力攻我，围我，消灭我军。所以，我认为目前收复锦州是凶多吉少，并有全军覆灭的危险。”

蒋介石这时说：“那么我把东北完全交给你好了，你自己发纸币，找粮食，扩充军队。”我说：“这样，我可不敢去，我从来未搞过政治、经济。还是让卫先生在东北。他在政治上经验丰富，又有现成的一套班底。我还是回徐州准备击破共军的攻势。”蒋说：“我已决定要你到东北去，你应该听我的命令，赶快去接卫的事。”我看到这种情况，就不敢违背蒋介石的命令，略加思索后，便说：“既然校长已决心命令学生去，学生当然要服从，希望校长对东北今后的军事、政治、经济完全同过去一样，中央统一计划，并要尽先补充兵员，充实装备，恢复已损失的各军、师部队，才可以完成收复锦州的计划。”蒋介石这时又大发雷霆，握起拳头说：“为什么共军能打游击，就地筹粮、筹饷，而我们黄埔生不能做到呢？”我说：“共军现在占有整个的东北，而我们只有沈阳、锦西两个孤城，我就是想要就地筹饷筹粮也是巧妇难为无米之炊。何况学生并不是个巧妇，何以能担当这样大的使命呢？”最后蒋介石又大发脾气，站起来面红耳赤地骂：“哼!你们黄埔学生都不服从我的命令，不照我的计划执行，懦怯畏敌，这样子我们要亡国灭种的!”把手一甩，边骂边走上楼去了。

这时我想溜走，又慑于蒋介石的淫威不敢走，等着又生怕他硬要我去又怎么办呢？经过激烈的思想斗争后，还是决定等等再看。如果蒋来了，我向他力陈利害，急回徐州。等了一个多钟头，蒋介石又来了。这时他没有怒气，还面带着笑容，一进客厅就说：“好！好！我们再谈谈！”我恭恭敬敬地站着不敢说话。蒋说：“有什么意见再谈。”我沉思了一下，说：“我刚才的意见没有说完全。校长栽培我到东北接卫的事，在个人讲是衷心感激的，也应该服从命令。可是从国家的‘剿共’大计着想，目前我们作战的主力是靠的黄埔学生，我应该不计名利地位，以国家民族为重，服从命令……”我的话未说完，蒋介石连称：“好，好，你既然……”其实我不愿再到东北去，是感到在东北斗不过解放军，心中胆怯，怕被消灭掉，但又怕蒋介石钻我“服从命令”的空子，仍把东北套在我的头上，就马上抢着说：“在长春、锦州遭到全军覆灭的是我们同学，如果我再将沈阳送掉，势必舆论哗然，影响黄埔将领，影响校长的威信，甚至使校长无法重用黄埔同学，这是一。其次，东北胜败之局已定。目前攻既不可能，守则卫主张守，我也主张守，都一样是守，而且卫守比我驾轻就熟。只要守住沈阳、锦西两大据点，可以牵制敌人八十万大军，既可减轻华北压力，又可利用海路机动转运部分兵力，拱卫首都，增加徐州的兵力与敌人决战。第三，目前徐州之战胜负关系极大。原定攻击计划未能实施，如何以攻势防御击破敌人冬季攻势的计划也未定，因之，我觉得我有赶快回徐州的必要。”蒋听了我的话之后，把胡须抹了一下，对我的意见未置可否，反而仍回到他原来的主观意图说：“你既然深明大义，不计个人名位，那么就以原名位调到东北，任卫的副总司令兼边区司令官，司令部设在葫芦岛。你认为怎么样？”我觉得无勇气无理由再推卸了，只得说：“我认为徐州比较重要，如果校长认为葫芦岛重要的话，那就由您决定好了。”蒋介石说：“葫芦岛重要，就这样决定，你到葫芦岛去指挥。我叫空军马上给你运参谋人员去。你午后就同俊如一道去沈阳。”我说：“我先到葫芦岛看看再说。”蒋说：“你先到沈阳召集廖耀湘、周福成，把我的命令直接下达给他们两人，要周福成守沈阳，廖耀湘带现有的部队打黑山，收复锦州，并将第二〇七师也归廖耀湘指挥，第五十二军还是先占领营口，掩护廖耀湘的后路。”很显然，蒋介石是不要东北了，但是他就是不敢明令放弃东北。我当时自命懂得蒋介石心理，他是想把放弃东北的责任推到他的部属身上，如果放弃了东北，激起舆论谴责，他就法办某一将领以推卸自己的责任。我想来想去，最后还是愿意替蒋介石背过。于是硬着头皮说：“既然校长的意见是这样（不敢直截了当说明蒋要放弃沈阳）的，那么是不是我去就同廖耀湘讲要他由新立屯向营口撤退？”蒋说：“你们对共军作战都丧失了信心，我料定只要我军主力从沈阳出来攻击，与葫芦岛各军南北夹击，共军必退，我们就可以收复锦州。万一共军打不退，有第五十二军占领营口掩护后路，再令廖耀湘撤退也不晚。你照我的意见给廖耀湘下命令好了。”我说：“最好命令还是交卫下达，我再同廖耀湘详细部署。”蒋说：“你去替我给廖耀湘下命令，由我负责。我跟俊如说这一计划归你指挥。”这时我觉得心慌意乱，有说不出的难过，又想：“算了吧，反正江山是他的，部队是他的，他要丢就丢，要送就送。万一我坚持我的意见，从营口撤退也不成的话，我就有杀头之罪。我做他的部下，只好接受他的命令。”于是我站起来要走。蒋说：“你午后再同俊如一道来。”我唯唯诺诺而出。

从以上事实可以看出，蒋介石所以定要收复锦州，并不是从敌情、地形、敌我兵力对比及士气等有形无形作战要素来策定他的战略战术。恰恰相反，首先是从他的主观唯心判断出发。自一九四五年十二月间他决定部队到锦州就不再前进，以后在马歇尔鼓动下，又深入东北，遭到了一系列的失败。他想起他那时的决策还是正确的，因此决心收复锦州。第二，他要确保锦州，争取美帝的援助，锦州失了，他无面目见他的主子。第三，他把所谓王牌军的新编第一军、新编第六军估计得太高，把解放军估计得太低，并从唯武器论的观念出发，以为可以不计敌我的兵力、士气，用空军、大炮就能吓退解放军。第四，他从经验主义出发，以为解放军过去以歼灭敌人有生力量为目标，不以保守或夺取主要城市和地方为主要目标，每逢歼灭国民党军后即行撤退，所以他料定这一回解放军也要撤退。但是蒋介石不了解解放军现在正实行毛泽东主席关于辽沈战役的作战方针。毛泽东主席在一九四八年九月七日的电报中要求东北人民解放军配合华北两兵团继续大量歼敌，“并攻占北宁、平绥、平承、平保各线除北平、天津、沈阳三点以外的一切城市。”如“长、沈之敌倾巢援锦……则你们便可以不离开锦、榆、唐线连续大举歼灭援敌，争取将卫立煌全军就地歼灭。”毛泽东主席根据战役发起后的战局，在十月十日电报中又指出：“应使沈敌深入大凌河以北，以便及时转移兵力包围该敌，然后徐图歼击。”[①] 而蒋介石真像一头被毛泽东主席牵着鼻子走，要在哪里宰就牵往哪里宰的牛，辽沈战役的历史事实完全证明了这一点。

五　廖耀湘全军覆没

十月二十日午后，蒋介石在北平圆恩寺行邸召集傅作义、卫立煌和我开会。他说：“现在要杜聿明任卫的副总司令兼冀热辽边区司令官，驻在葫芦岛，先同卫一道回沈阳给廖耀湘、刘玉章下命令。要廖耀湘以营口为后方，以全力攻锦州；要刘玉章先占领营口掩护后方；同时葫芦岛、锦西部队亦向锦州攻击。”他并吹牛说：“光亭去指挥，我相信收复锦州是有把握的……”给我灌了一肚子迷魂汤。我感到恐慌万分，但再无勇气向蒋介石申辩。卫立煌只表示欢迎我去，傅作义未发表什么意见。几个人面面相觑，各有难言之苦。

当晚，蒋介石即用明令发表“派杜聿明为东北‘剿总’副总司令兼冀热辽边区司令官”，并指定“冀热辽边区司令部设于葫芦岛”。

下午，我和卫立煌同机飞沈。在机上我问卫：“总司令接到作战命令没有？”卫说：“没有。”我说：“那么命令如何下达呢？”卫说：“研究研究再说。”没有肯定下不下命令。于是两人谈到蒋介石为什么一定要这样做，并谈了当日上午我同蒋介石争吵的经过（当时卫不在场）。卫说：“不是今天的事，从今年春天起，就三令五申要打通沈锦铁路，将主力移到锦州，我一直顶着。蒋几次来沈阳都是不顾人家反对，不分青红皂白地骂人。我不同意就不参加意见，也不执行他的命令。”我从卫讲

---

① 见《毛泽东选集》（横排本）第1230—1232页。

话的口气判断，要卫执行蒋的命令是不可能的。我是被蒋介石骂得无勇气了，不想直接顶了，于是问卫："是否再把他的命令顶回去？"卫不发表意见，考虑很久之后才说："我们打电报到沈阳，叫廖耀湘、刘玉章来，把蒋的口头命令讲给大家听，研究看如何办。"我说："好吧!"就从飞机上发了一个电报叫廖、刘晚上到卫家中开会。

午后六时左右，卫同我回到沈阳，我仍住在卫的家中。晚饭后廖耀湘、刘玉章、赵家骧等来到。在楼上卫的寝室外一间小办公室里，我向廖、刘传达了蒋介石口头命令要旨："（一）要廖耀湘以全力攻锦州，同时葫芦岛、锦西部队亦向锦州攻击。（二）廖兵团除现有兵力（新编第一军、新编第三军、新编第六军、第七十一军、第四十九军及骑兵重炮战车等）外，增加第六军第二〇七师，沿北宁路向黑山、大虎山之敌攻击前进，并确保营口后方交通补给线。如黑山敌人被击退（蒋介石判断解放军要退的），即向锦州攻击前进，协助葫锦（西）部队收复锦州。如黑山、大虎山敌人顽强抵抗，并有增援模样，即向营口逐次抵抗撤退。（三）在廖兵团向黑山、锦州攻击的同时，第五十二军先占领营口，巩固海运补给基地，并与廖兵团联系。（四）第八兵团周福成指挥第五十三军及在沈的其他部队守沈阳（周的命令是次日补下的）。"

我将蒋介石的口头命令下达后，刘玉章首先发表意见说，目前辽南敌人不多，打营口无问题，但对第五十三军守沈阳则认为"守不久"。他并说："将来长春敌人几个纵队南下，营口也受威胁。"我说："你的行动要快，等长春敌人南下，我们的计划就不可能完成。"廖耀湘也说："辽中现有我军一个师。盘山敌人不多，营口后路无问题。"对于黑山、大虎山的敌情判断如何，我记得廖耀湘未发表意见。最后我说："实行这一计划主要在于行动迅速，能战就战，不能战则退。"我请卫立煌向廖、刘指示，卫说："蒋的命令要旨大体上是这样的，我没有什么意见。"接着大家同声慨叹地说："不知老头子为什么一定要放弃东北！"慨叹良久，廖、刘皆不同意放弃沈阳，但也没有顶回蒋介石命令的表示。我当时是这样想的：蒋介石的命令我虽然不同意，但我不能不下达，希望卫、廖、刘能顶回去，那么我就可以向蒋介石汇报说各将领皆认为不能执行，蒋介石要办就办大家，由大家负责。卫也可能有这样的想法，可是卫不敢说顶回去，我也不敢说顶回去，廖、刘更不敢说顶回蒋介石的命令。那就是说大家皆认为蒋介石是失策，可是谁也不愿意承担起挽救东北国民党军免遭覆没的责任，只是背后埋怨慨叹，这就是当时国民党将领的一般心情。

几个人谈到深夜，廖、刘二人才去执行蒋介石的命令。卫立煌仍然在这个小客厅里走来走去，不能安枕休息。我也同他一道转来转去，两人研究蒋介石为什么一定要出此下策，但始终揣摩不出道理。我说："廖耀湘要是行动迅速，打得机动，将黑山、大虎山敌人牵住，还有可能从营口撤退，否则有全军覆没的危险。"卫说："沈阳怎么办呢？"我说："沈阳久守是无望的，你看出老头子的意思没有？"卫叹了口气未说什么。我接着说："最好请总座（指卫）准备一下，等营口立住足，再向老头子建议将沈阳部队撤退，目前我还不能提出这个意见。因为他（指蒋介石）判断敌人要退，万一敌人真如他所料退了的话，我们不仅要碰钉子，而且会成了放弃沈阳的罪人。"卫肯定地说："敌人不会退，你看着吧!"我说："敌人攻锦州轻而易得，伤亡不大，我看也不会退。不过老头子一定要这样做也许他有什么神机妙算。"卫说："新立屯的后路一断，黑山再过不去，廖耀湘危险得很。咱们叫工兵到辽中架几座桥，万一廖退不到营口，也还可以退到沈阳。"我说："也好，马上交大伟（即赵家骧）去办。"卫马上就给赵家骧打电话布置了架桥的任务。这里可以看出卫的意思还是尽可能巩固沈阳，而不愿廖兵团从营口撤退。当然，蒋介石的内心是决定放弃沈阳，但又不明确对卫指示，而要卫仅以周福成的第五十三军守沈阳，卫当然感到兵力太少，想把廖兵团拉回沈阳是有他的内在矛盾的。但卫又迫于蒋介石的淫威，不敢事先毅然决然将廖兵团撤回沈阳，等到情势危急再令撤回沈阳，在解放军四面八方包围下，当然是不可能的了。我是奉蒋介石的指示，要在打锦州不可能时再令廖耀湘向营口撤退的。但碍于同卫的私人情谊，卫又是我的顶头总司令，既不愿违蒋之命，又不愿强卫之所难，觉得我将命令下达后，卫如何决定，没有我的责任。蒋介石就是这样的指挥作战，他弄得各将领间矛盾重重，互相疑惧，无所适从。这样的作战指挥是没有不失败的。这里的经过可以分三方面叙述如下：

第一，葫芦岛方面：

二十一日我回到葫芦岛，当日午后召集陈铁、侯镜如、阙汉骞、林伟俦、王伯勋等将领开会。我先要陈铁指挥所的参谋介绍了敌我情况，然后我讲了蒋介石必须攻锦的命令要旨（如前给廖耀湘指示的）。我见各将领都互相窥视，面有难色。我问他们侦察到当面敌人有多少？坚固工事在什么地方？弱点在什么地方？我应如何攻击，才可打下锦州与廖兵团会师？大家一哄，乱嚷嚷地说："当面敌人有两三个纵队（其实塔山当面解放军只有第四纵队），塔山敌人阵地坚固，曾经把我军两个军又一个师打光了，现在还要攻，怕再送几个军也攻不下。"记得还有一位将领（记不清是谁）说："我们现在伤亡甚重，守锦西都有问题，如果再要打，敌人一反攻，恐怕锦西、葫芦岛都会丢掉。"大家对解放军的弱点及我军的攻法，谁也未提出意见。

我听了他们的意见后，觉得各将领全无信心，就想法子给他们打气，说："打仗要打巧仗，不要打笨仗，要打活仗，不要打死仗……"接着，就主观地下了我的命令，其要旨如下：

（一）敌情如附图所示（略）。

（二）军以协同我辽西部队收复锦州之目的。各军自二十三日开始向塔山亘虹螺山以南占领阵地之敌攻击前进，重点指向虹螺山以南山脚通锦州大道（原锦西通锦州老道）方向。攻击奏功后即以主力继续向锦州攻击前进，以一部经×××（小地名，现记不清）向塔山以东迂回，协同正面部队包围消灭塔山之敌。

（三）以第六十二军在现有阵地对塔山之敌实行佯攻，牵制敌人，待第五十四军攻击奏功后，适时发起攻势包围歼灭塔山之敌。

（四）以第五十四军沿老锦西道两侧高地攻击前进，将敌人阵地摧毁后即向右旋转，主力经锦（西）锦（州）大道两侧向锦州攻击前进，以一部向塔山以东迂回，协同第六十二军包围消灭塔山之敌。

（五）以第三十九军向邢家屯、大虹螺山攻击前进。掩护军之左侧背，并准备不失时机以主力加入攻击锦州之战斗。

（六）以后续之第九十二军及独立第九十五师为预备队，位置于锦西附近（以后第九十二军主力并未运到），而后随第五十四军攻击前进。

以上命令口述，以后笔记补达，于二十三日即开始向解放军攻击。

第二，辽西走廊方面：

廖耀湘兵团在辽西走廊方面的行动部署，原规定以无线电联络，我到葫芦岛后，因无线电发生故障，一直未同廖取得联系。但我心中对廖有一种信心，认为廖是善于打逐次抵抗仗的①，又主张从营口撤退，所以还抱着一种奢望，认为廖能战就可能打到锦州，不能战也会退到营口，还不

---

① 作者注：廖耀湘在抗日战争远征缅甸战役中是打逐次抵抗战争有名的将领，我是很相信廖的。

至于被解放军消灭。所以在这一作战计划中始终未过问廖的指挥部署。同时感到卫立煌坐镇沈阳，也不会使廖耀湘吃亏。

当时，我对蒋介石命令的体会是以向营口撤退为主，对打黑山收复锦州，只不过是摆摆打的架子。如解放军自动撤退，就向大凌河、锦州攻击前进；否则即对黑山、大虎山解放军牵制，掩护主力向营口撤退。如果不对黑山、大虎山解放军实行佯攻牵制，即向营口逃跑，就是赛跑也跑不过解放军；解放军一天走一百二三十里路，而我军只能走八九十里路。所以从我的主观上想，廖耀湘一出新立屯，一面以一部分部队在黑山、大虎山一带牵制解放军的主力[①]，一面将自己的主力先转移到大虎山以南台安、盘山间地区，先以骑兵将两翼掩护确实，再向大虎山、黑山攻击。

但廖耀湘对蒋介石的命令可能理解有所不同，据廖耀湘回忆说："与杜聿明会见后，我即下令向黑山猛攻（新编第一军、第七十一军加第二〇七师许万寿旅）……"这是二十三日的事。这时廖似乎并未派队掩护两翼及营口交通道路的安全，同时据郑庭笈回忆说："廖耀湘原于二十二日下命令以新编第一军、第七十一军之一部及第二〇七师许万寿旅向黑山、大虎山猛攻，掩护主力分三路向营口撤退。可是在二十四日新编第六军亦投入黑山、大虎山间的战斗，而廖的司令部当时尚停留在黑山以东胡家窝棚。另据在黑山附近虏获的解放军文件中说：令大虎山部队战到一兵一卒固守待援。因此判断解放军主力必将赶来，应迅速撤退。但是李涛认为第二〇七师打不下大虎山，要以新编第六军打下大虎山给许万寿看看。"郑又说："我当时在电话中曾对新编第六军军长李涛说，你要走不走，这样打，我们要到哈尔滨扫茅房去。"经过几天在大虎山、黑山双方激烈的阵地争夺战，及二十五日晚廖的司令部被解放军袭击，廖耀湘才跑到大虎山附近新编第二十二师师部打电报向卫立煌请示，卫令廖向沈阳撤退。二十七日廖令第四十九军掩护各军分头向沈阳撤退。这时解放军也到达台安、盘山等地，将廖兵团包围，沿途分段截击。黑山、大虎山正面亦被解放军冲垮，将廖兵团的五个军共十二个师截成若干块。廖部先遣到辽中的一个师亦起义[②]，各高级将领纷纷各自逃命（如潘裕昆、龙天武化

---

① 作者注：我当时判断解放军在黑山一带有三个纵队，而事实上解放军只有第十纵队一个纵队，主力是二十六日以后才赶到的，见梁兴初：《黑山阻击战》，文载《解放战争回忆录》。

② 新编第一军编入廖耀湘兵团西进时，其所属暂编第五十三师留守辽中。十月二十七日该师奉调沈阳，沈阳解放前两天，该师主动与解放军取得了联系。

装逃往沈阳），士无斗志，纷纷向解放军缴械。夜间，廖耀湘的部队即全部完蛋。廖兵团原企图攻击不成，即主动向营口撤退，继而又奉卫的命令向沈阳撤退；蒋介石要我指挥，而我未给廖下过笔记命令，仅凭口头传达，廖也不可能将蒋介石的意图体会得十分完全。更重要的是我自已既心中无底，又怕负战争失败之责，不愿下达笔记命令。各有所私，一国三公，朝令夕改，这样大的兵团，自然无所适从，也就更促使廖兵团土崩瓦解般地被消灭了。

最可笑的是，当廖兵团二十六日被解放军打得狼狈不堪，部队混乱，电讯已失联络之后，蒋介石二十七日清晨派专机到葫芦岛接我到北平。蒋介石尴尬异常窘态毕露地对我说："现在廖兵团电讯已失去联络，罗参军有个很好的意见，马上调海军运输舰将葫芦岛的部队海运营口登陆，策应廖兵团从营口撤退。你看怎么样？"我想蒋介石听信了罗泽闿的意见，已将沈阳主力送完，现在又要送掉葫芦岛的部队，心中对罗愤恨已极，就转向罗说："罗参军的意见'真好'，是一个很好的战术作业，可是你有没有考虑调兵舰要几天？"蒋介石见我的口气不对，怕同罗闹起来，就接过来说："我想两三天。"我又问："由葫芦岛运到营口要几天？"蒋又说："三四天可能运完。"我说："这就是说要将葫芦岛的部队运到营口，至少也要一个星期。在这一周内，廖耀湘要是存在的话，就可以自己打出来退到营口，否则一两天就完了。再把葫芦岛的队伍调去，不是等于送死吗？"这时蒋介石完全没有前几天那种逢人便骂的威风，变得很虚心，甚至表现出对我言听计从的样子。他问我："你看怎么办好？"我考虑了一下说："我看廖耀湘已经靠不住了，只有赶快调船把营口的部队撤退。沈阳是否能撤得出来还有问题。"蒋介石说："好！好！我叫桂永清准备船，沈阳叫周福成指挥第五十三军、第六军、第二〇七师（该师只调一个旅去辽西归廖指挥）死守，你马上到沈阳去见卫总司令，召集周福成、赵家骧（已发表为第六军军长）等部署沈阳防务，等部署完毕你再回葫芦岛。"我当时觉得罗泽闿可恨，蒋介石可怜。现在蒋既然信任我，明知无法挽救也只好再去一趟。我站起来说："那么学生就去了。"蒋介石说："你赶快去吧！"我又问："你对卫总司令还有什么交代的事没有？"蒋未来得及回答就有人给他来了电话，我停住脚，听电话里讲："据空军侦察报告现有一万多人由辽中向沈阳前进中。"蒋介石说："我料定是廖耀湘，赶快派飞机去同他联络。"蒋介石接电话后又同我交代了以上的情况，并说："你到沈阳跟周福成说，留在沈阳的部队都归周指挥，要死守沈阳。”

我于二十七日午后由北平起飞，路过锦西降落，令锦西各部队停止攻击，并退回锦西既设阵地，严防解放军反攻。这时在锦西的各将领觉得非常诧异，有人问我：“塔山敌人已退，我军今天上午已收复塔山，为什么又不攻了？”林伟俦给我打电话说：“敌人退了要马上出击。”我说：“现在情况变了，廖兵团情况不明，敌人有可能来攻锦西。你们各退原来的阵地守着，等我从沈阳回来后再决定而后的行动。”各将领这时恍然大悟，一致认为只有守不能攻了。

蒋介石这一天得到收复塔山的消息后，又在报上大肆宣传“击灭共军，收复塔山”，以欺骗国民党统治区的人民，但对廖耀湘的完蛋则只字不提，真是自欺欺人。

二十七日傍晚，我到沈阳仍住在卫立煌家中。卫这时心绪烦乱，坐卧不安，只是重复地说：“我早就向他（指蒋介石）说，出了辽西走廊就会全军覆没，他不相信，我画个十字，他也不信。现在你看我说中了吧!”然后，我们开始研究如何巩固沈阳防务或撤往营口。卫说：“从前我要守，他不肯守，现在什么也没有了，如何守法？”我问卫：“退营口怎么样？”他说：“长春敌人几个纵队已南下，退出去也会马上完蛋。”我替卫设想，也的确是退守两难，就说：“老头子说要周福成指挥现有部队死守沈阳。”卫这时已令第五十二军从营口回沈阳，刘玉章接令后未照实行。赵家骧初任军长还想将队伍带到营口撤退。三人分析了当时情况，一致认为：调营口部队回来无把握；从沈阳逃到营口，也无把握。万一既调不来又逃不掉，最后，不是被俘就是被蒋介石惩办。还是照蒋的意见，叫周福成守好了。于是找周来，将蒋介石的意见告之。周本来是一个迟疑不决，好讲困难的人，可是这次接受任务很痛快，就回去部署去了。

周福成走后，赵家骧说：“我看周有问题（意思说周要起义），总部怎么办呢？”我说：“老头子只要周指挥部队死守沈阳，我问对卫先生的指示，他没有讲。你先回去作全盘部署，过几天看情况再说。”

晚饭后，我同卫仍然在他的小客厅中谈论这次廖兵团何以完蛋得这样快。卫说：“我始终未给廖下过命令，他的攻击部署、撤退计划，我都不清楚。直到二十六日廖耀湘告急来电请示，我才决定要他退回沈阳来。电报发出去不久，联络就中断。二十六日午后，飞机侦察到他的部队已混乱，今天（二十七日）去侦察，上午还有一两个村庄有零星战斗，到午后就都完了。飞机只发现辽中通沈阳道上有万余人向沈阳前进中，可能是郑庭笈。”我说：“蒋判断是廖耀湘。”卫说：“要是廖耀湘能回来的话，郑庭笈早回来了。在二十五日夜廖耀湘司令部被袭击后，我就令郑庭笈赶快撤回沈阳。”我们正谈论间，卫夫人韩权华也来了，她难过地说：“为什么这样把队伍送掉呢？”我说：“卫先生同我都不同意，一再争吵挨骂，他（指蒋）都不肯接受我们的意见。”大家这时你一言我一语，都为国民党政权将要覆灭而垂头丧气。

二十八日上午，潘裕昆、龙天武二人只身逃回沈阳。他们说：“在二十六日接廖耀湘命令，分路向沈阳撤退，第四十九军在最后掩护，我们不了解情况，也未派队伍搜索敌情。开始撤退不久，就遭到解放军拦阻截击，把队伍打得稀烂，谁也不能掌握部队了……”中午查明由辽中逃到沈阳的一万多人，既非廖耀湘，也非郑庭笈的部队，而是辽宁省政府派出到辽中、台安一带抢劫粮食的保安部队及当地逃跑的地主富农恶棍等人。卫感到非常失望。我觉得解放军马上就会到沈阳，跟着就会打葫芦岛。所以我要赶快回到葫芦岛，计划撤退营、葫的守军。

六 沈阳解放

我回葫芦岛后过了一天，即三十日上午，蒋介石又派了一架飞机到锦西机场，带来一封亲笔信，大意说：“沈阳秩序混乱，你马上去沈阳找周福成将防务调整好，再回葫芦岛。”我当即乘飞机前往，还未到达沈阳上空，王叔铭从空中来电话说：“沈阳北陵机场已混乱，不能降落，光亭兄（我的别号）你到沈阳后千万不要降落，等我向老头子请示后再说。”一会儿，王又来电话说：“老头子要你不去沈阳，仍回葫芦岛。”

我接到王的电话后，心中想，沈阳已经完了，营口、葫芦岛如不急行撤退，一旦被共军攻击，想撤也不可能安全地撤退。于是我决定先到北平向蒋介石请示后再回葫芦岛。约十二时过后到北平西苑机场，正遇见蒋介石披一件黑斗篷，满面通红，准备上飞机走。我向他敬礼，他很惊异地问：“啊！你什么时候来的？”我说：“刚到。我已到沈阳上空，王叔铭告诉我沈阳机场不能降落，叫我回葫芦岛，我有要事请示，所以来了。”蒋介石迟疑了一下说：“到里面去谈。”一同走进空军作战室里，蒋到地图前面，问：“沈阳情况如何？”我说：“我只到机场上空，见机场以南有零散部队南逃，机场北部似乎有敌人窜到，但未见发生战斗，沈阳可能靠不住了。”蒋窘态毕露，沉默不语。我接着说：“对卫总司令的安全应该考虑……”未等我说完，他就问：“沈阳别的机场情形如何？”我说：“不清楚。”这时王叔铭也下飞机来到作战室，他向蒋报告说：“沈阳已混乱，北陵机场已失，东塔机场也落炮弹，城内还有一个民航机场，我叫留一架飞机等卫先生。”蒋这时未回答王的问题，转过来问我：“你还有什么事？”我说：“以目前情况看，沈阳已无希望，请校长决定大计，营、葫队伍要赶快撤退，华北如何部署，而最重要的是徐州……”蒋听到这里站起来，边走边说：“你回葫芦岛等命令。”我说：“撤营口部队的船一直未到。”蒋说：“我催桂永清马上去。”这时已走到飞机附近，我推了王叔铭一下，王上前去，对蒋说：“是不是把卫先生接出来。”蒋说：“叫他到葫芦岛指挥。”于是蒋登机向南京飞去，我便飞返葫芦岛。

我回到葫芦岛后不久，得到空军的电话说，卫总司令的飞机即将到锦西，我即同侯镜如等到机场接卫。飞机到时已近黄昏，卫下机后慨叹地说：“差一点见不了面！”他的飞机上挤满了赵家骧、董文琦等东北高级官员。

卫到葫芦岛后，饮食不宁，坐卧不安，住了一个星期，便奉蒋介石之命到北平居住。在葫芦岛时，卫、赵同我三个人一起经常检讨东北失败的原因，一致认为蒋介石已经老糊涂，无论什么战斗，只要他去指挥，他就一意孤行，谁的意见也不接受；他召集开会，也只是要别人附和他的意见，执行他的命令，谁不同意，他就骂人。卫立煌并说：“蒋介石的用人是人人直接通天，弄得谁也不能统一指挥，我在东北未下过一道命令，看谁负责？”我觉得卫似乎怕蒋介石追究失败的责任，就说：“东北失败与总座无关，是他（指蒋介石）自己命我下命令给廖耀湘的，如果要追究失败责任的话，那只有追到我身上。”当然，我们当时谁也意识不到国民党政权的覆灭是这个统治阶级的腐朽没落所注定的，是任何人也挽救不了的。

十一月一日前后，我还接到蒋介石的电报，大意说，据周福成来电，卫立煌于三十日逃走，他现在正调整部署，竭力奋战，孤守沈阳待援，要我相机策应周福成的战斗。卫是蒋介石叫他到葫芦岛的，东北国民党军主力已经消灭干净，蒋介石最后还将这一电报转来，可以看出蒋介石的心机是如何了。十一月十日，他下令对卫立煌撤职查办。原令说：

"东北'剿总'总司令卫立煌迟疑不决，坐失军机，致失重镇，着即撤职查办。"这就是蒋介石的指挥道德。

另据留在沈阳的东北"剿总"副参谋长姜汉聊一日晚来电说："周福成降敌。"其实周并未奋战，也未降敌，而周的部下则降的降、散的散，只有第二〇七师顽抗到十一月二日被解放军完全消灭，仅师长戴朴化装只身逃走。至此，沈阳全部解放。

七　营、葫撤逃

蒋介石在十月二十七日即对我说要马上调船来撤退营口的部队，可是到十月三十日晚上才来了海军的一艘登陆艇，海军总司令桂永清亲来同我决定撤退的办法。桂永清表示很负责的样子，亲率"重庆"号前往营门指挥撤退，但到十月三十一日，这只登陆艇仍停止在营口以外未入港。这时解放军已将营口包围，并对准备撤逃的第五十二军猛烈攻击。该军军长刘玉章连电告急，并说船已到营口外海一天多，为什么不进港。我打电报给桂永清，桂复电说："船已进港，正在亲自指挥掩护撤退中。"事实上，到十一月一日才将后来的一只登陆艇及招商局另一只小商船驶入营口港。刘玉章见船少人多，分批撤退，残留部队必被解放军消灭，一次撤退又不可能，若当晚不撤，也必被解放军全部消灭。于是，他决心将车辆、马匹、辎重等一齐丢掉，用所有弹药集中火力向解放军反扑，掩护撤退。可是只有几只船，把人堆起来也装不了近两万人，最后连同在营口的民船也只装了一万五千人左右。有一只小火轮因载重过量，陷于河底不能开动，被解放军的炮弹击中起火（有的说是机器加足马力也开不动被烧掉的），官兵及船上人员争先恐后纷纷弃船逃命，被烧死、淹死、打死的不计其数。据乘船逃回来的官兵说，有许多逃到海边的官兵，海军又把他们误当成敌人，用炮打死不少。官兵们痛骂："蒋介石、桂永清无良心，自己打自己。"有的愤恨不过，转身向解放军投降。这一个军就这样仅以几只船撤逃了几千人。而海军的登陆艇则怕被解放军打沉，始终未驶进营口港内。桂永清回葫芦岛后还瞎吹说："这次营口撤退，共军追得很凶，一直追到海边，不是海军掩护的话，第五十二军会全军覆没……"意思要我电请蒋介石表扬他的"功劳"。

当刘玉章最后用所有火力掩护撤逃时，解放军对第五十二军的攻击暂时停止了。我向蒋介石谎报说："第五十二军将敌人击退，可能安全撤退。"蒋还复电奖励刘玉章。又在报纸上大肆宣传："营口击退共军，歼敌数千人。"

当十一月二日沈阳解放的消息证实后，我的心里更加不安，怕解放军马上来打锦西，使东北仅余的国民党军也无法安全撤退。我一面急电蒋介石催船，一面召集各将领商讨安全撤退的部署及准备工作，但表面上还假装镇静。在葫芦岛的各将领都成了惊弓之鸟，人人想争先离开东北。有的建议立刻从陆路经山海关向冀东逃跑；有的说陆路不安全还是海上安全；有的说海上固然安全，如果船来得慢，最后掩护部队将无法撤退。众说纷纭，最后我决定还是照蒋介石的指示从海上撤退。但是部队撤到什么地方，我心有所私，未明确地说出。有的问："到底准备往哪里撤？"我说："等委员长决定再说。"侯镜如有点着急，散会后对我说："你应该当机立断，快下决心，带着一起从陆上走，等船到什么时候？"我握着他的手说："不要急，老兄！一字长蛇阵摆到北宁路上，又会被吃掉的。船来了，我先送你的部队走好不好？"

其实在我们开会之时，蒋介石到南京后已要国防部拟了一个《徐蚌会战计划》，派国防部第三厅副厅长许朗轩亲自送来，并带一封亲笔信说："目前徐蚌战役关系国家存亡，许副厅长带来的计划如弟同意的话，请到蚌埠指挥（蒋介石这时是这样的客气）。"我见计划中规定的徐州主力撤退到淮河以南守备，认为这样以守为攻，尚有可为。但我又不愿意负放弃徐州之责。因之复信中略说："我同意此案，但须将葫芦岛部队指挥撤退完后，再去蚌埠。徐蚌会战部署，请刘峙总司令迅速将部队调至蚌埠，否则有被共军牵制无法撤退的可能。"

正因为我存在着这样一种私心，同时也判断东北解放军一入关，华北不能久守，增加几个军也不可能挡住解放军的攻势。因此，我电蒋介石申述利害，要求将葫芦岛部队全部撤到蚌埠，希望自己将来到蚌埠可以多掌握一些部队。蒋复电说："待向傅宜生商量后再决定。"过了一天，蒋介石来电略说："华北情况吃紧，原调华北'剿总'之第六十二军、第九十二军及独立第九十五师仍归还华北建制，其余第三十九军、第五十二军及第五十四军全部撤至上海、南京。"

我接到这一指示后，即开始部署葫芦岛的撤退工作。为了缩短海运的日期，同侯镜如商量先将华北各军运至秦皇岛，然后再运其余部队。侯十分同意。

在这期间，我交代工兵参谋王传德（圣？）筹划破坏锦西发电厂、炼油厂及残留在葫芦岛的火车头等，并接见过锦西发电厂厂长等负责人，指示他们必须彻底破坏。关于葫芦岛的自来水塔及码头等与桂永清协定归海军破坏。并规定陆、海军各部队对于葫（芦岛）锦（西）间各工厂机器、电动机等可搬运的物资，尽量运走，搬不走的则破坏。

蒋介石还令我在葫芦岛布置了一部特务电台，妄图在撤退后继续做侦察破坏工作。并规定这个特务电台同我直接联络，报告东北解放军的调动情况。可是我从葫芦岛撤退后，再未得到这个电台的报告。

在组织撤退的这几天，葫芦岛的官兵恐慌不安，怕解放军一来，无法逃命。锦西、葫芦岛的后勤机关部队以及行政人员尤为恐慌。这个来说有重要机器奉主管机关命令要尽先撤退，那个来说他有档案文件必须让他先走，整天一群一群地拥挤到边区司令部门口争吵不休。我怕泄露机密，被解放军牵住逃不掉，下令时，声东击西，给前方部队的命令是向解放军搜索攻击，给后方部队的命令说向某地转移，等部队到葫芦岛码头上，再给上船的命令。到十一月八日上午最后一批船到齐，我才由锦西机场同空军地勤人员一道逃往北平。

八　黯然神伤离故都

我到北平后，住在东城弓弦胡同二号。当时我的北平办事处处长李诚毅、部队眷属及东北中正大学学生代表，将我包围，纷纷要求随我逃走。东北中正大学的代表还要求我同学生讲话，我对他们说：“今天无时间，明天午后你们再来。”其实这时我怕他们闹事，故意骗这些代表。其余的人员眷属，让他们到天津乘船转上海，并留补给区司令蒋瑞清在天津、塘沽办理一切。仅许可李诚毅的小老婆及几个孩子随我乘机南逃。

九日清晨，北平下了一层薄薄的雪，我心想，老天爷都为了我们的惨败而悲伤落了泪，于是立刻到北海公园凭吊。我怀着沉痛的心情到北海后，一气跑上白塔，俯瞰全城，并照相留念。面对这残雪，我暗暗自语：“别矣故都！此生再看不到你美丽雄伟的画面了！”

中午十二时，傅作义请我到他的司令部吃饭，备了一桌丰富美味的酒席。当我听到傅说“八日晚何基沣率部起义”时，我的心如刀绞，懦怯、恐惧人民的心理直向上涌（这是我历来未曾有过的），既吃不下，也喝不进。思想上萦绕着："已经给蒋介石打电报说我即将去蚌埠指挥，现在徐州的部队尚未照预定计划撤退到蚌埠，我一到南京，蒋介石就会把我送到徐州去送命，不去则违抗命令，去则大势已去，处处被动，毫无办法。"越想心中越胆怯。

饭后，傅作义邀我到另一个小客厅里叙谈。我问傅："你看前途如何？"傅很沉重地说："要力量啊！没有兵有什么办法？！"我说："我向宜公建议，退守绥远是绝路，守住天津、塘沽这个海口还有一线的希望。"傅未表示意见，连称："没有兵，没有兵。"我又说："北平这个风浪不平的地方，还是让给共产党，集中力量守天津、塘沽，可能是上策。"傅也未表示意见。最后，傅问了我东北解放军的种种情况。我同傅分析了东北解放军的情况后，作了这样的断语："东北共军将近百万，很快就会入关，它的战略战术、武器装备及战力远远地超过关内共军。从军事上讲，共产党一年以内将统一中国。"傅很持重，没有什么惊奇，也未表示他的看法。这时已到午后二时多，我急忙去机场。

到机场后，见堆满了行李，我问李诚毅为什么不及早装上，李说："都是你和大家重要的行李，应该如何装谁也不敢决定。"我说："大家都少带一点，赶快清好上机。"李吩咐大家清理行李后对我说，每人各带一件行李，另外他有两件行李非带不可，内有黄金是他的命根子，要我照顾。到南京后我还特派了军车把他们送到一个江西"老表"家中。

从以上我同傅作义的谈话中可以看出当时我已经看到国民党军队败局已定，解放军必胜。自己虽然内心惶恐异常，但又感到似乎不依靠蒋介石就毫无出路，就仍然决定到南京为蒋介石"尽忠"去了。

卫立煌到东北难挽危局

彭杰如*

一九四八年一月，卫立煌继陈诚以东北行辕副主任兼东北“剿总”总司令接掌东北。我原系他的第十四军旧属，当时正闲居长沙，经屡电相邀去东北，于八月到达沈阳。随即明令发表我为东北“剿总”副参谋长、第一兵团副司令官，暂留总部工作。我在东北虽为时不及两个月，但经常与他接触，关于他到东北的情况，见闻较多，特就我回忆所及略述于后。

一　最初的企图

自一九四七年秋季以来，人民解放军曾几次在东北发动攻势，国民党部队连遭失败。国民党政权内部及东北朝野，大肆攻讦，“杀陈诚以谢国人”之声不绝于耳。蒋介石不得不另外派人接替。当时一般高级将领诚惶诚恐，谈虎色变，对去东北人人视为畏途，卫立煌也不例外。当蒋介石将他从上海召到南京征求意见时，他就表示不愿受命。但是经张群、顾祝同等人力加劝说，陈诚老婆谭祥又登门恳求，特别是蒋介石允将东北党、政、军大权全交给他，并许恢复陈诚丧失的四个军，还同意由关内增派部队充实兵员和补充装备，威逼利诱，终于使他走马上了任。

卫立煌到东北之后，陈诚失败的前车之鉴，使他采取一种稳重态度。他最初的企图，曾在一次私谈中对我说过：“共军目前采用的战法

* 作者当时系国民党东北“剿总”中将副参谋长兼第一兵团副司令官，辽沈战役期间又兼东北“剿总”葫芦岛指挥所副主任兼参谋长。

是围城打援，我们绝不能轻举妄动，上其圈套，只有蓄聚力量，固守沈阳，以待时局的变化。”本此，他不管解放军打到什么地方，各地守军如何告急，就是蒋介石一再令他打通沈锦线，他都一概不为所动。他把主力集中在沈阳附近，进行网罗旧属，收揽人心，补充兵员装备，加紧整训等一系列活动。

（一）网罗旧属。他首先把原第十四军旧属陈铁找去，委为东北“剿总”副总司令。复邀我到东北，一见面就极表欢迎。他说：“杰如，你来了很好！志坚（陈铁）早就来了，要我打电报催你。我们十四军的老同事，你看还有哪些人，可以多找几个来。”当时，凡他认为与己有旧关系的，来者不拒，都予以安插，并极力邀一些曾有过旧关系的现职将领，如保举沈向奎为新八军军长，对第四十九军军长郑庭笈另眼相看，予以各方面的便利。他与各将领谈话，总离不了这一句：“大家都是老朋友，我们共同努力！”

卫立煌把我们找到东北来究竟是干什么？我曾问过陈铁，他说：“你的事卫先生跟我谈过，暂时不要性急，叫你跟他搞些校阅和检查部队及有关训练方面的工作，等你把部队情况摸熟以后，再打算你我各搞一个兵团。”他还跟我介绍了各部队情况，嘱我注意充分利用各种私人关系，为卫多做些拉拢工作。

卫立煌约陈铁和我私谈。当时，我们对东北局势深怀忧虑，担心沈阳是否能长期固守。万一不守，向何处撤退？在一次谈话中，我们曾向他提出这些问题。他内心未尝不是忧心忡忡，不过希望仍极强烈。对我们说：“沈阳非长期固守不可！美国人是坚决反苏反共的，沈阳系东北重镇，有战略价值，绝不会坐视不理。现在东北问题，苏、美等国利之所在，势在必争。第三次世界大战大有一触即发之势。只要我们保存实力，占据地盘，事情即有可为。”接着他又谈到可以长期固守沈阳的理由：第一，各部队将领一致赞同我的主张，均认为沈阳系东北战略要地，大家有固守的决心。第二，我军有足够的守备力量，可以凭借坚固工事，采取纵深配备，以逸待劳，稳扎稳打，有把握守住沈阳。第三，共军前来攻坚，死伤必大，容易挫伤士气。孙子兵法云，“攻坚则瑕者坚”，有利于我。四平街围攻战，共军吃过大亏，即其一例。我们认为言之有理，频频点首。最后他很有感慨地说：“陈辞修在东北的失败，系指挥失策，却把责任推到各将领不服从命令上，这样固然不对，但是，军心团结，将士用命，我们指挥官应该特别注意!”谈到这里，他顿了一顿，注视着我们说：“希望你们二位代我多在这方面下点功夫!”

卫立煌叫陈铁和我下点什么功夫呢？因为沈阳主力都掌握在廖耀湘一人手中，他不愿当光杆总司令，不仅要拉拢廖耀湘，使其服从他的指挥，而且想要直接抓各军甚至各师，便于调度。所以叫我和陈铁利用故旧、同乡、黄埔同学等关系，代他去做拉拢工作。

（二）收揽人心。卫立煌处理各方面人事关系，一变陈诚排除异己的作风和刚愎自用、目中无人的骄横态度，锐意拉拢，极力利用。他对总部内人事很少变更调动。杜聿明和陈诚在东北的原班底，他都一律留用，如对参谋长赵家骧，一直寄以很大信任，使其乐于为己效命。他对东北权威人士待之以礼，联系问计。对“剿总”副总司令张作相、万福麟、马占山等，对“剿总”副参谋长袁克征、总务处处长李万春（万福麟之旧部）、高参室主任苏炳文以及东北政务委员会中之王家桢等，经常筵宴。邀约讨论东北问题，征询他们的意见，使他们与己合作，便于遂行自己的企图，变阻力为助力。

（三）争取美军顾问团援助。卫立煌长期固守沈阳，面临的严重问题为装备补充和运输补给。蒋介石为迫使他接受打通沈锦线之意图，又复多方掣肘。他遂把希望寄托于美军顾问团。认为只要和他们打好交道，要装备有装备，要运输补给有飞机空运。先是邀请刘耀汉任补给司令。因刘系留美学生，在抗日战争时期曾在外事局任翻译官，经常与美军顾问团接触，深得美方信任，可以用其争取美军顾问团之援助。接着即派人与美军顾问团团长巴大维交涉装备补充和运输补给问题。巴大维表示全力支持，并允空运十个师的美械装备给他。[①] 从四月开始，兵员装备粮秣械弹源源运到沈阳[②]。

（四）补充兵员。当时，各部队战斗及非战斗减员很多，对实力影响很大。卫立煌指示各部队就近在驻地附近设法补充齐全。驻沈阳及锦州部队曾在当地抓捕大批青壮年当兵。但是，杯水车薪，无济于事。他一面急电各处速将增调部队及新兵运葫芦岛登陆，一面派人至该处接运补充。暂编第六十二师被歼灭后，即派师长刘梓皋亲赴葫芦岛接收新兵，组织部队。

---

① 廖耀湘说：一九四八年五月间我在南京奉蒋介石之命，直接与巴大维接洽，在东北成立一个补训总机构，由我负责，设在锦州。当时只有不到四个师的装备，而且是轻装备，补足四个师后编成两个军。

② 廖耀湘说：当时主要是用船运至葫芦岛转锦州。

（五）加紧整训。关于各部队的训练，卫立煌特别重视。我到沈阳不久，沈阳警备司令胡家骥请我吃饭，酒后对我说：“现在卫先生对部队训练抓得很紧，特别注意野外战斗演习及各种射击教育。”此后我经常听到卫立煌说：“共军每次战斗，射击准确，给我军造成很大的伤亡。听说他们很注重射击教育及手榴弹投掷。我们老一套的训练方法不改，就不能适应实战的需要。”他确实着重在战斗演习和射击教育方面的训练，除规定各军师间互相观摩、取长补短外，还不断亲到各军视察，参观各种实战演习。他亲自主持沈阳各军师挑选射手进行比赛。他还派我代他检阅各炮兵部队的射击演习。

（六）构筑和加固沈阳及外围防御工事。听说卫立煌到沈阳后，即令工兵指挥官李贤负责构筑和加固沈阳、锦州等地城防工事，一律建成现代化钢筋水泥的工事。并规定阵地外围要挖二米宽、二米深的外壕，架设铁丝网。我八月到沈阳，工事尚未完成。由于缺乏钢筋、钢板、水泥等材料，加之从卫立煌以下，都要从中捞一把。所以，工程进展很慢，而且按原计划打了很大的折扣，只是在要点构筑了一些独立的水泥碉堡。然而卫立煌率领我们大批人员到锦州、本溪、抚顺等处视察时，却感到很满意。记得他在视察完毕回沈阳的途中自鸣得意地对我们说：“在江西和共军作战的时候，哪里有这样坚固的水泥工事呢？那时都能打胜仗，现在有这样好的工事，更没有问题了。”

（七）抢购粮食。粮食问题对卫立煌固守沈阳是一个生命攸关的问题。那时补给确实困难，全靠空运。蒋介石曾有指示：“各部队主食应尽量就地征购，并极力扩大占领区，抢购粮食，以减轻空运的负担。”卫立煌也曾对蒋介石夸下海口：“只要不将主力撤出沈阳，补给由我自己负责。”我到沈阳之前，听说卫立煌曾指示沈阳地区的部队扩大占领范围，发动过抢夺小麦之战。我八月到沈阳，当时沈阳附近各县遭到严重的虫灾，秋季收成不好。卫立煌命令东北政务委员会及辽宁省政府宣传重价购粮，但毫无效果。于是又召集军长以上开会研究如何抢购粮食问题。当即决定各部队自行向当地征购，并规定十分之二的提奖办法，以鼓励各部队积极征购。谁知粮食歉收，民食尚感困难，征购不易。开始各部队向民间强迫收购，后来发展到抢夺，不顾人民死活，造成鸡犬不宁，人民大批向外逃难，十室九空，厥状甚惨。尽管如此，所获粮食仍极有限，卫立煌不得不向关内乞援。由于局势紧张，每天几架运输机担任庞大部队的补给，已感到缓不济急了，何况还要兼顾长春方面给养的转运，更感到捉襟见肘了。

（八）撤退计划，举棋难定。卫立煌坚持固守沈阳，可是事态的发展非其所愿，因此他不得不慎重考虑后路问题。蒋介石一直没有改变他的主张，要沈阳主力出辽西向锦州撤退。而廖耀湘等则主张趁解放军辽南空虚之时，撤守营口。卫立煌也曾问计于我和陈铁。我们认为强敌当前，久困沈阳绝非长久之计，既要撤退就要乘机迅速安全撤退，避免决战，当然以出辽南退营口，利用海上这条退路为宜。并要他早作决策。卫立煌居心是同意撤营口这个方案的，但慑于蒋介石的淫威，顾虑重重。他说："主力一撤，长春、沈阳都会一齐陷落，我个人的声誉影响事小，丢失东北的责任哪个来负呢？"就这样迟迟没有采取行动。

二　三大据点的覆灭

卫立煌接守东北，所有败残军队收缩在长春、沈阳、锦州三个孤立地区，完全失去主动。当时蒋介石要他放弃沈阳，将主力撤至锦州，而他一直坚持固守沈阳的主张。卫立煌曾和我们谈到这个问题，他愤愤不平地说："委员长要我们放弃沈阳，是有他的目的的。首先他从接收东北之时起，曾把所有的精锐部队都调到了东北，现在弄成这个局势，他为了巩固自己的地位，保存半壁江山，又企图逐步把部队从东北抽走，放弃东北，以保卫南京；其次，委员长曾透露过，他已经同美国顾问团商量好，只要保全锦州，美国就可以大量援助，一切就有办法；第三，委员长的一贯作风就是诿过于人，他顾虑到国际影响和国内的政治压力，更为顾全他个人的尊严，总是希望别人代他背过。"而卫立煌也有他自己的一套想法：第一，他接受陈诚失败的教训，感到打不过共军，心中胆怯，怕被消灭掉，他经常向我们表示"要以不变应万变"，不要轻举妄动，以免上共军的圈套。第二，他对共军的力量有较高的估计，不像蒋介石那样单纯从主观愿望出发，估计过低。他认为攻不可能，守则较有把握。他曾问过我："你看东北地区共军总的兵力究竟有多大？"我说："'剿总'参谋处作战科不是早有判断数字，有七八十万人吗？"他说："数字可能有那么多，但是应该包括地方游击部队，约有三十万人。这些地方部队，枪械不全，战斗力差。就是正规军中新兵也多，还在训练，判断共军近期不会攻坚。我们沈阳有二十个师以上的兵力，固守沈阳是有把握的。"第三，他企图培植自己的实力，这个任务曾嘱陈铁和我去为他实现。他还说：“我在东北，只要有了实力，一切都有办法。真到万不得已时，我们难道不是一样的可以打游击？何况我们打游击比共军在江西时的条件要好到千万倍呢！”

郑洞国守长春，原来的心情是非常沉重的，确实是不得已而为之。郑洞国受命之先，曾主张放弃长春。他认为长春距离主力太远，被解放军吃掉的可能性大，与其将来被歼灭，不如主动提早放弃，还可保存一部分有生力量。据卫立煌告诉我：“郑桂庭（洞国）不愿守长春，曾和我谈过，委员长那一关通不过，我也就无可奈何了！”

卫立煌对长春，守也可，退也可，没有坚决的主张，采取模棱两可的态度。他说：“长春本该死守，但在必要时，也有可能退回沈阳或山海关。”他还曾对我说过：“长春是个包袱，好比一个盲肠炎症，恨当初陈辞修走了这着死棋。”郑洞国在长春，卫立煌并没有积极支持。如我到东北，他发表我为郑洞国第一兵团副司令官，该兵团驻沈阳办事处处长姚梦杰，时常拿了郑洞国的电报来催我去到职，我去请示他时，他说：“长春已被共军包围，是一个死地，失掉只是迟早问题，你不必去长春，还是留在总部，大家集中经营沈阳，我给郑司令官打个电报去。”又如长春发生粮食恐慌，郑洞国再三电告卫立煌，要求增加飞机空投粮食，可是卫立煌因为沈阳粮食储备空虚，空运能力又有限，对长春每天只能投二三千斤粮食，杯水车薪，无济于事。不过当他每次接到长春告急电报，偶尔也向天长叹：“我负了郑桂庭，我这个中间人难做啊！”

郑洞国到长春一个多月，解放军就占领了飞机场，长春、沈阳间唯一的空中交通也断绝了。此时不死守也得死守了。郑孤城困守，军民生活困难万分，先是粮食发生恐慌，继之燃料无法维持，居民卖儿鬻女，相率外逃，军民争食，趁火打劫，秩序大乱，无法掌握。后来第六十军曾泽生起义，新编第七军李鸿放下武器，郑洞国司令部仍据守中央银行大楼（日本侵华时的伪满洲国中央银行），虽困兽犹斗，但大势已去，无法挽回，最后不得不放下武器。

当郑洞国被围时，曾电蒋介石告急。蒋介石要他设法突围，并派飞机送一封信给卫立煌，要卫设法援救郑洞国出险，把卫立煌弄得啼笑皆非，他愤愤不平地说：“大部队由长春向南撤退，要通过五六百里解放区，事先毫无妥善计划，仅用一纸命令，叫跑便跑，真是开玩笑！”实际上，卫立煌接到蒋介石的信时，长春已经解放，已无法援救了。

锦州是东北的咽喉，该地的得失，关系东北战场整个国民党军的安危。守将范汉杰是东北“剿总”副总司令兼锦州指挥所主任。他原来对东北的局势早已失去信心。他调到锦州，是出于军人以服从命令为天职，在危难之时，应该顾全大局的心情而受命的。

当时盛传蒋介石要范汉杰打通沈锦线，将东北主力撤出沈阳后，取卫立煌而代之。卫立煌犯了很大的顾忌，处处小心提防。他最怕的就是抓不到实力，无法指挥。他对陈铁和我每次私谈，都是一再关照我们，在人事上多做些拉拢工作，一直不放我们离开沈阳。他还对我们流露过：“我不愿当一个光杆司令，必须把各军各师直接抓起来，不然将不用命，各怀异志，事情就难办了。”他认为范汉杰只知秉承蒋介石的意旨办事，曾指示陈铁和我极力拉拢廖耀湘、周福成等。他认为要使锦州听命，首先必须把指挥机构统一起来。当初范汉杰是以冀热辽边区司令官的名义，从秦皇岛移驻锦州的，华北“剿总”可以指挥，东北“剿总”也可以指挥。卫认为锦州既属东北“剿总”范围，应划归东北“剿总”序列。经过多次向蒋介石请示，才将冀热辽边区司令部改为东北“剿总”锦州指挥所。卫立煌曾亲到锦州视察部队和城防工事，对范汉杰说：“东北目前不能打仗，只要把部队训练好就有办法。”在此期间，许多事情卫立煌对范汉杰是不满的。他曾和我谈及：“范汉杰的指挥所原来我主张设在葫芦岛，委员长不同意。以后锦州吃紧时，我又要范移葫芦岛，范只是听从委员长的指示，不理我的意见。”卫立煌曾因为沈阳周围遭受虫灾，粮食来源困难，要范汉杰将锦州粮食空运沈阳，锦州驻军就地征购粮食；范以沈阳主力即将撤至锦州，不必徒劳往返，给了卫立煌一个橡皮钉子，卫非常气愤。又关于人事升迁和部队调动，范汉杰也是把卫立煌不放在眼里的。

范汉杰在锦州，和沈阳、长春一样，处在解放军包围之中，处处被动。加上他的嫡系部队与云南部队之间，互相排斥，各不联系，同时物价飞涨，军队副食和燃料来源断绝。他虽控制锦州，但风声鹤唳，岌岌不可终日。范汉杰当时拟集中三个军的兵力于锦州，并计划将在义县的第九十三军王世高师撤回锦州。卫立煌不同意王世高师撤出义县。后来锦州危急，蒋介石迫令卫立煌出辽西解锦州之危，并派顾祝同至沈阳监督卫执行命令，卫仍向顾陈述利弊。于是蒋介石亲自出马到沈阳指挥，仍无法解锦州之危，挽救范汉杰部被消灭的厄运。最后给锦州空投一信，要他能守则守，不能守则退守锦西。迨锦州更处危急时，情况越来越不利，范汉杰决定放弃锦州，向锦西撤退，这时卫立煌却指示：锦州坚守不动，以免影响全局。等到最后锦州难以维持，范汉杰再向锦西撤退时，已走投无路了。

一九四八年九月二十六日顾祝同衔蒋介石之命飞抵沈阳，连夜召集沈阳附近的高级将领廖耀湘、郑庭笈、赵家骧、陈铁、彭杰如等开军事会议，传达蒋介石的作战要旨：第一，空运第四十九军郑庭笈部增援锦州；第二，由沈阳派出得力兵团向锦州攻击前进，以解锦州之围。卫立煌同意于二十七日开始空运第四十九军援锦，但对第二条仍持异议。他说："根据情况判断，目前解放军主力部队在辽西走廊、彰武、新立屯一带地区，如沈阳出兵，中途必遭覆灭，正中解放军围城打援之计。现在由沈阳派一个军空运援锦，已经是迫不得已，要把沈阳主力拿出去，置沈阳于不顾，这是失策的。希望华北增兵葫芦岛，由锦西援锦州。"他决定在葫芦岛设立指挥所，以陈铁和我分任指挥所正副主任并以我兼参谋长，统一指挥援锦部队。

陈铁和我根据卫立煌的决定组成指挥机构，随即出发。临行时，卫立煌对我们说："我已电范汉杰坚守待援，并电催华北、烟台两地部队集结葫芦岛[①]，希望你们到达后，集中使用优势兵力，早解锦州之围。"我们于九月底分乘几架运输机先到北平转船赴葫芦岛。到北平后，陈铁和我衔卫立煌之命到华北"剿总"会晤傅作义总司令，向他联系并了解派部队增援葫芦岛的情况。傅作义除了询问东北战况表示十分关心外，并说："增援葫芦岛的先头部队第六十二军林伟俦部已开始启运，其他后续部队如第九十二军等部已整装待发，只要海运船只调集好，即可陆续开往目的地。"我们见傅作义答复圆满，也符合卫立煌的要求，没有在北平多耽搁，随即改乘海船去葫芦岛。

我们到葫芦岛后，于十月四日正式成立指挥所。并电告卫立煌到达葫芦岛及成立指挥所日期，以及与华北"剿总"联系经过。卫复电嘉勉，并把锦西、葫芦岛地区军事指挥全权交给陈铁，嘱陈迅速部署，指挥部队向锦州攻击前进。

蒋介石念念不忘锦州，并对卫立煌采取不信任态度。一方面派华北战地督察组组长罗奇先赴葫芦岛监督独立第九十五师猛攻塔山[②]，一方面他

---

① 据了解，抽调华北、烟台的部队援锦，是蒋介石九月三十日到北平后才最后确定的。

② 据查，罗奇和独立第九十五师是十月十日抵葫芦岛的。

本人于十月五日乘“重庆”号军舰赴葫芦岛亲自部署作战，并召集各将领开会训饬一番。他说：“锦州得失关系整个东北与华北的战局，除已令沈阳派主力部队兼程驰援锦州外，还令华北的两个军及烟台的一个军星夜赶运葫芦岛，一俟到达，迅速向锦州攻击，策应沈阳主力部队的作战；同时已令桂永清亲率海军第三舰队，派出强大空军，协助葫芦岛部队的作战。”他还告诫大家要有“杀身成仁”的决心，消灭共军。最后又交代葫芦岛的部队归侯镜如统一指挥，在侯镜如未到以前，由阙汉骞军长统一指挥，他对将卫立煌派到葫芦岛的指挥所一事，抛到九霄云外，一字未提。我对陈铁说：“无职一身轻，停留几天观观战即开溜，免得当俘虏。”陈停了半晌才很有感慨地说：“这表明蒋、卫之间的矛盾更加深化了。蒋想利用卫，但又不放心他，处处掣肘，弄得大家离心离德，一切失败都是咎由自取。我老早就跟你谈过，整个战局已到了不可收拾的地步，病入膏肓了。这次我们本可不来，但因同卫共事多年，到了危难关头，一时又不好意思脱离，只得暂时勉强敷衍一下，委员长来这一手，我们还是多考虑自己的前途吧！”卫立煌为援救锦州而成立葫芦岛指挥所，由于蒋介石亲自插手，没有起到一点作用。

卫立煌对沈阳，如前所述，一直坚持固守，静待局势的变化。他曾想方设法拉拢廖耀湘。后来廖耀湘为蒋介石所掌握，要求卫立煌成立防守兵团与攻击兵团，及时采取行动，卫立煌对此不表赞同。他怕廖把沈阳主力拉走。他说：“沈阳只有一套本钱，合则能守能攻，分则攻守两不成。”廖对卫颇为不满①。当锦州处于紧急状态时，卫立煌认为锦州必须静待关内的增援，不同意廖耀湘出营口的计划，二人争吵不休②。以后，蒋介石直接指挥廖耀湘出辽西，直到全军覆没，卫立煌没有插得上手。卫立煌和我们谈天，大家认为蒋介石越来越昏庸，只要他到哪里指挥，他就是一意孤行，谁的意见也不接受；他召集开会，谁不符合他的意见，不执行他的命令，他就骂人。卫立煌还非常苦恼地说：“委员长的用人，人人可以直接通天，谁也无法统一指挥。东北局势恐难收拾！”

---

① 廖耀湘说：成立攻击兵团是五月初在南京的一次军事会议上，蒋介石当我之面亲自决定的。回沈阳后，卫违反蒋介石之命，不愿成立攻击兵团，我与卫才开始产生矛盾。因为我与陈诚已经闹翻，我不欲与卫再公开闹翻。同时我也知道，到紧急时，蒋介石会把沈阳主力交我指挥，故也不愿为组织攻击兵团之事与卫闹翻。

② 廖耀湘说：只是在九月底以前，卫怕我拉走东北主力，坚决反对我出营口的计划。十月初，卫在“出辽西”“出营口”两害相权之后曾同意我出营口的计划。

锦州解放，卫立煌认为廖兵团再无西进的必要，而蒋介石却坚令廖耀湘出辽西向锦州攻击前进，仍梦想重占锦州。廖耀湘表示全力完成委员长交给他的任务[①]。卫立煌虽一度严令廖耀湘不再继续西进，但又不敢下撤退命令[②]。这时蒋介石把杜聿明找去，要他去接替卫立煌，指挥廖耀湘打锦州。杜聿明迫于蒋介石的淫威，允以卫的副职上任。不久，廖耀湘兵团在辽西全军覆没。卫立煌在沈阳召集幕僚研究如何巩固沈阳防务或撤退营口时，非常愤慨地说："我早就向委员长说过，一出辽西走廊就会全军覆没，他不相信；我画个十字，他也不信。现在你们看，我不是说中了吗？"他的心情非常痛苦。大家你一言我一语，都为蒋家王朝将要覆灭而垂头丧气。等到蒋介石要杜聿明到沈阳找周福成调整防务时，沈阳已经快完蛋了，后来蒋介石下令撤职查办卫立煌。这就是卫立煌经营东北的下场。卫夫人韩权华难过地对我说过："为什么把队伍这样去送掉？这是什么心理？"然而内中情况，她又怎么能够洞悉呢？

三　最后的结局

蒋介石亲自策划援锦，一意孤行，结果无法寸进。他急得像热锅上的蚂蚁，到处乱窜，造成了临阵易将的混乱局面。

十月十日由阙汉骞指挥分兵三路向塔山进攻。第五十四军的第八师指向塔山；暂编第六十二师指向铁路桥头堡；第六十二军指向白台山。这一天从拂晓前开始攻击，一直到正午，反复猛冲强攻，均未奏效，伤亡惨重，攻打鱼山的一个营全部被歼，不得不在原地停止待命。

十月十一日仍按十日兵力部署继续进攻，遭到解放军步、炮火力猛烈射击，伤亡很大，没有前进一步。

十月十二日停止攻击，调整部署。

十月十三日改由侯镜如指挥[③]，重新部署兵力。由独立第九十五师攻塔山；铁路桥头堡改由第八师接替暂编第六十二师进攻；第六十二军仍攻

---

① 廖耀湘说：那是在十月上旬锦州未被解放前，开始向辽西进军时，曾向蒋介石如此表示，但到了新立屯以后，我已不愿遵从蒋的意旨，开始自己作打算了。

② 廖耀湘说：锦州战役危急时，卫立煌与我意见曾一度一致，决定打下彰武后，不再西进。而后，在蒋介石的严令下，进至新立屯，蒋才派杜聿明来。

③ 据侯镜如回忆，十月十一日他到达葫芦岛后，即负责指挥攻击塔山的作战。

击白台山一带；第二十一师为总预备队。独立第九十五师采取整营整连密集冲锋的战法，攻击仍无进展。晚间，罗奇主张组织敢死队，给予重赏，以便鼓励士气。

十月十四日炮兵集中火力向塔山阵地开炮，海上兵舰也同时用一五二毫米口径的炮轰击助战，并派飞机轰炸，结果有几枚炸弹掉在自己的阵地上，死伤了不少官兵。一昼夜猛攻塔山达九次之多，均被解放军击退。一天下午卫立煌曾乘飞机来前线视察，指示不可再攻坚，另想办法，以免徒然消耗兵力。他意气消沉，并没有指示什么作战机宜，即回沈阳去了。

十月十五日因独立第九十五师攻塔山，伤亡半数以上，丧失了战斗能力。其他各部队也已精疲力竭，死伤很大，士气低落，各将领一致要求休整一天。

十月十六日蒋介石乘飞机到锦西机场，即刻召集陈铁、彭杰如、罗奇、阙汉骞等训话，一开始就破口大骂："你们不是东西，给你们这么多部队，又配备了海空军协同作战，用了几天时间，连一个塔山都攻不下，你们不配为黄埔学生和总理的信徒！"他当即指定葫芦岛部队改由陈铁指挥，并且指着陈的鼻子恶狠狠地说："如果你再搞不好，我非杀你的头不可！"陈受到痛责后，情绪非常沮丧，态度消极。他与我私下交谈时表示："委员长被败仗打昏了头脑，葫芦岛援锦部队作战指挥，一时阙汉骞，一时侯镜如，都是他当面指定的，现在反而又把失败的责任推到我一人身上，令人难解。说真的，他要相信卫老总，决不会造成这样的残局，我怎么收拾得了！"我深以为然，代他叫屈，也代卫立煌抱不平。

十月十八日陈铁迫不得已，召集葫芦岛师长以上军官开会，只查询了各部队人数及武器弹药的补充情况，并没对任何部队作出新的部署，只要求各部队加强工事，在原地待命。以后得知锦州方面的解放军已向东移对付廖耀湘兵团，于是葫芦岛暂时得到苟安。

十月二十日蒋介石又指派杜聿明为东北"剿总"副总司令兼冀热辽边区司令官，驻葫芦岛指挥部队向锦州进攻。这时我托词牙痛向陈铁请假离开了葫芦岛。东北的残局由杜聿明代替卫立煌来收拾。然而大势已去，杜聿明也只能作逃命的打算了！

蒋介石与卫立煌的战术分歧

郭汝瑰*

一九四八年七月长春被围，全靠空投维持补给。而陈纳德航空队索运费甚多，几乎要支出国民党全部军费的二分之一，蒋介石很头痛，屡次想停止空投，又恐怕“带兵官”们（特别是黄埔学生）知道寒心。一九四八年八月济南情况紧急，他更想急于解决长春问题，派我去沈阳与卫立煌研究迎接长春突围方案。在我去沈阳之前，蒋介石曾屡电令长春突围，回电都认为突围会被歼灭。于是他想出外面迎接的办法，促长春突围。但卫立煌等不明了蒋介石内心的矛盾，不肯干，总说东北被分割为三段，在沈阳他们只有二十一个师（实有二十四个），能坚守沈阳；要出去，则兵力不足。如果与锦州兵力合在一起，还可考虑。卫立煌几经与兵团司令官及军长们商量，才提出“放弃锦州，退守锦西机场及葫芦岛海港。以七个师驻守，抽出七个师由葫芦岛海运营口登陆，营口由第五十二军前往控制，迎接登陆，登陆部队到齐后，再由沈阳北上迎接长春突围”的方案。

八月底，我携回这一方案交蒋介石。蒋初看似乎首肯，次日却大骂：“你们不用脑筋，锦州国际视听所关，哪能放弃？”于是这个方案被搁置下来。斯时，济南局势日趋紧张，蒋介石注意济南，对长春解围事则拖延不决。

九月十二日解放军开始了辽沈战役。蒋介石怕锦州被解放军攻占，沈阳成为长春第二，乃令国防部第三厅拟定解锦州之围的方案。第三厅拟定“放弃承德，由华北抽调第十三、三十五、九十二军连同在葫芦岛的第五十四军共五个军（另一个军番号记不清了）经塔山向锦州进攻；

* 作者当时系国民党南京政府国防部第三（作战）厅中将厅长。

东北‘剿总’放弃沈阳，全力向锦州夹击”的方案后，蒋介石立即飞北平指挥。十月二日，他向锦州投亲笔信，令范汉杰根据当前情况，按他（蒋）规定的三个暗号，回答“决定突围”，或“死守待援”，或“不能守”。

当天下午，得范汉杰主张“死守待援”的复电暗号，蒋急令我往见傅作义，商量放弃承德，抽调第十三、三十五军等援救锦州事。第三十五军是傅的基本队伍，最怕其遭受损失或脱离掌握，所以傅虽口头上勉强答应，但面有难色。我回报，蒋介石即变更决心，不放弃承德，不抽第十三军和第三十五军，只调第九十二军及烟台的第三十九军（王伯勋）赴葫芦岛[①]援锦。然后又亲去沈阳，召集会议，令卫立煌放弃沈阳，倾全力经新立屯、黑山、大虎山向锦州进攻。卫立煌及兵团司令官、军长们均不肯离开沈阳防御圈。卫立煌还坚持他的一贯主张，说沈阳每月可造步机枪、大小口径炮若干（数字我记不清了），防御圈内农田可产高粱米若干，可以保证军食，如再坚守一年，他的军队可以转弱为强，但他没有说当年沈阳地区遭虫灾（东北人叫蜜虫），仅三四天便使高粱米只能收二成。蒋介石指出此粮食不足情况，说沈阳成为长春第二，他无力空投，然后又令我说明与葫芦岛夹击的方案，大家会上勉强同意。蒋介石下命令后，要坐待卫立煌下命令后才离开。当晚他派参军罗泽闿去催促商量，结果达成妥协，卫立煌下命令以周福成兵团八个师守沈阳，廖耀湘兵团十四个师向锦州进攻。蒋介石就满意地离开沈阳回到北平。十月八日总统府的军务局局长俞济时告诉我，蒋要经上海回南京过国庆节，要我另机径回南京。傅作义听说蒋介石要走，面带忧色地对我说，希蒋不忙走，参加当日下午的军事会议。我转告俞济时，俞请示后说“先生要去上海接夫人”。我觉得奇怪，不知蒋介石闷葫芦里卖的什么药。只有另乘一架飞机回南京。

十月九日，蒋同宋美龄带孔令侃回到了南京。

过了双十节，蒋介石又于十五日去沈阳（此时淮海地区紧张，何应钦把我留下来，未随蒋去），催廖耀湘兵团西进。十五日锦州解放，蒋介石还派参军罗泽闿促廖兵团继续西进，该兵团徘徊不进，又不敢退，解放军回师迎击，二十六日迅将廖兵团包围，已成惊弓之鸟的国民党军此时已溃不成军，纷纷向沈阳逃窜，至二十八日全部被歼于黑山、大虎山、新

① 据查，蒋介石在北平期间除决定调华北的第九十二军和山东烟台的第三十九军到葫芦岛集中外，还抽调了华北的第六十二军和独立第九十五师增援锦州。

民地区。长春也早在十月十九日解放了。十一月二日，沈阳、营口也解放了。沈阳地区的国民党军除第五十二军由营口海运逃脱外（该军驻营口），其余全部被歼。至此，东北国民党军全部被肃清。

辽沈战役

第二章

锦州战役

锦州战役前后经过

范汉杰*

一　锦州战役前的形势

从一九四七年五月到一九四八年三月，人民解放军在东北发动夏季、秋季、冬季三次攻势以后，东北全境的国民党军，被打得焦头烂额，退守锦州、沈阳、长春三大城市。锦州是华北通往东北的门户，是东北的咽喉。锦州的得失，关系东北战场整个国民党军的安危。解放军如果占领锦州，就会形成“关门打狗”之势。我到锦州时，陈诚给的任务是：“作为两个战区接合部的联系，恢复沈锦间的交通，以及维持锦州、锦西两地的生产。”

一九四八年六月间，我忽然接到蒋介石的电报：东北共军将全力南下攻锦州，应即准备作战。我当时判断共军不可能从长春越沈阳侧面行动，全力南下，以为只能以一部兵力协同冀东部队行动。后来才知道蒋电召卫立煌（卫派参谋长赵家骧代表）、郑洞国、廖耀湘、罗又伦（第六军军长）等先后到南京听蒋指示，并与国防部研究撤守长春，把东北主力集中辽西，必要时放弃沈阳，以巩固华北、稳定全局的计划。对东北来说，还是南重于北，西重于东的老看法。赵家骧、廖耀湘等在南京见蒋时，不同意改变东北部署，特别是卫立煌新任东北主帅，不敢也不愿负放弃东北之责。

锦州的形势和沈阳一样，处在解放军包围中，处处都是被动的。蒋介石和陈诚是没有办法来挽救东北战局的。陈诚最后离开沈阳时也自供：“东北局势搞得这样糟，我有什么办法？”

---

* 作者当时系国民党东北“剿总”中将副总司令兼锦州指挥所主任。

二　冀热辽边区司令部成立后改为东北“剿总”锦州指挥所的经过

一九四七年十二月底，我解除了在青岛的第一兵团的兼职。一九四八年一月初到南京专任陆军副总司令。一月九日夜间，忽得蒋介石侍从室通知，要我十日晨六时到飞机场等候飞往沈阳。届时只有蒋介石、刘斐、俞济时和我四人。我们于是日上午飞抵沈阳机场。傅作义、罗卓英在机场迎接，陈诚因病未来。这时东北形势异常紧张。长春、沈阳、锦州形成孤悬瘫痪状态，全靠天津、北平空运补给。沈阳由楚溪春任防守司令官，正积极构筑城内外堡垒工事。更突出的是：一九四八年一月二日至六日[①]，在沈阳市郊西北的辽河边公主屯地区，新编第五军陈林达部两个师（第四十三师、第一九五师）全部被解放军歼灭。军长陈林达，师长留光天、谢代蒸等被俘。在新编第五军被围激战中，陈诚命令自称是精锐部队的第九兵团廖耀湘部新编第六军，从铁岭、新城子、新台子到石佛寺附近渡辽河向公主屯驰援，解新编第五军之围。廖兵团借口冬季雪融道路泥泞，所部又是重装备，运动困难，故迟迟其行，以致新编第五军全部被歼，震动了沈阳和南京。陈诚引咎辞职，准备将东北和华北统一归傅作义指挥，并主张惩办廖耀湘、新编第六军军长李涛、新编第二十二师师长罗英等不服从命令、贻误戎机之罪。当时，傅作义坚持不受命。陈、傅要我留在东北。又说：“保你兼热河省政府主席，蒋介石不同意，他已内定第六兵团司令官孙渡接任。”傅还要我“最好进驻朝阳”。我当时不了解东北情形，感到惊异惶惑。下午，蒋介石召集行辕主任、副主任、各处长和兵团司令官、军长、师长等人员开会，听取公主屯战役经过的报告。陈诚力主惩办廖耀湘等，并自请处分。当时，蒋颇踌躇，便采纳幕僚意见，以战事尚未结束，暂不撤换廖等，以免由于人事变动而影响作战。会议就这样结束了。我随同蒋于当晚回到南京。不久，我被发表为冀热辽边区司令官，驻秦皇岛。一月间，我派前第一兵团司令部

---

① 据查，一九四八年一月二日国民党新编第五军进至公主屯地区，遭解放军阻击，一月五日被解放军包围，战至一月七日全部被歼。

参谋长唐云山率领司令部原有人员，从青岛开赴秦皇岛，组织新的司令部。另把陈诚嫡系部队第五十四军阙汉骞部两个师由水路运往葫芦岛转到锦州，归第六兵团孙渡指挥。这时已知陈诚感到东北局势危急，自认没有办法，借患重病的机会，要其妻子谭祥飞南京向宋美龄说情，准他回上海养病。东北行辕主任将由卫立煌代理继任。一月十七日国民党明令派卫立煌为东北行辕副主任兼东北“剿总”总司令，五月十九日东北行辕撤销。

鉴于陈诚尚且指挥不了东北部队，我更无办法。加之家眷在广州尚待安置，借这机会我向蒋介石请辞新职。蒋只准假一个月回广东一行。蒋说对我家眷的安置，已电告广东行辕主任兼广东省政府主席宋子文负责办理。并说不许我到香港去，也不准与李济深等反蒋的老四军的人见面[1]。我到广州后，觉得广东情况亦不妙，水陆交通经常发生事故，就连广州市的治安亦成问题。有一天，宋子文、黄镇球（广东行辕副主任）请客，他们只说负责照料我在广东的家属，但无具体办法。我只好将散居潮安、汕头的子女带到青岛转台湾亲戚处照料上学。我于一月底返南京，时卫立煌新职已发表。熊式辉约卫立煌、孙立人和我在一次晚饭谈话中，对卫推荐赵家骧为参谋长和起用原东北军的将领如张作相、万福麟、马占山、苏炳文[2]等人有所评论。这是因为陈诚到东北后对熊式辉、杜聿明所用人员和做法多所责怪，现在熊大有报复之意。

我于二月间先到秦皇岛，后到葫芦岛。归我指挥的部队计有：（一）第六兵团孙渡部，辖第九十三军三个师（暂编第十八师，暂编第二十师，暂编第二十二师）。另有第六十军的第一八四师。暂编第二十师原驻在阜新矿区，后移驻义县。第一八四师是在一九四七年冬解放军进行秋、冬季攻势时，因锦州空虚，由热河平泉调回锦州的。（二）第五十四军阙汉骞部两个师。（三）暂编第六十师陈膺华部（辽阳县保安总队改编）五千多人。（四）暂编第五十师吴宝云部（热河地方部队改编）约三千余人。（五）暂编第五十五师安守仁部（由守备铁路交通部队改编）约千余人。（六）第九十二军第五十六师王有湘部守备锦西，是由华北“剿总”调来的。（七）交通警察指挥部司令汤毅生所指挥的三个交警总队，每个总队有两个步兵团的兵力，位于山海关、北戴河、昌黎、滦

① 指第一次国内革命战争时期的国民革命军第四军，李济深曾任过军长。

② 张作相、万福麟、马占山当时均被任命为东北“剿总”副总司令，苏炳文为东北“剿总”高参室主任。

县、唐山等地区，担任沿铁路线的守备。（八）秦皇岛、葫芦岛港口司令何世礼所部，任秦、葫两岛港口及两岛间的交通守备。当时锦州至山海关地区的兵力情况大概如此。陈诚建议蒋介石调我到东北来，以为我可以从山东带来部队。殊不知，一九四七年冬在胶东的第二十五军黄百韬部、第二军王凌云部、第六十四军黄国梁部早已由青岛海运调往苏北战场去了。青岛的第五十四军两个师已运往锦州，留下一个师（第三十六师）为基干扩编为第五十军，以第五十四军副军长叶佩高任军长，辖三个师，作为青岛第十一绥靖区的守备部队。哪里还有兵可调呢？兵家云“知己知彼，百战百胜”，陈诚既不知己，又不知彼，怎能不败呢？

我到锦州来，蒋介石和陈诚是要我打通和恢复沈锦间的交通，以及维持锦州、锦西地区的生产。我曾先后到北平、沈阳、南京向傅作义、陈诚、卫立煌、蒋介石等请求抽调部队，整补训练；向铁道部交涉修复大凌河铁路桥工程器材；与东北行辕（后东北“剿总”）经济委员会协商派员主持锦西、锦州的工矿生产。当时南京经济委员会已决定拆运锦州炼油厂、锦州化学合成工厂的设备，运往台湾设立新厂。我又到山东，将留在烟台一带的第八军李弥部四个师扩编为六个师，编成两个军的兵团（这是蒋介石要我去看李弥的部队才决定的）。直至六七月间，以第一六六师为基干的黄淑第九军才调到锦西附近和以第四十二师为基干的周开成第八军调到秦皇岛附近，准备整补训练。由于华北“剿总”在冀东、热南进行所谓扫荡，又将周开成第八军调到滦县接替第六十二军林伟俦部的防务。而在昌黎的交通警察部队汤毅生部两个总队于七月间被冀东人民解放军全部歼灭，司令汤毅生等被俘，周开成第八军前往解围已来不及。不久，第八军、第九军及烟台的李弥兵团司令部，分由葫芦岛、烟台调到苏北徐州战场去了。

锦州、山海关的兵力已经不够分配，但蒋介石还要从辽西调部队到苏北。这样要待关内再调部队来恢复沈锦的交通，更加困难了。我乃电卫立煌与蒋介石，建议把沈阳的各军中缺额最多的师，将士兵补充该军其他各师，各级干部则由沈阳空运锦州、山海关地区，由关内运来新兵，以该师原番号重新成立部队。当时由沈阳运来的有：新编第六军暂编第六十二师刘梓皋部驻锦西；第四十九军第二十六师张越群部驻山海关；第五十二军暂编第五十四师黄建镛部驻兴城后调塔山；第七十一军第八十八师黄文徽部驻松山、高桥等地区开始整补。沈阳的陆军训练处由廖耀湘兼处长，舒适存兼副处长并代处长，调锦州负责主持督训新编部队。当时，南京陆军总部的美国顾问团派员到锦州等地区巡回视察训练各部队。同时国民党辽宁省政府委员贺奎到锦西设立辽西行署，兼任主任，负责各县的民众组训和成立各县保安总队，准备成立新师。到十月间只成立了一个总队。因锦州师管区对各县新兵征补是有定额的，民众组训无成效，徒具形式而已。

一九四八年七月下旬，我依照南京、沈阳的指示，将锦州、山海关部队编成四个军。除第六十军第一八四师编补足额兵员装备外，第五十四军原有两个师，又将锦州铁路局警务处朱茂臻部改编成暂编第五十七师归该军建制；将原第五十二军暂编第五十四师、原第七十一军第八十八师以及成立不久的暂编第五十五师编为新编第八军。卫立煌保沈向奎（原是卫属第十四军第八十三师师长）任军长，归第六兵团指挥。将原第四十九军第二十六师、暂编第六十师、暂编第五十师编为新编第五军，后改为第八十六军，刘云瀚任军长，刘是陈诚的基本干部。七月底新军编成。

卫立煌在这个时期亲到锦州、锦西、兴城、葫芦岛视察部队和城防工事后，曾对我说，东北目前不能打仗，主要是积极训练部队。并提到将冀热辽边区司令部改为东北“剿总”锦州指挥所。我认为名义无所谓，表示完全服从命令。卫还表示对这次视察很满意，并一再强调只要部队训练好就有办法。关于东北的交通运输和联络补给问题，卫说：“只要有三十架大型的运输机就能保障作战需要。”当时，美国大使馆上校武官包瑞德由北平到沈阳了解东北情况，卫曾对包瑞德说：“只要美国能援助三十架大型运输机，就有把握保住东北。”包瑞德由沈阳回北平，经过锦州时也曾对我提及，并说可以办到。

七月底部队改编完毕后，我从山海关转北平，于八月二日赶到南京参加整军会议的闭幕式。当午，蒋介石约我午餐，在座的只有广东行辕副主任邓龙光和我两人。饭后，蒋介石对我说：“你回锦州以后，遇事可向卫总司令联系。”这显然是卫对我有意见。因为，卫到沈阳后，对蒋介石建议，只要中央发给经费，就能收编部队（指马占山的松北挺进军等）和就地购买粮食。卫要将锦州驻军粮食空运沈阳，锦州驻军就地征购粮食。我因种种困难未能照卫的计划办理。人事调动方面，如第六兵团司令官孙渡调任热河省主席，第九十三军军长卢浚泉升任兵团司令官，副军长盛家兴升任第九十三军军长等人事更动，都是蒋介石事先与卢汉商定好发表的。第十三兵团的第八军周开成部，及第九军黄淑部的调动，也都是根据蒋介石电令执行的。卫事先不知道，因此，对我很不满。

我认为将帅不和，不能作战，即向蒋介石坚辞一切职务，陈述以上的种种原因，蒋不准。从蒋那里出来后，又遇到参谋总长顾祝同，我又向他辞职，并请假到台湾去（家属住在台湾）。顾说他不能决定，只许短时期到杭州休息，不能他去，接到电话要及时赶回南京，因蒋即上庐山。

我到杭州休息，并电卫立煌辞职。十八日回到南京，十九日往励志社见蒋，正值蒋召见上海金融界人士，要他们拥护国民党政府改革币制，发行金圆券。散会后，蒋接见我们（同时见蒋的还有宋希濂和黄维）。我再三申请辞去东北"剿总"副总司令兼锦州指挥所主任职务。蒋说："你们不干，我又怎样。"并说："限二十日回到防地去。"又吩咐黄仁霖（励志社总干事兼联勤总部接待处处长）电话通知空军总司令周至柔，派飞机于次日送我回防。

我回到锦州后，又去沈阳见卫立煌请求准我辞职，并建议由副总司令陈铁到锦州去比较适宜，因陈是卫找到东北来的，是卫的老部下①。卫当面敷衍说："不要辞，大家是老朋友，共同努力。"我已了解卫、廖都对我不满，以及东北局势危急，内部意见分歧，矛盾很多。卫极力拉拢廖耀湘、周福成，也煞费苦心。但我仍以军人服从为天职，在危难之时顾全大局，回到锦州继续供职备战。

三　锦州城防工事的设施和守军的防御部署

卫立煌到沈阳后，令工兵指挥官李贤负责计划构筑沈阳、锦州现代化钢筋水泥的城防工事，由总部发给水泥、钢板等材料；由各军、师工兵部队任技术指导，各地区阵地由各该区守备部队按"剿总"的防御配备图工事位置照表设施（锦州的工事在卫立煌没有全部计划以前，已经由各守备部队开始建筑）。按"剿总"工兵指挥部的计划，以连为战斗单位，构筑一个坚固据点，是坑道闭锁式的子母碉堡构成，在敌人四面包围下，能独立作战。连指挥所的掩护部要能储存粮食及弹药，还要有厨房、厕

① 作者注：一九一八年至一九二〇年我在援闽粤军总司令陈炯明部，就已认识蒋介石与卫立煌。蒋任总部高级参谋并代理参谋长（参谋长邓铿留守汕头），后任第二支队司令，第二军总指挥；卫任排、连长以至团长；我在总部任军事委员，兵站派出所所长。抗日战争时期，一九三八年至一九四一年，卫任第一战区司令长官，我任第二十七军军长，在晋东南归卫指挥。

所、绷带所等设备。阵地外围要挖宽深二米的外壕和架设铁丝网。担任构筑工事的部队，每日发放津贴。从五月开始到九月间，工事还没有完成计划的三分之一，更不能按照卫立煌的计划去施工。原因主要是工程巨大，没有水泥和钢条。因此，只普遍构筑独立的水泥碉堡，最大的可以容一班人，最小的仅容一个步兵组或轻机枪组。里面和龟壳一样，一点也不能活动，站起来都不方便，这样的工事怎么能持久战斗？但卫立煌和李贤到锦州、沈阳视察后却很满意。卫说："在江西和共军作战的时候，哪里有这样的水泥工事？那时都能打胜仗，现在有了这样的工事，更没有问题了。"这是国民党军队一贯夸大自己、轻视敌人、自欺欺人的作风。在防御配备图上画得非常美观，有坚固的工事设备和周密的火网编成。其实只是一张空纸，经不起风雨，一吹就破了。锦州的所谓现代化钢筋水泥工事，在解放军的三十一小时的激烈战斗后，就全部毁灭了。

八月下旬，南京国防部和东北"剿总"对于东北解放军的兵力和动向的估计，认为还是十个纵队，每个纵队的兵力相当于一个独立师或加强师，每个支队的兵力相当于一个旅或加强团，地方部队——民兵数目弄不清，判断人数可能很多，但没有好的装备，更没有强大的战斗力。又认为炮兵部队是增加了，有很多日本山、野重炮。在黑龙江佳木斯以北山区，找到日本前关东军遗下的秘密火药库，里面的各种炮弹很多。解放军的炮火一定比过去强大得多。

我以前认为解放军不可能从长春越沈阳侧面行动全力南下的。但八月底我回到锦州后，从长春、沈阳、新民、辽中各地先后得到解放军南下的行动情报，以及从阜新、彰武、黑山、北镇各地沿交通线向义县行动的情报，并有很多匹马拉的火炮在锦州、义县间的东面涉渡大凌河，但确实的部队番号、人数始终弄不清楚。在义县周围的第九十三军暂编第二十师王世高部于九月初已与解放军发生前哨战斗。

又据空军的侦察，在热辽边区地带，夜间运输频繁。渡过锦、义县间东面大凌河的解放军，除一部包围义县和阻止我军北上支援义县外，大部队纷纷由锦州西北转向西南与冀热辽边区地方部队配合行动。他们在绥中与第八十六军第二十六师张越群部的一个团，在兴城、锦西与第五十四军暂编第五十七师一部不断发生激战。交通通信多被破坏。而解放军又只是些代号和地方部队名称的暗号，要判断解放军的兵力和部队番号是很困难的。

锦州指挥所根据以上的情报，当时决心迅速集中三个军兵力于锦州，并计划将在义县的第九十三军王世高师撤回锦州，作如下的防御部署：

（一）新编第八军沈向奎部全部集中锦州，归第六兵团指挥。驻锦州东面紫荆山（紫微岭）到松山地带，占领既设工事担任守备；并昼夜加强工事设备，注意各种武器火网的构成及夜间射击的设备；并与北面和西南面第九十三军的部队取得联系。

（二）第九十三军附第六十军第一八四师担任锦州北面和西南面包括飞机场地区的守备。占领既设工事，并昼夜加强工事，注意各种武器的火网的构成和夜间射击设备，并与东面新编第八军部队取得联系。

（三）新编第五军刘云瀚部，迅速分水陆两路向锦州集中，为指挥所的总预备队。

（四）第五十四军阙汉骞部集中锦西，任锦西、葫芦岛地区的守备。

（五）炮兵部队归炮兵指挥官黄永安指挥，进入既设炮兵阵地，协同各军战斗。

（六）通信兵团迅速构成指挥所、兵团部、各军部、炮兵指挥所、兵站总监部之间的有线通信网。

（七）第十兵站总监部准备各军师的粮秣弹药补给事宜。

（余略）

四　锦州守军全部被歼经过

我将防御部署计划分报沈阳卫立煌、南京顾祝同后，立刻得到卫的复电，他不同意王世高师撤出义县；主张山海关的刘云瀚军要待华北“剿总”派部队接防。九月初，义县附近已发生战斗，同时在绥中的张越群师一个团，在兴城的朱茂臻师一部，也已进入战斗，均为解放军部队所牵制，不能适时集中锦州。锦西外围西面也不断发生激战。为了保障锦西至锦州之间的交通，乃派暂编第六十二师刘梓皋部守备塔山；第八十八师黄文徽部移驻锦州旧城，南连刘梓皋师，西连第九十三军暂编第十八师守备飞机场部队，向虹螺岘（旧锦西）方向警戒侦察敌情。为确保刘云瀚军适时撤回到锦州，在该军未到锦州前，另电沈阳先空运一个军到锦州协防。

九月二十四日，锦州通义县的重要前哨据点冒山屯被解放军袭击占领[1]，锦义间交通完全断绝。北面山地据点工事的二郎洞、娘娘庙等高山，以及锦义公路两旁的辛龙台、葛文碑、薛家屯、营盘、旧飞机场，很快为解放军渗入，发生激烈战斗。为了夺回锦义公路两旁据点，并收容王世高师从义县退出的部队，第九十三军暂编第二十二师李长雄部和第六十军第一八四师杨朝纶部、暂编第十八师景阳部（原守飞机场部队）共同争夺二郎洞、娘娘庙大山的据点，因为解放军在大胜堡一带的炮兵观测所设在这里，对锦州飞机场的炮火控制威胁很大。由于这场争夺战是到处混战一团，我军的炮兵与空军又不能协同地面部队作战，因而李、杨两师伤亡较重，逐次撤到锦州西边小凌河起至化学合成工厂亘北面小高地东西之线及河南沿铁路工厂到营盘之线对峙。义县王世高师被包围激战中，绥中、兴城也在激战中。

当解放军北面来的部队有一个纵队以上兵力向我进攻的同时，另有一个纵队的兵力也于九月二十四日袭击、破坏塔山和陈家屯通锦州间的铁路桥多处，以致交通中断。解放军随后攻占塔山。刘梓皋师向锦西的第五十四军方面撤退，不能归还建制。向虹螺岘方向警戒的第八十八师黄文徽部，亦逐次向飞机场南和松山西端高地移动。

九月二十六日下午，忽然接到顾祝同、卫立煌从南京飞往沈阳途经锦州上空发来的电报，只说“大计已决，即开始行动”，但全般部署企图及作战指导仍未通知，到底如何，毫无了解。九月二十四日卫飞南京和蒋介石开会，当时决定空运第四十九军援锦，蒋派顾祝同与卫飞沈指挥第四十九军空运。所谓“大计已决，即开始行动”，就是指第四十九军空运锦州一事。顾、卫二十六日黄昏到沈，第四十九军于二十七日开始空运来锦，到二十八日黄昏为止，该军只运了第七十九师（欠一个团）。二十九日锦州机场跑道即为解放军炮火所控制，空运就停止了。

九月二十八日、二十九日两天，解放军攻占绥中、兴城。锦州和山海关交通完全割断，刘云瀚军更不能向锦州集中。十月一日义县解放，第九十三军暂编第二十师守义县部队全部被歼，师长王世高、副师长韩润珍等被俘。

这时锦州已很危急，锦州所需要补给的炮弹要靠空投；在锦州北面的阵地仍在激战中；解放军另以一个纵队以上的兵力进攻锦州东面的紫荆山（紫微岭），在几天的激烈争夺战之后，逐渐向松山高山延伸；从东起

① 据查，九月二十五日，冒山屯、葛文碑、薛家屯被解放军攻占。

南山农场到松山最高点东西之线，均发生激烈的战斗。我遂将刚调来锦州的第七十九师两个团使用上去，加入正面的战斗。第八十八师黄文徽部则在松山西端高地与解放军发生战斗。据报解放军士兵对敌前作业特别熟练，不顾猛烈的炮火，总是勇往直前。所有外围据点阵地先后被攻占，锦州只剩新旧城在我军守备中。

十月二日，蒋介石从北平派飞机空投给我一封亲笔信，问我能否将锦州守军撤到锦西，但没有将全般情况告诉我。以当时形势，我认为如能以锦州守军吸引着解放军主力，而从沈阳和关内抽调两个有力兵团，在锦州地区与解放军作一次决战是一个好机会。我向蒋陈述了以上的理由，不主张撤出锦州。

到了十月六日，锦州更处危急之中。关内和沈阳援锦兵团进展很缓慢[①]。我召集兵团司令官及军长开紧急会议，决定将锦州守军撤到锦西，与关内的部队会师后，夹击塔山共军，然后回师北上，会合沈阳西进兵团与锦州共军决战；部队准备夜间行动，并分报蒋介石、卫立煌。卫立即来电话指示："锦州坚守不动，以免影响全局。"因而又中止行动，仍在锦州内围与解放军激战。

这时已知道蒋介石于十月一日和二日先后在北平、沈阳召开了军事会议，决定从北平、天津抽调第六十二军全部、第九十二军第二十一师、独立第九十五师，从烟台调第三十九军王伯勋全部，海运葫芦岛，会同第五十四军及暂编第六十二师归第十七兵团司令官侯镜如指挥，企图沿塔山增援锦州。

十月四日，卫立煌派副总司令陈铁、副参谋长彭杰如到葫芦岛组织东北"剿总"葫芦岛指挥所，陈铁任主任，彭杰如任副主任，统一指挥葫芦岛部队及沈阳西进兵团，准备在锦州与解放军决战。这时终日只听到塔山方面炮声隆隆，却见不到部队进展，对沈阳西进兵团更无音信，只知道廖耀湘已经率领新编第一军、新编第三军、新编第六军、第七十一军、第四十九军等部队于十月四日离开沈阳，沿北宁路西进中。

十月六日，蒋介石由天津乘"重庆"号巡洋舰到达葫芦岛，与我通了无线电话，问锦州情况。我因无线电话不能保密，只说"全线在激战中"，未谈其他。蒋到葫芦岛后，集合高级将领陈铁、彭杰如、罗奇、阙汉骞等训话。因第五十四军进攻塔山毫无进展，蒋大骂陈铁和阙汉骞：

---

① 据查，此时"东进""西进"两个援锦兵团的各军，刚开始集结。

“你们再要搞不好，我要杀你们的头！”并要侯镜如负责指挥各军向塔山攻击前进。这时廖耀湘兵团没有照蒋介石命令以主力沿北宁路西进，他以主力向彰武、新立屯攻击前进，十一日占领彰武城。廖认为切断义县经彰武到达郑家屯、四平后方的交通补给线后，即可以威胁和阻止解放军对锦州城的攻击。因此，停止劫粮、不准备继续西进了。蒋介石到达葫芦岛后，亲自指示要海军、空军协同地面部队向塔山解放军阵地进攻。但解放军的阻击部队，左凭渤海，右以虹螺岘为依托，在塔山、虹螺岘之线占领阵地，以少数兵力，顽强阻击得到海空军支援的国民党军十一个师的猛烈进攻。经过几昼夜的激烈战斗，解放军的阵地屹立不动，使葫芦岛的国民党军无法寸进，急得蒋介石像热锅上的蚂蚁，到处乱窜。

锦州内围的战斗，一天比一天激烈。阵地得而复失，失而复得。城内又无坚固据点可守，指挥所原设在锦州铁路局办公大楼住宅区内，在解放军猛烈的炮火下，电报电话不断遭到破坏。我常到锦州车站北面的小高地楼上和锦州铁路局办公大楼上的观测所去指挥，那里就成了解放军炮击的目标。炮战之猛烈为过去所未有。后来我军炮弹接济不上，炮兵阵地已被解放军的炮兵所控制，我军发了几颗炮弹后，解放军炮兵即集中火力向我军炮兵阵地及步兵阵地猛烈射击，士兵在壕沟里动也不敢动。各部队电话因炮击而中断，伙食有时也送不上去，伤兵有时也救护不下来，阵亡的也不能及时埋葬。士气的低落和苦闷也是罕见的，城内已成黑暗的死胡同了。

十月十二日，我又将指挥所移到锦州车站南四大街中央银行楼下。第六兵团司令部也在南四大街的锦州邮局内，相距只二三十米，有坚固的地下室。空军锦州站对空联络电台亦在锦州指挥所的南边，距离很近。解放军炮兵集中最大的火力来射击，命中锦州指挥所多处。我到哪里，解放军的炮兵即跟到哪里，好像完全了解我的位置一样。锦州城被解放军包围得更紧了，城内各据点、交通线，完全被解放军的炮兵控制着。解放军攻城部队，在炮火的掩护下，昼夜不停地构筑蜘蛛网式的交通沟接近我守军阵地，用炸药来爆炸守军坚固据点的重机枪堡垒阵地。锦州旧城西面经化学合成工厂地段最先被突破，接近市区。十月十四日正午，全线均在激烈战斗，阵地反复得而失，失而得，各部队伤亡很大，已无预备队使用。守军炮兵因炮弹接济不上，已经中止射击。

解放军这时的炮火集中火力射击师、军、兵团及我的指挥所，各部队已进入手榴弹和拼刺刀的近战中，全城都被枪炮声所震动。锦州车站北亘铁路工厂营房、锦州纺织厂、纱厂，以至锦州市南面女儿河（小凌河）北岸碉堡线接连锦州旧城，已完全被解放军各个包围。各部电话时通时断，已进入各自为战的状态。下午，锦州旧城内弹药库和锦州车站西边的地下汽油库均为炮火击中起火；市区内南面碉堡线多被突破，并由南向北扩展；电话全部中断，无法通信；仅有的几辆轻型战车亦参加战斗，市区进入混战状态。

我判断解放军已向我进行全面总攻击。战斗以锦州西北角最为激烈。我鉴于形势不利，难以维持下去，廖、侯两兵团的援锦又无望，乃于十四日下午四时许与参谋长李汝和到卢浚泉指挥所与卢及第九十三军军长盛家兴、炮兵指挥官黄永安等开会研究：侯镜如、廖耀湘兵团毫无进展，分别被阻止于塔山和新立屯地区，共军现已集中全力来歼灭我锦州守军，然后才去同侯、廖两兵团决战。而我锦州守军连日战斗伤亡过大，市区又无坚固阵地可守，外援无望，只有待毙。松山被共军突破后，原在小凌河西岸一带（松山东）担任沿河警戒的暂编第五十五师安守仁部后撤到飞机场附近，接替暂编第十八师景阳部的任务，而将景阳师加入北面作战。此时盛家兴与景阳尚能用无线电通话，还可抽调一部分部队为掩护部队。我征求卢、盛等人的意见，他们一致主张当晚向锦西突围。即决定由李汝和、盛家兴、黄永安拟突围计划，并负责通知各部队，突围时归盛家兴指挥。计划以景阳师为先头部队，并由景阳转知邻近部队准备行动。撤退时北面部队先向北猛攻，掩护突围部队从东门附近渡过小凌河（女儿河可徒涉），经南山农场附近向高桥、塔山与陈家屯之间突击，准备与从锦西向塔山攻击的部队会合。

当日黄昏即按计划开始行动。我同卢浚泉、李汝和随带特务团一部，从兵团司令部北面坑道向东门移动。一离开司令部就为突入南市区的解放军所发觉，受到火力阻击，以致后续部队未能跟上。我们到东门附近找沈向奎军黄建镛部，未见，以为还在前面。出城后，到南山农场北麓，仍找不到黄建镛部队，景阳师迄未到来。越过南山农场后，不断碰到解放军部队从东面多处渡过小凌河向西行动。这时卢浚泉、李汝和分向西面寻找部队，已经散失。

我在松山东面山地南北也找不着部队。附近村庄驻满了解放军，锦州市内彻夜火光冲天，爆炸声终夜不绝。天亮前，我在松山东面一间小小的窝棚内住下，昼伏夜行。到了十五日，锦州已完全被解放军占领，市区大火还在燃烧，仍有断续的枪声。当市外松山各乡村的解放军向城内和向西移动之际，国民党空军飞机飞到锦州上空，用烟幕作信号，打圆圈后向南直飞多次，示意向南（锦西方向）突围。

下午四时许，我经松山向塔山陈家屯之间山地小道走去，次日过西海口和高桥到锦州的公路时，被解放军的潜伏哨兵截获，与暂编第五十五师安守仁部被俘的官兵在一起（安师守小凌河西岸的警戒部队）。当晚，随军移动，经飞机场向班吉塔方向行进。我自思身任方面军的指挥官，丧师失地，难逃蒋介石的所谓“革命连坐法”，而同解放军长期战争的罪恶，被俘之后，绝无幸免之理。当时为求速死，乃自报身份。到达住地的翌日，又被辗转送到纵队司令部及东北人民解放军总部的俘虏收容所。

至此，守锦州的国民党军全部被歼，无一漏网。我和边区副司令官兼辽西行署主任贺奎，第六兵团司令官卢浚泉、副司令官杨宏光，第九十三军军长盛家兴，师长景阳、李长雄、黄文徽等均被生俘。

锦州国民党军被歼记

卢浚泉*

一

一九四七年十月，东北人民解放军发动秋季攻势，取得辉煌胜利，接着又发动更强大的冬季攻势。两次战役歼灭国民党军二十余万人。国民党军被迫收缩在沈阳、长春、锦州三个孤立地区。

蒋介石企图打通锦州、沈阳交通线，并巩固锦州和关内的交通，派范汉杰任东北“剿总”副总司令兼锦州指挥所主任，统辖锦州至唐山间的国民党军。我和孙渡是云南部队，孙任东北“剿总”副总司令兼第六兵团司令官，我任第九十三军军长，归孙渡指挥，驻在锦州。范汉杰于一九四八年三月由秦皇岛进驻锦州后，第六兵团归入范的指挥序列。大约在三月间，范汉杰要我兼任锦州警备司令，副军长盛家兴兼任副司令。我说：“这个任务很麻烦，干不了。”孙渡也说不要干。后来我还是服从范的命令，接受了这个任务。范派指挥所高参王淯生任参谋长，沈阳“剿总”高参派驻锦州指挥空运，主任杨兆铭兼任督察处处长，其余人员由指挥所和第九十三军派人兼任，参谋长和督察处处长负实际责任。警备司令部就这样组织起来了。

第六兵团原来仅指挥第九十三军。卫立煌到东北后，即将云南军队第六十军所属第一八四师杨朝纶部归第六兵团指挥，并命孙渡成立暂编第五十五师，孙派其参谋长安守仁任师长。孙渡对我说，卫立煌的意见，可以另编一个军，拟调第六十军第一八二师师长白肇学任军长。我说这样做，全军可能都会高兴的。大约在五月间，蒋介石调孙渡任热河省政府主

* 作者当时系国民党第六兵团中将司令官。

席，我接任第六兵团司令官。孙对我说：蒋的意见，你们的部队可以调热河。我说如果能实现就好极了。孙并说，以后的战争是决战阶段了，你们要小心些，可能的话，要照顾暂编第五十五师的补充。

孙渡离开第六兵团后，第一八四师和暂编第五十五师就由锦州指挥所直接指挥。有一天，第一八四师师长杨朝纶由锦西来向我汇报，范汉杰命令第一八四师即日开山海关，编入第八十六军建制，问我怎样办。我问他愿意不愿意去？他说不愿意去，所以才来报告。我说，既是这样，你可向范汉杰辞职，并写信与卢汉说明事情经过。我即电蒋介石，并将电稿给杨看，大意是说明第一八四师不宜编入第八十六军的建制，请暂时仍归第六兵团指挥。蒋复电照准，并令第一八四师开至锦州。

范汉杰在锦州积极整训部队，在当时看来，的确起了些积极作用。范的参谋长李汝和对我说，新编第八军和第八十六军军长人选，范汉杰保荐两人，卫立煌保荐两人，范保荐的蒋介石准了刘云瀚，卫保荐的蒋准了沈向奎。

正当范汉杰加紧整训部队之际，卫立煌和美军顾问先后来到锦州视察防务和部队。卫立煌说："锦州是东北的大门。"美军顾问说："锦州是东北的阶梯。"卫立煌很重视锦州的防务，在回到沈阳之后，即派东北"剿总"工兵指挥官李贤来锦州主持加速构筑防御工事，将锦州外围防御工事构筑成立体形一线式的钢筋混凝土碉堡。这些碉堡当时被认为是国民党军传统的防御解放军的办法。卫立煌认为凭借这样的工事是能够守住锦州的物质力量。但是，这座"东北的大门"，或者说是"东北的阶梯"，在不到半个月的时间内即被英勇善战的解放军攻破，困守锦州的国民党军全部被歼。

二

锦州国民党军防守兵力及部署：

新编第八军（军长沈向奎）辖暂编第五十四师（师长黄建镛）、暂编第五十五师（师长安守仁）和第八十八师（师长黄文徽）。

第九十三军（军长盛家兴）辖暂编第十八师（师长景阳）、暂编第二十师（师长王世高）和暂编第二十二师（师长李长雄）。

第六兵团直属第一八四师（师长杨朝纶）。

第七十九师两个团，该部系由沈阳空运来锦州的援军。

锦州指挥所直属野炮营、一〇五榴弹炮连（第五十四军拨来）和日式战车连。

守锦州的兵力为七个师，守义县的一个师，共八个师。上列部队中的暂编第五十四师、暂编第五十五师（约四千人）、第八十八师、第一八四师均系被解放军打垮歼灭后新成立的。

锦州指挥所于一九四八年八月间下达的锦州防御兵力部署，一直到十月锦州被围攻时，都没有大的变更。其部署概略如下：（1）暂编第五十四师担任锦州东面紫荆山至东南面松山的防守任务；暂编第五十五师于九月末始担任南山防守任务；第七十九师（缺一个团）于九月末空运到达后，担任笔架山（女儿河东侧高地）防守任务；第八十八师为指挥所总预备队。（2）第六兵团直属第一八四师及第九十三军（缺暂编第二十师），担任锦州西面自女儿河车站西侧高地起向西北延伸至一八八高地，经二郎洞至东面合成燃料厂、黑山团管区前缘高地及配水池、旧市政府前缘之线防守任务；暂编第二十师驻义县，担任该地防守任务。

第六兵团根据指挥所的防御部署，下达如下的概要指示：暂编第二十师担任义县防守任务；暂编第十八师担任自女儿河车站西侧高地至一八八高地防守任务；暂编第二十二师配属第一八四师一个团担任自二郎洞向东经合成燃料厂、黑山团管区前缘高地并延伸至配水池、旧市政府前缘之线防守任务，与暂编第五十四师阵地相结合；第一八四师（缺一个团）为兵团预备队。

锦州四面环山，东西两面稍为开阔，阵地环绕约百华里，形成处处防守，处处薄弱。

三

在辽沈战役序幕正式揭开之前，锦州外围人民武装甚为活跃，国民党军已无力控制锦州郊区，城内居民愈来愈认识国民党军的所作所为与人民利益背道而驰，打破了对国民党政府的幻想，人民对国民党军惧而远之。在国民党军内部，嫡系部队与云南部队之间很少有联系，而是一般的同路人。当时，锦州市物价飞涨，燃料和军队副食的来源几乎断绝。在这些复杂交错的情况下，国民党军虽然控制着锦州城，实际上如一叶孤舟，风雨飘摇。国民党军对解放军的攻势究竟指向何处，茫然无所知。大家都在议论纷纭，莫衷一是。

一九四八年八月间，第九十三军军长盛家兴从义县视察防务回来，知道解放军第三纵队到了义县西北面北票地区，义县至阜新的公路也修复了。我们对这个情报进行了研究，判断第三纵队一向驻在辽东，现在来到辽西，是一种战略集中态势，可能是准备进攻义县和锦州。我立即打电报给沈阳东北“剿总”总部，并请求将防守义县的暂编第二十师调回锦州，卫立煌复电不准调回。九月中旬，解放军两个纵队从黑山地区突然向西移动，将锦州、义县间交通截断。在当时，靠锦州仅有的兵力，是无法支援义县的。范汉杰拟将山海关的第八十六军刘云瀚部调回锦州，企图支援义县，以撤回暂编第二十师。而刘云瀚部以没有接防部队为由，不能调动。刘云瀚部既不能来，九月二十四日夜解放军（可能是第八、第九两个纵队）突然奔袭驻在薛家屯、葛文碑地区奉命“掩护秋收”（实际上是帮助地主收租）并企图支援义县的暂编第二十二师李长雄部及军属骑兵团。解放军相继进占了锦州东北面的五姓屯、白老虎屯、冒山屯一带。李长雄部损失严重，团长章学舜受伤，军属骑兵团全部被歼灭，团长王耀云被俘，暂编第二十二师被迫退守既设阵地。

九月二十五、二十六日，冒山屯发生了激战。冒山屯原来没有布置在锦州防御阵地之内，八月间解放军到了北票地区之后，才决定在冒山屯构筑据点，派第九十三军军属工兵营及暂编第二十二师工兵营担任构筑工事任务。在构筑工事任务还没有完成之际，解放军突于二十四日夜，袭击冒山屯，两个工兵营被歼。卫立煌认为解放军控制着飞机场的炮兵阵地在冒山屯，所以打电报严令收复冒山屯。锦州指挥所派总预备队第八十八师黄文徽部及第一八四师杨朝纶部归第九十三军军长盛家兴指挥，向冒山屯进攻。经过一昼夜激战，进攻不下，而卫立煌仍然打电报来要坚持收复冒山屯。但是，出击的兵力已占去锦州守军的五分之二，不可能再增加了，后因兵力不足，又估计解放军炮兵阵地可能在二郎洞北面，乃停止对冒山屯的进攻。

九月中旬，守备义县的暂编第二十师师长王世高电告义县外围发生激战，并得悉解放军有一个炮兵纵队辖两个师，配有日式加农炮、臼炮、野炮，各步兵师配有炮兵营，军容甚整。这是平时想象不到的。义县守军在孤军无援的情况下，经过约半个多月的战斗，于十月一日全部被歼。师长王世高及副师长韩润珍均被俘。这个师被歼之后，驻锦州的第九十三军感到不安。盛家兴说，当初建议守义县不如守塔山和虹螺岘山，现在暂编第二十师完蛋了，影响了锦州作战。可是蒋介石还打电报来嘉奖，说暂编第二十师完成了战略任务。事实上，那时蒋介石对锦州作战的方针可能还没有作出最后的决策。

四

正当解放军围攻义县和攻占塔山之后，卫立煌急忙由沈阳空运两个师到锦州增援。从九月二十七日开始空运，到二十八日晚只空运了第四十九军第七十九师（欠一个团）。二十九日晨，锦州机场为解放军炮火控制，空运被迫停止。这时锦州情况紧张。范汉杰召开了一次军事会议，锦州指挥所情报处处长王某（记不起名字）作报告说，据情况判断，解放军将进攻锦西而不是进攻锦州。会上对他的报告未置可否，也没有作出什么对策。

十月四日，解放军进攻锦州的序幕展开了。范汉杰命新编第八军归第六兵团指挥，并派其参谋长李汝和与兵团部参谋人员组织统一指挥机构，指挥作战。我们当时判断可能是解放军第八纵队先攻下锦州东面暂编第五十四师黄建镛部守备之紫荆山，然后转向松山进攻。十月五日，解放军第九纵队先攻锦州西面暂编第十八师守备之一八八高地未下，旋转向南面与第八纵队会合，并向笔架山、南山、松山进攻。锦州守军各部队一再要求补充弹药，而锦州兵站既无机步弹，又无炮弹，参谋长李汝和大骂负责后勤的第三处处长（姓名记不起，听说次日即逃走了）。据该处长说，弹药粮秣运到葫芦岛，即由东北“剿总”控制，直接空运沈阳，所以锦州没有囤弹。第十兵站总监黄炳寰说，锦州粮秣只能吃到十月二十日左右，另外还有美国救济总署的一部分面粉，数目不详。十月六日、七日，解放军从锦州东、南、北三面同时展开进攻。守军亟待解决的各种弹药，尤其是炮弹，毫无办法补给。而沈阳“剿总”每天空投弹药，大部分都投在锦州西北角和北面的解放军占领地区。锦州炮兵指挥黄永安说，没有炮弹，只好暂时停射。松山、南山的守军经过几天激战伤亡颇众，要求援军和补给弹药。范汉杰只有将指挥所的总预备队第八十八师增援第七十九师，第一八四师两个团增援暂编第五十四师及第五十五师。经两次反攻，因无应有的炮兵支援，没有进展。当时还成立了督战组，派高参彭树基为督战官到前线监督作战。后因第七十九师溃退，以第八十八师沿小凌河一带防守，暂编第五十四师及暂编第五十五师退入市区，凭借土围作战。

这时，东、南、北各方激战甚紧，范汉杰认为情况愈来愈不利，十月八日夜对我说，决定放弃锦州，命令全军向西南突围[①]，企图撤出后与援军会合，并说放弃锦州的责任由他个人负责。各军正准备撤走之际，范汉杰忽又收回成命，说是卫立煌的指示，决定坚守锦州，等待援兵。锦州国民党军遂陷于守也不能、退也不准的境地。而东西两路援军又均被阻，东北数十万国民党军的命运，已完全为解放军所掌握。

十月九日，锦州正在退守两难之际，我接蒋介石来电，大意说“锦州关系全局，请吾兄坚守待援”等语。我将原电送给新编第八军军长沈向奎看，问他怎样守为好，沈向奎说：“老头子（蒋介石）到没有办法的时候，就来称兄道弟，这就是他的办法。我来锦州只有十几天，看不到有什么好办法。”我随即又找第九十三军军长盛家兴问他的意见。盛家兴说，既不能撤走，西面飞机场一带阵地应立即放弃，将守军暂编第十八师撤回守旧城，作为核心据点，请你斟酌。我又问锦州指挥所参谋长李汝和关于援军的情况。李汝和说廖耀湘兵团和范汉杰无联系，指挥所只同第七十一军军长向凤武有联系。向凤武来电说，廖耀湘部打彰武去了。李汝和摇摇头接着说，靠不住了。好在锦西援军广东部队多些，侯镜如与范汉杰有感情，希望多一些。他又说，暂编第十八师守旧城，可抽调第八十八师一同负责，暂编第五十五师也还有一千多人可以派到飞机场去。我对李汝和说：“外路援军的情况既然是这样无把握，请你向范主任说，我们还是照他的原定计划撤走。”李汝和说：“当初蒋老头倒有意要我们撤走，那时没有撤，现在各路援军已动，不可能了。”我认为以旧城为最后核心据点的办法虽好，但是旧城内外人口稠密，射界极端不良，这是难于处理的问题，内心里还是想撤走，保存几分力量。有关锦州的军事，范汉杰与我向来也没有开诚布公地交换过意见，我只是奉命行事。既然他的参谋长李汝和也有守旧城的想法，可能他会向范汉杰汇报，我还是等待范汉杰来作决定为是。便叫盛家兴将暂编第十八师控制在兵团部附近构筑工事待命，但盛家兴很不同意这个办法。

---

① 范汉杰回忆是十月六日。

五

十月十日起，战况进入最后阶段。整个阵地都被解放军的炮火所控制。守军的防御工事受到解放军强大炮火的猛烈攻击，钢筋混凝土的碉堡反而成为暴露阵地的目标，锦州东面和北面的前进阵地相继失守。

十一日，解放军在强大炮火的掩护下由坑道前进，攻下暂编第二十二师第一团所守的配水池阵地。团长王振威在装甲汽车掩护下率部反攻未逞，被击毙。辎重团团长何象尧负重伤。

十二日，合成燃料厂和黑山团管区方面，解放军的攻势更猛。该方面地区复杂，我军集中各种不同口径的迫击炮约百门向之射击，并有空军支援，仍不能阻止解放军的前进，阵地相继失守。我军残余部队全部退入市区，凭借土城抵抗。

十四日上午，解放军发动全面总攻，其主力指向东面，而我军指挥所总预备队及第六兵团预备队则陷在南面，通信线路被炮火打断，已与新编第八军军长沈向奎失去联络。这时，解放军已由南面、东面先后攻入市区，防守旧市政府的暂编第二十二师第二团团长王重基被击毙，油库被击中燃烧，通信全部中断，陷入瘫痪状态。范汉杰、李汝和等来到兵团指挥所和我商议后，决定率领暂编第十八师突围。但是这个师的主力已被盛家兴在战况失利之际，投入前线战斗，并得知该师第二团团长杨藩已被击毙。于是，我们只得于仓皇中率领不到两个营的兵力，与范汉杰、李汝和等向南突围，企图逃走。但在人民军队的天罗地网下终于被俘。事后了解到，暂编第十八师和第八十八师残部在市区继续顽抗，到十五日全部被歼灭，锦州即告解放。

我在被俘之后，时刻想到我与人民解放军为敌，打了几年内战，现在被俘获，还有什么希望呢？但是在被俘之次日，即受到东北军区司令员林彪的接见。他向我说："曾派人坐马车送给你一封信，没有收到吗？"我说没有收到。他又说："你可以与第六十军通电。"我即拟好给第六十军曾泽生军长的电报，大意是告知锦州守军已全部被歼，希望不要再抵抗，也不可能再抗拒了。在当时物质条件困难的情况下，我的生活医药得到很好的照顾，我心里才稍稍安定下来。次日，即随同其他被俘师级以上军官范汉杰等解送哈尔滨。十余年来，党同政府对我们进行耐心教育并从各方面给予照顾，使我很受感动。

首先接火的九十三军及其下场

盛家兴*

国民党军第九十三军是由云南地方军队改编组成的，一九四五年随卢汉到越南接受日军投降，一九四六年春，蒋介石令该军海运东北，投入内战，终致全军覆灭。我原任该军副军长，军长卢浚泉升任第六兵团司令官后，我继任军长。

一　战前概况

一九四八年春，陈诚引咎悄然离开东北。蒋介石派卫立煌任东北行辕副主任兼东北“剿总”总司令。南京国防部要锦州和沈阳的守军东西对进，打通沈锦交通。卫立煌担心军队离开城防工事在运动中更易遭歼灭，加之他还以老眼光看解放军，认为解放军尚缺乏攻坚经验，固守三大城市不成问题。若要恢复交通，则请国防部再增派部队出关。而当时关内各战场的国民党军，也同样处于困境，哪有援兵可派？结果只好强调加强工事，以图苟延一时。四月间卫立煌亲到锦州视察，向守军官兵打气。五月间范汉杰在锦州，加紧部署辽西防务。

一九四八年夏，辽西局势暂平静。关内外火车与秦（皇岛）、葫（芦岛）港口的后勤船只来往频繁，锦州空军运送长春、沈阳的补给，忙碌不休，锦州表面上呈现出太平热闹景象。特别是南京高级机关所派来的视察、点验和总统府的督察专员们与当地军政人员进行宴乐酬酢，一无虚日。范汉杰去南京开会，还携眷回锦州。东北要人张作相（东北“剿

* 作者当时系国民党第六兵团第九十三军中将军长。

总”副总司令），也从沈阳回锦州老家居住下来。

八月下旬，范汉杰由南京开会归来，召集高级干部探讨敌情。当时虽曾有人认为锦州要地关系东北全局，将成为解放军进攻目标，锦州陷落，东北全局势必瓦解。但一般人均以为锦州邻近关内，海上增援容易，沈阳还有大军三十万，可以西进，北平和沈阳空军随时都能支援。而目前解放军尚缺乏坦克部队，炮火也不强大，攻坚力弱，如大军从北满远来辽西，交通补给很不容易，屯兵于坚城之下，必陷困境，为兵家所忌。唯长春孤悬，乃是最弱的一环，当前的问题仍在长春。于是沉溺于暂时的安静，自我陶醉，得过且过，殊不知，解放军的企图隐蔽而行动神速，国民党军因失去民心，耳目不灵，情报人员低能，又易受眩惑，以致对情况侦察判断，无所作为。九月初，长春被炮击较紧。山海关、石门间铁路一度被破坏，锦州指挥所以为解放军将于进攻长春的同时，在北宁路沿线发动破路抢秋活动。直到空运第四十九军被迫停止的时候，对解放军决心先攻取锦州，再没有人怀疑了。

二　锦州的防务部署和工事设施

范汉杰秉承蒋介石和卫立煌的指示，到锦州布置辽西防务：以锦州为中心，锦西、义县为外翼，兴城、绥中为维护锦榆间交通的据点。令第五十四军阙汉骞部附新编第六军的暂编第六十二师防守锦西和葫芦岛。令第九十三军以暂编第二十师固守义县。暂编第二十二师、暂编第十八师集中锦州，同第六十军第一八四师（第三次重新建立的）及新编第八军沈向奎的三个师（第八十八师、暂编第五十四师、暂编第五十五师）归第六兵团（原番号第一兵团）指挥，共负锦州防守任务。孙渡调任热河省政府主席后，卢浚泉升任第六兵团司令官，范不久又任命卢浚泉为锦州警备司令，以巩固治安。任命辽西师管区司令黄永安（原系东北军炮兵将领，住锦州）兼任锦州炮兵指挥官。当时除军师直属炮兵营外，还有锦州指挥所直属的独立炮兵第十三团第二营（有一〇五毫米榴炮七门）；野战炮兵第十六团第二营（有七六点二毫米野炮十二门）。此外，还有战车第三团轻战车连（有英式二吨战车七辆）；装甲汽车连（有装甲汽车八辆）；铁道装甲车队等。

从地形上看，锦州处于冀、热、辽交通要冲。山川交错环抱，比较沈阳和长春是易守难攻的。但是城郊和飞机场外围，周环将近八十余里，工事设施，需要大量器材。从一九四六年第一兵团司令官孙渡进驻锦州以来，即陆续设防，已构成环市区（包括锦州老城在内）周围约十余里的土城。后来又根据东北保安司令长官部工兵指挥的计划，由工兵第十四团派部队加构外围据点工事。原计划用钢骨水泥筑成据点式的子母碉堡。无奈器材缺少，仅仅做了一部分据点中心的高碉。而后守军在其周围加筑了半永久的野战筑城工事，并就地取材，设置障碍物和外壕。

第九十三军系负责锦州西、北两面的防务。军把两个师作直接配备：令暂编第二十二师守北正面，右接新编第八军暂编第五十四师左翼；令暂编第十八师守西正面飞机场，左接新编第八军守南面的暂编第五十五师右翼（后系第四十九军第七十九师守备）。为了构筑防御阵地，经过半年时间，才初步完成了土城外围的据点工事。还有西北角外稍远的一个要点叫冒山屯，其近旁的冒山地势险要，形成西北外围阵地的锁钥。原打算用一个加强连独立守备，但是直到九月初，专任构筑工事的部队才把中心碉堡完成。军为争取迅速构筑起见，乃集中两个师的工兵和军直属工兵营，并派暂编第二十师副师长赵景高（新任职尚未去义县到差）指挥，到处搜集器材运去赶工，期望早日完成，以巩固军正面的防务。不料工事构筑未竣，战斗即从该处开端。

三　冒山及其外围战斗

九月二十四日午夜，冒山发生情况。解放军突然用强大兵力分股向冒山屯、二郎洞奇袭，钻隙穿插，深入渗透，直到锦州北面外围据点的纵深阵地内。二十五日拂晓，土城北面的白老虎屯、大亮甲山、配水池八二高地附近，均有了敌情。在冒山指挥构工的副师长赵景高狼狈逃回，才知该处构工官兵在暗夜混乱中被袭击，除部分退入工事中据守外，多数已被歼俘，而当夜在锦州通义县公路两旁葛文碑一带警戒阵地上的部队，也同时遭受自东北方向来的强大解放军的夜袭，发生混战，不能退脱。大战序幕，遂从此开端。

先是九月中旬，义县附近的锦义公路上，时有解放军地方部队活动，第九十三军为维护锦义间的补给交通，出动军骑兵团和暂编第二十二师第三团北进扫荡。到了七里河附近，因受阻而止。并得知阜新方向已发现大军南下，急退回锦州北部，在葛文碑一带布置警戒。后来侦悉南下大军除部分停集于义县附近外，大部已陆续从锦州西北转向西南，去兴城、锦西地区活动。锦州虽已紧张，但近郊仍尚平静。解放军的进攻企图和兵力多少，一时还不易判明。绝难预料到在二十四日阴雨之夜，解放军八、九两个纵队以强大兵力从西北和东南两方奔袭而来，对锦北的纵深阵地，乘隙捣毁，当头一棒，给守军以莫大的打击。

二十五日范汉杰为稳定战局，战事才开头就不得不使用总预备队第一八四师协同守军暂编第二十二师进行反攻。经过整日激烈战斗，才将攻入阵地内的解放军肃清。二十六日反攻罾山，并出动战车连与炮空配合，战至傍晚，第一八四师的进攻部队将到达罾山南麓，又遭解放军反击而败退。罾山上还残余的构工官兵全被歼灭，罾山遂完全被解放军占领。此后，暂编第二十二师主阵地前沿和暂编第十八师机场北面的阵地前沿，全被当面的解放军进攻部队所控制，并进行近迫作业。双方暂时形成对峙状态。守军每夜都要遭受攻袭，战力逐渐削弱。到十月中旬解放军发动全面进攻时，守军官兵已疲敝不堪。

由于罾山形势险要，解放军占领后即将炮兵阵地推进，并于其左近的观音洞山（又名娘娘庙山）设置观测所。锦州飞机场的景况，均可历历在目。九月二十九日，飞机场的跑道遂遭受炮击。因而正在由沈阳空运锦州的第四十九军只运到第七十九师的两个团后即被迫中止。再行增加锦州的守备兵力已无望，影响尔后的战局甚大。

九月二十八日，义县的战事已接近最后关头。四郊据点均被解放军攻占。暂编第二十师孤军困守，难以坚持。除了请空军给予支援外，别无办法。这时候顾祝同还从沈阳拍来紧急电令：要暂编第二十师必须坚守一个月，锦州守军必须反攻罾山。锦州要坚守到十一月下旬，等待沈阳的西进兵团和锦西的东进兵团到达，转移攻势。文电一再申述锦州战事关系大局，要鼓励将士，为党国效命云云。卢浚泉和我读了文电，真是啼笑皆非。义县官兵苦战到十月一日，援绝城破，全师自师长王世高、副师长韩润珍以下，均被歼俘。

攻下义县的解放军第三纵队，迅即转到锦州北郊，加大了暂编第二十二师的压力。该师正面重要据点配水池八二高地、大亮甲山等处的战斗，遂形激烈。八二高地因工事比较坚固，暂编第二十二师第一团集中全力构筑，半年时间才完成。自从九月末开战以来，遭受数次夜袭，均未被攻陷。十月十二日解放军第三纵队集中强大的炮火，进行强袭，工事被重炮毁坏，守军被全歼。随后，该处东面的大亮甲山和西南面的合成化工厂附近据点也被攻占。暂编第二十二师只好退守土城。

此际，锦州东南正面守备的友军连日来的战斗也失利。东面新编第八军暂编第五十四师所守备的紫荆山、水手营子、北大营等据点，自十月上旬即先后被解放军第八纵队所攻占。暂编第五十四师早已退守东面土城附近待援。南面罕王殿山（又名松山）、双山子、女儿河、车站南方二一六高地等处据点，原系新编第八军暂编第五十五师守备，因该师战力较弱，第四十九军第七十九师空运到达后，即接替南面防务。暂编第五十五师被控置在后方土城，作第二线守备。而南正面多余山地，依山布阵，工事较差。十月三日夜半，经解放军第七纵队步炮联合袭击后，即被大部攻陷。锦州指挥所出动总预备队第八十八师加入战斗，协助守军，反复争夺，激战两日，迄未奏功。第七十九师因伤亡甚大，指挥所又令第一八四师沿城南女儿河一带另行布阵拒守。十月十二日，战况更形紧张，第一八四师且战且退，十三日晚已退守南面土城。第八十八师和第七十九师退守土城西南锦州老城一带地区。

西南飞机场方面自十月六日及七日两夜在机场西北一六七高地经过激烈的战斗后，战况即比较沉寂。暂编第十八师于十月初从机场西北要点一六七高地派兵一部企图夜袭当面观音山解放军的观测所未成功。当面解放军第九纵队猛攻一六七高地两夜亦未遂。同时因空运已无法恢复，机场失去作用，解放军尔后亦只以小部队于夜间进行牵制袭扰。而锦北正面战斗日形紧张，东面友军又呼吁求援，总预备队第八十八师及第一八四师已投入南正面及西南方的战斗。指挥所乃以暂编第五十五师接替飞机场的防务，将暂编第十八师抽调入城，以一部支援东面暂编第五十四师的战斗，其余控置市区做预备队。

四　城破援绝，放下武器

经过旬日的战斗，锦州外围据点先后失陷。守军退据土城，已伤亡将半，士气异常低沉。解放军第二、三、七、八、九等纵队云集四郊，合围之势已成，解放军炮兵火力的强大殊出乎守军预料之外。十月初范汉杰还一度打算向锦西突围，已密令各军准备，后又中止。到此时则突围打算已不可能矣。十月中旬后，锦州守军的炮兵全被压制，同时弹药告罄，仅凭空投接济，已缓不济急。而空军因受解放军高射炮火的威胁，不敢低飞；地面守军的区域又逐日缩小。空投既难期准确，空军支援地面的战斗也效果甚微。市区内的核心工事，在战前没有完整和系统的布置，仅各部队就住地周围设堡置障，不能连贯。市区战斗必然难期持久，而此时沈阳西进的援锦兵团尚杳无信息，锦西东进兵团向塔山方向进攻，仍只听到传来的阵阵炮声而已，守军官兵已感到覆灭之灾即将临头。

十月十四日上午，解放军发动总攻。炮火连天，南北土城先后均被打开了缺口，战火逐渐漫入市区。枪炮声、炸药声震如雷鸣，满城烟雾弥漫，交通阻绝，通信失灵。北面暂编第二十二师阵地内锦义公路上还出现解放军的战车，战斗更形激烈，逐屋争夺，该师第一团团长王振威战死，第三团团长负伤，伤亡官兵也无法救护，战斗呈现混乱状态。范汉杰知情况不妙，亲到卢浚泉和我的住所（邮局大楼）计议突围，虽感到事已无济，为了不做俘虏，还想免脱。当时土城东南战况不甚激烈，判断该方解放军可能较少，范汉杰和卢浚泉即仓皇出走。我找到暂编第十八师师长景阳，还妄想选拔精干士卒，乘夜沿铁路向西冲出重围。行经车站附近，就与率领人员失去联系。这时，四面枪炮声激烈，解放军进攻的信号枪弹，满天飞舞，多指向车站方向，知已难于行动，困待天明，遂为解放军第八纵队所俘，辗转送到东北解放军总部。

锦州北大门义县战役记

赵振华*

东北国民党军在一九四六年、一九四七年反人民内战中受到人民解放军的沉重打击，锐气大减，由疯狂的全面进攻，不得不变为全面防御了。到了一九四八年春季龟缩到长春、沈阳、锦州三个大城市，孤守待援，妄想挽回全部被歼的命运。

当时防守锦州的部队，有国民党第六兵团的第九十三军（缺暂编第二十师）、新编第八军，另外还有空军一个中队和一个战车连，总兵力约十万人。有这样多的兵力，我们当时自以为守住锦州确保关内外的后方交通，是有十分把握的。

义县是锦州北部的一个小县城，两地相距约四十五公里，在军事上是一个要点。它是锦州北方安全及掩护北宁路侧的屏障。守住它可以使关内外的交通不致中断。第九十三军暂编第二十师被派驻守义县，我仅就记忆所及把当时暂编第二十师在义县被歼的经过忆述如下。

一　兵力部署

国民党军暂编第二十师乃半美械装备部队。在抗战末期，美帝曾派有顾问团参与训练。一九四八年在义县时，总兵力不下七千多人。其指挥系统是：少将师长王世高，少将副师长韩润珍；政工处少将主任赵文侯；参谋处上校主任杨德光；军需处上校主任李联翰；军械处中校主任王克刚；军医处中校主任张鉴明；第一团上校团长赵振华，中校副团长蒋啸

---

* 作者当时系国民党第六兵团第九十三军暂编第二十师第一团上校团长。

天；第二团上校团长王灿荆，中校副团长李焕文；第三团上校团长陈敬熙，中校副团长段士贤；师直属部队有山炮营、工兵营、辎重营、通信连、特务连、野战医院等。

一九四八年三月，暂编第二十师由阜新撤退防守义县。当时认为欲保东北，必守锦州，欲守锦州，必保义县。如果情况好转就可以义县为基地，西可进出承德、赤峰，北可进窥阜新、彰武，在攻守上，义县都具有重要的战略价值。当时我们是这样盘算的：义县发生了战斗，锦州近在咫尺支援很方便，如锦义地区同时发生战斗，关内可由葫芦岛，关外可由沈阳增援。所以锦州、义县虽处在东北战场的最前线，但它不是孤立的，它的力量是和后方的力量相连在一起的，再加上空军及锦义地区的坚固工事，自以为锦义地区的防守是有相当把握的，甚至还可以相机出击。这对振作国民党军士气，扭转战局，是不无希望的。暂编第二十师将领就是怀着这种乐观的情绪到达义县，并积极整训部队，认真构筑工事，重新拟定了全面加强义县的防御工事构筑计划。并决定以旧城墙为基础构成核心阵地，加强和增筑城外的许多连排据点，前后错综配置，形成了宽阔的主阵地带。另外在主阵地前方的主要村落构筑前进据点，不仅据点与据点的火力可以交叉侧防，城墙上的火力更可以居高临下，形成了广大纵深的立体火网。如果某一据点被突破，左右两侧及后方的据点可以不受影响，仍可独立作战，发挥侧射火力，将突入之部队歼灭。

上面所说的连排据点，其构筑方式是以三个以上的地堡群及弹药库、掩蔽部、厨房、厕所、交通壕（重要的都加以掩盖）连接组织起来的。地堡群外有宽三米、深三米的外壕，外壕前设置三四米以上鹿砦及铁丝网作为障碍。每个地堡的射孔盖材多是用二十至三十厘米以上的木材或铁路钢轨加上集土筑成的，其坚固程度稍逊于钢筋水泥的永久工事。当工事构筑完成后，曾用自己的炮火加以测验，十分坚固。自以为解放军现有的武器是攻不破它的。

义县城防工事大体构筑完成后，暂编第二十师防御布置调整如下：

东南守备区：由城东北角（含）至南门（含）之线。

指挥官为第一团团长赵振华。以第三营为东守备队；第二营为南守备队；第一营为预备队。

西北守备区：由南门（不含）至东北角（不含）之线。

指挥官为第二团团长王灿荆。以第三营为西守备队；第二营为北守备队；第一营为预备队。

总预备队策应各方面之战斗。指挥官为第三团团长陈敬熙。

一九四八年七八月间，师长王世高曾在义县校阅了守备部队和地方团队共一万人左右，第九十三军军长盛家兴也亲至义县为官兵打气。当时暂编第二十师更自以为兵强马壮、武器精良、粮弹充足，守义县是固若金汤，稳如磐石。

二　战斗经过

一九四八年九月十一日解放军开始对义县节节逼近。当时估计解放军最多是两个纵队，以一个纵队攻打义县，以一个纵队阻止锦州方面的援军。据各方面的情报，围攻义县的部队查明番号的有东北野战军第四纵队和第九纵队第二十五师，其他部队就没有弄清楚。九月十二日义县已被团团围困，谍报人员已无法活动了。由附近村落逃进来的地主分子报称，每个村子都被解放军挤得满满的。事后才知道解放军是集中了整个东北的主要力量、避开沈阳迂回到锦义地区，这么多的兵力和这样大胆的行动是国民党军将领绝对料不到的。

十七日夜间一时许，解放军开始向义县全面进攻。义县车站及西北方第二团守备地区正面发生了激烈战斗，战至次日拂晓解放军没有取得进展。又在步炮协同之下向义县东南第一团守备地区猛攻，激战至中午十二时有三四百人由空隙部位突入到我军警戒阵地后侧，对我正面威胁很大。当时第一团组织了一个加强营，配属装甲车四辆，由第一营营长陆先柱指挥，在师山炮营支援下，向解放军反击。激战至下午六点多钟，才将突入的解放军打退。战车被击毁两辆，随后又拖回来了。从此，可以当作活动堡垒使用的四辆战车便不敢出城。是役，负伤排长一人，阵亡两人，伤亡士兵四五十人。出击的部队也是被打得头破血流、遍体鳞伤。第一团这次战斗受到师长王世高的嘉许。当天晚上，第一团副团长蒋啸天集中了团直属部队所有人员，在阵地空隙部位连夜增设一个据点，把东南角薄弱部分弥补起来。此后大约有三天的时间没有战斗。

在义县车站南方的棉花厂附近，有一个前进据点，位置相当重要。这个据点的工事是第三团派部队构筑的，相当坚固。后来经过防区调整，由第一团派兵防守。十八日夜间这里发生了情况，仅仅听到了一些冷冷落落的枪声，便被解放军占领了。后来查明是守据点的排长自动放下武器投降了解放军。从此，南方主阵地带就完全暴露在解放军面前。为了不使已经沮丧的军心更加动摇混乱，这件事的真相一直不敢宣布，其实大家早已明白了，只是心照不宣罢了。

十九日晚，解放军插入我南方据点侧后一带阵地，拂晓前在猛烈炮火掩护下猛冲猛打，有百余人突入警戒阵地侧后，第一团派出了一个连，在老爷庙据点的火力支援下，经过三小时的激战始将解放军进攻部队打退。是役，第一团负伤排长一人，伤亡士兵百余人，此时第二团方面也受到攻击，幸而阵地没有什么丢失，平安无事地度过了这一晚。

自此以后，解放军采取了逐点攻取的战术，先集中炮火轰击欲夺取的据点，轰得几乎变成平地，再以轻重机枪猛烈压制住两侧据点，使之不能侧防支援要夺取的据点，再以步兵一举而攻占之。

二十日拂晓，解放军集中了几十门迫击炮向东方前进据点轰击，弹如雨下，硝烟泥土鹿砦四处飞扬，整个战场好像下了一场弥天大雾。骑兵排排长向团部报告说："机关枪、冲锋枪被泥沙塞满发生故障不能射击，士兵在阵地里视线被尘土遮住，交通壕也几乎被削为平地。"我命令他马上将自动火器及其人员撤到掩蔽部拭擦，待炮火停止后再战斗。我随即来到东城墙上观察战况，只见南方前进据点及骑兵排据点一带被烟雾泥土笼罩了，炮弹像一阵猛烈的冰雹撒下来，硝烟泥尘直冲到天上，像一根一根的烟柱，被风吹着飘过大凌河去。我派出部队去支援，他们到了火网地带就不敢前进了。经再三严厉督促，才勉强地推进了百多米。这时架在空中和埋在地下的两条电话线路都被打断了。一小时后，机枪步枪声猛烈响了起来，我请求师山炮营压制敌火力，也没有收到什么效果。不多久，骑兵排据点终于被解放军摧毁攻占了。

骑兵排据点被攻占以后，第一团抽调兵力反攻了几次都没有得逞。以后再没有能力反攻了，只好在失去的据点后面连夜再筑据点，用以顽抗，以阻止解放军逼近城根，企图拖延时间，等待援军。对于锦州的援兵我们仍充满幻想。第一团再以副团长蒋啸天指挥团直属的一切后方人员专门增筑地堡和挖掘外壕，拆毁阻碍射界的民房，制成许多制式材料，只要有一个据点被攻占，就马上在它后面筑起另一个据点。像这样的据点连外壕在内，先后筑了三四个。然而这个办法也不能阻止解放军的前进，阵地一天比一天在缩小。

九月二十一日，义县方面战况沉寂，七里河方面（靠近锦州方向）炮声隆隆，师长王世高召集团长开会，分析当时的战况。大家认为解放军攻不下义县，锦州又派出援军，腹背受敌，战役可能停止；另外又估计解放军强攻义县牺牲太大，故而改变策略，围困义县，先打锦州。围城打援是解放军惯用的战术。在会上讨论的结果，都认为不论解放军先打援军，或先打锦州，或知难而退，我们都要紧紧抓住这个喘息的机会，调整部署，日夜加强工事，以进一步巩固城防。

二十四日，解放军在击溃了锦州方面的援军后，整顿了阵容，对义县又加紧了进攻。在战术上已经由猛冲猛打变为逐点攻取，现在又变为坑道逼近了。解放军利用黑夜，向义县实行佯攻，发动主力挖掘坑道，过了两三昼夜，他们在义县外围挖掘的坑道已是纵横交错，四通八达了。有的距离守军阵地前沿仅百多米。他们又把平射炮运动到阵地前方两三百米处。这样一来，我守军借以顽抗的地堡都变成了没有用的东西，只要一开炮，定被打得粉碎。这一手确实成了守军致命的威胁。我们也曾集中炮火向这些平射炮轰击，消耗了不少弹药，一点没有用处。只好组织部队出击，而解放军则在坑道内发扬炽盛火力，打得我出击部队丢盔卸甲，狼狈窜回，伤亡累累。如何对付这个坑道逼近的战术，我守军将领用尽心思，也仍然是束手无策。师长王世高曾召集团长以上的人到西南城墙上观察势态，研究对策，团长们也想不出好的办法。我也曾召集可以离开阵地的军官，深入下层研究对策，但大家也只是面面相觑，想不出一个可行的办法。只好继续派部队出击，仍然伤亡很大，削弱了防守的力量，剩下的办法就是用迫击炮、枪榴弹轰击，打了许多炮弹，但命中目标的很少。除了借此来冲淡一下毫无对策的慌张心理之外，已无计可施了。

经过三天的激烈战斗，我们的炮弹不多了，师山炮营的炮弹也打光了。我们看着解放军在义县外围的那些村子里进进出出，只有干着急。解放军也知道我们没有弹药了。

援兵不能来，炮弹又没有了，各营机、步枪弹也快光了，我们把唯一的希望寄托在空军上。一是空投，二是轰炸。直盼至二十七日下午三时，飞机来了，我喜出望外，团部院子里的官兵们也兴奋起来。我爬在房顶用望远镜看，只看见一架，飞得很高，此时解放军高射炮全部开始射击。那架飞机打了个排枪，投了一个通信袋，就溜了。后来知道这架飞机是专来投送蒋介石给师长王世高的亲笔信的。

当天晚上，王世高告诉我，次日空军要来投送弹药，我听了感到很高兴，认为锦州长官对我们总算是关心的。我立刻回到团部作了以下的布置：命令第一线做好射击准备，若共军来抢弹药就打；城内戒严不准通行

（实际上那几天街上已没有老百姓往来）；指定接收人员准备接收。

二十八日，天刚发白，我就告诉副团长蒋啸天，督促通信排把陆空联络布标铺在小学校的操场上，指示空投场所。约十点多钟，飞机来了三架，飞得比昨天还高，解放军的高射炮火比昨天猛烈得多。我用望远镜看，从飞机里面丢出了许多黑黑的东西，不一会降落伞开了，因飞机飞得太高，降落伞有的飘过大凌河那边去了；有的落到解放军占领区了；落在城内和我们阵地内的仅是少数。落在阵地前方的，我们去拿，解放军就打，他们出来拿，我们也打。这次投下来的弹药据说有两百多发山炮弹，其余的是机、步枪弹和冲锋枪弹，数量多少无法统计。落在阵地上的守兵就分用了。落在城内的，师部送来了一部分，我们自己也抢了一些来。总之，这些弹药为数太少，杯水车薪，不等多久，就又消耗光了。

自空投开始以后，我们弹尽援绝的情况已全部暴露出来，解放军士气更加旺盛，英勇无比。战斗夜以继日地猛烈进行着，我们越打越弱，已经被打得喘不过气来了。许多坚固的地堡被打垮，重机枪和人都埋在里面出不来。我们的阵地一层层地被剥下去。义县好像是汪洋大海中的一座孤岛，潮水在渐渐涨起，它的面积在渐渐缩小，眼看不要多久，就要全部淹没了。

二十九日凌晨二时左右，城南主阵地带被突破一个缺口。我命令第二营营长刘雄迅速集中一切人力和物力，不论付出多少代价必须把缺口堵起来。并命令城墙上的火力支援他，一小时后副营长黄华铸来电话说刘营长已负重伤，突入菜地内的解放军虽被消灭，但钻进据点内的则无法打退。我叫他代理营长职务，不可再失阵地，维持到天明，再图恢复。刘雄被送进医院，不久便死去。

此后，义县战况到了最紧张的阶段。师部颁发了一道训令，内容大体是："义县乃锦州的屏障，如义县不保，锦州将垂危；若锦州失守，整个东北就完了。东北完，华北亦完。国家兴亡在此一战。务必督饬官兵，坚守阵地以尽全功。如有擅自放弃阵地者，军法从事，格杀勿论。"我把训令转发下去，自思现在要保住义县，只有锦州大力增援，内外夹击，否则我们能坚持的时间是不长了。解放军很快就要打到城墙脚下，为了阻止他们的逼近，我把迫击炮连（因弹药已打光）当作步兵使用，并派特务排在城墙一带巡逻，不准官兵退进城来。

就在这一天（二十九日）蒋介石给王世高发来一个电报，大意是："世高吾弟：义县安危，影响整个东北战局，该师连日英勇歼敌苦战，殊堪嘉许，现已令锦州范主任（汉杰）大力增援，尚望勉励官兵再接再厉以尽全功。”王世高叫我到师部，给我看电报，并说我们义县打得很好，现在连委员长都重视了。只要我们能把解放军阻止在城墙外面，固守待援，保住义县，我们就算成功了。

解放军的炮火近两天来越打越猛了，我们的山炮没有炮弹早变成了哑巴。解放军震耳欲聋的炮声，我们断定无疑是重炮，这使我们精神上受到很大的威胁。有的炮弹已经落到团部的院子里来了，尘土像筛糠一样地落在我的办公桌上，我和蒋啸天所在的掩蔽部被震垮，把我们二人压在里面，花了很大的工夫才把土挖开爬了出来。为了减少伤亡，我又下令大挖掩蔽部，以策安全。连战马都转入地下掩藏起来了。

激战至晚，城外据点多数失守了。西门外地方团队退下来的官兵要求进城，我一怕他们进城后在紧要关头转向人民军队里应外合，二怕解放军也混进城来，所以我们坚决不让他们进城。我们自己的部队退下来的，我叫第一营营长陆先柱和第二营代理营长黄华铸收容起来，分别布置在沿东城和南城一带的工事里。城外仅存的据点，只有第三营营长李建图防守的老爷庙。这个据点位置重要，构筑得很坚固。它可以侧防东南两侧城墙脚，解放军曾几次想夺取它都被打退了。我叫李调整兵力，缩小防线，加以固守。我把空投下来的机枪步枪弹，也先补充给了他。第二团方面的防线也同样加以缩小调整。兵力薄弱的环节，由第三团派兵增强。这一道最后的防线，它是以很厚的城墙为基础，坚固的地堡群，很深的外壕及成面的障碍物组织起来的最坚固的核心阵地。在城外东南角和西门外也还有坚固的据点，可以内外相互支撑。全城重要的地堡都派连长一级的在里面固守。经过这一番调整部署以后，我们觉得坚守十天左右等待援军，大致还可以。当晚，解放军在正面又发动了几次猛攻。第二团方面尤以西南角一带最为激烈，幸而都被击退了。我们动摇着的信心又坚定了一些。

三十日晚上十二时左右，王世高叫我去开会，他派副官来接，把我引到第二团团长王灿荆的掩蔽部里，副师长韩润珍、第三团团长陈敬熙、政工处处长赵文侯和军需处处长李联翰都在那里了。我到后，王世高问了我一下情况，接着说，锦州已在吃紧，关内外援军一时无望，死守下去最后还是被消灭，只有突出重围，才有生路。解放军的兵力，正集中在锦州周围，义县北方一定空虚（实际上义县北方大军云集已布下天罗地网），我们突围到朝阳方面转向绥中、兴城一带再靠拢锦州。大家瞪着眼沉默了几分钟之久，想不出更好的办法，便一致赞成了。最后讨论到突围的时间，以为当夜太仓促，决定明天（十月一日）天黑以后一致行动。军官家眷全部留在义县，由军需主任李联翰负责。判断解放军不会杀害家属。不能带走的重武器，全部破坏。尽可能携带弹药和粮秣。我从师部回团已经一点多钟了。就在这一天夜里三时许，解放军开始了总攻。炮火之猛烈为前所未有，它的声音压住了一切枪声，整个义县在震动。估计今晚轰击的大炮不下五六十门，目标主要集中在第二团守备区的西南角一带核心阵地。解放军进攻的矛头对准了我们的心脏——师部。城墙附近成了一片火海。不多久，我团第二营代理营长黄华铸来电话报告西南城墙脚被轰垮了一个缺口，话还没有讲完，王世高接着来电话询问情况。

——你们防区的情况怎么样?

——东南两方都受到猛攻，现在阵地还没有变化。

——城墙是我们最后的生命线，务必坚守，你们东城墙薄弱部分怎样了?

——昨天已在东城后加了一些沙包。

——西南角情况怎样？城墙是不是垮了?

——已令第三团抢救，堵上了沙包!

刚说到这里电话就断了。

十月一日五时左右，黄华铸来电话说，他的腿负了伤，我要他坚持着不要下来，马上派医官来阵地为他治疗。因为当时情况已很危急，谁也不愿去当这个营长，派不出人来接替他的职务，只好暂时如此。直到天明，炮火的猛烈一直没有衰减。夜间我曾打了几次电话，了解各营战况，知道解放军趁着天黑夜暗前仆后继地冲锋，都被堵住了，我防区没有丢失阵地。但西南角缺口，能否堵得住，一直使我忧心忡忡。天明后八时许，黄华铸来电话报告，解放军已由西南角缺口冲进来了，我把情况立即报告王世高，他回答已令第三团派兵增援，务必把突入的解放军歼灭。王要我无论如何坚持到晚上，照预定计划实施突围。

自今晨三时以来，解放军炮火原来集中在第二团西北角一带核心阵地，天明后逐渐转移到东城墙的薄弱部分，炮弹声震耳欲聋，连机枪步枪声都听不清楚。十时左右，通师部的电话线被打断了，至此，我便和师部失去了联络。情况已经到了不可收拾的地步，城西的部队已被打成散兵，逐渐靠近城东来了。中午，东城墙被轰垮了三四十米，陆先柱来报告，解放军已由东城涌进。我命令他组织部队把缺口堵起来，并把我手边仅有的部队特务排也交给他指挥。一小时后特务排长来报告，陆营长下落不明，鼓楼附近已发现解放军，正进行激烈的巷战。下午一点多钟，第三营李建图打电话来，义县车站附近炮声激烈，他说是援军到了。其实根本没有这回事。我为了稳住军心便顺水推舟地说："援军既到很好，守住阵地坚持到天黑，我们便胜利了。"其实哪里有援军，我们已在准备晚上逃跑，自此以后，电话线都断了，对外完全失去了联系。枪声由远而近，战斗已经在团部的街道上进行，接着"缴枪不杀"，"解放军优待俘虏"的声音也清楚地传来了。自思义县败局已难挽回。想到自己对解放军顽抗得这样坚决，解放军不会饶恕我，不如干脆自杀。但是萌自杀之念易，行之则难。转眼一看妻儿还在身边。有谁来照管他们呢！那时心乱如麻，不知如何是好。两点钟左右马排长抬着机枪退到掩蔽部来了，我说你就堵门口吧。顷刻间，解放军爬上了房顶，手榴弹抛到掩蔽部门口，接着就是一排冲锋枪扫下来，马排长应声倒在我面前了。"出来！缴枪不杀！"解放军战士连喊了几次，我便丢出了手枪，跨过马排长的尸体，从掩蔽部里钻了出来。解放军在我身上检查了一遍，没有拿去我的任何东西。有五六个解放军把我带到我的办公室里，他们一个个都是威风凛凛的，有个左手用绷带吊着，右手还提着一支自来得手枪，他指着我说："你这个不要命的家伙。"我没有出声，在办公室里一支接一支地抽着香烟。不一会儿来了一位穿草绿色呢军服的解放军军官，他把帽子向桌上一掼，向我问道："你就是赵振华，这样顽强。"我说："军人守土有责，各为其主。"他哼了一声说："守老爷庙的部队是不是你的部队？"我回答："是的。"他说："你马上下令叫他们停火。"我回答说："你们能够抓到我，去解决他们自然也很容易。"我想如今命在旦夕，何必在临死之前下达这样的命令，我这样的回答后，他并没有再逼我也就走了。我靠在沙发上继续抽着香烟，静待他们来处决我，那时老爷庙的枪声仍然没有停止。

六点多钟，来了几个解放军，他们手里拿着照相机和电影摄影机，他们把我叫出来拍照，接着我的吉普车开来了，把我和蒋啸天以及我的妻儿都送上了车，这一连串的动作他们都拍了电影。一个解放军的军官向我说："不要害怕，放下武器，咱们都是朋友，你们到后方学习学习就理解了。"我这时才松了一口气，心情平静了一些。汽车开到了街上，沿街坐着被解除了武装的官兵，垂头丧气，狼狈不堪。见我的汽车来了，都抬起头来看，但我没有勇气去看他们。出了东门，因桥梁被炸坏，只得下车步行，在高粱地里的小路上穿来穿去。夜间九时左右，我们到达宿营地，我和妻儿被送到了一个院子里的屋中。门外有卫兵守着，不许乱动。虽然处在兵荒马乱的时候，但饮食起居方面解放军对我们的照顾是十分周到的。不一会送来了菜饭，负责的解放军说："对不起，今晚没有准备，你们随便吃吧。"我一看仍然是大米饭，有菜有汤，我随便吃了一点。在院子里吃饭的那些解放军，手里端着的尽是高粱饭，优俘政策第一次在这里体会到了。

十月二日早饭后，叫我们继续出发。在途中，锦州的飞机又来了，对义县投下了几枚炸弹，我心里想，你们来迟了，你们是来替我们送丧的。中午十二时左右我们到了王家沟，师长、副师长、团长以及少校以上的军官都集中在那里了。就这样，国民党军暂编第二十师全体官兵七千多人，在解放军总攻开始以后，先后不过几小时，就全部被歼灭。

十月三日中午，我被叫到解放军首长那里去，那个村子里停着不少大小汽车，我见着我的司机在那里很自由地走动，好像不是俘虏的样子，我有点奇怪。到了首长屋里，他叫我坐下，态度非常和蔼，随后他走到一张敌情地图旁，用手指着图问我："守老爷庙的部队，是不是你那个模范连？"我回答："不是，是临时拼凑起来的。"事实上守老爷庙的人是由各个据点退下来的一些散兵组成的，所以我照直这样说。我走近一看，墙上挂的是第二十师在义县防御配备地图，再仔细一看，上面的工事位置，兵力部署，小到连排都与我们自已绘的丝毫不差。我当时大吃一惊，我们的军事秘密，何以会被对方了解得这样清楚，今天当俘虏是一百个应当的了。接着首长对我说："你对我军解放锦州有何看法？"我答："你们可以打下义县，你们不可能打下锦州。"他接着问为什么，要我说说理由。我说："义县仅几千人，弹尽援绝，因而守不住，锦州十几万人，沈阳和葫芦岛都可增援，并且葫芦岛与锦州近在咫尺，可由海上调来大量援军，又有坚固的工事和雄厚的兵力，你们打不下锦州。"他又问我："你们知道济南前几天被我军解放了吗？全歼国民党军王耀武部队十几万人。"我听了半信半疑。他笑着说："我军打锦州还是容易的，你不信看着吧！"我当时的看法在今天回想起来，真是幼稚可笑得很，没有一点政治远见。随后我被带回原住处。

十月五日我们全部被俘的校级以上的军官向哈尔滨后方送去，正当渡大凌河的时候，送丧的飞机又来了，几排枪扫射下来，打伤了一个被俘的军官，转了一个圈子，扬长而去。我们昨天还在为蒋介石卖命，今天当了俘虏就遭到蒋介石飞机的扫射。

到了哈尔滨，不几天我们便听到了锦州解放的消息。当天解放军军官教导团举行会餐庆祝胜利，接着就是长春解放，沈阳解放，整个东北解放了，解放军胜利的捷报不断传来，所以这样的庆祝会也就接二连三地举行了许多次。

困守锦州三月记

侯廷栋*

一九四八年秋，在东北战局处于极为不利的情况下，国民党统帅部为挽救被困在东北的数十万军队的命运，遂调集重兵守锦州战略要地，以确保关内外的运输线，企图作最后挣扎。从一九四八年八月上旬开始到锦州被解放止，在这三个月当中我本人都参与其战，兹将片断，记述于后。

一 锦州防务的局部部署及阵地设施

东北“剿总”锦州指挥所决定第九十三军守备锦州西南外围据点，军部派暂编第十八师守备飞机场南端一带高地，暂编第二十二师守备城西铁道北外围前进据点。第一八四师为兵团预备队。暂编第二十二师师部命令第一团占领配水池西南之线据点工事，与左翼暂编第十八师联络。第二团占领配水池西北之线据点工事（第二团团长王重基因病在北京医治，该团由副团长侯廷栋指挥），该团以第三营为第一线部队占领旧市府大楼西端前进据点，左翼与第一团配水池（不含）起，右至锦义公路口止，第二营占领第二线预备阵地，第一营及团直属部队为预备队，位置在旧市府大楼附近，并协助第一线营构筑工事，各营照指定地区进入阵地后即在现有的钢筋水泥工事的基础上加强必要的纵深堡垒及交通壕外壕等，并设置多种障碍物。为了准备顽抗，加强工事的工作进行了将近五十天，范汉

* 作者当时系国民党第六兵团第九十三军暂编第二十二师第二团上校副团长，代理团长。

杰、卢浚泉曾数次亲自到阵地检查，并当场指示各个据点应达到的工事强度。

二　战斗经过

九月下旬，东北人民解放军主力部队围攻义县，以一部进占女儿河，牵制锦州部队向义县增援，并相机向锦州进攻。军部派暂编第二十二师副师长瞿琢率领军骑兵团及暂编第二十二师第三团及第二团第一营增援义县，到锦州北面薛家屯、葛文碑附近，被解放军阻击，骑兵团遭击溃，骑兵团团长王耀云被俘，第三团团长章学舜负伤，然后奉命撤回锦州。

解放军在围攻义县的同时，以一部进攻锦州外围配水池西南高地。从九月二十六日占领该地以后，即用野战炮兵一部控制锦州飞机场。范汉杰为维护机场运输，于九月二十八日派第一八四师两个团向配水池西南高地进攻，在榴弹炮兵团的支援下，第一八四师的两个步兵团先后两次攻到山腹地带，均未奏效，到晚八时仍退向原地。十月二十九日，飞机已不能降落。同日，解放军一部二三百人，拂晓即向我防线（锦州至义县公路口）右翼据点第三营九连阵地攻击，经过约三小时的猛烈战斗，解放军仍退回阵地前方的村落构筑工事。当日十一时，范汉杰亲自到我阵地视察，命令我团速将来攻的解放军数百人歼灭。我团于当日下午五时派第一、二两连在炮兵掩护下出击，到村落外围与解放军战斗至八时许，毫无进展，料不能奏效，我步兵两连仍退回预备阵地。从此几天当中双方处于相持状态，未进行攻防战斗。在此时间，飞机无法降落。十月三日至八日，蒋介石每天都派飞机数架在锦州上空空投弹药。部队看到这样的情形，军心已相当涣散，有的人互相说笑，打不死只好去哈尔滨耍耍（意思是等着当俘虏）。

十月九日早晨，解放军全面向锦州外围各据点发起进攻，配水池据点首先失守，对第一线阵地影响很大。师部命令该团夺回配水池据点，次日第一团团长王振威乘装甲车亲自出马指挥出击部队,当场阵亡，进攻部队亦被解放军击退。配水池据点被解放军占领后，对飞机场形成直接威胁，并取得进攻我团阵地左翼据点的有利地势。下午九时，兵团司令部命令我师各团在阵地后方集中待命突围，我和其他团长到师指挥所见师长李长雄，提出建议说，阵地上的部队不能撤，如果撤出阵地集中，解放军即时就占领我现有阵地，我部队则不易脱离，可能徒遭重大损失，突围能否顺利毫无把握，兼之夜间部队行动不易掌握，最好还是固守现有阵地，还可以暂时维持现状。李长雄到兵团部约一小时后回来了，传达兵团部原计划变更，令各团仍坚守原阵地。并云，廖耀湘兵团已由沈阳出发，先头部队已到达大虎山附近，不日即可解锦州之围，命令各团进行传达，必须坚定信心，死守阵地。

十月十二日早，锦州外围解放军全线向我各线阵地发动大规模的进攻，在猛烈的炮火掩护下，在我阵地前挖坑道，逐步向我据点接近。我团依靠强固工事顽抗，仍不能阻止解放军前赴后继的猛攻。在当日的攻防战斗中，双方的火力均猛烈，守第一线据点的第三营，伤亡惨重。晚上又派第一营的一、二两连继续增援，企图维持守住阵地。

十月十三日上午十一时，第一线阵地全部失守，退回的守军已残存无几，而且惊惶万状。我为了维持第二线阵地，组织退回来的残存人员归第二营营长指挥，加入第二线阵地。解放军攻占我第一线阵地后，继续向我第二线阵地猛攻，战斗到下午，第二线阵地亦失守，第二营营长李××阵亡，守阵地的部队零星地溃退到旧市府大楼，团指挥所收容组织部队，全团只剩四五百人。希望廖耀湘兵团来解锦州之围，迟迟未到，引起大家极大怀疑。

十月十四日，团长王重基（才由北京回来约一星期）仍命令残余部队在团指挥所周围抵抗，继续进行战斗。晚上王重基阵亡，市府大楼亦随之失守，残余部队随师指挥所退到锦州火车站，继续抵抗。此刻解放军炮火更加猛烈，我军和各方面也失去联系，情况十分混乱，到十月十五日枪炮声逐步停止，锦州战役即告结束，全部残存守军被俘。

第一八四师：不同选择的迥异结局

何 潆*

国民党第六十军第一八四师在东北战场几经变化，经历过起义，重建，被歼，再重建，再被歼几个阶段，现把概要情况简述如下。

一 重建和整补

一九四六年五月，潘朔端率领国民党第六十军第一八四师在辽宁海城起义，使东北国民党部队内部产生混乱，也引起国民党统治者的震惊。

当时的国民党东北保安司令长官杜聿明，为了要挽救东北动荡的局势，决心重建一八四师。同年六月，新的一八四师在营口成立。主要人事如下：师长陈开文、副师长甘艺，参谋长刘国举，第五五○团团长李佐，第五五一团团长张秉昌，第五五二团团长曾邦本。

师长陈开文自调到第一八四师，就执行杜聿明的计划，积极地招兵买马。师部的政工主任梁鸿基，以及每团的一个营长，每营的一个连长，都由杜聿明直接委派安置。他们互相直接通信，部队的情况，由他们汇报。其余的干部，一部分是起义后收容起来的，一部分是第六十军派下来的。新兵是由河北、江苏两省送来的。至此，整补勉强就绪。

开始训练的内容，不外是要大家服从蒋介石和杜聿明，并宣传所谓共产党发动内战，要求大家要以国家民族为重；同时强调国民党拥有大后方，人力财力物力充足，有胜利的把握，等等。企图以此缩小海城起义的影响，使部队的混乱思想有所稳定。

---

* 作者当时系国民党第六兵团第一八四师第五五二团上校团长。

二　进驻盖平

一九四六年十一月，营口整补告一段落，适遇东北解放军调整部署，有计划地放弃一部分城市，诱敌深入。当时东北国民党部队，以多占一些空城引以为荣。第一八四师也奉命向辽南挺进，执行所谓扫荡战，国民党反动派对占领地区的组织有一套完整的行政机构，有县的自卫队、还乡团，有县区级的干部。国民党部队到达的县区都成立了军警稽查处，它的任务是探报解放军动态，恢复保甲，调查户口，逮捕进步人士等。

第一八四师第五五一团，进驻到盖平（今盖县）的熊岳城，即令第一营营长浩蔚然率该营官兵占领离熊岳三十华里的许家屯火车站，漏夜赶做碉堡，企图长期顽抗。辽南解放军独立师得悉，乘夜奔袭许家屯。该营官兵认清替反动派卖命是不值的，他们在战地大部去参加解放军了。

部队进驻到盖平后，东北保安司令长官部的高级官员，以胜利者自居，把熊岳城日本留下的苹果园占为己有。这些果园是专做对外贸易的。

三　北调四平

一九四七年一月，第一八四师北调四平街以西，师部位于双辽县城，以第五五一团置于卧虎屯火车站。又令第二营占领保康火车站，构筑永久工事，与阵地共存亡。此地可通往哈尔滨，在军事上为双方所必争，以利行动。二月，解放军黑龙江军区独立旅进攻保康车站，战斗激烈，在弹尽粮绝之下，全营被歼。

四　梅河口战役

一九四七年三月，第一八四师东调梅河口。该地系四平街通往通化、沈阳通往吉林之交叉点。也是关系到辽吉两省与中朝交通的军事上的要点，必然要全力所争。该地在双方多次争夺中，所有建筑均已毁去。

梅河口的形势，车站西有一高地，构筑有能容两个连的阵地，山脚有日本式建筑，车站东面是梅河口大街，街长约五里，建筑是旧式土房。

第一八四师在梅河口的兵力部署：师部同第五五一团位于车站以西，以主力占领高地，加强工事。

师直属部队归晋坤统率，占领车站以北莲河车站，构筑工事。

第五五二团主力占领梅河口大街，构筑工事，并派一个营归副团长万炳麟率领，占领车站以南上江城车站，为梅河口南方的前进据点。

第五五〇团主力配备在梅河口车站，并派一个营到车站以东六八旦地区，进行游击活动。

东北解放军攻势开始后，先扫除四围据点。如东方的六八旦，南方的上江城，西方的东丰，北方的莲河，均发生争夺战，守军伤亡过大，旋即失守。

在梅河口核心阵地的兵力，除先已被歼三个营外，全师总人数两个团。

一九四七年五月，梅河口外围阵地全部失守后，解放军主力围攻其核心阵地，攻势猛烈。第一八四师负隅顽抗，夜间战斗，每夜都发射照明弹百余发，解放军夜间攻击，伤亡颇大。解放军攻击时间持续约有十多天，第一八四师人员伤亡亦重，武器损耗很多，已临弹尽粮绝。廖耀湘再三鼓励，并限期只守五天，即为完成任务。后来一再延期，粮弹利用飞机空投，坚守待援，守军日夜盼望早得解围，但廖耀湘始终不派一兵一卒来解围[①]，阵地越打越缩，人员越打越少，以致猬集在几个据点内，已成瓮中之鳖。师长陈开文把通讯器材和密码全数烧毁，准备突围。但后来由于解放军已攻击到核心阵地的内部，并且大声宣传优俘政策，号召放下武器，保证安全，愿参军的欢迎，愿回家的欢送。军心瓦解。在一个碉堡内，师长陈开文、团长张秉昌、曾邦本等，被解放军俘获，送哈尔滨学习，所有伤病官兵，得到医疗和释放回家。

---

① 据廖耀湘谈：实际上东北保安司令长官部曾两次派部队去解梅河口之围，五月中旬，新编第六军新编第二十二师在南山城子战斗失败后，即无力去解围。

五　辽西锦州战役

一九四七年五月，梅河口战役之后，杜聿明不甘心失败，利用保安司令长官部独立师第二团为基干，加之收容起的梅河口漏网的残兵败将，重组第一八四师。新的人事如下：师长杨朝纶，副师长舒秉权，参谋长刘国举，第五五〇团团长李佐，第五五一团团长刘国举，第五五二团团长张文蔚。该师重建不久，即奉命开往北镇整补，成立师的干部训练班，新兵由长官部拨来，加紧训练，同年归第六兵团指挥，开往锦州执行任务。

一九四八年三月，第一八四师奉命开往锦西布防。师部暨第五五一团担当城防工事的构筑任务，第五五〇团构筑锦西的南方高地工事，第五五二团构筑锦西西北阵地。

在锦西为了鼓动士气，举行了校阅，并请东北“剿总”副总司令范汉杰到场训话。同年一月，第一八四师调回锦州，担任警备任务并构筑锦州铁道以北工事（由通往合成燃料厂大道，经旧市政府、锦州神社，到北大营大道为止）。这时第一八四师各团的人事又调整如下：第五五〇团团长何文洲，第五五一团团长刘盛昌，第五五二团团长何溒。

锦州通往沈阳有一座大凌河铁桥，长约四百公尺，河有流沙，铁桥对东北关系甚巨，锦州警备司令命第五五二团派董志武营长，加强工事，坚决固守，并对铁道两旁解放军游击队之破坏，加以制止。这时的北宁铁路，时接时坏，交通已成瘫痪状态。大凌河铁桥之争夺，日夜不停，全营不支溃败，阵地尽失，董志武阵亡。此后，交通运输全靠飞机空运。

一九四八年九月，义县遭解放军包围，义县守军再三请援，第六兵团司令官卢浚泉以傅作义守涿州来鼓励，要求坚守义县。粮弹均由锦州补给，锦州曾派第一八四师沿锦义公路占领阵地，向义县护送弹药，义县亦派主力迎接。后来战况转变，运输已不可能，孤城苦守，解围无望。义县守军被歼灭后，锦州告急。

九月下旬，锦州与锦西的联系已被切断，南面到海边亦为解放军占领。锦州陷入重围。解放军加紧对锦州的攻击，飞机场为争夺的重点，两方反复得失者再，飞机场附近阵地，均已为解放军所占，随即到达城区，炮弹落入城内，人心惶惶。

锦州西北高地配水池，阵地工事坚固，日夜均遭猛烈围攻，失而复得。

为了配合全锦州战况需要，派第一八四师出击冒山屯，企图能起一个暂行阻止解放军进攻的作用。

锦州城北的薛家屯火车站，由暂编第二十二师副师长瞿琢率两团兵力防守，为前进据点，并派出部队作游击活动，后该地为解放军拦腰截断，有被歼之危。锦州指挥所，组织全锦州地区炮兵统一轰击薛家屯周围，只留北大营一个缺口，并派部队出击以作接应，守薛家屯的官兵向北大营突围成功，旋即归还建制。

锦州东面之紫荆山配备有两个连，凭险固守，因时间过长，并在解放军优势火力猛攻下，亦即失守。

锦州南面纵深山岳地带，工事坚固，因四郊已被占领，无力持续下去。

各地后撤的官兵，塞满锦州街巷。所需粮弹，全靠空投，投下的东西多已摔坏，有砸伤人的，有砸坏房屋的，尤其投下的弹药，多数已经破碎，不堪使用。

解放军已临锦州城下，主要攻击在合成燃料厂一带，第一八四师一部分凭借高大建筑，昼夜激烈争夺，伤亡过大，不支失守。城防突破后，战况紧张，指挥已呈混乱。城内守军逐屋抵抗，各自为战。第一八四师副师长舒秉权，把残余人员收容退至锦州旧城布置最后阵地，尚未就绪，旧城亦被进攻。锦州城南的解放军夜间把部队由交通沟运动到城外一百公尺外，在优势的炮火掩护下，全线进攻，这时，全城已处于无人指挥状态。

有人来说，范汉杰、卢浚泉已弃城而逃，大家听到这些传闻后，坐对无言，各人都心情沉重地考虑最后五分钟的命运，决定自己的出路，所以，在老城里没有经过什么长时间的抵抗，大多是解放军宣传了政策，守军即放下了武器。

锦州战役和辽西地方团队的被歼

贺 奎*

一 到锦州编组地方团队的情况

辽西走廊各县，在军阀时期直至九一八事变时，遗弃于民间的枪械，不下十余万支。以后在日本占领时期，虽经日寇竭力搜缴，但到日本投降时，民间冒险储藏的枪械仍不下几万支。这些枪械，大部分在土豪劣绅和地主手里，土匪手里只有一小部分。至于少数农民手里也有一些枪支，则是为保卫自己身家性命之用的。因此，在辽西走廊各县，将遗弃于民间的枪械收上来组织地方团队，说起来容易，但实际上困难丛生，牵制百出，不是一种轻而易举的事。我到辽西行署的目的，就是要进行编组和整顿地方团队。

正当陈诚在东北累遭失败、东北局势对国民党十分不利的时候，国民党辽宁省政府曾准备西迁。经过多次考虑，认为除了锦州之外，别无适当地点。锦州依山傍水，进可以攻，退可以守，自古以来都是军事上的战略重镇。因此，蒋介石将其亲信范汉杰安置在这个关键重地。

辽宁省政府认为这个关键重地，现在是一个大军云集的地方，辽宁省政府数次与我商谈要我担任辽西行署主任一职。辽宁省政府主席王铁汉明确决定：省府拟在辽西整编地方团队两个师，作为地方力量的基础。并说由我整编，归我统率。当时还确定辽西行署成立时，可立即先编成两个团，作为两个师的骨干。我想，在锦州如果能整编两个师的实力，这倒是

* 作者当时系国民党辽宁省辽西行政公署主任兼国民党冀热辽边区司令部中将副司令官、东北“剿总”锦州指挥所副主任。

一个千载难逢的机会。而且，最重要的是薪饷来源，已有出处，不必就地筹划了。所以我经过慎重的考虑，同意出任辽西行署主任。

恰在这时（一九四八年春），范汉杰来到沈阳，曾与王铁汉商谈欲请我协助，担任冀热辽边区司令部副司令官。我当时亦以为地方行政如受驻军的牵制，则毫无办法。范汉杰既有此举，正中我的下怀。

编组的准备

我是一九四八年四月七日到锦州的。由于辽西行署的任命迟迟未到，一切组织筹备问题无从着手，加上我离开家乡已二十多年了，所以在此期间，我乃尽力之所及进行调查辽西走廊各县的实际情况，好为行署成立后的施政提出对策。

我经过两个多月的调查，与原来在沈阳时对于编组地方团队的想法，则大有不同。根据家乡亲友的反映和广泛的调查，了解到尚有许多意想不到的障碍，概括起来有以下几种：

（一）国民党东北“剿总”为了充实在东北各军的实力，需要迅速补充缺额。但那时运输困难，不能按计划完成补充。而士兵伤亡、被俘人数日增，开小差的如流水，兵额一天天减少，许多连的人数还不足二分之一。所以每到受领任务时，都捏着一把汗，心惊胆战。这对国民党军队的士气，无疑是一大打击。也是当时在东北的国民党高级负责者以及各军、师长所共同感到恐惧和忧虑的。因此就想采取就地补充的办法。后来几经会议，才准许将第五十二军暂编第五十四师、第七十一军第八十八师、新编第六军暂编第六十二师和第四十九军第二十六师的各级干部空运到辽西走廊各县就地编补，并限于一九四八年底整编完毕。他们在锦州为了加快整补，向兵役师管区直接进行威胁勒索，弄得兵役师管区无法应付。以后实在没有办法，就变相地将征兵经费按数拨交各师，甚至有划区自行征补的①。

国民党的征兵法，早为广大人民所厌弃，而今整补各师又借机明目张胆按户敲诈勒索，乡保长从中浑水摸鱼，弄得民不聊生。对于有钱有势的豪绅、恶霸，他们不仅不敢招惹，而且互相勾结。

① 范汉杰说，在沈阳的一部分部队中的缺额，可能由辽西师管区补充一部分。至于由沈调锦补充装备训练的暂编第五十四师、第八十八师、第二十六师、暂编第六十二师，则全由关内征补海运秦皇岛、葫芦岛，拨补各该师。第九十三军各师则是由云南征补海运到锦西补充的。这与辽西行署地方团队的兵员并不矛盾。

（二）锦州兵役师管区形成瘫痪。辽西走廊各县人民受日寇的长期占领，早已困苦不堪。如再课以沉重的兵役，就等于掐住他们的脖子置之于死地。锦州兵役师管区深恐惹出问题不好收拾，所以当县政府指定某区为某师的应征范围，兵役师管区就转知某师，由其自行设法施征。对国民党的征兵暴政，群众十分痛恨，有的起而反抗。闻有单身士兵向老百姓敲诈勒索者，被当地群众活埋了。

（三）地方人士都愿意将子弟送进地方团队。因为这样不但可以躲避兵役，而且可以避免远离家乡。

编组的实施

七月上旬，辽西行署主任的任命下达后，我首先忙于编制行署内部事宜，对于地方团队的编组则稍为放松。以后各方情况紧急，时间已不容再拖，于是我依据各县的实际情况，即着手进行编组地方团队。

据调查，各县实力完整的地方团队约有十一个中队。这些地方中队，人员混杂，素质很差，管理杂乱无章，非经短期整顿训练，肯定不能发挥多大作用。

编组时，我先与各县协商，拟将各该县现有的地方中队集中起来，改编为一个基干团，调出集中整训，并准许各县再成立新的地方中队。但各县豪绅群起反对，因这些地方中队的人员，不是他们的子弟就是他们的亲友。同时，所有的枪械，大半是壮丁自带的。后经多方设法调解，商定调人不调枪，问题才算解决。

可是一波未平，一波又起。锦州兵役师管区又提出了抗议。说这样编组地方团队，妨碍他们的征补役政的进行。并说，如果因此而各补充师不能如期完成补充任务，辽西行署要负完全责任。于是我们又确定编组地方团队以不违反兵役法规定年龄为限。

由于上述情况，我们的编组工作暂作如下处置：将绥中、兴城两县的中队暂编为一个大队；锦州原有的三个中队编成一个大队；锦西原有的一个大队，维持原状；以上皆不集中，仍各自在原地整训。

调拨枪械弹药问题，经我在沈阳向各方奔走，仍未能如期解决。我向省政府请领经费，他们只答应借给一个团的薪饷，以后如果接济不上，允许向各县商借。

后来，这些地方团队在解放军进攻时，大部分如鸟飞鱼散了。

二　锦州守军被歼情况片断

范汉杰和卫立煌的矛盾

范汉杰奉蒋介石的命令到锦州组织冀热辽边区司令部，其主要的任务是负责清剿并巩固辽西走廊（锦西、兴城、绥中），同时保卫海陆空后勤兵站的补给安全，确保关外屏障的锦州重镇。不晓得什么缘故，范汉杰与卫立煌一开始就是冤家对头，暗中争斗非常激烈。例如：（一）范汉杰主张在锦州兵站分监部必须有一个基数的储存量，不能随到随运，使锦州国民党军的补给不致停顿。而卫立煌却命令在锦州兵站分监部的运输补给应随到随运沈阳，已在锦州储存的少数余额，亦须尽快运沈。（二）范汉杰主张锦州必须增厚兵力，准备必要时打通沈（阳）锦（州）间的交通。而卫立煌力驳锦州必须增加兵力的意见，打通沈锦间的交通运输，应由东北"剿总"负责处理。（三）范想大抓人事，但因卫立煌掣肘，没有得到发展的机会。而卫立煌在人事上尽量安置自己的人马，有空即补。这都引起范汉杰的抵触。卫与范各有后台老板，各有各的打算，彼此钩心斗角，不相上下，一直僵持到锦州解放的时候。

在锦州被围攻之前，卫立煌急派沈向奎到锦州任新编第八军军长，就锦州现有部队抽调三个师编组成军。新编第八军军部可说是一个光杆军部。仓促之间，什么都没有来得及准备，当战斗开始时，军部是配属于黄文徽（第八十八师）的师部。因为军部无法独立行动。卫立煌派沈向奎任新编第八军军长，使范汉杰大伤脑筋，显然与范在锦州厚集兵力的夙愿完全相反。

锦州防守工事之一瞥

锦州城防和外围工事的构筑，完全由东北"剿总"负责计划，由各地驻军负责构筑。东北"剿总"的工兵指挥官李贤为非作歹，贪得无厌，不但上下其手，勾结商人，随意盗卖器材，而且克扣工人工资，已成家常便饭，工人逃避几空，使建筑工程始终未能按预定计划完成。

锦州城防工事曾被宣传为铜墙铁壁般的坚固，其实，除飞机场有几个钢筋水泥的碉堡外，其他地方的工事，不过如同地主看家护院的炮楼而已。所不同的是间而有几个钢筋水泥的建筑物。在锦州东、西、北三面的那些断断续续的、既非野战又非永久或半永久的工事，使人看了莫名其妙。最可笑的是那些星星点点的掘土散兵阵地，经过风吹雨浇，已不堪用，亦未见修补，任其坍塌。特别是锦州城南什么工事都未构筑。所以，当解放军突然由这个方向袭击时，使范汉杰措手不及，给锦州威胁很大。

锦州旧城及新城外围四周的防守城墙，完全是泥土堆成的。每次经过雨水冲刷，非塌即倒，无一完整，大半已改成老百姓的厕所。

困守锦州战斗情况片断

范汉杰对于当时锦州处境的危险不是不知道，如第六兵团司令官卢浚泉曾数次要求将义县守军王世高师撤回锦州，虽经范汉杰同意照转，但卫立煌坚决反对。这样，就把云南部队一个师的命运断送了。

在锦州北面的二郎洞、娘娘庙山地双方展开了激烈的争夺战，第九十三军暂编第十八师景阳部和第一八四师杨朝纶部齐头并进，得而复失，形成拉锯，僵持于锦北山地绵亘之线，前往增援的第八十八师黄文徽部，行动迟缓，被解放军后续部队猛扑其背后，黄文徽师尽其全力抗击，始得勉强对峙。而景阳部和杨朝纶部鉴于后路已发生战斗，乃利用战斗间歇，依起伏地形，急行掩护撤退，巧与黄文徽部会合，反而无意中将黄文徽部营救出险。此役双方损伤甚重。

九月下旬，锦州北面进入胶着状态，在东北方面则逐渐吃紧。后来解放军的攻击逐渐向东南延伸。当解放军向锦南进攻时，新编第八军已无法抽调兵力填防锦南最薄弱的部分。沈向奎要求速将黄文徽师归还建制，改以主力防守锦南，必要时增援锦东的战斗。

正当锦州外围战斗极度剧烈的关头，锦州机场于九月二十五日起，即遭到解放军炮兵射击的威胁。二十九日，解放军的炮兵射击已完全控制了飞机场的南部，空运停止。当时，锦州粮秣弹药只够维持十数天，范汉杰深为惶恐，要求卫立煌由沈返运，不得不先利用飞机场南部空投，而解放军的炮兵旋即控制整个机场，空运大队乃另在锦州南边小河套沙滩地带空投。但由于是高空投下，多不准确，因群众的抢夺，亦损失很大数量。后解放军加紧向东南方面紫荆山及其以南地区进迫，使城南守军活动范围退缩到护城河附近，空投到此也被迫停止。

锦州的补给要从沈阳返运，暴露出卫立煌与范汉杰的不和，直接给锦州作战带来了不良影响。但是，范汉杰对于防守锦州，还寄希望于锦西和沈阳两个方面的增援。

十月六日，范汉杰冒险要求突围，当日第九十三军已将突围的准备命令下达各师，准备七日夜间开始行动。大约下午四时许，我突接卢浚泉电话，约我到第六兵团司令部。我到卢浚泉处得知卫立煌不同意突围，仍要固守锦州待援。卢说，已将突围的准备命令下达各师了，这怎能再打下去呢？

经过这一变动，范汉杰万分烦恼，心乱如麻，硬着头皮执行卫立煌的命令，乃于八日晚召开会议，重新部署防守措施。他并传达沈阳卫立煌派陈铁到葫芦岛组织指挥所的情况，同时说明廖耀湘兵团业已出动，希望各部奋勇杀敌，死守以待援军。但各军长皆默默无言，只有唯命是从，不欢而散。

会后，范汉杰对我说："黄文徽师固守锦州旧城，要求将旧城四周房屋拆毁三百公尺，扫清射界，征用民工堵塞各街道胡同，以备巷战；还要组织担架，抬运伤员。"我以居民逃避已空，委婉地拒绝执行。范又命李汝和参谋长同我商量，将徒手的地方总队分别补充沈（向奎）、卢（浚泉）两部，我均以不懂云南话，而且多数已自动返乡，敷衍了过去。

到十月十三日中午左右，暂编第五十五师安守仁部由飞机场被逼退到辽西行署院内据守，与景阳师取得联系，勉强坚持到十四日中午。在东南方面，新编第八军两个师分别于十三日晚先后退守土城。他们两昼夜未得饮食，纷纷掠夺居民食物，城内秩序极度混乱。

十四日下午四时许，安守仁师突然向土城内撤退，引起解放军与守城国民党军混乱的夹击，喊杀声连天，彼此难分。东南土城被解放军突破，第六兵团司令部被占领。

十四日入夜，范汉杰派副官将副参谋长李汝和由资源委员会大楼接到邮电局，一同突围而逃。

本文是编者综合作者《辽西行署在锦州编组地方团队及被歼经过回忆》和《锦州战役国民党军被歼经过》两篇文章而成，文内标题为编者所加

范汉杰卢浚泉被俘始末

桂协华*

锦州战役，笔者曾亲身参加，当时我任国民党第六兵团司令部炮兵指挥官，担负锦州西北地区炮兵指挥的任务（原指挥官是董汉三，董在战斗开始后第三天负伤，由我继任）。我和第六兵团司令官卢浚泉是师生关系，为他一手提拔，视为亲信。锦州解放前夕，卢浚泉与范汉杰弃城逃命被俘始末，我参与其行，仅凭记忆，录其经过于后。

一 战斗概述

一九四八年九月下旬，东北人民解放军主力部队开始向困守锦州的国民党军队大举围攻。战斗于九月下旬锦州北郊二十余里的国民党军外围据点——冒山屯被攻占而揭开序幕。接着国民党守军陆上唯一后方补给线锦州—葫芦岛铁路又被切断。当时，军心惶惶，动荡不安。到了九月二十九日，解放军炮兵火力由锦州西、北两面控制了锦州西郊飞机场，致使由沈阳空运增援的第四十九军第七十九师只运到两个步兵团和一个炮兵连而被迫终止。补给物资改由空投，由于解放军高射炮火猛烈轰击，飞机不敢低飞，由高空投下的物资大部分落在解放军占领区内，小部分落在守军前沿或稍后方，当时就被那里的守军瓜分了。嗣后空投也被迫停止。至此，陆空补给和增援均告断绝，锦州守军已成瓮中之鳖。

在葫芦岛驰援锦州的国民党军被阻于塔山的同时期内，锦州国民党守军也已节节退守到市区（包括锦州老城和城外新市区）。十月九日左

* 作者当时系国民党第六兵团司令部炮兵指挥组上校指挥官。

右，卢浚泉奉令撤出锦州，卢即下令以守备飞机场比较完整的第九十三军暂编第十八师（师长景阳）为前卫，放弃锦州向葫芦岛方向突围逃窜。部队将要行动，又接沈阳电令说，北上援军即可攻克塔山，廖耀湘兵团已由沈阳南下驰援，仍令固守锦州待援。于是又下令放弃突围，退守锦州市区待援。朝令夕改，出尔反尔，军心更为动荡，士气越发消沉。

十月十日夜，锦州南边的屏障——南山被解放军攻占。十月十一日，我军集中大部炮兵火力掩护第八十八师数次反攻，均被击退。解放军攻占了南山，与女儿河（一说是云南河，在锦州市区南面，南山的北面）一水之隔而瞰制了整个锦州市区。十月十二日，解放军炮兵火力已达到市中心区。

包围圈逐步缩小，迫使我所指挥的炮兵七个营和一个连，收缩密布在卢浚泉指挥所（设在新市区邮政局内，第九十三军的指挥所也设在一起）东、北附近地区内。卢浚泉命我在他指挥所屋顶天台上设观测所，观察情况随时向他报告。这时由于遮蔽距离过大，与前线步兵的有线通信断绝，前线步兵仍在节节后退，不能确定前沿位置。因此，我所指挥的炮兵全部失去作用，但不敢向卢浚泉报告真情。为了使他认为炮兵还能射击，便命各营自行掌握作无目的的远距离射击。至此，我实际上已由炮兵指挥官变为卢浚泉的观察员了。

二　总攻开始，筹谋逃命

十月十三日，围城之势已成，下午九时左右，我在观测所看到锦州老城北门、南门和新市区东北火焰冲天，机枪声和小炮声时断时续。塔山方面的炮声隐约可闻，周围只有东南角方向枪声沉寂。卢浚泉的指挥所已移至地下室内，我将上述观察到的情况向他报告，他双眉紧锁，一语不答。随后第九十三军参谋长殷开本进室来向他报告说："暂编第二十二师（师长李长雄）的无线电联络已经中断，其他各师仍联络不上，情况不明。"卢浚泉脸色变得更加发青，用轻微而急促的音调对我说："你叫王有春（特务团长）派侦察员设法去各师取得联络，并继续观察。"他又对殷开本说："无线电要终夜守呼各师。"我立即退出。在地下室的走道上，幕僚及勤杂人员东倒西歪地坐卧着，意气消沉，暗自悲命，在微弱的灯光下显得分外阴森，只电台一角发出"嘀嘀嗒嗒"的呼叫声，我向王有春传达了卢的指示后，怀着沮丧的心情，上了屋顶上的观察所。

夜十一时左右，三个方向的熊熊大火仍在燃烧，火光照红了大半个锦州上空。有飞机一架自东南方飞临锦州上空盘旋，我通知下面对空联络电台速发号联络。后我在殷开本处得知，乃是来传达“廖耀湘援军指日可达，死守待援”命令的。

当夜我想：塔山炮声不断，判断由葫芦岛来的援军，十几天来毫无进展，廖耀湘的“驰援”更是杳无音信，目前情况是兵临城下，危在旦夕，军援无来，守死有知。但东南一隅沉寂，尚有一线生机，与其坐以待俘，不如由东南角越墙图逃。我打定主意，但不敢对卢浚泉去说，又不可单独逃跑，跑得出去也有一个临阵脱逃的罪名。转侧思虑，终夜不眠。皎月当空，但闻塔山炮声和市区四周的枪炮声遥相呼应。

十月十四日上午，解放军开始了总攻击，顿时炮弹纷纷落到了指挥所附近，屋顶观察已不可能。我急回地下室，只见地下室走道上面的地窗数处被炮弹破片打烂，幕僚人员惊慌失措，纷纷躲避。邮政局大门口外的士兵，亦由战壕内退回邮局，急以沙包堆在门口筑成胸墙，指挥所变成了一个战斗据点。附近炮兵阵地上的部分官兵也逃到指挥所向我报告说：“阵地被毁。”我躲在大门一侧继续观察情况。约两小时猛烈轰击后，火力逐渐减弱，四周渐闻机枪步枪声。不久，侦察员报告老城北门和南门相继被解放军突破，继又传来新市区东边也被突入，就连卢浚泉与范汉杰的通信线路也被毁而中断。

正午十二时后，邮政局西南面约五百公尺一带建筑物内已发现解放军的机枪步枪声和手榴弹声，新市区通往老城的通路——东门已被切断，指挥所西南面已被包围。这时，卢浚泉从地下室走道向大门走上来，像是出来看看情况的样子。我迎过去向他报告上述情况，他一反过去对部下的那副尊严面孔，强掩内心的惊慌，以试探的口气问我：“你看怎么办？”我看出他有想逃走的心意，沉思片刻后大胆地对他说：“我看锦州是肯定完了，别无他法，只有突围出去。”他眉头一皱，低声对我说：“怎么突法？能突得出去？”我说：“几天来东南角都很沉寂，到目前为止也没有发现枪声，我判断这个方向是个空隙部分。”随即把怀中地图取出指给他看，我接着说：“从东南角突出去，女儿河水浅可以徒涉，渡过女儿河，继向东南方越过南山，舟渡大凌河，在大凌河口那边找船渡到葫芦岛或秦皇岛。我判断这一路不会有敌人，只要部队小是可以成功的。”他说：“突出去怎么办？范汉杰的联络又断了，不知他那边的情况又是怎样。他不出去，我们出去了也逃不过中央那一关。最好是设法同范汉杰联络上，接他到这里来商量，请示他同意了，那么出去后有他对中央负责，我们就好说话了。”我体会了他的意思，接着补充说：“时间紧迫，事不宜迟，要走就在今天下午天黑以前出动，黄昏后到达女儿河边，趁暗渡河，下半夜有月色，趁月夜在明天拂晓可到达大凌河口。”他点头表示同意，并嘱咐我：“不要声张出去，你一人暗中准备，再确实查明东南角的路上是否有敌人，设法把范汉杰接过来。”我问他准备带多少部队走，他责备地说：“还带什么部队？突围的人数越少越好，人多易被发觉。”我说：“那就带特务团侦察连的手枪排好了。”他点点头说：“好，一律轻装，情况如何，随时叫李大年（卢的随从副官）喊我出来报告。”随后，他就回地下室去了。

我当时想：在危难中只有我还忠实于他，也对得起他卢家培植我一场。这回只要保得卢浚泉出去，一定更加重用我，要是编队伍，当个师长是无问题的。于是集中全部精力进行突围准备工作。

我找着王有春，要他派出侦察员探明由指挥所到东南角围墙边的通路上是否有敌人；另派两名得力的侦察员侦察通往范汉杰指挥所的道路是否被切断；把侦察连手枪排集结在指挥所东侧以应万一。并含糊其辞地交代他不要声张，暗中进行，这时已下午一时左右。根据枪声判断，邮政局西南面的解放军又推进了约二百公尺，并向北伸展，新市区与老城已被切为两片。东南角仍沉静无声。

约下午二时，王有春向我报告说：“东南角道路无敌人，范汉杰指挥所已联络上，路还通着，侦察连手枪排也集结好了。”我急将这情况报告了卢浚泉，见他愁容上稍露喜色。他写了个字条给王有春，叫他派人把范汉杰接过来。

约下午四时，范汉杰携带老婆儿女和参谋长李汝和、锦州区炮兵指挥官黄永安及随从人员十几人，像惊弓之鸟一样，仓皇进入地下室。在卢浚泉室内二人相商，约半小时后，卢出来对我说，范已同意突围，叫我到室内去陈述我提出的突围路线和办法。我顺便问他：“盛军长（第九十三军军长盛家兴）走不走？”卢回答说：“他们（指第九十三军高级人员）都表示不走，人越少越好嘛！”他又问我准备的情况，我说完全准备好了。他说：“那么确定路线后吃过饭就走。”我随他入室，会同李汝和、盛家兴和殷开本在图上陈述了我上述的计划。经商量后，大家拿不出别的主意来，范汉杰嗯了一声，点头表示同意。

出室后，我叫殷开本也走（我们私交很好，同是卢浚泉亲信中的失宠者）。他愤慨地说："这种情况，出得去吗？是出去找死啰！"我说："出得去。"他说："出得去不死也要坐监，他们（指卢浚泉、范汉杰）出去有办法，我们出去干什么。盛老倌（指盛家兴）也是这样想，他也不走，抵近了实在无法，只有把白旗扯出去。"言后，他感叹不已。这时，卢浚泉、范汉杰要逃跑的消息，参谋人员中已有所闻，都在小声议论，各自感伤。

三　过河弃械，南山走失

饭后，时间已快下午六时，我向王有春说明情况，要他随同突围。并叫他和李大年招呼卢浚泉，随我行动。范汉杰携眷并李汝和等十数人在卢后随行。我率侦察连手枪排约四十余人在先走，由地下室东侧门进入交通壕，沿壕向东南角窜去。

临行时，指挥所其余人员，大多侧目相视，横眉以送。盛家兴和景阳还送到地下室侧门口。景阳赶来对我说："司令官（指卢浚泉）交给你了。"我说："好！"当时想：平日你（景阳）对卢浚泉百般逢迎，事到临危，你推得好干净，你不走了！真是人心不古。后来朱德裕对我说，在我们离开指挥所后，景阳和盛家兴两人不久也就换上便衣向火车北站逃跑被俘。他和殷开本以及指挥所所有人员，在十五日下午六点多钟挂出白旗，向解放军投降。

这时，卢浚泉所能掌握的部队，只有作为兵团总预备队的暂编第十八师第一团（团长朱德裕）及归朱指挥的兵团司令部特务团。大部分都布防在邮政局东侧老市政府一带，小部分在邮政局南侧与解放军对战中，其他各师早已在十三日以前就失去联络，根本没有部队突围的计划。

卢、范和我等一行，沿交通壕行一里多路，出壕转向东南角去。我们走近一小院落的墙边，发现有一解放军战士向墙外瞭望，他已发现我们，扔下一颗手榴弹，幸未爆炸。吓得我侦察连士兵向东北奔跑，队形顿乱，不能掌握。我就绕道先奔向东南角爬上外围土墙，卢浚泉也随之赶到。我们滑下土墙，穿过铁丝网，越过外壕，通过重重敷设的障碍物，到达女儿河边。范汉杰等也陆续到达，这时已将入夜。

在女儿河边，卢浚泉对我说："已经出来了，过河后要分散成小股各走各的，把所有的武器都丢在河里。不要再喊我司令官，改喊我做老李，喊范主任做老刘。”当时在河边乱作一团，后面枪声激烈，回头只见红色信号弹自东、西两方射向我们突出的方向，料是指示堵击方向。我们怕追兵赶来，纷纷徒涉过河，水深及腹下，还听到“把枪丢在河里”的小声传话，上岸后分股向南山山麓摸去。

快到山麓时，山腹上一阵枪响，南山上的解放军向山下围来，各人吓得东奔西逃。我、卢浚泉、王有春、李大年和卢的一个卫士共五人，顺山脚向西跑一里多路向南转入一山箐中，沿箐爬到一条小路上，走了一里多路，卢浚泉停下来对我说：“范汉杰不知走到哪里去了，他不出去我们出去了也不行。”他叫我折回去找一找，他们坐在原地等我。我只得折回去找。我走回去百多公尺，就遇到范汉杰的参谋长李汝和。我问他：“范主任呢？”他说：“刚才枪一响，大家乱跑，范汉杰他们不知走向哪里去了。我是跟在你后面来追你们的。”我说：“卢先生在前面不远的地方坐等，叫我来找范主任。”他说：“哪里找得着，山上的敌人都围下来了，不能再转去找了，赶快走吧，脱离险区要紧。”我当然乐意接受他的意见，就先李汝和回到卢浚泉处对他小声说：“我折回去不远就遇着李汝和参谋长了，他说范主任不知走到哪里去了，敌人已由山上围下来，不能再找了。现在有了李汝和，出去后他也可以证明的。”说着，李汝和也来到了。李汝和又把上述情况对卢浚泉重述一遍。卢浚泉才无奈表示不再找了。这时，已是晚间十时左右，我们一行六人沿山腹小路向南逃去。

四　改装潜行，终于落网

沿山腹小道南行四五里，发现右侧方山腹有号角声越来越近。我们立即潜入道侧小灌木林内躲藏，卧在地上连呼吸都不敢发出声气。不久，号角声向右后移去，随即停止，我们仍潜伏着不敢动，但闻风吹草动，都胆战心惊，真是“草木皆兵”。

潜伏了约一小时，疲劳得到恢复，心情也平静下来，仰视山顶，已被月光斜射照亮，我们能隐约的相互看见，四周寂静无声，锦州方向仍有激烈的枪炮声。王有春低声对我说，让他摸出去探一探情况，我们同意他出去，谁知他摸出去不久，后方发出“谁”的喊声，随即响了一枪，我们判断是王有春被发现了，好在枪声是在一百公尺以外。又过了一小时，没有什么动静，王有春也没有回来。卢浚泉对我说："王有春是不会回来了，还是趁月色赶快走吧!"这时已是午夜一时左右，月光从小灌木林上透射下来，四周景象朦胧可辨。我取出怀中地图，校正好方向，看出我们是在锦州南二十余里的南山小路上。由这小路往南越过约二十里的山头，就是海边平原地带。这时卢浚泉见我的手枪还插在腰间，叫我连地图、指北针和手电筒等全部埋掉。

我们继续南行，绕过了三四处巡逻哨卡，拂晓时绕出大山，进入海边平原地带。天刚亮，从一个村庄旁经过，村东一条大河，判断是大凌河。我们想渡河，但无船，只好改变路线往南走到海边去。我们此时恐惧而紧张的心情，稍微平静下来，感到口渴肚饿，拔菜地里的白菜吃以充饥渴。我扶着卢浚泉一跛一跛地边吃边走，看他目前处境，不由得使人想起他在云南部队中威风凛凛，趋者如云，逢迎有人。曾几何时，一旦兵败，临危逃走，就连他最宠爱的景阳也不肯冒死相随，只有我还忠心耿耿地与他患难与共。

离村南行约六七里，太阳已出山，发现右前大路上有解放军的十多辆大车装着物资由十多个骑兵护送往锦州方向去。我们恐被发现，急潜入高粱地内。卢浚泉的脚跟被皮鞋磨伤，行走困难，就在高粱地里的一个草棚内躲起来。卢叫我设法找几套便衣，我和李大年在附近收割的农民处以三个小金元宝（三两）换得便衣五套，立即改装。又以军棉衣换得早饭一顿，饭后已是正午十二时左右，卢、李（汝和）在草棚内休息，我们三人轮流警戒。我在和农民的交谈中得知当地地名叫娘娘宫，离锦州五十里，到海边有三十来里。这时，塔山方面的激烈炮声听得比较清楚，爆烟隐约可见。锦州方面也间有炮声。下午三时左右，一声巨响，蘑菇状的爆烟由锦州上空升起，此后，锦州方向就没有炮声了。

卢浚泉、李汝和听到巨响，判断锦州已经完了。我准备等黄昏后向西南海边走，卢浚泉说："你真笨，锦州完了敌人不会出来扫荡吗？赶快走。"于是我们离开草棚，分散走上大路。行约二里，由东南面飞来一架轰炸机，在路旁的一个大村镇上空盘旋，路上行人纷纷隐蔽。飞机去后，我们在慌忙中糊里糊涂地走进村中，村中的老乡以怀疑的眼光注视我们，我们认为事情不妙，便在一个墙脚蹲下，想想不对头，还是赶快离开村子为妙。就转了个弯，往西端村口走去。刚出村口，被解放军哨兵发觉，喊道："老乡！站住！哪儿来的？往哪儿去？"我故作镇静地回答说："从沈阳逃难来的。"另一个带驳壳枪的解放军听了立即说："一口云南腔，哪里是沈阳逃难来的，一定是由锦州跑出来的。"说着走近了我们，叫我们沿墙脚坐下，接着对我们说："军人要坦白。"并指着我问："你说，是哪个部队？干什么的？"我当时想，这一关是逃不过去了，就回答说："是，是锦州来的。"他又追问："哪个部队？干什么的？"我回答说："我是锦州第八十八师辎重营的中尉排长。"他又指着卢浚泉等四人问我："他们呢？"我说："我不知道他们，是在路上碰到一起的。"他就依次转向他们四人。他们见我说的是假话，所以也跟着假报身份。李大年回答是锦州铁路局的文书；李汝和回答是兵站分监部的少校军需；卢浚泉也回答是兵站分监部的少校军需；卢浚泉的卫兵回答是兵站分监部的传事兵。问完，他对另一个解放军战士说："把他们带到连部去。"不知怎的，他没有问我们的姓名，要是他问姓名的话，我将不知怎样编造了。这时时间是下午四时左右。

到了连部，我被首先带到连长室。我见一右手用绷带兜着的解放军，坐在炕上。我想，这就是连长了。他一见我进来，就吩咐带我来的解放军战士说："给他们弄点热饭吃。"并叫我坐在炕上暖暖身。又说："我们解放军是优待俘虏的，不要怕。"接着叫我把身上的东西拿出来给他检查。我将身上的手表、水笔、一两金子、几张金圆券和一包象牌烟拿了出来。他看完后叫我收起来并说："我们解放军是不要俘虏的一针一线的。"接着问我："武器呢？"我说："埋在半路上了。"他问我的职务，我仍说是八十八师的辎重营的中尉排长。问完，他又分别地传问了卢浚泉等四人。我这时才亲身体会到解放军真是优待俘虏，不要俘虏的财物，心也就比较安定些。

在伙房吃饭时，炊事员叫我们吃饱些，晚上还要走路，吃的是小米粥和麦酱。下午六时左右，我们随队伍向锦州方向出发，队伍里有几辆大车和两门残缺的日本四一式山炮。我们走路困难，又疲乏，连长叫两个战士扶着我走，给卢浚泉和李汝和一匹马换着骑，夹在队伍中行进。

十六日天亮后经过锦州飞机场西边，远处还几次看见由锦州押送出来的长列俘虏，向虹螺岘方向走去。下午三时，我们到达虹螺岘宿营。国民党的飞机三架在虹螺岘投下炸弹十数枚，房屋倒塌数十间，伤亡老乡数人。我和李汝和来不及跑出房外，就在室内钻到桌下躲避，幸未命中。心里想，当了俘虏还要被自己的飞机轰炸，万一命中，还要把命送在自己人手里。

十七日在原地没有行动。中午，有一个工作人员把我叫出房外，对我说："你不像个排级干部，最少也是个营级，还是说实在的吧！"我听了心里很着慌，便说："这时心情不定，等我安静下来再对你说。"他同意了，临走时叫我考虑考虑。又问我："那两个老头（指卢浚泉和李汝和）你知道他们是干什么的？"我说："我不认识他们。"回房后，我把所谈的告诉了卢浚泉，他很忧虑。我埋怨他说："要是听我的话黄昏后再走，也不会被俘。"他只叹了一口气，好像有些后悔。

十八日早晨随队伍走了十多里到虹螺岘北面的一个大村镇，昨天问我的那个工作人员又把我叫去问话。我考虑到昨天对他的谈话已露出了苗头，今天不得不实说了。就毅然地告诉他说："我是第六兵团的炮兵指挥官。"他听了很惊讶，似信非信地端详我一阵（我在锦州战斗一开始到这时为止已近一个月，每天没有很好地睡上两个小时，当时是面黄肌瘦，嘴尖毛长，加上穿了一套农民衣服，看来的确不像个国民党的炮兵指挥官。我之所以没有被清查出来，以致后来能够逃脱，我想这是主要原因之一），对我说："你进屋去吧！"进屋后我对卢浚泉说："我已经承认是炮兵指挥官了，但他（指那个工作人员）没有提到你，我也没有说出你的实情来。"卢浚泉埋怨我不该承认。我说："整天提心吊胆，受不了，承认了痛快些。"卢无可奈何。后来，另一个工作人员把我带进一个大院落，里面集中了数百名俘虏正在编队。我被编在军官队，他把我交给班长（由俘虏中指定的）。李大年这时也编到军官队来，我问他："老者（当时云南部队的军官，都称卢浚泉叫'老者'）呢？"他指给我说："在那边，他和李汝和都编在老弱队。"我看到老弱队里两个穿便衣并肩坐着的就是他俩。便趁乱走到卢浚泉身边后递给他一只手套（内装剩下的一两金子），对他说："老倌，给你这只手套!"他回头见是我，就很紧张地对我说："有些人认得我，他们会不会说出我来？"我安慰他说："不怕，多数士兵认不得你，军官队也只是些连排长，有几个认得你，他们也不会说出来。"说完，我又回到军官队。

十九日上午十时，一千多名俘虏集结在村外一块大场上。不久，见一个解放军边走边喊："哪一个是第六兵团司令官卢浚泉的卫士？赶快出来跟卢浚泉走！"我当时心里很着急。约半小时后，果见卢浚泉骑着马，后面跟着两个解放军和他的卫士由村边向东北方向去了。见他被送走，我很难过。我不知卢浚泉是怎样被清查出来的。又怕卢浚泉误认为是我把他出卖的。我与卢浚泉自此分别。

当晚，我们被带到距村子二十多里的地方宿营。我对李大年说："老者被送走了，真是保得将军出，保不得将军归。有什么办法呢！留得青山在，哪怕无柴烧，我们最好是设法逃跑。"他同意这样做，决定有机会就跑。

二十日清晨，俘虏分别出发，士兵队一千多人被带往锦州方向；军官队和老弱队带向西行，据说是带到朝阳去。我看见李汝和仍在老弱队中没有被清查出来，当时很高兴。当队伍走近李汝和身边时，我跑出列对他说："今晚逃走。"他点头示允，随即分离。

当天西行约五十里，晚宿营后借故看好附近地形。七八十个俘虏只有三个人管理，午夜时分，我和李大年等五人趁夜逃跑，途中数次被岗哨盘查，但都混过去了。二十四日下午三时，行抵山海关外二十里解放军的封锁线时，被解放军哨兵拦住。解放军对我们说："老乡，到关里去路不通，不能去。要进关只有往右边由九门口进关。"我们问到九门口还有多少路？答说还有三十来里。我们只好转头，还在解放军伙房里要了一顿饭吃，然后向九门口奔去。

行约十余里，经一村落，老乡们正在场上收拾庄稼。我们很疲劳，脚又痛，便向老乡租马骑。老乡中一人对我们说："由九门口进关太绕路了，还有二十多里路。还是由山海关进关才十里路，近得多了。你们每人出十元金圆券，我们保险送你们由空隙中出封锁线，到封锁线后我们就回头，你们再走三里路就到关了。"我们给了老乡六十元金圆券，三个老乡两匹马，把我们送出封锁线，由空隙中又摸进守山海关的国民党守军警戒线，抵达山海关城外。警戒部队不准进城，要我们绕道城外往秦皇岛去。我询知守山海关的国民党部队是第二十六师（师长张越群，于一九四八年初第二十六师在新立屯、新丘一带被解放军击溃后逃往阜新收容残部，我当时任暂编第二十师第二团团长，驻防阜新，张越群就住在我团部，终日陪他打牌解闷，待他很好。以后他又随第二十师撤出阜新，两个多月，相处很好），喜出望外，就找到警戒的连长说："我是暂编第二十师的桂团长，请你报告你们团长转报张师长，就说暂编第二十师的桂团长由锦州来到了，请他准我们一行五人进城。"不久，第二十六师的张团长（名字忘了）派副官到城外来迎我和李大年入城，其他三人仍不准进城。我俩到团部见了张团长，换上棉军衣。张越群已派吉普车来接我们到师部去，并设宴招待。张越群告诉我说：李汝和昨天也到了，今天早上才把他送到秦皇岛去。第二天早晨，张越群送金圆券五百元，并填给通行证、符号和给秦皇岛港口司令的一封介绍信，用巡查装甲列车将我们送到了秦皇岛。在秦皇岛搭上由葫芦岛开来的一只小轮船，得与李汝和见面。问起卢浚泉被清查出来的情形，李汝和说是被第八十八师的副师长（也是俘虏）检举认出来的。他因为刚到锦州，当范汉杰的参谋长才四个多月，很多人认不得他，所以得免。又范汉杰的眷属也在船上，她们是逃到葫芦岛搭这船到塘沽去的。范汉杰和她们在南山脚当晚就走散了。我告诉了她范汉杰已被俘的情况。

到北京后，我向龙泽汇报告了上述情况，关于卢浚泉被清查出来的情况，得到李汝和当面证实，我才没有受到责备。一场惊险，至此结束。今天回想起来，真是：

布下天罗网，插翅也难逃；
任你顽固汉，只有降一条。

锦州战役前后国民党军的后勤

黄炳寰*

一　第十兵站总监部成立的原因

一九四六年初东北保安司令长官司令部所指挥的各部队，其补给责任均由国民党联勤总司令部的第三兵站总监部担任。至一九四六年三月国民党军进入锦州后，该总监部又在锦州成立第二十二兵站分监部，专负辽西补给之责。是年夏，国民党军侵占的区域越来越大，第三总监部无力担任这样日益增大的任务，联勤总部乃将该兵站总监部撤销，并在沈阳成立第六补给区司令部，以后所有由海陆空各方面运到东北的军用品都由该部囤积在秦皇岛、葫芦岛、锦州、沈阳各地，再用火车、汽车向各地运送补给。

一九四七年夏，中长铁路的沈长段被解放军截断，同年冬，北宁铁路的沈锦段亦被解放军截断。由秦皇岛和葫芦岛进来的国民党军一切物资，必须暂存锦州，尔后再向长春和沈阳两地空投空运（一九四八年夏长春机场已被解放军控制，乃改空运为空投）。对于这两个地方的空投空运责任，都加在设于锦州的第二十二兵站分监部的身上，偌大的补给运输任务他确实无力负担。故扩大锦州后勤组织是那时最迫切的问题，也是联勤总部和东北"剿总"及其锦州指挥所的一致要求。

第二十二兵站分监部是第六补给区的直属单位，只是在业务上归锦州指挥所指挥。因为第六补给区司令刘耀汉对奇缺的军用品在分配上经常是偏向沈阳方面，使锦州指挥所主任范汉杰感到很不高兴，以致逐渐和东北"剿总"总司令卫立煌发生了矛盾。因此，范汉杰希望把第二十二兵站

* 作者当时系国民党联勤总部第十兵站总监部少将总监。

分监部撤销或调走，另外在锦州成立一个兵站总监部，借机保荐他自己的人来掌管补给责任，以便满足所部军用品的需要后，再向沈阳、长春两地空运和空投。至于卫立煌的心腹刘耀汉则寄希望于锦州扩大补给组织，仍然要直属于他，这也就是卫立煌的如意算盘。联勤总司令郭忏已了解卫、刘、范三人为了军用品的分配问题发生了矛盾，他深知如果在锦州成立新的后勤组织必须脱离他们双方的直属关系，才能合理地解决他们之间的矛盾。因此他决心另成立第十兵站总监部直接隶属于联勤总司令部掌握，只是在业务上分受卫立煌、刘耀汉和范汉杰的指挥。

二　我为什么能调任兵站总监

因为联勤总司令郭忏深知卫、范二人都希望自己保荐新成立的后勤主管人，他无论采纳他们哪一方面保荐的人，都会使他们之间的矛盾越来越大。如果派他自己的人来做，又怕他们三个人对他不满意。因此他就和联勤总部参谋长吕文贞商议，找一个与他们三方面都没有关系的人来做该部的兵站总监，这样不仅可以解决（至少可缓冲）他们之间的矛盾，而且也使他们对联勤总部无话可说。

我和联勤总部参谋长吕文贞在东北讲武堂和国民党陆军大学互为师生，私人感情较好，我那时在秦、葫港口司令部任少将副司令，对于锦州、沈阳等地的情况和卫、范所部的人员都比较熟悉，同时又和他们各方面都没有发生过直接关系，因此吕在郭忏面前竭力推荐我担任第十兵站总监的职务。

郭忏深感海运工具缺乏，南粮北运更不合算，吕文贞抓住这个要点，就竭力向郭给我吹嘘说“黄炳寰是辽宁人，又是国大代表，在地方上很有号召力（事实上我的国大代表是依势窃得的，并不是地方上选出的），可以在地方上购粮，这样就可以给本部减轻南粮北运的负担”等的话。这些话打动了郭忏的心，何况吕又是郭的有力助手，因此郭忏就把这个总监的职务保派给了我这个和他毫无直接关系人的身上。

三 第十兵站总监部的成立和组织概况

一九四八年七月七日前后，我到了锦州。当日会见了锦州指挥所主任范汉杰及其各处处长，向他们说明来意，范表示同意并愿对我支持。

次日，我乘运粮飞机到了沈阳。我见了卫立煌，他表示不同意在锦州另外成立一个兵站总监部。他主张在锦州成立一个第六补给区的指挥所，由补给区增派一些官佐并在补给区内增设一个副司令，把他派到锦州专负补给指挥的责任。他又说："我叫刘司令到南京和郭总司令商议照我这个办法做，你在这住几天，等刘司令回来再说。"七月中旬末，刘耀汉由南京回到沈阳。我和他会面，他说"我对第十兵站总监部的成立没有意见，但是卫总司令不同意，你可以再去向他请示"等等。我又去见卫立煌，他还叫我去和刘商议解决。他俩推来推去，主要是不同意在锦州另外成立兵站总监部。他们希望我当第六补给区的副司令，到锦州去兼补给区指挥所主任，仍归范汉杰指挥。我看穿他俩的用意是不愿另成立机构，怕脱离他们的掌握，我向东北"剿总"参谋长赵家骧表示："我绝不就第六补给区副司令职。我还回葫芦岛去，把和范、卫、刘接洽经过向郭忏写一个详细的报告。请把我的意思转达给卫总司令。"

以后我向卫辞行时，他一见面就说："你赶快回锦州成立兵站总监部，一切事情你和刘司令接洽。"赵家骧曾对我说："卫总司令先不同意你成立总监部，我和他说'黄炳寰是您的旧部，您在远征军时他就在那里的兵站总监部当副监，他和范汉杰一点关系没有，他当总监对我们有利'，他就同意你了。"由此说明国民党军中人与人的关系都是相互拉拢，钩心斗角，互相利用的。我由"剿总"出来再见刘耀汉时，刘表示必尽一切力量来支持我，并主动把许多配属单位拨给总监部，但是他对我提出一个希望，就是不要把他拨来的各单位主管官给换掉，如果必须换时还希望我先告诉他。我由此开始对刘不满（因为他对我的兵站总监部只是在业务方面有指挥权，对于总监部的人事问题他并没有权来过问）。

七月下旬我回到锦州，一面令原在锦州的第二十二兵站分监部暂负新编总监部的任务，一面把控制在沈阳的第二十五分监部和两个支部的人员空运到锦州，编进总监部。八月初，总监部的大架子竖起来了，新的任务完全接过来了，但是人员还不到定额的一半，到十月中旬锦州解放前夕，人员还没有达到定额的百分之七十。其编制和业务概况如下：

第十兵站总监部隶属国民党联合勤务总司令部。业务上的指挥归东北“剿总”及其锦州指挥所和第六补给区司令部。总监部的人事安排如下：少将总监黄炳寰，少将副监王宗勃、于敬濂（未到差），上校参谋长关企远，办公厅上校主任王达善，参谋处上校处长方皎、副处长范斐然，副官处上校处长朱杰卿、副处长范斐然（兼），交通处上校处长莫如能、副处长刘文阁，经理处上校处长谢甦、副处长张嘉禾，工程处上校处长杨绍湘、副处长李怀宝（兼），通信处上校处长安定远、副处长李怀宝，卫生处上校处长林×（由锦州指挥所卫生处处长兼任）、副处长王树杞，财务处上校处长陈庆余（该处成立不到一个月就改为科），军法处上校处长王达善（代）。总监部的配属单位有：监护营、运输大队、汽车队、兵站支部、兵站分站、粮秣库、被服库、军械库、弹药库、工兵器材库、汽车修配厂、汽油库、汽车材料库、卫生材料库、通信器材库、通信排、医院（配属单位直属于联勤总部，按需要配属，数目不一定）。

四　敌情判断和建议及补给重点

一九四八年八月初第十兵站总监部正式担任补给后，困守长春的郑洞国和沈阳的卫立煌总是说他们的地区是解放军将来的攻击重点，必须多储存军需品和粮食等。因此联勤总部老是督促我竭力增加空投和空运的数量，至于锦州因距离葫芦岛近，似可不必多存。我的看法则相反。因此我给参谋总长顾祝同、联勤总司令郭忏和东北“剿总”总司令卫立煌三人写了一份敌情判断的意见书，其主要点就是共军秋后攻势可能指向锦州而不是指向长春或沈阳。我的看法是：

锦州是沈阳、长春的补给基地，如敌人先用重兵将锦州攻下，则长春、沈阳两地陷于孤立无援的地位，补给上更为困难，如此可不攻自破。若敌人先攻长春，或先攻沈阳则正是打硬仗，必须付出极大的牺牲，尔后还要再攻锦州，害多利少。因此，敌人秋后攻势的攻击目标以锦州为最大。

根据以上所述，我军在战略上应采取以下的对策：

（一）在冀鲁战区方面：应竭力缩减兵力，暂取守势，由该地至少抽出两个军以上的兵力由葫芦岛登陆向锦州方向攻击。

（二）在东北方面：应固守锦州，放弃长春，退守沈阳，并集中兵力由沈阳向锦州方向进攻，与葫芦岛登陆的友军遥相呼应，求敌之主力而夹击之。

指导要领如下：

（一）东北共军向辽西集中时，他在长春只能有少数的监视部队，我原驻该地的两个军应毅然放弃长春，乘机向沈阳撤退。

（二）驻守沈阳的部队应以一至两个军北上至四平附近迎接由长春突围的部队，防止共军在四平附近的截击，待长春的部队到达沈阳后，即留下两个军坚守沈阳，以主力向锦州方向前进，并与由葫芦岛东进的友军相呼应，求敌之主力而夹击之。

以上建议郭忏已表同意，所以我的补给方面无形中是偏重于锦州，对长春则只空投每天所需要的粮食，而不投轻重火器弹药。对沈阳的粮弹则竭力采取应付的态度，但因刘耀汉的命令使我对奇缺的手榴弹和六〇炮弹亦不敢按锦州需要数目留下来，只希望将来打起来再由葫芦岛空运，也能不误需要。

五　补给措施

（一）强征商车，免费运粮

我根据以上“敌情”判断，认为将来困据在义县的守军在辽西会战时恐陷于孤立的地位，我计划给他送去两个月以上的粮食和足够的弹药。但为安全起见必须有部队护送，每次运送必须有五十辆以上的大卡车才合得来，但是总监部的汽车每天都有固定任务，不能同时抽调那样多。因此我在八月中旬向范汉杰建议征用市内商家卡车五十辆，分两次给义县守军暂编第二十师运送弹药和军粮，经过范的批准并执行，这不仅给商家造成不应有的损失，而且增强了义县国民党守军的顽抗能力。

（二）增加机场的运输部队

国民党向长春和沈阳空投空运除用自己的运输机队以外，还有美帝陈纳德的运输机来帮运，平均每天都有九架左右担任沈阳和锦州间的空运。八月中旬有九架美帝的运输机在锦州飞机场装运军用品去沈阳，因为装货的运输队人少，装得慢，他们没等装完空着一半就飞走了（因为他们食宿均在沈阳，所以到时间就走），并向联勤总部告我一状。郭忏马上来电申斥我，因此我马上把飞机场的运输部队由原来的一个中队（等于一连）增加到一个大队（四个中队），并且叫他们日夜守在飞机场。限定他们无论遇到什么难装的军用品，必须在一小时以内把飞机装好，如果是装粮也必须在半小时以内把飞机装好。这样一来每天就提高了两倍以上的效率，因此给困守长春和沈阳的国民党军增强了顽抗的情绪。

（三）强征民粮私扣难民救济粮

八月，我鉴于南粮北运缺乏工具，很不合算，乃向郭忏建议在辽西购粮，郭当然批准。但以后辽西秋收不好，我仍不顾人民的疾苦，还想在地方强征五十万斤粮（至锦州被围前，已强征了二十余万斤），当时国民党的纸币形同废纸，虽然在名义上是征购，但实际上是等于掠夺。

九月初，我到南京出席联勤总部的补给会议，我以东北同乡的关系请南京政府粮食部部长关吉玉给我多拨点粮食。他告诉我说："粮食部在锦州存有十万袋面粉是空运沈阳作为救济难民之用的（沈阳各县遭虫灾）。如果你不怕挨骂，你就扣下作为军粮，以后我再从拨给联勤总部的军粮数内扣除之。"我回到锦州竟不顾沈阳附近地区灾民的疾苦私自将救济难民的面粉十万袋扣下移作军粮，这不仅使灾民遭受不应有的饥馑，而且还延长锦州守军顽抗的时间，加重了锦州人民的灾难。

（四）无伞空投给长春造成不应有的伤亡和损失

八月底，鉴于降落伞不仅价昂而且还供不应求，因此在九月初我向郭忏建议向长春空投粮食时不用降落伞，为了防止米包的破碎，每包两百斤的大米改成每袋五十斤的四个小包，郭忏批准了我的建议。我令部属执行后，结果砸坏无数房屋，砸死砸伤不少市民。

六　争权夺利互不示弱

贪污在国民党军中虽然是普遍的现象，但是它表面上毕竟是"犯法"的行为。可是第十兵站总监部确有几个分支部职务，不但可以大贪污，而且还可以逃避"犯法"，所以人人都注意和争夺这几个职务，这些

“肥缺”是：

（一）管理改装空投米包的粮库库长

这个库的业务是把向长春空投的大米包（每包二百斤）改成五十斤一包的四个小包，为了防止破碎，每包都用双层麻袋，麻袋都放在潮湿地点，甚至还给它喷点水，以增强袋子的拉力。这样每包大米实际至多不过四十九斤，每一大包米至少可以余出四斤多，该支部每天平均向长春空投十万斤粮食，假定里边有一半面粉，这样每天他可以贪污一千斤以上的大米。

（二）在葫芦岛港口的支部长

这个支部的业务是主管由海上运来的军用品由船上卸下搬入仓库或装上火车后运出。东北国民党军的粮食百分之八九十都是从葫芦岛卸下的。每天平均要卸下五十万斤左右，该支部将粮食卸下后，按规定可以呈报损耗（大约是千分之二），如此他们每天可以报销损耗大米约一千斤的数量，实际上每次卸完米时必须把船舱扫净，这样并没有多少损失。因此他每天所报的损耗就可以归为己有。这样该支部长每天平均可以贪污米一千斤左右，假定每天卸下的粮食有一半是面粉，那么他还可以贪污五百斤左右的米。

（三）汽油库库长

国民党军所用的汽油都是由美国运来的，每大桶原装货来时都是以五十加仑计算，但实际每大桶是五十三加仑，而汽油的热胀性很大，一般在夏季中午比早起时每大桶可能涨出约一加仑，所以该库长在发油时多半是想尽方法拖到近中午或下午，这样每大桶汽油就可以能剩余约四加仑，他每天要发出汽油四十至六十六桶，至少可以贪污一百五十加仑以上（即三大桶）的油。

七　陆空运输的中断，打乱了国民党军的计划

八月底根据各方面的情报，证明东北解放军由各方面向辽西运动。九月初锦州指挥所策定了防守锦州的计划，其概要如下：

（一）以新八军沈向奎部三个师，占领锦州东面的紫荆山至锦州南面的松山之线的既设工事，担任守备。

（二）以第九十三军盛家兴部三个师，占领锦州西南和北面的既设工事担任守备（该军的暂编第二十师在义县，另外把第六十军的第一八四师拨该军指挥）。

（三）把驻山海关的新五军刘云瀚部三个师，调到锦州作为指挥所的总预备队。

以上计划已经南京国防部批准，但驻在山海关的新五军必须待华北“剿总”接防后才能够移动。九月初旬，新五军在绥中、兴城的部队已经发生战斗，铁路运输经常被解放军截断，该军无法向山海关集中。九月中旬义县已发生战斗。九月二十五日锦州北方冒山屯（通义县公路上的要点）被解放军占领，并且很快地渗入后方，又占领了二郎洞、娘娘庙一带的据点工事，把在该地做工事的工兵（一连或是一排）包围于碉堡之中，同时在锦州东面主阵地前面的许多据点也相继发生战斗。范汉杰为了接出被围的工兵部队和打通锦州至义县之间的交通，乃决心夺回冒山屯等据点。但是他手中并没有控制总预备队，因而令已进入阵地的第九十三军在三个师内各抽出一个团，指定一个副师长指挥向冒山屯等据点在拂晓攻击。结果虽然把被围的工兵接出来了，但伤亡甚重，在当日晚又撤回原线。

九月二十五日前后，塔山（锦西通锦州间的要点）已被解放军占领，由锦州至葫芦岛的铁路已被截断，守备塔山的暂编第六十二师被解放军由东向西压迫，而退到锦西，不能退回锦州归还建制。

范汉杰看到新编第五军来锦无望，暂编第六十二师又不能退回锦州归制，乃电请由沈阳空运一个军来锦州增防。东北“剿总”决定把第四十九军由沈阳空运到锦州。九月二十七、二十八两日第四十九军的七十九师（欠一个团）到达锦州。二十九日锦州飞机场北边山地已被解放军占领，机场跑道已被解放军炮火所控制，使陆续到的四十九军空运部队被迫原机飞回沈阳。同日，兴城解放，新编第五军不可能再向锦州集中。十月一日义县解放，第九十三军暂编第二十师全部被歼。

斯时锦州陆空运输已断。那时我最感困难的是：六〇炮弹和手榴弹奇缺，由沈阳新到的第七十九师的弹药供给问题严重。该师所用的步机枪都是三八式的，这种子弹总监部的弹药库中根本没有多少，该师一到就把库存的全都发光了。他们又是轻装来的，携带弹药只有一个基数多一点。这些问题我在九月下旬电请刘耀汉由沈阳运回一部，他都以库存不多为词而未运。锦州守军各师长不断逼我要以上弹药，因此我改请北平第五补给区司令耿幼麟空投以上弹药（耿在陆大和我同学），以后耿每天由北平向锦州空投以上的弹药。起初天气经常阴雨，飞机无法空投。以后天气晴了，又因守军节节败退，致使空投场日益缩小，所以空投的数量很少，永远供不应求。十月十日以后，山、野、重炮的炮弹亦感不足，空投更感不济，到十月十四日午间因炮弹供给不上，这些重炮全部停止了射击。

八　范汉杰初拟顽抗，继想突围

范汉杰认为锦州有洋灰钢筋的既设工事，若以三个军来守，至少可以固守两三个星期，那时国民党国防部必定由关内抽调部队由葫芦岛登陆来解围，所以他胸有成竹地把妻子接来锦州，虽然到最紧张的九月末，他的高级僚属都纷纷地把家属送走。而范的妻子还是不走，以致最后和他同时突围逃跑。十月一日义县解放，二日锦州外围重要据点先后均被解放军占领，这时蒋介石从飞机上给范汉杰投下一封亲笔信，问他能否撤到锦西，他还认为锦州国民党军可以吸引解放军的主力，如能从沈阳和关内抽出两个有力兵团，在锦州地区与解放军作一次决战，是一个好机会。所以他复电给蒋介石时说“不主张撤出锦州”，并陈述以上的理由。由此可见范汉杰起初是决心固守的。

但以后因为战况越来越坏，使守军主力被迫龟缩于锦州市区的边缘核心工事内，他自己手中又没有有力的总预备队。东边的廖耀湘兵团前进非常缓慢，西边的第五十四军又屡攻塔山不下，在这种远水不解近渴的形势下，范汉杰的决心动摇了，因此，十月六日午后在他家招集锦州各单位主官开会，参加的人员有：冀热辽边区副司令官兼辽西行署主任贺奎，锦州指挥所参谋长李汝和，锦州指挥所第二处、第三处、第四处和卫生处处长，辽西师管区司令兼锦州炮兵指挥官黄永安，第六兵团司令官卢浚泉，第九十三军军长盛家兴，新八军军长沈向奎，沈阳空军第一军区参谋长兼锦州指挥所主任孙中华，锦州警备司令部参谋长王湞生，锦州第十兵站总监部总监黄炳寰等。

先由指挥所第二处和第三处处长说明“敌情”和战况及东西两方面

的援军情况后，范叫大家发表意见。大家你一言，他一语地说了一阵。总的意见是：廖耀湘为人高傲狡猾，希望他打硬仗来解围是办不到的，对锦州的防守都没有信心。以后我又说明了补给上的情况，希望范汉杰派出部队扩大空投场，并电请南京增派飞机多投六〇炮弹、手榴弹、三八枪弹、山炮野炮炮弹等等。最后范汉杰说明他的决心，大意是：东西两方面援军在短时间内都没有希望，拟乘敌人尚未全围之际撤出锦州，与锦西友军夹击塔山，尔后集结于锦西，再策后图。这个办法完全适合大伙想逃的思想，异口同声地赞成。当时范叫第九十三军留下一个师作掩护部队，并叫大伙即刻回去准备在夜间轻装撤退，只准带武器和重要文电，不准带任何行李，家属可随行。散会后，他的参谋长李汝和对我说："在撤退之前，你要把所有的仓库作好烧毁的准备，我叫第四处派人到各库去检查，在你走时必须把仓库烧掉，否则就以资敌论。"我归后即召集兵站总监部所属各单位开会，转达了范汉杰的决心和李汝和的交代，并作了相应的处理和规定。

九　全部被歼

十月七日我知道了范汉杰的撤退计划蒋介石没有批准，仍令固守待援。但是战况越来越激烈，西关、南关空投场越来越小，空投的弹药本来就少，再加上飘到解放军所控制的地区约有三分之一以上，因而急需的六〇炮弹和手榴弹等完全陷于极度缺乏的地步。逼得我不敢和各军师长见面。十月十三日双方炮战非常激烈，市内已开始落到炮弹，弹药的来源等于断绝。

十四日早饭后，土城南门附近既设的碉堡线被解放军突破，双方反复争夺战况激烈。午间，全线激战，指挥所总预备队完全用尽。解放军由北面的化学合成工厂突进市内，演成了街巷间的混战。斯时全市已成为解放军的火炮弹巢。总监部有一个被服库，一个粮秣库，一个弹药库，一个汽油库均被炮击起火，全市硝烟弥天，火光四起。守军炮兵以没有弹药为由，完全躲在掩蔽部内停止射击。有线通信多被打断，全靠无线电话来联络。午后四点钟左右指挥所有一个校级的参谋逃到总监部来，他对我说："范主任和李参谋长都跑了，各处处长也都跑了。"我马上用电话请他俩说话，接话人答复说他们到卢浚泉那里开会去了。我又给卢打电话，答复说他们督战去了。同时我听到受话器内有非常嘈杂的声音，我知道他们是逃跑了。这时，总监部驻在核心工事附近的单位都退到总监部来，议论纷纷，充满了悲观情绪，都劝我领他们逃跑。我想别人要跑都没有关系，而我则完全不同了，因为第六补给区司令刘耀汉和锦州指挥所参谋长李汝和都严肃地交代我在退离锦州时，必须把所有仓库烧掉，否则以资敌论。同时我听到哈尔滨的广播，大意是“国民党军官兵若破坏武器和重要建筑物就以战犯论，如果持械来归或保护军需品及重要建筑物者，则不咎既往，并酌情给予奖励——”等等。我想，如果我不烧仓库跑到后方去，刘耀汉一定假公济私而名正言顺地惩办我所谓“资敌”或“抗命”之罪。因此我决心不走，甘作战俘。但总监部官佐议论纷纷，充满对我不满的情绪。这时候恰好收到以指挥所名义打来的无线电话，大声疾呼：“各部队各机关不要急，由葫芦岛来的援军已经到女儿河了，很快就可以到锦州（女儿河在锦州西二十多华里）。”我听到这个消息知道这是范汉杰等为了掩护脱逃而发出的，但是它对想要逃跑的人确起到镇定的作用。因此我特意叫听到这个电话的人到各房去大声宣传，借此压下官兵们想逃的情绪，并熄灭对我的责难。

夜半，总监部楼顶落一炮弹起火，官兵想跑之意又起，我叫他们到对面铁路大楼去躲避（距总监部约有两百米，是锦州指挥所的特务团驻守）。此时总监部的情报科科长张良勋对我说：“铁路大楼曾发生枪声，恐已被共军占领，我们万不可去，如果总监要去应先派人去侦察联络，把情况搞明白以后再去。”我说：“我方才还和指挥所特务团团长打电话呢，不必多疑，快走吧（事实该团早已撤走，电话早已不通）!”但是站在院中的三四百人都战战兢兢地耳语，围着我谁也不肯带头走，因此我挺身而出走到前头，并叫我的卫士周焕文在我的远前方，高喊：“黄总监带着兵站总监部的人到你们这里来躲避，你们不要打枪！”院里的警卫人说：“你们来吧，我们不打枪。”我们进到院里后由四面出来十几个解放军战士高喊：“你们缴枪吧，我们优待俘虏！”我们就这样做了俘虏。他们把我们送往一个大仓库里。这时总监部的工程处处长杨绍湘对我说：“方才工兵器材库库长来电话，说他们库的前边军队已撤走了，他请示怎么办，我找你找不到，我告诉他把仓库点火，尔后官兵都撤到总监部来。”我听到这话非常吃惊，但又想到，反正我们有几个仓库已被解放军炮击烧了，我把它也列在一起算了，所以我始终不承认那个仓库是总监部自己烧的。到一九五八年我才向政府坦白这件事。

十五日夜，解放军把我们转到锦州西北方约三十里的解放军第三纵队特务团。这时总监部有许多家属随行，内中有一个库长的女儿要生小孩（已嫁到上海，因到锦州看她父亲被阻，乃随行），库长请我和特务团韩团长请求把她暂时留下来，以便照顾他的女儿生小孩。我见了韩团长说明来意。韩团长沉思一会说："父亲照顾女儿生小孩是不方便的，这样吧，我派一个女同志照顾她，不会有错，你们放心吧!"我回来后把这话告诉了库长，我俩都心照不宣地认为是韩团长不相信我们所以才这样说。不久韩团长派了一辆卫生车，并由一位女工作人员把该孕妇送到后方，次日我们也走到那个地方，韩团长告诉我说："该孕妇已生产，母子均好。"以后了解到韩团长派去的那个女工作人员，就是他的爱人。我听到这个消息感到万分的惊讶！我想，假若颠倒过来，我们的卫生汽车是绝不会救护一个俘虏的家属生小孩的，更不会叫自己的"太太"去扶持那样血便交加的产妇，所以我们都很感动。这件事对我认识共产党，在思想上起到根本的转变。

又过了一天警卫人员把我和兵站副监王宗勃提出来上了一部卡车，一上车看到了范汉杰、卢浚泉、贺奎、盛家兴等十几个军的高级人员。他们都面带愁容，相对无语地坐着，我心里想，十月六日在范汉杰家中开会的那群人基本上都在这里会面了，所不同的就是只在眉目上传神，不敢公开讲话。警卫人员看到我们这种情况就对我们说："你们都很熟吧，随便说说话是可以的，大家只要自觉一些就行。"因此大伙开始说说笑笑，愁容逐渐地消失了。以后又转上火车，一直到哈尔滨东北解放军官教导团。

辽沈战役

第三章

辽西战役

辽西战役的背景与结局

廖耀湘*

辽西战役是攸关东北国民党军主力命运的一个战役。其影响及于其他战场，是解放战争中的重要战役之一。在辽西战役之前，东北国民党军队，已被迫困守于长春、沈阳和锦州三点，主力位于沈阳地区。如何抓住时机，组织战略撤退，对东北国民党军队曾是生命攸关的问题。蒋介石在战前确曾设法要把沈阳的主力撤往锦州。所以，在记述辽西战役的时候，有必要把这一段史实也写进去。

一 蒋介石曾决心撤退沈阳主力

一九四八年五月初，蒋介石就决心要撤退沈阳地区国民党军队的主力，曾秘密通知卫立煌去南京面商。卫找我商量，我知道后，为之一怔。当时，我虽感国民党东北局势之不可为，但还没有料到蒋介石就要撤退沈阳的主力。这无疑是决心放弃整个东北，并置长春十万军队的命运于不顾。卫立煌说："委员长曾经答应增派军队至东北，打通锦沈交通，并已增派第九军和第五十四军来到锦州。如要撤退沈阳主力，他应该实践诺言，先多派几个军到锦州来，向东打通锦沈交通，沈阳部队西去与东进的部队会师，再一同北上，把长春被围的部队拉出来，然后才能再议撤退。"他认为，东北解放军的主力，就位于辽北与辽西地区，监视沈阳与长春我部队的行动。如我沈阳主力单独出辽西向锦州撤退，背辽河、新开河与饶阳河三条大水侧敌行动，有被解放军层层截断、分别包围被歼的危

* 作者当时系国民党第九兵团中将司令官。

险。他又说："现在就从沈阳把主力撤退，无疑是抛弃长春守军，这消息一传出去，定会瓦解长春守军的斗志，长春马上就成问题。"卫的意见与蒋介石的决心有极大距离。他不想先亲往南京，恐怕与蒋介石当面发生摩擦。他征询我的意见。我认为卫立煌的主张有道理，尤其他要把陷于危殆的长春守军救出来，使我内心特别感动，觉得他尚有一个军人的气概。我当即表示同意他的主张，卫很高兴。他请我代表他去南京见蒋介石，陈述东北将领的意见，当面再请增派三个军的力量来东北。卫并派他的参谋长赵家骧与我一同前往，我又请卫增派军长罗又伦随我去南京，因罗与国防部负责起草作战计划的人如罗泽闿（当时任国防部第三厅厅长）、李树正等是同学，便于接洽联络，打听消息。

我们在五月初乘专机到南京（记得是南京"国民代表大会"闭幕后几天，蒋介石刚刚当上总统）。到南京后，蒋介石首先单独召见我。蒋介石告诉我，他之所以要撤退沈阳的主力，首先是想在东北解放军未进攻锦州之前，先主动把沈阳主力撤往锦州；其次是当时国民党的空运能力有限，不能够负担沈阳十几万大军的补给。他还说长春守军的状况，使他感到非常苦痛。我把卫立煌的意见告诉他，尤其是卫立煌想把长春守军拉出来的意见，对他似乎有一种道义上的压力。蒋介石考虑有三四分钟之久，然后对我说，他本来打算另外抽调一些部队去东北，傅作义答应抽调一部分，他想再从山东抽调出一些队伍，但现在一时尚抽调不出来。沈阳主力的撤退，可稍微推迟一些时日。当天主要谈的问题，就止于此，以后又谈了有关补给与空运的问题。后来据罗泽闿说，蒋还想把由过去驻印军组成的沈阳主力（新编第一军、新编第六军、新编第三军）转运至南京地区，做他的机动预备队，必要时用以巩固南京老巢。

第二天，蒋介石召集我和赵家骧、罗又伦、罗泽闿四个人在他的私邸开了一个小型会议。他明白指示："沈阳主力的撤退，可稍微推迟一些时候，但必须立即准备好，待抽调的军队到达后，即开始行动。沈阳地区的部队，必须按任务重新编组。"他决定把周福成的第五十三军编为防御兵团，担任沈阳的防卫；新编第一军、新编第六军、新编第三军和第五十二、第四十九、第七十一共六个军加第二〇七师并附东北"剿总"直属的重炮及战车部队编为机动兵团，由廖耀湘统一指挥，随时准备行动。我对兵团编组问题，向蒋介石申述了两点意见：（一）这样彻底改组沈阳部队的编组，最好暂不发表，因泄露出去会引起周福成及其他地方部队的不安，可把这个决定交赵家骧参谋长带回去转交卫总司令，在适当时机发表。（二）在机动兵团行动期间，沈阳还是机动兵团的后方和补给与空运的基地，绝不能发生意外。因之，我建议把第二〇七师编入周福成的防御兵团，该师有三个旅，每旅三个团，实际上比一个军的力量小不了多少，且富于防御经验。这样可以增强沈阳的防御力量，也可以安定其他防守部队的军心。蒋介石认为我的这些建议合理，说：“可以这样办。”赵家骧提出如何安插刘安祺的问题，因为刘也是一个兵团，把他仅有的第七十一军编入机动兵团，那他就只剩下一个兵团部了。蒋介石对罗泽闿说：“可下命令，把他（指刘安祺）调到青岛去充任青岛警备司令。”（名义记不确切）罗泽闿又提出：“万一在沈阳主力未撤退之前，共产党就打锦州，那沈阳主力应该如何行动？”我根据卫立煌的意旨，提出：“在这种情况下，应由关内迅速增兵葫芦岛，直接解锦州之围。因为那里距离近，后方安全，翼侧有依托，补给无问题。沈阳部队应待葫芦岛与锦州部队会师后，东渡大凌河出沟帮子向东推进时，才能够西进与东进的部队相会合，打通锦沈交通。”罗泽闿说：“如此，锦州可能发生意外危险。”我说：“解放军可能围城打援。沈阳主力如单独西出，背三条大河，侧敌前进，增援锦州，更有被节节截断、分别包围、各个击破的危险。”我们两个人就争辩起来。罗泽闿当着蒋介石的面竟不客气地说：“将来东北战局，要由廖司令官负全部责任，因为全部精锐部队都掌握在他的手里。”这时赵家骧出来排解说：“这是卫总司令的责任，我们回去还要同卫总司令详细商量。”蒋介石当时也没有来得及详细思考，所以也未做别的指示，只是再补充一句：“这问题留待以后再详细研究。”

蒋介石随即提到如何加强东北空运与补给问题。这对当时东北部队来说是一个重大问题，对长春守军更是一个生命攸关的问题。蒋介石在原则上答应增强对东北的空运，增加弹药油料的运输量。他指示粮食应尽量就地征购，要极力扩大占领区抢夺粮食，以减轻空运部队的重压。为了解决一些事务性与技术性的问题，蒋介石指示于翌日召开一次补给会议，由联勤总部主持，空军总部派负责计划与指挥空运的人员参加，东北由我们三人参加，专门讨论东北部队的补给与空运问题。

这次南京之行，使我感到“国事前途”尤其是“东北的前途”十分黯淡。我已确切知道蒋介石要撤出沈阳的主力，放弃沈阳，接着就是要放弃整个东北。我感到他对打共产党似乎没有什么办法，内战可能长期拖延下去，局势可能进一步恶化。

二　卫立煌守沈待援与廖耀湘出营口之争

我与赵家骧等飞回沈阳，把商谈经过报告了卫立煌。卫立煌看到他的主张被蒋介石所采纳，非常高兴。他对我说："沈阳地区的主力是国家的精华，总统一定会抽调可能抽调的军队来增援东北，而且他也曾这样答应过我。"对此，我当时也同他一样地相信。但因其他各个战场同样处于紧急和兵力不够的状态，蒋介石没有能够抽调他处的兵力来增援东北。按照过去经验，东北解放军随时有发动夏季攻势的可能。我渐感事态不佳，觉得不能守株待兔，坐待增援，应设法自救，有所行动。尤其当我看到长春守军声泪俱下求救求粮的电报时，更使我预感到自己将会遭同样的命运。我认为必须设法摆脱这种即将来到的可怕局面。但卫立煌却以"不变应万变"的态度，认为必须静待关内增援。

六月间，沈阳地区国民党军队按照蒋介石的指示，扩大占领范围，发动"抢夺小麦之战"。位于辽中的新编第一军，极力向辽中以南盛产小麦的区域扩张。其第一线骑兵部队到达牛庄以北地区，其便衣侦探更活动到营口的外围。辽阳的第五十二军，为掩护新编第一军，也极力向辽阳西南地区搜索扫荡。曾在鞍山以西约三十华里之刘二堡与解放军发生激战，第五十二军主力全部投入战斗，俘虏了一些解放军士兵。这些行动使我们进一步明了辽南解放军似乎只有一个第四纵队，没有其他的主力。我认为这是一个很好的机会，应该乘辽南空虚之际，把我沈阳主力，秘密集中于辽中以南地区，利用新编第一军骑兵部队所到达的最南端为出发线，一举袭取营口（因为从新编第一军骑兵部队所达到最南边的地点出发，经牛庄至营口，只一天急行军的行程）。到营口以后，或者如蒋介石的计划立即放弃沈阳，或者暂时以预定之防御兵团甚至再酌加一部分兵力守住沈阳，把东北"剿总"及所有行政机构都迁往锦州，甚至把中专以上的学校都移走，尽量疏散不必要留在市区的人口，以避免重蹈长春之覆辙。卫立煌最初认为可以考虑。我要他适时成立机动兵团与防守兵团，及时采取行动。但他顾虑影响长春，又顾虑这会引起周福成的不安和第五十三军部队的疑惧，还顾虑沈阳主力一动，长春、沈阳都会陷落，对他个人"声誉"不无影响，而且还要负"丢失东北"的责任。甚至还掺杂一些权力和人事问题：如他不愿当光杆总司令，把沈阳主力都编入机动兵团，他想要直接抓各军甚至各师。总之，这一切使得他不能着重从战略战术上考虑问题，总是迟疑不决，不采取果断的行动，这也引起我和卫立煌之间一些不愉快的摩擦。但当时我原谅卫立煌，认为他与我所处的地位不同，顾虑不一样。到了八月初，事态发展更趋严重，蒋介石不仅没法从其他战场抽调兵力来增援东北，反而把已调至锦州的第九军调走，并把第五十四军阙汉骞部调至锦西葫芦岛地区，也有把它调走的迹向。这时我更感觉到沈阳的部队有依靠自己的力量自求解救之必要，再三向卫立煌建议，速下出营口的决心。当时我与国民党辽宁省政府主席王铁汉（东北军人，是陈诚的亲信）密商出营口的计划，要他再找一两个省主席从旁向卫立煌进言，以减少他对“个人声誉”上的顾虑。王铁汉极赞成我的意见，果然联络了一两个省主席向卫劝告，采取出营口的计划。不料这反而引起卫立煌极大的反感，他在一次总理纪念周上不点名地谴责了我。他说：“凡建议上级的方案，只是供上级选择，采纳与否，权在上级，不必到处活动，一定要迫使上级采纳自己个人的意见。”我最后知道卫立煌已决定不出营口，曾向蒋介石报告，一直吵到九月初解放军进兵锦州的时候。

三　蒋介石出辽西与东北国民党将领的守沈阳和出营口的争执

九月，解放军进兵锦州，蒋介石下令要沈阳国民党军主力直出辽西径解锦州之围，并夹击锦州地区的解放军。他召卫立煌去南京接受任务，并当面会商执行命令的要领。卫立煌不赞成蒋介石的作战方针。主张应俟关内增援部队解锦州之围后，渡大凌河，出沟帮子，向辽西地区前进时，沈阳主力才能西出与东进兵团会师。蒋介石不采纳卫立煌的意见，要他立即回沈阳指挥部队出辽西。卫立煌虽没敢公然反抗，但始终不接受蒋介石的作战方针，只含糊其辞地推托说，回去与负责将领详细商量后再作处置。蒋介石派参谋总长顾祝同随卫来沈阳，以监督执行他的命令。

卫立煌回沈阳后，立即找我去沈商量。他告诉我蒋介石的命令和他的意见与争执的简单经过。我当时也觉得蒋介石的计划不适合辽西战地的地形和沈阳国民党军队实际情况。但我尚不知道蒋介石的真实企图，以为蒋介石的目的，仍是要撤退沈阳的主力。我认为既要撤退，就要利用机会，迅速安全撤退，避免决战。所以，我又重新提出我的方案：沈阳主力正应该利用东北解放军主力进攻锦州，辽南完全空虚的时候，由辽中往南，经牛庄一举袭取营口。我以为这是最安全、迅速、容易而对尔后行动又十分有利的方案。我的主要理由如次：

（一）辽南已完全空虚：解放军在辽南唯一的一个纵队，即第四纵队已于几天前开往锦州地区。

（二）集中快：新编第一军就在辽中，新编第三军与第五十二军在辽阳地区，新编第三军没有防务，可立即行动，于两天内到达辽中以南地区。第五十二军只有一部分暂待接防，而其主力也可以在两天内到集中地点。位于沈阳地区之新编第六军与第四十九军一部分，可以车运，两天内也可到达辽中。

（三）距离短：由辽中以南经牛庄到营口只有一天急行军的行程。按敌情判断，可望不会遇到重大抵抗（后来第五十二军轻易袭占营口，证明这一判断的正确）。

（四）到营口后我向各方行动便利：既可从海上直接增兵葫芦岛援锦州；也可北出大洼经盘山、沟帮子、北镇以附锦州、义县地区解放军之侧背；而翼侧有渤海与辽河下游之屏障，后方交通安全可靠。

（五）在营口可由海上得到充分补给，不再依靠能力极端有限的空运。

最后，我还认为我们要主动向蒋介石提出积极的对策，否则他以为我们是回避战斗，看着锦州被围袖手旁观，道义上也说不过去。我们更不能抗拒蒋介石要我们立即执行命令的要求。

卫立煌这一次很仔细地倾听了我的意见，他对辽南空虚，解放军第四纵队已调往锦州的情况非常注意。他恐怕沈阳主力一离开，长春、沈阳都会随之陷落，尚有犹豫。但他不能不承认出营口的方案比蒋介石出辽西的方案安全而且易行。在“大敌当前”的紧要关头，为了对付蒋介石的不合理作战方案，这时卫立煌和我都感到命运与利害的一致，几经权衡利害，他同意把这两个方案（即他守沈阳与我出营口的方案）都提出去，作为东北负责将领的方案，请顾祝同报请蒋介石任择其一。卫立煌即以电话约顾祝同到他家里去吃晚饭，要我也去，准备饭后共同商谈。

吃晚饭时，只有我们三个人。卫同顾祝同谈些过去同事时期的一些愉快的回忆，极力造成一种和好的气氛。饭后，我们同到一个小厅里吃水果喝咖啡，卫立煌逐渐把话题转到如何执行蒋介石命令的问题上来。卫说："总统要求沈阳主力直出辽西，一路侧敌行军，远出解锦州之围的方案，实行起来危险太大。因为解放军很可能围城打援。"又说："廖司令官在东北比较久，对东北各方面的情况，比我更熟悉。他又是主要负实际责任实行命令的人，你可以问问他，听听他的意见。"顾祝同很客气地向我说："你有什么意见？可以详细谈谈。"我说："我们现在最主要的问题，是如何安全迅速撤退沈阳主力的问题。五月初总统在南京召集我们开会的时候，就决定要撤退沈阳的主力。要安全撤出沈阳的主力，我们在东北的负责将领已商订出两个方案。"于是，我把前面已述及的守沈阳和出营口这两个方案及理由向顾作了详细陈述。我并将准备好的书面计划和行动要图，一并呈给他看。顾祝同说："总统的命令，主要不是如何安全撤退沈阳主力的问题，而是要你们出辽西，东西对进，夹击锦州地区的共军，以解锦州之围的问题。"我在地图上告诉他辽西地形，并说："东北共军很可能围城打援，如果在葫芦岛与锦州守军未会合，先进出沟帮子向辽西推进之前，我沈阳主力单独出辽西，背三条大水，一路侧敌行军远出锦州地区，以夹击共军，确实有被节节截断、分别包围、各个击破的危险。所以我特别主张先出营口，然后由营口北出大洼、盘山，向沟帮子、北镇前进，以附敌之侧背，同样可达到夹击锦州地区共军之目的。必要时还可由营口运兵到葫芦岛，直接解锦州之围。"卫立煌插进来说："按照总统的办法做，很可能锦州之围未解，先送掉沈阳的主力。总统早就答应我抽调军队增援东北，以打通锦沈交通，现在正是时候。"他这些话似乎向顾祝同表示首先要蒋介石实现诺言。我说："总统早在五月初就要撤退沈阳的主力，因之我认为要沈阳主力出辽西直接解锦州之围，很可能是罗泽闿等人的纸上计划，图上作业。不一定是总统的真正意旨。"顾祝同仔细倾听了卫立煌和我的意见，他说："总统的命令不能违抗，我是来监督命令执行的。"他并未断然拒绝我和卫立煌的意见，答应把我们的上述意见，立即电报蒋介石。

第二天（九月二十七日）下午蒋回电说，仍要按他原来的命令行动。顾祝同立即打电话转达给卫立煌，卫立煌找我去商量。这时卫的神情非常焦愤和不安，他第一句话就问我："总统一定要我们立即出辽西增援锦州，你看怎么办？"我当时很惶惑："为什么蒋介石一定要坚持出辽西？"这似乎不合他原来想把沈阳主力提前安全撤出去的主旨。我沉思着，卫立煌也没有说话，大概彼此都感觉到情况十分严重。不一会儿我首先打破沉闷，对卫立煌说："沈阳主力不能在葫芦岛、锦州两地部队未会师之前单独出辽西！这是在时间和空间上如何配合的问题，我们不是不愿意执行或故意抗拒总统的命令，而是为了如何更好地挽救当前的局势，为了救全沈阳的主力。我认为总司令应该再犯颜直谏，坚持我们共同认为是真理的主张。"卫立煌听了之后，半吞半吐地说："不能单独出辽西，这是真理！"半响又重复一句："这是真理！"然后，他愤然地说："我宁愿不干，也绝不愿再使沈阳主力单独出辽西。"于是他要我同他再到顾祝同那里去作最后一次努力，想先说服顾祝同。卫一见顾就非常激动地说："我们两个是多年同事和共患难的好友，我的事情，就好像你自己的事情一样。我这次遇到生平以来从没遇到过的困难，无论如何希望你帮忙解决。"卫说："我们不是不愿执行总统的命令，也不是不愿意行动，只是在空间和时间上如何配合的问题。我们只是要求在葫芦岛与锦州的部队会师之后，东西两方同时并进，以避免被共军各个击破。"他焦急而诚恳地请顾祝同帮忙，再一次负责向蒋介石建议，不要使沈阳主力冒大危险单独出辽西。顾祝同推托说："我已把你们的意见电告了总统，但总统考虑后仍然要你们执行他原来的命令和计划。我是奉命来监督命令执行的，我不能再向总统说话。"卫立煌发急地说："因为你代表总统，所以我再一次请求你负责向总统进言，采纳我们的意见。这是关系几十万人命运的国家大事，你我都有责任，应该从长计议，很好地商量。"这时空气渐见紧张，顾祝同站在监督命令执行者的地位，只是说："这是总统的命令，不能违背。"卫立煌气急地说："我们不是不愿执行命令，只是要求待葫芦岛与锦州会合后，再东西对进共同行动。"顾祝同也带着一点激动的口气说："但总统命令你们立即行动！"卫立煌按捺不住内心之气愤，站了起来气急地说："单独出辽西，一定会全军覆没！你不信，我两个打赌，画十字（这是土话，即写军令状画押之意）！"此时，我不能再沉默下去了，便出来排解说："总司令的意见，是负一方大责的指挥官的意见。他是命令的直接执行者，事关数十万大军的命运，他有责任申述意见，恳求总长再三考虑。"我随即对卫立煌说："我们回去再详细考虑一下再同总长会商。"彼此不欢而散。临别卫立煌对我说："你再考虑考虑，明天再谈。"我带着沉重的心情回了家。

第三天（九月二十八日）早晨，顾祝同找我去个别谈话，他责我不应助长卫固执己见，而应劝卫执行蒋介石的命令。他说他此次来是监督执行蒋介石的命令，如果东北将领不执行命令，他就没法回南京交差。我说，卫是负东北实际责任的，身负东北几十万人安危的责任，他更明了情况，请再考虑一下他的意见，再电南京最后裁决。顾祝同训斥我说：“总统比任何人都更关切东北部队的命运。总统要你们经辽西出锦州，就是要把你们救出去，你们反坐着不愿意行动，企图回避战斗，这是不行的。我已把你们的意见电告总统，总统仍要按照原命令执行，我不能再代你们打电报。你们已耽误好几天时间，这样贻误时机，我再不能代你们负责任。你们必须服从命令，先开始行动，才能再说话。”我发现这里的门尚半开着，马上对顾说：“我愿去同卫总司令商量，我们先令部队向巨流河、新民地区集中，请总长再把我们的意见报请总统最后裁决。”顾祝同说：“那你们先开始行动再说。”实际上顾祝同这些话是讲给卫立煌听的，因为他与卫立煌是同事，不便讲这些话，因此想经我的口间接传达给卫立煌听，也为自己找一个下台的台阶。我当即去找卫立煌，报告我同顾祝同的这番对话，并说：“我们如果不表示先遵令开始集中军队，顾祝同似乎也不便再向总统进言，无法回去交代。只要他肯负责向总统再一次转达我们的意见，我想总统不会一点都不考虑，那么事情就有转机。”卫也正为事态僵持而焦虑不安，答应说：“就这样办。”于是，我同他再一次到顾祝同那里去，卫表示他愿意遵从顾的劝告，执行总统命令，先开始行动，令军队向巨流河、新民地区集中，请顾再打一电报或回南京面报蒋介石，请蒋再重新考虑东北负责将领的意见。顾祝同表示只要沈阳部队遵命开始移动，他愿回南京去把我们的意见转报蒋介石。卫说：“就这样办，先开始集中军队。”顾说：“那我明天就回南京去，你马上下命令，并将命令底稿一份交给我带回南京去。”卫再请他回京后从旁进言劝请蒋介石考虑我们的意见。这样，顾祝同即于二十九日飞回南京。

四　蒋介石到沈阳强迫主力出辽西

顾祝同飞回南京，报告在沈阳他与卫立煌和廖耀湘争执的经过，说卫和我不愿意执行蒋介石出辽西援锦州的命令。据说当时蒋介石十分气愤。十月二日蒋飞到沈阳，压迫东北将领执行他的命令和计划。他先到“剿总”稍息后，即单独接见卫立煌。卫立煌仍坚持自己的意见，引起他更大的愤怒。我随即进见，他脸上表情很不好。我把出营口的书面计划递交给他。他说他先到“剿总”会议厅，对师长以上的军官训话。在这次训话中，蒋首先就训斥东北高级将领不想打仗，想避免战斗，消极被动；其次他说他此次来的目的是“救你们”，表示他对与会者及其所属部队的关切，最后他说了些打气的话，要大家坚决奉行他的命令，努力作战，等等。随后，蒋介石在励志社单独接见了我。这是决定沈阳部队最后命运的一次谈话，气氛非常紧张，甚至令人窒息。蒋介石的情绪与对我的态度从来没有这样的不冷静，一开始他就发脾气，对我说：“你是我的学生，为什么你也不听我的命令？”他没让我讲话，马上命令式地说道：“这次沈阳军队直出辽西，解锦州之围，完全交你负责，如有贻误，也唯你一个人是问。”我当时以为这是沈阳主力的生死关头，不能不抓住最后的机会以陈述我的意见。我说：“我们并不是不愿意奉行总统的命令，而是在实施方法上如何更好地达到总统的命令所规定的目的。我们在这方面也有责任向总统申述意见。”蒋介石脸色稍霁。我说：“总统五月初在南京接见我的时候，就决定要把沈阳的主力，在共产党未攻锦州之前，先主动安全地撤往锦州，锦州并没有多少军队（当时锦州主力只有云南部队四个师）。现在的问题是如何利用共产党进攻锦州的时机，把沈阳的主力迅速安全撤出去的问题。在目前情况下，要迅速安全地全师撤出沈阳的主力，那只有出营口。”我还加上一句“出营口连一副行军锅灶都不会丢掉。”出乎我的意料，蒋介石对我说：“现在的问题不纯粹是撤退沈阳主力的问题，而是要在撤退之前与东北共产党进行一次决战，给它一个大的打击。”

我发现蒋介石这时的企图和决心，和五月初我在南京晋见他时的打算和想法，已大大不同了，我才感到自己的思想与蒋介石的见解之间，存在很大的距离，连卫立煌也没有弄清楚，我感到诧异。

蒋介石说，将继续增调军队至葫芦岛，已计划调三个军去，海军的最新最强的舰只“重庆”号与“灵甫”号亦去葫芦岛海面，直接支援陆上的攻击。他说我的任务就是要指挥沈阳的主力直出辽西。先到达新立屯地区，再由新立屯经阜新直出锦州、义县，从共军的后方，攻其侧背，与葫芦岛东进部队东西夹击。在锦州地区给东北共军一个歼灭性的打击。蒋介石的目的是要进行一次战略性的决战。

我考虑一下之后，对蒋介石说：“在锦、葫两地军队未会合进抵大凌河沿线之前，沈阳西出的部队，在时间和空间上，不能够与东进部队直接协同。锦州共军居于内线，那它就可能集中全力先打破一翼，最大可能是先打破由沈阳西出的主力。因之，我认为沈阳主力先集中于新民、彰武地区，完成一切准备，俟锦、葫两地军队会师之后，再东西对进，以夹击共产党军队，才是万全之策。”

但蒋介石不明了当时东北解放军力量增长的情况，把问题看得太容易。他说：“这没有问题，葫芦岛方面的部队已经部署，那里离锦州很近，而我们又有这样大的力量，迅速打到锦州，不成问题。问题是在你们这边，你们已耽误好几天，应该马上集中完毕，迅速完成攻击准备，按我刚才指示的要领，积极行动。”

蒋介石说完之后，我也感觉锦、葫距离短，又有这么大的陆海空军的力量，加上充足的油弹补给，迅速打到锦州，不会成什么大问题，就对蒋介石说：“我决心执行总统的命令，立即行动。”蒋介石表示高兴。但我还有一件事情不明了，为什么他（指蒋介石）在五月初就决心撤退沈阳的主力以避免决战，而现在又为什么下这么大的决心要与东北共产党的军队决战？我就提出问他。他怕我狐疑，决心不巩固，在考虑了一下之后，最终说出了他内心的图谋。他说：“在撤退东北主力之前，一定要给东北共产党军队一个大打击，一定要来一次决战，否则华北就有问题，将来有机会我再同你讲。当大将，一定要顾虑全局，你应该顾虑到整个局势，好好努力完成这一次任务。”我当时感到一种道义上的压力，似乎不能不积极遵照他的意志，以完成他面授给我的任务，毅然对他说：“我将力求完成总统授给我的任务。”

随后，蒋介石指示在西进行动中特别应注意的事项，如力保机密，行动迅速，摧毁所达到地区的共产党地方组织，掠夺并毁坏凡可资敌的一切物资，要实行他在豫鲁所实行过的“三光政策”，等等。

然后我与蒋介石再谈出辽西的机动兵团编组的问题（以下简称辽西兵团），大体仍依照他五月间在南京所决定的战斗序列。当讨论这个问题时，我再一次向蒋介石提议以位于营口不远的第五十二军（当时驻辽阳）袭取营口，以为犄角。蒋介石认为在辽南那样空虚的具体情况下，可以一部分兵力袭取营口。因之，当时决定把第五十二军从机动兵团里面拉出来，要它在辽西兵团行动的时候就袭取营口，而以第二〇七师之一个旅（实际是一个师，因它有三个团）编入机动兵团，以第五十三军的一个师，在辽西兵团行动期间，推进至巨流河，以掩护辽西兵团的前进补给和后方联络基地，使辽西兵团的兵力，大体与以前所预定的相等。其所属各部如下：新编第一军两个师（另一个师留驻辽中），新编第六军两个师（另一个师在葫芦岛整训参加塔山攻击），新编第三军三个师，第四十九军两个师，第七十一军两个师，第二〇七师之一个旅（许万寿旅），骑兵一个旅[①]（“剿总”直辖之游杂部队），宪荣支队（兵力甚少的两个新兵团，有少数步枪用作维持交通），及重炮、战车和装甲汽车部队与通信部队等。

最后我同蒋介石谈到补给问题，蒋介石答应在辽西兵团作战期间，大力增强空运，以空运主力负责沈阳方面之补给，以增运械弹油料为主。兵团行动期间，应就地征补粮秣，即掠夺粮食，以空出来的吨位增运械弹。那天，蒋介石单独同我会谈最久，蒋介石指示我在这次行动期间主要听他直接指挥，他将随时打电报给我。

在我之后，蒋介石再次接见了卫立煌，谈的时间不长。以后又接见几个军政人员，其中有周福成（防御兵团司令官，负沈阳守卫任务）和王铁汉等，三日即匆匆离开沈阳。

五　侵占彰武，塔山久攻不克

十月八日，辽西兵团主力开始向巨流河、新民地区集中。但因辽河上没有公路桥，只在巨流河有一座铁路桥，临时又搭一座通卡车的浮桥。步兵从铁路桥过河能力不大。从辽中来的新编第一军，是在新民以南涉水渡过来的。兵团主力未能如预期在十一日以前集中完竣。但葫芦岛方面国民党军队已于十日发动对塔山之攻击，受到出乎意料的坚强阻击。蒋介石连电催促赶快行动，按他以前指示迅速向新立屯前进，以威胁锦州解放军之侧背。因之，在兵团主力未集中好之前，我即于十二日发起向彰武进犯[②]。

在集中的同时，为掩护集中，我命令原在新民担任防务之第七十一军北向彰武地区，西向新立屯、黑山、大虎山方向搜索扫荡。发现解放军第六纵队即位于彰武及其以东秀水河子地区，有向南袭击新民、巨流河威胁兵团侧背与前进补给基地迹向。但饶阳河以东无敌踪，新立屯、黑

---

① 新编骑兵第二旅副旅长于维洲回忆：东北“剿总”直属的三个骑兵旅，当时均分别配属于列入西进兵团的三个军。因而这三个骑兵旅亦属西进兵团的序列。又说，兵团开始西进之初，配属新编第六军的骑兵第二旅即归还原建制了。

② 据查，廖兵团于十月九日发起向彰武的进攻，十一日攻占彰武。这里对时间记忆有误。

山、大虎山守军兵力不大，也没有积极向东活动。因之第七十一军先头部队在兵团向巨流河、新民集中时，就已到达饶阳河，并占领几个渡河要点。

侵犯彰武，由先到集中地的新编第三军担任。新编第六军的先头部队，任新编第三军右侧背之掩护，向彰武以东秀水河子前进。新编第三军在彰武以南受到激烈抵抗，战斗两天，才于十三日[①]黄昏侵占彰武。

在辽西兵团主力向巨流河、新民集中的时候，葫芦岛国民党军队于十日就在陆海空三军协同下，开始向塔山猛攻，打到十一日晚竟没有越雷池一步，没有如蒋介石所预期的那样很快打通锦、葫交通。这一情况使我惊异，在我心里投下一个阴影。

我发起进犯彰武，解放军也正在加紧向锦州实行攻击[②]。到黄昏以后，我与“剿总”参谋长联络，问锦州当天的战况，得知锦州以南一带高地上的外围阵地已被突破，使我立即感到情况严重。因为我知道锦州守军主力是由云南部队四个师所构成。十一日对塔山之攻击又没有进展，那么，在解放军主力攻击下，锦州守军能支持多久，大成问题。而东西两兵团对进以夹击锦州地区解放军，其关键就是要锦州守军能够支持下去。

我把对上述情况的顾虑打电话告诉了卫立煌，认为在这种情况下，辽西兵团主力暂时应控置于彰武、新民之间新开河以东地区，以一部分兵力出新立屯、黑山地区，因当时新立屯、黑山守军不多，第七十一军先头部队已抵饶阳河，并占领渡口，其搜索部队直达新立屯和黑山近郊。卫立煌同意我的意见，但蒋介石连电催促急进。我希望能得到蒋介石派驻沈阳的代表罗泽闿的同意，希望他与蒋介石商量。卫立煌说他明天约罗泽闿同来新民，看看彰武前方的战斗情况，并当面商量。

第二天上午，卫立煌与罗泽闿从沈阳坐专车前来新民，我陪他二人到彰武前线视察。战斗正激烈进行，我军节节向彰武推进，预计当天黄昏前占领彰武。尔后我又陪他们到彰武台门及新民西北新开河两个渡河点视察。这是当地居民平常来往的徒涉地点，当时我们正在架设供步兵与驮马通过的轻便桥梁。其他地点都是流沙，可陷溺人畜，对军队来说，无论进退都是一个大障碍。我的目的是使罗泽闿就地明了战地地形的特点。

① 据查，廖兵团于十月九日发起向彰武的进攻，十一日攻占彰武。这里对时间记忆有误。

② 据查，解放军向锦州发起总攻是十月十四日上午十一时。在此之前，其任务是加紧扫清锦州外围和做好总攻的准备。

十二点钟以后回到新民，在卫立煌专车上吃午餐。兵团部打电话给“剿总”询问塔山方面攻击情况，据“剿总”第二处管情报的负责人员说，迄至十二点钟为止，塔山方面仍无进展，攻击锦州的解放军仍在节节进逼。

午饭后，我们谈到塔山攻击仍无进展，锦州的情况大为可虑。这时我把上述使兵团主力留置于新开河以东的计划提出来，卫立煌表示赞同，认为在葫芦岛军队未攻下塔山与锦州军队会合以前，暂时把辽西兵团主力控置于新开河以东，较为有利。他说：“锦州恐怕靠不住。万一锦州失守，则渡新开河西进的辽西兵团，就会陷于进退维谷的危险境地。”我当时尚有一个腹案，就是在锦州万一失陷时，我准备把兵团主力拉回辽河东岸，经辽中撤往营口。但罗泽闿反对，认为这与蒋介石的意旨不合。最后这个少年得志的年轻人，竟当面给我和卫立煌一个不礼貌的令人难堪的回答说：“战况危险和地形困难，不能成为不打仗的理由。”弄得彼此不欢而散。

罗泽闿一回到沈阳，立即急电蒋介石告状。蒋介石当晚下半夜即手电问责，要我亲率辽西兵团主力星夜渡新开河进占新立屯，再向锦州前进。电文最后还威胁说：“如再延误将以军法从事。”我接到这封电报后，心情很沉重，也有点气愤，心里咕噜着：“你们一定要这样做，一定要送掉兵团的主力，那我也不能再负责任，就由你们去吧！”在这样不得已而又有点负气的情绪下，我在十四日早晨下令整个兵团立即渡新开河西进，只留第四十九军一个师守备彰武和第七十一军一个师暂留置于新民地区。

六　进占新立屯后的打算

在渡新开河之前，我曾感到犹豫，接到蒋介石严令时，我感到畏惧和心情沉重。在下了决心渡新开河之后，我认为兵团已失去行动自由，再没有向沈阳后顾的余地，除了一往直前，冲至锦州地区与锦州、葫芦岛军队会师之外，别无良好出路。当时我存在一种侥幸背水一战的心理，希望锦州部队能多守几天，我决心以最快速度经新立屯、阜新跃进至锦州地区，并限十五日到达新立屯，整顿一下态势，再跃至阜新，再向义县突进。十四日渡新开河的兵力部署，就是按照这一决心和尔后预期的行动而决定的。

十四日我命令：（一）先到彰武的新编第三军三个师，即由彰武及其两侧渡新开河于当天渡河完毕，并在渡河后实行开进，向西梯次配备，于十五日拂晓即向新立屯急进。先头师向目标迈进，对右侧方即西方可能来的敌人之侧击，由后面梯次跟进的部队解决，务必于十五日黄昏前到达新立屯以北及以西地区。（二）位于彰武与新民之间彰武台门的新编第一军，利用该军自己架设的便桥渡河，两个师先后重叠，于十五日拂晓，先头师由饶阳河沿岸出发，由东向西向新立屯突进，如遇抵抗，立即展开，断然攻击，先头部队限十五日中午十二点左右到达新立屯。（三）新编第六军和第四十九军继新三军、新一军之后陆续渡河，纵深配备于第二线，随该两军之后进至新立屯以北及以东地区，最后尾的部队应于十六日渡河完毕。（四）第七十一军附第二〇七师之许万寿旅，十四日在新民地区渡河完毕，十五日拂晓在白旗堡渡饶阳河向黑山前进，相机占领黑山。（五）第四十九军以一个师占领彰武，担任侧背之掩护。

自兵团集中时起，我命第七十一军不断向新立屯、黑山方向搜索，直达两地外围。两地守军没有向以东地区积极活动，我判断两地守军兵力不会很大，可能顺利到达上述两个地区。行动经过，大体符合我的判断。新一军先头部队在十五日十二点左右即到达新立屯地区，该地守军并未做大的抵抗即撤出，新一军随即占领新立屯。由北向南向新立屯前进的新三军，在受到西边来的解放军第六纵队猛烈的侧击，主力受到相当大的阻滞。但因采取向西梯次配属，先头师仍于十五日黄昏前到达新立屯以北和西北地区。第二〇七师之许旅也于十五日到达黑山外围，准备向黑山攻击。

十五日顺利占领新立屯，并达到黑山外围，我认为大大有利于兵团而后之迅速行动。当即采取向阜新跃进的预备措施，决定于十七日向阜新跃进，当天即到达阜新地区，因此我令：（一）新编第一军主力于十六日移至新立屯、黑山之间的芳山镇及以南地区，准备待命行动。（二）新编第三军于十六日向阜新及新立屯西北地区实行远距离搜索，越远越好。我准备利用搜索部队十六日所达到的最西点作为前卫主力的出发点，十七日向阜新跃进，俾兵团先头的一个军（预定为新三军），能于十七日到达并出敌不意袭取阜新。（三）新编第六军和第四十九军后尾部队赶快渡河，务于十六日在新立屯地区集结完毕。（四）重炮及车辆十六日经彰武公路桥向新立屯地区集结完毕。坏的车辆和耗油太多的旧战车和装甲汽车令它们回沈阳，以免油料补给不上，发生麻烦。（五）第七十一军军长向凤武为攻击黑山部队的指挥官，准备十六日向黑山前进并进占黑山。但当时我心里已经决定，不管十六日第七十一军能不能占领黑山，兵团主力十七日立即向阜新跃进，黑山交第七十一军继续攻击。

我准备十六日上午召集各军军长至彰武台门兵团前进指挥所面授任务，指示他们行动的要领，并和他们讨论有关执行任务与各军相互协同的问题。但时间已经迟了。兵团主力到达新立屯的那一天，锦州已被解放了。

七　锦州被解放后的想法

十六日拂晓以前，我得到在葫芦岛整训、一直参加对塔山攻击的新编第六军暂编第六十二师师长刘梓皋直接发给我的无线电报，说据由锦州跑出来的军官及士兵报告，锦州已被解放。这是一个十分惊人的消息。我听后立即打电话问赵家骧和卫立煌，他们说，锦州昨天以来，就不通电报，可能已经陷落。我当时心情十分激动并感到恐惧，对卫立煌说："一切马上须重新考虑。"卫立煌也说："很严重，应该好好考虑。"我说："我上午把这里的事情处理好，好好考虑一下，下午回沈阳同总司令面商。"卫说："很好！你赶快回来一趟。"我立即打电报给蒋介石请示行动；并通知第七十一军军长向凤武暂停对黑山之攻击，但我没有把锦州被解放的消息告诉他和其他各军军长。我要新编第一军主力不要到芳山镇去，暂停止于原地待命，但要他的骑兵团进至芳山镇并向南和西南搜索警戒。要新编第三军仍向西远出搜索，主力集结好，准备随时行动。我电话通知新编第六军李涛等也把部队集结好，作随时行动的准备。我当时心情沉重，感到辽西兵团最后的命运已成问题。我认为蒋介石寻求与东北解放军决战的方针，现因情况变化，应该放弃，辽西兵团不能继续向锦州前进。因为塔山之战已证明不能再依靠葫芦岛东进兵团的援助，东北解放军的兵力和战力已十分强大，辽西兵团好似是水上漂流着的两不靠岸的无根浮萍。"退回沈阳"，战术上虽然背三条大水，仍然是一个可实行的方案。但在战略上，我认为这是一个慢性自杀的方案，充其量，不过得到长春守军的结果，所以我不主张退回沈阳。"向营口撤退"，这是我过去的主张，现在我仍然认为是一个利多而害少的方案。尽管条件已有变化，在战术上实行起来，仍有困难和危险。我考虑了退营口的两条道路：一条道路是由巨流河再渡辽河，经辽中退往营口。但要渡四条大水，需时较长，企图容易暴露。如解放军得知我们的企图，那敌军由沟帮子经盘山直出营口与由大虎山直趋辽中，距离比我们近得多，因之走这条道路时，后半段的敌情顾虑很大。另一条道路是由新立屯兵团主力现在所在地，经黑山、大虎山以东和以南地区向大洼、营口撤退。走这条道路，敌情顾虑也比较大，因须在敌之近旁侧敌行军，企图一暴露，锦州地区解放军经沟帮子、盘山到大洼、营口比我们距离又近又快。在地形上也有困难，即新立屯、黑山、大虎山与饶阳河之间的走廊（以下简称走廊）十分窄狭，由北向南之交通道路少，没有一条永久公路。但距离短，不要经过大河流，两天半急行军，可望到达目的地，也可望出敌意料。实行这一案，首先须争取时间，其次需要占领黑山作为战略停止侧卫的据点，以掩护兵团主力通过走廊，不能占领也要猛烈攻击黑山，阻止黑山守军向东活动，以免敌军截断走廊。同时，造成我继续向锦州进兵的假象，以迷惑敌人，掩蔽我向营口撤退的企图。

我反复权衡利害得失，最后决定采取由新立屯经黑山、大虎山以东和以南地区直接退营口，虽然有危险和带冒险性，但要紧的是争取时间。

我正考虑这些问题的时候，蒋介石派杜聿明到新民前线来同我会商尔后的行动方针。我立即由彰武台门前进指挥所赶回新民兵团部以等待杜聿明之来到。

十六日上午十一点左右，杜聿明乘专车来到新民，我就在专车上同杜聿明会商尔后如何行动的问题。蒋介石仍然要求东、西两兵团对进，会师大凌河。可见蒋仍没有放弃与东北解放军求一决战的决心。我认为这是一个本来就行不通而现在更行不通的方案，我不愿意继续向锦州进兵。我以为当前最迫切需要解决的问题是如何先救出辽西兵团主力。杜聿明也承认这一点。我们就围绕这一中心问题，探讨具体而可行的行动方案。杜聿明先主张把集结于新立屯的兵团主力，以出敌意料的行动迅速进出北票地区，再绕义县、锦州以西地区向葫芦岛撤退，葫芦岛地区国民党军主力北上会师。我认为这是危险而不可能成功的行动，路线太长，全程都是在锦州解放军主力的外线行动，而且是侧敌之主力而行进，处于内线态势的锦州地区解放军可以把我们节节截断，分别包围。而我军两头无靠，又没有充足补给得以持续战斗，可能全军覆没。纵然有些小单位可能逃走，但主力不可能跑出去。葫芦岛方面的部队在海空直接协同下，尚且不能攻下塔山直接解近在咫尺的锦州之围，能希望他远出北票与辽西兵团会师吗？

我认为这一方案对东、西两兵团危险都很大，绝不可行。随后我俩谈到“再退回沈阳的问题”。我在上面已经谈过，这只不过是慢性的自杀，只是多延续几天生命罢了。他同意我的看法，但认为在必要时仍可退回沈阳。最后我提出决定采取由新立屯兵团主力现在地区经黑山、大虎山以东和以南向大洼、营口撤退的方案，并对他申述了采取这一方案的理由。讨论结果，他也同意我经大虎山以南直接退营口的方案。他要求我在退到营口地区之后，再经盘山、沟帮子向北打，与他所指挥的东进兵团在大凌河会师。我认为这一方案可以实行。我答应他在退至大洼、营口地区后再向北打，与他在大凌河会师，这是我们两个人当天会谈的结果，但还要待蒋介石最后决定。我要他先面报蒋介石。我也必须报告卫立煌，得到他的同意和支持，才能采取行动。我同杜聿明下午坐吉普车到新立屯视察一趟，夜晚同坐他的专车回沈阳。

十七日早上，我即去见卫立煌。我首先向他报告昨天我与杜聿明商谈的经过。卫仔细倾听，对上述各个方案的利害得失的分析尤其注意，中途也打断我的报告进行商讨。他绝不赞成继续向锦州进兵，也绝不赞成出北票的方案。他在开始的时候，对退沈阳和退营口这两个方案尚徘徊犹豫，我坚决劝他采取经大虎山以南直出营口的方案。最后他也同意先力图出营口，万不得已时退沈阳。但他也不能自行决定，须先向蒋介石报告，取得蒋的最后裁决。我认为无论实行退营口或退沈阳哪一个方案，要紧的问题是争取时间，必须立即行动或采取预备行动。我认为他在必要时应独断专行，尤其尔后战况可能千变万化，不可能也不可以等待蒋介石每每不合时宜的指示。他同意，并说必要时他一定这样做。我两个随后谈到打下锦州后东北解放军可能采取的行动，一致认为锦州解放军主力将会回师先打辽西兵团，以有力之一部坚守塔山这个狭小的隘口，阻止葫芦岛国民党军队之东进；也可能在回师前对塔山以西地区国民党军队来一个有力的反击；十天左右，锦州解放军主力就可能回师到新立屯、黑山、大虎山地区，完成发起大规模攻势的准备。时间对我们不利，要赶快决策和采取行动。卫立煌也很着急。他认为：我们必须采取准备行动，军队应集中准备好，一得到命令就能够立即行动。我当时认为准备行动中最急要的一着，是先攻占黑山。因为无论向哪个方向行动，出营口、退沈阳或继续向锦州进兵，都以先攻占黑山为有利。卫立煌考虑了一下，对我说：“你先把攻黑山的一切部署好，待我同总统最后商量好整个行动方针之后，打电话给你，立即开始行动。”

十七日上午与卫立煌会商后，我即回新民，首先找第七十一军军长向凤武（他是担任黑山攻击的指挥官），我这次要他把第七十一军担任新民防务的那一个师也拉上去，并配属他由兵团控制的两个重炮营；要他立即准备攻占黑山，并限次日（十八日）黄昏前完成攻击准备：炮兵进入阵地；步兵应就攻击准备位置。第二〇七师许万寿旅仍归他指挥。十七日下午，我通知新编第一军军长潘裕昆、新编第三军军长龙天武、新编第六军军长李涛到兵团部，告诉他们当时的情况和我与杜、卫商谈的概况，最后我谈了我个人的决心：准备由新立屯兵团主力现驻地经黑山、大虎山以东和以南地区直出大洼、营口。我并告诉他们三人尔后的任务和行动要领。我当时退营口的腹案是：（一）以第七十一军附第二〇七师之许旅，先攻占黑山，以掩护兵团主力通过黑山以东走廊，并迷惑敌人造成我继续向锦州西进的假象；黑山攻占之后，李涛率新六军（附第二〇七师许旅）与第四十九军为兵团的先头部队，立即由新立屯现驻地出发，经上述路线，直退大洼地区。在大虎山以东和以南应派有力的部队担任侧卫，占领要点，以掩护后续部队之通过。到大洼后与营口第五十二军取得联络，并向盘山方向搜索警戒。（二）新编第三军继第四十九军之后尾，与李涛取得联络，退至大洼以东地区。（三）新编第一军与第七十一军为整个兵团的后尾部队，统归新一军军长潘裕昆指挥，并担任整个兵团的后卫任务。至于第七十一军与新一军如何交互撤退与自行掩护，由潘裕昆自行决定。潘与新三军军长龙天武取得联络。新一军及第七十一军到达大洼地区后，位于大洼、营口之间地区，为兵团尔后行动中的预备队。（四）兵团前进指挥所和我个人，随新编第六军军部行动，先到大洼，尔后至营口。

我把我退营口的腹案，秘密地告诉了他们三人，并要他们就在兵团部当面协商，在空间和时间上如何使彼此行动互相协调，他们自己研究了好几个钟头。

到十八日，我几乎一切都已准备好，决心实行自己的方案。而且在必要时，我决定独断专行。当时我的想法是：“只要能救出兵团主力，我就决定干，个人的罪责，出去以后再说。”

十八日晚上，我打电话给卫立煌，报告他我一切都已准备好，只待命令行动，并准备于次日拂晓攻击黑山。多疑不决的卫立煌，这时又动摇和犹豫起来了，他对我说，蒋介石急电要他明日（十九日）去北平，要我等一下再行动。我再一次叮咛他要赶快决策，争取时间，并希望他在蒋介石面前坚持我们商订过的方案。他口头答应了。

蒋介石十月十九日、二十日在北平召集卫立煌、杜聿明面商东北国民党军队尔后行动方针。我因负前线军队直接指挥责任，没有去参加，当时会谈的经过和情况，是后来听说的。

据说，蒋介石在开始时，仍要杜聿明所指挥的葫芦岛国民党东进兵团与我所指挥的辽西兵团东西对进，夹击解放军，收复锦州，并在大凌河地区会师。卫立煌坚决反对这一方案。据杜聿明后来对我说，卫立煌同他在北平时都主张退沈阳。详情我不知道，也不知道他为什么中途改变了主张。

十九日上午、下午和晚上，我不断向沈阳联系，想及早知道蒋介石和卫的最后决策。听说卫尚没有回来，我急不可耐，于十九日晚上，直接打电报给蒋介石，坚决要求经黑山、大虎山直退营口，并说，时间对我不利，请他速决。二十日晚上，卫立煌由平回沈后，立即打电话给我，说蒋介石最后采取我们退营口的方案，要我按原订的计划立即攻击黑山。

在争吵五天之后，蒋介石才被迫放弃自己的方案，因为负责东北军队直接指挥的三个人（卫、杜、廖）没有一个人同意他的方案，最后才采取上述直退营口的决策。历史证明：时间已经太迟了。

八　进犯黑山受阻

进犯黑山的部署，久已完成。只是由于等待蒋介石和卫立煌的最后决策，才推迟到二十一日发动全面进攻。二十日晚上，我以电话通知第七十一军军长向凤武于次日（二十一日）拂晓开始攻击黑山。

攻击黑山的部署是这样的：第二〇七师的许万寿旅在兵团直属重炮掩护下，从胡家窝棚（黑山以东通沈阳公路上一个村庄）由东向西从正面攻击黑山；以第七十一军的两个师为攻击黑山的主力，由北向南从黑山以北侧击并包围黑山。

我初以为黑山守军兵力不大，攻击容易得手。但二十一日的攻击，受到黑山守军顽强的抵抗，攻击无大进展。我决定增强黑山攻击部队的火力，命位于第七十一军以北不远的新一军（位于芳山镇地区），即以它所属的重炮，交给向凤武指挥，以重炮火力支援明日（二十二日）对黑山继续攻击，并命新一军整饬战备，待命参加对黑山之攻击。我要新一军军长潘裕昆明日（二十二日）率两个师的必要人员，亲至第七十一军战斗指挥所与向凤武联络，至前线视察，督导攻击，并作出新一军参加黑山攻击之腹案，于二十二日下午至兵团部报告并接受任务，要他的骑兵团及便衣侦探向北镇方向加强搜索。

二十二日上午之攻击虽激烈进行，但受到黑山解放军守军的最强烈的抵抗与反击，使我攻击仍不得手。下午，潘裕昆来兵团报告第七十一军前线攻击情况，我即改命新一军军长潘裕昆为黑山攻击指挥官，指挥他的新一军和第七十一军及第二〇七师之许旅，于二十三日继续进攻黑山，并希于当日占领黑山。潘建议以该军新三十师从正面即北面参加黑山之攻击，以第五十师之一部附该军的骑兵团从西北面包围黑山并向黑山以西之正安堡（位于黑山通锦州的公路上）迂回黑山，以期截断黑山守军后方的交通联络，特别加强正面与东面进攻部队的炮火支援，期以轻重炮兵的集中轰击，以摧毁黑山守军之抵抗。

新一军二十二日黄昏以后进入战斗准备位置，于二十三日拂晓参加对黑山的攻击。这天的战斗十分激烈，好多地方尤其是第二〇七师许旅正面的阵地数易其手。守军不仅顽强抵抗，而且发动猛烈的反击，直至黄昏，攻击仍无多大成就。预期当日攻占黑山的计划已告失败，必须采取下一个决心。

九　决心向营口迅速撤退

我对敌情判断不确实，没有在预定期间内攻下黑山。根据二十三日的战况，我判断黑山守军已得到增援，共军是在死守，以待攻打锦州的解放军主力之回师。新一军骑兵团和向北镇搜索的便衣侦探也报告，锦州的解放军部队已回师到达北镇地区。比我预期还早。我感到时间紧迫，不能再等待攻下黑山才向营口撤退，必须立即行动。我决心于二十四日立即按原订计划向营口、大洼地区撤退。同时用电话报告卫立煌，得到卫的同意。但他末了加了一句：“万不得已时，可退回沈阳。”

二十三日晚上约九点钟，我下达了向营口撤退的命令。我令新六军军长李涛，于二十四日拂晓按原订计划（即十月十八日我面授给他和龙天武、潘裕昆的经黑山、大虎山以东及以南退营口大洼地区的计划），立刻开始行动。我令新三军军长龙天武，要他的先头师紧接着第四十九军的后尾行军，主力于二十五日由新立屯行动，其后卫部队应节节抵抗，到黑山以东地区后，应在黑山至新民公路以北走廊地区占领交通要点，阻止敌之追击，以待新一军部队之来到。我命七十一军所指挥的骑兵旅，于二十四日移至彰武、新立屯地区实行正面搜索，以掩护兵团主力后尾部队之转移，遇敌逐步抵抗向南撤退，并与第七十一军及新一军部队取得联络。

最后，我指示潘裕昆于二十四、二十五日两天仍按原订计划对黑山实行猛烈攻击，要他作最后努力，仍希在这两天内能够占领黑山。但这时我的真正目的是在掩护兵团主力通过走廊。能占领黑山更好，不能占领，则加以猛烈攻击，阻止黑山守军之反击，以免截断或扰乱兵团主力之转移。

二十四日的战斗也十分激烈，连日来进行持续攻击的第二〇七师许万寿旅伤亡颇大。上午，当黑山守军向东猛烈反击时，该旅虽曾努力抵抗，但因伤亡甚重，眼看不能支持，黑山守军有进攻胡家窝棚以西一带高地的可能（即黑山以东至饶阳河最后那一带高地）。这些高地可以瞰制走廊，并可以用炮火封锁走廊的要点。如果这一带高地失守，就可以阻止进而截断我兵团主力退向营口之路。下午，新六军军部与该军所属第一六九师到达了胡家窝棚，我率兵团前进指挥所拟随新六军军部行动，也到达了胡家窝棚。这时该军所属的新二十二师则顺利地到达大虎山以东锦沈铁路及其以南地区。李涛向我报告这些情况之后，我命令新六军在现已到达的地点停止，以该军的第一六九师即占领胡家窝棚以西高地，直接支援第二〇七师许旅；并命李涛直接指挥许旅，协调该旅与第一六九师之战斗；命该军所属的新二十二师，即由现到达地点，向大虎山之敌攻击，相机占领大虎山。我的真正目的是要抑留大虎山的解放军守军，不使他们向东和向南行动，以掩护兵团主力之通过。这样我命新六军由黑山至大虎山占领了一条侧卫阵地，并以攻击手段以图达成防御目的。掩护兵团主力通过黑山及大虎山以东和以南地区。

我又命令第四十九军并指挥紧跟在他们后尾行进的新三军所属之第十四师为兵团先头部队，经大虎山以南，在新六军部队的掩护下继续向大洼、营口撤退，并担任兵团战略前卫的任务。新三军主力二十五日转移至黑山以东胡日窝棚地区[①]，俟新一军及第七十一军攻击黑山的部队撤下后，随第四十九军之后跟进。

我决定于二十五日黄昏即停止对黑山之攻击。即以攻击黑山的新一

---

① 据查，无此村名。可能记忆有误，下同。

军及第七十一军为兵团的后尾部队，并担任后卫的任务，以第七十一军接替新六军第一六九师及第二〇七师许旅之防务，俾新六军附第二〇七师许旅随新三军的后尾向营口撤退。

二十四日黄昏，第四十九军到达了黑山东北通沈阳的公路上的半拉门（位于饶阳河西岸），第二〇七师许旅也稳住了阵脚。胡家窝棚以西可以瞰制走廊的一带高地业已巩固，为阻止守黑山解放军次日向东活动，我命李涛指挥第二〇七师许旅与第一六九师于二十五日在重炮火掩护下，由东向西再发起对黑山的猛烈攻击。

但就在二十五日，发生两个我没有及时知道但极端严重的情况。

首先，向营口撤退之路在大虎山以南被截断了。二十五日，第四十九军从半拉门地区出发，先头部队顺利通过了大虎山以东的铁路，在继续向南的前进途中，第四十九军先头师的前卫团，在通过大虎山以南地区被解放军包围，与师部完全失去联络。这大概是上午十点钟左右发生的事情，师部不知道，军部也不知道。所以二十五日第四十九军军长郑庭笈一直未向我及新六军军长李涛（原定第四十九军归李指挥）报告这一重大情况。我是直至二十六日黄昏才知道的。郑庭笈没有执行他的兵团战略前卫的任务，没有使用他的主力对敌攻击或继续向翼侧搜索，看看解放军的包围圈究竟有多大，反之他却在新二十二师之后和在新二十二师掩护之下，停止于大虎山以东陈家窝棚地区（在大虎山至老达房往沈阳的公路上）。他直接报告卫立煌，卫竟要他立即率该军两个师和在他近旁的新六军的新二十二师与新三军的第十四师经老达房退回沈阳。也是直到二十六日黄昏，我到新二十二师师部时才知道这一重要情况的。就是说“退营口之路被关闭了”。

另一个重要情况是由黑山经新民至沈阳的公路被截断了。就是说“辽西兵团退归沈阳的道路也被截断了”。二十五日，新三军主力由新立屯经“走廊”撤至黑山以东饶阳河西岸胡日窝棚地区，其后尾师受到解放军第六纵队（番号记不确切）猛烈追击，该师奉其军长之命逐次抵抗，节节后退，但没有在公路以北走廊内占领要点做坚强的后卫阵地，以等待新一军部队之来到。在强敌压迫下，仍然继续后撤（可能他的军长龙天武命令不明确）致使解放军第六纵队过早地于二十五日黄昏前就渗入这条公路上的胡日窝棚，把兵团部的特务营冲散了，并截去十几辆卡车的油料和弹药。我当晚得知消息，心中为之一震。兵团与沈阳最重要的交通线被截断了，可以说“退沈阳之门已经关闭了”。如上所述，我当时尚不知道第四十九军方面情况，不知道退营口之路也已经关闭。所以我当晚仍继续保持我退营口的决心，只不过通知新一军和新三军对渗入胡日窝棚之敌注意警戒，阻止他们向西方和向南方继续扩大裂口。

第四十九军与新三军到达黑山以东地区后，我按自己预定的期限和计划，令新一军和七十一军及新六军所指挥的攻击黑山的部队于二十五日黄昏停止攻击，并在新六军第一六九师与二〇七师许旅掩护下，撤退到胡家窝棚以东地区；第七十一军并应于二十五日晚上接替新六军第一六九师及第二〇七师许旅之防务，俾新六军于二十六日继续进至大虎山以东与新二十二师会合，在新三军之后向营口撤退。因事先下了预备命令给潘裕昆及向凤武二人，故这两个军从进攻地点撤到胡家窝棚以东地区，尚能顺利实施，没有遇到阻滞和追击。但第七十一军因几天来的持续攻击过于疲乏，要求于明天拂晓后再接防，且夜间交接容易引起混乱，我答应了他们的要求。这是造成翌晨（二十六日）胡家窝棚以西高地在交接未清之际被解放军一举突破的一个重要原因。

十　辽西兵团被歼灭经过

二十六日早晨，当第七十一军与新六军第一六九师与第二〇七师许旅在胡家窝棚以西一带高地交接防务未竣之际，交接防的队伍秩序紊乱，有些地段责任也不清，致遭到黑山守军与新投入战斗的解放军第三纵队的攻击。不久，在胡家窝棚的兵团前进指挥所就清晰听到激烈的枪声，战斗就在胡家窝棚以西高地进行。也就在这时，新三军军长龙天武打来电话，说他的司令部附近（胡家窝棚与胡日窝棚之间一个村庄）已发生战斗，在他西边第七十一军部队纷纷向后撤退，快打到他的司令部。我要他离开那里，去掌握他的部队，仍按原计划向营口撤退，他答应这样做。他可能在中途遇敌，与部队失去了电信联络。据我所知，他未掌握到他的任何一个师，也没有到达他的部队所在地，在混乱中，单独逃往沈阳。他的三个师没有指挥的首脑，不知如何行动，在胡日窝棚以南地区被解放军隔离、包围，二十七日全部被歼灭。

我同龙天武打电话以后，马上找新一军军长通话，但电话已被截断，没有打通。八点钟左右，战况更加激烈，似乎四周都有枪声。我即到邻近的新六军军部去找李涛，俾明了胡家窝棚以西战斗情况。出门时，看到街上秩序大乱，骡马、大车、汽车、部队拥挤不堪，齐向村之东端涌退。我到新六军军部时，李涛也不知道第一六九师与第二〇七师许旅确切情况和他们部队的确切位置。我要他先掌握第一六九师及第二〇七师许旅部队，务必暂时稳住阵脚，先确保胡家窝棚以西高地，然后把兵团指挥所及直属部队和该军军部稍往后移至安全地点，再转移至大虎山以东新二十二师所在地。在二十五日黄昏，李涛还得到该师电报，说他们进攻大虎山虽未得手，但也没有其他情况，并未遇到反击。只在黄昏时看到大虎山以西高山子车站，解放军有一个大行军纵队，向南方移动。电报上也没有提到第四十九军方面的上面已说过的那种情况。当晚李涛也没向我报告新二十二师的这一很重要的情报。

我给李涛上述指示后，带了一个随从副官到胡家窝棚东端较开阔一点的地方去亲自观测四周围的情况，亲眼看到胡家窝棚以西邻近的一带高地正发生争夺战，眼看就要打到胡家窝棚的西端。我看到胡家窝棚以东约三四华里的一个村庄正在激烈战斗，烟尘弥漫，那就是新一军军部所在地。胡家窝棚以东约150米有一条小河，解放军的渗透部队正沿这条小河来包围胡家窝棚东端，并隔断胡家窝棚与新一军之间的交通联络。最靠近的解放军士兵离我四五百米，步枪弹就从我头上飞过。在这种情况下，我不能再转回兵团司令部，决心到东南方七八华里新一军的新三十师司令部去，还没有走到新三十师师部，我回头一看，胡家窝棚村庄内已发生战斗，兵团指挥所与新六军军部可能已被打散了。

二十六日早晨，解放军第三纵队及其以北的友邻部队第一棒就打碎了国民党辽西兵团的“脑袋”即兵团前进指挥所，同时打碎了新三军、新一军及新六军三个军的司令部。[①]因为这些部队都是处于行军的状态，原来就未建立好通信联络的体系，所以当兵团部及三个重要的军部被打碎之后，使指挥官陷于无法指挥，再也不能掌握部队的境地。而部队则因失去首脑，无所适从，以致陷于瘫痪和分崩离析的状态。显然，兵团的命运已万分危殆。

二十六日上午十时左右，我抵达新三十师师部。这个师西边即靠近黑山，那边的部队已遭到解放军的攻击，但被阻止住，而且在反击中，还俘虏了解放军一部分士兵（部队番号记不得了）。我要新三十师师长文小

---

① 关于辽西兵团前进指挥所和三个军司令部驻地突遭解放军袭击的时间、情节，在几篇回忆文章中说法不一。根据现已看到的材料，是在十月二十五日夜间和二十六日拂晓发生的。

山就地抵抗，自己先行调整部署，以适应各方可能遭受的攻击，马上派联络军官在小部队保护下去南边与新二十二师取得联络，将情况弄清楚，回来向我报告。在新三十师的东边及东北边是该军的第五十师，据说已受到东边来的敌军之攻击，这大概就是昨天黄昏从胡家窝棚突进来的部队，现在它正在向东向西和向南方继续扩张与渗透。当时这个部队给辽西兵团的危害与威胁最大。因为它由北向南揳入兵团的主力，把兵团两个重要部队新一军和新三军隔开了，造成分别包围、各个歼灭的态势。我要文小山通知第五十师就地抵抗，并向新三十师靠拢，使邻接部分不发生可容敌渗透的空隙。这时得知新一军军部和第五十师部队在一块，只是交通和电信不通。我要文小山派人去把军长潘裕昆找来。我还要文立即采取处置，收容从胡家窝棚退下来的零散官兵以及新六军军部和兵团指挥所的人员。如遇整个的队伍，要他们就地抵抗，不准再退。

十一点钟左右，李涛与兵团参谋长杨焜来到了新三十师师部，得知兵团部及新六军军部已被冲散，但战斗部队已撤出。该军的第一六九师在胡家窝棚以东就地抵抗。但第二〇七师许旅旅部和部队在何地点尚不知道。我要新六军副军长刘建章去直接掌握第一六九师，并向进攻之解放军反击。以掩护麇集在胡家窝棚以东的重炮及车辆转移至安全地点。同时，使前方退下来的零星官兵和部队能得到收容。

十二点钟左右，新一军军长潘裕昆来到新三十师师部，他说他的司令部所在地受到激烈攻击，但被打退。他的军部已突围出来了。他已令部队向新三十师师部靠拢，他那边的情况已趋稳定。

不久，第七十一军军长向凤武也来到新三十师师部报告，他的部队只有一部被冲乱，主力尚没有大损失，现集结于新三十师与第一六九师之间，即胡家窝棚东南地区。我要他回去掌握部队，就地整顿并加以调整，准备就地抵抗，仍归新一军军长潘裕昆指挥。我并命他把应负失去胡家窝棚以西高地责任的师长立即撤职押禁起来，听候处理。

新六军军长也已派人找到了第二〇七师许旅旅部，他的部队大部已被冲散或失去联络。

兵团部被冲散的官兵也陆续到达新三十师师部所在地，有一个负责作战的主要参谋在解放军冲入兵团指挥所时被打死，少数被俘，大部分逃出来了。

但我与新三军、第四十九军尚未取得联络，也不知道他们的情况。我利用新三十师的电台与卫立煌取得联络，向他报告今早以来所发生的情况，我告诉他决心继续向营口撤退。因迄此时为止，我依然不知道第四十九军方面昨天上午十点以后所发生的情况，我估计该军已通过大虎山以南地区。

下午四点钟左右，我同新六军的新二十二师（位于大虎山以东）联络上了，该师师长罗英派卡车与警卫部队到新三十师师部来，说如果我和李涛等要到他那边去，就可以同警卫部队一块到他那里去。他说他的第一线部队也受到攻击，但已被阻止住，情况尚良好。他的师部位于大虎山通辽河边老达房公路上的唐家窝棚。他还谈了许多情况。他说，第四十九军军部就在他师部以东之陈家窝棚，相距不远，有电话联系；第四十九军的先头部队被包围，一直没联络上；第十四师就在第四十九军军部的东北地区，与第四十九军军部也有联络。他还说“剿总”总部命令他同第四十九军一同退回沈阳，但他因为不知道我与新六军军长的情况，所以不赞成，也没有行动。我得到这些消息甚感意外。我随即同潘裕昆等商量今后行动方针。潘裕昆认为在这样四面被围的状况下，军队不应移动，应就地抵抗。他说：“共军在不能忍受我们的火力杀伤之后，会自行撤退。”这样做是比较容易的事情，但我以为这样做，也只是延长一点抵抗的时间，而不能支持下去。因为：（一）没有弹药，尤其各种口径炮弹奇缺；（二）十几万人麇集在几十个小村庄内，很快就把当地粮食吃尽，虽可望空投少数弹药，但没法维持粮食之供给。非万不得已，不能采取这一方案。我当时仍继续认为大虎山以南方向纵有敌人，也是敌人薄弱之一环，可由这个方面突围出去。我没有立即否定潘裕昆的主张。我决定先到新二十二师师部去，明了第四十九军和新三军主力的情况后，再作决定。在去新二十二师之前，我命潘裕昆指挥新一军、第七十一军和新六军在胡家窝棚正面抵抗的第一六九师和二〇七师许旅残部，暂以现态势就地抵抗，再待另命。

二十六日下午五点钟左右，我离开新三十师师部向南行，越过大虎山至沈阳的铁路，于黄昏时刻到达新二十二师师部所在地之唐家窝棚。在那里，我与第四十九军军长郑庭笈通了电话，郑报告我上面所说的那些情况，直到这时候仍不知道该军第一〇五师前卫团的下落。他说第十四师在他的军部以北地区，即在大虎山至新民的铁路线上。他说他因没同我联络上，所以同沈阳总部直取联络，卫立煌要他率新二十二师与第十四师退回沈阳，只因待我的消息而未行动。然后他报告这一带的地形与交通状况，他说地图上注明的大虎山以东至辽河边的沼泽地带，实际已不存在。现在是村落密布，到处是耕作地。在他的军部陈家窝棚有一条大马路直通辽河边的老达房，再经大民屯至沈阳。这是现在唯一开放着的一条路，沿途无敌踪。我问他何以知道无敌踪？他说，他奉卫立煌的退回沈阳命令后，即用卡车输送他军部特务营至辽河西岸上的老达房，并在那里征集了一批船只，渡河工具也没大问题。这些卡车是当天十二点钟以后才回来的。他建议我速由这条路退回沈阳，不能在这里久留，越迟危险越大。他并说，第十四师师长许颖也与他同一个意见。我问新三军其他两个师的情况，他们都不清楚。我要新三十师和新二十二师的电台与新三军军部联络，但都没有叫通。

黄昏前后，新二十二师前线的战况愈趋激烈，敌方兵力显然增多，向空隙与翼侧到处渗透，入夜后也未减少活动，步步进逼，压力很大。我听到该师师长罗英同第一线各团打电话时，团长已开始在叫苦。

在知道上述这一切情形后，我考虑兵团下一部行动：在大虎山以南地区向营口突围还是就地防御以待援？或退沈阳？这时候我向营口突围的决心有点动摇了。因为这一方面的敌人兵力已经增大，兵团各部都与敌保持接触中。除了第四十九军一个半师、第十四师与新二十二师外，可能再加上新一军的新三十师，其他部队已不能自由行动。所能够使用的机动兵力太少。

退沈阳，这时候也是一条不易实行的道路。前有大河，后有强敌，部队一离现地，就可能在运动中被敌层层包围截断。

就地抵抗，这是当天潘裕昆向我提出的建议，我当时没有采纳。现在在万不得已的情况下，我尚比较倾向于这一方案。这虽不是一个好办法，但我觉得它比退沈阳似乎要好一点，因为它尚有得到由营口与葫芦岛两方面增援的一线希望。

我正在考虑和犹豫难决的时候，卫立煌来了电报，说在这样危险万状的情况下，辽西的部队应立即迅速退回沈阳。这时，我感到恐惧，感到羞愧，因为我退营口的主张现在彻底失败了。我拿着电报犹豫难决。这时兵团参谋长杨焜对我说："现在正是万分紧急的时刻，卫立煌要你退沈阳，那你就依照他的命令办好了。是他要你这样做，责任由他承担。"我又想，我出营口的计划已经彻底失败了，现在是不是能够再违反卫立煌的一贯主张和他现在的电令，而一意孤行到底呢？就现地抵抗是否有成功的把握呢？自问也没有。既然没有把握，那就只好服从卫立煌的命令。卫立煌不是已命令第四十九军率领新二十二师与第十四师径退沈阳，采取能拉出多少部队就拉出多少吗？我当时又计算了一下，退沈阳可能把新二十二师、第十四师、新三十师主力和第四十九军一个半师拉出去，而前三个师，是新一、新六、新三军主力师，是由印缅回来的骨干师，其余就很少希望了。我当时很痛苦地最后下决心，经由老达旁地区退沈阳。幻想把这几个师的主力拉出去。我再令第四十九军军长郑庭笈在夜间用卡车搜索陈家窝棚至老达房的公路，并告诉他我从这条路退沈阳的决心。他仍然说这条路上没有敌踪。但他答应夜晚派卡车去沿途搜索。

我下了决心之后，立即叫无线电台准备好话报机，约好时间与潘裕昆通无线电话。在等待通话时，我躺在床上痛苦地萦回思索了约一个钟头。最后潘裕昆来接电话命令。我命令他指挥新一军、第七十一军、第一六九师及位于他那里直属于兵团的重炮部队，于二十七日拂晓沿大虎山至新民铁路南北地区向沈阳撤退，在新民以南至老达房之间地区渡辽河，车辆及不能带走之重炮可以毁弃，在撤退途中遇敌应断然攻击，突破包围。新三十师应与以南的部队取联络并靠拢，撤退秩序及掩护处置，由他自己决定。我告诉他，我自己亲率新二十二师、第四十九军与第十四师经大虎山至老达房公路向沈阳撤退，并在老达房渡辽河。

潘裕昆在接受这个命令时也很痛苦和激动，说这是很危险的，没有把握。我说：“这是卫总司令的命令。”他声音很颤动地回答说：“我将尽我的力量去做。”

随后，我决定了我这一路撤退的部署：令新二十二师乘黑夜把第一线各团撤下来为先头师，于二十七日拂晓主力通过第四十九军军部所在地陈家窝棚，并在该军部队掩护下向老达房撤退。我自己同这个师的先头团行动，准备先到老达房。第四十九军军长指挥所属部队和新三军的第十四师，紧随新二十二师后尾向老达房撤退，第十四师与第四十九军各部撤退秩序与掩护秩序由郑庭笈自行决定。我把这种部署分别告知有关人员。

这一行动开始之后，我军整个指挥体系立即被解放军所打乱，各单位在战斗与行动中再也无法联系。所以我不知道二十七日辽西大歼灭战经过的实况。这里只简单叙述当天我自己的遭遇和所见。

我决定二十六日下半夜率新二十二师第六十四团先到第四十九军军部陈家窝棚，天还没亮，我就到达第四十九军军部。李涛及兵团参谋长随我一同行动。我问陈家窝棚至老达房公路沿线情况。郑庭笈仍说没有什么情况，没有敌人。我又问第十四师那边的情况，他回答说，没有什么大情况，还可以通话。但新三军的其他两个师一直没联系上。我在军部吃了一顿早餐，再指示一些行动要领之后，于拂晓前由陈家窝棚沿公路向老达房前进。

走了十几华里，拂晓以后，四周即发生战斗。在我前面行进的第六十四团也与敌发生接触。解放军可能是从大虎山以南经由大虎山至老达房公路以南迂回过来的。辽西兵团最后经老达房逃沈阳的退路被截断了！这真是四方八面被围得毫无缝隙。辽西兵团最后被全歼的命运已决定了。

我命令第六十四团向占领公路当面之敌猛烈攻击，企图打开一个缺口。但解放军兵力强大，而且源源不断向前增加。第六十四团攻击未奏效，反被包围冲散，团长阵亡。我等待新二十二师主力来到，再发起攻击，准备由公路以北小道，打出一条出路，但久候不至。而解放军于打垮第六十四团后，已向我所在地冲来，我通过一个大开阔地（即饶阳河通盘山的沟渠）再通过上述水渠回头向第四十九军军部方向走，预期能遇到新二十二师主力。但我不久前派回去找新二十二师主力的副师长周璞跑回来报告，说第四十九军军部所在地区发生战斗，不能通过，该师主力可能被阻，不能再上来了，或者已改道向目的地老达房前进亦未可知。当时我身边只带有一个新六军的特务连，不到两个排。周围散兵很多，到处乱跑，引来敌人的射击和追击。我想进水渠大堤以北的一个小村庄，准备在那里抵抗到晚上，再雇老百姓带路，以田间小径向沈阳方向逃窜。但那个村庄，已为解放军占领，于是我又回到大堤以南大开阔地里。我恐人多引起解放军注意，命特务连分成小组分向各个方向警戒隐蔽。我同李涛等几个人隐匿在一个凹地里，一直至黄昏。入夜后，已分散的特务连这时也联络不上，无法掌握了，最后只剩下我、李涛、新二十二师副师长周璞、新六军军部一个高参和我的一个随从副官。当晚，我决定向南走出包围圈。行动时，我的副官找不着了，只得弃了他。我与李涛等四个人一同向南再徒涉饶阳河通盘山的那条水渠。周璞因涉水不慎，跃入一个没顶的深坑，大声呼唤，引来解放军巡逻队前来搜索，这时又把李涛冲散了。最后只剩下我、周璞和新六军那个不知姓名的高参。我们三人再向南行动，绕过一处小树林，那里战斗稀疏进行，尔后，又绕过一个不知名的村庄，那里也有一小股国民党军队残部，尚在顽抗，大概就是早上随我一同向老达房前进的新二十二师第六十四团残部。天快拂晓，解放军向那个村庄猛烈炮击一阵之后，就冲进去了。黎明后，发现到处都有解放军。我三人走到了一个外面似乎很平静的小村，一进村就发现有解放军的队伍，走在前面的那一个高参被俘。由于我和周璞与他保持有一段距离，此时天只微明，稍微远隔，尚看不清，所以解放军没发现我二人。我们立即傍墙角隐蔽地离开了那里。天大亮后，我与周璞钻进田野中的高粱秆堆里，隐匿了一天。夜晚再向南走了一段，白天仍在原野里隐蔽地点休息。我们看到解放军仍纷纷向各方向行动，待解放军大队过尽了，我与周璞即向沈阳前进。但从田间小径上行走，既不能快，也很疲劳。在途中遇到一个单独行动的老百姓，给予重金，买了一些便衣与食物，化了装继续向沈阳前进，希望在沈阳尚未解放之时到达。行抵辽河边，因渡河点有解放军或民兵，久不得渡。我们旁听路人谈话，知沈阳已解放。我考虑再三，决心回头走，拟到葫芦岛国民党仍暂时控制的地区去。行至黑山以西，便被解放军查获。解放军以为周璞是一个普通的勤务兵，把他释放了。

辽西战役是解放军战史上最成功的战役之一，一举歼灭了国民党军早就想拉出去的东北主力，计新一军、新六军、新三军、第七十一军、第四十九军五个军，共十二个师再加上一些游杂部队和直属的重炮单位。沈阳解放可以说是辽西战役的直接结果。辽西战役也直接决定了国民党最后完全撤出东北，它开了解放战争三大战役胜利的端绪。

辽西战役补述

杨　焜*

关于辽西战役国民党军辽西兵团被全部歼灭的经过，廖耀湘的《辽西战役纪实》一文有详细记载。这里兹作几点补充（其中也包括个人的看法）。

一　蒋介石与廖耀湘在作战方针上的矛盾

（一）早在一九四七年来长春未被围困、辽南各重要城市尚未解放的时候，曾听说蒋介石听从美国顾问团的意见，有将东北国民党军主力撤出、放弃东北的传说。廖耀湘闻知，大为惊异。曾向蒋介石上过条陈①。其主要理由略记如下：

1. 东北国民党所辖的区域，虽然日渐缩小，但东北的精华，还是掌握在国民党手中。如抚顺的煤，本溪的铁，鞍山的钢以及每月产品可以装备一个师的沈阳兵工厂。如果继续固守下去，不但可以与共产党作持久的抗衡，而且是消灭共军的重要基地之一。

2. 东北的国民党军主力，牵制着整个东北共产党的力量。如果放弃东北，不但将东北的资源拱手资敌，而且东北共军得以全部顺利入关，华北势难抵住，华中亦将蒙受很大影响，等等。

---

* 作者当时系国民党第九兵团少将参谋长。

① 据廖耀湘谈：在陈诚到东北不久，遭到初期失败，美国人曾派军官二人到东北了解情况，非常悲观，尔后又听说顾问团有放弃东北的建议，我曾向蒋介石条陈对东北作战的意见，坚持必须守住东北，但只集中兵力守沈阳至营口地区，其他地区（包括辽西）都不要，以营口作补给基地。

后来长春被围，营口、鞍山先后失守。廖还说过，营口容易收复，也容易确保。利用海道与大后方联络补给，东北还大有可为。

（二）锦州被围，蒋介石命令辽西兵团径由沈锦铁路沿线直接增援锦州。而廖的真实思想，根本不愿意离开沈阳去冒解放军围城打援的危险，但又不敢推却不去。当时，东北“剿总”总司令卫立煌主张以关内派部队增援锦州，直接解锦州之围，并与锦州部队会合东渡大凌河，然后沈阳的主力再出辽西与之会师，打通沈锦线，这是上策。廖是同意卫的这一主张的，廖还认为，如果此案不被采纳，则沈阳主力亦可由辽中、营口绕至沈锦线上去救援。既可以免受右翼侧敌人的威胁，又可以避开三条河流（辽河、新开河、饶阳河）的障碍。从地图上看，似乎绕远了道，不如走沈锦线近捷。但实际上，大部队行动，特别是半机械化部队行动，如果避开上述障碍，比走那条直线要迅速得多。如果锦州不能支持，救援不及，亦可从营口海道安全撤出全部主力，保证不会遭到任何损失。这些主张，得到卫、赵（家骧）两人的赞同，后来作为卫的意见与蒋力争。蒋介石认为这种想法，不是以增援锦州、求与共军主力决战为主，而是避战、保全实力，坚决不答应。（后来我被俘后与东北人民解放军第六纵队司令员谈及时，他说：“若蒋介石听廖的话，我们就麻烦多了！蒋真是个名副其实的‘输送大队长’！”）

（三）廖虽然接受蒋介石的最后决定，仍由沈锦线径援锦州，但思想上还是很不愿意，行动不积极，借口河流障碍，架桥费时，右翼侧背威胁，等等，滞迟其行动。其主要表现：

1. 蒋介石令参谋总长顾祝同亲到沈阳督促，卫、廖本应于十月一、二日就要出发的。由于增援路线的争执未解决，拖延至十月八日才开始行动，已经延误好几天了。为了补偿延误，应该迅速集中。从沈阳附近到巨流河、新民间的集中地区，最远的部队也没有超过一天半以上行程的，可是，直至十月十一日黄昏尚未全部集中完毕。

2. 兵力部署上：辽西兵团所辖各军，战斗力最强的为新编第六军，其次是新编第一军，以下依次为新编第三军、第四十九军、第七十一军。在救援如救火的情况下，廖首先仅以第七十一军使用于正面，而将兵团主力使用在对付法库、彰武右侧的威胁上。这样，一直到锦州解放前一日（即一九四八年十月十四日）黄昏，兵团主力尚在彰武、彰武台门、新民以西之线未动。这个时候的部队，主要在继续驱逐少数翼侧威胁之敌，搜劫民间粮食、副食品（包括蔬菜、鸡、鸭、猪、牛、羊等），以及捕杀共产党地方干部，抢运彰武附近共军的仓库物资，等等。

3. 新开河的架桥（主要为通过炮车、汽车）速度很慢，从十月八、九日开始，到十四日尚未完成。固然客观上有相当困难，如：征集材料不易，河水涨落不定，架好又冲毁者两次。但是，多征集民工，多派部队参加，加快一至两倍的速度，是不会有多大问题的。

4. 十月十五日上午九点钟左右，蒋介石从沈阳打来电话，我接的电话（廖不在）。他自称是蒋委员长（此时他早已当上“总统”）。首先问廖司令官哪里去了？继问我是谁？再问：“你们为什么不前进？”我答复他前两问后，接着答第三问。我说明彰武之敌尚未肃清，桥梁尚未架好，正准备前进中等语。他最后说：“你们司令官回来，你告诉他，我命令他赶快前进，不要再拖延了！”我当即唯唯答应：“遵命转达。”

5. 我曾经问过廖：“我们为什么不赶快前进？”他说：“我判断不会出几天，锦州就会被解决，那时我们就不要前进了。”可是出乎廖耀湘的意料之外，十月十五日锦州解放了，蒋介石还是一再催逼廖迅速向锦州前进，还梦想与东进的国民党军会师恢复锦州呢！

上述这些统帅与将领间的矛盾，一方是凭主观想象，不顾客观条件，一味逼着硬干，企图实现其梦想的愿望；一方是贪图享乐，见死不救，阳奉阴违，敷衍应付，达到避免损失，保全实力的目的。各走极端，各有打算，这样，怎能不失败呢？

二 最重要的情报，我可能忘记向廖报告了

一九四八年十月二十五日下午，国民党空军用陆空联络电话问我：“在彰武以南发现一个长约五华里的大行军纵队，向无梁殿方向前进，是否我们自己的部队？如果不是，我们就轰炸了！”我当时答复：“不是我们自己的部队，你们轰炸、扫射吧！”我说过后，当即给无梁殿附近的新编第三军军长龙天武通电话，告诉他上述情况，请他注意对付。可能我当时事情忙，连续不断地处理别的情况，一直忘记把这个重要情况向廖报告了。由于这个纵队的插入、渗透，给予辽西兵团以很大的威胁和混乱。兵团部尔后与新编第三军失掉联络；新编第三军的三个师尔后被分别包围、歼灭，就是由于解放军的这个纵队的渗入造成的。后来知道这个纵队就是第六纵队，是由彰武南下切断辽西兵团的后方联络线的。

后方联络线被切断，是国民党军队最害怕的事。莫说一个大行军纵队的渗入，即使是小部队，也能造成极大的混乱，弄得风声鹤唳，草木皆兵。

三　情况紧急时，使用无线电话也不用密语了

国民党军的通信工具，除有线电话外，有无线电报话机。使用无线电报话机时，按规定要使用密语，不准用明语。但使用密语，须经翻译手续，不那么及时，特别在情况紧急时，往往迫不及待。廖性情急躁，尤其没有那样的沉着、耐心。十月二十六日拂晓，兵团指挥所在胡家窝棚被袭击打乱后，他指挥各军、师向营口撤退以及后来向沈阳撤退的部署，都是用无线电话明语讲的。我一再劝他不要性急，要使用密语，他不肯听。这不啻把我们的全部行动路线通知给解放军，使其作出妥善的全部歼灭的部署。

四　部队组织系统被打乱，部队成了乌合之众

俗话云："兵败如山倒。"对国民党军队来说，这话一点不假。一九四八年十月二十七日拂晓，当我们所在的那一路撤退的行军纵队（新编第二十二师第六十四团、兵团部及直属队、新编第六军军部及直属队、新编第二十二师主力等）被解放军切断、隔离、分别包围的时候，那种惊慌、混乱、奔逃的情形，简直无法形容。那时廖耀湘、李涛和我三人也夹杂在这些乱窜、乱奔的人群中瞎跑。那是在一个相当大的开阔地上，被围在开阔地的人，至少有三千人以上。还夹杂有辎重、行李、骡马、大车、汽车等。东边枪响，人群向西跑；西边枪响，人群又向东逃。我们几个人，先是站在汽车门的两边，命开着汽车跑，后来颠颠簸簸，又下来跟着跑。跑来跑去，只听得四面八方枪响，却未看见解放军人员逼近。于是我们几个人分别向跑的人群大喊大嚷："你们不要跑，组织起来吧!帮我们突围出去，要官有官，要钱有钱啊！""司令官、军长都在这里，你们保护着出去，保证你们升官受赏！"……我们喊得声嘶力竭，这些人还是不睬不理，奔逃如故。我们认不出他们是什么官阶、职

务，更叫不出他们的姓名，弄得无可奈何。后来，人群渐渐跑散了，渐渐稀少了，只剩下我们少数人晕头转向，不知如何是好。最后我说：“我们三个人，都带有随从，同在一起跑，目标太大，还是分散开来各跑各的好，免得大家同归于尽。”他们两人都同意，于是就分散开了，各走一方。但解放军人数众多，大小村庄到处都有，解放区人民都已组织起来。尽管我们躲躲藏藏，昼伏夜行，或化装成老百姓，也不能逃出去。多则混过七八天，少则几个小时之内，都一一被查出做了俘虏。辽西兵团的所有高级将领，除新编第一军军长潘裕昆、新编第三军军长龙天武两人逃脱外，其余的后来到解放军官教导团里都会在一起了。

新编第三军黑山被歼记

李定陆*

一九四八年七月，我由东北“剿总”总部高参改任新编第三军参谋长。

一九四八年十月八日，新编第三军已集中到新民，兵团司令官口头命令我军向彰武县搜索前进。军长龙天武当即口头命令第五十四师师长宋邦纬率该师向彰武县搜索前进，对彰武台门尤须注意搜索。如遇少数敌人，应即驱逐后向彰武县前进。十月十日抵彰武台门，与解放军第六纵队一部接触，当即展开攻击，解放军自动北撤彰武县，敌我双方均无伤亡。第五十四师经过一天的搜索前进，十月十一日进抵彰武县城。解放军第六纵队稍加抵抗，即向北退到距彰武县城六十华里的哈尔套街，第五十四师向北追击十五华里，即奉命停止追击。这时，新六军新二十二师部队已出现在彰武县城东北一带山陵地区。兵团司令官廖耀湘于十月十三日下午来到彰武新编第三军指挥所，命新编第三军向西沿彰武至新立屯铁路前进。向北警戒解放军第六纵队南下彰武，并命新编第三军派工兵炸毁彰武铁路桥梁，以断解放军攻锦部队与北满齐齐哈尔的铁路运输。此时廖耀湘的第九兵团司令部指挥所尚在新民。十月十五日上午蒋介石第二次到沈阳东北“剿总”，打电话到彰武新编第三军指挥所找廖耀湘接电话，龙天武已带副参谋长黄福荫指挥工兵营布置炸毁彰武铁路桥和布置后方弹药、粮秣的运输，并奉命搜集村庄里居民的粮食和棉花等物资，由输送团运沈阳市办事处。这时，廖耀湘不接电话，要我代替他在电话中谎说廖司令官已去第一线视察了。那位打电话的大概是侍从参谋。他又说，要他（指廖）回来后打电话回答“总统”的问话。但我没有见廖打电话回答

* 作者当时系国民党第九兵团新编第三军少将参谋长。

蒋介石，这充分暴露了蒋、廖的矛盾，不敢向蒋回电话的恐惧状态。当各部队通过彰武铁路桥向黑山转进后，十月十三日下午炸断了铁路桥。可是彰武县亘新民县有柳河一段，新编第一军潘裕昆军长乃徒步涉柳河向西前进。第七十一军军长向凤武指挥所部沿铁路向黑山县前进，右与新编第一军部队联系。这条西进路线，北受解放军第六纵队截断廖兵团后续部队西进的威胁，西又受解放军某纵队的节节阻击，每日前进不过十华里，十月十五日进抵新立屯。这时，新一军已前进到芳山镇。廖耀湘口头宣布新编第三军改为兵团总预备队，对北对东严密警戒解放军第六纵队的威胁和攻击。第七十一军、新编第一军开黑山县以北山地采取机动防御，命令新编第六军新编二十二师和第二〇七师的一个旅于黑山县南端攻击解放军。十月二十一日新编第三军指挥所进至黑山县东边，秘闻锦州已于十五日被解放，国民党守军全部被歼，范汉杰、卢浚泉等将领均被俘。在这种恐慌气氛下，官兵不敢公开表现消沉，但实际上士气都已低沉了。

十月二十二日，军指挥所进驻谢家窝棚，廖耀湘兵团指挥所已进驻西边约八华里的胡家窝棚。当晚，廖召集各军、师长会议于胡家窝棚指挥所，布置避免解放军由锦州东向对廖兵团的包围，口头命令各军向东南突围，命新编第三军第十四师师长许颖率部星夜向南约二十华里的江家屯占领阵地，以阻止解放军向东南包围的行动。

十月二十三日，黑山县南高地枪炮激烈，情况不明。这天，龙天武命令第五十四师进驻谢家窝棚与胡家窝棚地区，掩护军指挥部与兵团指挥部的安全；命令暂编第五十九师暂住芳山镇，掩护兵团侧背。不料这天半夜，新编第一军军长潘裕昆突来我军指挥部询问，说："你们还不走？我军奉命来这里接防的。"军长龙天武答："慌什么，明早天亮了再走不迟。"但他已命令军指挥部及军直属部队准备一切，以便明早东进。潘裕昆坐了一下就走了。

大约夜三时许，我新三军部的门前枪声和机枪声响起来了，哨兵、卫兵被打死打伤四五名。远闻胡家窝棚方面枪声也很密。袭击我军指挥部的解放军，经我特务营还击遂即退去。后知这部分解放军仅一排人。军长当即命令第五十四师随同军指挥部东进，并严密搜索军侧背的敌人，又派兵寻找暂编第五十九师令其向东突进。不到天明，军长在仓皇中率军指挥部及直属部队东进抵茶棚庵，休息吃饭，这时，已是十月二十四日上午九时了。军长叫我率军指挥部及直属部队向南边靠拢第十四师，只知十四师到了江家屯（相距二十余里），无电话联络。他自己同副参谋长黄福荫二人率第五十四师向东进。就这样，我与军长分手了。当我率军指挥部和直属部队向南进至三家村北约二里处，已是深夜了。发现村外北边从草地里卧伏着部队，其中一个军官说，他们是第二〇七师的一个营，奉命通过三家村南进，村内开枪射击，只得卧地侦察明白，再定行止。话刚完，忽见三家村开出一辆吉普车，上坐五六名穿美式大衣的军官，在车上大叫："传达廖司令官命令，你们部队继续南进，廖司令官在村南装甲车上等待你们。"边喊边北进，行进中又问："你们参谋长在哪里？"我们有的军官回答在队伍后面。对此，我有怀疑。所谓"廖司令官在装甲车上等待"恐系谎言，因为我知道廖兵团那时没有装甲车部队。不到半小时，那辆吉普车又由北往南返回，车行甚速，开向三家村。这时，军部政训处处长黄澈叫了几个政训员一同上了一辆卡车，紧跟着那辆吉普车前进。当吉普车进了村，一颗手榴弹投于黄澈的卡车上，黄澈负伤，两名政训员也负轻伤。卡车立即开转回来说那是敌人。时已半夜，我只得北返再去找军长向东突围。这时随从我的只有军部的工兵营，营长李某（忘记名字）对我说，用工兵营向东打出去。我一看，各军师的士兵都在互相乱窜，无官统率，部队已溃乱。我说，算了，不打了，已经难以突出去了。我们仍向东北走了大半天，混进溃兵的行列。工兵营长和我实在走不动了，就躲进路旁丛草坟地，我二人这时又饥又渴，偷偷出来找水喝，连路旁牛脚坑里的污水也喝了。我二人就在坟地里过了一夜。

第二天拂晓，天明路清，我们继续向东南方向走去，走不几里，被几个解放军战士盘问，并将我二人押至连部。工兵营营长当即坦白了他和我的身份。不久，一个干部带了一班战士，牵来了两匹马，对我们说，骑上马去六纵队。大约走了十多里，在一个村庄里，六纵队司令传见，询问："你们在南边的第十四师一个团顽抗不缴枪，军部是否下了命令？"我说："我军系兵团总预备队，没有下令作战，这恐怕系个别团的抵抗。"他即命警卫营营长招待我们吃饭后，把我们押到一所房里。过了三天，我们几个人被押送到北镇。凡在锦州、黑山被俘的师、团级以上军官于十一月上旬送到哈尔滨南岗解放军官教导团，开始了改造学习生活。新编第三军除了龙天武、黄福荫逃走外，包括梁铁豹师长等一律来到这个教导团学习。以上就是我亲历的新编第三军被全歼和我被俘的情况。

新编第三军溃逃时的狼狈景象

郭树人*

一　卫立煌派我去新编第三军担任联络官

一九四八年十月十日，卫立煌偕其参谋长赵家骧召集总司令部的高级参谋和参议共五人（其中有中将参议黄师岳和我）开会。卫立煌在会上宣布：我军将在辽西走廊同共军展开会战，现已令第九兵团司令官廖耀湘统率五个军，即新一军、新三军、新六军、第四十九军、第七十一军和第十二重炮团以及装甲兵队等集中于彰武县、新民县、辽中县等地区即将向西前进，本总司令部为了直接即时明了第一线的准确战况，兹派中将参议黄师岳去第九兵团司令部，少将参议郭树人去新编第三军司令部为联络官（每个军派联络官一人），联络作战情况，利用各该联络军司令部的无线电台，即时直接电报沈阳总司令部（每个联络官带密码译电本一本）。

一九四八年十月十二日中午，在彰武台门南一个村庄内，廖耀湘就地召集其所属军长李涛、龙天武、郑庭笈等开会，我与联络官黄师岳等参加了会议，先听取各军长汇报军队西进的情况。李涛报告说："共军少数在柳河西岸构筑一些简易工事，经我军很容易地将其击退后，已向西撤至饶阳河西岸逐次占领阵地，抵抗我军西进。但共军阻碍不住我军西进的。在我军右前方又有共军第十纵队集结，企图不明。"

廖耀湘说："共军的抵抗力不强，我军能够很快驱逐共军的阻力。我们大功成矣，各军候命西进。"

但黄师岳和我判断共军以小部队沿柳河和饶阳河西岸占领阵地，逐

* 作者当时系南京政府国防部少将部员，派到东北"剿总"任高级参议。

次抵抗，是掩护其后方主力军集中，我军（指第九兵团各军）应强力冲破其阻碍迅速西进，趁共军主力集中未完，立足未稳前，不予其设阵的机会，迫使其同我军决战，方有胜利之可能。待共军集中完了，部署已毕，则对我军不利。经向廖耀湘建议，他不以为然，军队仍缓缓西进。

二　新编第三军溃逃就歼的一些情况

大约在十月二十五日，廖耀湘兵团继续在黑山、大虎山地区向解放军阵地展开攻击，无任何进展。此时，新编第三军建制部队被廖耀湘调走一个师[①]。只剩两个师和直属部队，进抵黑山县以东，新立屯以南之线。新三军司令部率直属部队位置于第一线后方一个村庄附近。当夜新一军军长潘裕昆来到新三军司令部，同龙天武商谈，这两个军长愁眉苦脸，心事重重，谈了半夜。当夜，我去该军司令部参谋处了解敌我双方情况，该参谋处未能侦知当面解放军的详细情况，仅知在右前方约有共军一个纵队。

十月二十六日拂晓，忽听新三军司令部所在村庄西边枪炮声异常激烈，越响越近，此是解放军由黑山县以东地区向国民党军队猛攻，其势如急风扫落叶，国民党军队望风披靡，仓皇溃逃。溃兵蜂拥退入村中，潘裕昆慌忙乘车逃走，龙天武慌乱无措，临阵脱逃，放弃指挥，并抛掉他的司令部人员（包括其少将参谋长李定陆在内）乘吉普车一辆和装行李的汽车一辆向后逃跑。在过村外一条小河时，两辆车都卡在河中，我和龙天武弃掉车和行李，不得已徒步过河。水深没膝，河面结有一层薄冰。过河后，寒冷打战。因裤管和皮鞋内都灌进冰水，走路时哧哧作响，我俩成了落汤鸡，退逃大为不便，龙天武仅挟军用皮大衣一件，我只提皮包一个，此时只有护兵一名跟随，真成了光杆司令，狼狈不堪地向东徒步退逃。

十月二十六日黄昏前，我同龙天武逃到一个小村庄（村名忘记了）北侧，收容新三军司令部的溃兵约二十名，他们尚保存地对空的“布板”信号。适飞来侦察机一架，当在地上将“布板”信号展开，飞机在空中盘旋几圈后，又急速飞去。这时，龙天武不知道他所属的三个师在何

① 廖耀湘回忆：十月二十四日“我又命第四十九军并指挥紧跟在他们后尾行进的新编第三军第十四师为兵团先头部队”。

处，故无法同飞机联络和向第九兵团司令部以及向沈阳总司令部联络报告战况（因此时龙天武手中无通信工具）。

十月二十七日，龙、潘和我向彰武县方向退逃时，在路上遇着新三军的（暂编第五十九师）师长梁铁豹，也是光杆司令，谁也无法追查临阵脱逃的罪责。一路上，我们收容溃兵四五百人。在我们经过的村庄，都向我们开枪阻击，使我们不敢进村庄或接近村庄，又不敢走在大道上，而是散在田野上向东溃逃。我和潘、龙、梁跑得呼呼喘气，不敢停步，真是狼狈不堪。

十月二十八日晨，潘、龙、梁和我率领收容的溃兵，绕道半拉门村北方，于黄昏到达新民县火车站，乘火车回沈阳。

二十八日刚入夜，潘、龙和我到“剿总”向卫立煌（参谋长赵家骧也在场）汇报辽西战场的战败情况，潘、龙两位军长只报告解放军攻击如何勇猛，势不可阻而战败，卫立煌未深究就了事。但我听后认为实际情况是他俩未指挥军队作战，就光杆临阵脱逃战场。我未当面揭露他们，拟候有机会再将实际情况面报卫立煌。

卫立煌虽知道辽西战败，但还要顽固死守沈阳。他问赵家骧沈阳仓库内尚存有多少钢堡，要即时调查放下去；他命龙天武在铁西区收容溃兵；命潘裕昆在皇姑区收容溃兵，要迅速整编好，准备固守沈阳。（据了解，钢堡内只能容两三人，有向外的射击孔）。

十月三十日，卫立煌率东北“剿总”司令部和其他一部分将级军官乘飞机撤逃。十一月二日，沈阳附近的国民党军全部放下了武器，解放军乘胜进入沈阳市。

一支抗日名军的不光彩结局

陈时杰*

新编第一军这个部队番号，是一九四二年国民党军队派往印缅参加远征对日作战时才有的，它是当时远征军的主力。我把新编第一军一九四二年至一九四七年的一段，叫作孙立人时期[①]；一九四七年至一九四八年辽西战役时的一段，叫作潘裕昆时期。本文所述的是后一时期的新编第一军。我当时是新一军第五十师少将副师长，辽西战役开始，就代理军参谋长职务。现就记忆所及，把亲历的一些真实情况写出来，以供参考。

一　辽中抢粮和备战

一九四八年六月间，位于辽中地区的新编第一军，按照东北“剿总”抢粮备战的指示，极力向辽中以南盛产小麦地区大肆扩张，疯狂地抢夺粮食。当时，新编第一军一方面加强对辽南一带的出击扫荡，不断扩大占领范围，同时由军部和各师师部分别组成抢粮工作组，各团也有一个专门的抢粮小组，由辽中县县长陆某（系由新编第一军派出的一个上校高参）指定各区长和各保的联保主任负责推行此项工作。其办法是分地区设立关卡进行检查和抢购；派武装部队驰赴各地挨村挨户进行搜查和抢购。当时抢购的小麦和高粱总数，估计有一百七十余万斤。军部、师部、团部有关负责人员都从中捞得一大笔油水。如第五十师副师长罗锡畴

* 作者当时系国民党新编第一军第五十师少将副师长，战役期间代理军参谋长。

① 据查，孙立人是一九四四年九月才由新编第三十八师师长升任新一军军长的。在此之前，新一军军长是郑洞国。

在抢粮工作中，捞得的油水价值一百多两黄金。这样，弄得辽中地区农民十室九空，给他们带来了灾难。

新编第一军为完成其在东北的作战任务，加紧对部队进行整顿和战斗训练，并特别加强其后勤供应工作准备。在一九四七年十二月新一军由长春空运到沈阳时，军长潘裕昆就着手此项整训工作。一九四八年三月，首先在辽中四方台一个教堂里开办了一个由排长至师长一级的军官训练班，将全军军官分三期调训，每期集训一个月。为此在四方台附近地区强占农民耕地开辟了一个规模较大的野营演习场。在四方台以东七公里地区有一个步兵演习中心。在彰驿站以北约五公里地区有一个炮兵演习中心。其中有旷野，有小森林，有山丘，还有各种供演习用的人造地形。纵横十多平方公里，完全是该军演习场的范围。在每个师的驻在地区内，也至少有一个这样的临时演习场。当时所有开辟这些演习场的征地、征料、征工事宜，统一由军部伙同国民党的辽中县政府经办，疯狂地向人民榨取强征。为了扫清射界，就拆毁民房，限令居民迁出，或并村而居。强征来的民工在工地上，整天服劳役，不但不给任何工资代价，连干粮饮水都由民工自带。因此各地居民莫不叫苦连天，怨声载道。

在这个阶段中，新编第一军特别着重特种战斗训练，并经常放映有关这种战斗电影。我记得在部队将要进出辽西作战之前，曾作过多次的加强团陆空联合演习。并且特地把各个工兵部队集中到辽河边作了一个多星期的敌前渡河作业演习。

在现实的作战准备工作中，新编第一军也很注意对后勤部队的整顿。经过多次整顿，他们的工作比以往各次作战中的工作要扩大得多。如野战医院中的男子和妇女，大多是由沈阳一带欺骗和收买来的医生、护士、教员、学生、店员、厨师和一些失业工人。这个军还办了一个短期的后勤训练班。如训练医药、救护、运输、电信、军需财务部门人员在战斗中应尽的职责等。实际上这个军的后勤部门，都受过必要的战斗训练。

新编第一军政工处处长汤道福企图挽救该军士气低落和战斗力减弱的危机。在部队中还进行色情宣传活动来麻醉刺激官兵。更荒淫的是，他们从沈阳搜罗和欺骗来的一群女“政工队员”，实际上就是雇来的一批变相妓女。他一方面把这些女人乱点鸳鸯介绍给军里的一些主要部队长们。另一方面在沈阳南昌街五号布置了一个所谓“军官之家”的后方俱乐部，一些设备相当讲究。他经常邀约各级部队长由前方来到这里吃喝嫖赌，过着荒淫无耻的生活。

二　新民集中与作战准备

（一）部队编组与火力配备

当时的新编第一军由原有的两个派往印缅远征作战主力师——第五十师、新编第三十师和以后编进来的暂编第五十三师共三个师编成。在向辽西开进时，暂编第五十三师正在辽南走廊一带担任巡逻任务，故未参与辽西战役的作战。新一军投入辽西战役的实际兵力仅有两个主力师，及由军直属的特务营、搜索营、炮兵营、工兵营、辎重兵营和通信兵营各一个。这些部队均经过训练，装备都很新式和完整。另有一个新编来的骑兵团，人员复杂，素质极差，没有受过正规作战的训练。因此潘裕昆特于事先令其加速演习搜索警戒和攻、防、遭（遇）、追（击）、退（却）等各项战斗动作。

这个军的火力配备：军有直属之一〇五毫米榴弹炮一营（三个连），每连炮四门，共十二门。第五十师及新编第三十师，各有七五山炮一营（三个连），每连炮四门，共有十二门。各团均有八一迫击炮一连，每连炮四门；三七战防炮一连，每连炮四门。各步兵营均有小火箭炮一排，每排配有小火箭四枚。以及七六二重机关枪一连，每连机枪八挺。各步兵连均有六〇迫击炮四门。各步兵班均有轻机枪一挺，冲锋枪二支。总之，这个军的火力配备是相当强的。其弹药携带量也很充足。

（二）各部队之集中行动与部署

十月八日下午，军遵照兵团司令部命令，开始行动，军长潘裕昆遂派副参谋长彭其禅率领各师主要参谋人员于当日晚间进驻新民县城郊南关小学，建立军的前进指挥所，准备一切，以待部队之来到。同时决定各部队之集中行动开始及完毕的日期，集中方法和集中掩护等事项。要点如下：

1. 军决于十月十日开始渡辽河直向新民集中，并于十月十一日集中完毕。

2. 各部队集中行动如下：

（1）第五十师应于十月十日开始徒步行军至辽河边，再向新民以南渡河点涉渡辽河。于十月十一日十八时以前到达新民南郊一带地区集中。

（2）新编第三十师应于十月十日开始徒步行军至辽河边，再向新民以南渡河点涉渡辽河，于十月十一日十八时以前到达新民南郊外附近地区集中。

（3）骑兵团应于十月十日开始由现地出发，向新民以南渡河点涉渡辽河，于十月十一日十四时以前到达新民南郊外附近地区集中。

（4）特务营应于十月十日开始，统由现地用汽车输送至辽河边，继骑兵团之后渡辽河，于十月十一日十九时以前到达新民南关小学附近地区集中。

（5）炮兵营、工兵营、通信营，应于十月十日由现地出发至辽河边，再向新民以南渡河点用已备之驳船摆渡辽河，于十月十一日十八时前到达新民南郊附近地区集中。

（6）辎重兵营（包括汽车部队）应于部队运送任务完毕后，由现地出发，通过巨流河之浮桥，于十月十一日二十三时前到达新民南关外集中。

（7）各部队之集中掩护，依当面具体情况自行处置。

（8）军司令部于十月十日晚间进驻新民南关小学。

当时辽河以南渡河点因秋季河干水浅，步兵皆可徒涉通过。由于行动计划周密，并由军工兵营营长任渡河指挥官，渡河情况实施良好。只是此次行动仓促，致有关各部队之驮马设备和弹药携带量不足，工兵架设临时桥用之器材，事先准备也不充分。

对于汽油一项，军部是特别注意的。当时曾由沈阳补给区抢运汽油三百余桶随军运送前方，后交各部队，桶上均贴有封条，严格限制其消耗。故在部队初期行动时，尚未感汽油缺乏之苦。

三　向彰武、新立屯进犯经过

新编第一军所属各部队于十一日晚间全部到达新民集中地。十二日十二时顷，得兵团司令部之指示，为适应尔后情况之进展，又将军之各部队推进至位于新民与彰武之间的彰武台门附近地区集中待命。

廖耀湘于十一日曾在巨流河车站兵团指挥所（设在列车上），集合各部队团长以上人员开作战会议。会上廖对锦州地区国共双方部队情况、态势作了介绍，尤其对尔后之作战指导，作了详尽的分析和说明；他还特别指示各部队在西进行动中应注意以下事项：

（一）为增援锦州，我们必须先要攻占彰武，新立屯以切断共军的供应交通线。

（二）各部队要特别注意联络。如果通信中断，要能独立作战。

（三）宿营时，要特别注意共军对指挥系统的袭击。战斗时，攻击一定要攻击到顶点，防御到末点。

（四）要行动迅速，力保机密。

（五）必要时可摧毁所到达地区共产党的一切地方组织（意思是暗示我们可以残害地方革命干部）。

（六）可以毁坏不能运走的可能资敌的一切物资。

在他的这种鼓动纵容下，第五十师师长杨温、骑兵团团长尚其悦，在彰武台门附近就杀害了一些村干部。当时潘裕昆对这件事是有所指责的。同时新一军在彰武台门附近地区还大肆抢掠各个粮栈的粮食，并争先恐后地用汽车、大车运往新民和沈阳，在市场上高价出售，以肥私囊。当时沈阳投机商人在新民设立了粮食收购站，同部队内外勾结，大发横财。因此，各部队有很多军需、副官人员发了横财，有的干脆脱离战地逃之夭夭。

军于十三日在彰武台门综合得知如下之情况：

（一）葫芦岛方面援锦州之部队，于十日发动对塔山之攻击，受到共军的顽强阻击，毫无进展。共军主力还向锦州猛烈攻击，目下在激战中。

（二）共军第六纵队约一师兵力位于彰武及其以东秀水河子附近地区集结，企图不明。

（三）饶阳河以东尚无敌踪。新立屯、黑山、大虎山等地守军兵力不多，尚无积极向东活动之动向。

（四）我进攻彰武之新编第三军，战斗两日，已打破敌之抵抗，十一日已进占彰武。

（五）我骑兵团积极向西搜索扫荡，对敌之警戒部队的威胁妨害很有效果。

至十四日早晨，军接到兵团命令，知道廖耀湘已决定整个兵团立即渡新开河西进。命令位于彰武台门之新编第一军，应于十五日拂晓，由饶阳河沿岸出发，并利用该军自设之便桥渡新开河向新立屯迅速前进。如遇抵抗，须立即断然攻击。其先头部队并限于十五日十四时前到达新立屯。

十四日十二时顷，军长决心：军以攻击之目的，于明（十五）日拂晓强渡新开河向新立屯突进，并下达了处置概要及军的前进计划与部署。

军之向前推进情形：

（一）十月十五日十二时左右，军之先头部队即已到达新立屯地区。该地守军曾作一度的迟滞行动，逐次抵抗后，即撤出城区。于是，军之主力部队即全部占领新立屯。

（二）军在渡河前进时，第五十师有一个搜索连在通过牛子窝棚的途中，出乎意外地遭到共军警戒部队的伏击，伤亡连长王德新以下官兵三十余名。

（三）当共军撤离新立屯时，我们发现他们很少有固定的撤退和抵抗方式，所有的动作方式都是随时间空间而变化的。他们如此的行动，是力求保持一个统一的灵活机动，利用其神速奇袭的威力，并防止我军获得其真实活动的情况。

（四）我军在占领新立屯后，各部队多住在一些粮栈里，因此仍大肆进行粮食勾当，表现得比战斗活动还积极而热烈。新编第三十师及第五十师把原已满装弹药和汽油的汽车都腾出来抢运粮食至新民去卖，后来当部队转攻黑山时，就有很多弹药汽油被丢弃在新立屯而无法运走，致影响尔后的作战补给。

四　军之前进目标变更经过

（一）向芳山镇前进又向营口转进之企图

新编第一军于十五日全部到达新立屯后，廖耀湘认为大大有利于兵团尔后之西进行动。此时他向阜新跃进之企图，至为积极。因此，当晚二十一时左右，军接到兵团命令，要新编第一军主力于十六日移至位于新立、黑山之间的芳山镇及其以南地区，待命行动。军命令各部队采取移动措施，当第五十师先头团（谷剑霞团）刚到达芳山镇时（十六日十时三十分左右），又奉兵团的第二道命令，要新编第一军主力不要再到芳山镇去，暂停止于原地待命。但要军之骑兵团进至芳山镇并向南和西南方向搜索警戒。此时我已经感到情况可能发生了急剧的变化，整个辽西兵团之命运已成问题。但还不知锦州已被解放，只知塔山始终未能攻下，同时我们对廖耀湘迟迟不向锦州迅速前进之企图有所怀疑和不满。更不知道他有向营口撤退之打算。

（二）十月十七日至二十一日之状况

十七日十一时左右，我骑兵团团长尚其悦报称：在芳山镇西南方向已发现有大批解放军向黑山、大虎山方向移动，似有包围我军之企图。

十七日十七时顷，第五十师解来一名新编第五军第四十三师被俘后释放回来的排长，这个排长说：共军已攻下了锦州，其主力正抢渡大凌河向东北方向前进中。

十七日十八时顷，潘裕昆接到廖耀湘的电话通知，要潘即去新民兵团部开紧急会议并接受尔后军之行动任务。这时廖已决心准备由新立屯兵团主力现驻地经由黑山、大虎山以东和以南地区直向大洼、营口撤退。并决定新编第一军与第七十一军为整个兵团之后尾部队，统由潘裕昆指挥担任兵团后卫任务。关于新一军与第七十一军如何交互撤退与自行掩护事宜，则由潘裕昆自行决定。同时要潘与新编第三军军长龙天武取得联络。新一军与第七十一军到达大洼地区后，即位于大洼、营口之间地区作兵团尔后行动之预备队。廖就这样把撤退营口的腹案机密地告诉了各军军长做待命准备。

十八日上午，本军在新立屯军司令部所在地一个粮仓里召集各部队团长以上部队长开紧急会议，研究当前的严重情况和廖的准备撤退营口的腹案。并决定各部队尔后任务和行动。当即决定如下：

（一）已到达芳山镇之第五十师的先头团（谷剑霞团）因前进目标已变更，须集中一部分汽车于本晚十七时以前将该团运回新立屯集结。

（二）各部队于十九日十六时以前，一律要把难以行动之重病号交由军野战医院集中统一区处。特别是要以连为单位进行再一次的战斗动员，准备施行总攻击。

（三）为防止尔后因遭共军袭击而受重大损害，各师于战斗时，应注意加强第一线的战术预备队和另行编组军的战略预备队。

此时解放军地方武装已严重地破坏了芳山镇至新立屯这一段公路，原架在新立屯西头五公里处小河上的桥梁全部被破坏了，河面上则搭着临时的便桥。原公路路面，被挖得支离破碎，有的地段每隔十公尺路面就挖翻了身，并在这种地方埋有地雷。因此当接运谷剑霞团的汽车队在开出芳山镇向新立屯行驶了七八公里时，就遭到袭击。前面的一辆汽车碰上了地雷，有十几个人受了伤，直到深夜才把这个团全部运回新立屯来。因此，在这种情况下，各部队官兵真是胆战心惊，充满了绝望情绪。

二十一日晨，综合各方面情况判断，廖耀湘和潘裕昆都估计锦州地区的解放军主力可能在很短时间内回师到新立屯、黑山、大虎山地区，对我发起大规模的围歼攻势。时间对我们极为不利，须迅速决策和采取行动。因此，当时廖和潘都认为当前行动中最要紧的一着，是先要攻占黑山。因此，就在二十一日晚开始对黑山进犯。廖初以为黑山守军兵力不多，攻击会容易得手。但经过几个晚间之攻击，遭到黑山守军之顽强抵抗，攻击无大进展，于是他为了增强黑山攻击部队火力，就令新编第一军所属重炮暂交第七十一军向凤武指挥，于二十二日继续对黑山进行出击。同时并令新一军整饬战备，待命参加对黑山之攻击。

五　攻击黑山之战斗

（一）攻击黑山之目的及实施经过

黑山为进出大洼、营口或退往沈阳或继续西进之唯一走廊。军为确保尔后行动之自由，必须先攻下黑山。若军对黑山之攻击成功，则整个兵团之生存有望。因此，廖耀湘对潘裕昆说："我军之进攻黑山，乃统筹全局消弭隐患之要策，须竭力设法攻占之。"他要潘裕昆于二十二日率领两个师的必要人员亲至第七十一军指挥所与向凤武取得联络，并要潘亲往前线视察，以督导攻击，并要潘作出新一军参加黑山攻击之腹案，于二十二日亲至兵团司令部报告并接受任务。同时令军之骑兵团及便探向北镇方向加强搜索敌情。

二十二日上午之攻击，虽努力进行，但遭到黑山守军极其顽强之抵抗与反击，使我攻击仍不得手。及至下午一时左右，潘到兵团司令部报告第七十一军前线攻击情况时，廖即改令潘裕昆为指挥官，指挥新一军、第七十一军及第二〇七师之许万寿旅于二十三日继续对黑山攻击，并限于当晚占领黑山。此时潘建议以本军新编第三十师从北面参加对黑山之攻击，以第五十师之一部并附军之骑兵团从西北包围黑山，并向黑山以西约三十华里之正安堡迂回攻击黑山，以期截断黑山守军后方之交通线，并特别加强正面与东面进攻部队的炮火支援，期以轻重炮兵的集中轰击，以摧毁黑山守军之抵抗。潘遂根据攻击指导腹案，下达军之展开命令：

1. 黑山之敌情及其阵地状况（从略）。

2. 军于明日（二十三日）拂晓对黑山敌阵地进行总攻击。主攻击在九连岗子正面，一举进出石牌、三里岗子之线捕捉敌人于战场而歼灭之。

3. 第七十一军应继续攻击当面之敌，并向一七二高地方向威胁敌之左侧背。

4. 第二〇七师许旅继续攻击当面之敌，并向以东方向威胁敌之右侧背。

5. 骑兵团击破敌之警戒部队后，加紧搜索敌情，并向高庄子方向进击，威胁敌之后方交通线。

6. 各师应利用夜暗接近敌人，于明日（二十三日）五时以前在如下各附近之线完成攻击准备。（地点从略）步兵攻击前进开始之时间另令之。

7. 各师作战地境（从略）。

8. 军炮兵部队利用夜暗以一部在沈家窝棚南端附近地区，主力在周家岗子东端附近地区占领阵地，于明日（二十三日）拂晓行一小时之攻击准备射击，当步兵攻击开始后，以主火力制压敌炮兵并协同第五十师及新编第三十师之攻击。

进行攻击准备射击时，各师炮兵统归军炮兵指挥官统一指挥。预定攻击准备射击开始时刻为六时三十分。

本攻击炮兵得使用之弹药为五基数。

军炮兵与各师炮兵之战斗地境为郭堡子（一五〇高地以南约十公里），陈家岗子（一五〇高地以东约四公里）、长岗岭相连之线。

9. 工兵营主力于援助炮兵进入阵地后，位置于××地附近。

10. 第五十师之谭云生团及第七十一军之×××团于明日（二十三日）五时前到达山坡附近地区为军之预备队。

11. 通信兵营以山坡为基点，构成第一线部队军炮兵队之通信网，须于二十三日五时前完成。并于明日（二十三日）五时前在山坡附近开设无线电通信所。

12. 其全军之直属部队暂位置于山坡附近地区。

13. 余现在新立屯，于明日（二十三日）五时进至北坡指挥所。

十月二十二日十八时五十分于新立屯军司令部。

此时新编第三十师师长文小山表示反对。他本其一贯消极的主张，说："在原担任主攻部队尚未突破正安堡以北高地之前，如果我军倾全力进攻黑山，必极困难。且守军一如狡兔筑窟，埋藏甚巧。其沈锦公路两侧之游动炮兵，亦甚活跃坚强，自为我军所难以应付。同时依廖耀湘平日之指挥道德，亦多损人利己，我们对此不能不有所顾忌。"他深信难以得胜。于是潘裕昆急电请示廖耀湘改变这一作战计划。主张用原攻击部队攻击黑山，而付新编第一军仍以炮兵支援之副任务。当时，廖严厉地说："此系不计牺牲，务求攻占黑山走廊之命令，仍限即着手准备攻击部署。"于是新一军于二十二日黄昏后，即全部进入战斗准备位置。

二十三日拂晓，依据军之攻击命令，竭其全力开始实行总攻。直至十一时三十分，进至守军阵地前三四百公尺，唯我新编第三十师正面及第五十师左翼张永龄团将至冲锋距离时遭到守军极其猛烈之反击，我伤亡很大，攻击受到顿挫。于是潘即令各部队撤至山坡附近整顿队势。

黑山守军于十一时三十分予我猛烈反击之后，竟夺去我军攻击前进据点之一部，然旋即为我军恢复，后又失去。当时守军反击兵力约有一个加强营。他们攻击前进时，均一律持枪上刺刀和扔手榴弹，直接冲向我军阵前，前仆后继，非常英勇。

至十五时顷，潘又发起第二次攻击。十五时五十分左右，潘为了占领有利地形，于击退守军反击之后，即以集结之新编第三十师，第五十师及第七十一军第八十七师之一部，又一次施行攻击，然又为守军所阻止。

至十七时左右，潘将第七十一军全部加入攻击战斗，并置重点于守军阵地正面。开始冲锋颇为顺利，并已进至守军阵地前三四百公尺处，此时又遭到守军的猛烈反击，攻击又告失败。此役以第七十一军第九十一师最为不力，兵未交锋，即相率逃窜。当时廖耀湘曾下令将该师师长戴海容就地处决，后来戴乘机脱逃了。我军经过这两次激烈的攻击战斗，损失极大。黄昏后乃再从事于阵地的整顿和官兵的鼓动工作，为最后挣扎做准备。

（二）二十四日拂晓之再攻击及其失败影响

二十四日天气晴朗，潘裕昆以坚决打通黑山走廊、使兵团行动得以自由之目的向黑山再行发起最后一次之攻击。其战斗之激烈为前所未有。特别是连日来进行持续攻击之二〇七师许旅遭受的伤亡更大。是日上午，当黑山守军向东猛烈反击时，我军虽作决死战斗，但终因官兵疲惫不堪，伤亡惨重。且弹药与给养均不继，全军二十四门重炮炮弹仅敷一日之用。当时连饮水都成了问题。而守军之阵地，其间又多数为分立而又能互相联系的土堡群，巧匿于矮林、丘阜之间，掩蔽极佳，甚难辨认。我军眼看不能支持，而守军却有进攻胡家窝棚以西一带高地之模样（即黑山东北至饶阳河最后的一带高地）。这些高地可以瞰制整个走廊，并可用炮火封锁走廊的要点。如果这一带高地被解放军攻占，就可以阻止进而截断我兵团主力退向营口之路。我军预期至迟在二十四日以前攻占黑山之企图，至此已全部为英雄的人民解放军所粉碎。

潘裕昆此时基于以上状况，尚图整顿主力，于明日拂晓再一次攻击，并作如下之处置大要：

1. 令炮兵队集中主力推进至段三甲子附近地区占领阵地，一部仍在原阵地。

2. 令军预备队利用夜暗推进至段三甲子以南约三百公尺处附近地区。

3. 令骑兵团极力向正安堡以西地区搜索扫荡。

入夜，我军之第一线各部队，先后对守军阵地要点施行夜袭，但仍遭到守军的顽强反击。截至二十四时左右，除新编第三十师攻击正面略有进展及胡家窝棚以西一带高地稍形巩固一些外，其他方面均未奏功。

是日晚间，廖耀湘率兵团前进指挥所到达了胡家窝棚。潘立即向其建议，认为必须集中兵团主力进行攻击，才能够摧毁黑山守军抵抗。潘并直接电告卫立煌，谓明日定能攻下黑山走廊。卫复电表示高兴，勉其成功。当时潘大放厥词，野心勃勃极想拉拢向凤武军长另组成一个兵团实力，以削弱廖之指挥领导权。

（三）奉令自黑山撤退

二十五日清晨，廖耀湘对潘裕昆说，当前情况越来越对我们不利。蒋介石要我速退营口。兵团决定按已下达给你们的预先命令，在新编第三军与第四十九军到达黑山以东地区后，即于黄昏停止对黑山之攻击。由你指挥新编第一军及第七十一军，担任兵团的后卫任务。为了加强你们后卫的力量，兵团决定把第七十一军全部编给你们，请你立即再同向凤武好好研究退往营口的准备工作。不管有多大困难，我们必须退过去。这是决定兵团尔后命运很重要的步骤。

黄昏时，潘遵令开始进行撤退。因事前已奉到兵团的预先命令，所以这两个军从进攻地点一直撤退到胡家窝棚以东地区村落时，尚能顺利实施，没有遇到什么阻碍和追击。

六　胡家窝棚附近之混战

二十六日早晨，当第七十一军与新六军之第一六九师在胡家窝棚以西一带高地交接防务未竣之际，就遭到了新增援的解放军第三纵队的强烈袭击。阵地被一举突破。不久，解放军就突入到新一军军部所在地（胡家窝棚以东约一公里许之一个村庄）。烟尘弥漫，战斗激烈。胡家窝棚以东约一公里处有一条小河，解放军的渗透部队就沿这条小河来包围胡家窝棚东面并切断了胡家窝棚与新一军之间的交通联络。旋即发现解放军部队向东及东北方向攻击，同时用左翼将我军向南压迫。另一部解放军也以其主力指向西南，从右翼压迫我军，以迄前、后孙家窝棚。这样，我军就陷入解放军部队的钳形攻击之中。

上午十时左右，我军战斗队形与在这一地区解放军的战斗队形之间已分不清敌我明显的战线了，情况非常紧张。潘裕昆极力号召特务营和骑兵团不断地从包围圈内外发起决死的逆袭，骑兵被迫下马作徒步战，甚至进行白刃冲杀。经过这一阵的激烈战斗，解放军暂时被打退了。军司令部突围出来后，便急向前孙家窝棚第五十师师部所在地移动。

中午十二时左右，接新编第三十师师长文小山报告，说他们那边已遭到解放军的两次攻击。现在解放军的攻击已被阻止住，而且在反击中还俘获了解放军第五纵队的士兵三十余名。此时，廖耀湘也到了新三十师师部。他要文小山派人来找潘裕昆，潘立即到了该师师部，潘一面令文小山调整部署，一面急令军之各部队迅速向新三十师靠拢。当潘知道了解放军一棒就打掉了兵团前进指挥所及新三军、新六军两个军司令部时，很受震动。这时第七十一军军长向凤武也到了新编第三十师师部。据他说，他的部队只一部分被打乱，主力尚无大的损失，现集结于胡家窝棚东南附近地区，距新编第三十师与第一六九师不远。当时廖耀湘催促他赶快回去掌握好部队，就地加以整顿，准备就地抵抗，并仍归潘裕昆指挥。

当时解放军按计划作了有限攻击后，故意让出胡家窝棚以东地段附近一些村落，暂时围而不攻。新一军整个主力被分割在周围四五公里的环形零散村落上。解放军的包围圈如同一条不断的铁链子一样。我军虽然不断地从包围圈内外发动逆袭，但终于无力打断这条坚固的铁链。最激烈的斗争，是在前、后孙家窝棚一带地区，被包围的新一军主力就集中在这里。此时廖耀湘还令新三十师抽出一个营兵力，去救援已被打碎的兵团指挥所及新六军军部的人员，脱出险境和收容他们。于是圈内的逆袭、特别是圈外的逆袭，更变得频繁了。解放军对我军的包围圈也缩得更小，此时我军真是欲进无力，欲退无路，无法发挥自己的火力，几乎完全陷于被动挨打的困境。

二十六日下午四时左右，战斗逼进到第五十师师部侧背，不久，解放军从各方面向我发起极强烈的歼灭性的围攻。其机动炮兵火力像箭一般地射向前、后孙家窝棚地区，我军忙于招架，伤亡不断，士气非常低落。

廖耀湘目睹这种危殆情况，就同潘裕昆等研究脱险的行动方针，他企图从孙家窝棚与胡家窝棚之间地区突围出去。潘认为在这种四面楚歌的困境下，部队应就现地加强抵抗，不宜轻举妄动。这时，他接到位于陈家窝棚之第四十九军军长郑庭笈报告，说他那方面情况很稳定。由老达房通往沈阳之一带公路，亦由他的部队控制中。并且说新二十二师师部亦已到达他那里。于是廖立即转移到他那方面去了。廖临走时曾令潘指挥第七十一军及新六军之第一六九师和第二〇七师许旅残部暂以现态势就地抵抗，而后再待令行动。此时潘即令各部队将战斗队形尽量收缩，将所有各村落间高地要点及通路，尤其是解放军可能利用以突入的间隙薄弱部，抢筑起比较坚固的工事。当时新三十师卢伯齐团，不顾解放军的连续攻占，坚决抵抗，潘裕昆在战地上曾特别提出嘉奖和记功。

七　向沈阳撤退被歼经过

二十六日下午五点多，潘裕昆接到廖耀湘的无线电话命令：

潘指挥新一军、第七十一军、第一六九师、第二〇七师许旅以及直属于兵团的重炮部队，于明日（二十七日）拂晓沿大虎山至新民铁路以南地区向沈阳撤退。在新民以南至老达房之间地区抢渡辽河；所有车辆及不能带走之重炮，一律可以毁弃；在撤退途中遇敌时，应断然攻击以突破包围；撤退时，该军新三十师应与其以南部队取得联络并靠拢，撤退秩序及掩护处置，由该军长自行决定。

此时廖在新二十二师师部。潘在接受这一命令时，感到很痛苦和激动，他认为这是很危险的行动，没有把握。廖当即强调说：“这是卫总司令的命令，必须坚决执行。”潘当时声音很颤动地回答他说：“情况既已至此，那我就尽我最大的努力吧!”

（一）决定退兵沈阳之经过

此时潘即令知各师师长副师长来军部紧急会商，并要他们对廖的命令提出意见。当时与会人员，议论各异。如第七十一军向凤武一派，认为当前战斗已陷于孤立无援之绝境。加以连日来日夜进行激烈战斗，生活失常，官兵患传染病甚多，尤以急性痢疾为重。现既无补充，又无增援，难以维持此危险局面。因此，他极力主张迅速退回沈阳。而另一部分人，则认为当前正与解放军激烈对抗的情况下，遽然退兵实不可能，力主应继续作战。争论的结果，都认为保全有生力量至为重要。目前我军虽处于重围之中，但还有退却的机动余地，于是遂一致同意迅速退却。此时潘决心于本晚开始沿大虎山至新民铁路以南地区向沈阳退却。

（二）实施撤退情形

潘裕昆亲自指挥新一军各部队之撤退。按照预定计划，自本晚二十三时开始，先后撤退阵地中所不必要的人员、马匹和粮弹，以及非防御上直接所必要的部队、马匹、火炮以及重要器材等物。至二十七日三时为止撤退均属顺利进行。最困难的是第一线对峙部队的撤退。当时潘即按撤退计划又提出以下实施指示办法：

1. 以向凤武军长就近指挥第七十一军与第一六九师及第二〇七师许旅等方面之第一线部队（因该军军部位于新三十师与第一六九师之间地区）。借使撤退行动得以按照计划确实施行。

2. 第一线散兵壕仅留极少数守兵对敌警戒，其主力则同时间开始后撤。

3. 第七十一军方面以沈锦公路为界，分为南北两个撤退地区，须各设掩护阵地，掩护撤退。但除情况不得已外，可不拘此而直向辽河背进渡河。

此时新三军军长龙天武由于没有掌握到他的任何一个师的部队，也没有到达他的部队所在地，在混乱中，像落水狗一样只身逃到新一军军部，其惊慌狼狈相，真非言语所能形容。

十月二十六日夜间，万籁俱寂，天昏地暗，各掩护阵地之部队已就其位置。第一线部队因行将撤退之故，入夜以来，便采取每个小时对解放军施行定时的间隙射击。当时各部队即利用其射击后之休息时间，迅速撤退。并在主要退路附近埋设地雷，以阻止追击。撤退的官兵皆用袜筒套其鞋底，并沿轻松之战壕积土上行走，以避免发出声响。所有电话线则改由最后撤退部队撤收。而各部队的营长则皆在其队尾监视。特别规定军之野战医院与最后撤退之部队同时撤退，以便发生激烈战斗时，能及时救护受伤官兵。在孙家窝棚方面之第五十师部队，于二十六日夜曾进行过两次逆袭，以期分散解放军之注意。

新一军于最后撤退之际，所有不能带走的重炮，均皆遗弃于前、后孙家窝棚地区，另遗弃骡马七十余匹，以及所有的车辆。所余弹药则皆埋弃地下。

八　彻底、干净全部被歼灭

二十七日拂晓，当我军先头各部队走上预定退却之行进路上时，各处预伏的解放军发出了攻击的信号，总围攻开始了，所有退却的各个行进路上，都发生激烈的战斗，枪炮声隆隆，“缴枪不杀”的呼喊声冲破了黎明的宁静。解放军在密集炮火掩护下，冲击前进，迫使新三十师之一个步兵营沿着一条小河沟争先恐后地逃命，互相践踏，死伤枕藉。解放军一直插入前孙家窝棚西北角，将第五十师师部与被紧紧包围的张永龄团及该师的直属部队截开了。前、后孙家窝棚的战斗，使新一军的精锐主力遭到致命打击。有一部分猬集在村子内的官兵，凭借围墙工事和房屋，拼命顽抗。为了免除这些被包围的部队的无谓伤亡，解放军指挥员遂对第五十师师部提出停止抵抗的最后通牒。由于他们还想顽抗，于是已占领孙家窝棚外围的解放军再次发起冲击，结果将第五十师主力歼灭。

当新一军被包围的各师残部尚集中在前、后孙家窝棚一带不满五六平方公里的地区时，潘裕昆妄图从南面突围。他招回了在包围圈外正在准备逃窜的后卫骑兵部队，投向北面。为了对付此种情况，当时解放军集中炮兵与步兵火力，截断了外来所有的突击。包围圈内的逆袭，也被解放军彻底粉碎。这是潘裕昆所做的最后一次垂死挣扎。新一军就这样彻底、干净地被全歼了。潘裕昆看大势已去，即在混乱中同一个最熟悉当地地形和路线的东北“剿总”少将高参郑敬庵一起逃回沈阳，抢搭上飞机同卫立煌一道脱逃了。

辽西兵团的覆灭

郑庭笈*

一　一九四八年初的东北形势

东北战场，经人民解放军一九四七到一九四八年三月的夏季、秋季和冬季攻势作战后，蒋介石的五大主力中的新编第一军、新编第六军以及东北全境的国民党其他各军，都被打得焦头烂额，被迫退守长春、沈阳及锦州三大城市。蒋介石恐怕东北失守，华北不保，南京也将步其后尘，曾在一九四七年八月派其参谋总长陈诚到东北代替熊式辉、杜聿明。蒋交给陈诚到东北的任务是“坚守东北，确保华北，力争华中，巩固华南”。不料陈诚到沈阳后，东北国民党军的形势比过去更坏。当时沈阳的老百姓流传着一首讽刺歌谣：“陈诚真能干，火车南站通北站。”表面上是描写当时沈阳的交通情况，实际表明沈阳只是一座孤城了。

一九四八年一月七日，在沈阳西北的公主屯地区，解放军只经过一昼夜的战斗，就把已被包围的新编第五军全部消灭。这充分表现了解放军战斗力的强大和国民党军队战斗力的低落，吓得陈诚寝食不安。蒋介石在南京得到新编第五军全部被歼的电报后，认为要坚守东北，非整肃军纪不可。他于一月十日到沈阳召集军师长开会，追究新五军被歼的原因。会前，蒋和陈诚、罗卓英、李树正（东北行辕副参谋长）先开了秘密会议。据李树正对我说，罗卓英向蒋报告第九兵团没有执行陈诚的命令，增援不力，致使新编第五军全部被歼。所以蒋决定开会要惩办廖耀湘、李涛，以整肃军纪。会议由蒋亲自主持，驻沈阳的军、师长都出席。廖耀湘和李涛先后站起来申诉，他们没有奉到增援公主屯、解新编第五军之围

---

* 作者当时系国民党第四十九军中将军长。

的作战笔记命令，所以部队在沈阳市郊待命。罗卓英站起来说，给了电话命令，因时间关系没有给笔记命令。蒋追问陈诚为什么指挥作战没有下达笔记命令，陈诚将责任推到参谋业务上去了。接着陈诚站起来说，请按国法惩办他，说新编第五军被全歼是他指挥无方。蒋介石说，仗正在打着，以后再评功过。会议就这样结束了。蒋回南京后不久，派卫立煌接替陈诚，三易主帅。一月底，陈诚离沈阳前对我说："东北局势搞得这样糟，我有什么办法？"

卫立煌到沈阳来，蒋介石交给他的任务是：稳定沈阳局势，确保北宁路的安全，从共军手中夺取主动权。就是说要卫立煌集中全力来打通北宁路，和关内保持联系。能保住北宁路的畅通，才能有主动权，否则，处处都是被动的。但卫立煌认为能确保东北的长春、沈阳、锦州三大据点就可以了，要集中兵力打通北宁路，容易分散兵力，不能达到确保三大城市的任务。

二　卫立煌图守长、沈、锦三大城市

一九四八年五月间，卫立煌派东北"剿总"参谋长赵家骧、第九兵团司令官廖耀湘、第六军军长罗又伦见蒋介石，说明要打通北宁路，就要从沈阳、锦州同时出兵，才能迅速地完成战斗任务。目前锦州部队还没有补充好，部队没有训练，没有作战能力，因此，仍然以巩固长春、沈阳、锦州三个点为上策。蒋当时同意了卫的意见，赵家骧等回沈阳复命。有一天，卫立煌得意洋洋地对我说，蒋介石同意他的意见，暂时不作打通北宁路的企图。又说，如果主力部队出动必遭失败，那个时候不仅北宁路难保，连三大城市也难保，东北局势将更加危急。如果东北失守，华北、华中、华南也难保。现在只有坚守东北三大城市，争取国际局势的变化。这话意味着希望第三次世界大战的爆发。据卫立煌估计：解放军目前没有力量向锦州和沈阳进攻，原因是从北满至南满的交通补给线太长；同时，解放军对大城市的攻坚战还没有经验，所以今年固守锦州和沈阳是没有问题的。他最担心的是处在解放军重重包围中的长春，解放军的主力集中在北满，攻击长春的交通补给条件也好。长春工事虽然坚固，但粮食和燃料都很困难。他已下令要部队将长春城内的柏油马路的路面挖掉当燃料，可见当时长春国民党军队的困难已到了什么程度了。

卫立煌要坚守沈阳，夏季在沈阳召开抢粮的紧急会议。由卫亲自主持，到会的有辽宁省主席王铁汉、兵团司令官周福成、廖耀湘，军长潘裕昆、龙天武、李涛、罗又伦、刘玉章、向凤武和我等人。规定在各军的驻防地区和空心地带[①]征购粮食，并发给部队二成奖金（例如买一千元粮食，发给二百元奖金）。久困在沈阳市区的国民党军队趁购粮机会，到农村把鸡、鸭、猪、牛一抢而光，给沈阳附近的老百姓造成很大灾难。但卫立煌还得意洋洋地对我说："沈阳部队今冬的粮食没有问题了。库存的白面和白米等到紧急时再吃。"又说："南京美国军事顾问团派人到沈阳来找美械装备仓库，预定一九四九年春夏之间，将有三十个师的装备运到南京，东北部队准备装备十个师，新一军、新六军的装备也准备换新的。"有一天，美国军事顾问由廖耀湘陪同，到新编第六军新编第二十二师视察抗日战争时期在印度装备的美械武器的使用状况。这样坚守长春、沈阳、锦州好像更没有问题了，准备反攻也有基础了。

一九四八年九月，东北人民解放军坚决执行毛泽东主席"关于辽沈战役的作战方针"："置长春、沈阳两敌于不顾，并准备在打锦州时歼灭可能由长、沈援锦之敌。""你们应使沈敌深入大凌河以北，以便及时转移兵力包围该敌，然后徐图歼击。"[②]就是先攻下锦州，把国民党军队关在东北，造成关门打狗之势。这个月的中旬，解放军首先将锦、榆线切断，同时又切断义县至锦州的交通，将义县紧紧包围。卫立煌的判断破产了，他手忙脚乱起来。十月一日，守义县的第九十三军暂编第二十师被消灭，师长王世高被俘。解放军的强大兵团，从四面八方直驱锦州城下。九月二十四日蒋介石召卫立煌去南京开会，决定从沈阳空运第四十九军增援锦州。二十六日蒋介石派参谋总长顾祝同和卫立煌回沈阳指挥援锦作战。专机过锦州时，顾祝同怕解放军炮击机场，不主张在锦州降落和范汉杰见面。当日黄昏，专机到达沈阳。顾祝同询问赵家骧最近各方面战况，赵说他在北平养病，因锦州情况紧急，也才刚刚赶回。顾祝同计划将第四十九军从速空运锦州，规定二十七日拂晓开始，先运第七十九师第二三五团，该军参谋长周声夏同去锦州指挥。二十八日继续运第二三七团和师部及直属部队。二十九日拂晓，锦州机场已在解放军强大炮火控制之下，飞机不能降落，空运停止。卫立煌当时向顾祝同建议，命令范汉杰放

① 指解放区与国民党占领区之间的地带。

② 《毛泽东选集》一卷本（横排本）第一三三八、一三四〇页。

弃锦州，退守葫芦岛。顾祝同表示未经蒋介石批准，不能下达命令。部队不能空运，顾祝同就回南京了。

三 锦州告急，蒋介石到沈召开会议

卫立煌曾判断解放军是没有力量攻击锦州的，并说锦州的既设工事非常坚固。但我的参谋长周声夏给我的电报却说“解放军攻击锦州的炮火比八一三日军攻击上海时还猛烈得多”；“解放军完全用坑道式进攻，已接近锦州城墙”。

原来决定空运第四十九军增援锦州的计划不能实现，目下锦州又告紧急，迫使蒋介石再到沈阳召开军事会议。会议于十月二日下午四时在东北“剿总”的四楼举行，由蒋介石亲自主持，参加的有参谋总长顾祝同①、国民党“联勤”总司令郭忏、空军总司令周至柔、东北“剿总”总司令卫立煌、参谋长赵家骧、第八兵团司令官兼第五十三军军长周福成、第九兵团司令官廖耀湘、新编第一军军长潘裕昆、新编第三军军长龙天武、新编第六军军长李涛、第五十二军军长刘玉章、第七十一军军长向凤武等（第六军军长罗又伦在北平养病没有到会），我也出席了这次会议。首先由赵家骧报告锦州、长春、沈阳的情况，特别强调解放军攻击锦州使用的炮火猛烈，多是远距离的重炮，我军的炮兵射程控制不到。他说：“围攻锦州是解放军的主力，有五个纵队以上的兵力；据报还有解放军的主力部队在彰武、新立屯、四平街地区，准备攻打从长春、沈阳援锦的部队。要解锦州之围，最好是从关内调主力部队从葫芦岛登陆，既可解锦州之围，沈阳的防务也可确保无患，是一举两得的上策。”卫立煌表示同意赵家骧的报告。廖耀湘说他判断解放军攻击锦州是要引诱长春、沈阳的主力部队增援锦州，在中途进行歼击，这是解放军在东北一贯采用的“围城打援”的战术；如果沈阳主力部队沿北宁路增援锦州，必上共军的圈套。他除了同意赵家骧援锦的建议外，认为如要沈阳主力部队援锦的话，应从沈阳经辽阳出营口，占领营口后方交通基地后，再联合关内部队，合击锦州地区的共军，这样比较有把握些。当时蒋介石只听取各方

① 有的参加会议的原国民党将领回忆，顾祝同未出席十月二日的会议，确否待查。

面的报告，没有发言，也没有作出任何决定。会后接着会餐，驻军的师长和辽宁省政府厅长以上人员参加。餐毕，政府人员先行退席，蒋介石对师长以上将领讲话。他说："我这次到沈阳来，是为了救你们出去。你们过去要找共军主力都找不到，现在东北共军主力已经集中在辽西走廊，正是你们为党国立功的好机会。我相信你们一定能够发挥过去作战的牺牲精神，和关内各军协同作战，我相信一定可以成功的。关于空军的协同、后勤的补给，郭总司令和周总司令已给你们计划准备好了。我经常要住在沈阳、葫芦岛，你们有什么情况，要多联络。万一你们这次不能打出去，那么来生再见。"到会的人听到蒋介石最后这一句话，很不满意，认为是"不祥之兆"。这虽是迷信的想法，但也表明蒋介石心中已经有数，要同共军作战，连他自己都是没有把握的。

四　辽西兵团的任务和行动

第二天（十月三日）早上，蒋介石召集卫立煌、赵家骧、廖耀湘、周福成等人开会，决定将沈阳地区的国民党部队编成攻击兵团和防守兵团两大战斗序列：（一）以第九兵团编成攻击兵团，称为辽西兵团（西进兵团）或廖耀湘兵团，廖耀湘任司令官，指挥新编第一军潘裕昆部两个师（另一个师留守辽中，未西进）、新编第三军龙天武部三个师、新编第六军李涛部两个师另一个步兵团、第四十九军两个师另一个步兵团、第七十一军向凤武部两个师，以及骑兵旅、炮兵团、战车、装甲车等部队。任务是打通北宁路，协同关内部队在锦州地区和共军决战，并解锦州之围。（二）以第八兵团编成防守兵团，周福成任司令官，指挥第五十三军、第五十二军、第六军[①]、保安团等部队，防守以沈阳为核心的包括开原、铁岭、抚顺、本溪、辽中、新民、辽阳等在内的广大地区，并随时准备协助攻击兵团作战；第五十二军以辽阳为核心，向鞍山、大石桥地区扫荡，以掩护攻击兵团左翼的安全。

廖耀湘接受任务后，十月五日发给攻击兵团各军战斗命令，概要

---

① 第六军辖第二〇七师（三个旅）、第一九五师。后第二〇七师的第三旅划入西进兵团，第一九五师拨归第四十九军指挥，所以第六军编入防守兵团的实际上只有第二〇七师的两个旅。

如次：

（一）新编第三军由沈阳驻地出发，向新民县通彰武公路地区集结，准备向彰武县城攻击前进；占领彰武县城后，切断共军从北满经彰武到黑山县的铁路交通线，掩护兵团右翼的安全。

（二）新编第六军由沈阳驻地出发，在新编第三军之后，向新民通彰武台门地区集结，向叶茂台地区搜索敌情，掩护新编第三军右翼的安全，并随时准备策应新编第三军进攻彰武县城。

（三）第七十一军、骑兵旅从新民县出发，沿北宁铁路向大虎山、黑山县攻击前进。

（四）新编第一军从辽中县出发，向新民县二台子地区集结，向新立屯攻击前进，并随时与新编第三军、第七十一军取得联络。

（五）第四十九军从沈阳出发，在新编第六军后向新民县巨流河地区集结为兵团总预备队。向新民通法库公路搜索敌情，掩护新编第六军右翼的安全。

（六）兵团前进指挥所设在新民县火车站附近。

各部队遵照廖耀湘的命令，十月八日开始向新民县地区集结，十一日早上，廖耀湘在新民县火车站前进指挥所，集合团长以上人员讲话。廖在讲话中特别强调共军这次围攻锦州的目的是打从沈阳援锦的新编第一军和新编第六军，所以首先要打下彰武、新立屯，切断共军的交通线，然后才能向北宁路前进。其次要部队注意联络；战斗时要善于集中火力、猛烈攻击其一点；宿营时要注意共军对指挥部的袭击；如果通信中断，部队要能独立作战。最后他转达蒋介石命令，团长以上有权杀害共军乡村干部，等等。

十二日各部队向指定的目的地前进。按蒋介石的规定，辽西兵团要集中主力沿北宁路前进，迅速增援锦州，牵制围攻锦州的解放军，达到解锦州之围的目的。但廖耀湘担心辽西兵团进到大虎山附近，解放军会分从彰武和锦州进兵把他包围在该地区予以歼击，所以他把主力向彰武和新立屯方向攻击前进。他认为切断解放军的后方交通线，就可能使解放军放弃对锦州城的进攻；同时，如果锦州早日被解放军占领了，辽西兵团还可以退守沈阳。因此，新编第三军占领彰武后，就停止在该地区不动，大量地劫运粮食。

五　锦州解放，杜聿明到沈指挥

十月十四日，锦州情况紧急。十五日，解放军攻克锦州，歼灭守军十万余人，范汉杰被俘。这时辽西兵团仍停留在新民、彰武、半拉门地区。蒋介石命令廖耀湘，迅速攻占新立屯，向锦州前进。廖耀湘命令第四十九军派第一九五师接彰武城防务，新编第三军协助新编第一军向新立屯进攻。解放军有计划地撤退，新编第一军遂占领新立屯，继续在该地区搜劫粮食。蒋介石派杜聿明到沈阳指挥廖耀湘兵团继续前进，杜聿明于十六日亲到新民前线视察，并和各军长见面。卫立煌又抽调第二〇七师第三旅（即许万寿旅）到新民归廖耀湘指挥，廖立刻派该旅沿北宁路前进，攻击大虎山解放军阵地。

十七日，长春守军第六十军军长曾泽生起义。十九日，新七军军长李鸿和第一兵团司令官郑洞国先后放下武器。长春解放。

二十日杜聿明到达沈阳，当晚代表蒋介石召集廖耀湘、周福成、刘玉章下达命令：

（一）命第五十二军军长刘玉章率领该军立刻从辽阳经大石桥，向营口市前进，占领营口港口为辽西兵团保护大后方和陆海上的交通补给线；

（二）命第八兵团司令官周福成率领第六军、第五十三军等部队守备沈阳既设阵地；

（三）命第九兵团司令官廖耀湘率领新编第一军、新编第三军、新编第六军、第四十九军、第七十一军等部队向大虎山、黑山攻击前进，以营口为兵团的后方交通补给线。

据杜聿明说，他当时在沈阳问过卫立煌、廖耀湘、周福成、刘玉章等，他们都表示没有意见，照命令执行。十月二十三日黄昏，廖耀湘在新民火车站召集各军长下达部队向营口前进的命令。

这时辽西兵团被解放军阻击在大虎山、黑山东北地区。第二〇七师第三旅在大虎山战斗中获得解放军的作战命令，该命令要守在大虎山的解放军部队，“战斗到最后一兵一卒，固守大虎山阵地，俟后续主力兵团的到达，将敌人包围歼灭之”。廖耀湘判断要攻下大虎山、黑山后，再沿北宁路向锦州前进是不可能的，必然要被解放军包围在大凌河东北地区。于是，廖就令辽西兵团主力向营口前进。廖耀湘的命令要点如下：

（一）我五十二军已从辽阳经大石桥向营口前进，占领营口港口，掩护兵团后方交通补给线，各军直接向五十二军用无线电联络，通报情况。

（二）骑兵旅立即从大虎山地区向彰武县城前进，接替第一九五师彰武城的防务，掩护兵团后方交通线的安全。第一九五师将防务交骑兵旅接替后，派工兵营用炸药破坏彰武县铁路桥梁后，该师到半拉门地区归还第四十九军建制。

（三）第二〇七师第三旅确保大虎山阵地，集中炮火向解放军猛击，掩护兵团主力通过大虎山地区，用无线电随时与兵团保持联络。

（四）新编第六军、第四十九军归新编第六军军长李涛统一指挥，沿公路向营口前进，到达后与第五十二军取得联络，向锦州方向搜索情况。

（五）新编第一军从芳山镇地区出发，经盘山县向营口以北地区集结。

（六）第七十一军从黑山东北地区出发，向营口西北地区集结。

（七）新三军从新立屯地区出发，经台安县向营口以东地区集结。

（八）各军用无线电与兵团部联络，前进时廖在新六军军部。

六　廖耀湘兵团全部被歼灭

各部队依照廖耀湘的命令行动。二十四日新编第六军、第四十九军到达大虎山、半拉门附近地区，李涛派新编第六军的新编二十二师、第一六九师协助第二〇七师在空军和重炮掩护下向大虎山解放军阵地猛攻，毫无进展。战斗的猛烈和解放军的白刃战是完全出乎廖耀湘、李涛意料之外的。第二〇七师第三旅没有完成大虎山的战斗任务。廖耀湘认为第二〇七师的战斗力不强，但他使用所谓“王牌军”新编第六军投入战斗，结果也一样被解放军阻击在大虎山阵地前，使他无可奈何。二十四日夜间[①]，解放军夜袭胡家窝棚新编第六军指挥部，廖耀湘、李涛狼狈不堪，徒步逃到历家窝棚（即励家）新编第二十二师司令部[②]，和各军失去了联络。二十五日拂晓，我在半拉门仍然命令第四十九军依计划向营口前

① 据了解，新编第六军军部遭解放军袭击是在二十六日早晨。

② 作者注：新编第六军新编二十二师是廖耀湘、李涛的基本部队，抗战期间在印度时，廖、李先后任过该师师长，所以这时他俩逃向这个部队。

进，不料部队刚刚前进不到十华里的地区，第一〇五师的一个步兵团在六间房以南被解放军包围，失去了联络。这时大虎山附近的战况更猛烈，第四十九军停止前进，投入战斗。但和廖耀湘已失去联络，只与在历家窝棚附近的新编第六军新编二十二师、在半拉门附近的新编第三军第十四师取得联络。该军正面情况缓和，解放军没有进攻。我将当时情况，电告沈阳卫立煌："廖耀湘、李涛在胡家窝棚遭到解放军夜袭，失去联络，情况不明；新编第二十二师、第十四师也与各自的军部失去了联络，解放军已将辽西兵团包围在大虎山、黑山东北地区，战况紧急，如何处置，急电复。"二十五日下午五时左右，得卫立煌回电，命令我率领新编第二十二师、第十四师、第一〇五师、第一九五师立刻向沈阳撤退。我准备夜间行动，但新编第二十二师师长罗英、第十四师师长许颖均坚持要和李涛、龙天武取得联络后再行动。不久，廖耀湘也从新编第二十二师师部[①]打来电话，说战况紧急，要我四十九军同心协作，才能挽救危局。这个时候彰武县、新立屯已发生情况，从锦州向大虎山前进的解放军主力也已向辽河急进。辽西兵团被包围在大虎山、黑山东北地区。二十六日，廖耀湘奉到卫立煌命令，要廖率领各军向沈阳撤退，以新编第一军、第七十一军沿北宁路以北地区向新民县撤退；新编第三军沿北宁路向新民县撤退；新编第六军、第四十九军沿北宁路以南地区向辽河老达房渡口撤退，渡辽河向沈阳前进；第四十九军掩护兵团主力撤退后，在新编第六军后跟进。各军撤退时间均在二十六日黄昏以后。

二十六日在大虎山、黑山、半拉门地区的战斗时稀时密，我早上派赴老达房侦察辽河渡口的特务营来电报说老达房没有情况，要部队急向该地区前进。拂晓前，廖耀湘、李涛到达陈家窝棚第四十九军指挥部，和我会面并吃了早饭，随即继续向沈阳撤退。冬夜严寒，士气委顿，毫无战斗意志。廖耀湘前进不远，就发生情况。汽车不能行驶，只好徒步从村庄的空隙小道逃命。这时四周战况猛烈，解放军包围圈愈来愈小了，各军陷在解放军四面炮火交叉射程之下，兵团和军、师、团联络已断。部队已完全失去控制，根本无法指挥。解放军炮击，部队就毫无目标地乱逃，互相乱撞乱碰，人仰马翻，东倒西歪，溃乱不堪。我自已率领指挥所人员和第一九五师师长罗莘莱逃到该师一个步兵团里，在李家窝棚被解放军包

---

① 据廖耀湘回忆，他在新编第二十二师与郑庭笈通电话的时间是十月二十六日下午。

围，二十七日激战整日，几次都冲不出去。到了夜间十二时左右，四面枪炮沉寂，我和罗莘莘率领特务连突围，盲目地向辽河方向前进，走了二十华里左右，在二十八日拂晓，我们即被解放军第七纵队某师俘获。

二十八日大虎山地区已经没有激烈的战斗了，枪炮声时断时续，各村庄已经变成国民党军被俘官兵的收容所了。三十日解放军后勤部把我和罗莘莘送到北镇收容所，在那里遇着新编第一军副军长兼新编第三十师师长文小山，该军第五十师师长杨温，副师长陈时杰，新编第三军参谋长李定陆，第十四师师长许颖，第五十四师师长宋邦纬，新编第六军新编第二十二师师长罗英，第一六九师师长张羽仙，第四十九军第一〇五师师长邹玉桢，第七十一军第八十七师师长黄炎等，都在那里集中了。后来又知道了廖耀湘、李涛、向凤武也被俘了。廖耀湘兵团全部十多万人，十月八日从沈阳出发，到二十八日战斗结束只经过二十天的时间，就被消灭得干干净净。

“王牌军”亦难逃覆灭

胡锻夫*

国民党第七十一军原是蒋介石的警卫部队改编的，是国民党的嫡系部队。该军辖第八十七师、第八十八师和第九十一师三个师，美式装备。辽沈战役前夕，该军的主要人事是：

中将军长向凤武，黄埔军校第四期毕业；少将副军长熊新民，黄埔军校第六期毕业；少将参谋长王多年，中央陆军军官学校第十期及陆军大学毕业；第八十七师少将师长黄炎，黄埔军校第六期及陆军大学将官班毕业；少将副师长王卓超，中央陆军军官学校第十期毕业；上校参谋长白××（名字忘记了），中央陆军军官学校第十期及陆军大学毕业；第八十八师少将师长彭锷，黄埔军校第六期毕业，第九十一师少将师长戴海容，少将副师长马鹤锋，都是黄埔军校第七期毕业。当时我在第八十七师任参谋主任。

一　战前动态

一九四六年，国民党在美帝国主义的援助下，出兵东北，攻占了战略重镇四平街。第七十一军就驻守在那里，除了参加几次较大的战役外，很少调动。

一九四七年冬，解放军经过五十多天的秋季攻势后，又在四平街至大石桥的中长路沿线和山海关至沈阳的北宁路沿线发动前所未有的冬季攻势，相继解放了沈阳外围的重要据点，国民党在东北的大本营——沈阳受

* 作者原名胡云飞，当时系国民党第七十一军第八十七师上校参谋主任。

到严重威胁。在这紧急的情况下，国防部命令我第七十一军留下一个师防守四平街孤城，军部和另外两个师立即驰援沈阳。当时该军军长刘安祺、副军长向凤武等经过多方研究，决定第八十八师留在四平街，军部和第八十七师、九十一师南下沈阳外围参战。

一九四八年三月，解放军再次攻打四平街，第八十八师全部被歼。该师师长彭锷乔装打扮，骑着小毛驴逃到沈阳。至此，解放军在取得重大胜利后，结束了冬季攻势。我第七十一军驻守在沈阳至新民县沿线，军部和第八十七师驻在新民县城及其附近地区；第九十一师驻在沈阳至新民县之间的兴隆店和巨流河大桥一带。彭锷逃回来后，军部派他和另一部分人在铁岭、开原等地进行收容，共收容官兵两千多人，编成一个团，团长杨光耀，直接归军部指挥（后该团未编入新编第八军第八十八师序列）。彭锷率领师直属部队和另外两个团的干部（除该师从四平街逃出来的部分军官外，另从军部和第八十七、九十一师抽调了一部分干部）用飞机空运锦州接收新兵，留在那里整训，未归还建制，后来在锦州被歼。

一九四八年九月十二日，解放军发起震撼中外的辽沈战役，国民党东北“剿总”以廖耀湘的第九兵团组成“西进兵团”驰援锦州。当时第七十一军归廖耀湘指挥，列入“西进兵团”的战斗序列后，全军上下，特别是团级以上军官情绪紧张，忧心忡忡：

一是感到此去锦州解围，凶多吉少。自从一九四六年第七十一军到东北参加内战，一直转战在东北战场上，没有停止过战斗。打过胜仗，也吃过败仗。在初期与共军作战时，仗着自己的老兵多，武器装备精良，藐视共军，气势汹汹，不可一世。后来在几次较大的战役中，第七十一军遭受重大损失，从而感到共军不好对付，也就小心谨慎起来。一九四七年六月，四平街一战，第七十一军名声大振，背上了包袱。一则怕打仗，尤其是怕打败仗，丢掉“荣誉”，输掉老本；二则随着时间的推移，东北战局的急剧变化，思想上也随之起了变化。这时，共军完全掌握了战争主动权，兵力也占相对优势，特别是士气越来越旺盛，战斗力越来越强；而国民党军队则处于被动挨打、全线崩溃的境地，五十多万部队被压缩在长春、沈阳和锦州三个孤立的据点，士气非常低落，军心更加动摇。如果凭着坚固的防御工事，防守城镇据点比较好一点，一旦离开防御工事打运动战，就胆怯起来。第七十一军更是如此。认为此时此刻，东北的天下已是共产党的天下，国民党的彻底失败已经注定了。感到此去锦州解围，无疑是自投罗网。

二是认为第七十一军并非廖耀湘的基本部队，怕当牺牲品。谁都知道，在国民党的军队中，派系林立，同是嫡系部队，也是平时不讲团结，战时不讲配合；当指挥官的在危急关头，总是珍惜自己的基本部队，牺牲非基本部队，已经司空见惯。当时第七十一军反复地考虑了这个问题。就第七十一军来说，陈明仁在该军的时间最长，陈明仁在黄埔军校第一期毕业后，由于他作战勇敢，深得蒋介石的赏识。后来蒋介石认为他性情刚强，飞扬跋扈，不好驾驭，产生反感，不予重用，故在抗日战争时期和抗战胜利后的一段时间内，他一直在第七十一军任副军长和军长，直到一九四七年夏，因守四平街有功，才晋升第一兵团司令官，该军仍归他指挥。可以说，该军团级以上的军官大都是他提拔起来的。由于他的资格较老，加上敢作敢为，人们认为跟着他不会吃亏，一旦归廖耀湘指挥，而且参加前所未有的大战役，全军上下自然就产生许多顾虑。

三是第七十一军的军长和个别师长与廖耀湘有宿怨，故存有戒心。一九四六年国民党出兵东北，攻打四平街，第七十一军第八十七师临时拨归新编第六军军长廖耀湘指挥，在四平街外围金山堡一仗，第八十七师损失惨重，廖耀湘不检查自己的指挥是否得当，而将责任推在第八十七师师长黄炎身上，上报黄炎“作战不力”，黄被“撤职查办”。该军副军长向凤武因随师行动，也受到“申斥”。可是这时向凤武已经升任军长，黄炎已从陆军大学将官班毕业再度接任第八十七师师长。他们对于过去的这一沉痛教训铭刻在心。而今第七十一军又归廖耀湘指挥，向凤武和黄炎等人心有余悸，怕当“替罪羊”。

当时第七十一军驻在新民县境，可以就地展开兵力，而廖耀湘指挥的还有新编第六军、新编第一军、第四十九军和第五十二军等，散驻在抚顺、辽阳、铁岭等地，调动、集结兵力还需要几天时间。第七十一军得以利用这段时间做了以下几项战前准备工作：

一、整顿部队。调整了个别下级军官，将军部人力输送团，各师的工兵营和输送营等武装成战斗部队；减少勤杂人员充实连队，旨在提高部队的战斗力。

二、清理军库，调整、补充武器装备。将库存的各种火炮、机枪、冲锋枪、自动步枪以及美国的鸭绒被、军大衣等发给连队，以增强作战能力和安抚军心。

三、安置家属，减少后顾之忧。当时全军的家属个别的住在关内，绝大多数住在沈阳。另有部分下级军官的家属随军住在新民县城和兴隆店等处。而今考虑到东北的局势，部队又要离开驻地出发打仗，因此，根据各自的情况，重新安置家属。原住在新民县城和兴隆店的一律送往沈阳；原住在沈阳的，有的送往关内。

二　伤亡惨重

十月一日，解放军解放义县。蒋介石慌忙从南京飞到沈阳，亲自指挥作战，命令廖耀湘兵团“迅速西进”驰援锦州。廖耀湘经过几天的调兵遣将，于十月初部署就绪，在辽河与新立屯之间展开兵力，沿着北宁线向黑山、大虎山开进。第七十一军为右翼第一线部队，左翼是新编第六军。

第七十一军由于一九四七年四平街战役的重大伤亡，老兵已剩下不多了，而且多数老兵已提升为军士。补充的新兵大多数是从福建、广东等省抓来的壮丁，体质瘦弱，沉重的武器弹药装备压得他们喘不过气来；尤其是他们生长在气候比较炎热的南方，经受不住东北的十月寒天，又不服水土，因此病的很多，死的也不少。各级军官为部队的战斗力削弱而忧虑。

当时，国民党将领都希望快速前进，发挥“机械化”的作用，争取时间到达锦州，或者可以避免彻底灭亡的命运。可是，第七十一军刚刚跨出新民县境，就受到解放军小规模的阻击，随着整个兵团辗转于新立屯和辽河之间。有时一日前进三五里，或十里八里，有时又按兵不动，停滞不前。弄得部队晕头转向，不知所措。因此，第七十一军于十月十六日才到达芳山镇。距黑山、大虎山还有六十华里，离锦州还有两百多里，可是这时锦州已经解放了。国民党东北“剿总”副总司令兼锦州指挥所主任范汉杰、第六兵团司令官卢浚泉等被俘，所属部队十万余人全部被歼。十七日，国民党第六十军军长曾泽生率部在长春起义。十九日，新编第七军和国民党长春守军指挥官、东北“剿总”副总司令兼第一兵团司令官郑洞国率部放下武器，长春宣告解放。这一连串“骇人听闻”的消息，在全军引起极大震动；特别是消息比较灵通的团级以上军官更是惊慌失措，心惊胆战。迫切希望迅即放弃“西进”计划，返回沈阳，然后见机而行。否则，不是被俘，就是死亡，不会有什么别的出路。

十月二十一日，第七十一军接到兵团部“迅即向黑山、大虎山攻击前进”的命令，军部随即向各师下达这一命令。当时人们把这条命令叫作可怕的“催命符”。迫切期待着返回沈阳，逃往关内的愿望彻底破灭了！

十月二十三日，第七十一军沿着北宁线南下，向尖山子、胡家窝棚前进。当天傍晚，第八十七师先头部队在尖山子与解放军前哨部队接触，发生战斗，随将情况报告军部，军长向凤武（副军长熊新民，在部队过大凌河时，奉命去武汉充任第三十二军军长去了。这时没有副军长）、参谋长王多年立即命令该师组织部队进攻，遭到解放军的有力还击，部队攻上去又败退下来。大约经过两个多小时的激烈战斗，没有取得任何进展，第八十七师被迫停止了攻击。

当晚第八十七师与解放军对峙，没有发生大规模战斗。兵团部命令我军以一个师的兵力于次日拂晓配合新编第六军向黑山正面进攻。军部召集各师师长和参谋长开会，研究兵团部下达的作战命令和我军次日的战斗方案。决定仍以第八十七师担任攻击。作战命令大约在当晚十二时许付印完毕。在军部传令班长送命令给各部队的途中遇到解放军的埋伏部队，传令班长被俘，战斗命令被缴获。此事发生后，引起极大的恐慌。

十月二十四日六时左右，廖耀湘命令设在张家窝棚的几十门大炮向高家屯一线进行猛烈轰击，与此同时，由沈阳起飞的六架战斗机到黑山、大虎山上空乱扔炸弹，掩护地面部队进攻。第八十七师以两个团的兵力由烂泥泡、拉拉屯和若道沟一线向黑山西部地区的解放军守军阵地发起猛烈的进攻，配合正面部队新编第六军的新编第二十二师和青年军第二〇七师向黑山高家屯地区解放军守军阵地的进攻。当天的战斗非常激烈，形成拉锯战。第八十七师伤亡很大，进展很小。该师师长黄炎唯恐伤亡过大，把老本输光，焦急万分。由于廖耀湘严令不惜一切代价，在短期内拿下黑山，黄炎不得不继续猛攻。战斗持续到上午八时许，又来了几架飞机在黑山、大虎山上空扔炸弹，再次掩护地面进攻。第七十一军妄图以压倒优势的炮火掩护步兵夺取阵地。战斗异常激烈。九时左右，担任正面主攻任的务新编第六军之新编第二十二师和第二〇七师遭到解放军的顽强阻击，没有取得任何进展。为了迷惑解放军对兵团主攻方向的注意，兵团部命令我七十一军再派出一个团的兵力进行侧面进攻。军部随即命令第九十一师以一个步兵营配属一个迫击炮连和一个工兵排组成加强营向黑山西部解放军的大白台子阵地发起进攻。经过两个多小时的激战，第九十一师进攻受阻，伤亡不少。军长向凤武又命令第九十一师以四个营的兵力投入战斗，表示不惜牺牲坚决拿下大白台子这个制高点，威胁解放军的正面阵地。经过几阵冲杀，又伤亡了数百人。该师师长戴海容惊恐万状，一则怕伤亡过多，输掉老本；二则怕作战不力，受到处分，于是采取拖延战术，停停打打，打打停停，既不敢停止战斗，又想避免过多伤亡。这天，我七十一军先后以四个团的兵力，投入战斗，连续激战十多个小时，结果以遗尸累累而告终。

经过连日激战，全军官兵疲惫不堪，迫切希望能休息一下，特别是想在晚间得以入睡。可是夜晚解放军却派出若干小股部队深入我军阵地，进行袭扰，到处是零散的枪声，加深了我军官兵的恐惧和不安，更谈不到睡眠和休息。

当晚十一时左右，第八十七师第二六〇团情报人员向师部参谋处电话报称："我团在水淦的一个前哨班十二名士兵，遭到共军的袭击，全部被抓走。"我们大吃一惊。该师师长黄炎深为忧虑，他无限感叹地说："我来师不久，就参加这次前所未有的大战役，看来我们输定了，前景不堪设想。早知如此，我绝对不会来东北再当这个师长！"

廖耀湘连日精心策划的重点进攻，遭到解放军的顽强阻击，碰得头破血流，宣告破产。一时惶恐交加，恼羞成怒，决定次日即十月二十五日全线发起进攻。他调集了数十门大炮轰击高家屯一线高地，撕开了黎明的帷幕。接着，由沈阳起飞的十多架飞机也赶来助战，在黑山、大虎山上空轮番轰炸扫射，展开了一场更加激烈更加残酷的全面战斗。我军部令第九十一师一个团和杨光耀团再次向黑山西部大白台子发起猛攻。经过反复冲杀，我军始终未能占领阵地。战斗持续三个多小时，杨光耀团费了九牛二虎之力，攻进了大白台子，但立即被解放军反击，把该团压了下来。部队失去了控制，伤的伤，死的死，逃的逃，损失过半，完全丧失了战斗力。

至此，我七十一军之第八十七师、第九十一师和杨光耀团都投入战斗，伤亡惨重。尤以第九十一师和杨光耀团为甚。

这天，廖耀湘兵团使用了所有的重炮部队，倾泻了数以万计的炮弹，先后投入了三个军五个师的兵力，发起了数十次的猛烈进攻，结果遭到惨败。黑山、大虎山仍掌握在解放军手中。思之令人生畏。

三　全军覆灭

正当廖兵团连日猛攻黑山、大虎山不下的时候，解放军打下锦州的主力部队昼夜兼程北上，与坚守黑山、大虎山的阻击部队会师。同时解放长春的解放军也纷纷南下，切断了廖耀湘兵团与沈阳的联系，将廖耀湘的十万人马围困在黑山、大虎山以东一百多平方公里的狭长地区。

十月二十六日夜晚，我七十一军接到兵团部“争取时间，夺路撤回沈阳”的命令，全军上下欣喜若狂。认为有了一线希望，或者可以避免彻底覆灭的命运。深夜，军部转达了这一命令。为了避免被解放军发觉，跟踪追击，决定在次日拂晓前出其不意地撤出阵地脱离接触，后撤到胡家窝棚、元山子一带。在我率领第八十七师师部各处室和直属部队于十月二十七日黎明前先撤退到胡家窝棚时，那里已是人山人海，各军各师都有部队在这里，乱成一团。不时听到零散的枪声。究竟是谁鸣枪，搞不清楚，弄得人心惶惶。大炮、坦克和各种类型的车辆，横七竖八，到处都是。成千上万的伤病员被遗弃在道旁原野，怪喊惨叫，无人理睬。军车来来去去，骡马东蹦西撞。我把部队安置在胡家窝棚后，等待军部和师部到达。

第七十一军于十月二十七日四时许与解放军脱离接触，开始后撤。在后撤的时候，真是惊恐万状，一些伤病员几乎被丢掉不管。原来计划第一步撤退到胡家窝棚后继续后撤，尽快向沈阳靠拢。然而解放军已跟踪而来，使我军没有喘息的机会。随即占领阵地，构筑掩体，准备进行抵抗。在解放军的穷追猛打之下，廖耀湘兵团的残余部队节节败退，阵地错综复杂，分不出哪里是后方，哪里是前方，真是风声鹤唳，草木皆兵。

当时第八十七师被围困在元山子一带，我率领师直属部队在胡家窝棚，两相隔绝，后来我带了几个人找到了师部，人人愁容满面，完全失去了生存的信心。

当天的战斗虽然很激烈，但我七十一军位于中间地区，未受到解放军的正面攻击，只是前沿阵地发生战斗，伤亡并不很大，可是逃散的士兵却不少。也有军官特别是个别东北籍的下级军佐，眼见全军即将覆灭，暗中离开部队，另谋生路。

兵团司令部及所属炮兵和辎重兵部队在胡家窝棚被歼后，廖耀湘率领少数侍从人员从胡家窝棚逃了出来，这时廖令第七十一军归新编第一军军长潘裕昆指挥[①]，继续进行挣扎。

第七十一军归潘裕昆指挥后，议论纷纷，内心不服。因为潘裕昆和向凤武都是军长。论资格，向凤武比潘裕昆老。这时候，向凤武只是发了

① 据廖耀湘谈，当时他将第七十一军暂拨归新编第一军军长潘裕昆指挥。

几句牢骚也就算了。他知道好景不长，同时得知廖耀湘企图逃走的消息后，也正在考虑这个问题。当晚他暗中与军部副参谋长陈佳谟商量，化装成老百姓，企图从台安经营口渡海逃往关内，结果没有实现，被解放军所俘。

第七十一军参谋长王多年发现军长向凤武等人逃走后，也就离开了部队。因为他是辽宁人，人地两熟，而且早已有所准备，竟于十月二十七日上午乔装打扮，逃往青岛找绥靖区司令刘安祺去了。

从此，军部无人指挥，师、团各自为政，形成树倒猢狲散的局面。第九十一师更是如此。师长戴海容也于十月二十七日上午偷偷离开残部，换上便衣，从小道逃回沈阳。用重金买了几张飞机票，偕同他小老婆和几个亲信，携带大量黄金（据说有一千多两）飞往北平（飞机在北平机场着陆后，被机场执勤的宪兵发现，宪兵知道他是从东北战场上逃跑的，就敲他的竹杠。戴海容自知临阵脱逃，怕被国民党当局知道，不敢与宪兵作对，只好忍气吞声，送给宪兵一部分黄金平息了此事。一九四九年初，武汉警备司令陈明仁奉命重新成立第七十一军，熊新民任军长。因熊新民与戴海容私交较深，保荐戴海容当他的副军长。不几天，陈明仁得知戴海容临阵脱逃和在北平机场发生的问题后，将戴海容撤职，并关押在武汉警备司令部。后经熊新民和我向陈明仁说情，才将他释放出来。不久，他带着小老婆和大量财物到香港作寓公去了）。该师副师长马鹤锋见戴海容溜走，更无心指挥残部作战，随即离开部队，不知去向。

第八十七师师长黄炎由于有一九四六年因“作战不力”受到“撤职查办”的教训，思想上有顾虑，不敢擅自离开部队，加上部队隔绝，情况不明，这时他还与该师副师长王卓超等在元山子一带指挥残部进行抵抗，但已无能为力，只不过表示“尽忠职守”而已。

廖耀湘兵团连日来经过解放军的穷追猛打，被歼、投降、逃散和伤病等已经过半，残存的几万人马麇集在历家窝棚附近地区，纵横不到二十华里，四面八方被围得水泄不通。经过解放军步步紧缩包围和猛烈攻击，第七十一军的残部和整个兵团于十月二十八日下午全部被歼。

辽沈战役

第四章

增援锦州

第十七兵团援锦失败经过

侯镜如*

一九四八年秋我在华北战场任国民党第十七兵团司令官。是年十月，蒋介石调我到葫芦岛指挥国民党第九十二军、第六十二军、第三十九军、第五十四军、暂编第六十二师、独立第九十五师等部队由锦西、葫芦岛增援锦州。现将国民党军援锦被阻于塔山失败经过叙述如下。

锦州战役前夕华北、东北的形势

国民党军华北、东北的形势同全国战场一样，由全面的进攻被迫转入全面的重点防御。蒋介石集团的内部矛盾也日益加深。一九四八年秋，华北战场傅作义集团共有五六十万人，分布于平绥线上的归绥（即今呼和浩特市）、张家口及北宁线上的北平、天津、唐山等战略要点，构筑工事，以点为枢纽，采取“固点连线”依城决战的方针。依靠塘沽作为海上补给线。第十七兵团各军分布在冀东地区，兵团司令部设在唐山。东北战场卫立煌集团共有正规军四五十万人，分布在长春、沈阳、锦州三个孤立据点，构筑坚固工事，采取“确保沈阳、锦州、长春，相机打通北宁线的作战方针。”企图尽量拖延固守时间，妄想等待国际局势的变化。卫立煌当时对东北解放军冬季行动判断有错误。他认为东北解放军冬季发动对长春攻势的可能性很大。理由是解放军主力在北满，长春已被包围；国民党军在长春虽然工事好，但粮食、燃料都困难；解放军进攻长春、交通补给条件都好等。他认为确保沈阳、锦州是没有问题的。国民党军主力都集

---

* 作者当时系国民党第十七兵团中将司令官。

中在南满；从北满到南满交通补给线长；同时，解放军对大城市攻坚作战经验不足。现在的问题是要解决过冬的粮食问题。

毛泽东主席在《关于辽沈战役的作战方针》中指出，“为了歼灭这些敌人，你们现在就应该准备使用主力于该线，而置长春、沈阳两敌于不顾，并准备在打锦州时歼灭可能由长、沈援锦之敌”。如敌敢于增援，“则你们便可以不离开锦、榆、唐线连续大举歼灭援敌，争取将卫立煌全军就地歼灭”。又指出：“攻克锦州”是全线胜利的“关键”……[①]。锦州是东北国民党军通向关内的咽喉，打下锦州这一战略要点，就等于关上东北大门，卫立煌集团即成“瓮中之鳖”。九月初，东北人民解放军贯彻执行毛泽东主席的这一作战方针，将主力从长春、四平地区南下，超越沈阳插到北宁路锦榆段，包围了兴城、沙后所、绥中的国民党军，切断了锦州与关内的交通，同时攻打锦州外围据点义县，解放军主力也迫近锦州城下。这证明卫立煌原来的判断是完全错误的。卫遂于九月二十四日从沈阳乘专机飞南京向蒋介石求援。卫请求蒋介石从关内派兵援锦，并保北宁路的安全和畅通，遭到蒋介石拒绝，最后决定由沈阳空运第四十九军援锦。二十六日蒋派参谋总长顾祝同和卫立煌乘专机飞沈阳。顾来沈的任务是督卫执行蒋的命令。二十七日开始空运第四十九军的第七十九师，到二十八日只运出该师两个团，锦州机场便为解放军炮兵控制不能使用，空运停止。二十九日顾祝同返南京复命。

当时，华东解放军攻克山东首府济南，王耀武被俘[②]。东北解放军主力已切断北宁路榆锦段，围攻锦州。北平、天津的人心惶惶。蒋介石反动统治已经陷入摇摇欲坠的境地。

蒋介石亲自出马指挥援锦

九月三十日蒋介石从南京飞北平，随行的有徐永昌、桂永清、周至柔、郭忏、罗泽闿、俞济时等，十月一日在华北“剿总”司令部召开军事会议，我在唐山没有赶到参加。会后，我到北平，傅作义告诉我开会的经过，主要是要从华北抽调两个军，从烟台抽调一个军，连同原在葫芦岛的

---

① 见《毛泽东选集》（横排本）第一二三〇页至一二三二页。

② 王耀武系国民党第二绥靖区司令官，在济南战役中被俘。

第五十四军，共四个军的兵力，加上海、空军，统一归我指挥，从葫芦岛北进增援锦州。傅作义说已经决定调第九十二军及第六十二军，要我回去准备。我估计了当时的形势，感到任务难以达成。

十月二日蒋介石从北平飞沈阳，当日下午四时在东北“剿总”司令部四楼召集沈阳附近国民党军的兵团司令官及军长开军事会议。

三日蒋介石在沈阳励志社同卫立煌、廖耀湘、周福成等继续开会，决定以周福成负责守备兵团；要廖耀湘率领攻击兵团，沿北宁路西进援锦。会上，对援锦的作战方针有意见分歧，蒋、卫之间的矛盾重重。蒋介石在沈阳军事部署完毕后，即日下午飞返北平。

十月五日，蒋介石从北平飞天津转乘军舰赴葫芦岛。我知道蒋介石将离开北平，特赶到西苑机场。在蒋的专机已经发动，正待起飞的时候，傅作义看到我来了，非常高兴，说：“到处打电话找你。”他要我立刻上飞机见蒋介石。我上了飞机，蒋看到我，连说：“好，好。”要我坐下同机飞天津去葫芦岛。我觉得时间太仓促，事先不知道，一点准备也没有，对部队也没有交代，但也只好坐下同往。我记得同机的还有徐永昌、俞济时等。上午十时左右，飞机到达天津机场，天津市市长杜建时、天津警备司令陈长捷在那里迎候。蒋介石下机后，即坐上杜建时的小汽车，向塘沽驶去。徐永昌同蒋介石坐在一辆小汽车上。从天津到塘沽只有四十五公里，汽车开得很快。十二时左右到达塘沽码头，海军总司令桂永清在那里等候。蒋介石登上小汽艇驶向“重庆”号军舰，在桂永清陪同下，登上了军舰。蒋介石在舰上也没有找我谈增援锦州的军事部署问题，只有吃饭时在一起，还有徐永昌、桂永清、俞济时等。杜建时说：“十月四日蒋介石在北平召见他，询问天津到塘沽的交通和安全情况，要他立刻回天津做好准备，要绝对保守秘密等。”

六日上午，蒋介石到达葫芦岛。乘汽车到第五十四军军部，召集驻军团长以上军官讲话。他首先介绍我同大家认识：“这是第十七兵团司令官侯镜如，我这次带他来，要他在葫芦岛负责指挥，你们要绝对服从命令。这一次战争胜败，关系到整个东北的存亡，几十万人的生命，都由你们负责。你们要有杀身成仁的决心。这次集中美械装备的优势部队，兼有空军助战和海军协同，是一定可以击灭共军的。”他最后说：“在侯司令官回去带队未来到之前，你们暂归第五十四军军长阙汉骞指挥向塔山、锦州攻击。”同时，他指定“桂永清及第三舰队司令马纪壮指挥海军以一五二毫米的大炮击毁塔山解放军阵地，协助陆军攻击。”会后，蒋介石与锦州范汉杰通了电话。据范汉杰说："因为保密关系，没有说什么，只说他（指蒋）到了葫芦岛。他问我锦州的情况，我说各处正在激战中。蒋介石对我慰勉有加。"然后蒋介石同团长以上军官照全体相，又同军、师长照合影，在军舰上还同军长、师长、参谋长一起会餐。蒋介石在葫芦岛部署完毕后，于下午乘"重庆"号军舰返塘沽。在兵舰上蒋介石戴着白手套到处摸，发现有灰尘，在吃饭时大骂桂永清："海军腐化堕落成这样，要亡国，该死！"一直骂到吃完饭，饭后气还很大。所以，以后谁也不敢陪蒋介石一起吃饭了。七日正午到达塘沽，登陆后改乘火车经天津返北平。

一九四八年九月底，卫立煌决定成立东北"剿总"葫芦岛指挥所，派其亲信——东北"剿总"副总司令陈铁兼主任，到葫芦岛指挥国民党军北进援锦。十月初，陈铁率领指挥所人员从沈阳乘飞机到达北平，蒋介石在后圆恩寺官邸召见我和陈铁，蒋介石催促我赶紧去葫芦岛指挥部队北进，他并再三说："事关几十万人生命，任务重大。"这就是说不仅解锦州之围，还要把廖耀湘兵团接应出来。但我认为这是做不到的，而且就是打进去了也出不来，所以对这个任务不积极。后来蒋介石当面要陈铁帮我的忙，他说："你们都是同学，帮帮侯同学的忙。"我觉得很奇怪，陈铁是卫立煌的副总司令，又是卫的亲信之一，卫组织指挥所要陈来指挥，而蒋介石却要陈铁帮我的忙，要我任葫芦岛部队指挥官。

同时，傅作义答应蒋介石派第九十二军援锦，但华北"剿总"又不派部队接第九十二军在冀东的防务，最后该军只有第二十一师调去东北，其余两个师仍留华北，烟台王伯勋的第三十九军李弥也迟迟不放。仅此几例，充分看出当东北局势吃紧之际，国民党军将领对蒋介石的命令是阳奉阴违，内部矛盾百出的。

八日上午我到华北"剿总"见傅作义，向他报告我同蒋介石去葫芦岛的情况以及返北平后蒋又召见催我赶紧率领部队去葫芦岛执行援锦的任务。傅作义要我即回唐山准备，并说第九十二军各师俟接防后继续开去等。我回到唐山兵团部后，蒋介石再三来电催促，第九十二军的防务，仍没有部队来接，我只好率领第二十一师先赴葫芦岛。

援锦失败

我是十月十一日下午率领第二十一师到达葫芦岛的，兵团部指挥所设在锦西中学校内。从华北调去的第六十二军九日已全部到达，独立第九十五师是十日到达的，第三十九军则还没有消息。第十七兵团副司令官兼第六十二军军长林伟俦来兵团部向我汇报阙汉骞指挥向塔山进攻失败的经过。我记得先谈到塔山的地形，塔山东临渤海，西靠虹螺山，从锦西迄塔山间的地形是东西两头高，中间低洼平坦，有一条十多公里的狭长起伏地带，没有险要地势可作依托，十分难守。因此，在开始攻击时，国民党军官兵轻视解放军无险可守，觉得攻下塔山是有把握的。其次，谈到兵力部署，第八师主攻塔山；第六十二军主攻白台山；暂编第六十二师主攻铁路桥头堡后，即随第八师跟进为预备队。最后，谈到开始攻击时，没有空军助战，只用各种美制火炮向塔山地区解放军轰炸半小时后，步兵跟着前进，在炮兵轰炸时，塔山地区为炮火烟幕所掩盖。除解放军炮兵向国民党军阵地还击外，没有发觉解放军的动静，好像阵地上没有守兵一样。俟我步兵接近障碍物地带，解放军的轻重火力突然猛烈射击，打得我第一线步兵抬不起头来。障碍物步兵不能接近，炮兵又破坏不了，陷入进退两难的境地。两天来我攻击部队各师伤亡很大，攻击受挫。

我在图上同兵团副司令官刘春岭、参谋长张伯权及军长林伟俦等再三研究今后的作战部署后，遂在锦西中学召开军长、师长、参谋长的军事会议。在听取各师长对攻击受挫的经过报告后，大家一致认为塔山共军阵地构筑非常坚固，完全采用路轨、枕木和附近居民送来的原木门板来作掩盖，障碍物设置有几层，特别是共军坚守阵地的勇敢沉着应战，是我们在没有攻击前所想象不到的。有的说，总统来讲话时强调我军的海、空优势，但打起仗来，就没有飞机来助战。要求空军、海军炮兵能集中炮火轰炸一点，以掩护步兵前进。还有些师长说，能有战车来协同步兵作战，对破坏障碍物更有把握些。最后我同总统府战地督察组组长罗奇、军长阙汉骞、林伟俦商量后，请各参谋长同兵团部张伯权参谋长共同研究作战方案，我同罗奇、阙汉骞、林伟俦等退入另一个房间谈话。罗奇说："葫芦岛有四个军，沈阳西进有五个军，加上锦州的两个军共有十一个军的兵力，再加上海、空军的优势，无论在数量上和火力配备上我军都比共军占绝对优势，只要官兵用命，抱‘杀身成仁’的决心，是一定可以完成这次任务的。”阙汉骞以他这次攻击受挫的经验，深有感触地说：“我军口头上是强调海、空军优势及我兵力比共军多，但打起仗来，空军就没有派飞机来，海军的炮兵协同也有限。说到陆军，我军是有十一个军，但沈阳的西进兵团五个军远隔几百公里之外，锦州的两个军被解放军包围着，已不能与我军协同；烟台的第三十九军还没有到达，在葫芦岛的部队，还要担负锦西、葫芦岛的防务及海口交通，实际能使用于攻击的部队不到两个军的兵力。加上部队的缺额及伤亡……”正在交谈中，张伯权参谋长来请我们到会议室继续开会。我们到原来的位置坐下后，张参谋长宣布继续开会。他说：“我们研究了两个方案，请大家讨论。第一个方案是第五十四军杨参谋长的意见，他主张攻击军主力要集中使用于塔山和白台山之间进出，以绕到塔山共军之后，因这个地区地形广阔，工事比较稀疏，容易完成任务，打得好的话，就可以全歼塔山阵地的共军。第二个方案是我提的，主张用主力沿锦（州）葫公路、铁路进出，大兵团展开运动敏捷方便。塔山地势低，我们所占领的地势高，容易使用瞰制火力掩护部队前进，同时也避免重新部署兵力，即可以迅速开始攻击等。”第六十二军谢参谋长同意张参谋长的方案。会上，多数师长也同意张参谋长的方案，少数师长同意杨参谋长的方案。罗奇、阙汉骞、林伟俦说没有意见，请侯司令官决定。张参谋长是了解我的意图的，我在兵团部曾同他和刘春岭谈论过：“按我们目前的情况，对塔山、锦州是不能打进去，若打进去也出不来，如果不打进去还可以多维持几天。”张参谋长是按照我的思想来制定这个方案的，就是稳扎稳打，是进可攻、退可守的方案。我以多数为理由，同意张参谋长的方案。后来杨参谋长也没有坚持他的意见。接着研究兵力部署，认为独立第九十五师战斗力很强，在华北战场是能攻能守的部队，以该师担任对塔山的主攻。前任师长罗奇，骄傲自大，更认为该师是有把握攻占塔山的。仍然以第六十二军主攻白台山；以第五十四军第八师主攻铁路桥头堡；以第二十一师，暂编第六十二师为预备队；第五十四军第一九八师、暂编第五十七师仍担任锦西、葫芦岛的守备任务。会上，讨论了空军、海军协同事宜。讨论开始攻击时间，因锦州情况紧急，蒋介石再三来电催促，原计划准备十二日拂晓开始，后来罗奇的意见是要大家准备一天，好让第一线部队连长以上军官，特别是独立第九十五师的军官（该师刚到这里，对塔山地形不熟悉）要侦察地形和现地研究步、炮的协同，拟改为十三日拂晓开始发起攻击。各师长一致同意罗奇的意见。最后决定攻击部队归第六十二军军长林伟俦统一指挥。会议开到半夜，各军、师长回去做战斗准备，兵团部张参谋长按会上的决定下达攻击命令及催促第三十九军速运葫芦岛，并电报蒋介石。

十二日参加攻击的各军按照会议的决定，调动部队进入攻击准备位置，据空军侦察报告：由台山以西的解放军向塔山附近集结兵力；锦州至塔山公路上运输频繁。罗奇亲自率领独立第九十五师连长以上军官侦察塔山地形并对排长以上军官讲话，为该师部队打气，要该师保持发扬独立第九十五师的“荣誉”。规定该师攻击时仍然采用老一套的“波浪式”的冲击战法，以团为单位分成三波，用一营为一波，轻、重机枪集中使用，掩护步兵连前进。规定步兵带足手榴弹，以近战为主，采用波浪式冲击战法，第一波受挫，第二波接上去。罗奇用电话对我说，他已电北平十三日拂晓派飞机来助战，他认为攻下塔山没有问题。

大约是十月十二日，卫立煌同罗泽闿从沈阳乘机到葫芦岛，我到机场去迎接后，陪同卫立煌、罗泽闿到前方阵地视察，我将阙汉骞指挥攻击塔山受挫及十一日我召集军师长会议决定的作战方案向卫立煌汇报。当时，卫仍主张廖兵团回去固守沈阳，以待国际局势的变化。所以，卫低声对我说：“你这个兵团解锦州之围，并率部与廖兵团会师是不容易办到的。”因为，廖兵团隔锦州几百里，也打不出来，所以，卫再三嘱咐我要慎重。这些话被罗泽闿听到了，罗当场对卫大发脾气，说：“这是总统的命令，非彻底执行不可。”卫视察葫芦岛后，当日返沈阳。

卫立煌和罗泽闿走后，我发布了攻击塔山的命令，要旨如下：

1. 敌情如图指示；

2. 军以增援锦州之目的，各军师自十三日拂晓开始向塔山、白台山、铁路桥头堡攻击，而后进出锦州与锦州守军会师包围消灭塔山、锦州之敌；

3. 独立第九十五师担任对塔山的攻击，占领后沿塔（山）、锦（州）公路向锦州前进，与锦州城南地区守军取得联络；

4. 第六十二军担任对白台山地区的攻击，占领后沿铁路左侧向锦州城西及飞机场地区前进，以主力占领飞机场并确保之，保证空运补给；

5. 第五十四军以第一九八师、暂编第五十七师担任原葫芦岛及锦西的守备任务外，以第八师担任铁路桥头堡的攻击，占领后随独立第九十五师后沿铁路向锦州前进；

6. 第二十一师、暂编第六十二师为总预备队，位置于独立第九十五师之后，随时准备增援独立第九十五师的战斗并掩护该师的后方安全；

7. 十三日拂晓后有空军助战，各军、师准备地对空联络符号，向空军指示轰炸、扫射目标；

8. 海军第三舰队的一五二毫米大炮以协助独立第九十五师攻击塔山为主；

9. 通信部队迅速架设兵团与军、师之间的有线联络；

10. 余在兵团部指挥所，必要时在第六十二军军部指挥所。

十三日拂晓四时三十分炮兵开始向塔山、白台山解放军阵地轰炸，解放军的炮兵也还击，有时被国民党军远程炮压制，塔山为烟火所掩盖。前线部队发射炮兵延伸射击记号，轻、重机枪集中火力射击，掩护步兵攻击前进。据独立第九十五师师长朱致一电话报告，该师第一波部队几次冲上敌塔山阵地障碍物边缘，被塔山解放军火力所阻止，连头都抬不起来，伤亡很大，已进入胶着状态，陷于进退不能的境地。罗奇打电话给朱师长要独立第九十五师不顾一切牺牲，非攻占塔山不可。林伟俦来电话说："各师攻击受挫，营长以下官兵伤亡很大，死的没有人埋，伤的没有人救护，影响士气。"我要该军谢参谋长命令军医要切实负责。北平的飞机到上午八九点钟才来，投下几颗炸弹就溜走了。我同罗奇亲自到第六十二军前进指挥所，同林伟俦研究后，要炮兵部队再一次组织炮击，掩护步兵前进。这一次攻击依然被挫。

黄昏前，我要各部停止攻击，在阵地上调整补充粮弹，夜间派少数部队袭击解放军阵地。我同罗奇在第六十二军指挥所召开军、师长会议，先由独立第九十五师朱师长报告，他说："侦察地形时，看到塔山没有什么动静，以为塔山的共军兵力不多，阵地构筑也简陋。开始攻击前，我军炮兵集中对塔山猛轰，也没有发现目标。但当炮兵延伸射击，步兵前进到共军的有效射程内，共军突然集中火力向我攻击部队射击，这是在华北战场所没有遭遇过的。打得部队抬不起头，共军的障碍物破坏不了，我军无法前进，只有白白地牺牲。"其他各师长也同样地叫苦。这时，罗奇严厉地说："开会前接到总统来电：现在锦州战事非常激烈，要侯司令官坚决执行命令，这一战关系党国的存亡。我代表总统来督战，如有奉行命令不力者，将报请严办。"各师长提出要空军多派飞机轮流助战，掩护步兵攻击。要海军舰上的大炮集中对塔山射击。要战车部队早日到达助战等。为了贯彻蒋介石的命令，我决定照原来攻击部署于十四日上午六时再向塔山进行攻击。开会中间，远闻锦州方面炮声隆隆，判断解放军已对锦州守军发起猛攻了。

十四日上午五时三十分，海军的一五二毫米大炮及各军、师炮兵集中火力向塔山解放军阵地猛轰。不久，塔山上空飞来侦察机，接着战斗机、轰炸机到达，向塔山解放军阵地投弹，有两枚落在塔山河滩西岸独立第九十五师阵地附近，伤亡连长以下官兵二十余人，该师官兵大骂空军盲目投弹，炸到自己头上来。此时，独立第九十五师向塔山阵地中央，第六十二军一个师向塔山左翼高地，第八师向塔山右翼铁路桥头堡猛烈攻击，各师反复冲锋，遭解放军猛烈还击，且比十三日更加猛烈。林伟俦来电话说，据第八师师长报告，该师攻占铁路桥头堡；独立第九十五师师长报告，该师一个营攻入塔山，伤亡很大，要求派总预备队加入战斗，以便扩大战果。我当时要张参谋长通知第二十一师准备参加战斗。不久，又接到林伟俦的电话，说共军集中火力向第八师及独立第九十五师反复猛烈反击，该师退守原来阵地。我要第二十一师停止待命。黄昏前，前线枪炮声时稀时密，是日，我军伤亡三千余人，独立第九十五师伤亡最大，每团缩编成一个营。据空军报告，锦州城内火光冲天，秩序混乱，老百姓纷纷向城外逃跑，锦州情况不明，凶多吉少。罗奇主张十五日休息一天。因独立第九十五师伤亡过大，需要第二十一师接替独立第九十五师战斗任务，换独立第九十五师下来整补。我同意罗奇的建议，要张参谋长下达命令。

蒋介石再到葫芦岛

十月十六日拂晓，林伟俦打来电话说，据第八师师长报告，从锦州化装逃出来第七十九师的一个副团长，经过步哨盘问，交出自己的证件，他说该师守在锦州城南地区，他在共军攻进锦州城时被俘后混在士兵里面，利用夜间化装逃出来的。据说，十四日，锦州已进入巷战，锦州是无望了，范汉杰情况不明。

十六日上午，蒋介石从沈阳坐专机来葫芦岛，我得电报后，要林伟俦指挥部队，我同陈铁、罗奇、阙汉骞等到机场迎接。蒋的专机在三架战斗机掩护下，徐徐降落。蒋介石下机后，我见蒋怒形于色，乃请陈铁陪蒋介石坐一辆汽车，向第五十四军军部开去，我同罗奇等分别乘吉普车随后，到第五十四军军部后，由罗奇向蒋介石汇报攻击塔山受挫的情况，蒋介石越听越有气。蒋介石认为塔山的战斗应由阙汉骞负责，指着阙汉骞，要枪毙他。还骂他说："你不是黄埔生，是蝗虫，是蝗虫！"蒋介石这样盛怒骂人，大家立正不动，也不敢出声。沉默好久，罗奇说："官兵是用命的，两天来的攻击，独立第九十五师伤亡很重，现每团只编成一个步兵营。主要是战车部队及第三十九军没有到达，解放军的工事构筑坚固，铁丝网鹿砦又多，又有纵深等。"又说："据第六十二军林军长报告，今早从第八师阵地送来从锦州逃出来的一个副团长，现在第六十二军前进指挥所。"蒋介石接着说："要林军长立刻派汽车送来。"这样，才转移话题，谈论锦州的战况了。不久，由罗泽闿向那位副团长查询锦州的情况，又据空军报告，证明锦州失守了，范汉杰等生死不明。蒋介石亲自打电话询问林伟俦前线战况，我们只听到蒋介石说："好，好。"就没有说下去了。蒋介石连中午饭也没有吃，坐专机在战斗机掩护下，在塔山上空环绕两周，然后向北平飞去。

蒋介石反攻锦州计划化为泡影

蒋介石认为卫立煌不能贯彻他反攻锦州的命令，廖耀湘兵团徘徊彰武、新立屯地区没有向锦州前进，特调杜聿明来东北指挥国民党军反攻锦州。杜聿明到沈阳后，亲到廖耀湘兵团向各军长面授机宜，并到新民、新立屯视察鼓舞士气，当时廖耀湘兵团官兵听到杜长官来后，认为是有办法打到锦州去了。杜聿明在沈阳军事部署完毕后，限廖兵团主力如期西进。十月二十一日，杜聿明到葫芦岛。当日午后杜召集我和陈铁、阙汉骞、林伟俦、王伯勋等将领开会。由陈铁指挥所的参谋在图上介绍敌我情况，然后由杜聿明讲了蒋介石必须攻占锦州的命令要旨，并说廖耀湘兵团主力攻占彰武、新立屯后正继续向锦州挺进中，第五十二军已从辽阳向营口进攻。他问到会各军长当面共军的兵力有多少，坚固工事在什么地方，弱点在什么地方，应如何攻击，才可打下锦州与廖耀湘兵团会师。各将领都互相窥视，面有难色。有几个人说在塔山地区至少有三个纵队。锦州已失守，锦州的共军主力可以全部使用到葫芦岛方面来。阙汉骞说："现在伤亡很重，如独立第九十五师每团只有一个营，一个师其实只一个团，光守锦西、葫芦岛都有问题。同时，还要估计到共军攻下锦州后士气会更旺盛，武器、兵员补充更足，如果再要攻击，共军主力一反攻，恐怕连锦西、葫芦岛都难保。”大家对解放军弱点及如何打法没有提出具体意见。杜聿明当时心里是有数的，他说：“打仗要打巧仗，而不是打笨仗，要打活仗，不是打死仗。”他认为过去迭次攻击塔山均遭惨败的原因就在此。他说得很有道理，符合各军长的心理。他还说，攻塔山不能死攻，笨的战法牺牲大，不能完成任务。要侦察找敌人弱点，突破一点扩张战果，包围塔山到敌人后方而歼灭之。杜聿明还解释稳扎稳打的战法，最主要的是搜索警戒兵力要用得少，派得远，才可以预先了解敌情；打时兵力要集中，火力也要集中，以火力压火力，以速度压速度，一举击破敌人。对杜聿明的讲话，将领们半信半疑。最后杜聿明坚决执行蒋介石的反攻命令，决定以第六十二军在现有阵地对塔山之敌实行佯攻，牵制敌人；以第五十四、三十九军为主攻，第五十四军沿老锦西道两侧高地攻击前进，将敌人阵地摧毁后，即向右旋转，主力经锦西至锦州大道两侧向锦州攻击前进，以一部向塔山以东迂回，协同第六十二军包围消灭塔山之敌；以第三十九军向邢家屯、大虹螺山攻击前进，掩护军之左侧背；以第九十二军第二十一师、独立第九十五师为预备队。随第五十四军后攻击前进。

二十三日开始攻击，军长阙汉骞、林伟俦亲赴前线指挥。战斗进展很慢。在反复争夺的战斗中，第五十四军伤亡很大，第六十二军第一五七师营长以下伤亡百余人，一直战斗到下午一时左右又停止攻击。二十五日各军休息一天，二十七日据第一线部队报告，塔山、白台山一线共军完全撤走，不知去向，到处找老百姓也没有找到。当时有各种各样的猜疑，林伟俦派步兵到塔山侦察回来报告，塔山阵地前缘见到国民党军横尸累累，在阵地前缘还遇到触发地雷和拉发爆破筒。国民党军进入塔山村落时，村中无一人，见不到解放军的死尸。后来才知道廖耀湘兵团于二十六日在大虎山地区被解放军重重包围歼灭中，塔山地区解放军是有计划地撤走向大虎山前进了。卫立煌、赵家骧等逃到葫芦岛时，才知道廖耀湘兵团全部被歼了。葫芦岛国民党军增援锦州也迭次遭到惨败。最后由杜聿明指挥从海上南逃。蒋介石坚持反攻锦州的计划化为泡影。

塔山战役纪要

林伟俦*

一 蒋介石亲自策划援锦

在一九四八年十月初，正当人民解放军向锦州外围国民党军发起进攻时，蒋介石慌忙坐飞机到沈阳亲自策划廖耀湘兵团十二个师西进援锦。当时东北“剿总”总司令卫立煌不同意蒋介石的西进计划，廖兵团乃于十月初停止在彰武、新立屯附近①。同时急调华北侯镜如兵团两个军和独立第九十五师，又调烟台王伯勋的第三十九军配合原驻葫芦岛的第五十四军及暂编第六十二师会同东进援锦。当时华北“剿总”总司令傅作义原定将驻在山海关、秦皇岛的刘云瀚的第八十六军调去葫芦岛，以原驻冀东滦县的第六十二军去接防秦皇岛。我十月一日到达秦皇岛，刘云瀚不交防，他说第八十六军从新编第五军改编过来不久，人员武器缺乏，已电请国防部参谋总长要求暂不调动。到了十月三日接华北“剿总”傅作义电令，着第六十二军不接第八十六军秦皇岛防务，即乘轮船海运到葫芦岛。当时我对于这种朝令夕改的办法表示不满，乃借口东北已冷，全军棉衣未发，也要求不去葫芦岛，但傅不准。

由于东北国民党军龟缩在几个大城市，铁路线已断，就是倾华北国民党军主力，也挽回不了东北危局。所以一般国民党军将领普遍不愿去东北。被迫而去的，也多抱消极态度。当时我就是在无可奈何的情况下，率领第六十二军在秦皇岛利用两艘美制登陆艇和一艘中型轮船，往返运输到葫芦岛的。十月五日先运第一五一师前往，六日我率同军部直属部队到

* 作者当时系国民党第十七兵团副司令官兼第六十二军中将军长。

① 据了解，廖耀湘兵团十月八日才开始向新民、巨流河集结，十月十一日攻占彰武，十五日晨占领新立屯。

达，第一五七师七日才到，第六十七师从塘沽港乘船于九日才到。在我到葫芦岛的同时，蒋介石乘“重庆”号军舰也到了葫芦岛。据总统府战地督察组组长罗奇对我说：“老头子（指蒋介石）在塘沽乘舰来葫芦岛之前，在天津、北平到处找侯镜如，好久才找到他，现已同来，准备由他任葫芦岛指挥官，今晚同舰回去，迟几日随部队再来。”事后得知，侯镜如当时认为解锦州之围，并且接应廖兵团的办法做不到，而且就是进去了也出不来，所以对这个任务不积极。同时，华北“剿总”不放第九十二军前去东北。最后于十月十日才叫第九十二军第二十一师开去，其他两个师仍留华北。烟台王伯勋的第三十九军也是迟迟出发。这就说明了当时国民党军内部矛盾百出，将不用命，士气衰退，蒋介石的命令也不能贯彻。不久，西进兵团十二个师被阻于黑山，东进九个师被阻于塔山。

十月六日蒋介石乘坐“重庆”号军舰到葫芦岛时，在第五十四军军部召集当地驻军团长以上军官讲话，他说：“我们此次集中美械装备优势部队，兼有大量空军助战和海军协同，所有弹药和粮食能海运、空运补给，前方你们安心作战，后方我负责。这次战役的胜败，关系到整个东北存亡，各级官长要亲临前线指挥。……”蒋介石在讲话后，即同与会者合影；又同军官个别合照。当天晚上，蒋介石还在“重庆”号军舰上请葫芦岛驻军的各师长、参谋长以上高级人员吃饭。当我见蒋时，他说：“此次敌人攻打锦州，最多有七个纵队，等于七个师兵力，我们沈阳出五个军，华北出两个军，烟台来一个军，原驻葫芦岛有一个军，共有九个军兵力，足够援锦之用。如若不够，还可抽兵来。葫芦岛将由侯镜如负责指挥，他就要回去带队伍来，在他未来到以前，你暂归第五十四军军长阙汉骞指挥。你们是同学，他驻葫芦岛时间比较久，情况比较熟悉。”又问：“你的部队到齐了吗？”我说：“只有三艘轮船来往运输，现在只到了一个师和军直属部队，尚有两个师未到。”蒋说：“快一点，快一点！我回去增派轮船给你。”足见当时蒋介石亲自调兵之急。时“重庆”号军舰已点火待发。谈完话他便急急忙忙乘舰往塘沽去了。蒋走后阙汉骞对我吹牛说：“总统亲来葫芦岛，比增加十万大兵还强。”罗奇也得意忘形地说：“东北共军共有十一个纵队，除留守监视长春、沈阳各地区的三分之一兵力外，我们有足够两倍以上的兵力对付他们。”其实辽沈战役国民党军在战略上完全处于被动，已陷入各个歼灭的境地，不管蒋介石如何亲自策划和鼓励，也不能挽回他的惨败。

二 塔山英雄团挫败国民党军海陆空军的进犯

在东北人民解放军主力进行解放锦州的作战中，以第四纵队和十一纵队及独立师等部队于十月六日前，已将驻守高桥圩和塔山村的国民党暂编第六十二师部队予以扫荡，进至锦州西南七十华里的白台山和塔山之线，阻击葫芦岛国民党军援锦企图。当时葫芦岛国民党军原有第五十四军三个师和暂编第六十二师。从华北调来的第六十二军尚未到齐。

十月七、八日，锦州战事进入紧急阶段，在葫芦岛的国民党军听到一阵接一阵的紧密炮声，困守锦州的范汉杰迭电葫芦岛国民党军求援甚急。原驻葫芦岛的国民党第五十四军军长阙汉骞为了急援锦州，主张九日开始进攻。当时我因第六十二军部队海运尚未集中完毕，侯镜如又未到来，当面情况不明，地形尚未侦察，认为过早开始行动是不适宜的，所以不同意阙汉骞的主张。到九日下午第六十二军、第六十七师从塘沽运到，因中途遇风，官兵晕船、呕吐不止，身体精神尚未恢复。这时锦州城方面炮声更加紧密，范汉杰又急电求援，阙汉骞为了向蒋介石邀功，认为锦州如果完蛋了，葫芦岛援锦部队还未响一枪一炮，对蒋无法交代，乃决定于十日拂晓开始进攻，并电蒋介石报告。

当初的作战方针，以援锦为目的，第六十二军夺取白台山以后，沿铁路公路左侧挺进锦州城西地区及飞机场附近，以保证以后的空运补给；第五十四军除两个师留守葫芦岛和锦西县城地区外，以第八师夺取塔山后，沿铁路公路前进，挺进锦州城南地区，与城内守军取得联络；暂编第六十二师夺取铁路桥头堡垒地区后，即随第八师跟进为总预备队。为了配合主力正面进攻，以一部迂回到白台山进行侧击。当时因轻视解放军的力量，没有和空军联络协同，只利用美械炮火先行炮击半小时以后，部队即开始进攻，以为就可以唾手而得了。但是，经过反复冲击，碰得头破血流，到上午十一时左右不得不停下来。据我军前线各师长报告，炮兵没有把各种堡垒铁丝网破坏，部队冲不上去，伤亡很重，双方相距有的仅及几十公尺，日间已无法前进。

十日下午，罗奇带同独立第九十五师从塘沽港海运到达葫芦岛。他随即亲到前线查询了战况。他说：“锦州战事激烈，我代表总统来督战，主张加紧行动。”阙汉骞眼见这天上午进攻塔山未能得手，准备亲上前线督战，并制订十一日继续进犯的作战计划：集中第五十四军全军炮兵指向塔山，以支援第八师；第六十二军全军炮兵指向白台山山脚二〇七高地，以支援部队攻击采取重点突破手段。要求各部队进行调整，补充弹药，把第一线队伍改为预备队，以预备队调充第一线。

十日黄昏，正当下达作战命令，准备按照十日的兵力部署在十一日拂晓前进攻的时候，接到前线报告，说解放军后方部队向前线增加，并由右而左集结兵力，调动频繁。当时国民党军害怕解放军发动夜间攻击，整夜待在阵地准备着。连日以来，在黄昏和夜间，锦州外围炮声较为紧密，日间较少；而国民党军多在拂晓开始行动，成了当时战斗的一种规律。

十一日拂晓前，阙汉骞和我到了前线鸡笼山附近高地指挥所，要第五十四军夺取塔山，第六十二军夺取白台山，然后继续挺进锦州城郊。第五十四军不采取正面进攻，而是以主力从铁路侧击，以致受到解放军袋形火网打击而伤亡惨重，直到上午九时左右，没有前进一步。与此同时，第六十二军第一五一师第四五三团在拂晓前以夜袭手段夺取了白台山山麓二〇七高地，未及半小时，又被解放军猛烈反击夺回。到上午十时左右，我军已到了气衰力竭的状态，而解放军则进行局部反击，我军有部分败退到鸡笼山附近高地指挥所山脚，因阙汉骞和我在山顶督战，才没有再退下来。此时，解放军也没有继续前进，如果再前进，我军必陷于混乱而遭到惨败。

十一日下午，国民党军第十七兵团司令官侯镜如率同第九十二军第二十一师从塘沽港海运到葫芦岛，从此葫芦岛所有国民党军都归侯指挥。他得知锦州战事激烈和两天来进犯塔山的失败，当天晚上召开葫芦岛国民党军的各军长、师长、参谋长等，在锦西县城中学开会。在开会时，侯查询了两天来的战况，看了地图，研究了情况，叫各参谋长研究出一个方案。他和罗奇退入一个房间休息，我和阙汉骞也随入房间。我们谈论到，一面派兵守备葫芦岛的海口补给线，一面派兵援锦，兵力显得分散；廖兵团距离锦州尚远在数百里之外，而我们目前的兵力，并不比解放军在锦州外围附近的兵力占优势，大家对完成任务皆有难色。

这时各参谋长和各师长都面对地图在研究。第五十四军参谋长主张用主力指向塔山和白台山之间广阔地形及工事稀疏地区进出，绕到塔山之后。第十七兵团参谋长张伯权认为应急援锦州，主张用主力沿锦葫公路而进较为便捷。他认为塔山地势较低，我们地势较高，容易使用火力掩护部队前进。第六十二军谢参谋长也同意张参谋长的意见。有些师长同意第五十四军参谋长的主张，但多数同意兵团张参谋长的意见。因此第五十四军参谋长也就不再坚持他的主张。最后侯镜如决定采纳张参谋长的方案，罗奇也同意了。大家接着研究兵力分配，以新到的独立第九十五师担任主力，进攻塔山；以第六十二军仍然担任进攻白台山；以第五十四军第八师进攻铁路桥头堡；以第九十二军第二十一师为总预备队；其余部队守备葫芦岛和锦西县城原有阵地。原定十二日开始行动，但是罗奇则主张大家休息一天，让独立第九十五师连长以上的指挥官先到塔山前线侦察地形，乃改为十三日开始进攻。还决定：前线部队归我统一指挥；各军炮兵集中使用，归第五十四军炮兵指挥官统一指挥。散会以后，罗奇对我说："独立第九十五师不能给阙汉骞指挥，他不熟悉这个师的情况。第九十五师原属第六十二军多年，你指挥它比较适宜。"

十二日，没有战况。独立第九十五师的连长以上指挥官到塔山阵地前侦察；其他各军的连长以上指挥官，也到他们进攻的阵地前侦察地形。当时骄傲成性的独立第九十五师，因未曾受到过解放军的沉重打击，所以他们满以为打下塔山没有问题。而吃过败仗的其他各军，眼见解放军塔山阵地坚固，堡垒的周围密布着铁丝网和纵深鹿砦，都抱有畏惧心理。罗奇亲自到独立第九十五师召集排长以上军官讲话，给他们打气，并指示他们进犯塔山的路线及重点突破的方法。当天他还打了电报到北平，要求空军助战。十二日这一天，葫芦岛和锦西县城附近国民党军调动频繁，纷纷开到阵地前线。与此同时，白台山以西的解放军也向塔山阵地附近集结兵力，大战迫在眉睫，由高地瞭望即可观察得很清楚。

国民党驻葫芦岛各军在十三日拂晓四时半即开始炮击，塔山立即为炮击烟火所掩盖，五时开始攻击。独立第九十五师企图集中兵力重点突破，采取该师老一套的"波浪式"冲击办法，以一团分成三波，一个营兵力为一波，一营伤亡了，二营接上冲击，二营伤亡了，三营接上冲击，并且另用一团兵力施行侧击。当部队冒着烟火冲击到塔山敌阵地前缘时，受到英勇的人民解放军塔山英雄团的坚强打击，在严密火网的封锁下，国民党军营长以下数百人被歼，横尸河滩，千余人带伤逃回。

国民党军继续进攻塔山不逞之后，当天晚上侯镜如和罗奇又召集各军长、师长、参谋长及各部队视察官等开会，研究惨败原因。都认为解放军阵地堡垒坚固，障碍物纵深，却没有认识到国民党军战斗意志消沉，更没认识到解放军战斗意志坚强，守无不固、攻无不克的因素。当时葫芦岛国民党军还不甘心于自己的失败，仍不放弃援锦的企图。罗奇说："接到总统来电，现在锦州战事非常激烈，援锦部队要迅速前进。"又说："我代表总统来督战，如有奉行命令不力者，将报请严办。"他提出要求北平空军提早到阵地助战，并要求飞机在上空多盘旋一些时间以掩护部队前进。这是因为连日来每天上午八九点钟飞机才到，投下几枚炸弹就溜走了。他同时要求泊在葫芦岛海面的"重庆"号兵舰等协同炮击塔山阵地（海军联络员测量了地图，说兵舰炮火射程能打到塔山）。罗奇还说："我已打电报去北平调战车到葫芦岛来助战。"在开会的时候，远闻锦州方面炮声隆隆，战事正在激烈进行中。侯镜如和罗奇为了贯彻蒋介石的援锦意图，决定各军按照昨日原来兵力部署，在十四日拂晓继续进攻塔山，规定上午五时开始炮击，六时部队开始前进，比十三日开始进攻时间推迟一小时，这是因为要等待北平空军上午六时来轰炸后再开始。

当天晚上，罗奇打电话给我，大意是：几天来作战不利，任何限令都不能达到，应用悬赏的办法鼓舞士气，并叫我立即通知前线部队。我说："这么多的钱从何而出呢？"罗奇说："打完仗，我可以向总统要来。"当时我就叫副参谋长莫汉英转知前方各师长，看哪个部队能得到奖赏。

十四日上午五时，我军炮兵集中火力向塔山阵地开炮，海上兵舰也同时轰击，各部队都缩在阵地前准备攻击位置，等飞机到来后开始行动。直至上午六时半左右，国民党空军飞机才来到上空向塔山投下两枚五百磅炸弹，一枚落在塔山村后高地斜坡，另一枚落到塔山河滩西岸国民党军阵地附近，伤亡连长以下数十人。当时官兵大骂空军盲目投弹，炸到自己人头上来了。此时已经天亮，又来大型轰炸机两架，投弹后飞走了；另有三架战斗机在空中盘旋扫射。这时独立第九十五师才开始向塔山阵地中央，第六十二军向塔山左翼高地，第五十四军向塔山右翼铁路攻击前进。我攻击部队反复冲锋，都被人民解放军塔山英雄部队所击退。

正在枪炮声紧密时，第五十四军第八师师长虚报情况，说该师已攻占铁路桥头堡了。当即由副参谋长莫汉英打电话给独立第九十五师朱师长和第六十二军第一五七师何师长，转知第八师报来情况，并询问他们各自当面情形如何。据答：都正在激烈战斗中。不久接到独立第九十五师师长朱致一来电话报告说，他派参谋到前线用望远镜观察，第八师部队并没有攻占铁路桥头堡，而且相隔还很远。随后朱师长也来一个虚报，说该师已有一营攻入塔山，各部队伤亡甚重，请急派部队增援。这时，罗奇也打电话给我说："独立第九十五师部队已攻入塔山，该师伤亡过重，应即刻使用预备队第二十一师去增援，以期扩大战果。”我当即一面将独立第九十五师情况转知第二十一师师长，叫他准备增援行动；一面打电话叫第五十四军第八师师长查清塔山情况迅速回复。在这同时，我命令第六十二军前线联络参谋查明情况，并打电话将前线情况报告侯镜如。侯说查实情况再办。不久，第八师师长和各方面来电话说，独立第九十五师是虚报情况，没有一个兵进入塔山。侯镜如也来电话说：“据第二十一师李师长报告，独立第九十五师没有攻入塔山，是虚报情况，不要使用第二十一师增援。”我立即转知第二十一师停止待命。这一场的虚报情况，弄得非常混乱。

十四日下午前线枪炮声停息时，国民党军受伤官兵，源源运到葫芦岛和锦西县城，先后用轮船海运而走的就有三千多人。独立第九十五师伤亡过半，每团缩编起来仅及一个多营人，其余各部队也是伤亡甚重。这天晚上，侯镜如和罗奇又召集各军长、师长、参谋长、督察官等，在锦西县城中学内开会，再一次研究失败原因。大家都说塔山解放军阵地堡垒星罗棋布，以及铁丝网鹿砦纵深达十余公尺，是攻击前进的极大障碍。还说陆海空军的炸弹和炮弹没有摧毁解放军阵地工事及障碍物，各兵种得不到协同，在战斗中见不到飞机影子，等等。但都不敢涉及士无斗志这个主要失败因素。最后罗奇说：独立第九十五师伤亡过重，主张十五日休息整理，改由第二十一师接替独立第九十五师的任务。侯镜如同意了，随即散会。

十四日晚上，北平战车部队海运到达葫芦岛。罗奇又得意忘形地说：“有了水牛（指战车），打下塔山是不成问题了。明早叫他们的指挥官先到塔山前线侦察地形吧。”这一天，锦州方面炮声非常紧密，战事较前更为激烈，范汉杰整天没有电报到葫芦岛，锦州情况无法了解。

三　蒋介石再到葫芦岛督战援锦

十五日拂晓前，第八师阵地前线的沿海地带，发现有一个锦州守军的副团长（忘其姓名及部队番号），化装逃到葫芦岛。他说：“十四日锦州战斗非常激烈，情势非常危急，解放军部队已攻入街道，只有零星守军在战斗。”根据他所说的情况来判断，援锦已是无望了。我立即将此情况报告侯镜如和罗奇，随即得到通知，着各部队就地加强工事，严密警戒，以防共军在解放锦州后进军葫芦岛。

十六日，蒋介石又从沈阳坐飞机到葫芦岛来，侯镜如和罗奇指定我负责前线指挥，我便派军参谋长谢义回去见蒋听候指示。谢义回来向我详细地作了汇报，他说："老头子（指蒋介石）和罗泽闿、俞济时同来，我们到飞机场迎接后，一起到第五十四军军部休息。罗奇首先向蒋报告锦州已经失守的情况，并说塔山碉堡工事非常坚固，铁丝网鹿砦又多又纵深，几日来集中力量攻不下。老头子怒形于色，叫拿地图来看。我拿出用红笔画好的塔山阵地工事位置图给他看。老头子指着地图说：'塔山如此靠近，敌人怎能够这么快就做了这样多的坚固工事及障碍物呢？阙军长驻在葫芦岛，早就应该发现这种情况，为什么不进行阻挠破坏呢？'老头子越说越有气，就指着阙汉骞，要枪毙他。还骂他说：'你不是黄埔学生，是蝗虫，是蝗虫！'我从来未见过他这样骂人，也很少见到他这样发怒，吓得大家立正不敢动，也不敢出声。大家默默无言好久，罗奇才又报告说：'请总统息怒，大家已出了力。此次作战陆海空军得不到协同，战车又赶不到，部队已伤亡很重。'但蒋介石怒犹未息。罗奇继续报告说：'据阙军长讲，塔山这些野战碉堡工事是最近夜间做起来的，一夜之间做了许许多多的工事。'又说：'今天早晨从锦州方面逃回一个副团长，他现在前线指挥所林军长处。'老头子叫打电话送来，罗奇去打电话，才转移了话题，谈论起锦州的情形。"

当罗奇打电话给我，叫我赶快用汽车将今晨从锦州逃回的副团长送去问话时，我说："你们商量了什么事情？"他说："见面再谈。"我当即把这个副团长用汽车送去。以后听说罗泽闿对这个副团长查询了锦州的一切情形。同时，又根据飞机侦察报告锦州已无炮声，城内部队纷纷向城外移动等情形。这时，蒋介石才认为锦州被解放军攻占已无可置疑了。蒋介石还亲自打电话问我前线情况怎样？我回答说："只有几个小高地发生小的战斗，阵地前线没有重大变化。"蒋介石连声说："好，好，好。"就没有说下去了。

锦州被解放后，蒋介石是极为慌乱的，因为援锦是由他亲自策划而遭到失败的。阙汉骞在第五十四军军部准备好的午餐，他也来不及吃就急急忙忙飞离了葫芦岛。蒋坐的是一架大型客机，有三架战斗机掩护，他的飞机在塔山阵地上空环绕两周，然后向西南飞去。

四 葫芦岛国民党军四易指挥官

蒋介石一意孤行，抽调部队，亲自策划援锦。但在当时军事形势极为不利的情况下，将不用命，各部队迟迟推延出发时间，造成了海运部队尚未完全到达集中以前，有多少部队就驱使多少部队到前线逐次增加作战兵力的被动局面。此外，没有选用一个比较适当的指挥官，又造成了一个临阵易将的混乱局面。先是以原驻葫芦岛的第五十四军军长阙汉骞任指挥，但同时又派来了一个战地督察组组长罗奇，他宣称是代表蒋介石来督战的，一切作战计划要通过他商量，然后才能行动。俨然是一个“钦差大臣”。十月十一日下午，侯镜如到达葫芦岛，就改由侯镜如指挥。锦州解放后，蒋介石仍不甘心于自己的失败，又作了新的部署，于十六日改派已在葫芦岛的东北“剿总”副总司令陈铁任第三任指挥，并派海军总司令桂永清和联勤总部及空军要员同到葫芦岛。

十月十八日，陈铁召集葫芦岛国民党军各师长以上开会，知蒋介石仍然企图以沈阳的廖耀湘兵团西进，葫芦岛的部队东进，到锦州会师，妄想打通榆沈交通线，为而后东北国民党军逃入山海关准备条件。陈铁眼见在东北的国民党军已陷入绝境，故态度消极。在会议中，他查询了各部队人数及武器弹药的补充情况，对葫芦岛部队行动没作出任何的部署，只要求各部队加强工事，在原地待命。在会议将结束时，忽然得知东北“剿总”副总司令兼锦州指挥所主任范汉杰的老婆化装逃到葫芦岛。第六十二军阵地前线派人送她去会见陈铁和桂永清等人。他们询知范汉杰在锦州城破时向南逃走，在走出二三十华里的地方，为解放军截获。她并说：“沿途所见共军队伍很整齐，人马枪炮很多，并不像过去所说的游击队那样。”这些话引起了国民党军指挥官们的极大恐慌，怕解放军很快就来进攻葫芦岛。不久，得到飞机侦察报告，锦州方面解放军大部已向东移动，可能是先去对付廖耀湘兵团，因此葫芦岛守军暂时得到苟安。

到了十月二十一日，蒋又派杜聿明任第四任指挥。杜到达葫芦岛后，立即召集国民党军各师长以上开会，查询了各方面情况。同样要求各部队加强工事，并指定每师在黑夜派出一个威力搜索队，悬赏捕捉俘虏，借此作为了解当时情况的一种手段。杜还说沈阳西进部队行动十分迟缓，每天行程在四十华里左右，等待他们到达大凌河附近，葫芦岛部队再向锦州前进策应。阙汉骞说，锦西县城西北地区我军部队和解放军警戒部队相距仅几百公尺，一切行动都能看得见，今后部队向锦州方面移动时，葫芦岛的后方容易受到威胁，因此需要先进行“扫荡”。杜聿明决定对锦西城东的塔山方面采取守势，对锦西城西地区进行“扫荡”。以第五十四军两个师为主力向锦西县城以西地区进攻解放军警戒阵地，以第六十二军第一五七师进攻锦西县城以北的高地，所有炮兵部队转移到锦西县城以西地区作支援。

葫芦岛国民党军于二十二日做好准备，二十三日开始攻击行动。我担任对锦西县城东面的指挥。阙汉骞担任锦西县城西面的指挥。这天我军对几个村庄和小高地进行了反复争夺，第五十四军伤亡甚重，第六十二军第一五七师阵亡营长以下百余人，直至下午一时左右才停止战斗。我军碰得头破血流，不敢继续前进，主力退回原有阵地。

二十五日，我军休整一天。二十六日早晨，忽然发现塔山和白台山之线的解放军不知去向，也看不见阵地前线各山地的行人来往，查不到解放军的行动意图。当时，我认为这种有计划的行动，可能是意在诱我离开既设堡垒阵地，然后各个歼灭；或者是等待我军向锦州前进时，袭取葫芦岛港口后方，然后全歼我军。因此我制止部队冒进，并将情况转报，然后派出威力搜索队向白台山和塔山进行侦察。但是在阵地前各村庄找不到一个居民，查不到任何情况，恐遭伏击，不敢再行前进。我只叫各部队班长以上人员到塔山原解放军阵地侦察，并将堡垒阵地绘图进行研究。我也亲自带一个搜索排到了塔山阵地前缘，见到国民党军横尸累累。在这些官兵的尸体上，大部插着竹签标语：“你为四大家族殉葬”，“你为什么这样来送死”，“你的家中妻子在怀念你”，等等。我当时认为这种标语能瓦解国民党军军心，影响士气，就叫随从人员拔掉了。但尸横遍野，拔不胜拔，即调集卫生队迅速掩埋。我继续在阵地侦察，虽然是在白天，也无法通过解放军原先设置的纵深鹿砦、木桩、铁丝网，还怕遇到触发地雷和拉发爆破筒，乃急调工兵部队排除各种障碍物。我进入塔山村时，村中空无一人，见不到解放军一个尸体，足见是有计划的行动。我恐怕在村中遭受伏击，不敢随处行动。我从塔山转到白台山脚二〇七高地一带时，沿途堡垒星罗棋布，障碍物纵深，交通壕连贯，构成了铜墙铁壁般的坚固阵地。在许多堡垒工事中都插满了标语，如“沉着瞄准杀敌”“与阵地共存亡”“为人民立大功”等等。解放军在塔山的阵地是如此的完整。我环顾塔山周围，几十里以内树木很少，解放军怎能在十多天的时间里，找到这么多的木材，做出这样的奇迹呢？这真是我们所不能想象的。后来才逐渐了解到，解放军和人民群众结合起来的力量，是最伟大的，是无穷无尽的。当时国民党军的班长以上人员参观塔山工事时，有些人还夸口说："这样阵地堡垒我们攻不下，将来我们照样做出来，他们也是攻不下的。"这不过是聊以自慰罢了。

在锦州解放以后，葫芦岛国民党军龟缩在原有阵地位置不敢进出，坐待沈阳部队西进。在得知廖耀湘兵团在黑山和大虎山附近被解放军包围歼灭的消息后，葫芦岛的国民党军更加惶恐。杜聿明立即命令各部队断绝阵地前一切行人来往交通，企图封锁消息。其本人则急飞北平见蒋介石，作而后逃命的打算，请求派大批轮船到葫芦岛接运驻军南逃。同时杜聿明和王叔铭在北平面请蒋介石派专机到沈阳接出东北"剿总"总司令卫立煌、参谋长赵家骧、军长潘裕昆、龙天武及其他高级行政官员。赵家骧到葫芦岛时说："人多飞机少，太拥挤，大家的手提皮包都抛在机场了。住在三楼的战地督察组组长柯远芬，也来不及通知他同走。"可见沈阳国民党军高级人员仓皇逃命的狼狈情形了。卫立煌为了推卸自己的责任，他说："东北我军在辽西惨败，老头子要负完全责任。他不听我的计划，一意孤行。辽河以西河流交错，河水都是由北向南流，成为水网地带，我军过辽河往西，势必被共军消灭；共军要过到辽河以东，也会被我军消灭。"又说："我在沈阳时，不同意老头子抽调沈阳部队西进，如果想放弃东北，可以从营口海运而走。当时老头子大发脾气地说：'你们如果不出兵，将来一个钱、一颗米、一颗子弹也不给你们。'他一意孤行抽兵出去，所以才失败得这样快。"赵家骧叹气说："我军此次惨败，东北完了。如果防守沈阳，三个月是不成问题的。沈阳的粮弹，可以足够部队三个月的使用。沈阳炮厂每月制造的大炮，足够一个师的编配使用，炮弹可以大量制造出来。"言下对放弃沈阳还不胜惋惜。

五　葫芦岛国民党军星夜从海上南逃

在辽沈战役中国民党军四十多万兵力被歼灭后，原驻营口的第五十二军约一个师抛弃了重兵器、行李、骡马，挤在一艘轮船上慌忙逃到葫芦岛。当时葫芦岛国民党军已成为惊弓之鸟，都在非常焦急地等候轮船逃命。那时，如果解放军有一小股部队施行进攻，葫芦岛国民党军必将全部就擒。直到十一月一日，杜聿明才开始安排分批落船。各部队落船时还不知逃到何地，等到在开船前几分钟才由杜聿明亲自分别下达开船命令和登陆地点。第六十二军和第九十二军第二十一师逃到秦皇岛，独立第九十五师逃到塘沽港，第五十四军和暂编第六十二师及从营口逃来的第五十二军一个师均逃到上海附近。几天之内，葫芦岛的国民党军十万余人，在杜聿明指挥下，由海运南逃，从此东北全境解放。

“外牌军”被迫疲劳作战致失败

施有仁*

一 辽西会战前第五十四军部队的状况

一九四七年，国民党第五十四军受范汉杰指挥，在胶东参加国民党军发动的所谓重点进攻，遭到失败。一九四八年初，范汉杰调任东北“剿总”副总司令兼锦州指挥所主任①，第五十四军亦同时由山东青岛海运到锦州。在山东时，第五十四军辖三个师，即第八师、第三十六师、第一九八师。后来开到锦州的只有第八师和第一九八师。第三十六师被留置在青岛，以其为骨干，凑合一些山东地方团队扩编为第三十二军，由第五十四军副军长叶佩高升任该军军长，担任青岛警备。我们第五十四军开到锦州后，即进行整训。不久，范汉杰即指拨由交通警察总队改编的暂编第五十七师归第五十四军建制，用以抵补第三十六师调出的遗缺。当时第五十四军的主要干部是：军长阙汉骞，军参谋长杨中藩，第八师师长周文韬，第一九八师师长张纯，暂编第五十七师师长原为朱茂榛，后由第一九八师副师长廖楚藩升任。我当时任第八师副师长兼参谋长。在第五十四军未调来锦州以前，锦州原驻有第六兵团孙渡部的第九十三军。范汉杰调驻锦州后，孙渡调任热河省政府主席，遗兵团司令官即由第九十三军军长卢浚泉升充。当时第九十三军军直属部队同其主力两个师驻锦州，另以一个师分驻义县。约在这一年八月间，因为关内战场吃紧，原驻守锦西、葫芦岛的李弥兵团第九军黄淑部调往山海关内，范汉杰

* 作者当时系国民党第五十四军第八师少将副师长兼参谋长。

① 一九四八年一月，范汉杰调任冀热辽边区司令官，司令部设秦皇岛。同年七月，冀热辽边区司令部改为东北“剿总”锦州指挥所。范改任东北“剿总”副总司令兼锦州指挥所主任。

当以锦西、葫芦岛地区重要，即派由第五十四军并配属新成立的暂编第六十二师刘梓皋部接替防守①。

第五十四军到达锦西、葫芦岛后，部队配备概要是：以第八师担任锦西以西及西北方向的守备，第一九八师担任锦西以东及东北方向的守备，两翼依托大海，对北构成环形阵地、暂编第五十七师和暂编第六十二师分别控制在葫芦岛、锦西间地区机动整训、另以军人力输送团配属军工兵营一部组织兴城守备队，由人力输送团团长补昌圻指挥，担任兴城县城守备及兴城经白庙子迄沙后所间铁道线的守护。接替防务完毕后，全军均紧张地加强阵地工事构筑。当时部队的实力，第八师和第一九八师在胶东作战时虽小有损失，但经过在锦州半年多的整顿补充，已大致完整。暂编第五十七师系由交通警察凑编而成，武器破旧，人员不足，重武器缺乏，战斗力极弱。暂编第六十二师原隶属廖耀湘的新编第六军，在法库作战时全师覆灭②，后由新六军其他部队抽调干部，由沈阳空运锦州补充新兵和装备武器。由于时间较短，兵员武器均未完全补充齐备，因而战斗力也不够强。

当时南京国民党政府已将法币改为金圆券。币值贬落一日数变，加上国民党将领利欲熏心，丧尽天良，领下薪饷不即时发放，换成金条，压上一周半月再行售出，获利何止倍蓰。他们毫无顾忌地剥削官兵。另一方面，劫收之风甚炽，如我们军长阙汉骞在锦州时，派他的人力输送团，大量拆除锦州大凌河北岸造纸厂的钢铁，运到天津、上海出售谋利；在锦西构筑防御工事时，偷工减料，省下数百吨钢筋，预备盗运出售。全军官兵面对以上现象，个个侧目，怨声载道，军心涣散，上下不和。记得士兵在发饷时，领到不值钱的金圆券，当着官长的面大声骂街，甚至有不转身就将票子撕烂，并毫不隐晦地说："你给老子多少钱，老子就给你打多少钱的仗！"下级军官在既受剥削又受压迫的情形下，常气愤地说："此处不留爷，自有留爷处，到处不留爷，爷去找八路。"由此可看出当时国民党军士气军心之一斑。

---

① 原属新编第六军的暂编第六十二师调来锦州补建后派往塔山担任守备，战役开始，被解放军击败，被迫退往锦西，乃改归第五十四军指挥。锦（西）葫撤退时，该师又划归第五十二军建制。

② 据查，一九四八年二月十七日夜，驻守法库的暂编第六十二师向开原方向突围，战至十九日被全歼。

二　锦西周边守备战的经过

一九四八年九月上旬锦州会战序幕尚未揭开之前，首先感触到气息的，要算兴城、绥中间的铁路交通线。第五十四军负责守卫的白庙子、沙后所两个站，接连几夜遭到袭击扰乱，同时我军兴城守备队得到情报，称：共产党冀热辽边区李运昌部，在建昌、梨树、沟门附近集结。其先头一部千余人，已出现于兴城迄白庙子之线以北约三十里的地区，似有大举破坏北宁铁路线之企图。此时军尚未判明共产党东北部队的真正企图。认为以上情报，可能是共产党地方部队的小规模集结，希图在我军关内外部队衔接处的薄弱部，对北宁线铁道交通进行破坏。军当即下令着我指挥第八师第二十四团和第一九八师第五九三团用火车输送，分别在白庙子车站和兴城车站下车。到达后严密封锁消息，利用夜暗，以分进合击姿态，对兴城迄白庙子之线以北三十里地区之敌包围聚歼之。在这次行动中，我的指挥所随同第二十四团行动。我们到达白庙子车站时，天尚未黑，全团官兵在车上隐蔽休息。待天黑透后，乃秘密下车，利用黑夜向预定进攻发起线迅速前进。一路上毫无所遇，很是顺利。到达目的地时天尚未明，乃下令部队将附近村庄严密包围，等待天明进行搜查，也没发现一点可疑之处。待前进与第五九三团会师，据云该团到达目的地包围搜查，同样毫无所见。此时天才拂晓，猛听到共产党一小队武装在背后不远的村庄里出操，乃部署部队对其包围。该小队敌人闻警，即分散潜藏起来。我们审问当地老百姓，他们说，共产党地方武装小组经常在这一带活动，但是近月来从未有共产党的大部队到过这里。我们明知道老百姓都倾向于共产党，不会给我们说实话，但又找不到他们通共产党的真凭实据，只有贴些反共标语，集合老百姓作些反共宣传，毫无所获而返。

大约在我们返防后的次日黄昏，兴城守备队即连电向军部告急，说共军主力已进薄兴城近郊。此时军部亦接奉锦州指示，解放军向辽西发动大规模进攻的企图已甚明显。军部即电令兴城守备队赶速撤收白庙子、沙后所警戒部队，待命撤离兴城。但当晚解放军即攻下锦西、兴城间韩家沟车站，截断了锦西、兴城间交通，并向兴城发起围攻。军当即命令第八师配属暂编第五十七师两个团以一部守备原阵地，以主力驱逐锦西、兴城间铁路沿线之敌，恢复锦兴交通，接应兴城守备队撤回锦西。我师接到命令后，于翌日拂晓，下令暂编第五十七师两个团由该师副师长指挥，即循铁路线向兴城方向前进，迅速驱逐韩家沟车站附近敌人，恢复锦、兴交通，相机接应兴城守备部队之撤离。第八师主力依托现阵地，沿锦兴铁路北侧，联系暂编第五十七师向兴城迤北地区前进，寻求攻击敌人侧背而夹击之。暂编第五十七师部队尚未到达韩家沟车站，即遭到敌人的猛烈进攻。接战不久，一个团被敌人完全击溃，另一个团也遭到很大损失。未到正午，即被压迫缩守锦西既设阵地。第八师部队出击不久，也遭到优势敌人的猛烈迎击，其攻势之猛，炮击之烈，为我师参加对共产党军队作战以来所未有。尤其双方对锦西炼油厂西北高地之争夺，更为激烈，一日之间数易其手。由于该高地距离我军锦西守备阵地要部锦西炼油厂较近，它可以瞰制全部阵地，我不得不苦争确保。直至黄昏后战斗中止，该高地仍掌握于我军手中。在争夺高地战斗中，我师重伤、阵亡营长各一，伤亡官兵四百余。黄昏后，由于暂编第五十七师部队的后撤，使第八师处境突出，乃调整部署，除留置有力一部确保高地外，师主力撤至锦西既设阵地据守。入夜后，全线极为沉寂。我和师长周文韬在部署调整就绪后，仍回到炼油厂师司令部。

约在午夜，军部副参谋长亲来师司令部面授军部部署调整计划。他首先谈到敌我双方情况：兴城已于今日拂晓前被敌攻破①，守备队全军覆没，人力输送团团长补昌圻以下主要官长全部被俘。据由兴城逃回的官兵报告，当面敌人继续有增加；暂编第五十七师的两个团在今日战斗中，损失严重，已毫无战斗力；第八师今天苦战整日，也有相当伤亡，已感疲惫，应付今日之攻势已够吃力，若敌人再加强攻势，是否能再作如今日之顽强抵抗，也成问题。同时，锦西周围阵地范围过大，兵力部署原来就显单薄。军长的意思是为了加强守备，策定安全，决定放弃现阵地，退守葫芦岛外围。我们听了以上传达后，周文韬未置可否，我则自负才高，并由于“尽忠”于反动派的思想的驱使，认为军部的决定不够妥当，当即打电话给军长阙汉骞建议阻止后撤。我所持的理由是：“当前的敌情全线极为沉寂，据第一线部队报告，没有发现敌人有大量增援和重整攻势的动态。按照敌人作战的惯例，主要活动多在夜间，现在午夜已过，全线仍甚沉寂，这充分证明敌人攻势已遭到严重顿挫，即使继续再整攻势，也成了

① 解放军于九月二十九日攻克兴城。

强弩之末。锦西周围既设阵地，经过我军不断加强，已相当坚固，据此坚守，更能发扬火力节省兵力。军部预备退守的第二线，毫无既设工事。现在的态势是全线与敌胶着，若进行撤退，必遭敌人跟踪追击。尤其是在黑夜，部队不易掌握容易混乱，难以站稳脚跟；新防线距海甚近，部队缺乏回旋余地，稍有差错势必蹈海。同时锦（西）、葫乃东北我军的唯一补给基地，未得上级命令，改变部署后退，并承担绝大风险，军的新部署计划欠明智。”阙汉骞听了我的电话建议后，同意我的建议，将原来计划撤销，并要我们应即鼓舞士气，加强部署，准备固守。当晚全线依然沉寂。天明后，派出侦察部队进行搜索，始发现当面解放军，利用夜暗已全线转移，早走得无影无踪。数日后，被解放军在兴城俘虏的人力输送团团长补昌圻也被解放军在建昌释放逃回。

三　塔山进攻战的经过

塔山是锦西通锦州铁路线上第一个车站。锦西迄塔山间地形，是东西两头高，中间低洼平坦，塔山车站位置就在高地脚下，东南北三面均为绵延不断的丘陵。

解放军阻击部队以塔山车站为核心，连接东南北的丘陵，占领阻击阵地，利用在铁路上拆除的枕木，铁轨作盖材，筑成了相当坚固的工事。锦西战事甫停，解放军大部队即进锦州市郊，并截断锦州与锦西间的联系，对锦州完成了包围态势。此时解放军的企图已极明显。蒋介石决定由东西两个方向同时增援，以解锦州之围。蒋下令海运侯镜如兵团来葫芦岛增援，锦（西）葫部队统归侯镜如指挥。侯未到以前，锦西地区部队统归第五十四军军长阙汉骞指挥，迅速驱逐塔山附近敌人，准备增援锦州。在此期间，东北“剿总”总司令卫立煌也派副总司令陈铁到葫芦岛组织指挥所。当时锦西、葫芦岛地区的部队，只有第五十四军及受其指挥的暂编第六十二师。此时进攻塔山任务，按照部队惯例，劳逸平均，应该轮到第一九八师，因为前一次战斗第一九八师毫无接触。而我们第八师苦战一昼夜，并有相当伤亡，急需休整。但是由于第一九八师是阙汉骞的基本队伍，我们第八师是由胡宗南部编来的“外牌子”，阙汉骞接受了进攻塔山的任务以后，在未正式下达命令以前，即将周文韬和我叫到军部，见了面特别客气，说我们在上一次战斗中，打得很好，表扬了我们一番。末了说到这次进攻塔山的任务，他说按理应该轮到第一九八师担任，不过第八师在第五十四军里是老大哥，范汉杰主任是你们的老长官[1]，这次进攻塔山，为了解锦州范主任之围，于公于私，第八师都应该挺身而出，挑起重担。周文韬和我也觉得义不容辞，事实上推脱也推脱不掉，就勉强答应了下来。

我们第一次担任进攻塔山的兵力，以第八师为主力，另配属暂编第六十二师，军部并加强以汽车牵引的美式一〇五毫米榴弹炮一连（四门）。在攻击前，我们只知道解放军在塔山担任阻击的部队是解放军第四纵队吴克华部。我们的攻击部署，按两个师的原有建制，区分为两翼队，第八师在左，暂编第六十二师在右。主攻在左。由于第八师素质好、火力强，师属炮兵有美式山炮一个营，辖七六点二毫米山炮十二门，故担任主攻。暂编第六十二师系新成立的部队，兵员不足，素质较差，火力不强，师属炮兵只有重迫击炮一个连，辖十二厘米重迫击炮四门，故为助攻。命令规定两翼队为了隐蔽企图，于黄昏后，在各指定地区进入攻击准备位置，翌日拂晓，开始向各自攻击目标攻击前进。指挥所设置在锦西东北端高地上。那里展望极佳，可以直接看到两翼队攻击活动的全地区。右翼队的外翼即接连大海，在进入攻击准备位置时，该师未掌握海水潮汐规律，竟将一部分兵力部署在海滩上。午夜海潮上升，官兵百余连人带枪被潮水冲走。攻击尚未开始，就遭到这样无谓的损失，对该师的士气影响颇大。正面攻击开始后，由于解放军集中优势炮兵火力，实行奇袭阻击，我方炮兵受到很大威胁与压制，其炮火之猛烈，是我们部队对共产党部队作战以来所仅见。我们作战，从来都是靠空军压制敌人，以绝对优势炮火开辟前进道路。而现在，初次遇到我方炮火处于劣势状态，部队士气受到极大震动。我方第一日的攻击，可以说是毫无寸进。第二日，由于有海空军助战，我们的攻击部队才在自己炮兵火幕的掩护下，缓慢前移。当海空军活动稍一中止，步兵攻击即行顿挫。我们的炮兵也变成了哑巴。尤其是前进到距敌阵地一千公尺以内时，共产党部队的坚强抗击和英勇出击，更使我攻击部队无法前进。对付共产党小部队的阵地出击方面，也完全依赖浓密炮兵火力的阻击掩护，如果炮火运用稍不及时，就会

① 作者注：范汉杰曾任胡宗南的副长官和参谋长，范在抗日战争期间任第二十七军军长时，周文韬和我均在第二十七军所属的第四十六师任过团长，第五十四军之所以能随范由山东调来辽西，也是这个原因。在这一段，范对第八师表示很接近，这点阙汉骞很吃醋。

动摇溃退。约在攻击的第三日，右翼队暂编第六十二师部队已陷极度疲惫，不但无法再兴攻势，即已攻击到达之线，亦有无力维持之势。此时侯镜如兵团增援部队已大部到达，而锦州方面呼援甚急，南京国防部见进攻塔山部队进展迟缓，连电催逼与责难，记得其中最严厉的要算蒋介石的一封亲电。大意是：该军挟陆海空之绝对优势，攻击数日不能拿下塔山，诚我革命军人之奇耻大辱，限于明日黄昏前攻下塔山，否则以军法从事等语。

锦西指挥所为了执行命令重整攻势，乃调整部署，暂编第六十二师后撤休整，另加入第六十二军林伟俦部和独立第九十五师朱致一部，所有进攻部队统归第六十二军军长林伟俦指挥。当时改变攻击部署，主攻任务由第八师和独立第九十五师担任。第八师在右，独立第九十五师在左。由于第八师对地形、敌情比较熟悉，又系美械装备，仍担任主攻任务；另第六十二军以一部进攻塔山西北，趋附敌之侧背，以协助正面攻击作战、炮兵部队除第五十四军汽车牵引一〇五榴弹炮兵营全部投入战斗外，另加派第九十二军畜力挽曳野炮营支援该方面作战。各部利用夜晚调整部署完毕，命令规定于午前完成攻击准备，午后二时半开始炮击，午后三时全线出击，有进无退，坚决攻取塔山而占领之。哪一个部队畏缩不前，达不到命令要求，即提头来见。我们接奉命令后，确感十分为难。由于亲眼在指挥所看到前几天的战斗经过，解放军担任阵地守备的部队是那样坚定顽强，勇敢敏捷，无一畏难退缩，越战越勇。反观我军，经过几天的拉锯战斗，已疲惫不堪，士气低落。就现状判断，再兴攻势，实无成功的希望。但是限令森严，周文韬和我在第五十四军里是“外牌子”，在国民党的高级衙门里又无深厚奥援，若完不成命令要求，军法落到我们头上则非严格执行不可。百思难解，最后只好作孤注一掷。部署一个团在前，其余两团分别梯次配备于前个团的左右侧后方，形成楔子队形，以俟军炮兵掩护火力延伸或中止，即不顾一切向敌阵地突入。

约正午十二点钟，蒋介石总统府督察官罗奇来到了我们师的指挥所，询问我们部署和准备的情形（罗奇名义上虽只是督察官，但他却是锦西地区的最高决策者，陈铁虽是指挥所主任，但是在决定主要问题上还得听罗的），我就强打精神答道：“一切准备就绪，只要时间一到，就可一举向敌阵突入。”罗听了我的汇报，询问了以前几日作战情形，并查看了攻击地带的地形。他嘱我即时派人通知独立第九十五师师长朱致一即来第八师指挥所商谈一切。罗与朱见面后，询问了独立第九十五师在河北整训期间的情况，便对我和朱致一说，“我看当面的地形平坦，敌人阵地坚固，白天进攻不易成功，指挥所计划白昼硬攻是不够恰当的，应即停止执行。”我听了他的谈话，想到国民党的中层指挥官一贯是有功则互相争夺，有过则彼此推诿，不负责任。同时，认为罗奇只是一个督察官，他没有决定部队具体行动的职权。再者，我对于夜间攻击也不尽同意，当时就提出，攻击时限是蒋介石亲自电报指示的，攻击行动乃第六十二军军长林伟俦在命令中严格规定的，要改变部队行动，延期进攻，没有林军长命令，我们是不敢擅专的。罗奇听了我的陈述后，认为我过于小心，但限于职权也无奈我何。而后，他到第六十二军军部，又约林军长亲到我师指挥所，并面交林军长停止攻击的手令。

当天下午，在锦西指挥所召开会议，所有参加这次攻击行动的军、师长和重点方面的团长均出席了会议。在会议上罗奇谈了他改变白天攻击为夜间攻击的论据，接着又谈到夜间攻击实施的概要部署。在会上我提出了异议，理由有三：一、若进行夜间攻击，我们拥有的空军海军优势均失去作用；二、当前部队的装备能用于夜间战斗的，仅有手榴弹刺刀而已，若进行夜战，我们的优良美械火器，完全不能发挥作用；三、夜间攻击固有隐蔽行动、减少伤亡之利，但同时也有指挥掌握困难之弊，依据我军素质和士气，这点须有足够估计。罗奇对我的意见未置可否，最后仍坚持他的夜间攻击的原案。不过在攻击发起时间方面还有些争执，指挥所决定为午夜一点钟，我的意见是拂晓前，即早晨四点钟。我认为，攻击发动时间过早，预计突破敌阵完成对敌阵占领尚在黑夜，按照敌人的一贯战法和我军的状况，在突破敌阵的战斗中，势必要付出相当大的代价。若在夜色中应付敌人的反击，很难保证不受顿挫，搞不好也会前功尽弃。但指挥所仍没有改变半夜一点钟开始进攻的决定。最后我还提出建议：预备队应控制于第一线攻击部队的近后方，以俟攻击部队将敌人阵地攻破后，不待敌清扫阵地，即乘敌人混乱之瞬间，投入预备队兵力，对敌阵作纵深突破与贯穿。这一建议总算得到陈铁和罗奇的口头答应。

夜间攻击开始，在付出相当大的伤亡代价后，我们和独立第九十五师的进攻部队，先后完成了对敌人阵地前沿的突破。此时部队已感筋疲力尽，对于敌人阵地内小部队出击，已感到应付不了，更谈不上对敌人阵地的清扫了。因此要求指挥所及早使用战略预备队，但也迟迟不见动静。挨至天明，我们攻入敌阵内的部队，伏在敌人阵地火口附近，欲进不能，欲退不得，在敌人炽盛火力射击下，伤亡很大。指挥所看到这种情况，觉得前进已不可能，若再不撤离现场，攻击部队难免全军覆没，即下令攻击部队全线后撤，此时约为上午八点钟。

我们正在开始后撤的时候，国民党空军的八架重型轰炸机飞临阵地上空①。这几架飞机飞得很高，未临敌阵即盲目投弹，对解放军阵地并未起到很大破坏作用，但是对我军在撤退途中和将撤而未撤的部队，却杀伤不少。我师撤退完成后，乃奉命后调锦西炼油厂原阵地警戒休整。初步清查，连支援兴城作战在内，全师先后共伤亡官兵三千余名（内有营长十一名）。

当晚指挥所又召集所属军、师长开会。会议首先讨论了对塔山敌阵进行夜间攻击的得失，我当时情绪十分激愤，又以战斗结局正中我之预料，为了发泄胸中积怨，并宣扬我见识高人一等，在发言中要求对作出夜间攻击决策的人，有失职守，应予彻查。我们军长阙汉骞多次拉我衣服，示意停止，我才勉强结束发言。讨论的结果，一致认为塔山方面敌人兵力雄厚，工事坚固，阵地纵深大，不能力攻。指挥所决定除派有力部队对该处敌人严密监视外，主力应广为侦察，另选救援锦州的路线。从此以后直到锦州失守，迄至廖耀湘兵团覆灭，锦西地区国民党部队除了一些佯动而外，再没敢对塔山方面发动大规模攻击。

四　锦葫地区国民党军撤退经过

聚集于锦西、葫芦岛地区的国民党部队，包括原驻守该地的第五十四军全军和受该军指挥的暂编第六十二师，锦州吃紧时用海运由华北增援来的侯镜如兵团全部，还有由营口方面撤来的第五十二军残部，加起来共有十多万人。

在锦州失守、廖耀湘兵团被歼、沈阳解放以后，孤悬于锦西、葫芦岛地区的这批部队，已失去军事上的作用，且有随时被解放军吃掉的危险，乃决定撤退。为了保证安全，蒋介石临时改调杜聿明来葫芦岛指挥部队撤退。杜聿明到葫芦岛后，为了掩盖企图，下令各部队派出小股部队，到阵地前方频繁活动，以眩惑解放军。另外，杜聿明也对锦西周边阵地进行了多次视察。记得有一次，杜聿明视察到了我们师的阵地，我部正在演习阵地守备与出击的战斗动作，军长阙汉骞将我介绍给杜聿

① 关于空军助战的机种、架数，几篇回忆文章说法不一，待查。

明，并特别指出我是陕西人。杜在看了我们的阵地和演习后，作了简短的讲评。

撤退开始的时间大概是十一月四日，撤退序列，我记得最先起运的是侯镜如兵团，其次是第五十二军（前受第五十四军指挥的暂编第六十二师，此时已拨归第五十二军建制），第五十四军最后撤退，担任整个兵团的掩护。在军接到指挥所掩护全兵团撤退任务后，曾召周文韬和我到军部谈话，在座的还有第一九八师师长张纯、暂编第五十七师师长廖楚藩、军部参谋长杨中藩。谈话的主题是征询大家对撤退部署的意见和最后掩护部队的派遣问题。军长阙汉骞提出："由第八师和一九八师各派出一个强团，归第八师副师长施有仁指挥，担任全军的最后掩护。完成任务后，担任掩护的部队，第一步用帆船撤运至菊花岛，再乘坐海轮撤往浦口归建。"我听了既怕又恨，怕的是规定掩护部队撤退用帆船不用轮船，分明是把船看得比人还重要，如情况紧急，就准备把掩护部队丢掉。派我来担任这种危险得差事，分明是让我当俘虏和送命。恨的是上次暂编第五十七师师长出缺，全军的副师长就数我资格老，阙汉骞却以比我资历浅得多的第一九八师副师长廖楚藩升任。升官是别人的，送命受罪就轮到我。当时我的确气愤极了。

在撤离前，阙汉骞曾令军部工兵营派人乘卡车带上大批爆破器材，到炼油厂去执行破坏该处发电厂（发电量为一万五千千瓦）的任务。当时，我们第八师司令部还驻在炼油厂，第八师部队都部署在炼油厂周围。我恐怕大规模爆破发电厂，会暴露我军逃跑企图，引起解放军的追击；同时我还没放弃掩土重来的念头，觉得把发电厂破坏了太可惜。于是，我打电话给军部，说过早爆破发电厂，会暴露我军企图，于整个撤退不利，请军部着工兵营将全部爆破器材交给第八师工兵连。关于电厂破坏任务，可由第八师工兵连担任，等撤退实施到适当时机，再行破坏。军部当时同意了我的建议。结果我们对于爆破发电厂的命令，始终没有执行。

我们最后撤离时已是午夜，经过锦西县城和登上轮船时，还是电灯闪闪。我们第八师部队撤到锦西飞机场时，看见杜聿明似乎很安闲地站在飞机跑道旁，他向我们招呼说："不要慌，沉着点。"杜聿明的飞机起飞后，我们便乘船撤离了葫芦岛。在锦葫地区国民党部队撤退的全部过程中，始终未与解放军发生战斗。

国民党海军在葫芦岛作战侧记

惠德安*

一九四八年的九十月间，人民解放军在辽西地区进行的塔山阻击战和歼灭锦州国民党军所取得的胜利，是极其辉煌和震动人心的。国民党军在此役中，以葫芦岛港口为作战基地，海军出动了吨位最大、火力最强的巡洋舰“重庆”号；陆军除原在锦、葫的驻军外，并从华北、胶东越海运来重兵集团；空军分由北平、青岛派出主力参加。在此期间蒋介石两次亲临葫芦岛指挥，企图以强大兵力，分由锦西、沈阳两个方面东西对进，救援锦州，形成钳形攻势，在锦州地区进行一次大会战。笔者当时在葫芦岛港工作，现就见闻所及忆述于后，以供研究战史者参考。

一　蒋介石“御驾亲征”

一九四八年十月六日上午九时许，葫芦岛外海驶来了当时国民党海军最大的巡洋舰“重庆”号。舰上高悬陆海空军大元帅军旗，另外还有一艘指挥舰，上面挂着海军上将旗（国民党海军总司令桂永清的坐舰）。在港内停泊的海军舰只礼炮轰鸣中，巍巍巨舰徐徐靠了码头。

一九四八年，国民党军在各个战场上，早被人民解放军打得焦头烂额，特别是在东北战场上，情况更糟。蒋介石幻想打一个像样的仗，以挽回他的颓势。锦州战役开始后，他认为范汉杰可以在锦州顶住，若再把集中在葫芦岛的重兵，和从沈阳来的廖耀湘兵团，像两把钳子一样，分从东西两面夹击锦州，再加空军、海军的优势，击败东北人民解放军的主力，扭转东北败局是很有把握的。所以他在这期间两次来葫芦岛，亲自部

* 作者当时系国民党秦（皇岛）葫（芦岛）港口司令部少将副司令。

署、指挥。

“重庆”号靠了码头，蒋在舰上延见第五十四军军长阙汉骞、冀热辽边区副司令官唐云山（范汉杰派到葫芦岛的）[1]、总统特派华北督察组长罗奇、东北“剿总”副总司令陈铁（卫立煌派到葫芦岛的）等，询问最近情况的发展。蒋的面前铺有一张十万分之一的地图，大家向他报告，他就对照地图看，未作表示。当大家退出下船时，我忽然看到陆军大学校长徐永昌、第十七兵团司令官侯镜如、联勤总部参谋长吕文贞和运输署署长赵桂森等，也同船由塘沽来葫芦岛，因为我同吕文贞、赵桂森两人相当熟，他俩开口就要我快弄点东西送来吃。从昨天晚上到今天他们什么都没吃，因为这位总统发现船上有些地方欠整洁，发了神经，骂海军腐化，船上就不敢拿出东西来供客。我才知道这批人跟着总统在挨饿。

午后一时，蒋在葫芦岛茨山阙汉骞的军部召集会议，并在这时用无线电话和锦州范汉杰通了话。当蒋进入军部的办公室时，看到墙壁上挂着阙汉骞写的一副对联，“养天地正气，法古今完人”。这对联的词句，原是蒋介石作的，蒋看了点了两下头，口里还微微哼了两声，似有首肯之意。随着即向陈铁、唐云山问到连日塔山方面的战斗经过，并对几位高级指挥官面授他的作战方针和企图。

午后三时许，召集在锦西、葫芦岛的团长以上军官会议，蒋步入会场后，首先问大家带来了《剿匪手册》没有。出席的人面面相觑，竟没有一个人说带来，情况很窘。蒋不得不自求转圜地说：“既然大家在忙于打仗，没带来，那么就用一两个钟头的时间，读给大家听，要紧的地方，顺便讲解一下。”就这样，蒋从军衣口袋中取出了他那本“圣经”——《剿匪手册》，一字一句地读给大家听。中间他还插些解释。他说：“当前这一仗有决定性的意义，必须打好。打败了，什么都没有了，什么都完了，连历史都要翻转过来。你们以前跟着我革命、抗日的光荣成就便将化为乌有，个人的前途也就只有毁灭。”他连讲带读一个多钟头，累得满头是汗，不断用手帕抹擦。

《剿匪手册》读完后，他稍休息了一下，随后走到庭院中坐在一把椅子上，与到会的军官一个一个地合影。一个人照完了，再换上一个人，他则始终坐着不动，如此连续照了二三十张相片，坐车返回“重庆”号。

① 范汉杰谈，唐云山原是前第一兵团司令部参谋长。

当天晚上七时，蒋在“重庆”号上设宴，出席的有徐永昌、桂永清、侯镜如、罗奇、陈铁、唐云山及在葫芦岛、锦西一带的驻军师长以上的军官三十余人。宴毕在吃水果时（是桂永清的旗舰在旅大附近海面上抓捕民船时没收来的苹果，看样子蒋对苹果很感兴趣，连吃了两个），蒋突然询问暂编第五十七师师长朱茂榛，是怎样被解决的。这时大家都替朱茂榛和暂编第六十二师师长刘梓皋这两个人捏一把汗。

为什么蒋这一问竟引起大家如此惊诧呢？这倒要先把朱茂榛、刘梓皋两个人的事情经过略提几句。

事情是在九月间，驻锦西、兴城一带的暂编第五十七师在毫无警戒的状态下，被人民解放军一个奇袭，就全部被消灭了。仅师长朱茂榛带着他的随军姘妇（该师剧团里一个女演员）逃出，住在葫芦岛躲风。人们都认为这个玩弄女性临阵脱逃的败军之将，必将遭到军法的严惩。另外是暂编第六十二师，在九月二十五日解放军进攻塔山时，师长刘梓皋怕被消灭，没做什么抵抗就退往锦西。驻锦西的第五十四军军长阙汉骞此时已奉到蒋介石从北平来的电令，叫他迅速进攻塔山以增援锦州。在十月四日这天拂晓，阙派第五十四军的一个师从正面，暂编第六十二师从南面翼侧海岸进攻塔山。刘梓皋是怕追查放弃塔山责任的，打算在这次表现一下以求将功折罪。他指挥军队向占据塔山阵地的解放军冲击。这一师官兵原在塔山驻防时间相当长，照道理应该对附近海岸水文情况有所掌握；却不料刘梓皋除会巴结上级、巧于做官外，对此毫无所知。战斗到早晨八时左右，早潮海水涨了约一米深，正在战斗的士兵被海水漫过腰部，陷在水域里，成了解放军射击的靶子，伤亡很大，狼狈撤退下来。以上是这两个师长指挥作战的经过。

经蒋一问，大家都以为必定要惩治他们丧师辱命之罪。没想这个朱茂榛倒沉得住气，站起来说：“报告大总统，我是奉化人，同经国（蒋的大儿子蒋经国）一起在苏联中山大学留学。我虽没见过总统，却把总统看成是我父、伯一样，只要能够替总统出点力，我绝不计较什么成败。以前我带过锦州铁路局的交警总队，晓得这支部队装备不好和没有战斗力，以后要改编成师，我并没有勇气来干。上次经国到沈阳和葫芦岛，见面时他一再鼓励我，我也觉得这是为国家出力的机会了，才承担下来。在兴城附近整编，新兵没补充齐，枪支没领全，重火器没有，就这样，我还是打了仗，没让人家白捡。自问我是尽到力量了，良心过得去，请总统派人彻查我坚决抵抗和牺牲的情况。”朱一口奉化乡音，不断表示和

“太子”的关系，总统长、总统短的好不肉麻。蒋介石听来很入耳，于是接着说：“在阙军长军部里，俞（济时）局长已经把你的作战经过情况向我报告过了，要从失败中接受教训，好好地去整顿队伍。”谁也没想到朱茂榛这个家伙竟会打通俞济时，替他铺平道路，还在老蒋面前扯了一套鬼话，装成无限忠诚的样子，把满身罪过洗得一干二净。蒋介石又问：“哪位是刘梓皋师长？”那个矮小的机灵鬼立即起立报告：“有！”蒋凝视着刘说：“听说你这次打塔山很奋勇，这个……很好，要再接再厉，拿下塔山打到锦州去，完成战斗任务。”蒋并未追查刘梓皋放弃塔山的责任，反而对他的冒险瞎指挥大加赞赏，认为很奋勇，真是出人意料。这到底是怎么一回事？以后几天内，桂永清在葫芦岛和别人谈话，常常提起刘梓皋，说刘是他以前带南京教导总队时的一个排长，表现很好，给他的印象很深。桂说：“刘梓皋这小鬼的战斗作风，还是教导总队的传统，敢打敢拼呀！”大家才逐渐明白了刘梓皋是走了桂永清的门子，得到“反罪为功”的机会。

二　“千岁”罗奇锦西督战

国民党军进攻塔山失败，关系很重要的一个奇异人物——总统府华北战地督察组组长罗奇，是必须提一下的。当蒋介石发动内战到了最后挣扎阶段，看到各战场将不用命，士气低落，呈土崩瓦解之势，他幻想用督战的办法，强制各将领拼死卖命，以挽救其垂危的厄运。因此各战场发现有总统特派督察官，督察官以上是督察组长。这些人狐假虎威，专横跋扈，滋扰地方。据说他们权力很大，在战地可以先斩后奏，直接向蒋介石告密。有些人把他们看成和明朝的太监出来监军一样。因此，罗奇在葫芦岛时，大家背地里都叫他为“罗千岁”。罗奇这次从北平来葫芦岛，据北平联勤总部第五补给区副司令谭南光对我说：“并非蒋介石想派他，而是罗奇自告奋勇要求来的。”因为集结在葫芦岛的独立第九十五师（师长朱致一）以前是罗奇带过的队伍，第六十二军是广东部队，罗和军长林伟俦是同乡。林在天津时更以黄埔前期同学看待罗奇，遇事常请关照。罗认为这次集中陆海空三军打通锦州，不成什么问题，很可以利用他和独立第九十五师、第六十二军的关系表现一下，好在蒋介石面前邀功。罗到葫芦岛后，宣称他在北平亲自接受蒋介石的作战指示，并派他来贯彻执行。他发号施令部署军队，对阙汉骞、林伟俦等人是颐指气使的；对陈铁、唐云山两人更没放在眼上。陈铁是东北“剿总”副总司令，卫立煌派他来葫芦岛设立“东北剿总指挥所”，负责督促葫芦岛方面的国民党军迅速东进，去解锦州之围，以减轻各方对沈阳要求积极西进的压力。范汉杰也派他的副司令官唐云山来葫，催迫阙汉骞打通塔山，速为锦州补给粮秣弹药。当十月十三日组织进攻塔山时，罗奇很以为塔山会拿得回来，不愿第五十四军阙汉骞独占这一功，坚持把进攻塔山的二分之一正面，交给独立第九十五师这一精锐部队。但腐败的国民党军，在整个解放战争中，哪一部分能够经得起人民解放军的一击呢，独立第九十五师也同样被打得狼狈万分。罗奇这时才看出事情不那么简单。

十月六日，蒋介石在葫芦岛茨山阙汉骞军部里，作了进攻塔山会师锦州的指示后，想留随“重庆”号同来的侯镜如在葫芦岛统一指挥；但侯借口所部第九十二军还没到葫，需要他回去把队伍运过来。在作战指挥上，蒋一方面决定在侯镜如没有到葫芦岛前，暂由阙汉骞负责，又暗中授意罗奇、桂永清在葫监督执行，把陈铁、唐云山两个摆在一旁；另一方面，蒋也注意到第六十二军军长林伟俦将率部来葫，要当面交代一番。因此蒋在“重庆”号上等候林伟俦，一直等到七日晨九时，林才到葫见蒋。蒋谆谆勉励林要打好这一仗。然后乘“重庆”号驶返塘沽。

侯镜如对于蒋介石的打内战，我看是不大感兴趣的。特别在他所指挥的第九十二军第二十一师，于一九四七年秋季在东北失利以后，对东北局势感到严重，不愿沾边。这次蒋介石一再拉他来指挥，他总是设法推脱，对蒋敷衍也是煞费苦心的。我以后从葫芦岛去塘沽时，曾在塘沽新港办事处与侯氏晤谈，问他东北已解放，对平津看法如何？他慨叹地说：“谁还要打内战？军民厌战，士气不振，哪一个队伍是完整而有战斗力的？看不出傅老总（指傅作义）会有什么办法。”等到天津解放，侯随军南去，躲在香港而没去台湾。从他指挥的第九十二军军长黄翔表示起义等情况来看，侯似乎早就存有背离反动阵营之念了。

蒋介石离葫芦岛以后，阙汉骞在锦西第五十四军的一个师部里，召集国民党军各将领开会，罗奇、唐云山、陈铁诸人都参加了，研究执行蒋介石命令的具体办法和对塔山再发动攻势的部署。阙鉴于前两日进攻受挫，从正面强攻拿下塔山是难以奏效的，所以主张进攻正面向左延伸从翼侧迂回过塔山，也就是避开塔山直接东进解锦州之围。他的具体方案是仍用第五十四军在塔山正面牵制，使左翼第六十二军从塔山以北红螺岘山地绕过塔山，直向锦州进攻。这一方案，在当时虽然对塔山是不能越雷池一步的，但也是可以考虑的。在实行的时候，必定要第六十二军付出相当代价，冒一定的危险。罗奇认为这是阙汉骞给第六十二军亏吃，因此他坚决反对绕过塔山的办法，并提出必须贯彻蒋介石的意图，保持攻势的韧性，战斗队形成为重叠的梯队。他主张第五十四军仍为第一梯队，全力进攻塔山，第二梯队为第六十二军，配置在第一梯队左后方，保障第五十四军的左翼侧安全，而以独立第九十五师位置于后为总预备队。他并向大家威胁说："这是大总统指示的基本精神，如要变更，得先请示好，否则谁也担不起这个责任。"在场诸人相顾无言，只好依照这位"罗千岁"的意见去执行。就这样从十日重新开始，强攻塔山，连续几天的陆海空协同战斗，真是"撼泰山易，撼解放军难"，塔山仍然雄踞在连山湾旁，伟大的塔山英雄团的光辉战绩载入了史册。这一幕战争的结果，罗奇把拿不下塔山的主要原因归之于阙汉骞的第五十四军不肯出力。罗硬说阙在山东和范汉杰有意见，对应援锦州态度不是积极的，直接向蒋介石那里进言。所以蒋第二次到葫大骂阙汉骞，并要枪毙他。罗奇这种挟天子以令诸侯，乱参与作战指挥，袒护自己，牺牲旁人的作风，直到战局恶化杜聿明来葫芦岛统一指挥，他才有所收敛，夹着尾巴逃回了北平。

三　两次上阵，均遭失败

从十月十日到十四日，国民党军出动了陆海空三军的精锐部队进攻塔山，志在必得，以求解救锦州。这几天是国民党军攻势作战的高潮阶段，对成败具有决定性意义。在这个紧张时刻，上文已提到国民党军在指挥上陷于混乱。现代化的军队必须是协同一致，才能发挥出战斗力来，这是人所尽知的。但他们进攻塔山，在最紧急关头，头两天侯镜如还没有来，阙汉骞指挥不了林伟俦，罗奇又妄加干涉，陈铁、唐云山发挥不了一点作用。即使以上诸人能够和衷共济，试问有谁敢对海空两军那批骄兵悍将发号施令。当时的海军头子桂永清、马纪壮，空军头子王叔铭等买过谁的账！而且他们的军种优越感非常强，认为海空军一切都比陆军高，如果受到陆军方面的指挥，认为是一种耻辱。陆军只能请其支援，要求协同，是不能要求指挥的。

这里有一段插曲可讲。当卫立煌派陈铁来葫芦岛后，指定由沈阳带来的第六补给区丁副司令（忘其名字，是个空军上校）统一指挥在葫芦岛的后勤机关。陈铁没注意葫芦岛还驻有南京联勤总部的机关，负责人的军阶是陆军少将和中将，而以空军上校去指挥他们是欠考虑的。因此后来联勤总部运输署署长赵桂森特到陈铁处，面陈这种不合理状况，要求收回成命。当时在座的有海军第三舰队司令马纪壮和一位海军上校，那位海军上校未等陈铁发言，却不顾礼貌也没考虑这事与他当客人的有无关系，竟大发议论说："美国的海空军在社会上，地位比陆军高，在一般社交场所，海空军都比较是受人尊敬和欢迎的。如果各军种开联席会议，习惯是推海空军人员来主持，海空军官就比同等级的陆军军官高。现在用空军上校指挥陆军将级官，在国际上是有的。"他这一番议论，弄得陈铁、赵桂森两人都不知道再怎样谈下去才好。从这段插话中，也可看到国民党军的海空军军官们的那种优越感有多重了。他们在这次战斗中，地面部队的指挥系统多变，而和海空军也没有协同动作的统一指挥，可说是极其荒谬的。

在这次攻势高潮中，国民党海军"重庆"号军舰驶出葫芦岛港，在塔山南海面上，使用了舰上六英寸（相当于一百五十二毫米）巨炮，空军从北平方面派机来轰炸。从葫芦岛北山上向塔山遥望，但见海空火力集中轰击，真是地动山摇，霎时间塔山成了一片火海，硝烟直冲云霄，凝结成一团巨大的乌云。在这样的疯狂攻势下，解放军塔山英雄团，竟创造了战史上伟大的奇迹，打得国民党军看着塔山的红旗失魂丧胆败下阵去。午间前方传回消息，山仍未攻下，牺牲惨重。"重庆"号也返航回港，攻势重遭顿挫。

这次进攻塔山，"重庆"号在十、十一两日均参加战斗，以后几天没去。据桂永清讲，由于兵舰吃水深，无法靠近岸边选定锚位，因此以六英寸口径的舰炮的射程，还不能命中塔山阵地，炮弹仅能落在附近地区，故而退出了战斗[①]。我在葫芦岛前后工作两年，所了解的港口附近水文情况与此是有出入的。"重庆"号舰首舰尾平均吃水不过二十米左右[②]，塔山南面近海处的海水深度是可以容纳的。再向岸边靠近，选定锚

---

① 据全国政协副主席，中国人民解放军海军副司令员、原"重庆"号舰长邓兆祥回忆，当时炮击的情况是：在"重庆"号舰上根本看不到目标，当时只凭图上方向盲目射击。桂永清等认为效果不大，如果搞不好，炮弹还可能落到国民党军队自己阵地上，因此就停止了。

② 据了解，"重庆"号基准吃水为十三英尺十英寸，水深十米以上就可以活动自如。

位不致碰触船底。强调吃水关系，不使“重庆”号近岸选定锚位，这一举动不但蒙过了假充内行的桂永清，也蒙过了蒋介石，他认为“重庆”号开了六英寸大炮协同攻击塔山是出了力的。

从烟台海运来增援的王伯勋第三十九军，于十月十五日下午到达葫芦岛外海。这天海风有八九级，不但引港船派不出去，船也不能靠码头。因为风浪特大，船舷容易和码头岸壁碰撞损坏。这样的特大风浪，不但在秋冬季少有，就是在春季葫芦岛季节风暴凶猛时也是极少的。我在渤海各港的两年中，也没遇到像这样的恶劣天气。船既进不了港，而塔山的攻击又迫切需要新锐兵力增加上去。而船上士兵晕船，呕吐狼藉，所携带的给养行将用完，淡水也快没有了。军长王伯勋和他的参谋长同我都在旧陆大同学，用船上无线电报通知我设法迅速靠岸，我同样也是无能为力。就这样，泊在外海停有一昼夜的时间。等到他们登陆后，进攻塔山的高潮已过。当我在锦西会晤王伯勋时，王牢骚满腹地说：“这样拉扯，军队不要打仗就拖垮了。我们这半年就是东一下西一下地胡乱调用，仗却没打。现在部队晕船这个劲还没过去，立刻使用上去，岂非开玩笑，太把人当牛马了。上面可以给我们这样任务，而我们却没法向下面交代。我决心这回完了以后，不再干下去了。”果然，后来王伯勋在贵州起义了。蒋介石用兵就是这样，既不知己，也不知彼，更不晓得环境的一切，弄得将疲兵惫，上下离心离德，反动集团到了败亡末日，这也是必然的现象。

十五日，锦州解放，国民党守军全部被歼。

这一天早晨，唐云山用无线电话与范汉杰联络（唐住在港口司令部，每日和锦州照例联络两次），但电话已叫不通。大家料定锦州的国民党军是完了，颇注意范汉杰的下落。范和港口司令何世礼是同乡，友谊很深厚。何这时在上海，每天有电报打听范的情况，并嘱遇事尽力帮忙。港口司令部在葫芦岛有一营监护兵，是看守码头仓库的。兵都是由锦西、高桥、塔山一带招来的，地形非常熟，虽在黑夜也辨识得出路来。官长多是广东籍的，也愿对范出点力。他们想组成一连轻装便衣队，绕过火线，沿路分头向前边搜索，去迎接范可能的突围（这时还不知道范是否突围）。但唐云山却说这是儿戏，没用，一来过不去火线，二来范如果突围，一定带着军队，还用得着你们么？阙汉骞开玩笑地说：“第五十四军和共军贴住了，派不出部队。港口的监护营对范老总有感情，他们地方熟，穿过火线没问题，派出去没坏处。老唐你不愿意，莫非你这参谋长想当代理兵团司令官不成？”唐云山这才不开口。

蒋介石在十六日上午从沈阳仓皇飞到锦西。飞机还未到来以前，大家在机场等候迎接，解放军突然从锦西西北方向山地里打来两发山炮，隆隆巨响，炮弹落在锦西炼油厂墙外（距飞机场西北角约两千米）。阙汉骞惊慌地跑向机场警卫部队那里去问情况（是阙汉骞的部队守卫机场），一时是很紧张的。阙打算用空军的无线电话告知蒋的座机不要降落；但奇怪的是以后就沉寂下来了，直到国民党军逃出葫芦岛，几天里没再发生炮击的情况。大家正在犹疑不定，担心机场安全时，远处传来飞机声，“美龄”号专机已出现在东方天空上。蒋下机后，没有人把刚才发生打冷炮的情况报告他。蒋向来习惯披黑色呢斗篷，这次却特殊披着一件黄色的，戴着一顶灰色呢便礼帽。他对来迎接的人仅摘帽点首示意，口里哼了两声，一言没发就坐上一部旅行车（这车是葫芦岛中央银行的一部吉普车改装的，在“重庆”号初载蒋来葫时，驻军借来备蒋坐用的）驶往茨山阙汉骞的军部。蒋一到军部，就大骂阙汉骞没拿下塔山，没按照他的计划兑现，是应该枪毙的。蒋怒视着陈铁、唐云山两人，但没加斥责。侯镜如在旁没作一声。蒋发了阵神经后，桂永清、罗奇等陪他到外边散步。这时送来一份电报，侍从递给他一副金框的花镜，在阳光照射下，但见他两鬓霜白，面有倦容，眼眶内含着泪水，两手捧着电文边看边在颤抖。看完了，他狠狠地说：“我和他们拼了！”随即转身进入房内，自己闭目静坐。午间侍从给他找来了白水，用携带的点心简单地进了午餐。据俞济时谈，他们的飞机经过锦州时，看到有许多汽车装物资从市里向外面开，车站一带有几处起火，仍在燃烧着。蒋家看到这种情况，知道范汉杰一定完了，随即闭上了眼睛向后一靠，一声不响，飞到了锦西。蒋介石两番到葫芦岛，前后两次上阵，想把已失败的局势挽救回来。这不过是抱着硬化了的僵尸，在赋“魂兮归来”罢了。蒋家王朝在东北的覆灭已成定局，各将领早就存了偃旗息鼓，溜之大吉之念。但蒋介石却仍在指望他们最低限度也要虚晃一枪——收复锦州，再败下阵去，这样才好争点面子向美帝国主义报账。蒋s介石在午后临飞走以前，还再三交代给侯镜如要设法把锦州夺回来。

十八日的上午，南京联勤总司令郭忏在葫芦岛招待所开会。范的妻子由阙汉骞的队伍送来，到招待所门外。她哭诉随范突围，中途范被俘，和她失散的情况。她在葫芦岛时，郭忏曾有一个条子给后勤机关。条子上写：“奉谕给范太太金圆券一万元。”这就是蒋介石对他的出力将领家属的慰问代价。这还是事先没请示，郭忏主动作出的；而蒋介石自范被俘后，从来没听说有什么关注的表示。以后送她上船去天津时，她还对我讲，听唐云山夫妇讲，老范凶多吉少。言下泣不成声。我只好设词劝慰，说：“解放军有政策宣布，不虐待俘虏。”

四　杜聿明来葫芦岛收场

十月二十日葫芦岛有关方面接到蒋介石任命徐州“剿总”副总司令杜聿明为东北“剿总”副总司令兼冀热辽边区司令官，并指定杜的司令部设于葫芦岛的消息。可以回忆，在抗日战争胜利之后，国民党接收东北，蒋介石派熊式辉为东北行营主任，杜聿明为东北保安司令长官。杜率领第十三军及第五十二军，首先由秦皇岛登陆，攻占山海关继续向东北境内进攻。那是一九四五年十一月间的事。直到一九四八年十一月间，国民党军从葫芦岛撤走，算来盘踞在东北整整三年。这出历史丑剧的演出是由杜聿明指挥开场的，而终场又是杜聿明重来葫芦岛“谢幕”的，倒也算是巧了。

在杜聿明到葫芦岛以前，由徐州先派来设置司令部的僚属多人。这批人到达后，一窝蜂似的涌进了住在葫芦岛的营口商船学校里的东北“剿总”陈铁的指挥所。决定杜的司令部就设置在这里，宣称杜即将到葫办公，要求陈铁和他的部属迅速让出房子。杜派来的这批人气焰很高，态度强横，逼着陈铁迁到葫芦岛海关税务司在海滨的一所日本式的小洋房里。陈的部属们则纷纷搬往附近机关宿舍。尤其那个徐州“剿总”副官处长（忘其姓名，所持名片印着宪兵上校官衔，五十左右的年纪，徐海一带的口音）还要把陈铁由补给机关领到的汽油扣下来，弄得陈铁啼笑皆非，感觉很窘。这个副官处长到处借用汽车，号房子，要家具，海关、银行、招商局、盐务局、港务局都不胜其扰，叫他为“老营混子”，给杜引来很多反感。当笔者去看陈铁话别时，陈愤慨地讲：“这批东西就叫‘沐猴而冠者’，真是强将底下无弱兵呀。”

十月二十一日杜聿明飞到锦西，看他面色黄瘦，显得疲倦，带有病容。他坐上吉普车，腰腿很有些吃力，后座位靠一个暖水袋，驶向葫芦岛，召集军事会议。杜分析了情况，并下达了继续进攻塔山的命令，还为大家加番油，打些气。但看样子，他的作战信心并不怎样大，态度也不是很坚决。对杜的命令，在场的各指挥官算是接受了，而后贯彻执行时，只是若断若续、有气无力地打了两天。却也凑巧，解放军在解放锦州后，主力兵团已东进参加歼灭廖耀湘部的战役，在塔山的部队已完成了阻击使命，兵力已转用别的方面。在这种情况下，国民党军的前哨才得偷偷摸摸地又窜回了塔山。他们居然大加哄传说什么“克复了塔山”，真是天大的笑话。到二十七日，蒋介石派飞机接杜聿明去北平。当天午后杜飞往沈阳，经锦西临时降落。杜下命令，立即停止攻击，转取守势，以防解放军进袭锦西。到这时，我们方才明了廖耀湘所部已完蛋，整个国民党军在东北的处境起了根本变化，需要考虑下一步的措施了。

五　卫立煌逃抵锦西时的狼狈相

十月三十日黄昏，我在葫芦岛接到锦州铁路局局长万国宾从锦西飞机场打来的电话：“我随卫总司令的飞机，飞出了沈阳，一起来的还有很多人，马上到你那里。”我见着万国宾后，才知道跟卫同机来的有赵家骧（东北“剿总”参谋长，这时他已发表为第六军军长）、高惜冰（东北行政委员会副主任委员）、董彦平（安东省主席）、董文琦（沈阳市长）、徐梁（辽北省主席）、王铁汉（辽宁省主席）、刘耀汉（联勤第六补给区司令）等军政大员二十余人。卫立煌和赵家骧住在杜聿明的司令部里，万国宾住在我的宿舍里，其余诸人都下榻在港口司令部的办公大楼内。他们仓皇逃命，不但行李未带出来，就连更换的衬衣和洗漱用具也没有。此时已届深秋，早晚海风很凉，军用仓库里还存有士兵用的灰布棉军被，每人发两条，另外给一件棉布大衣，这批高级军政大员屈尊降格胡乱地过了夜。但他们惊魂甫定，心事重重，在秋风秋雨之夜，哪里能够酣然入睡，只有相率披衣胡聊，坐以待旦。他们像热锅里的蚂蚁一般，急着想逃往北平，天天盼有飞机飞走，出尽了狼狈相。当时在葫芦岛流传这样一首打油诗：“一夕炮声惊好梦，黄金斗印化尘埃，抢登飞机逃命去，衮衮诸公沈阳来。”

六　营、葫撤退时的二三事

锦州、沈阳相继解放，范汉杰、廖耀湘所指挥的两个主力兵团，先后被消灭，国民党在东北的丑剧已入尾声，杜聿明出来“谢幕”——指挥撤退在营口、葫芦岛两地的国民党军已刻不容缓。蒋介石对在营口的第五十二军（军长刘玉章）撤退一事已指定桂永清派海军掩护。桂永清乘“重庆”号并带海军运输舰“峨嵋”号，还有招商局的一只登陆艇，一只小火轮，于十一月一日到营口。这时解放军对即将窜逃的国民党军正进行猛烈攻击，战斗很激烈。桂永清害怕兵舰驶进辽河，掩护登陆艇去靠营口码头接运军队，会遭到岸上解放军的炮击，有舰毁人亡的危险。因此把兵舰停在营口外海不敢进港，乱用舰炮盲目射击，就算海军在支援陆军撤退方面尽了掩护之责。到十一月一日晚上，解放军暂停攻击时，登陆艇和小火轮才靠码头。那只火轮因逃兵争着抢搭，载重过量而搁浅，被岸上解放军发炮击中起火烧掉。刘玉章的第五十二军结果仅以一只登陆艇撤出几千人（如果“峨嵋”号运输舰敢于驶进港口的话，第五十二军可以全部撤走）。其余有的被淹死，有的投降，有的还被国民党海军乱炮打死了，伤亡可谓惨重。桂永清回到葫芦岛见人就吹嘘说：“刘玉章被敌人粘住了，有被消灭的危险，没有海军的得力掩护，是撤不出营口的。”

桂永清回到葫芦岛后，派海军人员强从后勤机关仓库内抢走所存的几千套美式冬季装备，不按手续也不打收条。他说：“到东北的陆军部队，每人一套美式冬装，独对海军例外，这是联勤总部的混蛋做法。现在打仗了，靠海军帮忙，这样冷天，库里有冬服不取来，难道等着资敌送礼不成。”此外他们还把油库的汽油尽量用吸油机装进“重庆”号油舱里。第六补给区的主管人员见他们不出收条，要求桂永清给联勤总部打个电报证明，他也悍然置之不理。桂永清的这种蛮横作风，也是令人叹为观止的。就在解放军转用兵力，战斗暂停的时候，聚集在葫芦岛的这批败军之将个个都是惊弓之鸟，唯恐解放军一来，就逃不出去。特别是从华北来的各军、师，争着抢先要船运离葫芦岛。杜聿明对此是煞费苦心的。他派一个高级参谋（忘其姓名）在港口里设立一个东北“剿总”临时驻港口指挥所，专司调动船只，指导部队装船撤退，以免重演营口惨剧。有一天我因事去商船学校见杜，他问我在第二码头靠的是哪两只船？我在港口工作，虽不负直接指挥船运之责，但总应了解来船停泊状况，却因一时疏忽，未能答出。杜乃就其案头玻璃板下一张船只进出港要图查明。在谈话中我感到杜对船只吨位、装载和进出港情况，是了如指掌的。

杜聿明为了迷惑对方，转移人们的注意力，秘匿军队行动等，也有他的一套。当国民党军第六十二、九十二两军及独立第九十五师撤退时，杜下的命令是“据报营口方面第五十二军之一部，本日凌晨已击退当面之敌，正向田庄台方面前进中。该军（师）即由葫芦岛船运营口增援第五十二军的作战，限某时登船完毕启碇”。杜的这一着，连奸狡已极的罗奇也被蒙在鼓里。罗奇曾打电话问我：“部队为什么又向营口运，你得着点消息没有？”待船驶离港口，他另以无线电下达补充命令，指示船开秦皇岛，仍归华北战斗序列，声东击西极力保持军事机密。在杜离开葫芦岛的前夕，曾布置将一些重要军事设施、海港码头和机车等进行破坏，并已下命令由海军负责破坏海港码头给水塔等设施，责成第五十四军最后撤退时须将机车加以破坏，并将各工厂重要机器运走。到十一月八日下午四时许，杜才由锦西机场起飞赴北平。杜聿明在葫芦岛这场“谢幕”，到此才算终结。

杜离开后，桂永清也于当晚乘“重庆”号跑了。留下一海军炮舰，等殿后的阙汉骞军撤退下来上船离港后，开炮轰击码头。谁想到，炮舰虽然发射了几发口径不大的炮弹，但落在庞然大港坚实的水泥码头和防浪堤上，直如在巨人头上用手指弹了几下一样，并未损伤着什么。所谓海军破坏，实际是个象征性的。尤其是连日以来，大家偷听大连广播，宣告要保全国家建设，不准毁损公物等，锦西、葫芦岛等处工人已暗中进行护厂运动。阙汉骞军最后撤下来的仅两条船，已拥挤不堪，哪里还有空吨位装运笨重的大机器？！加之情况已很紧迫，国民党军急于逃命，拆卸和搬运大机器，在时间上也很难办到。笔者离葫芦岛时所乘的船，原定先于阙汉骞的船离港。阙唯恐管港口的人把引水员带走，他最后走的船没人来领航，特地到我船上来，要求和他的船同时启碇。阙再三恳求我帮忙，答应上船后电请南京联勤部褒奖我并授予勋章。

原预定把机车推下海去，为此，前一天已临时把铁路接通到码头临海的一端，以便在指定时间内推到海里。不想铁路工人非常机智地把几百列车皮，事先调集在路轨上，横七竖八地堵塞在进路上，以致到时没法把机车推下海去。东北这一有名的大港，在工人阶级高度机智和英勇的斗争中，得以保全无恙。真是连山巍巍，渤海荡荡，人民的江山事业，要由人民来当家做主，这是历史发展的不变法则。

辽沈战役

第五章

长春起义和放下武器

困守孤城七个月

郑洞国*

一 卫立煌到东北

一九四八年一月十日，蒋介石在沈阳的军事会议上，除打算查办廖耀湘外[①]，还决定成立东北“剿总”，决定在锦州成立冀热辽边区作战机构，联系华北东北两个战区。一月十七日发表卫立煌为东北行辕副主任兼东北“剿总”总司令。同时调我和范汉杰等为副总司令。卫于一月二十二日到沈阳视事。这时东北局势日趋严重，自一月二十六日至三十日，新立屯、沟帮子、盘山等地先后被解放军占领，北宁路的交通又告中断。解放军之第一，第二、第四、第六、第七、第八纵队，正大举进攻辽西、辽南的国民党军。

在风声鹤唳中，陈诚于二月五日悄然离开沈阳。二月六日辽阳解放，十九日鞍山、法库等地解放，二十六日营口解放，前后歼灭国民党军三个师，另有一个师起义[②]。二十七日开原解放，同日聂荣臻的三个旅截断了榆关至锦州的交通。又据飞机侦察报告，解放军在沟帮子、盘山一带构筑坚固阵地，其目的显然是阻止沈阳、锦州两地国民党军的会合，以便分割而歼灭之。

二月二十日前后，蒋介石派罗泽闿、李树正等到沈阳与卫立煌商量“放弃沈阳，以全力由北宁路打往锦州”的问题。卫立煌坚决反对，他认为放弃沈阳去打通锦州，中间要通过几道河流，和突破共军的几道阻击阵

---

* 作者当时系国民党东北“剿总”中将副总司令兼第一兵团司令官、吉林省政府主席。

① 此情况见本书第一章杜聿明文，第三章郑庭笈文。

② 暂编第五十八师师长王家善率部于一九四八年二月二十五日在营口起义。

地，而当时国民党军的士气又不好，有全军覆没的危险；不如暂时固守沈阳，整训部队，然后再乘机出击，以扭转战局。况且沈阳有兵工厂，抚顺有汽油，本溪有煤，粮食也可以想办法，完全能够坚持下去。因此二月二十三日卫立煌派我与罗泽闿等飞南京转牯岭见蒋介石，把上述意见向蒋陈述。（新中国成立后，卫立煌说："我当时是企图保存实力，以待时局的变化。"）我到牯岭见蒋时，蒋说："大兵团靠空运维持补给，这是自取灭亡，只有赶快打出来才是上策。况且锦州方面可以策应你们，回去告诉卫总司令，还是想办法向锦州打出来吧。"我当时对蒋说："目前东北正在解冻，道路翻浆，大兵团的辎重行李很多，行动不便。"蒋很不高兴地说："北伐时，樊钟秀带几千人，由广东穿过几省到河南，你们连樊钟秀都不如吗？"我不得要领而返。不久，卫又派赵家骧、罗又伦二人到南京见蒋，仍坚持固守沈阳的意见。三月底，蒋召卫到南京当面研究这个问题。卫认为空运问题可以找美国人帮助解决。卫见蒋后，次日晨即和刘耀汉（刘是美军翻译，卫为了拉拢美国，争取美援，请刘任他的补给司令）一道去见美军顾问团团长巴大维，接洽援助问题。巴大维表示全力支持，并允许给卫装备十个师。卫见了巴大维之后，即去见蒋报告与巴大维接谈结果。蒋当时没有说什么。五月间，蒋召见赵家骧和廖耀湘时，蒋告诉他们，拟将沈阳的部队分为防守兵团和攻击兵团两部分，并表示将以廖指挥攻击兵团。卫对此案仍坚决反对。并说，"沈阳只有一套本钱，合则能守能攻，分则攻守两不成。"廖因而对卫颇为不满。五月间，蒋又先后召见沈阳防守司令官梁华盛及第七兵团司令官刘安祺等，显然是对卫有所防备。最后终于以杜聿明来代替卫指挥沈阳的部队。

总的说来，三月间东北战场情况更加严重了，三月十三日解放军攻占四平街，再一次歼灭第七十一军的第八十八师（被歼灭后再成立者）。在四平街吃紧时，为了避免被共军一小块一小块吃掉，决定放弃永吉，把驻守永吉的部队（第六十军）集结到长春来，以加强长春的防务。我和赵家骧到永吉部署了撤退行动后，立刻到长春指挥新编第七军迎接第六十军，以策安全。这次虽然是安全撤退，但辎重行李及后方部队仍遭到不少损失，对士气影响很大，悲观失望情绪更加普遍了。到此时为止，国民党军在东北只剩下沈阳、长春、锦州三个孤立的大据点及其附近的少数中小城市。

三月上旬我在长春部署防务时，卫立煌曾有电给我，希望我留在长春，兼第一兵团司令官，并接替梁华盛的吉林省主席。我不同意。回沈阳后，接到蒋介石的电报，一定要我到长春负军政的责任。卫也再三劝我，三月中旬我以无可奈何的心情又由沈阳飞到长春去。

二　我到长春去时的种种想法

首先我想补充说明一点，在一九四八年三月初旬，我曾向卫立煌请假到北平治病，卫已同意。我拟乘此机会，脱离东北这个苦恼的环境。后来卫立煌认为我对永吉方面情况比较熟悉，人事关系也比较好，决定要我和赵家骧一道去部署永吉的撤退。这就打破了我离开东北的想法。当决定放弃永吉时，我曾主张同时放弃长春，我认为长春距离主力太远，被吃掉的可能性是很大的，与其将来被歼灭，不如主动提早放弃。将东北国民党军主力集中于沈阳锦州之间，这样尚能战、能守、能退。还可保存一部分有生力量。而蒋介石却认为放弃长春对国际影响太大。固守长春，可以吸引一部分敌人兵力，减轻敌人对沈阳、锦州的压力。况且从长远看，今天放弃容易，将来要占领就困难了。我对于蒋的这种看法，虽不敢表示异议，内心是不同意的。道理很明显，打了胜仗，不但长春可以收复，整个东北都可以占有；打了败仗，一切都完了，还谈得上什么国际影响。因此，这次要我负责固守长春，在情绪上我是有抵触的。在我来长春之前，许多朋友曾劝我不要接受这个危险的任务。还有人建议继续由梁华盛负责，或与锦州的范汉杰对调。我也曾把这些意见和卫立煌谈过。卫认为，梁华盛和第六十军军长曾泽生不睦，不便指挥作战，范汉杰情况不熟，只有我比较合适。后来我又想：长春固然危险，沈阳、锦州同样危险。实际上整个国民党政权都在危险之中。作为军人，还能怕危险吗？我是国民党的高级将领，在困难的时候，我不负责叫谁负责？一种“临危受命，义不容辞，明知不可为而为之”的思想支配着我。另一方面，我也有所打算，我认为有两个军（新编第七军、第六十军）为主力，加上地方部队，另要认真做好防御工事，利用时间整训部队，长春是可以守一个时期的。再就解放军方面看，用很大力量攻长春是不合算的，不如集中力量先打下沈阳、锦州，长春就成瓮中之鳖了。所以我判断，沈阳、锦州可能先长春而解放。到了那时，长春成了东北唯一孤点，我或者还有可能乘飞机离开，把善后问题交部下去处理。这样，我不仅对蒋介石可以交代，就是对国内外的观感也比较好些，这是最好的前途。其次是战死或被俘

（我当时认为，像我这样长期与共产党为敌的高级军官，被俘时也是凶多吉少），这是最坏的前途。最后，如果共产党不杀我，给我做一个老百姓，我认为这也是好的。因为当时我确有这样的看法：就人民热烈拥护共产党的情形看来，共产党是很有可能把国家搞好的。我能做一个太平之民，也就满足了。当时我对共产党的许多优点，如到处受到人民拥护，官兵团结，打仗有办法等，心中很佩服。我对国民党的腐败无能，是不满意的。但我却这样想：我既然跟国民党干了几十年，唯有尽自己力量，挣扎到它垮台为止，这样才能问心无愧。

三　守长春给人民带来的深重灾难

我到长春后的做法，可以用四句话来概括："加强工事，控制机场，巩固内部，搜购食粮。"守备长春的兵力：两个正规军及兵团部所辖直属部队约六万人，地方游杂部队及后勤人员约四万人，共十万人左右。根据持久防御方针，把长春分为两个守备区，东半部守备区归第六十军负责，西半部守备区归新编第七军负责。除沿城市边缘构筑防御工事外，在市区内，利用坚固建筑物，层层设防，并在中央银行区构筑核心工事。第六十军派出一部在东郊五六里一带高地，占领前进阵地，新编第七军派一个师担任西门外飞机场的警戒。这时由各地挤到长春的游杂部队很多，为了巩固城内秩序，一律不准他们进城。这些游杂部队的司令，来找我要粮要钱时，每个人都自称有几千甚至几万部队。经调查，有许多是无兵司令，他们互相争夺部队，常常发现一个部队有几个司令的情形。我将其中素质比较好的编成两个骑兵旅，使之参加市区防务。其余让他们在城外自生自灭。这些部队都是地主、流氓、胡匪凑成，军纪很坏，郊区人民被他们劫掠一空。当时飞机场常遭到解放军由西北方面发射过来的炮弹所干扰。为了保持机场的安全，我决定由新编第七军抽出一个半师，第六十军抽出一个师，组成一个出击部队，企图把西北方面的解放军驱逐到炮弹射程以外，并乘此机会向四郊搜购粮食（实际是掠夺粮食）。虽然打出去三四里路，粮食却颗粒未得。正打算在机场西北方构筑一道掩护阵地，不料在机场西南方担任警戒的新编第七军一个师，突然遭到袭击，损失三分之二以上。我看情形不妙，便将出击部队迅速撤回。接着解放军就占领了飞机场。我到长春未满两月，长春、沈阳间的空中交通就断绝了。控制机场的计划完全失败。我在长春几个月中，规模比较大的战斗只有上述的两次及以后试探突围攻击的一次。其余都是零星炮战及外围小部队的战斗。为了提高士气，加强团结，增强干部长期固守的信心，我成立一个短期干部训练班，轮流抽调干部受训。其内容，不外抄袭蒋介石办中央训练团的那一套办法。实际是自己欺骗自己。我以省主席的地位，要教育厅负责整顿长春市的学校，把学生组织起来，以免闹事。后来因为粮食困难，大多数学校无形停顿。当时为了收容各地逃来的学生，成立了一个幼年兵团。后来把长春市的高小和初中学生，也编入这个兵团之中。目的是把他们集中起来，既便于维持生活，又可避免到处滋事，影响治安。这也是巩固内部的一种措施。我并想在围城之中保持弦歌之声，借此安定人心。

在围城中最使我头痛的是粮食问题。因为解放军的封锁，四乡粮食来源断绝。唯靠飞机空投，不仅数量少，而且因为空军在长春驻防时，曾与新编第七军发生过摩擦，现在要他们来空投粮食，他们就采取不负责任的态度，既飞得高，又不按规定办法投掷，把许多粮食误投到城外解放军的阵地上。官兵们看了非常恼火。市内存粮日益减少，加以市场投机倒把，粮价一日数涨，市场混乱，人心不安。甚至有新编第七军的军官也参加投机倒把。他们驻长春的时间比较久，平日就营私舞弊，囤有粮食。至于新由永吉转移过来的第六十军，粮食更加困难。对于这种现象，我虽然有所取缔，因为怕发生意外，不敢操之过急。囤积居奇的粮食虽不多（当时也不可能有很多粮来囤积），对市场的影响却很大。最初高粱米只几元一斤，后来竟涨到一亿元一斤。由飞机运来一万元一张的钞票（空投）已无用处。不得不由中央银行长春分行发行本票，票面数字最初是几十万元一张，后来提高到几十亿元，甚至几百亿元一张。市内税款收入，不够税务工作人员的伙食开支，徒然扰民而于财政无补。我干脆下令暂时撤销一切税收。我曾一度把市内人口向外疏散，不但没有成功，反而造成许多混乱和死亡。城内饿死的人越来越多，有的在路上走着就倒下去了。有些街道，死尸横陈，无人埋葬。甚至曾发生卖人肉的惨事，当时也追查不出是谁干的。此外因吃豆饼、树皮、草根等而生病的人就更多了。悲惨情景，目不忍睹，长春市变成了阴森森的世界。后来燃料也成问题了。我曾企图在东郊开采煤矿，在解放军的阻击下，当然没有成功。市内曾发生砍树木、拆房屋、挖马路（取沥青作燃料）准备过冬的情形。我虽有命令禁止，但在那种情形下，命令等于虚文。我当时的心情是很痛苦的，自知前途茫茫，又不能不假装镇静。当时我眼中的太阳，已失去了光芒，我真正体会所谓日月无光的滋味。可是，我丝毫没有改变坚守到底的决心。

四　被迫放下武器

十月上旬，解放军主力围攻锦州的时候，我曾抽出大约两个师的兵力，组织一次试探突围的攻击，由长春的西北角打出去。虽然有几里路的进展，却发现解放军的阻击力量很顽强，感到突围没有成功的可能，于是又决定继续固守下去。几天之后，接到蒋介石空投给我和两位军长每人一封亲笔信，要我们设法突围。命令大意是要我们经四平街以东地区向东南方向突围，他已令沈阳方面，派部队在路上迎接。我召集军、师长开了一次会，研究关于突围的问题。大家一致认为目前官兵的体力甚弱，很难突破解放军的层层堵击，倘勉强突围，必招致全军覆没的后果。不如坚守下去，还可能多支撑些时日。我和各军长联名打电报答复蒋介石，说明不能突围的理由。

大约在十月十六日上午，又接到蒋介石要我们突围的命令，并警告说："如不遵令突围，定以军法从事。[①]"另外有一封亲笔信给我说："倘再迟延，将不能等候矣。"我又召集军长和军参谋长等开会。这时新编第七军军长李鸿患伤寒病，不能出席，第六十军军长曾泽生当天的精神很紧张，和我说了几句话就借故匆匆离去。我虽然有点诧异，但并未料到会发生什么意外。到会的人都知道今天要谈什么问题[②]，一个个愁眉苦脸。我在会上传达蒋介石的命令后，即决定于十月十七日拂晓，遵照命令实行突围，并作了关于突围的部署。看来大家情绪都很低落。我也知道突围是凶多吉少，为了服从命令，早把生死成败置之度外。没有料到，当晚（十月十六日夜间）第六十军的暂编第五十二师副师长欧阳午向我报告说："第六十军已决定今夜起义。"紧接着新编第七军也有报告说："第六十军的部队有变动，看情况可能发生问题。"我立刻打电话给曾泽生，电话已不通了。我立即命令新编第七军："停止突围行动，撤回原

---

① 命令（代电）原文参看本书曾泽生文。

② 曾泽生未参加会议，他派参谋长徐树民出席这次会议。

防。”并迅速对第六十军方面派出警戒。同时把这一情况电告卫立煌。十七日早，即派副参谋长去找曾泽生，曾当时写了一封便信交副参谋长带给我，说明他已起义和起义的原因。我把这便信的内容电告了卫立煌。当天上午，我召集新编第七军师长以上军官开会，研究今后的行动问题，到会的人哭丧着脸，默默无言。我再三要他们发表意见，只有我的一个老部下，新编第七军暂编第六十一师师长邓士富站起来说：“目前情况，突围已不可能，我建议暂时维持现状，以后再徐图别策吧。”我只好采纳他的意见。这一天，我感到很彷徨，非常苦闷。对当前局面如何维持，毫无办法，真是度日如年。

当天晚上，我到新编第七军军部看李鸿，他虽在卧病，看来并不那么严重，却故意装成不能多说话的样子。军部的高级人员也有意无意地避开我，我感到情况有点异样。（后来知道，他们已在同解放军接洽了。）副军长史说是我在印度作战时的参谋长，他劝我留在军部过夜，我坚决要回到兵团司令部去。当天夜间，忽然接到曾泽生的电话，我还想劝他回来，他只是说：“有人和你讲话。”接着有一位自称姓刘的对我说：“我是解放军的代表。现在长春的局势你是知道的，我们的政策是，放下武器，可以保障生命财产的安全。希望你考虑，不要再做无谓的牺牲。”我说：“既然失败了，除战到死以外，还有什么可说，放下武器是做不到的。”

第二天，蒋介石派飞机来轰炸，当空军向我联络时，我告诉他们：“现在轰炸已无意义，徒使老百姓遭殃，我的意见还是停止轰炸吧。”

十八日早晨，新编第七军的参谋长龙国钧来见我，他说：“新编第七军官兵已决定放下武器，解放军已经同意保障司令官以下生命财产的安全，希望司令官和我们一道行动。”我说：“你们的做法我是不同意的，既然你们已决定放下武器，那么，你们干你们的，我干我的好了。”龙无可奈何地离开了我。当天下午新编第七军放下武器。到了此时，我已感到山穷水尽。正在焦急中，接到杜聿明的电报，他拟请蒋介石派直升机来接我出去，问我有无降落地点。我答复他：“现在已来不及了。”但是我还不肯改变“宁可战死，不愿投降”的顽固态度。我把情况报告蒋介石，并对他表示“来生再见”。当天夜里，我的司令部附近，仍响着剧烈的枪声。后来我才知道，这是杨友梅和司令部的幕僚们想出来的办法：要直属部队向天放枪，佯装抵抗后再放下武器，造成事实，使我跟着他们走。第二天一早[①]，我的司令部也就放下了武器。他们为了把我从死亡的道路中挽救出来，真是煞费苦心。现在更知道，这是共产党的伟大政策所起的作用。我由衷地感谢共产党对我的再生之德！

我放下武器后，受到萧劲光司令员和肖华政委的热情接见，给了我优厚待遇。这是我最初所没有料到的，很受感动！可是我却对他们表示：第一，不愿广播，第二，不愿参加公开宴会。他们希望我为人民做点事，我却坚决要做老百姓。可见当时我的觉悟还很低。

新中国成立，我被安排为国防委员会委员，还参加了中国国民党革命委员会，现在我被选为全国政协常委，民革中央副主席，参加研究、讨论国家大事。今天我重新回忆辽沈战役的历史，一方面是供历史研究参考，另一方面也是更重要的方面是为了总结历史经验教训，使国共两党分裂和内战的历史不再重演。我是黄埔军校一期毕业生，与当时在东北人民解放军任职的程子华（现为全国政协副主席）等同志均是黄埔校友。我们经历了两次国共合作和分裂的历史，第一次国共合作使东征和北伐取得胜利，第二次国共合作则带来了抗日战争的胜利，而国共分裂则使我们这些同窗学友成为战场上兵戎相见的对手，给国家和民族带来不幸。对于国民党来说，每次同共产党合作，它在人民心目中的声望和地位就大为提高；反之，则大为降低。

前事不忘，后事之师。今天我衷心希望在大陆和台湾的黄埔校友以及我过去的同事们，认真总结历史经验，以国家和民族大业为重，积极促进国共两党的第三次合作，为早日实现国家统一，为建设统一、文明、富强的中国做出贡献。

---

① 十月十九日，新编第七军放下武器。后郑洞国及第一兵团司令部亦放下武器。郑洞国离开伪满中央银行大楼的具体时间待查。

长春困守纪事

尚传道*

在第三次国内革命战争中，一九四八年五月至十月国民党军在长春困守五个月，做垂死挣扎。对围在城内的革命地下工作人员，进步人士，青年学生，疯狂逮捕与屠杀；执行蒋介石的“杀民养军”政策，以致无辜人民饿、病而死者达十二万人，造成亘古未有的浩劫。当时，我任国民党长春市市长。现将我亲身经历的见闻根据记忆，写述于后。

一　所谓“陆地敦刻尔克撤兵”

一九四七年冬，东北人民解放军发动冬季攻势后，东北国民党军遭受惨重打击，被迫把几十万大军龟缩到锦州、沈阳、长春等几个大城市，妄图凭借坚固工事，进行重点防御。

一九四八年三月以前，在四平以北长春、吉林广大地区内，国民党军只有第六十军、新编第七军两个军和吉林省一个保安旅共约六七万人的兵力。新七军驻守长春，第六十军和省保安旅驻守吉林。两个军虽各有三个师，而实则游杂部队和新兵占多数，战斗力薄弱。特别是一九四七年十一月解放军围攻吉林，第六十军和吉林省保安旅都受到很大的损失，军心士气，异常低落。吉林、长春相距二百四十华里，而吉长铁路、公路交通线又早被切断，两点孤悬，面临被各个消灭的危局。

卫立煌就任东北“剿总”总司令后，考虑到这种情势，呈准蒋介石，决定放弃吉林市，命令第六十军和吉林省保安旅向长春撤退，以便集

---

* 作者当时系国民党长春市市长。

中兵力，凭借长春坚固地堡工事进行顽抗。

一九四八年三月一日，我被派再度兼任长春市市长（一九四六年曾任过长春市市长），由吉林市乘飞机到了长春市。那时吉、长两市景况异常萧索，人心惶惶不安。

三月八日中午，东北“剿总”副总司令郑洞国乘飞机在长春市郊外大房身机场降落，我去迎候。他告诉我，八日晨他和“剿总”参谋长赵家骧一同飞到吉林，对第六十军下达了命令，叫他们当夜向长春撤退，特来通知我急速准备第六十军的营房以及随军撤退人员的食宿。

第六十军决定当夜十一时开始撤离吉林市。据说为了“保密”，他们连省、市党部和政府各机关都没有给通知。可是，由于第六十军士兵都散住在吉林市内的民房里，他们准备逃跑的行动，很快就传遍了全市。因此，省、市政府，党部等机关一些中高级人员，吉林省会警察局的警察和一部分平日受反动宣传毒素熏染的学生、富户等，都在夜间匆匆忙忙地随军逃跑。第六十军所有的重武器都丢在吉林市。他们是沿着吉林市到长春市的公路线逃跑的，直到十一日中午才到达长春。有一部分人被解放军中途袭击截回去了。其中如国民党的吉林省教育厅厅长胡体乾，吉林省新闻处处长叶显铣，吉林省田粮管理处副处长胡文续都被俘获。第六十军后卫部队和军需辎重车辆等也大部被截获。

南京国防部第二厅驻吉林军事情报组二九九组组长郭树人，当天晚上在中央银行吉林分行玩扑克，缺一个角，打电话去第六十军邀角，六十军接电话的人对他说：“还赌钱呢，我们要跑了！”郭树人这才慌忙回家收拾逃跑。他对老婆说：“深更半夜，又这么匆忙，只好我一个人先走，你们留下，以后再想办法，也许这一别，今生不能相见了！”可见当时逃窜是非常狼狈的。郭树人告诉我：“解放军接收吉林市以后，立即收容国民党军政人员家属，大人发粮食，小孩发饼干，并派人护送到长春市，家属们莫不衷心感激！”

三月九日上午，我开始筹备第六十军和省保安旅的食宿；同时，以焦急不安的心情等待着他们的消息。十日，新七军派出一个团沿吉长公路巡逻策应。到十一日中午才在二道河子市郊迎接到第六十军军长曾泽生和吉林省政府秘书长吴至恭等人（吉林省主席梁华盛早在三月一日送我到长春后，就逃到沈阳去了），他们每个人都狼狈不堪。吉林省建设厅厅长于镇北对我说：“咱们差一点儿见不着面了。”因为他们沿途遇到人民地方武装部队的袭击，两天两夜，都在惊魂不定中慌忙逃窜，谁也不知道在下一分钟里是不是还能活着。这就是第六十军从吉林市慌忙逃跑到长春市的实况。当时南京中央通讯社把它比之为“陆地敦刻尔克撤兵”。在报纸上大事吹嘘了一通。

二 蒋介石的战略要求

三月十三日，解放军又以雷霆万钧之势一举攻克了四平，全部歼灭了四平守军第七十一军彭锷师。这时，在东北的国民党军只剩下锦州、沈阳、长春三个各个不能相顾的孤立据点，实际上都已成为瓮中之鳖了。可是，蒋介石不甘心失败，还要做垂死挣扎。他派东北“剿总”副总司令郑洞国兼任第一兵团司令官，同时兼吉林省政府主席，要郑坚守长春。郑洞国于三月十五日由沈阳飞到长春。三月二十五日在长春励志社大礼堂宣誓就职。他宣布说，蒋介石给他的任务是“固守待援，相机出击”。当时，由第一兵团指挥的部队计有：李鸿的新编第七军三个师，曾泽生的第六十军三个师，吉林省保安旅何大刚部一个旅，第一兵团直属特务团，吉林省师管区的“志愿兵团”骑兵旅和由吉林逃来的警察编组的省警察总队等正规部队和游杂部队共约十万人，它们麇集在东大桥、二道河子、洪熙街，以迄宋家洼子长春市区卡哨线内外。在卡哨线内外的市民约有六十万人。

蒋介石的战略要求，是想尽可能地坚守住长春、沈阳、锦州三个据点，争取喘息和整训时间，以便相机出击，稳住东北战场的颓势，牵制东北人民解放军，不让它南下进关。所以，他命卫立煌“坐镇”沈阳，并派出东北“剿总”两位副总司令范汉杰、郑洞国分别坚守锦州、长春。

为了维系士气人心，当时散布一种幻想，说什么正在台湾训练大批美式装备的新军，几个月内即将开到东北来大举反攻，只要能守住半年左右，大局就能扭转。

一九四六年五月，国民党军占领长春后，在伪满的城防工事基础上，又在长春四郊构筑了许多坚固的钢筋水泥的碉堡和地下暗堡群，并用卡哨连成一线。一九四八年四月初卫立煌曾飞到长春来视察，他亲自看了四郊的地堡工事，嘱咐郑洞国、曾泽生、李鸿还要全面地进行一次整修，并增加防御设施。这个工作都由郑洞国令交长春警备司令部和市政府负责办理。这件事表明他们决心在长春顽抗到底。

三　围城前的挣扎与活动

从三月初到五月二十四日解放军合围长春为止的五十几天内，长春的国民党守军和党政机关进行了一系列的挣扎与活动。主要的有：

（一）购囤军粮，清查余粮

蒋介石赋予郑洞国的任务是“固守待援，相机出击”。长春四郊的卡哨碉堡工事，我们认为相当坚固。能不能守，能守多久，关键在粮食。只要军粮民食充足，就能固守待援。因此，郑洞国决定乘解放军还未合围以前，应以抢购军粮为最紧要的任务。除拨给东北流通券，由新七军、第六十军、保安旅自行采购以外，并令吉林省粮政局和长春市田粮管理处分别代为抢购。估计在这五十几天里，购囤军粮约三百万斤。新七军原驻长春，一九四七年冬以来已积储了一些粮食，第六十军和吉林省保安旅则现购现吃。

长春市政府所属公教人员和警察约有七八千人。我在就任之初已考虑到这个问题，在三月四日就把南京政府的中央信托局存在市内的一百万斤大豆买了下来，作为市属公教人员的粮食储备。

在四月中旬，还进行了一次户口清查和余粮登记。按当时统计的市内现住人口数和存粮数，市内存粮，最多只能吃到七月底，八月以后就没有粮吃了。

（二）组织“志愿兵团”

为了补充新七军和第六十军士兵缺额，东北“剿总”命令吉林师管区司令部征兵。吉林师管区司令李寓春看到在市内继续抓兵，不仅很困难，而且还会出乱子。他想出一着“妙法”——组织所谓“志愿兵团”。那时从松北五省广大解放区[①]，以及从吉林逃亡流落在长春的大批地主富农分子麇集在“难民收容所”里。他们经常捣乱滋事，而且救济粮食也难以为继。大家都同意李寓春这个办法，由他电复东北“剿总”请准

① 松北五省指黑龙江省、兴安省、松江省、合江省、嫩江省。

组织六个志愿兵团，拨下粮款。这些地主富农分子和当地的地痞流氓，为了吃粮，都响应了李寓春的号召，参加了“志愿兵团”。李寓春令长春市政府也编组一个团。到四月中旬，居然编成了六个团，约七八千人。李寓春在中山公园召开了“志愿兵团”成立大会。郑洞国、李鸿和我都曾出席这个大会讲了话。听说以后这些兵员拨交新七军和第六十军的大多数都被剔除退了回来，因为大部分人的年龄和身体都不合格。

在编组“志愿兵团”的过程中，市府民政局的一个办事员徐某报名参加了。我抓住了这个机会，又大事宣传一通，亲自给徐某家送匾，企图鼓励大家继续为反动统治者卖命。

（三）编组所谓“防奸防谍”小组

当时长春是一个特务势力占统治地位的城市。在市区内国民党的特务组织有长春警备司令部督察处，南京国防部保密局北满站，南京国防部第二厅长春站（史祚炎高参办事处），中统局长春站，宪兵特高组，市警察局等。这些特务组织的狗腿爪牙，本已遍布市区各个角落，监视钳制人民的言行。在一九四八年四月中旬，长春警备司令部参谋长军统特务头子安震东又接到南京国防部保密局的通令，举行一次所谓“防奸防谍”宣传周的活动。妄图大举消灭革命的地下组织，镇压人民群众对反动统治的反抗。在报纸上出版了一个“防奸防谍”特刊，在街道上张贴了许多标语，并在中山公园举行了一次宣传动员大会。警备司令部还把国防部的命令通知各机关、学校、团体，要他们按科室为单位，编组“防奸防谍”小组，互相监督，联保连坐。

（四）组织各县游击，骚扰解放区

郑洞国就任吉林省政府主席以后，他就着手筹划恢复业已解放了的各县组织机构，企图以长春为根据，派出武装特务，骚扰解放区，要在解放区里“打游击”。由吉林省政府秘书长崔垂言按照他的意旨，拟定各县军政指导员办公处组织通则。规定对于已解放的永吉、九台、德惠、怀德、农安、盘石、桦甸、伊通、双阳等县，都派一个军政指导员。他的职责是组织流亡政府，联系各该县地主土匪武装，对解放区进行袭击和骚乱。在正规军出击时，配合行动。此外，还把榆树、舒兰、扶余等县划为吉北区，设一个吉北区军政指导员，派国民党省党部CC分子孟庆涛为指导员。这一挣扎活动，纯粹凭主观臆想，根本没有什么客观现实的可能性。

（五）组织特务学生

在三月初我刚到长春的时候，关内各大城市的反内战、反饥饿、反迫害的学生运动业已风起云涌，如火如荼。我对此感到焦虑，心想长春有一所长春大学，还有从吉林逃来的永吉大学、长白师范学院的学生，此外，还有十多所中学，学生人数近千人。如果在长春也展开反内战、反饥饿、反迫害的运动，那就很难维持秩序了。恰好，三月中旬智学礼到市府第一招待所来见我（智在一九四六年我第一次任市长时，曾充任过市府交际科科长，后又担任过三青团吉林支团筹备处长春办事处主任），我很高兴地接见了他。这时，我才知道他现在长春大学念书。我问他在长春大学有多少国民党党员和三青团员以及校内革命组织与活动的情况，他说："国民党员和三青团员约有二十多人，参加革命组织的人数也很少，大部分同学都是处于中立状态。"当时，我决定要他负责把这些反动党、团员组织起来，与进步学生作斗争。把学生的活动限制在学校以内，不让他们像关内一样扩大到市面上来。智学礼对我说，他可以担负起这个任务来。我叫他把可以联系的反动党、团员在下星期天约集到我住处来吃午饭，我当面跟他们谈谈，他答应了。在下一个星期天，他果然带来近二十名长春大学参加反动党、团员的学生。在午饭前，我对他们讲话说："目前局面艰困，需要大家团结起来，艰苦奋斗。"他们表示愿意听从我的指挥去努力。智学礼说明，根据学校的情况，目前第一步是夺取自治会的领导权；其次，是办一个刊物，针对地下革命组织出版的"红旗周报"，以中立姿态出现，而实质上拥护反动政府，反对共产党，这样可以稳住多数中立学生，不让他们跟着革命组织的号召行动。我同意他们的办法，叫智学礼拟出具体计划，经我批准，把他们以战时政治工作总队长春大学分队的名义，向市政府按月请领经费。这样，他们就在长春大学内展开了许多罪恶活动。除了由智学礼出面夺取了学生自治会的领导权，并出版了一份油印刊物。在宣传和理论上与"红旗周报"作斗争，这样，就达到了我的目的——把学生运动局限在学校以内，没有发展到市面上来。在长春大学内，还有军统、中统所布置的特务学生，智学礼等也是多方面联系的。

解放军围城前夕，在一次吉林省党政军联席会议上，吉林省教育厅厅长王焕彬提议组织一个"学运组"，以统一各学校内反动组织的领导。王焕彬提出这个议案以后，经郑洞国主持讨论决定，取消以前各种秘密组织，都归“学运组”统一领导。派王焕彬为学运组组长，省党部书记长岳希文，第一兵团政工处处长王中兴为副组长，主持其事。会后，我就通知智学礼去见王焕彬、王中兴，叫他以后听从“学运组”的指挥工作，必要的经费仍由市政府拨补。“学运组”接管了以后，不久就大批逮捕了长春大学的革命学生。许多革命学生在警备司令部督察处遭到非刑拷打和屠杀。七月以后，加上没有粮食，长春大学实际上陷于停顿。

（六）庆祝总统就职

一九四八年五月二十日蒋介石在南京就任总统。在长春举行了一次庆祝大会。新七军和第六十军联合举行了一次阅兵典礼。由长春警备司令部主持布置。把一些残缺不全的美式武器，搬运到街上走了一趟。军政首领们，自郑洞国以下都出席了。表面上强打精神，实际上都已色厉内荏，讲不出什么豪言壮语了。至于被迫去参加大会的民众，敢怒不敢言，也可以明显地看出无声的反抗情绪。因此，大会在很短时间内就草草收场了。

（七）最后一次出击

为了鼓舞士气民心，并确保飞机场安全，郑洞国策划了一次出击。五月十九日他命新七军暂五十六师向长春北面约六十里的小合隆镇出击。当天晚上收复了小合隆。这次出击是长春战役中唯一的一次（由新七军抽出一个半师，由第六十军抽出一个师共同行动）规模较大的军事行动。在军队方面是给自己打一次强心针。二十二日蒋介石派来的两个视察员（一个叫李鹤廷，一个叫肖××，是前几天才从南京飞来长春的，这两个人可以叫作自投罗网，因为他们飞到长春以后，就被围困在卡哨以内，直到十月解放时被活捉）到前线去视察。我也率领市警察大队一部分摩托车开到小合隆去抚慰收复地区的民众。长春县县长邹树椿也去了。我在那里逗留了半日，对那些被强迫来的民众乱说一通什么“蒋总统非常关怀你们，不久要派大军来救援，就要大举反攻”等话。吃过午饭，我们就赶快溜了回来。以后，才知道这是解放军的诱敌之计，它把新七军一部主力诱到北面去以后，即以强大兵力，从东西南三面向长春合围，在二十四日一举解放了长春郊外大房身飞机场，新七军的一部主力匆匆从小合隆逃回。长春县县长邹树椿逃跑不及，被解放军俘获。

从此，长春守军不得不全部龟缩到卡哨以内。从五月二十四日起到十月十九日解放为止，长春没有再发生过什么较大的战斗。只有一次试探性的突围攻击和一些零星炮战。

四　杀民养军

（一）蒋介石的电令

一九四八年五月二十四日，解放军占领了大房身飞机场，从此形成四面合围的局面。嗣后，长春粮源断绝，粮食问题，日趋严重。存粮只能吃到七月底，究竟应该怎么办，我去见郑洞国，请他考虑，决定大计。他说："让我考虑考虑。"后来，第六十军、新七军六个师长联名打电报给蒋介石，诉说困守长春的艰苦情况，请求速派大军赴援。蒋介石那时在庐山，给各师长一个复电，说什么"我对你们及部下士兵如兄弟子侄一般，我没有一刻忘记你们的艰困。但是，如不准备好，赴援部队会在途中被歼的。希望你们艰苦卓绝，支持到底"。同时，他给郑洞国一电，命令他长期固守，叫他把长春城里人民的一切物资粮食完全收归公有，不许私人买卖，然后由政府计口授粮，按人分配。

（二）战时粮管法令的制定和执行

郑洞国找我去，把蒋的两个电报给我看，问我怎么办才好？我说："我不能办这件事，在目前的情况下，我不能保证市属人员不贪污和勒索。办的结果，一定骚扰不堪，如果您遵照电令一定要办，请您另派市长，我实在没有这个本事。"接着我又说："所谓尽收物资粮食，计口授粮，不管收不收，横竖只能吃到七月底，八月以后，就无粮可授了啊！"郑洞国沉默良久，对我说："命令中所说尽收民间物资粮食一项，决定不办，我负责电复总统，但对粮食还应有一个管理办法。"他当时指定我会同省府秘书长崔垂言和省政府参事兼第一兵团政工处处长王中兴拟定草案。以后，我们三人会商，由我执笔写出"战时长春粮食管制暂行办法草案"。要点规定：准许人民留自吃粮食到九月底，剩余的粮食，应一半卖给政府作军粮，另一半可以在市场自由买卖；各保组织粮食管制委员会，由保内缺粮吃的市民派代表参加工作，买卖粮食均应按照政府议定的价格，不许哄抬粮价；凡违反本办法的，从严惩处，得处以极刑。草案拟定后，我们拿到郑洞国那里去逐条念给他听。经郑核准后，由第一兵团司令部会同吉林省政府公布。这个暂行办法，就是当时通称的战时粮管法令，也就是执行蒋介石“杀民养军”政策的具体步骤。

在执行粮管法令中，我在所谓“治乱世用重典”“言出法随”的思想支配下，曾几次跑到市场去查访。有一次在南关市场查到好些不按规定粮价出卖粮食的，我即把查到的粮食按定价号召附近居民来排成队伍，规定每人买的数量，卖给他们，把钱交给粮主。其中有一个老人，有很少一点杂粮，也因超过定价，在被处分之列，那位老人向我请求，甚至跪下叩头，我都不允许。其次，在那个法令中规定：哄抬粮价，情节严重的，得处以极刑。有一次警察第三分局查获大东粮行三名商人，故意抬高粮价抢购，予以扣留，经查悉该行系代吉林省保安司令部买军粮的。省保安司令由郑洞国兼任，实际由副司令李寓春负责，这件事是李寓春与粮商勾结干的。我把案情报告给郑洞国，并陈述我的意见。我说：“在执行粮管法令初期，如果不抓住典型，杀一儆百，办法就不能贯彻执行。”郑洞国同意我的说法，批准将这三名商人枪毙。第三天，我就把这三个人执行了。实际上，在一九四八年六、七月间的情况，一般市民已无存粮，能囤积大批粮食的仅是驻军的中上级带兵官和军需人员，以及和他们勾结的大粮商。对于这些人，郑洞国和我都有所顾忌，不敢招惹他们。因此，派出许多政工队员在各保搜索查挤余粮，其结果仅只骚扰了贫苦市民。

（三）所谓军粮筹购

一九四八年六月，根据东北“剿总”政务委员会的电令，裁撤吉林省粮政局，成立吉林省军粮筹购委员会。由郑洞国兼主任委员，曾泽生、李鸿、我和吉林省代理财政厅厅长侯景文兼副主任委员，由侯景文负实际责任。郑洞国并派长春市商会委员王元庆任委员兼主任秘书，秉承侯景文负日常事务之责。这个委员会也是执行“杀民养军”政策的一个主要机构。在那时外无粮源的情况下，所谓军粮筹购，实质上就是用南京政府中央银行印刷的大额本票，搜劫卡哨内民间仅存的一些余粮来养活守军。初期，还由军粮筹购委员会买了粮食拨给军队；到七月后，买粮已很困难，索性就把大额本票发给各军自己去搜购。这个委员会变成转发中央银行本票的机构。七月以后，买不到粮食了，就逐渐开始直接到居民家里去搜索强抢了。特别是驻在警察第三分局管区内的第六十军暂编第五十二师的士兵，一见谁家冒烟，就去抢粮，搞得人民有一点粮食的，不敢举炊，怨气冲天，但敢怒而不敢言。

根据郑洞国的请求，自六月起，国民党空军派飞机从锦州向长春空投一些大米，接济军需。每天最多只有九架飞机来投，为数自是有限。又由于解放军高射炮的射击，飞机不敢低飞，在高空投下，很多落到了卡哨外边；投到市区以内的，经常发生砸毁民房，砸死居民的惨案。守军各部队又常为抢粮而斗殴。总的说，空投粮食，不过杯水车薪，仅成点缀。在长春的守军，是完全靠“杀民”的政策来活命的。

（四）疏散人口

七月下旬，蒋介石又从庐山电令郑洞国从八月一日起疏散长春市卡哨内人口，只准出卡，不准再进。郑洞国转令警备司令部和市政府执行。在各个卡哨上由警备司令部督察处和市政府各派正副哨长一人，盘查进出人口和物资。从八月一日起强制市内人民出卡，不准再从卡哨外进来，被驱逐出卡的饥民，家中仅有的一点度命粮食，都被国民党军、警、特务搜劫一空。

（五）“杀民养军”政策的结果

1. 对人民的浩劫

七月以来，卡哨内外，已开始有饿殍出现。七月下旬以后，市内一般居民家中已无存粮，开始以豆饼酒糟充饥。八月以后，豆饼酒糟也越来越少，到九月中旬，酒糟豆饼等已经吃光。虽当中秋季节，北地长春，业已落叶铺地，饥饿的人民，不得不纷纷抢搂树叶煮食，以资度命。警备司令部督察处的院子和周围，原系绿树成荫，那时每天常有许多瘦骨嶙峋的小孩子，三五成群，在该处围墙四周抢搂树叶，该处特务头子们居然认为“有碍观瞻”，责令哨兵吆喝驱逐，甚至举枪威胁，但也未能制止。在九月上旬，甚至出现了卖人肉的惨案。

从八月一日开始强迫疏散人口以后，市民因辗转饿死在卡哨内外中间地区的，日有增加，饿殍载道，白骨累累。洪熙街、二道河子等卡哨内外，尸横遍野，呻吟之声不绝，俨似人间地狱。到十月十九日长春解放为止，根据人民政府进城后确实统计，由于国民党“杀民”政策饿、病而死的长春市民共达十二万人。人民政府进城以后，在卡哨内外地区掩埋尸体约八万具。卡哨以内居民，几乎每家都有亲人死亡，这是亘古少有的对人民的浩劫。

2. 天文数字的粮价

一九四八年三月间，我曾建议“请中央运来黄金一万两，作为长春地区发行纸币的实物准备”，虽经郑洞国转电申请，但蒋介石迄不批准。因此，郑洞国从四月到十月，就以最高军事长官的职权，责令南京中央银行长春分行发行大额本票，作为“购粮”和开支军政费用的手段，（在三、四月间曾由飞机运来票面为一万元一张的钞票，空投给中央银行长春分行，四月以后，粮价飞涨，这种钞票已不够用了）。大额本票最初每张票面价额是一百万元，以后递加为五百万、一千万、三千万、五千万、一亿以至一亿五千万元。高粱米从三月每斤东北流通券一千元，飞涨到新中国成立前夕每斤二亿五千万元至三亿元。这也是中外历史上未有的纪录。总之，从三月到十月的八个月中，国民党在长春的军政人员、特务、警察近十万人，除了直接向人民洗劫以外，就是这样用一堆废纸搜掠了卡哨内外约六十万人民的粮食和财物。

3. 军事头目大发横财

由于滥发大额本票，长春的物价比关内国民党统治区更高十百倍以至千倍。长春的国民党军政头目纷纷向北平、上海、长沙、昆明等地成百亿、千亿地汇出款项。这百亿、千亿的钱，在长春只值几斤或几十斤高粱米，而汇到内地就可换成几十两、几百两黄金。因此，他们利用长春人民的血和泪大发横财。据我所知，在这次战役中，新七军三个师囤存的粮食，可以维持过冬。第六十军则比较困难，到十月间已濒临最后关头，但也没有听说有饿死士兵的事。至于文官简任以上、武官团长以上的官员，在白骨累累之上，每天还是过着大米白面、鱼肉荤腥、灯红酒绿、饱食终日的糜烂生活。

（六）疯狂的逮捕和屠杀

1. 逮捕屠杀的机构

困守在长春的国民党守军和省、市党部、政府，为了做垂死的挣扎，对于卡哨内的革命地下工作人员和人民进行了疯狂的逮捕和屠杀。为了统一执行逮捕屠杀的步骤，于四月中旬，组织成立了“长春党政军特种联合会报秘书处”（简称特秘处），参加这个会报的有国民党中统局长春区区长张思明，军统局北满站站长项迺光，长春警备司令部参谋长安震东，长春市警察局副局长李贺民，第一兵团司令部军法处处长邵惠林，吉林省政府参事兼第一兵团政工处处长王中兴，吉林省党部书记长岳希文，国防部第二厅长春站站长史祚炎等。由王中兴任主任秘书，李友濂任秘书，下分五组：（1）调查组，由中统特务张伯樵兼任组长；（2）行动组，由警备司令部督察处特务陈寿岚兼任组长；（3）审讯组，由警备司令部督察处侦察组组长陈牧兼任组长；（4）管训组，由军统局北满站特务崔毓琛兼任组长；（5）总务组，由国防部第二厅长春站特务张鸿业兼任组长。这是执行逮捕与屠杀的总机构。实际上，仍由警备司令部督察处为骨干。在四月以前，军统特务所逮捕的人，都解送到沈阳，由东北行辕第二处决定处理。四月以后，他们向军统局特务头子毛人凤请示，毛复电可就近请示最高军事长官后处决。由此，从四月到十月半年间，长春的特务就通过特秘处这个机构，逮捕屠杀了革命地下工作人员、进步人士、青年学生、无辜人民共约二百余人。处死的手段，有一小部分是用日本战刀砍死或勒死的，大部分是活埋的。一九四八年十月十八日清晨，第六十军起义后，在警备司令部督察处处长张国卿的命令下，特务们把督察处看守所残留的“犯人”四十八人，不问青红皂白，一律活埋了。其中有一些所谓普通刑事案犯，已在前一天准予保释的，也没有逃出魔掌，一并惨遭活埋了。

2. 屠杀的疯狂与残酷之一斑

被围困在长春的国民党特务们，在那时已完全失去人性。他们感到难于逃出人民的法网，因而抱着一种“杀一个够本，杀两个赚一个”的心理，红了双眼，对革命志士，进步学生，无辜人民，发泄兽性，滥施淫威。其疯狂与残酷，实难描绘。这里只举一个疯狂逮捕的例子：在长春大学大逮捕以前，已逮捕了几位学生和教授。长春大学有一个学生叫王恩孚，本着一腔义愤，跑到警备司令部去要求特务头子们接见他。他见了督察处督察长以后，慷慨质问：“为什么要逮捕我们的同学，为什么要逮捕我们的关教授？”当时督察处处长张国卿，穿一件便服，在一边看到这种义正词严的质问，不禁恼羞成怒，冷笑一声说：“这小子是干什么的？胆敢如此逞狂？叫‘学运组’查一查！”这样，三天以后，“学运组”的特务就捏造了一些情报，说王恩孚是中国民主同盟的盟员，打算就要逃到解放区去。张国卿下令当夜去“长大”把王逮捕了。在捕王的时候，另一个姓韩的学生，正在王的屋里串门，也不由分说，一起绑架而去。不久，张就下令把这两个学生一齐活埋了。临绑出之前，那位姓韩的学生向特务们大叫冤枉，说：“我什么活动也没参加过，你们逮捕王恩孚时，我在他屋里串门，怎么也把我逮捕来了呢？”执行的特务还哄骗他说“就放你了”，就这样将他们一同活埋了。

（七）反动的训练与宣传

1. 反动的训练

在挣扎困守期间，国民党守军曾开办了不少反动干部训练班，举其要者，有三、四月间开办的吉林省军政干部训练班，吉林省保安干部训练班，新七军干部训练班，第一兵团干部训练班等。

在三、四月间开办的吉林省军政干部训练班，主要目的，在于安插从吉林逃来的一批吉林省政府、吉林市政府、吉林省政治工作大队等机关的人员，由郑洞国兼班主任，吉林省政府秘书长崔垂言，吉林省民政厅厅长尚传道，吉林省保安副司令李寓春兼副主任。由李寓春负实际责任，由省政府参事王中兴任教育长，驻在班内负日常训导事务之责。共收有学员四百余人。训练结业后，一半由李寓春派充吉林省保安旅的下级干部，另一半由我派任长春政治工作大队队员。这些人成为困守中的基层骨干，直接骑在人民头上，无恶不作。五月间，新七军也在兴仁大路伪满满炭大楼旧址，开办过一期干部训练班，调训该军连排长级干部受训。由新七军新编第三十八师师长陈鸣人任班主任，主旨在于提高士气，要这些下级干部加强对士兵的控制，妄图顽抗到底。

七至九月间，郑洞国又在励志社开办了两期兵团干部训练班，调训兵团直属机关和新七军、第六十军师长以下干部受训。主旨也在于继续灌输反动毒素，维系士气，加强团结，企图贯彻长期固守的军事方针。每期结业时，郑洞国都亲临主持讲话，并举行会餐。

所有上述训练班，我都曾出席讲话，上课。对吉林省军政干部训练班，新七军干训班，我曾讲所谓“长春市战时施政方针”，对兵团干训班我曾讲“总体战概论”。

2. 反动的宣传

在疯狂挣扎中，为了维系所谓士气、人心，更得进行反共、反苏的宣传与诬蔑，这个责任主要是由《中央日报》和《长春日报》担负。《中央日报》系由吉林省党部控制的，由吉林省党部主任委员李锡恩任发行人；《长春日报》则由我控制，该社社长金鸿润是由我委派的。

在四月间，我曾提出所谓“人人种地，日日练兵”的口号，亲到各区去召开会议加以宣传，目的在贯彻执行蒋介石指示的“固守待援”的军事方针。七月以后，我又把一个流亡在美国的反革命白俄分子葛拉诚科所写的《我选择自由》一书第一册，叫市府秘书处用打字机打出两份送《中央日报》和《长春日报》转载，目的在从对苏联的诬蔑造谣中，欺骗吓唬那些小资产阶级知识分子，妄想笼络住这个阶层的人，支持反动政府。

在七、八月间，我曾两次向第一兵团干训班讲述“总体战概论”，这篇演讲是根据华中“剿总”总司令白崇禧公布的大纲，加以阐发组成的。我讲了以后，由兵团政工处职员智学礼（也就是四月间受我指挥在长春大学进行反革命活动的特务学生，这时由王中兴派在政工处工作）整理记录，经我删定后印成小册子分发给各受训人员，我又叫市政府加印二千份，分发给市属人员。

（八）“瓮中之鳖”的最后归宿

1. 六十军起义的片断

一九四八年十月十五日锦州解放，整个东北国民党军队已面临覆灭的命运。就在这一天，蒋介石又严令郑洞国率部突围，并说如再违令要以军法从事。郑洞国第二天接电后，当即在他的公馆召集兵团和新七军、第六十军高级干部开会，讨论突围计划。据以后听说：决定遵照蒋的电令于十七日清晨突围，在突围前，由新七军派一团兵力向长春北郊宋家洼子一带佯攻，迷惑解放军，掩护主力的突围。第六十军军长曾泽生没等开完会，就匆匆地走了。曾泽生决定起义以后，派人送一封信给郑洞国，这封信是曾泽生亲笔所写。在十七日清晨，我去郑公馆时郑洞国给我看过。是用一个长方形普通白道林纸的信封，一张白色带有绿线格的信纸，用自来水笔写的。原文已记不准确，信的大意说，蒋介石政治腐败，第六十军官兵不愿再为他卖命，突围是死路，我们要走活路，弃暗投明，希望你们也考虑大势，有所抉择。你们怎么办由你们自己决定，我们不加干涉，但你们也不要干涉我们的行动。

十七日早六时左右，我到郑公馆去向郑洞国请示办法。这时，新七军副军长史说和参谋长龙国钧已先在座，与郑洞国谈话刚结束，他二人就走了。我看到郑洞国面色苍白，眼皮微垂，显出一夜未睡、恐慌焦灼的样子。我说：“现在怎么办呢？”他说：“已打电报把情况向蒋介石报告请示了，还未得复。”正说话间，第一兵团副参谋长杨友梅和吉林省政府秘书长崔垂言也来了。我们接着商谈如何应付当前局势。崔垂言建议，请郑洞国再与曾泽生通一次电话，探听曾对起义是否还有转圜的余地，能否同意我们派人去和他当面谈一下？郑洞国同意这一建议，叫副官接通了电话。曾泽生表示，可以接见，并说去者所坐的吉普车前要插一面黄色小旗，就可以通过第六十军防区各个岗哨。郑洞国当时就叫杨友梅、崔垂言和我三人代表他前去见曾泽生商谈。临走前，郑洞国对我说："你此去要小心些，曾军长对你印象不好，因为有一个时期，你叫《中央日报》《长春日报》宣传饿死不抢粮，冻死不拆房，并登载暂五十二师士兵抢粮的消息，曾军长很不满意，对我谈过。"我对郑说："我小心就是了。"于是我们三个人坐一辆小吉普车，车前插一面小黄旗，先到原中长路理事会大楼第六十军军部会见了第六十军的政工处张处长，由他陪同我们到志成银行曾泽生住处。曾泽生在会客室接待了我们。这次会晤，主要由崔垂言发了言，杨友梅作了一些补充，我没有说什么话，因为有行前那一幕，我有些心虚。崔说的大意，无非是请副司令官（曾泽生兼第一兵团副司令官）念多年袍泽之谊，再考虑一下。曾泽生说话的语气很和缓，但是态度很坚定，表示没有转圜的余地。希望我们转致郑洞国考虑目前大势，有所抉择。我们大约谈了二十几分钟，就告辞了。曾泽生亲自送我们到大门口，一一握手道别。

2. 放下武器以前的郑洞国

我们回到郑公馆，把会谈情形向他作了报告。郑听了以后，态度也很坚决。表示决心顽抗到底。他吩咐崔垂言和我派人去把省市政府的重要档案焚毁。这时，郑的参谋、副官等已开始在搬家，把行李文件等装车运往中央银行。

我回到市府第一招待所（就在郑公馆的隔壁），召集市府秘书长刘振钧、参事吴德馨、民政局局长申惠文等商谈。我说："我的主意是跟郑主席一同行动，唯他之命是听。在这种危急时刻，我不勉强大家跟我走，各人可以自己决定行动。"他们表示愿意跟我一同行动，决定一同搬到中央银行去住。我叫申惠文到市府去焚毁档案，申惠文去后不久来电话向我报告，说焚档案不慎，把市府三楼办公室烧着了。我立即赶去指挥警卫队把火扑灭。到下午才搬到中央银行。我和刘振钧等住在中央银行四楼，在郑洞国住室的对面。第一兵团的特务团住在一二两楼。

十七日晚，我和郑洞国一起吃饭，两人都默无一言，心情都很沉重。饭后，大约七点钟，郑洞国忽然接到曾泽生的电话，曾只是说一句“有人和你讲话”，接着有一位自称姓刘的对郑说[①]：“我是解放军的代表，现在长春的局势你是知道的，我们的政策是放下武器，可以保障生命财产的安全，希望你考虑，不必作无益的牺牲。”郑说：“既然失败了，除战到死以外，还有什么可说，放下武器是做不到的。”说完话郑把听筒用劲往电话机上一搁，表示决绝。他那时还在等待蒋介石的指示。

十八日清晨，我到郑洞国的房里去问他有没有电报来。郑告诉我已接到回电，叫他率新七军从第六十军防地突围出去。并说，十八日上午要派飞机到长春轰炸掩护。郑说他已打电话叫新七军副军长史说来商量了。不久，史说来了，郑洞国把蒋的电报给他看了。史说看完了以后，微笑着说：“现在下面已不肯打了，他们都说眼下只是几个高级负责人的问题了，军心涣散，无法突围。”郑洞国还力促史回去召集团长们商议，上午八时左右，果然听到飞机的声音，郑洞国派人到银行五楼屋顶去布置了联络信号，从飞机上又传达了催促突围的命令。不久，几架轰炸机，在南关一带盲目地投下几颗炸弹，我在银行五楼屋顶上看到，引起数处烟尘，不少民房被炸毁。

3. 我被俘的经过

郑洞国于上午九时离开中央银行，亲到新七军各师去督促布置。我回到自己屋里，跟刘振钧、吴德馨等商量，一筹莫展。我给妻子拟了一个电报（就是遗嘱）说：“我们今生已不能再见，希望把儿女抚养成人。”我请银行毕经理代为发给沈阳中央银行，再请我的同学转给北平我的妻子韩晓玫。

上午十时左右，市政府民政局户政科科长林富来银行，要我到他们那儿去潜伏起来，以后再想办法。我决心还要等郑洞国回来和他一同行动。我叫刘振钧、吴德馨搬到他们那儿去，刘同意了，在中央银行的市府人员只剩下我和吴德馨两人。

上午十一时左右，吉林省保安副司令兼师管区司令李寓春和吉林省教育厅厅长王焕彬两人到银行来，看郑洞国不在，就到我们屋里来坐了一下。李寓春眼皮微肿，显得一夜没睡的样子，但还是很兴奋紧张。我问他们的情况，李说，昨晚他带几百人在宋家洼子突围，突不出去。因此现在来看看郑先生有什么主意。我告诉他们，郑还是想突围，他到新七军防地督促布置去了。他们听了以后，说：“突围不可能，还是另打主意

---

① 据了解，给郑洞国打电话的是解放军东北军区联络部的刘浩同志。

吧！”就辞我而走了。

我等到下午二时，还不见郑回来。这时郝恩林给我送来一个纸条，上说：“在中央银行只有等着被俘，金鸿润（《长春日报》社长，住在郝的隔壁）家有一个亲戚，可以在解放军中弄到路条，你不妨来接洽一下。”我想不妨去看看，如果接洽不成，再回银行来。因此，我叫卫士赵成林和司机老郑送我到北安路，先到郝恩林家，问她情况，她介绍我到隔壁金家，会到金的亲戚孙某。孙答应可以替我找路条，嘱我等明后天能通行以后，跟他到二马路他的小五金行铺子里躲一两天，再相机进行。

下午三时，驻扎在市府大楼和它对面大楼（现在的市人民医院）的新七军暂五十六师向解放军接洽投诚，解放军接收了这两座大楼。我所在的金鸿润家，正好在这个大楼的对面，坐在屋子里，就可以看到解放军的门岗。这时切断了我回银行的路。

十九日夜，我住在金鸿润家（金鸿润本人于第六十军起义时被隔断，留在报社）。半夜十二时左右，听到中央银行附近一阵枪声，有步枪，也有机枪，由紧密而渐稀疏，不久就沉寂了。那时，我寻思可能是郑洞国突围出去了，心里懊悔，不该离开银行。我与孙某以前不认识，从与他谈话的情况，感到他虽是金的亲戚，但这人并不是可以信赖的，心中颇为不安。我盘算着想跟孙到二马路以后再设法逃走。

二十日解放军已进城全部接收了各机关，这天一早，孙就带我到二马路去，我穿了一件长袍，戴顶破礼帽，把帽檐压得低低的，使人看不清我的面孔，以为这样就可以蒙混过去了，到二马路，孙把我安置在他的铺子二楼一个阁楼上，从阁楼的窗口可以望见街上行人和解放军的岗哨。上午九时左右，有两位解放军战士提着卡宾枪到阁楼上来把我逮捕了。叫我跟着走到车站附近一个地堡里，见到一位解放军干部。我最初企图狡赖说是商人，这位干部很和蔼地说：“你不用隐瞒了，我们都认识你。”我见此情景，也就承认了。他写了一条子，叫两位战士把我解送到宋家洼子以北约十二里的一个屯子的师部去。

长春起义的抉择

曾泽生*

一九四八年秋，国民党在东北的军事力量陷入绝境，几十万军队被解放军重重围困在长春、沈阳、锦州三个地方，各不相顾，欲守不能，欲走不得。

九月，长春城内一片混乱。军队赖着微少的空投粮食活命，士兵面黄肌瘦，士气低落。老百姓连草根树皮都吃光了，老人饿死在道旁，小孩子成群地在垃圾堆里寻食，为了一张腐烂了的菜叶而相互拼命撕抢。长春已变成了人间地狱。

当时，摆在六十军面前有三条路：一是死守长春，其结果必是城破被歼；二是向沈阳突围，其结果是必将被解放军歼灭在长沈途中；三是反蒋起义，参加革命，向人民赎罪，只有这一条才是活路。走哪一条路呢？这是当时整天盘旋在我脑际的大事，也是盘旋在全军官兵心里的大事。

一　认定起义之路

二十三日晚上，我在长春中长理事会大楼（当时的第六十军军部）的办公室，焦灼地踱来踱去，思索着部队的前途和出路。为了三万官兵和十多万老百姓的前途，我必须走反蒋起义，向人民赎罪的路！想到这里，我看看手表已是九点钟，便拿起电话话筒，对第一八二师师长白肇学说："白师长吗？你马上到我这里来，十点钟一定到！"说完，又找暂编第二十一师陇耀师长。

---

* 作者当时系国民党第一兵团中将副司令官兼第六十军军长。

十点钟，白、陇二位师长都乘车来到我这里。两人都很奇怪：这样晚了，找他们来做什么？陇耀进屋就问我：“军长，有紧急情况？”我摇摇头，指着沙发请他们坐下。白师长见我紧锁眉头，闷闷不乐，就又关心地问我：“跟新七军又有冲突？”我说：“什么也不是，就是找你们来随便谈谈！”随便谈谈，谈什么？一时弄得他俩摸不着头脑，各自取火抽烟沉默着，等我讲话。看他俩的样子，我一下也不知怎样开口。过了好一阵，白肇学忍不住问道，“军座，我们共患难多年，平日推心置腹，难道今天还有什么不好讲的？”我说：“不是有顾虑，而是我想得太多，不知从何谈起。”陇耀插嘴问道，“什么事情呢？”我说：“就是部队的前途，出路问题。我们过去已经谈得很多，今夜请你们来，就是要商议决定我们究竟如何办？”没等我说完，陇耀就说：“商议什么！军长怎样决定就怎样办嘛！”他的态度很诚恳，口气很坚决。白师长低头不语，不知在想什么。本来我想马上提出自己的决定，但看白肇学的样子，就改变口气说：“这是关系全军前途的大事，还是大家商量决定才好。”我又问：“肇学，你的意见如何？”他点头同意，说：“对，多研究，才能万全。”而陇耀总是表现性急，说：“军座，你考虑的结果，意见如何？”我想，他俩都是我的老同事，平日披肝沥胆，无话不谈，关于部队的前途，对时局的看法等，我们都经常交换意见，纵使我提出反蒋起义，他们不同意，也无大碍。就直率地说：“我认为，我们应该率部反蒋起义！”陇耀一听，就激动起来，说：“我早就想着你会这样决定！我们六十军，这些年受国民党嫡系的气太多了。排挤、歧视、分割、监视，装备坏，待遇低。送死打头阵，撤退当掩护，赏是他们领，过是我们背。这样的窝囊气我早就受够了。我拥护起义！”虽然，白肇学同意反蒋，但他提议把部队拉出去后，放下武器，解甲归田。他沉痛地说：“我年少从戎，本想为国为民，御侮安邦。但是几十年来，我所看到的却是自相残杀。我不是铁石心肠，我的心伤透了。”陇耀不同意白肇学的“解甲归田”的意见，他激愤地说：“我还要拿着枪，向蒋介石报‘五华山事件’[1]的仇！”

我们反复地谈着蒋介石集团祸国殃民的罪恶，军队当前所处的艰难

① 作者注：一九四五年十月，蒋介石趁滇军主力第六十军和第九十三军开赴越南受降，后方空虚的机会，命令驻防昆明的杜聿明手下的中央军，包围了云南省政府所在地——五华山，用飞机将云南省政府主席龙云绑架到重庆，用武力残酷地镇压了云南地方势力的反抗，将云南省政府改组。

境况，各人内心的伤痛，一直谈到下半夜三点钟。陇、白各执己见，争辩不已。我怕两人这样争辩下去有伤和气，就阻止说："大家再想一想，今天决定不下，明天再研究吧！"

他们走的时候，已经快五点钟了，我躺在床上，激动得不能入睡。早晨，很早我就乘车去一八二师，见白师长疲倦地斜倚在沙发上，满眼血丝，像害了一场大病。他看见我就想站起身来，我忙按他躺下。他嘶哑地说："从你那里回来，一直睁着眼，想到天亮。"我笑着问他："想得如何？"他说："没想好，我是决心不干军队了！"看着他苦恼的样子，我心里不禁一阵怜惜。我说："肇学，我们滇军有过护法、讨袁、拥护共和的光荣历史，那几次光荣的起义，一八二师的前身都曾参加，你知道吗？"部队光荣的历史，更触动他今天的痛苦，他悲愁地说："怎么不知道，现在还提那些干什么！"我说："你看，今天的蒋介石比当年的袁世凯如何！"他气愤地回答："更坏！"我趁势逼进一步问他："那你为啥不同意起义呢？"他默默地望着我很久，突然挣起身来抓着我的手说："军座，我赞成你！"我一阵激动，忙用手擦去兴奋的热泪，紧握他的手说："好，我们就这样决定！"临走时，我又交代他说："以后，你、陇耀和我，要经常保持接触，具体的拟定起义的行动步骤，开会的地点要多变换，临时听我通知，事情要绝对保守秘密。"

当时，同第六十军一起防守长春的，还有蒋介石的嫡系部队新编第七军。两军以中山路（今斯大林大街）为界，第六十军守东半部，新七军守西半部。第六十军起义，首先就要对付郑洞国和新七军的阻挠破坏。

十月三、四两日，新七军在长春西面的绿园一带出击，作困兽斗，伤亡惨重，毫无进展。四日下午，郑洞国打电话把我找到兵团部，提出要六十军派出一个团，配合新七军出击。我想试探一下郑的态度，就说："目前部队士气低落，城外共军围的又紧，根本突不出去。出击，只是增添伤亡。"郑听了很不以为然，愤愤地问道："难道我们就坐以待毙？"我仍然表示悲观地说："反正我们六十军是没有希望的！"我谈的都是实际情况，郑洞国也感到不能反驳，只好不关痛痒地说了几句"谋事在人，成事在天"之类的话，仍然坚持要我们派出一个团，配合新七军出击。我看他要出击的决心很坚决，就没有再说下去。此时我心里想：起义，他是不会赞成的，现在绝不能让他知道。

第二天，我派第一八二师第五四五团去敷衍，在八里铺一带出击，配合新七军。在出击行动中，郑洞国和新七军军长李鸿常来我的指挥所

（康德面粉厂）打听情况。一次，李鸿是单独来的。闲谈中，我装作很愁苦的样子说："目前，我军士气低落，兵无斗志，贵军如何？"提出这个问题，他也很恼火，说："士气低落，大概皆相同。"我又试探着问："你看，我们能继续守下去吗？"他愁苦着脸说："困难太多。"看他的态度是很消极的，我就又试探着说："突围，六十军是没有希望，你们还可以的。"他摇摇头，表示信心不大。那时，新七军战斗力最强的师是新编第三十八师，其次是暂编第六十一师，最差的是暂编第五十六师。我就探问道："五十六师可以突出去吗？"真没想到，这句话引出了他的一肚子牢骚。他立刻数说了一大套："五十六师，不行！连六十一、三十八师都靠不住，现在是师长有师长的算盘，士兵有士兵的想法。简直是离心离德！现在是圈在城里，还能这样守着，出去，就散了！"原来，新七军上下也早已灰心丧气，自顾不暇，已无能力来阻止我们起义了。

我们派出的一个团，以敷衍的态度，配合新七军出击。打了三天，自然是毫无结果。七日，郑洞国到我的指挥所来，我坚决地向他提出："官兵没有粮吃，饿着肚子冲不上去。而且三天出击伤亡过大，部队已不能再打，今晚必须撤回！"郑洞国问李鸿，李鸿也说要撤。郑洞国只好同意说："撤回来吧！"说完，就坐在沙发上叹气不止，事实已非常清楚：守，是等死；突围，根本无望；只有一条路——起义！

二　劝郑洞国、李鸿起义未成

自从九月二十三日早上白肇学也表示拥护起义以后，我同陇、白二人就起义行动问题不断地秘密进行策划准备。

九月二十六日下午五点钟，在铁路宾馆，我们商议派什么人去与解放军联络。考虑到在职者均不便离开，认为派被解放军俘虏后释放回来的两个人比较合适。这两人是原第五五一团团长张秉昌和原第五四四团副团长李峥先。

三十日中午，我们在陇耀师长处研究了我们起义对云南及眷属的影响。考虑的结果是：革命是要发展到云南的，暂时受些苦，以待解放；而且蒋介石已经手忙脚乱，自顾不暇，他也难于去加害云南；至于眷属，很可能会遭到危险，但要起义，也只有忍痛，何况在国民党统治区的家庭，哪个又不是在水深火热中受苦呢？！我们决定照原计划实施，不计后方一切，有冤有债，待革命成功时再算。这个眷属和后方问题，不能不使我们有些心情沉重，三个人直谈至晚饭后暮薄时方散。

十月一、二两日，中统特务史怡安和督察处处长张某，接踵来第六十军军部探察情况。处处均须谨慎敷衍，细心提防，不能叫他们看出任何破绽。

二日下午，在第一八二师师长白肇学处，讨论怎样对付新七军。考虑以本军两个师的力量与解放军配合行动，虽感有痛苦，但不会有大的问题。首先议定两个方案：以军事行动予新七军以威胁，促其觉悟，必要时沿两军地境线占领阵地，严密布防，但绝不放第一枪，或本军撤离市区，在长春东北集结待命。同时于开始行动时，分别致函警告对方，由我给郑洞国、李鸿写信，由白、陇师长及所属团长给新七军的师长、团长写信，信的内容主要写蒋介石政府之贪污腐败、无能和无希望，指出目前及今后的军事形势。

四日下午四时，我们三人又在中长铁路理事会大楼进行第五次秘密商议。三、四两日新七军在绿园一带出击毫无进展，郑洞国令本军协力新七军作战，此举双方都要付出牺牲，太不合算，那么在此时发动起义是否可能？经再三考虑，认为：第一，尚未与解放军接洽；第二，在下级军官中的酝酿尚不够；第三，对新七军内部尚未作详密的调查；第四，暂编第五十二师的态度不明。由于这四个顾虑，恐不成功而引起意外的憾事，故另作两个决定：协力新七军出击部队，五日以敷衍的姿态出发，摸清新七军和暂编第五十二师（这个师的事，过去本军向不能过问）的底。同时对各重要干部进行酝酿策动。这次商议，又到晚上八时方散。

八日晚，在郑洞国官邸吃过晚饭返部，又约白、陇师长在铁路宾馆聚议。商定：分别进行对新七军的调查工作；考察暂编第五十二师的态度；秘密征询各团长的意见，限自九日起，四天内完成。

连日来，南京派驻长春的视察官李克庭、特派员项迺光（派在东北的大特务），皆到军部来打探军队士气如何，以及征询对今后军事形势的判断。来者不善。本人皆答以“士气低落”“军事形势尚可乐观”等话，予以敷衍。

对暂编第五十二师，几经与师长李嵩谈话，他表面上表示对现状不满，但依其身份、来历观察，仍觉不可靠。以李素来拒我过问该师人事及一切内部事务看，必须对他采取果断办法。

十三日夜十时，约白、陇二位师长在铁路宾馆讨论有关起义准备事项。首先交谈了酝酿准备工作的进行情况：内部酝酿工作结果非常好，众人皆以为目前形势下已不能再行迟延，对国民党政权之贪污腐败日甚一日，人民生活苦况水深火热，痛心疾首，一致主张反蒋起义。对新七军的态度，从李鸿言谈情绪看，愈觉有把握，唯对兵团部尚无情况搜集，但其力量有限，无顾虑之必要。

在交谈了上述情况之后，我们一致认为全军起义的条件已经成熟。于是就起义行动问题作了以下决定：第一，十四日晨派张秉昌、李峥先为代表，持信前往解放军方面接洽；信由白师长起草，我们三人亲笔签名。由陇耀布置张、李出城；第二，接洽妥当后，预定于十六日夜开始行动，除另有指示外，应采取积极行动向新七军布防；第三，布防完毕后，对其上级送信警告，对其士兵用喊话方式，说明本军意志；第四，对暂编第五十二师，由第一八二师和暂编第二十一师各以一营兵力加以监视，并先行扣留其师长、团长，然后挟制该师就范；第五，派纠察队维持市区治安，并由各部派员宣传、安抚，使之镇静；第六，处置好伤病及后方人员。

原计划十五日下午张秉昌、李峥先返回，但至晚尚无消息，我们十分焦灼不安。一是担心他俩能否顺利地与解放军联络上，解放军是否接受我们起义；再是担心他们被郑洞国和新七军捉去，走漏了消息，使部队起义行动受到破坏。

当天夜里，我的心始终放不下来，又到白、陇的师部探询各项工作进行情况。情况还好，外面亦无变化。但我仍一再嘱咐白、陇师长，要他们密切掌握部队，无论任何人召集开会，都不能离开，即或有危险，也不能变更计划。当我返回军部时，夜已很深了。

十六日上午十时，我正在吃饭，副官报告：“郑司令官电话，请军长马上去。”我说：“告诉他，我在吃饭！”没过五分钟，电话铃又响，副官接电话，转身向我说：“郑司令官请军长讲话。”我拿起听筒，郑洞国语调很急促地说：“曾军长，有要紧事，马上来一趟！”这时我心想：为什么这样急迫呢？郑洞国从来不在上午通知开会的，莫不是走漏了消息？我故意拖延时间说：“我正在吃饭。”而郑还是坚持说：“情况很紧，你马上就来！”他越催得急，我越加疑惑。但眼前还得敷衍，不能不去，我只好回答说：“好嘛，我吃完这碗饭就走，可以吗？”他答应了。等郑洞国放下电话，我立刻问白、陇师长郑洞国找过他们没有，他俩都吃了一惊，急忙问我是否联络的人出了事。我告诉他们：

“没出什么事，只是刚才郑洞国打电话要我去，催得急，这是过去从来没有过的事，不能不防。”他们说郑洞国没有要他们去，我才稍稍放一点心，便吩咐他俩：“我还是去兵团部。在我未回来以前，就是天塌下来，你俩都不许离开部队。郑洞国如果将我扣留，你们仍按原计划行动。”

我到兵团部刚一下车，郑洞国的副官就告诉我：“司令官在他的办公室等你。”我怀着忐忑不安的心情走进去，准备着迎接最坏的事情，而表面上依然装得镇定自若。郑洞国身穿美式夹克，拉练大敞开着，半身陷在沙发里，面容憔悴，大口地吸着烟，见我进来，就起身递给我一份蒋介石从沈阳派飞机空投下来的“国防部代电”，内云：“长春郑副总司令洞国并转曾军长泽生李军长鸿：酉灰手令计达，现匪各纵队均被我吸引于辽西方面，该部应遵令即行开始行动。现机油两缺，而后即令守军全成饿殍，亦无再有转进之机会。如再迟延，坐失机宜，致陷全般战局于不利，该副总司令军长等即以违抗命令论罪，应受最严厉之军法制裁。中本删日已来沈指挥，希知照。中正手启。”我看完“代电”后，郑洞国又拿出蒋介石给他的亲笔信叫我看，并且沉重地说：“今天锦州已经消息断绝，情况不明了。”说完又在叹气，在办公室里不安地走来走去。原来如此，我来前的一切担心，此时已全然消除。我把“代电”和蒋介石的信放在一旁，问道：“司令官准备怎么办？”他说：“只能按命令行事。我计划今晚就开始行动，明日四面出击，后天（十八日）就突围。你的意见如何？”我说：“好吧。不过部队士气低落，突围，六十军是没有希望。”郑听后默默不语。我又问他：“计划从哪条路走呢？”他说：“从伊通、双阳这条线走，……突不出去，就拉上长白山。”对于他这样天真的想法，我不禁哑然失笑，我说：“你还想在共产党的天下打游击啊！”郑洞国只是叹气，没有做什么表示。我因心里还装着起义的事，无意在此滞留，默坐片刻，就起身告辞说：“下午开会讨论如何行动，我派徐参谋长来参加，他可以代表我决定一切，情况我已了解，一切都听从司令官决定。”见他点了点头，我随即离开。

从郑洞国那里出来后，我就坐车到了新七军军长李鸿那里，想劝他起义。李鸿正害伤寒发高烧。我从他的卧室出来，到会客室，又从会客室走进他的卧室，几进几出，犹豫不定，是否把我们要起义的事告诉他？转念一想：不行！他们是蒋介石的嫡系部队，而且我们起义也没有联络妥当，不能轻率告诉他，自找麻烦。我头脑一清醒，就上车回军部了。

三　六十军全军宣布起义

从李鸿处回来，已经是下午了，而张秉昌和李峥先还是没有回城，我在办公室里坐立不安。原定当天夜里就开始起义行动，已经是下午两点多钟，仍不见联络人回来。而郑洞国又布置当晚开始执行他的突围部署，怎么办？越想心里越急。好不容易熬到天将黄昏，张秉昌和李峥先终于推门进来。我忙上前握着他们的手，急迫地问道：“联络上了吧？”我看着他俩满脸喜色，马上又高兴地说：“一定是联络上了！”张秉昌笑着点点头，告诉我：“解放军欢迎我们起义！”

解放军接受我们起义了！我立刻打电话，把这个消息告诉白、陇师长。陇师长在电话上兴奋地冲我喊道：“军座，现在就动手干吧！”我也激动地告诉他：“我马上就到你那里去，给营以上军官讲话。”

在去暂编第二十一师之前，我按解放军的意见，又派第一八二师副师长李佐和暂编第二十一师副师长任孝宗，作为我们的正式代表，出城与解放军进一步商谈有关起义行动诸事。

当我到了暂编第二十一师，营长以上军官都已到齐，挤满了一个小会议室。我由浅入深，以诱导的方式，从眼前的政治形势，讲到六十军与蒋介石嫡系的矛盾，然后说明了六十军的处境。最后我说：“弟兄们，长春的处境，大家都很清楚，今天召集你们来，就是要商议办法，我们该怎么办？”

我的讲话，使不少人（主要是营一级军官）感到意外。过了好一阵，没有人起来发言，大家都很拘束。我笑着问道：“你们发表意见，看该怎么办？”依然是沉默。又过了一阵，有人大声说了一句：“军长怎么命令，就怎么办！”大家都随声附和：“对！军长下命令，我们就办！”我说：“不行，这不是下命令的事；这是关系全军官兵前途的大事情，应该大家考虑，以免将来有二话！”大家坚持要我决定，我坚持要大家来商议决定。推来推去，延误了不少时间。终于有人大胆地起来发言了。他主张“立即向沈阳突围”。我当即否定了这个意见，说：“不行，我们走不到沈阳，就早被消灭了。”有人打了头炮，发言渐渐活跃起来。有人主张：“尽忠报国，战至最后一人。”有人主张：“死守长春，等待援兵。”……就是没有人提议“起义”。我环视满屋的人，大家都是云南袍泽，是被蒋介石强迫到东北来打内战的，离乡背井，抛妻弃子，受尽了蒋介石嫡系的白眼，几年来又都在战场上吃了许多苦头，眼前又都是无路可走，每个人都有自己的心事。我了解他们，他们不提“起义”，并不是不愿意起义。于是，我又更明显地启发说：“死守待援，无异于等死；蒋介石祸国殃民，对我们六十军欺凌宰割，和我们只有怨仇，毫无恩德。我们何苦给他‘尽忠报国’！该怎么办？大家还应多加考虑！”大家又是一阵沉默。突然，一个人站起来说：“我主张起义，反对蒋介石，跟共产党走！”此时大家都把眼光集中到他身上，又转过来望望我的反应。我马上肯定地说：“这是可以走的一条路，我赞成这个意见！”会场的情绪一下子活跃起来。我问道：“你们同意起义吗？”都齐声回答：“同意！”陇耀师长这时站起身来，面对我大声说：“报告军座，我们暂编第二十一师全师赞成起义，请你下命令。”人们“哗”的站起来，我郑重地对大家说：“现在，我宣布：六十军起义！陇耀师长立即指挥暂编第二十一师向新七军布防。”

从暂编第二十一师出来，我直接去第一八二师师部。我向白、陇两师长说：“暂编第二十一师已经决定起义了，我赞成他们，你们怎么办？”他们也一致表示拥护起义。随即该师也向新七军布防。

我命令白、陇两师长：“如果新七军想剿灭我们，就坚决和他们打！我们有解放军做后盾，不怕他们！”

我从第一八二师回来，打电话给暂编第五十二师师长李嵩：“李师长吗？有件事通知你。今晚十一时，你带着三个团长，到我这里来开军事会议。”我还着重嘱咐他：“一定要准时到达！”

我一直等到听见他和师部总机讲：“要三团部！”才放下电话，这时已经是晚上九点钟了。我把副官长张维鹏找来，对他说：“起义行动，一切都准备就绪了，就是暂编第五十二师还没有安排。这个师是杜聿明派来监视我们的。李嵩平日就拒绝我过问他们师的事。他不会同意起义，更不会听从我的命令。但是暂编第五十二师又正驻在我们两个师中间，是我们起义的障碍。现在，要让你去解决这件事情。”张维鹏问：“怎样解决？”我说：“我已经通知李嵩带着他的三个团长，十一点钟到这里来开会，到时你就将他们扣留。告诉他们：六十军起义了，要他们命令他们的副师长、副团长听从指挥，随我行动。不然，他们的生命掌握在我们手里！”张维鹏站起来说：“懂了，我一定办好！”

夜十时，我正在向军部和直属部队营以上军官动员起义，副官向我报告说："李师长和三个团长来了。"我说："你请副官长陪他们一会。"我又继续动员。十一点多钟，张维鹏高兴地跑来报告："军座，一切都办妥帖了。"他笑着对我讲了经过（见本文末附注）。按计划顺利地扣押了第五十二师的师长、团长；他们的副师长、副团长也都规规矩矩地表示服从命令，随全军起义。听完张维鹏的报告后，我立即抓起电话对第五十二师副师长欧阳午说："做好行动准备，接到命令就开始行动！"他连声回答："是！"而且把他对张维鹏表示的"服从指挥，拥护起义"的态度，又向我重复了一番。

随后，我又打电话问陇耀和白肇学，监视暂编第五十二师的兵力布置好了没有？他们说早已布置就绪。此时，对暂编第五十二师的控制有了一个眉目，我心里又多了一分轻松。

四　再劝郑洞国、李鸿起义仍未成

处理过暂编第五十二师的事，已经是后半夜的一点钟了。为能顺利地指挥全军起义行动，我把自己的指挥所移到了裕昌源面粉厂——第五四五团团部，这个团的团长朱光云，思想倾向进步，拥护起义的态度很坚决。

在蜡烛光下我给郑洞国和李鸿各写了一信，总想劝他们与第六十军一致行动。给郑洞国的信原文是：

桂庭司令钧鉴：

长春被围，环境日趋艰苦，士兵饥寒交迫，人民死亡载道，内战之惨酷，目击伤心。今日时局，政府腐败无能，官僚之贪污横暴，史无前例，豪门资本凭借权势垄断经济，极尽压榨之能事，国民经济崩溃，民不聊生。此皆蒋介石政府祸国殃民之罪恶，有志之士莫不痛心疾首。察军队为人民之武力，非为满足个人私欲之工具，理应救民倒悬。今本军官兵一致同意，以军事行动，反对内战，打倒蒋氏政权，以图挽救国家于危亡，向人民赎罪，拔自身于泥淖。

公乃长春军政首长，身系全城安危。为使长市军民不作

无谓牺牲，长市地方不因战火而糜烂，望即反躬自省，断然起义，同襄义举，则国家幸甚，地方幸甚。竭诚奉达，敬候赐复，并祝

戎绥！

曾泽生敬启

给李鸿的信，内容基本一样。

十七日晨，天尚未明，即派政工处处长姜弼武把信先送郑洞国，后送李鸿。姜弼武回来后报告说：“见到郑洞国本人了，他们正在开会，乱糟糟的。郑洞国看完信回答说，‘曾军长要起义，请他自己考虑，要我和他一路，我不能干！’”

上午，郑洞国派他的副参谋长杨友梅、长春市市长尚传道、省府秘书长崔垂言来见我。为了不让他们知道我的指挥位置，就叫他们到第五四六团团部，我在那里接见他们。

杨友梅见到我就赔笑说：“郑司令官因职务累身，不便前来，派我们多多拜致副司令官，希望副司令官再从长计议。”我说：“我们什么都计议好了，就是反蒋起义！”尚传道忙接过去说：“郑司令官讲，过去那些事情办得不好，请副司令官多提出来。今后的事情，请副司令官多作主张。总希望副司令官从长计议，顾全大局。”我说：“六十军此举完全是为了拯救自身，拯救长春十几万老百姓，非与郑司令官有隙。假如郑司令官有这样看法，还请诸位回去多作解释。”杨友梅又说：“副司令官，军人这样做，是不够恰当吧！”我立刻很生气地驳斥他说：“你们说我背叛，对吗？我们背叛无义，走向正义，难道不应该吗？”崔垂言见我变了脸，慌忙解围说：“杨参谋长的意思，是劝副司令官从长计议。”尚传道也在一旁帮腔：“对，对，就是这个意思。”

几个人把我纠缠得很不耐烦。正在这时，有人报告我：解放军代表已经来了。我急于回指挥所，于是很干脆地对杨友梅他们说：“我们已经决心起义。请你们转告郑先生，假如他们愿和六十军一起行动，我完全负责代为联络；假如他要想先把六十军剿灭再突围，也只有听便！”说完，我手向外一指说：“你们走吧！”临走时，杨友梅还讨好地说：“这些问题，我负责在下午答复副司令官。”

五　向解放军交防并接受改编

从第五四六团团部回到裕昌源，解放军代表刘浩同志正在等我。我们热情地紧握着手，刘浩同志说："解放区军民，正忙着准备热烈欢迎你们呢！"

刘浩同志也是云南人，很直爽，很热情，谈了一阵我们就熟了。他笑着对我说："曾军长，去年夏天六十军在吉林的时候，我就到过吉林，还和陇师长会面交谈过，那时我就劝你们起义。"我说："这是大势所趋，人心所向，不能不如是耳！"相对笑了一阵，他又告诉我："杨滨同志，就是给你当过副官长的杨重，现在长春外围，他让我问候你。"

杨重，是我过去的副官长兼特务营营长，一九四七年秋天才离开第六十军的。到这时，我才确实知道，原来他是一个共产党员。从刘浩同志谈话里还知道：在六十军内，从一九三八年就建立了中共地下党组织，党员不少，做了许多工作，连我设临时指挥所这个团的副团长赵国璋，也是共产党员，无怪乎团长朱光云拥护起义积极。原来，这次起义的发动十分顺利，得地下党的暗中帮助不少。

十月十七日下午，刘浩同志陪我出城到了解放军围城兵团政治部，唐天际将军对我表示热情的欢迎。我们抓紧时间，当面展开军用地图，把部队交防及撤向解放区后方的具体安排确定后，于黄昏时又赶回我的指挥所，立即布置当夜行动。入夜后，第六十军部队认真地将防地交给解放军入城接防部队，我和刘浩同志乘车到各团巡视后，即随部队撤出长春，沿公路开往九台地区集结休整。

天亮后，我们部队正走在路上，蒋介石就派飞机轰炸我们。这是我们预料之中的事。由于有所防备，部队既未惊慌混乱，也没有遭到什么损失，只是一些无辜的老百姓遭了殃。蒋介石的狠毒手段，更增添了官兵们的愤慨。我们进入解放区后，老百姓和解放军同志，早烧好了开水，做好了早饭，热情地迎接我们。

东北人民解放军首长及萧劲光、肖华等一兵团的首长，对我们这支起义部队给予了无微不至的关怀照顾，官兵们都感到是来到了一个新的天地，无不十分激动。

一九四九年元旦刚过，中国人民解放军总部发布命令，把我带的这支起义部队完整地改编为中国人民解放军第五十军，我仍任军长。

附注：

张维鹏同志在《六十军长春起义》修改稿中忆述了扣留暂编第五十二师师长、团长的事情经过：

曾军长于当晚（十六日）九时给暂编第五十二师师长李嵩打了电话，要李带着他的三个团长于十一时到军部开会，同时打电话告诉我说："李师长他们来开会时，借这个机会把他们扣留起来。"事先曾军长写了一封信交给我，大意是：六十军起义了，要李嵩命令他的副师长欧阳午及三个团长，听从指挥，和我们一起行动，不然就先枪毙他们，然后剿灭全师。可是李嵩于九点多钟就带着一团团长胡家驹、二团团长周曙初、三团副团长熊国桢（团长谢绍贤正患伤寒病）提前来到军部。我只得先把他们招待在副官处休息。因为时间来到，李嵩显得很急躁的样子，总是问我："军长还没有回来吗？"我只得临时编话敷衍他。到了十一时整，我照预定的计划，把军长的信交给他，他看完后，心情非常沉重，胆怯地说："我们遵命照办。"这时我要李嵩和三个团长轮流打电话给他的副师长及三个副团长（一团副团长贺良汉、二团副团长王鹏、三团副团长熊国桢已作代表在军部）来军部。他们来到军部后，李嵩拉着副师长欧阳午说："千万要服从军长的命令，起义，起义，保全我们的性命……"两个团长也各向他们的副团长一再交代，要一致行动。这时，就将李嵩和一团团长、二团团长扣留在军部，将副师长欧阳午和三个副团长放回去，准备跟着起义，照军长指示行动。事后，看到李嵩坐着休息的地方，一包香烟被撕得粉碎，扔了一地，可见他的心情是非常沉重的。

欧阳午和三个副团长离开军部的时候，我又向他们说："军长要我告诉你们，如果你们不听话，跟新七军跑，我们就先剿灭你们。我们有解放军作后盾，你们不要执迷不悟！"欧阳午连声说："是！"并要我向军长报告："我们服从指挥，拥护起义。"就在这个时候，曾军长还打电话给白、陇两位师长，各派一个营监视暂编第五十二师。他们回答说："早已布置好警戒了。"关于暂编第五十二师的问题，就这样解决了。

吉林败退后

陇 耀*

一 吉林撤退和长春困守

一九四七年六月，第六十军奉命退守吉林，进行整训备战。第三次组建的第一八四师[①]先后在沈阳、锦州整训，不能归还建制。奉命将由交警总队和保安区合并改编的暂编第五十二师拨归六十军建制[②]，吉林省保安旅也归第六十军指挥，表面上有一个军又一个旅的兵力，但实际只有第一八二师比较完整，其余的都残缺不全，战力薄弱。暂编第二十一师担任吉东守备，利用解放军整训的喘息机会，大力加强工事和战斗训练，并东出天岗一带抢收秋粮。此外，还冒零下四十多度的严寒东出扫荡，有一次竟冻伤士兵百余人。东北行辕副主任兼吉林省政府主席梁华盛，利用职权，压制打击甚至诬告第六十军，造成军政间的严重摩擦。

一九四七年十月下旬，北满解放军以三个纵队的兵力围攻吉林。暂编第二十一师因凭松花江及龙泽山的天险，在吉东方面没有发生激烈战斗，只有在吉北大荒地附近的争夺战中有所损伤。解放军主攻方向是吉林西南的第一八二师防区。争夺小团山战斗最为激烈，解放军以约一个团的兵力轮流冲锋数次，并以有力部队突入团山侧后，第一八二师出动装甲车增援，反复冲杀，双方伤亡甚大。小团山被解放军攻占时，只剩

---

* 作者当时系国民党第一兵团第六十军暂编第二十一师少将师长。

① 国民党军第一八四师，原属第六十军的战斗序列。该师一九四六年五月在辽宁海城起义。第二次重新组建的第一八四师，于一九四七年五月在梅河口战斗中被全歼。这里指的是第三次组建的第一八四师，一九四八年十月在锦州战役中被歼。

② 据了解，在吉林时，该师归第六十军指挥，该师随六十军撤到长春后，正式划归第六十军建制。

下六个伤兵，战斗之激烈可见一斑。经过一周激战，解放军主动撤围，第六十军幸免覆灭。国民党称之为“吉林保卫战”，吉林党政当局在小团山特立“吉林保卫战纪念碑”并举行“祝捷”大会，颁发纪念章以激励民心士气。吉林被围攻期间，长春守军坐视不救。曾泽生在北山（第六十军军部驻地）战役检讨会上，挂出一幅大狮子训练小狮子的古画，并感叹地说：“大狮子训练小狮子是采取把小狮子从大石岩上推下去的办法。如果小狮子坠岩跌死了，大狮子就丢下小狮子的尸体走了。现在我们的处境也和小狮子一样，如果自己不坚强，被推下石岩是要摔死的。”其言语重心长，对蒋介石中央表示不满，对部队前途充满忧虑。

一九四八年三月间，东北“剿总”总司令卫立煌为了减轻孤立据点空运补给的负担，也为了避免孤军被各个击破，决定放弃吉林，把第六十军撤到长春，增加长春的防守兵力。曾泽生当即建议同时放弃长春缩短战线，集中兵力于辽西，与解放军决战。但卫不采纳曾的意见。三月八日卫立煌派副总司令郑洞国和参谋长赵家骧乘专机到吉林，亲自给第六十军下达撤退命令，并命令第六十军破坏小丰满发电站。吉林省主席梁华盛早知消息，借故到长春视察，已先期坐飞机跑了。正在吉东扫荡的暂编第二十一师附第一八二师的一个团也奉令当天赶回。是夜，吉林党政军机关部队全部弃城西逃。三月九日，吉林解放。此次撤退，因解放军主力未在吉林外围，所以没有发生激战。途中只在太平岭至饮马河地段遭到解放军的阻击，小有伤亡。第六十军撤退时，并未遵命破坏小丰满，致使当时全国最大的水电站，安然回到人民手中。三月十一日，第六十军到达长春，接替东市区的防务。由吉林撤到长春，好比由一个死胡同进到另一个死胡同，处境更加艰危罢了。

吉林解放后不久，四平亦告解放。在东北战场上，长春已经成为一个死棋。但蒋介石为了怕在国际上丢失面子和搪塞内部指责，硬要死守长春。他置长春十万守军于不顾，想以此吸引一部分解放军以减轻对沈阳、锦州的压力。蒋令东北“剿总”副总司令郑洞国兼任第一兵团司令官和吉林省政府主席，率领新编第七军和第六十军等共约十万人守备长春，“固守待援”“待机反攻”。蒋还派战地督察组坐镇长春“督战”。郑洞国以第六十军守备长春东市区，暂编第二十一师担任伊通河至农学院一带防务。此时，虽积极进行攻防实战演习，补充人马武器和加强工事等备战活动，但士气早已一蹶不振，不少军官纷纷请假脱离危城。第一团团长王国祥请假，以第三团团长李树民调充，并以营长彭让升任第三团团长。野战医院院长关岳请假，以军医主任赵增华兼任野战医院院长。解放军对长春采取军事包围、经济封锁和政治瓦解的政策，以一个纵队又七个独立师把长春围得水泄不通。节节进逼，兵临城下。先攻占大房身和宽城子两个机场，后又以炮火威胁在市内自由大街新辟的飞机跑道，断绝了长春对外的空中补给联络线。解放军还从四面八方挖掘坑道，接近守军阵地，对守军喊话并进行严密监视。在解放军的重重包围下，长春守军已成瓮中之鳖。

围困中的长春缺乏电力，工厂停工，电车停驶，照明无着，煤炭运不进来，烧不起暖气，连做饭用的燃料也只好靠挖柏油马路、拆高楼大厦来维持。尤其是粮食问题更为严重。十万守军的粮食依靠微弱的空投补给，远远不能满足需要，而且空投时常停顿。部队把军马都杀吃干净，士兵饿得头晕眼花，因饿而病而死的不计其数，战力大为减弱。士兵携械向解放军投诚的日有所闻。以兵团司令部副参谋长杨友梅为首的空运指挥部，对于空投粮食的分配，采取了厚彼薄此的办法。对蒋介石嫡系的新编第七军分的特别多，而对地方杂牌部队的第六十军则随便分给一点。各部队为了保命，把落在防区里的粮食私自抢收藏匿，并派出搜购粮食的队伍，强行搜劫民间稀有的粮食。在罗掘俱穷的情况下，几十万长春市民挣扎在饥饿和死亡线上。树皮草根都被吃光，市区各公园里，尸积成堆，臭气熏天，甚至发生了卖人肉的惨事，真是惨绝人寰。守军求援求救的电报频频发往沈阳、南京，急如星火，而蒋介石却用“已派大军两路驰援长春”的谎言，欺骗守军。守军望援军不至，度日如年。蒋介石派来的战地督察组两名“督战”官一再命令守军出击，妄图打开困局，但均碰得头破血流。暂编第二十一师在农学院向外出击，遭到解放军的猛烈还击，寸步难进。第三团团长彭让、团附叶于勤、营长郭枫以下官兵被击毙数百。于是调第二团团长赵时雍为第三团团长，第二团副团长李家祯升充团长。

二　共产党对第六十军的耐心争取

第六十军由于是云南地方实力派的政治工具，决定了它和蒋介石集团反共反人民的立场是一致的。但在国民党中央与地方政治势力争权夺利的斗争中却存在重重矛盾。蒋介石利用滇军替他卖命当炮灰，并通过内战，借刀杀人，削弱乃至消灭滇军，以达到他排除异己的阴险目的。

东北国民党军最高指挥官杜聿明、陈诚等，对滇军一贯怀疑歧视，排挤打击，在装备补给上百般虐待。如一九四七年五月暂编第二十一师海龙突围中，山炮丢光，报请补领，尽管沈阳军械库里存有山炮，但他们就是不发给。后来费尽九牛二虎之力，才领得十二门旧步兵炮。在兵力使用上把滇军的第六十、第九十三两个军分置吉林、热河两个孤点，使之不能互相支援。滇军部队往往成团成营被分归中央军指挥。下达战斗任务我们这些“杂牌军”经常被摆在艰巨危险的战线上，而中央军则见死不救。一九四七年第六十军的“战绩”被评为“甲等”，但国民党军在东北的报纸从来不作宣扬，一个姓汪的记者写了一篇题为《一支沉默的军队》的通讯赞扬了第六十军，沈阳各报就不肯发表，只好拿到北平去登载。第六十军的第一八四师分割出去后，就把由特务部队改编的暂编第五十二师拨进来进行监视。凡此种种，都增加滇军官兵对蒋介石反动统治的离心倾向。

早在第一八四师海城起义以后，共产党就积极开展争取第六十军的工作。如不断给第六十军送来宣传品，介绍第一八四师起义后师长潘朔端升任东北民主同盟军第一军军长，团长魏瑛升任第一师师长，各级官兵备受优待的情况，用事实交代了政策。通过在解放军中工作的云南籍人员，给第六十军各级主官写信，晓以大义，殷勤劝勉。将被俘后经过教育思想有所转变的滇军官兵释放回来，进行现身说法的策动工作。一九四七年五月，暂编第二十一师海龙突围被俘官兵七千五百余人，备受解放军的优待，到桦甸后，派政工人员前来慰问，每人发香烟二包及酒肉等慰劳品。滇籍的联络人员陈方、司维等还送给被俘官兵《蒋管区内幕》《新民主主义论》等书刊。东北民主联军副总司令兼吉林省人民政府主席周保中将军对被俘官兵讲话，历数蒋介石祸国殃民的罪行和对滇军利用、分化、瓦解、消灭的种种阴谋，指出蒋介石必然败亡、人民革命必然胜利的真理。他勉励大家参加革命，将来打回云南去，解救家乡父老兄弟姊妹，语重心长，情词恳切。被俘官兵如拨云见日，深受感动。接着解放军把被俘的参谋主任杨肇骧、炮兵营长赵时雍、第三团副团长王伟略等一百二十多名军官释放回吉林。行前，周保中将军还勉励他们许多话，并给曾泽生、白肇学和我等军、师长写了一封信，交他们带回六十军。信中揭露蒋介石依靠美帝发动内战的罪恶，写到蒋介石欺骗滇军替他打内战的阴谋时说：“抗战胜利之后，美其名曰‘受降’，把滇军全部骗往越南，滇军前脚才出国门，蒋介石就发动云南政变，致使五华山的炮响，三牌坊的血流。‘受降’完毕以后，又美其名曰‘接收’，把滇军从气候炎热的越南调到冰天雪地的东北，投入内战的烽火之中，……”并指出：“如今之计，只有效潘朔端将军海城起义，并肩作战，打回云南，才能解救家乡。……”在吉林期间，解放军派联络处处长刘浩（云南人）亲到吉林会见我，劝我起义。松江省人民政府副主席张冲（云南人，曾任第六十军第一八四师师长）也到吉林外围工作，并写信给第六十军各级将领劝他们弃暗投明。一九四八年元旦，解放军给第六十军官兵送来许多贺年片。内中有印有张冲和陈开文（梅河口被俘的第一八四师师长）照片的贺年片。在长春，解放军把空投落在解放区的信件都送还给第六十军官兵。中秋节时，还给第六十军官兵送来月饼等礼品，并派黑龙江军区副司令员潘朔端也到长春外围对第六十军进行工作。

第六十军受尽国民党中央的窝囊气，怨恨日深。但为什么仍然跟蒋介石走呢？这并不是昧于形势利钝，其主要原因是因为第六十军是卢汉亲手培植起来的部队，是云南地方统治势力的政治资本。滇军是蒋介石和卢汉之间政治交易的抵押品。所以滇军是用在东北的军事行动来掩护云南的政治局面。滇军的将领都是卢汉一手提拔起来的，对卢汉怀德报恩，即使粉身碎骨，亦在所不惜。人人抱着“可以叛蒋，不能叛卢”的信念。因此，尽管内受蒋介石中央军的排挤打击，外受解放军的进攻包围，内外交困，艰险重重，前途黯淡，但仍然含垢忍辱，任劳任怨，惨淡经营。即使在困守长春、弹尽援绝、杀马烹犬、勉强度命的严重关头，也仍然死力挣扎，以期维持云南政治局势的稳定，不负于卢汉而后已。对于国家民族的大义则茫然置之度外，致使共产党的争取工作经历了漫长曲折的道路。但共产党的政策影响，却已在第六十军播下了思想的种子，时机成熟，就会发芽滋长。

三　长春起义，获得新生

一九四八年十月十七日，第六十军在长春起义，是在辽沈战役胜利发展的形势下逼出来的。共产党的长期争取和蒋介石排除异己的阴谋，也同时发挥了促进与刺激的作用。

一九四八年九月，困守长春的国民党军已经被严重的饥饿摧残得奄奄一息，临近危亡的绝境。而蒋介石一味用“待援”的空头支票进行欺骗，大家对于渺茫的前途已由焦急变为麻木。此时，解放军发动了巨大的辽沈战役。用“关门打狗”的战法，先攻锦州，卡住辽西走廊，截断关内外国民党军的联系，然后抓住战机就地全歼关在东北的国民党军。蒋介石被解放军的强大攻势吓得慌作一团，一会儿打算把东北国民党军主力撤逃入关，退保南京老巢；一会儿又打算与东北的解放军决战，要给解放军沉重打击再走。犹豫不决，举棋不定。十月十五日锦州解放，十万守军被歼。援锦的东、西两路兵团，也遭解放军顽强阻击，不能前进一步。蒋介石看大事不妙，才电令长春守军突围。蒋介石除发来电报外，还派飞机投下国防部的笔记命令和他给长春守军将领的亲笔信。大意谓：“必须立即行动，如果迟缓，则沈阳守军不能久待。”急遽演变的形势表明，锦州的解放，已堵死了东北国民党军从陆上逃跑入关的退路。突围入关，希望渺茫。尤其是长春守军早已陷入重围，根本突不出去。即使没有解放军的围阻，已经饥饿不堪的官兵，也难以长途跋涉。这就是说：守无粮弹，战无斗志，逃无出路，唯一的生路只有起义。

军长曾泽生、师长白肇学和我，早在九月间就预感到危急存亡的时机日益迫近，便开始对出路问题交换意见。曾泽生提出了反蒋起义的主张。我因在越南时曾经提倡“打回云南去”，遭到蒋介石、陈诚的追究，心怀怨恨，对起义主张积极赞成，并说服了白肇学，取得一致意见。暂编第二十一师内部都认为六十军起义后，蒋介石可能马上逼卢汉下台。但除了起义之外，别无生路，只好先解燃眉之急。十月十四日，曾泽生派被解放军释放回来的原一八四师的团长张秉昌和副团长李峥先二人到解放区去联系。十六日，郑洞国决定于十七日突围。曾泽生感到事不宜迟，傍晚在暂编第二十一师师部（长春天主堂内）的地下室中召集营长以上人员开会，针对当前形势提出如何谋求出路的问题。有人主张立即突围，有人主张固守到底，议论纷纷。忽然有人提出起义的意见，曾泽生立即予以支持。其实，对于反蒋起义，大家都有同感，但又讳莫如深，谁也不愿直言。大家见军长主张起义，都一致热烈赞同。正讨论起义步骤时，张秉昌等已带回东北人民解放军首长的回电，大意是：热烈欢迎第六十军起义，起义部队保留建制，官兵与解放军一样待遇，并指示就近解决新编第七军。曾泽生当场宣读电报，众人鼓掌欢迎。并决定掉转炮口，当晚对准新七军布好防，断绝交通和通信联系。官兵闻起义消息，绝路逢生，无不欢呼称庆。

第六十军所属除了第一八二师和暂编第二十一师之外，还有一个特务部队改编的暂编第五十二师。起义前我们对该师是保密的。起义发动时，才借开会为名把该师师长李嵩和三个团长召到军部扣押起来，责成该师副师长欧阳午说服部队官兵参加起义。后来他们在第一八二师和暂编第二十一师的监视之下，同时撤出长春，军部参谋长徐树民是蒋介石派到第六十军的特务，拒绝参加起义，并骂曾泽生忘恩负义，当即将其扣押。

十七日晨，郑洞国未见第六十军来照命令突围，知其中有变，便命新七军停止突围行动。并在新七军军部召开紧急会议研究对策。曾泽生曾写信给郑洞国，劝他起义，并命我策动新七军各师师长起义。我写信给新三十八师师长陈鸣人、暂编第六十一师师长邓士富等三人，大意谓："本军为谋官兵之生路，求战祸之消弭，免生灵于涂炭，已宣布反蒋起义，此非我等之寡情，实乃政府之负德，置我等于死地而不恤也，尚冀兄等见义勇为，共襄义举，庶免覆军杀将身败名裂之祸。"这一信是派师政治部主任胡日初送去的。据胡回报，陈鸣人等看信后把信交给新七军军长李鸿看，李又转给郑洞国及督察官看。郑看信后表示："你们愿意干就干，但不能用我的名义。"李鸿表示："上有兵团司令，下有师长，我不能做主。"几个师长则表示："我们服从上级命令。"最后郑命陈等复信给我，略谓"事关全军命运，应从长计议，请恢复交通、通信，以便密取联系"作为敷衍。郑洞国率警卫营凭中央银行大楼顽抗，我考虑从上级劝说不行，只有用"釜底抽薪"的办法，从下级瓦解着手，要各团团长动员新七军的团长起义，结果他们见大势已去，表示缴械。十八日，新七军放下武器[1]。十九日郑洞国也放下武器了。十七日深夜，解放军开入长春接防，第六十军即于十八日拂晓前撤离长春。天还没亮，蒋介石就派来飞机侦察，天亮后派机轰炸长春东市区原第六十军防地，炸毁房屋甚多，六十军伤官兵十余人，市民亦有伤亡。

第六十军起义后，受到解放区军民的热烈欢迎。东北野战军前线司令部萧劲光司令员、肖华政治委员在李家屯招待起义将领，并拍摄了电影纪录片。在开到九台时，人民送茶送水，敲锣打鼓，夹道欢迎。东北野战军司令部特派后勤部部长送来奖金人民券四亿元，并聚餐犒劳起义官兵。张冲也从哈尔滨赶来慰问六十军。而后解放军按照起义政策，把第六十军

① 据史说回忆，十八日，新七军代表与解放军攻城部队达成放下武器协议，十九日，全军放下武器。

改编为中国人民解放军第五十军，暂编第二十一师改编为第一百四十九师，成为光荣的人民军队。起义官兵，从祸国殃民的绝路上获得新生，走上了反帝爱国的光明道路。

起义前后的两重天

任孝宗*

一　第六十军的内部情况

第六十军是抗日战争爆发后由云南地方部队编成的，这个部队一直没有摆脱地方部队的性质，一切人事和兵源的补充，多半仍由云南掌握。龙云被蒋介石解决后①，不久继之以卢汉担任云南省主席，第六十军又隶属卢的基本部队，各级干部均系卢一手培植的人，团长以上军官大多数又是曾泽生军长的学生，士兵多为云南籍，在东北时还由云南征兵带去补充，所以这个部队的内部关系是团结的，上下是一致的。在起义前夕第六十军的编制是：

军司令部及直属部队，军长曾泽生、副军长缺，参谋长徐树民。

下辖三个师：

第一八二师师长白肇学，副师长李佐，参谋长杨正隆，第五四四团团长胡彦，第五四五团团长朱光云，第五四六团团长邓应斌。

暂编第二十一师师长陇耀，副师长任孝宗，参谋长杨肇骧，第一团团长李树民，第二团团长李家祯，第三团团长赵时雍。

暂编第五十二师师长李嵩，副师长欧阳午。该师是由刘伯中保安区和李嵩的交警总队改编拨归为第六十军的。

第六十军当时虽然有三个师，实际上兵员不足，新兵多，残缺不堪。其中比较有点战斗力的只有第一八二师，历次战役中损失比较小，老兵多一点。暂编第二十一师在吉（林）海（龙）线各次战斗中损失较

---

* 作者当时系国民党第一兵团第六十军暂编第二十一师少将副师长。

① 见本书曾泽生文注。

大，第一团之第二营在辉南县被解放军全部歼灭，团长徐济民在朝阳镇阵亡；第二团在通沟亦遭受重大损失；第三团团长彭让，营长郭枫等在长春阵亡。特别在一九四七年六月，暂编第二十一师由海龙突围向永吉转进时，沿途被解放军击溃，损失严重，只有少数零星逃到吉林来。虽经过补充，兵员仍不足，新兵多，战斗力差。暂编第五十二师更差，人数少，情形复杂，纪律很坏。该师拨归第六十军实际上成了第六十军的一个包袱，可以说是拨来监视第六十军行动的，军长从来就没有使用过他们。

二　起义前夕的处境

长春原为李鸿的新编第七军驻防，由于在解放军强大攻势之下，国民党军各城市随时有被一块块吃掉的可能。一九四八年三月郑洞国、赵家骧携带命令坐飞机到吉林要第六十军撤到长春，以增强长春守备。第六十军到达长春后，与新七军共同担任长春守备任务，并成立第一兵团司令部统一指挥。兵团司令官是东北“剿总”副总司令郑洞国兼，第六十军军长曾泽生兼任兵团副司令官，兵团副参谋长为杨友梅。守备地区划分是由中山马路[①] 平分两半，第六十军在东半部，新七军在西半部。各军以长期坚守为任务，拼命构筑工事。

尽管处在极端困难的情况下，第六十军照样开办训练班轮训干部，鼓励士气，同时要求部队不断加强工事等，要决心与城共存亡。

但是，人不吃饭不行。长春被解放军围困数月，外面什么东西也运不进来。城边沿的房屋拆了不少当燃料，城里的豆饼、草根、树叶已吃光，老百姓饿死不少，还出现过卖人肉的现象。发行的钞票完全没有用，一只金戒指只能换得两个馒头。饥寒交迫的惨状，是前所未闻的。军队专靠空投下来微不足道的粮食度日，而飞机空投已越来越少。第六十军的困难远比新七军大，新七军原来就驻长春，粮食有些储备，直到长春解放时，他们有的单位还堆着很多粮食。我们守备区的炮兵是由新七军配属的，而在最艰苦的时期，我们官兵吃不上饭，而他们官兵仍然有大米和白面吃。在这种对比的情况下，第六十军官兵颇有意见，说他们是“皇太子”，我们是“抱养儿”，打仗就由他们去打好了。在当时那种困难情景

---

① 即今斯大林大街。

下，有的已在自谋生路。暂编第二十一师卫生院院长关岳，就在起义前夕携眷逃出长春，自己找解放军去了。说明第六十军当时已到了山穷水尽的地步。

但在这个时期，长春守军还作最后挣扎的打算，我记得在起义前，第六十军和新七军都抽调部队向城郊出击。第六十军由第一八二师，暂编第二十一师各抽一个团，为出击部队。原计划是由第一八二师副师长李佐指挥出击，后来改派我率领。星夜出发，于次日进至兴隆山火车站以北地区，解放军边抵抗边后撤，到下午三时左右，我怕中解放军诱敌深入之计，便把部队集结在村落警戒宿营。解放军小部队即日追随而来，我顾虑当晚会发生意外，被解放军歼灭，长春也就完了。想来想去，还是走为上策。于是，不顾官兵疲劳，即时下命令撤回长春。次日拂晓，郊外四面八方枪炮声响得很激烈，新七军方面战斗吃紧，伤亡很大，第六十军又抽一部兵力去支援新七军。后来才知道解放军是集中力量要吃掉出击部队，由于我逃得快，才避免了被歼。

三　起义经过

第六十军在长春起义，说起来的确很突然。如果说要起义，在吉林时就可以起义了。当时是第六十军一个军驻守吉林，并且解放军的联络工作人员刘浩同志曾进入吉林见了陇耀师长，劝他率部起义，而陇耀不愿单独干，要刘浩同志到锦州劝说卢浚泉，若卢决定干，就第六十军，第九十三军一齐干。这是陇师长对我所说的。所以他也就没有向曾军长提过这件事，即使他向曾军长提出，我想当时曾军长也不会同意起义的。撤到长春后，在那种艰苦的环境中，仍坚持了几个月，谁也料想不到第六十军会起义。可是当时已到了继续固守不下去的时候了。军民缺食，人心惶惶，城内秩序混乱万分，即使解放军不攻打，亦势必自己死亡，逃走是逃不了的。在每个人面前摆着的是死路一条。怎么办呢？大家心里都明白，各人都有各人的考虑，在这种严重的情况下，负有重任的军长、师长们，当然会多次考虑，也许还秘密讨论过。所以在起义前的一个星期，陇师长就告诉各团长，各团有些什么都让官兵吃算了。这就很明显，如果是要逃跑，至少要准备点携带粮。就在这个时期，军、师长们派遣了原第一八四师在梅河口被俘后释放回来的团长张秉昌和李峥先二人出城与解放军联系。

十月十五日，情况突然紧张起来，各军将领会议频繁，十六日有正式命令向沈阳突围，决定于十月十七日拂晓行动。这一来第六十军已到最后抉择之时。恰好派去联系的张、李二人于十六日黄昏时回来了，说明了联系情况。第六十军有此举，解放军表示欢迎，但要派正式代表去接洽。在这紧急关头，军长立刻决定派第一八二师副师长李佐和我为代表，当夜出城向解放军接洽，部队也随着紧张地行动起来了。我与李佐及我的卫士李朝光，由第五四五团朱光云的防区出去，走了不远，就碰到解放军的警戒。当我们说明来意后，即带我们到一个指挥所。指挥所将我们来意问清楚后，即用电话向上级汇报，不多一会，告诉我们上级已派车来接我们，叫我们等一等。过了一个多钟头，汽车开来了，来接我们的是刘浩同志。大约十二点钟我们到了人民解放军的司令部，接见我们的是政治部主任唐天际同志，在海城起义的第六十军第一八四师师长潘朔端当时也在场。我们先谈派我们来的任务，随即谈到长春情况，蒋介石已有命令，要长春守军突围到沈阳，并且已命令各军于十七日拂晓突围等等。我们谈后，唐天际同志就到电话室里去打电话，之后同我们说，对第六十军起义的行动很欢迎，同时给第六十军的任务是掉转枪口，对付新七军。到天快亮时，大家才休息。我同潘朔端在一个炕上睡，但我睡不着觉。天将亮时，听说长春城里平静，新七军并无突围行动，可能发生变故。于是研究决定派解放军代表刘浩同志同我们一起到长春见曾军长，根据长春情况，研究第六十军的行动。

我们于十七日早晨八点多钟到了长春。进城时，曾军长的指挥所已撤到第五四五团朱光云团部裕昌源，当时军长不在指挥所，我们和刘浩同志就在那里等他。不多一会儿，曾军长来了，谈了当时长春的情况后，才知道新七军已知道第六十军起义而不敢冒险突围了。后来谈的就是怎样对付新七军的问题，最好是劝说他们放下武器。此时我和李佐就各回部队。在回部队的途中，看到中山马路两侧的士兵双方都在面对面的挖工事，但还没有发生战斗。中山马路交通已断绝，路上已没有行人来往，整个城东西两边通信也已断绝，完全变成战斗状态了。到中午的时候，新七军派来两个副师长向我们交涉，大意是：两军友好相处多时，希望彼此避免冲突。贵军起义我们也不反对，但我军情况与贵军不同，上下之间不能一致，困难太多，军长李鸿尚在病中，不能主持。总之，希望不要发生冲突，等他们再商量商量。我们当时对他们说要识时务，要顾全长春人民的生命财产免遭牺牲，放下武器才会得到宽大。他们回去后也没有再来。

当天就是忙于布置对付新七军的工作。我师的内部也没有什么问题，只是配属在我师守备区的新七军重炮连，怎么办呢？当然不能让它回去，遂派部队监视起来，断绝它与新七军的联系，要它听从指挥。因此，他们也不敢反抗。到了晚上，有命令将防务交由人民解放军接替，部队撤出长春，开向九台方面。于是我们即时做好交防和撤出的准备。大约晚上十点钟，解放军来到，我们就一面移交一面撤出，首先把配属的炮车撤走，不到天亮已全部移交、撤离完毕。出城后，天已亮，正走着，蒋介石派飞机轰炸长春，当然轰炸的是第六十军防区，瞬时城内浓烟弥漫。官兵看到此种情况非常愤怒，说我们替蒋介石送死没死掉，今天他又来消灭我们，一下子不约而同地把帽子上的青天白日帽徽摘下扔了，甚至有的连军帽也扔了。这说明蒋介石的轰炸，等于是对第六十军官兵上了一堂政治课，更加激起了反蒋的情绪。

我们出了长春，到处受到解放军和当地人民的热烈欢迎，同时得到解放军首长亲切的接待。才出长春就见到解放军长春前线部队政委肖华和松江省副省长张冲等同志。张副省长是原来我们云南部队的旧长官，因第六十军起义特意赶来。各位首长对大家真是关怀备至。特别使我感动的是人民解放军的优良作风，我记得我们在离长春不远的地方走着，炮车因路阻塞不能前进，当时有紧急任务向长春前进的解放军见到，即时停下来帮助修路，让我们的炮车过后才走，解放军所在的地方和人民亲如家人，使我深深感到两种军队的不同，无怪蒋介石虽然有几百万军队和美帝国主义的支持，也挽救不了他的灭亡。

起义前在矛盾中挣扎的六十军

张维鹏　张第东*

一　越南受降和北调

抗战胜利后，蒋介石令云南省政府主席龙云将其原有部队第六十军和“滇黔绥靖公署”的四个独立旅并编扩充而成第六十军和第九十三军两个军，并指令原任第一方面军司令官卢汉于一九四五年秋率领该两军出国入越南受降。蒋介石“调虎离山”之计已成，即用武力迫使龙云下台，这就加深了龙云、卢汉与蒋介石之间的矛盾。

龙云下台后，不仅卢汉不愿继任其主席，两军将领对蒋亦极表不满，思欲有所行动。但迫于形势，又莫可如何，只得听蒋摆布。事虽如此，而蒋介石仍恐卢汉兵权在握，步龙云后尘继续与他对立，于是釜底抽薪，以接收“领土主权”之名，将该两军远调。这样，既可削去卢汉的兵权，又可迫使这个部队做他用于反人民的工具。因此，第一方面军受降刚告一段落，一九四六年春，蒋介石即令该两军向海防、河内集结待命，指定在海防上船开拔。尔后又突令第九十三军取道越北的芒街回国，经广西东兴徒步到广东北海乘船①。很显然这是既怕云南部队不愿远离云南，又怕两军合在一起对他不利的一种巧妙手法。

部队究竟开往何处？当时是讳莫如深的。这年三月只听到一些传说：有谓第六十军将调华北或作为占领军到日本的；有说到东北的；还有其他说法，莫衷一是。就是军队中的高级军官，同样是被蒙在鼓里。因而官兵惴惴不安，议论纷纷。部队中的高级将领，由于摸不透蒋介石的用

---

* 作者张维鹏当时系国民党第一兵团第六十军副官长；张第东当时系国民党第一兵团第六十军暂编第二十一师政治部主任，后调任军政工处副处长。

① 北海原属广东，现属广西。

意，以及考虑到中下级军官和士兵的情绪，也不敢过早地宣布目的地。部队原不愿去东北，而结果却不得不去东北，这就首先在官兵的思想上产生了不满的情绪，也增加了对蒋介石的怨恨。

四月初，第六十军在开拔期间，有所谓“盟军联络处”的美国人说：“美国提供的登陆艇和自由轮等船只是中国向美国租用的，除军官可随身携带手枪外，其他各种武器弹药均须全部装箱，以防发生危险。”上船时由美国“联络官”在旁监督、检查，稍有不合即不准上船。甚至故意刁难，把中国人不当人看待。蒋介石勾结美帝使之“借箸代筹”的监视行为和美国人颐指气使的蛮横态度，官兵莫不气愤万分。

五月上旬，第六十军到达东北后，名义上归锦州第一集团军总司令（一九四七年下半年改为第六兵团司令官）孙渡指挥（孙原系云南部队第五十八军军长），实际上指挥全权操纵在东北保安司令长官杜聿明的手里。他把第六十军控置在国民党嫡系各军之间，置于被监视的地位，分割使用，互相孤立。如把该军军部控置在离前线很远的新民，第一八二师扼制于开原、昌图一带；暂编第二十一师的第二、三两团则摆在抚顺；其第一团由副师长张第东率领，于五月五日抵葫芦岛时，港口司令何世礼要留作守备部队，而“长官部”驻港口办事处则令开往沈阳，双方争论不休。结果，仍开沈阳；抵沈阳时，又命开往辽阳；追到中途的张台子站，新编第六军新编第二十二师即命该团下车向沙辅屯开进，那时新二十二师正向辽阳外围解放区进攻，希望该团立即参加战斗。当时张第东感到情况不妙，借口官兵海上晕船，疲惫不堪，非要休整不可。经再三向新二十二师师长李涛请求后，才改变任务，担任维持后方交通线的安全，总算一时躲过了充当炮灰的厄运。后来几经军长曾泽生要求，这个团才得开到抚顺归还建制。曾泽生对杜聿明蓄意肢解第六十军的用心是深表不满的。

二　第一八四师海城起义对第六十军的影响

作为第六十军先头部队开拔的第一八四师，其一到东北之后，杜聿明即令该师进驻铁岭一带，担任中长路的护路任务。五月上旬，国民党军的嫡系部队在进攻本溪之战结束时，又将其调往鞍山、海城一带，深入被新编第六军攻占的解放区内。五月中旬，东北国民党主力北调，进攻四平街。五月下旬，活动在辽南的解放军为牵制国民党军主力北上，向鞍山、海城、大石桥一带发动反攻，孤悬在鞍山的第一八四师的一个团首先被歼，在海城的部队亦同时被包围。该师师长潘朔端迭电告急。起初并未得到杜聿明的重视。后来，杜聿明虽令正向公主岭前进的新编第一军车运辽南驰援，但该军阳奉阴违，迟至三日后才出发。潘朔端看呼救无援，便觉察到这正是蒋介石消灭杂牌部队的机会，又为形势所迫，所以在参谋长马逸飞等的积极策动下，即于五月三十日率部在海城起义。不久，该师改编为东北民主同盟军第一军，潘任军长。

该师弃暗投明的榜样，不能不在第六十军中产生很大影响，同时也引起了杜聿明的注意。因此，一九四六年六月，杜聿明正当戎马倥偬之际，突然好整以暇地说是参观煤矿来到抚顺。我们在煤矿俱乐部欢宴了他。他在宴会上说："是久慕煤都之名，特抽暇前来参观，并顺便视察防务和'慰问'第六十军的。"对于第一八四师的起义，故意避而不谈。很显然，第一八四师海城起义后，第六十军对他不能不发生顾忌，而他对于第六十军，更不能不起猜疑。在这种情况下，他借参观为名前来抚顺，显然是为了窥察动静，以便采取对策，其用心是昭然若揭的。下面的事实，可为例证。

从这以后，第六十军驻抚顺，杜聿明给予的任务是"确保抚顺市和矿区的安全"，并"加强整训"。实际是把第六十军置于被监视和"考核"的地位。那时，国民党南京政府国防部首先派来了一个"军风纪视察组"，由一个名叫国致中的上校组长率领几个组员驻在抚顺，名为"军风纪视察"，其实无所不在其调查之列。听说该组是从戴笠的军统局借名派出，部队以诚惶诚恐的心情妥为接待了他们。这批人走了之后，接着又陆续派来了几名联络参谋和高参，分别住在军、师部。他们俨然成了"钦差大臣"，不是任意需索人事、经理、装备等表报，就是要向他们提供军事战备等图册和情报，刁难挑剔，不胜其烦。那时第六十军处境非常困难，军、师长的思想非常矛盾：一方面不满蒋介石，另一方面又怕蒋疑惑部队携贰不能打仗，将其改编。第六十军与蒋介石、杜聿明之间相互的猜疑和防备既不能消除，因而惶恐不安的心情更有了发展。

同年八月，卢汉衔蒋介石之命，同着云南"士绅"代表——昆明市市长裴存藩等一行十余人，随带云南土特产，专机飞东北来到抚顺，说是前来慰问第六十军的。"起义"是被国民党反动派看作是"大逆不道"的，第一八四师之起义，反而特意命卢汉专程前来"慰问"。显而易见，这是蒋介石利用卢汉前来笼络人心的狡猾手段。卢汉到后的第三天，在第二中学礼堂召集了云南籍排长以上军官训话，大意是：“你们远来东北接收领土主权，十分辛苦。我现在奉了蒋委员长的命令和家乡父老的嘱托前来慰问，希望你们要好好报效党国。‘中央’接收东北领土，乃天经地义，共产党‘勾结’俄国阻挠接收，破坏国家军令政令的统一，讨伐是应该的。拥护中央，服从命令，总是好的。”又安慰大家说：“官兵要打破乡土观念，男儿四海为家，就在东北安家立业又何尝不可以呢？”他又半打气半似慨叹地说：“共产党军队没有三头六臂，也是人，并不可怕，只看我们自己行不行。部队兵力的补充，蒋委员长已允许重新成立第一八四师，杜长官也说兵员和装备都不成问题。我们也可尽一切力量从云南设法接济你们。你们既远来东北，不打仗行不行呢？只有打好仗才有成绩，有了成绩就有发展前途。”等语。卢汉为了个人利益，不惜被人利用，许多人是心怀不满的。但是，卢汉的这番“大道理”也是很可以理解的。他既奉蒋命而来，不能不在表面上说些冠冕堂皇的话。而其内心也是矛盾的，因为第六十军是他起家的政治资本，不论是被蒋介石消灭，或是被解放军吃掉，对他都是不利的。另外，龙云被赶下台的事实，也不能不使他有兔死狐悲之感，他对蒋介石仍然是惴惴不安怀有戒心和宿怨的。有一天晚上，他特地召见第一八二师师长白肇学、政治部主任张维鹏、暂编第二十一师师长陇耀、副师长张第东等谈话时，怀着沉重不安的心情，曲曲折折说了不少话，既在替部队的前途担忧，也在为他的地位惶恐。感到完全服从蒋介石、杜聿明不行，不服从更不行。服从吧，在解放军强大武装力量面前，他所凭借的部队实力有日益被削弱甚至被消灭的危险；不服从吧，部队更难立足。总之，他既难说服一般将领对蒋介石的不满，又难抹去第一八四师起义所给予部队的影响。看来他是有莫大苦衷的。不过卢汉这次到来，对消除疑虑和稳定军心，也收到了一点效果。

九月间，又有熊式辉和杜聿明联袂前来抚顺视察，先后在东公园暂编第二十一师驻区召集了第六十军全体官佐训话。熊大骂苏联搬走东北工厂的机器，诬蔑苏联支持解放军阻挠国民党接收东北。还诬蔑共产党破坏停战协定，有意煽起内战，等等。熊随即折回沈阳去了，而杜则大吹大擂地说：“国共两党势不两立，中央对于消灭共产党是有把握的。军人要以服从为天职，对消灭共产党要具有信心。至于第六十军所需要的装备是不成问题的。”等等。接着，杜又忙了几天，单独召见地方的党政高级人员进行了密谈。可见杜聿明的再度“光临”，分明是考察第一八四师海城起义对第六十军官兵的影响究竟如何，同时观察第六十军对待解放军的态度和战斗意志如何的问题。但无论如何，他对第六十军的猜疑始终是不会放下的。而第一八四师起义给予第六十军官兵在思想上的影响也是不容易消失的。

三　曾泽生与杜聿明、梁华盛的矛盾

十月初，杜聿明把第六十军调到吉长（永吉—长春）吉梅（永吉—梅河口）两条铁路狭长的地域，置于首尾不能兼顾的境地。十一月，解放军渡松花江南下，德惠、农安两县首先被围，杜聿明命暂编第二十一师派一个团兵力，从九台远程驰援农安，该师派第三团前往。农安解围后，又命西开。正当第三团之一个营深入伏龙泉时，即被解放军全歼。

一九四七年一月，第六十军军部从永吉移驻磐石，暂编第二十一师移驻朝阳镇和海龙两地，这时杜聿明命第一八二师和暂编第二十一师共同向吉梅铁路沿线扫荡，当暂编第二十一师驻朝阳镇的第一团于二月初向解放区牛心顶子扫荡时，部队有很大伤亡，团长徐济民被击毙。第一八二师亦遭受不同程度的损失。此后，即深沟高垒采取守势。不久，杜聿明妄图进犯临江，迭令第六十军向桦甸、辉南、柳河等地出击，意图牵制解放军向临江增援，并将第六十军的两个师扩大番号（师改称军，团改称师），虚张声势。但是，曾泽生自知兵力单薄，防线辽阔，守尚困难，遑论出击，拒不行动。杜聿明却又不断电催，而曾泽生仍以力不从心，拒不行动。这时，杜聿明才把在营口新成立的第一八四师调驻梅河口补充，同时径电暂编第二十一师限期派部队出击。师长陇耀向曾泽生请示，曾考虑到这是杜聿明使用压力的办法，已不可再违，只得遵命行动。陇耀即派第二团向旧辉南进犯，派第三团向柳河以东胜水河子、通沟一带扫荡。曾泽生则另派第一八二师第五四六团从桦甸分兵策应。第二团于二月上旬占领了旧辉南县城；稍后，第三团也进抵胜水河子一带。杜聿明据报，除命加强城防工事外，还应继续扩张战果。哪知正当杜聿明得意之时，北满的解放军又渡江南下，德惠再度受到围攻，长春、吉林也受威胁。同时进犯临江的第七十一军也遭受严重打击。杜聿明乃令第二团取道杉松岗、楼街之线撤回海龙。当抵杉松岗山岳地带时，即被解放军设伏部队包围，作战竟日，伤亡极大。团长魏玉权（途中被俘获释）仅率残部三百余人狼狈逃回，车马辎重和山炮两门都损失殆尽。第三团亦即撤退，幸行动较速，仅后卫部队略有损失。第二团遭受如此严重失败，不但削弱了暂编第二十一师的实力，更影响了官兵的战斗情绪。部队正在抱怨杜聿明判断敌情不明，轻举妄动，有意捉弄我暂编第二十一师的时候，杜聿明来电反而严词斥责暂编第二十一师训练松弛，战志不高，并说“该团长指挥无能，士不用命”，令将魏玉权撤职。因损失山炮，部队本身原感难于补充，今杜又有责备，使曾泽生、陇耀亦很恼火，对杜大大不满，许多人也愤愤不平，为魏玉权抱屈。

这年五月，蒋介石鉴于国民党军在各战场节节失利，每况愈下，便分批召集各军团长以上人员去南京“中训团”轮训，以图再作挣扎。曾泽生率领第一八二师副师长李佐，暂编第二十一师副师长任孝宗和张第东、张维鹏等人到南京受训。不料这时，东北解放军展开了大规模的夏季攻势，先后解放了法库、昌图等地。同时临江方面的解放军亦于五月十四日夜晚开始围攻驻梅河口的第一八四师。曾泽生奉命立即率同李佐等飞返防地。这时，第一八四师已退守核心阵地，继续挣扎。吉梅铁路中断已不能通车。第一八二师道远难救燃眉之急，曾泽生只得命暂编第二十一师驻海龙的薄弱兵力就近增援。陇耀亲率该师第三团前往，中途受阻；而该师驻朝阳镇的第一团亦受牵制，无法行动。曾泽生不得不电请增援，但受命增援的国民党嫡系部队并没有采取积极支援行动，第一八四师即被全歼，师长陈光斗（别号开文）以下均被俘。

解放军歼灭第一八四师后，即分兵包围海龙、朝阳镇等地，暂编第二十一师在向磐石撤退时，遭受解放军沿途截击，人员装备损失极大。于是军直属部队和第一八二师的五四六团与暂编第二十一师的溃退部队一齐向吉林继续撤退，乃得保全一部分实力。

经过此次战役，第六十军更加残破，深感实力削弱，处境危殆，愈益惴惴不安。这时国民党吉林省主席梁华盛乘机借故“统一指挥”，欲以“东北保安副司令长官”地位压服曾泽生，使第六十军做他宰割吉林省人民的私人工具。并认为第六十军只有在他的庇护下才能立足。对梁的这种轻蔑傲慢的态度，全军都非常气愤。曾泽生曾恼怒地说：“梁华盛是个光杆司令，六十军再不行，也不能仰他的鼻息！”曾泽生考虑到，假如杜聿明要固守吉林，若成立守备司令部时，那么他兵权在握，司令一职非他莫属。如受制于梁，处境将更坏，第六十军有被任意践踏的危险，所以他竭力反对受梁指挥。

梁华盛的企图落空后，很不甘心，处处摆出副司令长官的架子，盛气凌人，对第六十军的兵源补充，给养供应等事事掣肘，甚至夸大其辞，说第六十军军风军纪很坏，战斗力薄弱，能否存在，大成问题。从而双方之间芥蒂日深。这时，曾泽生愈感第六十军处境困难，如不壮大自己实力，很难存在下去。于是竭力要求补充兵力，加强装备。可是杜聿明一再推说兵源困难，补充不易。他明知一味敷衍，是难以抑制第六十军的迫切要求的。于是，他虚与委蛇，又暗中邀请卢汉秘密来到永吉，以图安定军心和说服曾泽生不可与梁华盛对立。虽经卢汉从中斡旋起到一些作用，但是并没有解决关键问题。

后来中长路交通中断，永吉、长春愈陷于孤立，曾泽生再度积极要求补充部队力量，杜聿明迫不得已，乃将交警第二总队扩编为暂编第五十二师（以原任总队长李嵩为师长），拨归第六十军节制。可是交警总队原属军统特务系统，对于人事、经理自成一套，曾泽生不能有所过问。由此可见，这完全是杜聿明派来监视第六十军的。

一九四七年冬，人民解放军进攻吉林，当曾泽生要使用暂编第五十二师时，该师师长李嵩推说："部队改编不久，缺乏训练，要求从缓使用。"曾只好把该师作为预备队。以后由于战况的发展，曾泽生便把第一八二师和暂编第二十一师的邻接阵地交给暂编第五十二师防守。没几天邻接阵地的头道岭、二道岭相继失守，使左右两师阵地失去依托，飞机场不能控制，形成极为不利的态势。后经第一八二师和暂编第二十一师各抽调一部分兵力进行反攻，才又支持了几天，稳定了阵地。幸好这时解放军他调，得以解危。正当战事紧张阶段，李嵩装病，有恃无恐，对曾泽生傲然不理，曾深感杂牌与嫡系地位悬殊，也莫可如何，只得极度克制，暗自叹气。

在这次战事发生之初，第六十军要求补充重炮，未得实现。在战斗过程中，更感兵力不足，又曾一再求援，这时的东北行辕（一九四七年八月，东北保安司令长官部归并于东北行辕）电复六十军："必须固守，并已命长春守军抽出兵力前来增援。"可是直至战事结束许久，新编第七军才由长春拨来一个榴弹炮连。他们这种"马后炮"的做法，官兵都非常愤慨。

四　吉林撤退和长春起义

一九四八年三月八日早晨，第六十军突然接到通知，说郑洞国即来吉林视察，并叮嘱不得向外声张。当郑洞国到达后，即颁布了撤退命令，决定于当晚就开始行动，规定两天内取道放牛沟之线到达长春。弹药、粮秣无法携带的全部烧毁或破坏。并命令破坏小丰满电力厂。郑布置撤退计划完毕，即飞离吉林。曾泽生随即一面布置撤退，一面调回了在乌拉街、江密峰等地“移兵就食”的暂编第二十一师两个团。当夜十二时开始行动。对于无法带走的军需物资和小丰满电力厂，未照郑的命令办理。曾泽生认为：如仓促破坏弹药，万一引起爆炸，不但危害甚大，抑且不啻自泄企图。粮食既取之于民，仍应还之于民。而小丰满电力厂乃是东北人民付出巨大代价——生命和血汗修建起来的成果，工程伟大，不忍破坏。故这次撤退的行动很迅速机密。

撤退路上，积雪甚厚，车马不易通过，人行也异常吃力。因此，除极少数大车得以通过外，全部汽车连同新编第七军配属的一连榴弹炮均破毁了，其他装备和物资扔掉的也不在少数。军、师长以及连排长的私人财物，除较贵重的外，亦尽皆抛弃，几乎所有的人连多余的衣服都没有一件。因而许多人对战争前途产生了悲观失望情绪。而殿后部队的人力输送团被歼，团长潘尧被俘，对士气影响也不小。

在决定第六十军撤退的同时，原定由新编第七军新编第三十八师派出得力部队先期到放牛沟占领险要阵地策应。但是，该师不但派出的兵力少，而且也没有及早到达放牛沟。直到十日早晨第六十军经一番激战通过该地后，所谓策应部队才姗姗而来。当曾泽生提出指责时，他们反而责怪第六十军没有如期到达放牛沟会师。这种欲盖弥彰的欺骗手法，更加激起了第六十军的愤慨。从此两军成见日益加深。

从这次撤退来看，东北国民党军已成强弩之末，到了土崩瓦解的境地。但是，蒋介石为了掩饰他的失败，反而大肆吹嘘说：“吉林撤退是最成功的一次战略撤退。”英国的路透社也大肆吹捧，把它誉为“东方敦克尔克最成功的撤退。”而第六十军有一些人也不免产生了骄矜之气，认为第六十军既有蒋介石的好评于前，又有英国人的赞誉于后，必能得到友军的敬佩和上级的另眼看待。可是退到长春后，并未如愿以偿，依然遭受歧视，甚至变本加厉。例如这时的东北"剿总"在第六十军要求的各项补给上，仅指令由原来新编第一军留下的物资就近调拨。原属新一军的物资虽多，但事实上为新七军所把持，他们推说库存少或已损坏，甚至干脆说没有。经过多次交涉，最后才在交通工具中拨给了一辆小轿车，三辆小吉普和几辆已瘫痪的卡车，拨补的其他装备更微乎其微。可是他们新七军几乎营长以上都有吉普车，有的军、师长级人员还有一二辆很漂亮的轿车，常显出"骄子"般的倨傲。他们不仅装备好，待遇高，吃、穿、用等也都优裕，两个军驻在一地，相形之下，的确使人恼怒。

第六十军退到长春不久，郑洞国前来组成第一兵团司令部，指挥新编第七军和第六十军两个军。不久，长春陷于解放军的包围中，而郑洞国为了达到固守长春的目的，不得不笼络曾泽生，于是保荐他兼任兵团副司令官。第六十军满以为从此可以处境好转，同新七军的相处关系在"同舟共济"的前提下，也可能得到改善。然而事实却不然，曾泽生虽兼任了副司令官，但新七军军长李鸿并没有把他当上司对待。李鸿当时兼任长春警备司令，彼此在职权上有时发生摩擦，从而两军的官兵也常有冲突发生。新七军以"王牌"军队自居，常以藐视的态度对待第六十军，使第六十军处处受气，也不敢和他们计较，只好一再忍让。

在军粮方面，先时第六十军以高粱黄豆为主食，而新七军吃的则是大米和白面。及后存粮日少，唯一来源只有仰望空投活命。而空投的细粮，规定收缴兵团司令部仓库贮存，实则是存在新七军的仓库里，说是到万不得已时才吃。但是新七军监守自盗，任意取用，第六十军循规蹈矩，每天仍以有限的粗粮度日。这种待遇不平等现象，官兵都有些眼红。后来解放军的高射炮火控制了天空，飞机不敢低飞，空投效果不大。为了避免空投物资飘落解放军阵地，同时，也是为了便于乘飞机逃跑，郑洞国异想天开，命将南岭地区的一条沥青马路拓宽，砍伐树木和拆毁建筑物不少，拟辟为飞机的跑道。后来，终于无法摆脱炮火的威胁，中途作罢。这样一来，机次日少，所能得到的粮食更是有限了。第六十军愈益食不果腹，不得不与民争食，郑洞国名之曰"征购余粮"，实则是搜粮抢粮，造成市民无以为生的悲惨局面。

当时燃料尤为奇缺，有的挖掘马路沥青，有的拆用民房木材，许多地方几乎整街整巷被拆毁了，到处破瓦颓垣，凄凉满目。部队虽为形势所迫，然人民怨声载道，也不能无动于衷。但是，当向兵团司令部索取燃料时，则指示“自行设法解决”，而继续拆毁民房，则又受到“你们部队拆的太凶了”的斥责，使第六十军感到左右为难。曾泽生更是忧心忡忡，愁闷不安。同时，币值暴跌，大额“本票”充斥，根本丧失信用。物价飞涨，一个烧饼卖到几千万元。中上级军官一个月的薪金不够吃一顿烧饼。军队如此，市民更是啼饥号寒，死亡相继，着实令人心酸！这种鬼蜮世界，触目惊心，人非木石，孰能无情？所有活生生血淋淋的事实，不能不使官兵有所感触，从而加深了对战争的反感，对前途的悲观失望。军心日益动荡，厌战思想剧烈，士兵逃亡日多，有的下级军官也不辞而去，战斗力日益削弱。那时虽由长春团管区拼命抓兵，但由于青壮年纷纷逃走，剩下的大多是老弱病残无法逃走的人。兵役机关尽管把四五十岁的也抓去凑数，但仍难满足缺额要求。在补充中，新七军又多占优先，这又不能不使第六十军深感杂牌部队前途不堪设想。

这时，曾泽生、陇耀等各自在内心里都有苦海自拔的打算。但是，在封建正统观念思想支配下，想从反人民转向革命，来一个一百八十度大转弯，诚然是极不容易的，当然曾泽生等一时拿不定主意。同时，他们高级将领之间，还互不摸底，怕出事故。又考虑到行动后果，会影响到直接上司——龙云、卢汉的安危，私情公谊，于心有愧，所以决心仍然不大。

到了一九四八年秋天，气候日寒，吃的烧的均大成问题，服装补给更无法可想。第六十军的官兵，回想自一九四六年以来，每年冬天冻坏手足的人不在少数，今年的寒冬更是难熬。军、师长们把命运还寄托在蒋介石所谓“死守待援”的一线希望上。先是曾有如把飞机场收复，新编第一军将空运长春之说。但长春守军几经尝试，终无力达到所愿。暂编第二十一师为配合这一行动，第三团团长彭让曾被击毙，从此对收复飞机场已失去信心。郑洞国还故作镇静，一再宣称蒋介石将自江南抽调生力军前来东北增援，又说华北的傅作义部队即将浩荡出关。但是，左盼右盼，终是“闻雷不见雨”，再也不能使人相信。第六十军所有的希望都一个一个地幻灭了。

这时，东北国民党军主力龟缩于长春、沈阳、锦州三个孤立据点，各不相顾，所谓重点防御，实际是坐以待毙。欲走不得，欲守不能，进退维谷，恐慌万分。这时长春守军中，愁眉苦脸唉声叹气的人比比皆是。带眷属的军官，都在设法把眷属化装送走，准备作开小差的打算。整个驻军浸沉在无可奈何的愁苦之中。局势如此，不能不使曾泽生等考虑：为什么劣势装备的解放军会越打越强？而优势装备的国民党部队反而越打越弱呢？促使他们对“得民者昌，失民者亡”这个真理渐渐有了认识。

正当官兵惶恐不安的时候，恰巧解放军送回了在梅河口战役中被俘的原第一八四师的几个中级军官，从他们的口中，得知共产党和人民解放军的一视同仁、既往不咎的宽大政策和救国救民的崇高主张，以及解放区军民团结一致，士气旺盛等情况。这几个军官又都是云南人，与我们有乡土之情，因此，对他们所谈的情况比较相信，乐于接受。他们还带回了毛泽东主席的一些著作和其他文件。在共产党的争民主、争自由、反帝反封建、爱祖国、爱人民的真理感召下，第六十军的一些高级将领们受到启示，在思想上起了一些新的变化。

过了不久，辽沈战役序幕展开，解放军以雷霆万钧之势进攻锦州，其外围据点的义县等相继被围。这时蒋介石曾有“即派大军出关，迅速解围”的诺言，同时写了一封称兄道弟，富于诱惑和欺骗的信给曾泽生，要他鼓励士气，坚决固守长春，大军一定前来解围。说得那么恳切。哪知到了十月一日义县即告解放。锦州守军已成瓮中之鳖。而所谓“大军一定前来解围”已成泡影。曾泽生激怒地对陇耀等说过这样的话：“蒋介石简直是一个大骗子，我们再也不能上当了！”

这时，郑洞国拟作突围打算，曾命第六十军派出一团兵力协同新七军出击，试探解放军的薄弱环节，企图打通一条可以逃走的出路。打了三天，毫无结果，伤亡很大。在这种形势下，不但第六十军感到根本无法打出去，就连自命不凡的新七军，也甚感士气低落，兵无斗志，愁苦不堪。

在这山穷水尽走投无路的时候，摆在第六十军面前的道路只有三条，守，就是等着死；冒险突围，只要一离开阵地，就会被歼灭；剩下最后一条路——毅然起义，这是唯一可行的，也是唯一正确的光明道路。曾泽生经过一番激烈的思想斗争之后，认识到唯有起义才有光明，唯有起义才有新生。又经历了反反复复、曲曲折折的过程，才取得第一八二师师长白肇学、暂编第二十一师师长陇耀等一致的赞同。并估计到中下级军官必然乐从，士兵更是衷心情愿。又一再商讨了防范新七军和监视本军暂编第五十二师的对策后，乃下定最大决心，于十月十四日派出被解放军俘虏后释放回来很久、起到酵母作用的两个团长张秉昌、李峥先两人潜出长春，与解放军联系起义。恰巧十六日郑洞国又接到蒋介石“空援机油两缺，立即向沈阳突围”的一份电报，召见了曾泽生，此时得知锦州已情况不明。曾泽生判断锦州守军必将全部被歼，那么与第六十军成为姊妹部队的第九十三军也从此完蛋了，沈阳亦将不保了，如再不立即起义，必然将遭同样下场。这就更加促进了第六十军的坚决起义行动。

派出去的人员，经过十四、十五两天与解放军的密切联系，带着萧劲光司令员写给曾泽生欢迎第六十军起义的信和协商办法归来，曾泽生当即分别对第一八二师和暂编第二十一师的全体官佐进行了传达和动员，在心情振奋的气氛中一致响应了这一行动，随即采取了对暂编第五十二师和新七军的监视布防措施。十七日宣布了起义。当天晚上，解放军即进入长春市接替了第六十军的整个防地，把新七军和郑洞国的司令部团团包围起来。曾泽生派董鸾书率领武装兵一班把头两天被他扣留起来的暂编第五十二师师长李嵩和该师三个团长及军部参谋长徐树民等人押送到兴隆山解放军的司令部去后，第六十军全体即于当天深夜撤离死寂而又暗黑的长春。

当长长的行列向解放区九台开进时，人民夹道欢迎，送茶送饭，亲如家人，全军深受感动。官兵领悟到解放区毕竟与国民党统治区截然不同，触景生情，欣幸和悔恨交织一起，欣幸的是拨云雾而见了青天，前景无限光明，悔恨的是不该充当蒋介石反人民的鹰犬。解放军宽大为怀不咎既往，使第六十军走上新生之路。不久，第六十军即改编为人民解放军第五十军，在共产党的领导下，参加了解放全中国和抗美援朝的战争，担负着为人民解放事业和卫国保家的光荣任务，许多干部并已光荣地加入了共产党。

迷惘中的觉醒

李树民*

一　觉醒恨迟

一九四六年四月，蒋介石把第六十、第九十三两军调到东北后，即被杜聿明宰割使用，为他们打内战当炮灰。第一八四师置于海城、鞍山、大石桥、盖平，归杜聿明直接指挥；第一八二师派至昌图、铁岭，归孙立人新编第一军指挥；第六十军军部及暂编第二十一师驻抚顺。曾泽生能指挥的，只剩了一个暂编第二十一师。当时我在该师第一团任团长。

同年五月，东北民主联军捕捉战机，准确判断，将鞍山、海城之第一八四师部队分割包围起来，边打边攻其心，迫使师长潘朔端及其参谋长马逸飞、第五五二团团长魏瑛率部起义。蒋介石挨了当头一棒，担心军心动摇，遂令卢汉从昆明飞抚顺、锦州安抚两军。卢汉表面讲了一通拥蒋的官样话，而在给师团主官讲话时，则流露出他在昆明受挟而处境不妙之意，丝毫不提深咎第一八四师之词。在避开蒋特监视时，甚至说，今后部队远在东北，一切希审时度势，过去一向吃老实的亏不少。

一九四七年二月，在滇军中素孚众望的将领张冲投奔延安。后来延安广播电台又播出消息：张冲出任松江省人民政府副主席。张冲在滇军中声望高，地位也算优越，他为什么投奔延安，来到东北？在第六十军的中上层军官中对此不能不加思索。我与陇耀师长就常说及这个问题。

一九四七年春末夏初，暂编第二十一师驻辉南的罗炳堃营，中了解放军围城打援之计，前往救援的魏玉权团长率李荣昌营又进入解放军的口

---

* 作者当时系国民党第一兵团第六十军暂编第二十一师第一团团长，宣布起义后为少将代军参谋长。

袋阵，魏玉权和李荣昌都当了俘虏。我亦同时奉陇耀之命，由柳河往救辉南。副团长何尔寿率冯永昌营，亦同样落入解放军的口袋阵，何尔寿和冯永昌等也当了俘虏，两个连被全歼。我见势不妙，便率余部连夜逃回柳河县。不到半个月，即奉令弃柳河县撤到梅河口。又不过一周，我团向海龙师部靠拢，将梅河口交第一八四师张秉昌团守备。不久，守备朝阳镇的徐济民团长阵亡，同时新建的第一八四师在梅河口、山城镇被全歼。师长陈开文、团长张秉昌等均被解放军俘获，团长曾邦本被击毙。这时，在海龙的暂编第二十一师士气沮丧，更加孤立。

一九四七年夏，东北的战争形势已急转直下。于是，杜聿明令第一八二师和暂编第二十一师退至军部所在地盘石县集结，转进固守吉林市。暂编第二十一师行军两天一夜到达烟筒山、双河镇之线，遇东北民主联军第六纵队拦腰截击，全师折损过半。新升任的第一团团长何文洲负伤，我的右脚也中枪弹，我的卫士及救护我的第二营营长叶于勤中弹毙命。暂编第二十一师残部逃入吉林时，已狼狈不堪。我在担架上躺着想了一路，恨自己在海龙接到命令，为什么不趁陇师长心神不安，非常踌躇之时进一言，干脆停下不走，在未受打击之前起义，那不是很光彩吗？何苦不走潘朔端的路！当我躺在吉林兵站医院病床上，陇耀来看我时，我俩曾同叙悔恨之意。然而，那时毕竟是一时感慨，而对共产党的政策并无一定的认识，不过徒谈悔恨而已。

此后不久，共产党对第六十军又及时做了争取工作。一九四七年某月某日，军部副官处长杨重来暂编第二十一师师部，告诉陇耀说："解放区有位云南人要把潘朔端的一封信面交陇耀，要陇耀约定时间。"陇听后似已心中有数，即告杨重约定次日上午九时接见。杨走后，陇耀把我找到师部，对我说："杨重说解放区有位青年持潘朔端信来见我，来人必定是刘浩，不能不见。"又说："你明天九点前到师部，我与刘在楼上会面，你在楼下。千万不能让任何人来。"并嘱我要绝对保密。次日我按时到师部，杨重送刘浩上楼后，刘、陇谈约两小时。刘走后，陇先对我说："这事要绝对保密。"又说："上面既已答应给我们补充兵员、弹药，不能不抓到手。刘浩来的事，我向老曾（我们私下常称曾泽生为老曾）说，还要与幺老者（卢浚泉是卢汉的幺叔，故我们称卢浚泉为幺老者）联系，要一齐待机行动。"

几经重创而残破不全的第六十军退守吉林后，屡有被解放军释放的第六十军被俘人员带来潘朔端等人致曾泽生、陇耀的信，在吉林及以后在长春时，我亦先后收到两封。记得冯永昌、李荣昌、李正兴等被俘军官，都带回过潘的信。曾、潘在黄埔任职及在滇军共事多年，感情甚洽；曾、潘、陇与我亦谊出师生部属二十余年的关系，故潘不断写信来。回忆其每次来信大意是：要收听延安、哈尔滨的广播，与中央社消息对照分析，以辨明是非；要把思想转到劳苦大众一边看问题，反对蒋之独裁政治，不使国家民族沦为美帝殖民地；要我们向着真理一边，寻求光明道路，速做反蒋起义准备；共产党对起义部队竭诚欢迎，不咎既往，一视同仁等等。人非草木，孰能无情。刘浩来后，又见潘信，曾、陇、我等，不无触动。在此期间，有暂编第二十一师参谋长赵从云，悲观反战情绪日深，一天见他对陇耀诉说："六十军被蒋介石置于内战触角上，吉林为东北国民党军等边三角之顶端，蒋一向阴谋借内战而消灭异己。解放军若欲夺沈阳，必先解决触角之处——吉林和长春，迫使六十军与解放军厮拼，而六十军必遭歼灭，解放军亦必有损伤。所以应采取求全之计，以符卢汉审时度势之语。"又说："锦州卢浚泉，地处北平、沈阳之间，而平、沈均置有蒋嫡系重兵，锦州若有轻举妄动，必遭蒋夹击。所以，必须深谋远虑，提防蒋之卑鄙伎俩，应请派员回昆面呈卢汉，身边务用深谋远虑之士，应付时艰。"陇听后，曾对我说："赵从云的话，有可以采纳之处。"于是，陇即到北山公园军部，找曾泽生计议良久。次日曾即示意陇，要赵从云请假回滇。由此可以看出，当时曾、陇以及军官们的心境。

一九四七年秋，东北民主联军对吉林的包围日渐紧缩，第六十军的粮弹接济全无来源。一九四八年初，民主联军的宣传品不时出现，驻守小丰满电站的胡彦团，常将解放军的传单送曾泽生过目。传单内容有：小丰满电站是国家和人民的财产，如有破坏，治罪绝不宽恕等等。在解放军的有力警告下，当第六十军撤离吉林时，曾泽生没有执行蒋介石要他炸毁电站水坝的命令，而是对蒋采取了阳奉阴违的态度。在布置撤退时，曾泽生曾对陇耀说："要我们破坏小丰满的事，我已有处理腹案。已经叫胡彦（第五四四团团长）派他的副团长来接受我的指示办法。蒋介石要我们做花园口[①] 式的罪人，我们没有那么蠢……共产党说，谁破坏小丰满，谁就是千古罪人，列入战犯。"陇耀和我听后，都表示拥护军长的意见。后来从陇耀处得知，处置小丰满的事，是他俩早已商量过的。曾泽生能够接受解放军的警告，反映了他在思虑后路。

---

① 地名，在河南省郑州市北面。一九三八年六月日军侵入豫东，国民党军为了掩护其溃退，在此炸开黄河大堤，造成淹没豫东、皖北、苏北五万四千平方公里的土地，淹死八十多万人，一千二百五十万人受灾的空前浩劫。

一九四八年三月八日夜，第六十军奉命撤往长春。到长春后，与新编第七军同守一城。然而在装备、给养的补充上，完全受到两样待遇。目睹蒋介石及其嫡系对第六十军的歧视、虐待，第六十军军、师长以下官兵对蒋的不满情绪日增。

解放军打下四平，长春更加孤立。入夏以后，在解放军的重重包围之中，长春粮食、蔬菜俱渐短缺。五月初，我奉命率一团和三团两个营，配合新七军出城“扫荡”到达长春以东之拉拉屯。我发现可以挖野蒜做菜吃，即打电话问曾军长要不要，他高兴地叫我搞一些送去。当我返回城内，亲自送一大筐野蒜给他时，他深有所思，哀叹着对我说：“这样的日子，我们还能支持几时？！”

五月以后，我们每日靠空投的粮食，不够吃一餐的。为争抢空投粮食，第六十军官兵常与新七军械斗。城内百姓则大量涌出卡哨逃向解放区。街头每日有老弱妇孺饿死，其状甚惨。古语云：“兵无粮自散。”在解放军火线政治攻势争取下，每日均有携械出城投诚者。

正当无计可施之时，解放军释放了被俘的第六十军军官张秉昌、李峥先、何尔寿、周庆三等多人。其中张秉昌是第六十军的老团级军官，与陇耀、李佐（第一八二师副师长）、任孝宗（暂编第二十一师副师长）、邓应斌（第五四六团团长）和我，均属云南军官候补生队老同学、老同事，同是曾军长的学生，谊属亲近。他们回来后，陇耀经常与张秉昌交谈。有时我与任孝宗、邓应斌等也参加一起交谈。陇耀表示相机与曾泽生计议，做起义的准备工作。后来听陇耀说那时曾军长也对陇耀表示过：“待时机成熟，只有起义投向共产党，才能保全三迤[①]健儿的生命，别无他策。”

到了一九四八年八月，第六十军官兵吃野菜喝稀粥，有的已全身浮肿。官兵们无不各自盘算寻找活路。又接潘朔端捎信来，劝勉我们迅即觉悟，弃暗投明，进言曾泽生军长速寻求全之计，起义反蒋。长春街头常见解放军攻心传单，曰：“六十军往何处求生存？速作起义腹案！六十军是守城待毙，还是起义求生？何去何从已经到了必须作出抉择的时刻！”

① 清代云南有迤东、迤西、迤南三道，合称三迤。

二　毅然起义

一九四八年九月下旬，面对解放军重重包围的形势，在共产党英明政策的感召下，曾泽生、陇耀等第六十军主要将领，开始了起义的策划工作。约在九月二十五日，陇耀打电话把我找到师部。在他的卧室里，我俩谈了两小时有余。他先是要我说说对当时形势及第六十军如何求生存的看法。我立即意识到这次交谈不是过去那样可以凭一时冲动而随便发泄一通的简单事。于是我慎重起来，反央求他："还是师长先谈好。"陇说："我已想过很久，一再考虑，已有个不成熟的腹案。"他仍要我先谈看法。此时我已看出十有八九是下决心起义之事。于是我开了腔："古人说兵无粮自散。目前我们的官兵，以灰焦菜、黑马叶（我们对两种野菜的称呼）掺粮煮粥吃，已成半饥状态。解放军对我南岭阵地挖的战壕日益逼近，夜间可以听到对方挖壕之声。海城起义部队，又用云南口音进行火线喊话（其内容是：云南老乡们，我们是一同被蒋介石四大家族欺骗来东北当炮灰的。我们都是劳苦人子弟，不要为他们卖命。欢迎你们过来，带武器有奖，愿回家的发路费。老乡们，觉醒吧！快从火坑里跳出来！你们现在饿着肚子是为了什么？过几天解放军打进长春，那时你们连命都难保。快过来吧，解放军欢迎你们！等等。）军心不稳，况且现在官兵走路都难，想突围是绝无希望的。"陇不等我继续说下去，就急迫地问我："依你的意见，是既不能守，也不能突围，你说怎么办？"我拐弯抹角的回答："临阵投降是极不光荣的事，还是要寻求光荣前途之道。"陇随即对我说："我同老曾已经计议很久，昨天商定，准备反蒋起义。"我见他把话说透了，立即说："对！这是光明之道，我拥护。"还说："应速设法找潘朔端联系，我想共产党会容纳我们的。"谈话到此，陇嘱我千万要保密，遂留我在师部吃中饭。饭后陇说："我俩找老曾去。"我们到曾军长卧室，他亲近的叫我们坐下。陇先对曾说："李树民的看法、想法都同我们一致。不过他不敢直说反蒋起义，只说阵前投降是不光彩的事，应寻求光明前途之道。"陇的一席话，逗得曾军长展开笑脸。曾军长说："不要怕这怕那的，就是要理直气壮地反蒋起义。从现在起，就要做准备。起义是件大事，问题多着哩，时时刻刻都要谨慎。"接着又说：

“对你们二十一师，我信得过，你们行动起来不会有问题。但事先也要摸清下面的想法。哪些是真心诚意跟我们走，哪些是模棱两可，哪些是靠不住的。到时行动起来才便于掌握使用。”然后又说到第一八二师和暂编第五十二师：“邓应斌、朱光云（第五四五团团长）从来很听指挥；胡彦是邓应斌保荐提升的，一向听邓的话。最恼火的是暂编第五十二师，是蒋介石塞进来监视六十军的，一向不听指挥，还得很好的注意！”最后曾军长仍再三叮咛要谨慎、保密。我们告辞后，乘车返部。陇还告诉我防备蒋特破坏和对付郑洞国、新七军的办法，他们已有考虑。

十月十三日夜，当解放军即将对锦州发起总攻之际，曾、陇认为起义时机已经成熟，又经取得白肇学（第一八二师师长）同意，即三人联名写信，派张秉昌、李峥先为信使，由陇师长安排他们，于十四日中午通过暂编第二十一师防地潜出长春，找解放军联系，请求接受第六十军反蒋起义之举。

十五日一天平静。

十六日上午约九点多钟，一架小飞机从高空机群中俯冲而下，在郑洞国总部附近丢下一个带大红飘带的东西，这是蒋介石再令长春守军突围的“手谕”。这天晚上，信使回城复命，曾等知解放军欢迎第六十军反蒋起义后，立即遵照解放军首长指示，开始了紧张的布置。首先派出两名副师长为正式代表去与解放军进一步商谈。而后，即到暂编第二十一师召集军官开会动员起义。在师部小会议室里，到会的有团级军官周庆三、李家祯、赵时雍、马占伟、王伟略，营级军官有何凤、李绍垣、林尚锦、李永兴、李春山、杨树云、骆士芳、叶振声、雷辉、王兆荣、刘广泽、赵诗荪、郭凯、段复雍共二十余人，陇耀和我都在场。为防备万一，陇师长事先作了布置。他坐在曾军长身边，叫我坐在曾身后的一个角上监视会场，曾的两名随身卫士及陇的副官陇鹏腾，则布置在会场门口。曾军长诚恳地对大家说明眼下长春的处境，列举了蒋介石对六十军的压迫、虐待等一系列事实。然后说：“今天应该醒悟了，请在座的发表谋求生存之道。”沉默了两分钟后，第二团副团长马占伟说道：“军长，我们突围吧，死里求生。”我见题目不对，即站起来说：“我们现在饿得路都走不动，哪有力量突围出去，即使出去了，走不到一天，也要被消灭。我们不能再替蒋介石卖命当炮灰了，欲求全军光明前途，只有反蒋起义才是上策，别无他策，请军长下命令，我们绝对服从！”在曾军长诱导下，大家很快表示了一致的意见。

散会后，曾军长给我布置了几项任务：1. 由我出面，以在国民党中央军校同学的关系，约新七军副军长史说、参谋长龙国钧、副师长宁伟、彭克立等来暂编第二十一师指挥所（原伪满大陆科学院旧址，我的团部设此，动员起义后，陇耀亦带副官在此设临时指挥所）。（记得我是当晚九时许把他们找来，来后由陇耀和他们谈的。对于共襄义举之事[①]，史说当时表示，他们是副职，军长李鸿卧病不能主事，他们要回去计议之后再作决定;同时，要求第六十军切勿对新七军开火，他们也保证不对第六十军动武。之后，我亲自送他们步出第六十军卡哨。）2. 对刚从郑洞国处要来的榴弹炮连（配有一〇五毫米榴弹炮十二门），由我亲自指导一营营长李绍垣做好挟制部署，先令其拆下火炮零件，监护好汽油、弹药，防止意外，准备完整地带出长春。（送走史说等人后，我当即到炮阵地检查布置就绪。）3. 令我将一团的事交副团长周庆三负责；完成上两项任务后，即到军部去代理参谋长一职，随时掌握情况，向他报告。

曾军长在向我布置完任务后，又马上抓起电话找军部副官长张维鹏，令他在军部等候，有事给他交代。当时，陇耀知道是令张扣押李嵩、徐树民等蒋特之事，即对曾讲："告诉他，这事办不好，将张维鹏军法论罪。"陇还不放心地说："派上两个人跟着他。"

当夜，有新七军两个连欲通过第六十军防区夺路突围出城，当即被邓应斌团以火力压制，全部缴械。这是一个终生难忘的夜晚。在这一夜之间，发生了这样大的变化，做了这样大的事，心里十分兴奋。

三　志同道合

十月十七日上午，解放军代表刘浩同志在李佐和任孝宗陪同下，来到曾泽生的临时指挥所（朱光云团团部）。刘浩同志与曾军长相见时甚为亲洽，曾军长为表心意，将自己的手枪赠给刘浩同志，以作纪念。当日第六十军通电起义。

十月十七日夜，第六十军防地全部交与解放军，十八日凌晨撤离长春赴解放区后方九台县。出城后，有些道路桥梁已遭破坏，沿途百姓及解

① 待查。据龙国钧回忆：他是十七日早晨与陇耀取得电话联系的。据任孝宗回忆：是十七日中午，新七军派两位副师长来暂编第二十一师联系的。

放军正在修复。我们在新填平的土路上，牵引一〇五毫米火炮的汽车陷入而难于行驶时，解放军和老百姓都高高兴兴地前来帮助推行。解放区人民纷纷烧好开水，为我们送至路边，十分感人。而蒋介石在我们撤离长春不久，竟派来飞机跟踪轰炸，再一次暴露了蒋介石的狰狞面目，这是多么鲜明、强烈的对照。

因部队受数月半饥之苦，行不到二十公里即宿营休息。当地群众早已把热炕腾出，让给部队住。各家煮好米饭，炖好猪肉、粉条、大白菜，给部队吃。曾军长见此情景，指示我告诉部队："我们在半饥饿中过活已有数月，肠胃消化力差，今日有了好饭好菜不可过量。"

当天，在一个村庄里，肖华、唐天际、解方、潘朔端等首长亲切接见了曾泽生军长。由潘朔端作过一一介绍后，肖华政委很热情地同曾军长握手说："你率部起义，我代表党和人民热烈地欢迎。"肖华政委还说："你抗日时打过日本人，那时候是国共合作。今后我们是一家人了，志同道合，并肩革命，要亲如手足兄弟。对我们有什么意见坦率提出，大家研究，不要顾虑。"肖政委话音刚落，曾军长即答说："我们感谢共产党对我们六十军三万官兵的争取挽救。今后绝对服从共产党的命令，接受教育。"我站在一旁，深感共产党、解放军对起义部队宽大为怀，真诚爱护。三十五年前的此景此情，至今仍回旋脑际。

当天夜里入睡前，曾军长满面笑颜地对我说："今天可以高枕无忧了！总算把三迤子弟带到了光明道路。"

第六十军到达九台后，东北军区首长萧劲光、周保中及张冲、潘朔端、陈方等同志赶来看望。张冲、潘朔端、刘浩、陈方等同志住在军部经常与曾军长促膝谈心。言谈中，曾军长说："懊悔的是，听共产党的话迟了些。总的说太愚蠢了。"张冲则抚慰说："不晚，不晚，还算你曾泽生会拿火候，如再迟，就要蹈锦州卢浚泉的覆辙，进战犯管理所啰！"虽然逗得大家哈哈大笑，可也更加触动曾、陇和我等的反省。"举棋不定，犹豫不决，瞻前顾后"这十二个字，直到十月十四日，我们方大梦初醒，哪有不懊悔之理。刘浩同志与曾军长同住军部，配合工作。一天中午，东北初雪，刘浩、杨滨（杨重）同志约曾军长和我，在军部宅院里拍了一张照片，我视为回到人民怀抱，同志间亲如一家的象征，珍存至今。

一九四九年一月二日，中国人民解放军总部发布命令，正式授予这支起义部队"中国人民解放军第五十军"的番号；同时任命了军师领导干部，我被正式任命为该军第一五〇师副师长。这支刚刚加入人民子弟兵行列的部队，在共产党的关怀教育下，不久就挥师南下，在解放鄂西、进军四川及以后的抗美援朝战争各次战役中，经受了锻炼和考验，立下了功勋。

长春解放的一些细节

龙国钧[*]

一九四八年三月，解放军攻克了四平，这样，沈阳到长春铁路沿线大部分已经解放，沈阳只能北出到铁岭，相距不过七八十里，再北一步便不可能了。当时长春情形略胜一筹，在西郊十多里处，还控制着一个飞机场，偶尔有飞机起落。可是到了五月，长春外围解放军占领了飞机场，新编第七军的暂编第五十六师损失了两个团，从此，长春守军便龟缩到城区工事里面，对外完全断了交通联系，变成孤岛。

一　长春的防守兵力与防守部署

一九四七年十月长春守军除新编第一军外，还有由伪满铁石部队改编的暂编第五十六师协防。

大约在十一月间新编第一军接到沈阳电令，扩编成两个军，番号是新编第一军及新编第七军。新编第一军辖新编第三十师及第五十师两个师[①]。扩编后的新一军随即南调沈阳，后归廖耀湘的沈阳机动兵团指挥。由原新编第一军拨出的新编第三十八师及伪满铁石部队改编的暂编第五十六师，由胡匪及地方游杂部队合编的暂编第六十一师，共三个师编成新编第七军，由新编第三十八师师长李鸿升任军长，独守长春。

一九四八年三月，东北“剿总”副总司令郑洞国亲来长春，指挥困守吉林的第六十军放弃吉林，移驻长春。并由郑洞国兼第一兵团司令

* 作者当时系国民党第一兵团新编第七军少将参谋长。

① 后来暂编第五十三师亦拨归新编第一军的序列。

官，统一指挥新编第七军与第六十军，合力防守。这时候，第六十军除原辖两个正规师之外，又编进了由原驻吉林交通警察总队改编的暂编第五十二师，也是三个师。防守长春的部队，名义上是六个师，实际上能作战的只有三个师。这三个师也屡经挫折，士气不振。其他三个师，则是虚张声势而已。

第一兵团司令部除了指挥两个军以外，还有重迫击炮一个连，独立通信营，一〇五榴弹炮一个连，兵员不足的辎重兵一个团及特务营等部队。另外，还有收编“胡匪”（号称三四千人，实际没有这么多，原是松花江各地的地主恶霸集团，他们在长春外围四处流窜，打家劫舍，兵团部为了安定地方，扩大兵力，也将他们收编）成立的两个骑兵团。总共长春守军全部人数约十万人。

长春曾是伪满洲国的首都，日本关东军在长春街市及近郊区做了许多坚固的防御工事，如碉堡、壕沟、坑道、瞭望台等，样样都有。城中心的关东军司令部、在乡军人会、空军司令部及大兴公司四个大建筑物，盘踞在十字路口的四角上。前三座楼房的地下室，都有钢筋水泥的坑道通过大马路，彼此相连。更有笨重的铁闸门，可以彼此隔绝。四座楼房的地上建筑，都是厚墙铁窗钢筋水泥屋顶，中型飞机炸弹不能损伤它们。再向前去，是伪满洲国的中央银行，全部外墙都用花岗石砌成，厚度在一米以上，形成一个坚强据点。市内各主要街道宽都在六十米以上，街与街之间和各大建筑物之间都留有很多草地花园，距离足够发扬火力。重要的街口还修有水泥掩盖的地堡。国民党军队进入长春以后，环市又添修了很多水泥地堡，将日本关东军的遗留工事联系起来，整个市区俨然成了一个要塞。

郑洞国在长春成立第一兵团司令部后，以由南到北的中央大道为界，将整个长春划分成两部分。第六十军守市的东半部，两个正规师各守市区的四分之一，暂编第五十二师驻在城防工事外的兴安桥以东大街两侧。又在市区工事外的长春火车东站及印刷厂设城郊独立据点，各派部队死守。市区西半部由新编第七军担任防务，新编第三十八师守北部，暂编第六十一师守南部，暂编第五十六师则派出步兵一个团守西郊飞机场，其余部队集中整训。另在环市工事外设了几个独立据点，例如北郊宋家洼子的面粉厂，西关外的某处，洪熙街的伪满电影制片厂，南关外的伪满建国大学，都是深沟高垒，有层层铁丝网围着。

二　长春军民生活状况

长春为松南平原的粮仓，物产丰富。伪满时为全东北的政治文化中心。在最繁盛时期，居民曾经超过六十万。日本投降以后，长春居民还有五十多万。一九四六年五月国民党军队进入长春后，天天打仗，居民日夜不安，安分守己的劳动人民无法谋生，陆续外迁，而解放区的地主恶霸则渐向内流，纷纷躲进长春，相对抵消了一部分居民下降数。到四平解放前，长春人口已不到四十万。在这四十万人口中，有将近万人是新七军、国民党空军及特种部队独立团营的军官家属与留守人员。这些人都是利用部队名义，霸占了日伪财产，不愿离开的人。另有后方医院收容各部队作战重伤官兵约三千人。从三月四平解放到五月解放军对长春尚未紧缩包围圈的一段时间里，市民看到生活日益困难，大量外流，国民党的空军也乘运粮飞机回航的机会，带走了空军的全部家眷及少数能用重金买黑票的富豪。直到五月解放军进占飞机场，对长春作紧迫包围时为止，全市居民只剩下约十五万了。到十月间长春解放时，全长春仅有市民五六万。

当时，军队的生活真是困难万分，居民的生活更是惨绝人寰。五月以前，解放军对长春还只作远距离围困时，市外已无粮食进城，居民中稍有存粮的人，就每天减少食量，以期多活几天。没有存粮的人家，则变卖家具衣服。“破烂市”这时期极为繁荣。有许多衣服家具不足而儿女又多的人家，就只有出卖儿女了。最初是有“人口市场”的，不久便只有卖方不见买方了。在这以后，在交通比较僻静的街道口上，能看到三三两两的三四岁小孩，坐在道边上哭叫着父母。郑洞国虽曾发动地方“慈善机构”及军队家属收容，无奈被遗弃的小孩过多，每天总有几十或近百，无人敢收。这时期每天逃出市区的人数很多，也有逃出去的人遇着胡匪，人财两空，又想进市，却成了可望而不可即的了。

这期间，国民党守军的生活也很困难。几万人的部队，仅依赖两三架飞机运来一点米粮，平均每天运来粮食不过四五千斤，哪能济事！一般部队日常吃的粮食，先是豆饼加米汤，以后是酒糟豆饼糊。因此在五月间，长春便发生了少数军队强搜居民存粮和强迫居民离家出市的惨事。全市军民不仅粮食困难，连烧的柴草也无法维持。市郊荒地的树木都被砍光，墓地里的棺木也被挖尽，以后就拆取无人居住的房屋的门窗木板来做燃料。有时军民混在一处为争抢柴火，枪打斧劈，伤害人命。

解放军攻占西郊飞机场后，改变了对长春市的战法，由远困改成近逼。双方火线距离，较近处相距仅五六百公尺，较远处也不过千多公尺。因此市内国民党守军及居民生活更加困难，豆饼酒糟存量日益减少，士兵由于饥饿，脸部浮肿起来，夜盲和腿软，更是十分普遍。街市上已发现卖人肉的罪案，真是骇人听闻。郑洞国再三向沈阳要求增加飞机空投粮食，可是飞机到了长春上空后，高度总在三千公尺以上，投下的大米包很多落到解放军的火线后方。加之飞机的架次少，天气稍微不好就不来，后来平均每天投粮不到二千斤，杯水车薪，无济于事。因为空投粮食，长春还发生了一些不可想象的惨剧。不少居民坐在家里或走在路上，大米包突然掉下来了，屋顶砸成大洞，人被砸死。真是祸从天降。有时候大米麻包落地破裂，居民便蜂拥上来抢米，任凭军队开枪也吓不散。更有使人哭笑不得的是，郑洞国原规定由兵团部收集投下的粮食，统筹分配各部队，但每当飞机来的时候，各部队便生火烧水，若米包侥幸落到附近时，便把米抢来马上倒进锅里，等收集人赶来时，生米已变成了熟饭。士兵们说："要我们卖命打仗，让我们吃顿饱饭再去死，不算过高要求吧？"这时候，无论各级军官们怎样狡猾与欺骗，对下级及士兵，都已无法掌握，从郑洞国以下，都只能听天由命。

三　长春的解放

从一九四六年秋杜聿明决定南攻北守的战略指导方针后，我们接到上级的命令都是要求部队坚决死守长春。以后陈诚接替杜聿明，曾派罗卓英到长春来，还是说："部队应坚决死守长春，拖住共军主力。长春若有困难，沈阳及南京一定设法解决。"到了卫立煌接替陈诚时，卫曾亲自来到长春。他的话就不同了，他说："长春本该死守，但在必要时，也有可能要退回沈阳或山海关，大家必须事前做些准备。"在个别谈话时，卫立煌还征求各人意见，当时我曾向他说过："大部队由长春向南撤退，要通过五百里解放区，也不是一件简单的事。第一，应该由沈阳方面先创造有利撤退的态势，万不可仅用一纸命令，说跑便跑，甚至沈阳先跑。第二，沈阳应该事前赶快将留在长春各部队的残病伤兵及家属先空运接走，严禁空军的返航飞机卖黑票和偷运弹簧床。”当时卫立煌答应说：“当然要考虑这些事。”

一九四八年十月十六日，天气很晴朗，在快到正午十二点时，一架战斗机飞到上空，盘旋两个圈，丢下一块红布，就向南飞走了。这时候我正坐在新七军的司令部里，马上意识到沈阳方面送来了紧急而重要的命令，即摇电话通知副军长史说（当时军长李鸿正患病发高热），请他注意。半个钟头后，史说来电话说：“刚才你猜得对，郑先生来电话，约我们两人马上到他家里去。”

下午一时，我和史说都到郑洞国的卧房里。郑洞国斜靠沙发，一言不发，手里玩弄着一只小花猫，空军通信用的红布袋摆在沙发中间的小圆桌上。他的卫士跟着我们进房，一面为我们倒茶，一面告诉我们说：“六十军的参谋长马上就会到。”果然不一会儿，徐树民和兵团司令部的副参谋长杨友梅也都来了。

大家坐定后，郑洞国忽然振作精神由红布袋里掏出个大信封，用很严肃的态度对大家说：“总统来了手令，请大家注意听。”这手令是给郑洞国并转新七军和第六十军两位军长的。手令内容大致是：全东北的局势很不利，关外的全部军队不日准备退入山海关，长春守军即刻行动向清原撤退。他（蒋介石）已经命令青年军第二〇七师在清原迎接。他本人也决定在沈阳停留等候三天，如再贻误戎机，必依军法重处。郑洞国读完蒋的手令后，问我们有什么意见。我们彼此面面相觑，沉默了五分钟。最后史说发言，他说：“李鸿正在重病，我们也提不出什么意见。只能依兵团司令官的决定去做。”接着，徐树民说曾泽生没有来，他只能先听司令官的决心，然后回去转告曾泽生。如果曾有意见，那时候再来商讨。郑洞国沉默了几分钟，然后用忧郁的口气表达了他的决心说：“总统既然决心要我们撤退，我们就只好走吧。”随即要杨友梅拿出地图，大家伏在桌上研究撤退的路线、时间和部署。这时史说也摇电话通知新七军的作战参谋，要他即刻通知军属三个师的师长及军直属部队长马上到军部，等候开会。

我们商讨了大约两个钟头，决定将长春守军分为两个纵队向清原转移。左纵队由第六十军担任，先沿吉长公路向吉林急进，待先头师通过岔路河后，即令先头师向吉林佯攻，掩护军主力折向东南方双河镇前进，候全纵队通过岔路河后，先头师即任全纵队后卫转向吉林、磐石铁路线，跟随全纵队沿铁路线向海龙、清原前进。右纵队由新编第七军全军担任，先派新三十八师向长春南郊大屯佯攻，打破缺口掩护暂第六十一师向南急进占领伊通伊巴当，担任侧翼掩护。新三十八师作为右纵队先头师，向西沿长春双阳向烟筒山磐山铁路线前进。暂五十六师先任长春守军的后卫，固守市的城防工事，候新三十八师撤出长春后，改任后卫，随后跟进。暂六十一师、候暂五十六师到达双阳后，即向双阳转进，担任右纵队的后卫，掩护兵团退却。行动时间：右纵队的新三十八师于当日夜十二时即开始向南郊大屯进攻；暂六十一师于拂晓前向伊通方向急进；左纵队于当夜二时开始向岔路河出发。大家商定后，郑洞国即宣布散会。各人回去马上准备行动。我们回到军司令部后，由史说向各部队长宣布计划。我们明知各部队长有不同意见，但都不敢说。入夜，各级部队的行动都逐次开始了。

十七日晨二时，新三十八师的第一线团已在南郊进入准备开进位置。这时长春警备司令部参谋长安震东打来电话，他说他的卧房遭到射击，窗上的玻璃已被打碎了很多片，他已不敢起立，问我这是怎么一回事？我错误地认为这是各部队在撤防中有少数散兵不守纪律，乘机抢劫住民。因安震东的住宅临近新七军军部不远，我马上摇电话通知军部特务连连长，要他派一个班向安震东住房对面街口附近搜索，查明乱枪来历。约十几分钟后，特务连长来了电话，说乱枪是中央大道东侧防区街心地堡内的守兵所发，应向第六十军联系查问。同时该连长又告诉我，中央大道东侧的警戒部队已加强了兵力，且士兵说话，很多是朝鲜语。我顿时感觉情况有突变，马上通知特务连全连出动，先以军部为中心，向东严密警戒，不准随意开枪射击。又马上摇电话想与第六十军军部联系，但电话总机告诉我："与第六十军的直达电话线，在三个钟头前已拆掉了，现在只有通过兵团部的总机的一条线，但摇了很久，无人接话。"这时候我知道情况确已突变，马上摇电话告诉史说，并建议要各部队暂就地待命。史说同意了。他即刻将情况电话报告郑洞国，郑要史说和我即时到他的家里去面谈。十余分钟后我们到了他的寝室里，郑披衣坐在床上，听了我们的详细报告，拿起电话机要第六十军军长曾泽生讲话，等了很久没有人接；再要第六十军的参谋长徐树民，也无人接话。他知道事已突变了，但情况仍不明了。当时他向史说命令新七军的各部队仍暂恢复原防，加强对东半城的警戒，俟情况清楚后，再作处理。我们回到军部后，即依决定调回部队在天明前恢复了原防。

十月十七日的早晨，我在电话里与兵团司令部的副参谋长杨友梅联系上了，他告诉我郑洞国多次向第六十军摇电话，在快天明时才接通了。接电话的人不是军长、师长，而是第六十军军部新闻处处长，他告诉郑说第六十军已经决定起义。如果郑赞成他们，他们也欢迎郑一同起义；如果郑不赞成，他们也不勉强，那就只好各行其是了。郑仍要与曾泽生直接谈话，但被拒绝了。

我这时候也摇电话与第六十军的师长陇耀接通了。最初我抱怨他既久为战场上的兄弟，为什么突然变计，而事前对我们毫无商量呢？他答复我事出突变，也是他所料想不到的事。我与他约定，两个军虽然各有主张，但决不愿彼此对杀，相约以中央大街为界，两方各自约束部队，防止冲突，等候上级解决。史说将一切情况告诉了正在卧病的李鸿，李鸿也很惊慌，要史说召集全军营级以上的部队长开会讨论，征求大家意见，再作决定。

上午十时，全军营级以上的部队长都到会了，由史说主持讨论，有些人主张仍然继续突围，但也有不少人反对突围。主张突围的人提不出很好的理由，只是主观地认为军人应绝对服从，既然上级命令要突围，我们便应照着做。主张不突围的人却能提出些理由：第一，他们认为士兵的体力太弱，部队饥饿将近一年，大多数都是腿脸浮肿，患夜盲病，就是徒手行军，日行也不过四五十里，何况是有严重战斗任务的急行军呢？第二，长春部队退清原、沈阳，但同时清原、沈阳部队又退往山海关，势必由我们担任后卫战，这不明明是为他们替死？第三，千多户家属及三千伤残病员早应撤退，也容易撤退，可是置之不理，今日要我们忍心抛弃他们，这算什么指挥道德？这些人虽说出了平日不敢说的话，可是还不敢提出更进一步的主张。

会议进行了两个钟头，只是彼此争执，得不出一致的意见。史说最后和我商量，认为军心已涣散，突围是没有希望的事，徒然将全军引入死路。若要学第六十军起义，但李鸿病重，我们的号召力又不够，只有由郑洞国领导，我们协助响应，才有可能。否则，难免引起内部残杀，招致全长春市的毁灭。第三条路是全军投诚。一切罪过由史说和我两个人承担。我们认为在抗日战争胜利后，我们本不应再参加这次内战，但现情况不允许再干下去，便应洗手不干了，留在解放区，永远做个平民算了。我们决定走第三条路，引导全军投诚。当时到会的人多数赞同了我们的意见。

正午时候，我接到兵团部副参谋长杨友梅的电话，问我们开会的情形如何？我将经过情形通知了他。他告诉我郑洞国也未尝不想起义，但面子难看，要史说和我设法解决这个问题。我即告知了史说，史很痛快地说："那是要改走第二条路的方针。如果郑洞国号召起义，一切办法就容易想了。就是走第二条路，事实上也不会妨害第三条路的精神，因为共产党也不会强拉着不愿干的人。"于是我又用电话与杨友梅联系，杨友梅告诉我说已经有了办法，只要我们即刻把郑洞国接到军司令部来，然后内部由他号召起义，向外宣布说他是受了新七军的胁迫。我又问他兵团部内部意见如何？郑洞国本人意见如何？杨说没有问题，他与郑洞国谈了，郑也没有表示反对和拒绝。杨要我即时去接郑，我把杨友梅的话告诉了史说，史说说："照着做吧！这是大势所趋，我们为了郑的生命安全及个人体面，将一切罪过都背起来吧！"但这时我却担心，在我去接时，万一郑不同意，翻了脸，岂不是自己钻进老虎嘴里送死？史说劝我勇敢些，但在去之前，必须要杨友梅确切说明郑的态度，以防万一。我再与杨电话联系，再三声明我的顾虑，杨也再三告诉我没有问题，他敢担保我的安全。于是我就驾车闯过了第六十军与新七军双方壁垒森严的中央大街，到了第一兵团司令部。

兵团部在市中心的中央广场西北角上。广场的东半部已经完全被第六十军占领着，西半部除了大楼本身外，其余的街道和楼房也都淹没在灰色部队的海洋中。整个兵团部已处在高度的战斗状态，大楼上的每层墙窗上，都垒着沙包，伸出枪口。当我登上第三层楼，走近郑洞国的卧房时，坐在门旁边的四个警卫员立即迎着我，告诉我："司令官正在休息。"我说："如果司令官在休息，我想见杨副参谋长，是他约我来的。"警卫员要我等一下，转身进房去了。不一会儿，杨友梅开门迎我进了房，只见郑洞国侧身蒙被躺在床上。杨友梅侧身坐到床沿上。床对面的沙发上坐着两位由南京国防部派来长春视察而没有机会逃出的少将高级参谋，彼此都是相识的人，所以我也只打了个招呼，就在靠近床边的一张椅子上落座。杨友梅向床上轻声讲了两遍："司令官，龙参谋长有事来见你。"郑好像是已经入睡，没有应声，我也只好静候着。大约寂静了两分钟，郑才轻声问我："龙参谋长有什么事？"我说："现在军部正在开营级以上的部队长会议，希望司令官去主持一下。"郑又问我："你们的李军长呢？史副军长呢？他们为什么不亲自主持？"我依照与杨友梅相约定的话回答说："李军长正在发病，无法主持会议。史副军长现正主持会，但有些重大问题，无法决定。倘若司令官亲自参加，问题就容易解决些。"我讲完了后，郑洞国很久不作回答，大约又过了五分钟，他忽然撑起半身，指着我厉声责问："龙国钧，你和史说随我做了几年事，我没有亏待你们。你们今日为什么学张学良、杨虎城卖我求荣呢？"我听了这话，顿时气得几乎爆炸了，我长时间埋在心里的一股不满，几乎脱口而出，但是终于忍住了。

郑说完了这几句话又默不作声，倒身躺下去了。杨友梅和两位高参，也都默无一言。我听了郑洞国的指责，顿时深感自己处身很危险，忍耐了两分钟，便起身引退，出了房门，疾步下了楼。杨友梅和两位高参到楼梯口招呼我，要我反转再去谈谈。我想起张学良亲身送蒋介石回南京的历史教训，便头也不回，赶回军部了。

下午四点钟，史说为了防止那些主张突围的部队长铤而走险，发布一道作战命令，准许他们率领自己的部队向南突围，规定时间出击。这些部队长接到命令后，才实际估量了情况，考虑到突围后可能的后果，然后改变主张，自动放弃了突围打算，同意一致和谈协商放下武器。

这时杨友梅又与我在电话里联系上了，他告诉我："郑先生还是为了面子问题，希望把银行大楼作为据点，打一两日，再和谈放下武器。"我认为这样做很不妥，在这两天的小打中，也不能没有伤亡，死的人应记在谁的账上呢？

这天晚上八时左右，暂六十一师师部电话通知史说，说他们已经与解放军接上了头，由驻在邻近的第六十师陇师长处送来了解放军长春前线司令部的信，约我们指派代表到陇耀处商谈和平解放问题。史说与李鸿商定派新编第三十八师副师长彭克立及暂编第六十一师副师长宁伟为代表，于当晚十时左右到达了指定地点，双方初步商定了不用战斗方式解决战局，详细条件双方各回部队拟定，定于午夜十二时会谈解决。彭、宁二人回军部，与李鸿、史说二人商量，提出三项条件，条件内容大意如下：（一）原新编第七军人员愿意参加解放军的，解放军应予留用，不愿参加解放军的，应给遣送费，保护安全离境。（二）所有官兵及家属应保证安全，不得加以侮辱，个人财物保证不被没收。（三）所有伤残病员，应保证负责医治，伤病痊愈后，家在解放区的人，应设法安排生活，家不在解放区的，应给资遣送回家。解放军方面的代表也提出了一项条件，即一切公共财产及军事装备应妥善保护移交，不得破坏。双方谈妥并签字后，约定在十月十八日，解放军派部队进入市区接防。

十八日清晨[1]，全军将家眷集中到军部地下室，各部队以连为单位，各在原驻地集结，军通信网约在八时双方交接，军部的警卫也大约在八时稍后交接。九时电话铃又响了，总机通知我，蒋介石已派来飞机，要轰炸长春的抗命部队，要我们全部人员退到地下室去。十分钟后，果然由南方飞来了九架飞机，在长春上空盘旋了两圈，接着东半城及东郊区就是一片爆炸声。事后总机告诉我，当飞机盘旋市空时，机上的空军人员用无线电话向兵团部联络，要兵团部指示轰炸目标，但郑洞国没有对他们说实话，说第六十军原驻东半城，现已撤到郊外去了；西半城的新七军部队，现在正在对战中。恐怕飞机只炸东城，不炸西城，就是这个缘故。

十八日午后，银行大楼附近时有枪声及手榴弹声。这大概是兵团司令部的“礼仪”战斗。十九日夜九时许，解放军派来了几辆汽车将郑洞国、李鸿和军部少数人员及其家眷护送离开了长春，从此这座美丽的城市，终归人民所有了。

① 据史说回忆是十月十九日上午。

新编第七军在长春

史　说*

一　长春困守

进入东北的国民党军队在一九四六年五月攻陷四平进占长春以后，就结束了它北进的攻势。一九四六年冬至一九四七年春，东北人民解放军两次①渡过松花江南下，给国民党军以严重打击，驻吉长地区的新编第一军就每师各损失了一个团。到了一九四七年五月，东北解放军又第三次南下②。新编第一军先期得到情报，解放军将绕道长春以西，南下进攻四平。当时，新编第一军原军长孙立人已调台湾任警备总司令，由原第五十师师长潘裕昆接任军长。我已由新编第一军参谋长调任新编第三十八师师长。此时，新编第三十八师与第六十军在吉林市及其附近。新编第一军之第五十师集中长春，许赓扬的保安区③在德惠，新编第三十师八十八团在农安，九十团在怀德（即八家子）。

新编第一军急命驻守德惠、农安的部队退回长春，而守怀德之九十团，杜聿明认为应坚守以吸引解放军围攻。可以驻守四平之第七十一军北上夹击，军长陈明仁率第八十七、第八十八两师北上至公主岭，以一天的时间调整部署，但九十团经不起解放军一夜强攻，全部被歼，团长项殿元阵亡。尚其悦部改编的骑兵旅也在长春南大屯被袭击，旅长金赞中

* 作者当时系国民党第一兵团新编第七军少将副军长。

① 一九四六年冬至一九四七年春，北满的东北民主联军三次渡松花江南下作战。

② 此次是东北民主联军的夏季攻势。

③ 一九四六年夏、秋，东北行营除将收编的伪满部队改编为两个保安区外，又调长春警察局局长许赓扬把国民党军队编余的军官和抽来的壮丁编为一个保安区（第五保安区），以后又改为暂编第五十三师。

阵亡（尚其悦部后改为新一军骑兵团）。第八十八师向怀德前进遭解放军围攻被全歼，师长韩增栋阵亡。陈明仁率第八十七师回守四平。解放军向四平进攻，四平西部阵地全失。陈明仁死守四平东部。杜聿明集中辽南国民党军主力来援，才解了四平之围。在吉林市方面，第六十军新成立的第一八四师在海龙、梅河口被歼（原一八四师先在海城起义）。新编第三十八师的一一二团由松花江东老爷岭撤回时也被歼灭。

经过解放军这几次的严重打击之后，国民党驻东北部队元气大伤，中长路和北宁路均不能通车。蒋介石派陈诚任东北行辕主任，接替熊式辉。陈诚到沈阳后，撤销了东北保安司令长官部，调走了杜聿明，撤销了陈明仁军长职务，以刘安祺任第七十一军军长。陈诚无目的地命潘裕昆率新三十八师与第五十师南调四平，归刘安祺指挥。第五十师的第一四八团在八面城方面活动，被解放军第二纵队包围消灭。至此，新编第一军的三个师，每师被歼灭两个团，虽都重新成立，但战斗力大不如前。解放军第二纵队绕过四平、长春，包围驻在吉林市的第六十军。陈诚命潘裕昆率两个师回长春，与新编第三十师会合，准备东援，解放军主动自吉林撤围。

新编第一军集中长春后，沈阳附近又吃紧。陈诚感兵力不足，大力扩充军队，把新一军扩编为两个军。以第五十师、新编第三十师和许赓扬的保安区部队改编的暂编第五十三师及原新一军直属部队（除一〇五榴弹炮营的一个连配属给第六十军，一个连归新编第七军外）编为新编第一军。由潘裕昆任军长，杨温为第五十师师长，文小山为新编第三十师师长，许赓扬为暂编第五十三师师长。以新编第三十八师和刘德溥的保安区部队改编的暂编第五十六师，邓士富的保安第十二支队改编的暂编第六十一师[①]编为新编第七军。由李鸿任军长，史说任新编第三十八师师长，刘德溥任暂编第五十六师师长，邓士富任暂编第六十一师师长。这些军队的番号增加了，战斗力却大不如以前。第五十师、新编第三十师、新编第三十八师的老部队，只各剩下一个团。三个暂编师是伪满部队或地主武装的底子，虽由第五十师、新编三十八师调了一些部队过去，但内部矛

---

① 据了解，刘德溥部原系伪满部队，日寇占领时期调到关内。国民党到东北，首先把刘部空运到长春。一九四六年四月，东北民主联军进入长春，刘部被歼。后刘收罗其残兵败将，被国民党东北行营于一九四六年夏、秋将其收编成立一个保安区。这个保安区后改为暂编第五十六师。与此同时，东北保安司令长官部，还把收编起来的地主武装编为保安第十二支队，以新编第一军、新编第三十八师副师长邓士富为支队司令，以后改为暂编第六十一师。

盾更深，上战场一触即溃。

一九四七年底，陈诚先命新编第三十师空运到沈阳，继又命潘裕昆率第五十师、暂编第五十三师沿中长路行军南下到沈阳去。新三十八师送他们到公主岭后，在回长春途中，又奉命随新编第一军南下，但新一军已去远，中间已被解放军切断，只有仍回长春。于是剩下新编第七军独守长春。是时，原在长春后调营口的暂编第五十八师王家善部（伪满部队改编的）在营口起义。暂编第五十六师原来也是伪满部队，恐其不稳，遂把师长刘德溥调到辽南任第四十九军副军长，调新编第七军参谋长张炳言为暂编第五十六师师长。

陈诚在东北被解放军打得焦头烂额，一九四八年二月逃回南京。蒋介石以卫立煌接替陈诚，任命卫为东北“剿总”总司令。是年三月，蒋介石决心放弃吉林。令新编第三十八师派出部队到通往吉林的途中，迎接第六十军撤到长春。集中新编第七军和第六十军共守长春。任命郑洞国以东北“剿总”的副总司令兼第一兵团司令官兼吉林省政府主席，指挥长春部队。以曾泽生为第一兵团副司令官兼第六十军军长，新编第七军军长李鸿兼长春警备司令。第六十军撤抵长春的第三天，四平解放。这时国民党军队在东北，只剩下沈阳、锦州、长春三个点。

长春孤悬沈阳以北六百余里，与沈阳唯一的交通是空中联络。长春飞机场在西郊。郑洞国命新七军防守长春西部，第六十军防守东部。新编第七军的新编第三十八师，虽累遭损失，但战斗力在六个师中仍是最强的。装备经自己保留的在印缅作战时多余武器的补充，也还能保持原来水平。每个步兵班一挺轻机枪，班长、副班长都配有冲锋枪。每排有两门六〇迫击炮的一个炮班。营机枪连有重机枪八挺；营火箭排有小火箭四门。团迫击炮连有八一迫击炮十二门；战防炮连有三七战防炮（吉普车牵引）八门。只是师炮兵营由原来的三个拨出去两个，只剩下一个骡马驮载的七五山炮营了。人员经补充后尚有一万一千余，马两百余匹，大小汽车近三百辆。几个暂编师重武器甚少，没有炮兵。新编第七军直属的炮兵也只有从新编第一军拨过来的一个一〇五榴弹炮连。曾泽生的第六十军只剩下第一八二师和暂编第二十一师。到长春后，把由中长路交警总队（原先是军统系统的忠义救国军部队）改编为暂编第五十二师（师长李嵩）正式归第六十军建制。

解放区进行土地改革后，地主富农纷纷逃来长春，他们自己组织了武装部队，在长春外围扰民害民。第一兵团司令部将有武器的一部分，收编为两个骑兵旅。新七军也收编了一个骑兵团。这些部队，扰民有余，打仗则溃，成为长春守军的一个负担。

长春的防御工事，于一九四七年秋即已开始构筑。以钢筋水泥的地堡为骨干。每个地堡可容重、轻机枪各一挺，步兵十余人。依地形每公里正面前后交错的配置三至十个。特别重视发挥隐蔽的侧射、斜射火力，并用战壕与各种掩体（用铁路路轨与枕木为主要材料）联系，在长春周围，构成坚固阵地。障碍物除铁丝网外，并设有约宽三米、深二米的外壕，壕内有纵射火力点。利用主阵地外的高地或孤立的大建筑物，设置外围据点，每个据点兵力约一个连。在市内还设有第二线阵地和核心工事。

在长春最大的问题是粮食供应困难。由于铁路中断，南方的粮食运不来。原先长春还有布匹、食盐，四郊农民还以粮车入市来交换，不久这些储备销完，农民的粮车也不入市了。军队就派部队到几十里外去劫粮，名义上用“东北流通券”（是国民党政府接收东北后，在东北单独发行流通的货币，发行时一元折合关内“法币”十元）收购，实际上流通券早已不值钱了。一九四八年五月，郑洞国命新七军新三十八师向西出击，掩护暂编第六十一师向长春西北小合隆附近劫粮。驻伊通的解放军突然北进到长春西郊，不到两小时的战斗，消灭了驻守飞机场的暂编第五十六师两个团，于是新编第七军缩入长春，与第六十军一同被围在长春主阵地内。

七月间，解放军收紧包围圈，长春市内军队士气低落。郑洞国成立军官训练团，轮训两个军的军官。我被调任为新七军副军长兼任军官训练团教育长。新三十八师副师长陈鸣人升师长。

解放军围而不攻，断绝了国民党长春守军的粮道。新七军驻长春久一些，有点储备，长春附近盛产大豆，大批集中市内，待车南运。铁路中断后，没有运出的大豆，豆饼就被新七军向商人买下来作为马秣。但到了后来也只好把马秣掺入点高粱米作为人粮来吃。第六十军由吉林市调来长春，毫无粮秣储备，除了向新七军借粮外（新七军分了存储马秣的一半给它），只得去挖一些酒坊酱园的陈年酒糟来吃。郑洞国向蒋介石请求空投，飞机只能在天气好的日子来，又怕被解放军高射炮射击，不敢低飞，投下的粮食散失甚多。空投一天，只够吃一餐。

长春物价亦随着飞涨，五十元、一百元票面的“东北流通券”已不够流通，长春的中央银行分行就发行“本票”，票面由万元、十万元增加到一亿元。长春中央银行几十个职员通宵的开本票还不够，因为今天开的，明天又不管用了。高粱米五月份还是几角钱一斤，到长春快解放时竟已涨至三亿元一斤。地摊上一件皮衣要用金子换，而一两金子也不过换几斤高粱米。

长春居民在伪满时期为六十万人（其中半数为日本人），国民党占领初期尚有三十万人。一九四八年五月初，只剩下二十万人左右。居民的粮食更成问题了。夏天吃榆树叶子，到了秋天，草根树皮就无所不吃了。郑洞国把中学生和小学高年级生编为幼年兵团，吃军粮，以免饿死，但对一般居民却毫无办法。七月以后，他下令疏散，开放南向沈阳、东向吉林市的两条路口，放老百姓出市区。但老百姓到解放军阵地前要清查身份才能放行。在南郊和东郊两军阵地之间约二至五里的空隙地带（老百姓称为真空地带）里，饿死病死的无法计数。还有临时产生的土匪，劫掠难民的食物和财物，惨状百出。有的父母逃出去了，小孩留在市内。慈善机构发动军官去领养，哪里领养得完呢？有人报告，某屠户竟杀小孩卖人肉，我派人去查，说是警察局把屠户抓去了，也不知究竟如何。

到十月初，已是山穷水尽。军队吃豆饼酒糟，官兵个个浮肿，脚已难以走路。郑洞国趁解放军主力南下打锦州，令新七军向西出击，想夺回西郊飞机场。他亲自督战，指挥新三十八师打了两天，只推进了几百米，因伤亡太大，只得停止了。

八、九月间，沈阳曾有集中几个军北上至四平接应长春部队突围南下之议，及锦州被围，蒋介石命第九兵团司令官廖耀湘率西进兵团援锦，于是长春完全成为一着死棋了。

二 长春解放

大约在十月十日前后由飞机空投蒋介石给郑洞国、曾泽生、李鸿每人一封亲笔信。大意是空中投粮，已无法继续，命长春守军向东突围，转进至抚顺以东的营盘，再转到营口。突围之日，有飞机来掩护。时新七军军长李鸿患伤寒病甚重，军务由我代理。郑洞国召我与第六十军军长曾泽生到他住所密商。大家认为官兵久饿，脚肿得难以行走，不用说突围不出去，就是突出去了，七八百里路，中间无一援军，这不明明是死路嘛！郑洞国打电报给蒋介石陈述不能突围的理由。

不久，蒋介石发来第二次电令，催郑突围。郑洞国又召曾泽生与我商议。我与曾估计在长春外围，有解放军第一兵团新编的六个师，虽战斗力不强，但阻止长春我军突围则有余，而在辽河两岸，尚有解放军久经战斗的第六纵队，在此种情况下，若硬行突围，必被消灭。郑允再将此意电陈蒋介石。

十月十五日蒋介石第三次手令辞意严厉，有“如再拖延时日，将受严厉之军法制裁”等语（大意）。郑接到手令后又召曾泽生和我到他住所。曾来了以后，匆匆看了一看地图上郑指出的突围后行军路线，说声“好、好”，就走了，后来派他的参谋长来接受命令。

实际上，这时曾和他的两个师长白肇学、陇耀已与解放军有联系。两年多以前第六十军在海城起义的第一八四师原副师长郑祖志已到九台做联络工作。夏天，新编第三十八师便衣侦察员，在东北郊截获一封解放军给曾泽生等的一封信，陈鸣人送给我看，我对陈说，送给他们去吧！锦州将要解放时，曾泽生来看李鸿，对李说，长春困守垂危，难道会像美国人在菲律宾接麦克阿瑟那样，派飞机接我们出去吗？李不解其意，告诉我，我也没有想到起义的路子上去。

十月十六日半夜，新七军正准备待到清晨开始突围，第六十军起义了，拘押了交警部队改编的暂编第五十二师师长李嵩，并在与新七军交界的那条市中心大路（中山路）上，派出了警戒。我在睡梦中接到参谋长龙国钧的电话，就找新三十八师师长陈鸣人到郑洞国住处（三人都住在附近），将情况面告郑，郑披衣坐在床上说：“他们要这样，也只好听他们去了！”十七日黎明，第六十军派了一个师新闻处处长和另一人带了一封信到我家，要新七军一致行动。我去李鸿家，与李商议，派新三十八师副师长彭克立到第六十军军部去探询，回来后又商议了一阵，没有结果。上午郑洞国在兵团司令部（伪满中央银行旧址）召开会议。郑问我，上面仍令突围，你有何意见？我坚持说不能突围。当时，军统局派在长春的松北站站长项迺光，省政府秘书长崔垂言（释放后，到台湾任蒙藏委员会委员长）和蒋介石的两个督察官都在座。他们指着我的面说，拖也要拖到长白山去打游击。我愤然离座返回军部，会议遂无结果。

夜间，在我家里，一个与郑十分接近的新闻记者杨治兴对我讲：“在这种情况下，是否你有意率领新七军退出国共间的战斗与解放军商议停战？”我问：“郑司令官意下如何？”杨答：“有此意，他不便明说。”我以为这是郑的授意（事实上，那只是杨假传“圣旨”。一九六二年，我与郑谈起往事，郑说当时他并未与杨谈过此事）。翌晨（十八日），我派了炮兵指挥官王及人、新闻处处长杨天挺、暂编第六十一师第二团团长姚凤翔三人到解放军去接洽，由解放军第一兵团解参谋长接见，解参谋长告诉他们在起义与自动放下武器两种办法中任选其一。王、杨、姚带来了解放军第一兵团司令萧劲光，政委肖华给新七军的信并报告接洽情况。我和参谋长龙国钧商量，认为新三十八师的下级军官中有人迷信孙立人（是时孙在台湾），如果起义，可能会发生动乱。如果突围，又要死几千人，这是何苦呢？不如放下武器。于是要王、杨、姚三人再去同解放军联系。他们携回了解参谋长亲笔签名的协定。协定大意是：新编第七军自动放下武器，解放军保证郑司令官以下官兵生命财产安全。军官如愿意参加解放军的，按解放军同级干部待遇①，不愿参加的，遣送回原籍，不加侮辱。

十八日下午，当新七军正在与解放军接洽时，郑洞国到新七军军部（在原日本关东军司令部旧址）召集师长以上谈话（这时，李鸿已从家移居军部，卧病在隔壁房间内未参加）。郑指示上面命令要突围。暂编第六十一师师长邓士富说，他那一师不能打了。事实上该师的姚凤翔团已决心要起义。暂编第五十六师师长张炳言已没有几个兵了，没有发言权。新编第三十八师师长陈鸣人说，他那一师听副军长命令。郑看着我，我不作声。我知道双方都有话不便出口，而兵团司令部有特务包围，不能谈。因此我与龙国钧留郑在军部吃晚饭再谈。但郑突然站了起来，冲门而走，我送出门，也没有话别。

十九日晨，我派龙国钧到兵团部去接郑到军部来，郑卧在床上，两个督察官坐在床边。郑叹息不止，龙只得空回。在印度，郑任新编第一军军长时，我是参谋长，龙是副参谋长，本是互相信赖的，但此时也互有疑义。

上午，解放军进入长春市，新七军部队按营集合，放下武器。郑洞国的特务团，还坚守在兵团司令部抵抗。兵团副参谋长杨友梅（参谋长一职，暂缺）出来和解放军接洽，也愿意放下武器。新七军自动放下武器后，全军士兵，编入解放军各师。一般军官，分送东北各地解放军官教育团学习。团长以上军官送吉林转哈尔滨东北军区政治部联络部招待所学习，然后志愿参军或遣送回籍。郑洞国和我被分别接至四家子（长春与吉林间），由萧劲光、肖华接见，再转吉林到哈尔滨。由解放军东北军区参

① 参看本书姚凤翔文和注。

谋长伍修权、政治部副主任周桓接待。这样，长春就和平解放了。我衷心感谢共产党给我以新生。

当解放军进入长春市后，送来周恩来副主席给郑洞国的一封信，请我转交。因为信没有封口，我便抽出来看了。字是楷书，像是由电报转录的。中有“希望不负黄埔初衷，如一转念即当以起义相待”等语。我派一个参谋送去，因兵团司令部尚在抵抗，市内秩序亦乱，此信并未送到，这个参谋也未对我回报。

还有一件事要补记的：十八日夜，炮兵指挥官王（及人）来对我讲，解放军要求两个炮兵连立即开往锦州前线，我答应了。这两个连是全连编为解放军的。

（说明：本书对项殿元团长所在部队番号说法不一致，待检证。）

新编第七军放下武器前后

姚凤翔*

在辽沈战役中，我是国民党部队驻长春新编第七军暂编第六十一师第二团团长，现就我所知，将放下武器的经过记述如下。

一　在放下武器之前

一九四八年三月第六十军由吉林撤回到长春以后，为时还不到一个月，长春这个孤立的据点，就被解放军包围了。接着长、沈之间的空中交通也中断了。从此以后，长春的问题就越来越多，困难越来越大。而守军覆没的命运，可以说从确定困守的那天起，就注定了。

尽管命运注定了，但它还要做垂死的挣扎。而且愈接近死亡的边缘，挣扎得也就愈疯狂，给长春人民造成惨重的灾难，最显著的有下列几点：

（一）掠夺粮食。在解放军部队合围之前，他们进行拦路抢劫。把北从九台以南，南自公主岭以北一带运粮进城出售的老乡大车截下来，借口购买军粮，以最低价格强行收购，然后原车押到市内把它囤积起来，有的甚至就在市场出卖。例如新编第七军新编第三十八师第一一二团输送连，城内有站，城外有人，有组织地从事抢劫。他们伪造团长私章，不止一次地混过卡哨。其他各单位也有同样的情形，不过程度不同而已。在解放军部队合围之后，则进行四处搜刮。当时，粮食外源完全断绝，城内存粮不多，空投为数极少，故粮食至感恐慌。于是，守军就采取公开的或秘密的一“搜”二“刮”。凡城郊、市内家有余粮的，都被洗劫一空。有的

* 作者当时系国民党第一兵团新编第七军暂编第六十一师第二团上校团长。

是用低价索取，有的是不给分文，对当时存粮较多的商户，则以莫须有的罪名，进行敲诈勒索。更有少数丧心病狂的人，勾结奸商，投机倒把。影响所及，使原来几元钱一斤的高粱米，很快地涨到十元、百元、千元、万元一斤，最后竟涨到一亿元一斤。由于粮食的奇缺价昂，原来的票面为一百元、一千元和一万元一张的钞票，通通无用处了。乃不得不由南京中央银行长春分行发行本票。票面数字，最初就高达几十万元一张，后来更高到几十亿元、几百亿元一张。尽管本票不值钱，但对老百姓来讲，还是稀罕的。因为他们手中并没有值钱的粮食去换取本票，当然谈不上再拿本票去套取其他东西了。相反，手里有大把本票的人，却可趁机在市场上去购买自己心爱的廉价物品。

（二）强迫疏散居民。这是郑洞国身处绝境，为了苟延残喘而想出来的一个办法。在长春，本来饿死的老百姓已经很多，而因饿至病，气息奄奄，躺着等死的就更多。现在又来了一个强迫疏散，这就火上加油地搞得这块本来就很不平静的地方更闹得满城风雨，鸡犬不宁。顿时社会秩序极为混乱。因而不幸地又在原来死亡累累的记录上，增添了新的可怕的数字。例如在疏散过程中，有些连病带饿的人在路上走着走着就倒下去了，有的小孩，父母死去，而被遗弃路旁无人过问。我曾亲眼看见一个小孩被苍蝇叮满一身，躺在路口等死的惨状。至今思之，犹有言之酸鼻，念及寒心之感。疏散前后，因吃豆饼、树皮和草根而得病死去的更不知有多少。尤其骇人听闻的是曾在集市上发生过卖人肉的惨事，真是触目惊心。

（三）破坏公共建筑和拆毁民房。在国民党军困守长春的期间，不仅粮食无法解决，燃料也是一个无法解决的严重问题。特别是旧历中秋过后，气候渐凉，眼看就要遭受冬寒的威胁，此时守军为了苟延残喘，不惜到处进行破坏，例如砍伐树木，挖马路（取沥青作燃料）。有少数单位把电杆也搬走了。后来，更不惜拆毁房屋。先是拆无人照管的公家房子（前日本侵略军留下的宿舍），例如城南的前满映公司（今红十字会和长春电影制片厂）一带，数以百计的楼房（这是仅指我亲眼看见的一部分）拆毁得荡然无存。公家的房子拆光了，就去拆民房。一幢三层的楼房，在拆屋顶的时候，把住在三楼的人赶到二楼。拆三楼的时候，又把住二楼的人，赶到底层一楼。最后拆二楼的时候，干脆把已被挤在一楼的，像羊群一样的家家户户赶到露天。大人哭哭啼啼，小孩子吓得哇哇叫，其状甚惨。

国民党守军的纪律如此败坏，老百姓恨之入骨。有一次，一个旅社的掌柜对我说：“当你们初来东北时，大家都欢迎你们，就连老奶奶也顶喜欢瞧瞧中央军。而现在，如果让老百姓来投票，谁不愿意八路来？”话虽几句，含义却深。反映了东北人民对国民党军的痛恨和失望。国民党军已失尽了人心。

由于国民党军的腐败，打起仗来，累吃败仗。仅举新编第一军在长春附近打响的几仗来说，新一军新三十师第八十八团防守城子街，结果全团覆没，团长曾琦被俘。该师第八十九团防守农安，也是全团覆没，团长项殿元阵亡。新三十八师第一一二团的老爷岭撤退，又是全团覆没，团长张洁之阵亡。这个师第一一三团的其塔木驰援，又同样是全团覆没，团长王东篱阵亡。至于在大的战役方面，所表现的无能，那就更多了。

我回忆自己在这段时期，眼看国民党政权的摇摇欲坠，确有日暮途穷的伤感。而在长春被围的末期，心情更是惶恐不安，深知长春无可救药，国民党军亦无可救药。特别是每当我一想起原新一军在长春时期的九个团长中，就有三个阵亡，一个被俘，不知道哪一天迟早会轮到我的头上，因而厌战的思想很严重，不愿打内战的思想就更严重。

二 第六十军起义，新七军动摇

一九四八年十月十七日清早，邓士富（新编第七军暂编第六十一师师长）来电话告诉我们：“昨晚六十军已经起义了。”我没有等他往下说就反问一句：“那怎么得了呢？”这时他一点也不含糊地回答我说：“正因为不得了，也要了。”此时我真没有想到这位平时遇事并不怎么果断的好好先生，在这个问题上表现得如此果断。但究竟如何“了”法，他没有再往下说就把电话挂了。

接着天就亮了，看不出外面有什么动静，也感觉不到我的周围有什么异样的气氛，但我此时却总是提心吊胆地怕发生什么。

早饭后两个钟头快过去了，我很奇怪，为什么军部和师部都没有一点指示呢？的确，此时我比他们还要着急一些。因为我是摆在阵地上的一个部队，万一有事，就首当其冲，不知如何是好。又等了半个钟头，仍无指示，我很着急。后来我想，不管你们下文如何“了”法，反正大势已去，整个防御体系已一劈两半了，枪口朝着自己的屁股，既不能再守，也无法再逃，除了起义，都是死路。这是我在早饭前后，对长春全盘局势作过两小时反复考虑以后的答案。

时间又快过去半个钟头了，军部和师部仍无任何指示。当我正在左思右想的时候，紧靠第六十军阵地担任守备任务的第一营营长陆永增来电话报告，说他左边的第六十军部队不见了，并发现少数解放军在附近出没。这时，我才把昨晚的事情告诉他，要他注意警戒，并特别交代要他马上面告各连长无命令不准打枪。接着，第三营也来电话报告，我向他也讲了同样的话。这时营长又问我："如果他们先打枪又怎么办呢？"我说："不会的，就是要打，也是先打第一营。你的部队在中间，不会跑过来先打你。"我的话还未说完，第二营的电话也来了，我也是以同样的话告诉他，无命令不准打枪。除此以外，我未加任何说明，也未作任何指示，搞得他们不知道闷葫芦卖的什么药。

我把电话刚一放下，师政治部主任吴祥伯跑来问我："怎么样？"我说："没有什么，反正不得'了'也要'了'。"吴听了，也有些诧异。因为他对情况的变化还不太清楚，经我解释他才明白。吴是我的小同乡，我们相处得很好，在平时就无话不讲，这个时候，我当然更会把自己的看法和主张告诉他。我同他分析了长春的形势，并把我心里的想法告诉他，他表示同意，认为刚才我在电话里对各营下达的命令，是很必要的。

接着我就打电话同第六十军联系，打算先了解一下他们起义的情况，电话没有打通。此时我有意识地想把老吴留下来，一面同他商量，一面招待他吃早饭，约定饭后他回师部，我去军部，分途打听一下消息之后再作最后决定。此时陆营长又来电话报告情况，知道解放军已逼近他的指挥所，仅隔一条马路在开始喊话。他表现很紧张，而我却由于这一消息的传来，反而放心了。我判断解放军既然大摇大摆地出现在我们的面前，这说明他们早就看透了我们的脆弱。他们是不愿白花一枪一弹来打瓮中之鳖的，因而我未同他多谈，亦未作任何指示，只是要他注意警戒，并再次重复一句："无命令不准打枪。"

我把电话一放下，就催吴吃饭，并对他说："请你先到陆永增那里去看看，最好想办法找一个人过来同我们谈谈。"吴很同意我的这个办法，他吃完饭就到第一营去了。

吴走后，我就去军部。途中知道军长（李鸿）患病未起，有关人员都在副军长史说的住处，于是我就中途直奔史宅（前孙立人在长春时的公馆）。见面后，史仍一如往昔，当时在座的有军部幕僚人员，暂编第六十一师师长邓士富，还有两个团长和一位前两天才被解放军释放回来的史说的陆大同学等人。起初，我还以为要开什么会，但一直坐了半小时，一小时，乃至最后，我除了听说要派一个连来担任这个住宅周围的警戒之外，根本就没有一个人提起如何应变的问题。既未听说要打，也未听说要逃，当然更没有听说起义这回事了。

这究竟是怎么一回事呢？我在赶回团部的途中，一直这样想。虽然我心中有数，肯定他们无论如何再也不会下达一个强迫的命令叫我去送死，但在当时的情况下，我还是顾虑重重的。这是因为我的防地紧靠第六十军，事变发生在我的这一方面，敌情也出现在我的这一方面，不管人家打我，还是我去打人，首当其冲的就是我。他们可以不急，不管，而我是不能不急，更是不能不管的。

三　急切希望与解放军联系

回到团部一走进大门，我就敏感地察觉到周围的每一个官兵，似乎都在瞪着眼睛注视着我的一举一动。这时我很不平静，气氛越沉闷，我就越感到恐慌，压力也感到越来越大。这时我特别担心前面万一打响之后，就无法收场。幸而不久就接到吴祥伯的电话，要我派车去接他，并说还有两位解放军代表同他一起来。不到半小时，我们就在团部见面了。同来的两个解放军代表之一，年约四十，四川人，自称周团长（另一位未作介绍，大概是周的警卫员），当时我非常敬佩他的勇敢，在这样紧急关头，特别是连我自己都还没有任何把握作出任何决定的时候，很可能发生误会甚至急变（因为此时各部队正处在紧张戒备中，只要有一点风吹草动就难免不发生意外），一个团长竟敢于充当代表，单刀直入地来和敌人见面，并敢于在敌人的面前暴露自己的身份，这是我所不敢想象的。我虽然有这些想法，但还是怀疑这个同我面对面的陌生人，是不是一个真团长。

坐下之后，我们谈的时间不很长，没有也不可能作出任何具体行动的决定。只是双方协议，保证互不侵犯，并由我派出通信兵向他的指挥所架上电话线，以资联系。接着我就派车送他回去了。

由于派车接送这位代表往返于警戒森严的危险地区和架设电话线的关系，顿时就引起了外间的注意而议论纷纷，如是很快地由近而远由此及彼，就把消息传开了。

到了中午，军部和师部依然无任何明确的指示。只是消息传开之后，团以下的部队长有许多反映，首先是我们暂编第六十一师的第一团团长李卓彧来电话表示同意我的做法，并向我建议赶快同第六十军取得联系，如他们（指其他各团）万一怎么样，我们就先动（指起义）。

接着，军部炮兵指挥官王及人也跑来了，他一坐下就问起前面的情况和准备如何采取行动的问题。我对他说："现在是大势已去，既不能再守，也无法再逃，除了起义，都是死路。"王听了也表示同意我的看法，并把他刚才从副军长史说和参谋长龙国钧口里听到的一句话"要我们起义做第六十军的尾巴办不到，放下武器是可以的"告诉我。当时我说："那就好办了。"

当时我想，王来我这里可能就是史、龙两位有意派来的。我为了好让王回到军部去向他们汇报，于是我就当面摇电话同解放军的周团长联系，并告诉他关于放下武器的问题，周听了表示非常欢迎并约我到他的指挥所去见面。不料我同周刚把话一讲完，另一个电话机子又响了，是王及人代接的，王对我说："军长要你讲话，怎么样？最好说你不在家。"因为军长在这时打电话给我，必无好话，不是责备，就是臭骂一顿，王也体会这一点，因而随即告诉总机"不在家"。

电话是敷衍过去了。但在我的思想上却增加了一分顾虑，我知道我的这些做法，至少他（李鸿）是不会支持的。

正在此时，又传来一个更使我加重顾虑的消息，据说兵团部的参谋处长纠集了一部分团长在策划如何应变的问题。有的主张顽抗到底，有的主张坚决突围，并听说他们的突围部署是先以一个团向长春的东南角出击，以行兵诈，然后主力从西北一鼓突出……（这里我不明情况，可能有出入）。

这是个不好的消息，我同在座的师政治部主任吴祥伯都感到很诧异，但王及人却半信半疑，他说他刚由军部来的时候，还看见新编第三十八师几个团长在陈鸣人那里（陈是三十八师师长，其师部同军部驻在一起）并没有听到他们说什么（王之所以在这里提出三十八师的几个团长在陈那里，这是因为他们三个团的实力比较雄厚，要是他们不作主张，新七军的其他各团是不会有什么主张的）。这时我也认为他们不会有什么。我们谈到这里，约定等王回去打听一下消息之后，再打电话来。

王走后，由于心存顾虑，因而我就想到为什么黄醒（我们第六十一师的第三团团长）没有一点动静呢？黄是本师三个团长里面年长资历较深的一个，是老大哥，有事不能不同他商量，于是，我就马上打电话邀他。他告诉我说："吉普车的轮胎坏了，不能来……"（其实不是轮胎坏了，而是借故不同我见面。这是放下武器后，我们到哈尔滨后他自己告诉我的）。

四 谈判

到了下午，军部副官处处长杨振汉来了。见面后，我也同样地把前面的情况说了一遍，他表示非常同意。我告诉他就要去见解放军的周团长并邀他一路，他也表示愿意同去。

大概是下午一点多钟的时候，我同杨到了解放军的指挥所。同周团长见面后，我把上面刚才发生的两个新情况和思想上增加的顾虑告诉了周，并向他说明，如果他们一定要打，要冲的话，我可以把我这一个团先带过来。周笑了一下，然后对我说："老兄，我很佩服你，请莫着急，他们已经跑不了了。我们要争取的不是你这一个团，而是整个新七军……"接着我们就开会了。在座的经周团长介绍，内有一位高一级的政治委员，还有一位团政委。

会上先由那位高一级的政治委员讲话，接着大家发言。会议开得很顺利，只是在时间问题上发生了争执。解放军方面，一定要我们在明早或上午放下武器，而我们总认为内部还没有做好准备工作（其实思想工作尚未开始，自然我们不敢保证，更不敢答应明早就能办得到），太匆忙是办不到的。这时政委举例说，要动员一个部队出发打仗，有一晚的时间就够了，为什么放下武器一晚的时间不够呢？政委说到这里，我意识到他可能对我们还不放心，也可能是在怀疑我们玩弄缓兵之计。于是我就马上对他表示："我这一个团可以今晚带过来！"他接着就问："你是不是一一四团？"我说："现在不是的，但我过去在一一四团当营长和副团长的时间很久，可以当上一半的家。"（因为一一四团是新七军里面从未受过损失的一个团，人员装备都比较完善，这是长春地区解放军里面的各级指挥员都很清楚的）。

关于放下武器的时间问题，谈得比较多，一直谈到最后，我的同伴杨振汉焦急地说："至少要延长半天，不能延长的话，就是我们今天不回去（意思是被扣留下来）也是可以的。"会开到这里，又谈了其他的一些问题，至于时间并未作硬性规定，只是约定晚上再碰头，就散会了。

散会后，杨回军部，我回团部。大概是因为王、杨两位先后回到军部反映了情况的关系，不久龙国钧（军参谋长）就打电话给我，表示没有意见，可以那样做（指放下武器）。听了龙的这一句话，我就把一切顾虑都完全打消了。从此时起，各单位接连打电话来问情况和向我联系的人也就多了，自然事情也就更加好办了。

不久，军部新闻处处长杨天挺来了，他同我一见面，就胸有成竹地提出了关于放下武器的条件问题。我问他有哪些意见，他随即就把条件的内容如数家珍一样地提出来了，一共五项（详细内容下面补述）。当时我想，这显然是事先在军部经史说或龙国钧研究后而派他来的。我把晚上要到解放军指挥所去开会的事情告诉了他，并请他把关于放下武器的条件写了一个书面的记录。

杨走后，我就同吴祥伯（他一整天都没有离开我的团部）研究晚上的开会和如何传达各部队放下武器的问题。最后我们考虑为了便于分头传达和顺利地把武器放下，必须各部队都有人到会出席。于是，我们就一面打电话，一面休息。

时间已是很晚了，先后来到我的团部准备同去开会的计有第三十八师副师长彭克立、暂编第六十一师副师长宁伟、军部炮兵指挥官王及人、副官处处长杨振汉、新闻处处长杨天挺、暂编第六十一师政治部主任吴祥伯、暂编第六十一师第二团团长姚凤翔等共七人（暂编第五十六师未来人）。

我们一行七人大概是晚十一时到达解放军指挥所的，在一栋大楼下层的过厅里，镶上两张四方桌，上面铺上四张白色的重磅纸，每一个角上燃起一支白蜡，周围摆着几条凳子，我们一走进这间会议室，就很自然地坐在一头等着开会了。

今晚解放军方面出席会议的除周团长和政委外，还有一位特地赶来主持这个会议的高级首长——萧劲光司令员的参谋长解沛然，他同我们一见面，就很客气地打招呼。他很了解当时国民党军内部的一些腐败情况和官兵心理。他对我们说：“其实你们的部队已经早就在思想上放下了武器。”今晚的会，就是这样不拘形式边谈边开起来的，接着他又说：“你们这样做，我们很欢迎，这也是一种形式，也是解决长春问题的一种办法。”解参谋长说到这里，我们就正式开始讨论关于放下武器的条件问题，我们呈出了一个书面的条文，大致内容是：

第一项，放下武器后，保障生命财产的安全（双方同意，通过）。

第二项，不参加群众斗争大会并保障任何人亦不得在群众大会上受斗争（双方同意，通过）。

第三项，请保留××农场（记不清地点，系前日本人在东北办的一个小农场，后来由新编第一军接收安插老弱和伤残官兵）并允许自由耕种（双方同意，通过）。

第四项，对愿意参加革命工作的，按原级录用，不愿参加工作的遣送还乡（解参谋长指出："按原级录用"，应改为"给予工作"。双方同意，通过）。

第五项，不得抄腰包，亦不得侮辱眷属（解参谋长说："在解放军里面和在解放区，都不存在这样的事实，这条可以不要。"双方同意，通过）。

在这个条文上代表签字的是：解沛然、彭克立、宁伟、姚凤翔。

接着，又讨论了一些具体问题，并作出一些规定，现在记得的有：

（一）放下武器的部队，于十八日上午在原地集结，听候接收①。

（二）各部队于放下武器后，营以上的军官，在新编第七军军部大楼集合；连以下的军官，在新编第七军教导总队大楼集合；听候处理。

……

关于新编第七军放下武器的问题，在解参谋长的主持下，十分顺利又较圆满地解决了②。当我们带着轻快的心情辞别解参谋长，准备赶回去履行这一天的任务时，已经是十八日的清晨了。

五　遵守协定，放下武器

我们一行在返回驻地的途中，每个人都感到时间很紧，但是心情却是很轻松的。一回到驻地，就马上传达关于放下武器的规定。其实各单位已经早就做好了放下武器的准备，甚至连眷属的行李也都捆好了，还有希望早点派代表到他们的单位去提前接收的。

我的部队是九时左右集合起来的。这时，我同排以上军官作了最后的见面。在这次见面中，除了告诉他们在解放军代表接收之前好好掌

① 据新七军副军长史说回忆是十月十九日上午。

② 据了解，在签字的文书中，还有解放军对新七军放下武器的具体要求。

握部队之外，我们都没有说什么。大家都泣不成声地流下了惜别之泪。这是因为大家都是老同事，在抗战八年中，相依为命同甘共苦成长起来的。

我于部队集结完毕之后，又和军部炮兵指挥官王及人、新闻处处长杨天挺同到解放军指挥所去欢迎接收的代表，并在那里的地下室（因此时一架国民党飞机正飞临长春上空投弹轰炸）同解参谋长第二次见面，向他汇报了关于传达放下武器的情况。

按照同解放军协商的意见，当天（十八日）下午五时左右，我会同暂编第六十一师副师长宁伟去到军部大楼集合，看见前来集合的人已人山人海。至此，新编第七军全部放下了武器。

辽沈战役

第六章

沈阳解放

沈阳解放简述

赵国屏*

自从锦州，长春等地先后解放，困守沈阳孤城的国民党军第八兵团，在人民解放军的军事压力下，在中国共产党的政治争取下，终于最后放下了武器。沈阳于一九四八年十一月二日宣告解放。当时我任国民党军第五十三军副军长，现将沈阳解放前后情况忆述如下：

一　第五十三军的历史和我与它的关系

沈阳守军以第五十三军为主力。第五十三军是原万福麟所率领的东北军部队。该军前身系九一八事变时期，万离开黑龙江省所率领的王永盛、于兆麟两旅，一九三三年在热河溃败，整编为第一三〇师（师长朱鸿勋）和第一二九师（师长周福成），组成第五十三军，万任军长。万福麟以老辈自居，把该军看作是私有财产。抗日战争初期，在保定以南地区遭到几次惨败，万才把军长交给对他唯命是从的师长周福成。这支部队，军官中绝大多数是东北人，并多有裙带关系；士兵以东北、河北、河南人居多。

在西安事变前，我任第六十七军王以哲部参谋长，第五十三军的周

编者注：长春解放和辽西会战以后，解放军迅速进逼沈阳。此时沈阳守军已呈分崩离析之势，除第二〇七师尚图顽抗被歼（本章缺此稿件）外，其他国民党将领则停止抵抗。本章有几篇文章着重叙述了他们秘密会商，主动与解放军联系，要求起义或自动放下武器等情况。其中有些情节，说法不尽一致。现在均按作者的回忆加以收录，以供研究参考。

* 作者当时系国民党第八兵团第五十三军少将副军长。

福成师曾临时归第六十七军战斗序列，这是我同周的关系的开始。一九四〇年抗日战争期间，曾经周的拉拢任我为该军参谋长，后又保为该军第一一六师师长。

一九四一年三月，由于陈诚向蒋介石进言（陈和周是保定军校前后期同学），遂将第五十三军定为远征军的甲种军。按规定，甲种军必须是三个师，但第五十三军仍只有第一一六师和第一三〇师两个师，直到沈阳解放前夕才增编了一个师。

一九四六年六月，第五十三军由越南受降归国，驻保定附近①，参加了对解放区的进犯。十一月，第一三〇师三八八团在大王店附近被解放军全歼，团长佟道被俘。一九四七年七月上旬，该军由华北调往东北，后周福成被任命为第八兵团司令官兼松江省主席，仍兼第五十三军军长。周的兵团部驻开原，军部驻铁岭，第一一六师驻昌图一带，第一三〇师驻沈阳外郊。主要的任务是保护沈长铁路通车和继续加强沈阳工事，阻止解放军南进。七月中旬第一一六师在铁岭县北威远堡门遭到解放军的全歼，师长刘润川、副师长张绍贤均被俘。后又以整编第一纵队为基础恢复了第一一六师，以军参谋长刘德裕为师长，并以第二纵队作为整训，补充部队，必要时改为师，以毛芝荃升为纵队长②，另新编一个暂编第三十师，师长为张儒彬。这样，在沈阳解放前夕，第五十三军就有了三个整师和一个补训纵队③，总共兵力约四万人。但由于受重创及新兵多，战力已经很弱了。

二　我和共产党在解放前的接触

九一八事变，由于蒋介石的不抵抗政策，东北失陷，东北军移驻平、津、华北一带。而日寇又提出东北军对它有“威胁”，于是蒋介石把东北军再行调开，只留第五十三军仍驻华北。

一九三六年初，在陕北红军与东北军最初往来时，我就参与其事。那时李克农将军亲到洛川，就是由我接待的。一九四〇年我任第五十三军

① 第五十三军归国后即调到东北参加内战，同年十月奉命参加进攻热河及平绥线作战，十一月又被调往保定。

② 据了解，该纵队的番号为东北守备第二总队，毛芝荃为总队长。

③ 同上。

参谋长，到重庆开会，我也秘密与八路军驻重庆办事处联系过。

一九四七年六月间，第五十三军由保定移驻辽宁铁岭。当时东北战场，解放军已掌握了主动权。我暗自思忖时机已到，但找不到适当的人和共产党联系。当时想到我的好友宛印章在长春，还有个侄女赵维娜在哈尔滨，只有这两个人可以帮我办这件事，我遂电邀宛印章来铁岭。因遍地战火，交通阻隔，一时不能来到。正在忐忑不安的时候，忽然来了一位姓李的中年妇女，叫李书城，她是我的小同乡，且有世交。李自己介绍，她是党委派来专做我的工作的；并出示于毅夫、吕正操的亲笔信（他们根据报纸发表周福成任第八兵团司令官兼松江省政府主席，以为我已当了军长），信上劝我立即把握时机，采取行动，率部起义。当时我对她先来个试探，板着面孔说："你怎么敢来？不怕我把你扣押起来吗？"她也很严肃地说："不怕！要怕我就不会来了。我们共产党人以完成党的任务为最大光荣，其他不计。但我们也估计到你不会那样做。"我这时才把我的真心话告诉她。我说："我早就有这样的打算，你来得正好，不然我还想派人去找你们呢！不过现在我还不是军长，而是副军长。第五十三军四个师长，其中张儒彬、毛芝荃两师长都是我当师长时期的团长，平时相处甚好，跟我行动是没有问题的；第一一六师师长刘德裕，虽然和周军长是亲戚，但他是看风头的人，由于利害关切，争取他也不会有多大问题；只有第一三〇师师长王理寰，平日关系不甚好，没有把握。军长周福成非常顽固，不易争取。我虽然做不到整体行动，但是争取部分起义是没有问题的。请你向各师直接打入，我在内部尽力而为。假如我的军长真除，立即开始行动。我们要不断地保持联系，积极做好准备工作。但对于第五十三军以外的其他部队，素乏往来，关系不够，无法提供情况。"以上是沈阳解放前我与中共接触的概略经过。

三　第八兵团是怎样放下武器的

一九四八年夏季，东北地区的国民党军已被分割压缩在长春、沈阳和以锦州为中心的辽西走廊地带。

沈阳守军是国民党第八兵团之第五十三军三个师、一个整编纵队，青年军第二〇七师（三旅制），新编第一军之暂编第五十三师，"剿总"直属的骑兵炮兵等特种部队，以及地方保安团等。这时，卫立煌还企图凭借坚固的防御工事，做垂死的挣扎。但是，在东北地区的国民党军主力部队八个远征军十个新编师都遭到严重创伤，有的损失殆尽。在全国其他战场的国民党军也同样损失惨重，败局已定。因此一些高级军官都表示悲观情绪。大家晤谈时，都感到早晚必败，没有出路。问到从战场归来的将领情况如何，多回答是"快完蛋了"。我则因为已和中共接上关系，心里有底，感到有路可走。有一次第五十三军开高干会议，会后我和张儒彬、毛芝荃、刘德裕几位师长有意识地闲聊，我说："共军优势兵力指向锦州，这一着来得真厉害，锦州如不保，就形成了'关门打狗'之势，我们腹背受敌，是非常严重的局面。作为一个将领，应当看清形势，但不可乱讲。"接着毛芝荃师长说，他们的部队都是新兵，打起来不顶事，要沾大家的光。刘师长也说这个仗没法打，他们师的兵与羽鹏（毛芝荃别号）所说是一样的。张师长说："咱们听副座的吧！"说罢微笑了一下，大有窥破机密的样子。我说："军部的办法没有什么高妙，还不是根据大家意图来做。只要大家团结一致，认清局势，会有前途的。"

当锦州战况吃紧的时候，第五十三军第一一六师撤回沈阳。掩护全师撤退的是丁赞尧团被解放军包围在铁岭，丁团长在电话上问我怎么办，我告诉他"见机行事"，于是该团即在丁团长领导下全部投降。这时，我与李书城同志在沈阳铁路宿舍（其住处）见了面，商定要多接头，以便研究进行办法。

蒋介石为了解救锦州，曾于十月二日飞沈阳召开了一个师长以上将领的会议，我也参加了。对于是否援锦，会上有所争论。当时卫立煌认为援锦会分散兵力，正中解放军"围点打援"之计，主张集中兵力在沈阳决战。最后蒋介石作了简短的讲话，先是痛斥不援锦州的说法是荒谬的，这是坐视不救等待各个击破。还说什么要"以动制动"，来个"反包围、反打援"。最后说要加强保密工作，今后有什么行动，事先不下命令，临时通知。蒋讲话时情绪非常懊丧，迁怒于人，责骂东北人泄气，说什么东北学生在北平闹事（指东北学生反内战反饥饿运动及为索还万福麟之子万国宾于九一八时带走黑龙江的大批黄金而请愿），为共产党利用。他说东北不乏明达之士，但对学生的无理取闹竟不加约束，自己不能团结一致，怎能对付敌人？怕明年此时不能再在这里（指沈阳）开会了。他讲完话，最后决定派廖耀湘兵团增援锦州。会后大家都垂头丧气，感到日暮途穷，抱着"今朝有酒今朝醉，此时不乐待何时"的心情，不约而同地来到一个所谓"俱乐部"寻欢作乐，里面有女招待、妓女以及麻将牌、扑克等各样赌具。我借机问了一下“剿总”副参谋长姜汉卿：“你说今天这一决定怎样？”他说：“完蛋更快一些。”我问为什么？姜说：“老头子（指蒋）亲自指挥嘛！”

当时在沈阳的一些达官贵人更是慌乱一团，纷纷争坐飞机逃跑，像万福麟、吴焕章等均先后离去。吴在临别时还请我们吃饭。他凄凉地说：“你们还有活动余地，我不行，是个党混子。”并指着房子说：“怕是今生不会再来了，看来是要做他乡之鬼了。”十月十二日晚十二时许，忽接“剿总”副参谋长姜汉卿电话，叫我去有事面谈。我到姜那里后，他说：“老头子亲自留条，让你率领第五十三军，归第九兵团廖耀湘指挥，支援锦州战役。这一来你就真当了军长，周福成不能再兼了。”我说：“为什么军队行动不下命令？”姜说：“这是老头子的新规定，为了加强保密。”并说最近某部一少校参谋去送命令，他竟送给共军了。我说：“周知道这次行动吗？”姜答不知道。我说顶头上司不晓得，如何能通得过呢？我遂即到周的住宅说明这一口头命令的经过。周气愤地说：“不能干了，我就去找卫长官（卫立煌）。”等候一个多小时，周才回来。他说卫也说不知道，看卫的样子命令是不易改变的，但允明天向蒋转达试试看。我又说廖有电话来让我做好准备，候令行动，还说明早八时去兵团部开会。周让我先回去，他打算在飞机场送蒋时再请求一下。

这时我内心非常高兴，认为周福成的请求是不会生效的，更联想到中共方面的一些朋友们如于毅夫、王梓木、于炳然、高崇民、吕正操等，都一再说让我把握时机，这确实是机会到来。我遂预谋到达新立屯附近，来个挺进，并拟找李书城来研究此事。但周送蒋归来说，蒋答应让卫看着办，居然又变更了原来计划，使我懊丧得不知说什么好，真是“煮熟的鸭子又飞了”。周却高兴地说，他向蒋要求时几乎落下泪来；又说，蒋与杜聿明说话不让别人接近，不知为什么。周又说：“前几天万福麟在沈阳话别时对我说，全五（周的别号），这仗打不了，你不要太呆板了。”我说：“这是督办（指万）临别的宝贵赠言，对你爱之深，想得周到，让你遇机不要呆板，来得灵活些。”周说：“怎样灵活呢？”我说：“你为什么不问他一下怎样才不呆板？”他说当时没想到。我说：“是否万已说过对我保密？”周回以“瞎说”，遂叹息了一声，继之又谈营口王家善师起义事。这就使我产生了一个错觉，认为在强大的解放军军事压力下，可能是周也有所动摇。因此，遂产生了争取他一同起义的念头，以为这样就可以实行第八兵团或第五十三军的全部起义了。

一九四八年十月二十六日，军部得到“剿总”的“敌情”通知说，二十五日上午长春附近解放军某部向西南行进中。驻昌图以北的骑兵旅向兵团报称，解放军先头部队已通过昌图向南急进中。兵团司令部即令骑兵旅主力撤至法库以西地区，侧击解放军，估计两三天后可能发生外郊战斗。这时，兵团司令官周福成对沈阳防御的兵力部署是：北陵（含飞机场）——东陵（含东山嘴）归第五十三军守备；东陵（不含）——兵工厂（不含）归暂编第五十三师；兵工厂（含）——西南接第五十三军左翼，归青年军第二〇七师。该师分散在抚顺各地，集结需时间，就位较迟，未能按预定时间到达。

十月二十七日，李书城同志回去汇报沈阳兵力部署，停止前进，速派人来。临行，我在我的名片上借故准其往返通行，并签字盖章。（卫立煌在未逃走前，曾亲自电话告各师长，凡出入第一线者，非有师长以上的许可证不能通过。）随后，又以吉普车送出前沿阵地。为了保证畅行，我给防守小桥的营长去电话立即放行，切莫迟滞，令随从兵马奎龙护送。我向李叮咛说：“停火派人，速去速来，良机易失不易得，稍纵即逝。”

十月二十八日上午九时，周福成率兵团参谋长蒋希斌、第五十三军参谋长郭显荣及我同他去东面第二〇七师与暂编第五十三师两师衔接处视察。在见到两师长时，听到零星枪炮声，我暗地问了一下暂编第五十三师师长许赓扬：“这一任务怎样？”他摇摇头说：“吃不消。”周当时说了几句打气的话，让他们好好守，并说什么后续部队多得很。在归途中我问周：“多得很是指哪些队伍？”他说：“打气嘛！”并说让我当总指挥，同他一起住在中国银行，有事便于商量。我表示不同意。我说，我地位低不起作用，还是“老将出马，一个顶俩。”第五十三军内部的事，让我做什么即做什么，添上总指挥，无异破坏兵团的组织。这时期我急需与李书城同志会晤，如与周住在一起，无异受他监视，诸多不便，万一我们俩决裂，那就无法逃避。我又说：“通信联络都架设了，还是不变较好。等两天看看需要变再变，好在我住‘魁畲祥’离中国银行不远，随时找随时到。兵工厂是防御重点，必要时我可退到那里。”周不愉快地说：“好吧！”

十月三十日晚八时，在兵团部召开紧急会议，研究当时情况，拟定出席的人员有：周福成、兵团参谋长蒋希斌、第五十三军参谋长郭显荣、师长王理寰、刘德裕、张儒彬、毛芝荃和我八人。刘、张两师长尚未到来，周即宣布开会，他念了电报。大家认为，固守待援是骗人。周要大家发言，与会者则你看我，我看你，面面相觑，一言不发。待了一会儿，周说："国屏先说罢。"我说："现在情况非常严重，第一道坚固工事都守不住了，敌人正在节节逼近，一部敌人已接近大北关及铁路以北地区，指向旧城，所恃两三道工事是不顶用的（这是我故甚其词用以迫周）。会前我同大家交换过意见，一致认为这个仗是打不了啦，不能打……"没等我说完，周即用力拍了一下桌子，愤怒地对我说："怎能这样说！再说，我要对不起你了。……"我说："我是不怕死的，若是怕死就不说了。我内有本军同人的掩护，外有共产党的支持。我是为了你，也为了大家有个光明前途……"这时王理寰猛然离开座位到门外说："副座（指我），我有话讲。"这时我看了一下我的随从兵（警卫人员），他们都在严阵以待，我遂到门外对王讲："你说吧！"他说："如果周把咱们都扣起来，那就糟了。我先回去从事行动准备。"王走后，我回到屋来对周说："司令官，王师长说他回去马上就要行动，不信你叫杨副官（周侍卫）来问一下。"周问了一下，与我所说一样。我又说："现在大家都不愿打了。一三〇师已有中共代表在那里谈判中。不信再问问夏时副师长（夏是周的连襟）。"我随手拿起电话叫通了夏时的电话，把电话机转给周，夏说了一遍和我相同的话。周听后把电话一摔，倒在床上说："国屏，你把我坑了！"少顷，周又从床上起来说："我自己指挥！"军部参谋长郭显荣一边拿地图一边说："看怎么样！看怎么样！"郭是对周既在抱怨又寄同情。接着郭又哭着说："哼！过去我说你不信，看看现在弄得这个样子。"这是他平常向周进过谗言，未被采纳，此时大为扼腕。周又给师长张儒彬通了电话，开口就说："你们是不是也不打了？"张说："谁说不打，枪还响。不是不打，而是打不了，现在是节节后退，真是不能打了。"周说："他妈的，说了半天还是不打！"他说罢又倒在床上，说："国屏，你真对得起我啊！"他的气似乎小了一点。这时"和平保乡会"催我去，我说："司令官考虑考虑吧！我还有事。"就到另一屋给苏炳文通了话（苏系周福成任团长时的旅长，现任"剿总"高参室主任），请他来劝周，并告知白天地方团体向周请愿来准，内部情况亦略提到，但未说得那样严重，怕的是苏畏难不说了。

这天晚上的会我是迟到了的[①]。我到会时，正在推举东北军法执行分

① 似即本章王理寰、胡圣一等文所说的在王化一家召集的会议。这里所忆述的一些情节，同王、胡等文所述不尽一致。请参看本章有关文章。

监部主任赵毅为代表前往解放军洽商停战，并推我负军事总责，我主张请王理寰负责，我帮办。王说："拥护副座。"我即叙述了周的顽固性，有人主张先将他干掉。我说："周领导五十三军多年，有些裙带关系，那样做，必然要流血。为了避免流血，有法使他不起作用。"大家说那更好了。

我回到兵团部，将走到周的寝室，见到好几个人争看周留下的信，见我到来即说："司令官走了，还给你留下了信。"信上写着："国屏弟，事已至此，我无能为力，希你善其后吧。我走了。周福成。即晚。"他们说走了一个多小时，化装商人，梅年丰跟着他。这时我的副官陈舜和对我说："好险啊！差一点没出事。你从兵团部走后，周把杨副官、梅年丰叫来，先问：'我待你们二人怎样？'他俩回答说很好啊。周说：'我给你们俩一个任务，把副军长枪毙了。'杨副官说：'这事哪能做，都是长官，副军长犯法你可上报。哪能军长枪毙副军长，有理也变无理了。'梅年丰说：'即或你不顾一切这样做，事实上也办不到。副军长向来自己不带枪，现在枪不离身，随从也增多了。邓永林既会武术，又能双手打枪。他住在魁畚祥，不来同你一起住，那是有原因的。我们到那边都不能随便，说什么严防特务暗杀。'周听了这些话又说：'他妈的！你们也投降了。'拿起笔就写，写了又扯，扯了又写，不知写什么。原来是给你写信呢？"

当晚十二时，王理寰电话说，解放军要求该师回戈指向青年军第二〇七师（沈阳城西南方面），从侧面协同进攻。他说当时以集结困难没有接受这一要求。我说："这是一个政治测验，没有照办，是错了。"王说："实在分散，想办也来不及。"

十月三十日上午[①]得到报告说，第二〇七师向五十三军阵地方面布防。我给第二〇七师师长戴朴和暂编第五十三师师长许赓扬通电话，请他们来兵团部研究一下目前情况和对策。戴说太忙不能来，又说："你那边的事我们都知道了，请学兄关照。"他要请周司令官讲话，我说不在，回来告诉他。周的出走好像戴已知道了。我又同许师长说了话，他也是说忙，不能来，但说他的行动与我是一致的。我说："怎样一致？请明确一下。"他说："不打了，举行起义。请放心。"

这时我是焦急万分，可以说万事俱备，只等李书城和赵毅两位代表

① 此日期可能有误，待查。

归来。这时我忽然想起兵工厂来，把该厂徐科长请来。他以为我是催他破坏兵工厂的事，开口就说："周司令官叫我做好准备工作。我已备好了炸药四吨，并安装好雷管，待命实施。"我说："你体会错了。请你来不是让你从事破坏，而是让你保护工厂的。收音机里已广播了工厂的问题，你听了吗？"徐笑着说："听了。让我们做什么？是不是护厂有赏，破坏工厂要罚？"我说："对啦！现在沈阳采取和平解放，军事上我负责，任何人不能破坏。咱们俩互换电话号码，有事直接联系。咱们一同到你厂看看。"兵工厂厂长陈修和是我在越南时的老友，找了好久，不知去向。徐科长建议多发一个月的面粉，用来鼓励护厂。我说："很好，就这样办。"随后我又和兵站总监樊光普通电话，告诉他和平解放，通知所属单位办理移交手续。告知兵团部副官处长王炳南，准备汽车游行，作好宣传和平解放沈阳的工作，让市民安心，商店照常营业。通知各单位准备移交，防止隐藏作伪，并准备欢迎解放军进城。

十一月一日，李书城、赵毅两代表先后回来了。据李书城说："由于某种手续不完备，遭到沿途查验，致误时较多，所以预定先行停止前进和派人商洽的办法未能如期执行。"李对此万分着急，曾四处奔走，以期补救，但未做到。当时我对李曾有埋怨情绪。

十一月二日午前八时，解放军第三纵队政委罗舜初来商洽起义事宜，约定午后办手续。这时，"剿总"高级人员纷纷要求保护安全，有的打电话问情况，有的打电话自报部队番号，请求列为起义部队。我回答他们就地不动，听候代表们研究。午后经解放军方面正式宣布为放下武器。至此东北全境宣告解放，我也实现了站到人民的行列中来的夙愿。

辽沈战役的守备兵团

刘殿武*

一 第八兵团主力第五十三军在辽沈战役前的概况

第五十三军原有两个师，第一一六师和第一三〇师，该两个师系参与抗日战争时期的远征军，均系美械装备，训练及实力均较强，尤以第一一六师为最。一九四七年五月调回东北应援本溪与四平后，又扩建一个师，即暂编第三十师，半系新兵，装备亦较差。至此第五十三军才形成三个师的军。一九四七年秋驻防开原时，即着手筹组兵团部，八月，周福成被任命为第八兵团司令官兼第五十三军军长。也就在这个时期，第五十三军的第一一六师在西丰，威远堡门一举被歼灭，后以暂编第三十师袭用第一一六师番号，而又另组一个暂编第三十师。后该军移驻铁岭，新成立的暂编第三十师调沈阳南苏家屯整训。该军在辽沈战役揭开以前，一直守备以铁岭为中心，西至辽河西岸养马堡，南至大凡河，东至柴河堡，北至平顶堡一带地区。当长春、锦州战况紧急时，该军曾两度南移至新城子一带，以接替友军防务，但不久又恢复原态势，仍回驻铁岭。

---

* 作者当时系国民党第八兵团第五十三军上校副参谋长。

二　辽沈战役序幕的揭开及其经过

一九四八年九月以后，锦州吃紧。为了确保锦州，打通辽西走廊通道，必须调遣兵力，应援锦州，实属当务之急。蒋介石决定抽调驻沈阳地区的主力部队五个军组成机动兵团，归第九兵团司令官廖耀湘指挥西援锦州，沈阳其余部队则组成守备兵团，归第八兵团司令官周福成指挥，以确保沈阳为中心东至抚顺北至铁岭地区的安全。

一九四八年十月下旬，第八兵团司令部移驻沈阳市内。第五十三军所属第一一六师留驻铁岭，第一三〇师（欠一个团）随军部及直属部队也进驻沈阳附近。第一三〇师三九〇团进驻新民县，接替友军机动兵团的防务。当第五十三军军部进驻沈阳时，在沈阳北文官屯设立前方指挥所，由副军长赵镇藩（国屏）主持，负责指挥沈阳以北以西各地区部队的作战。孰知事仅隔一夜，即闻机动兵团在黑山、大虎山一带受阻，继又闻第九兵团司令部被袭击的消息，此时战局顿形恶化，有急转直下之势，盖因东北精华劲旅，均已随机动兵团西进。守备兵团的第五十三军在文官屯的前方指挥所随即撤回。第五十三军留驻铁岭的第一一六师，撤离铁岭，驻抚顺的第二〇七师一部同时撤离抚顺，均向沈阳附近集结，以巩固沈阳防务。驻新民的第一三〇师三九〇团，因受机动兵团溃败的冲动，也撤离新民。该团撤离新民返沈阳的途中，在裕国车站附近遭到解放军截击，激战后全团覆没。团长靳有容以下多人被俘，仅一小部逃回沈阳。撤离铁岭向沈阳靠近的第一一六师，沿途亦受截击，行至文官屯以北地区，已溃不成师。第五十三军驻苏家屯的暂编第三十师与军干训班也撤回沈阳。此时的守备兵团已完全集缩在沈阳附近。兵团根据现有兵力，调整了部署。以暂编第五十三师守备沈阳东面的东陵一带，以第二〇七师之一部守备沈阳南面浑河及沈阳西面一部分地区。以第一三〇师守备北面及西面一部分地区。

东北解放军于击灭机动兵团后，逐渐向沈阳附近进逼，沈阳大有山雨欲来风满楼之势，决战已迫在眉睫。但驻沈阳的部队，受过训练的只有一部分，而且其中有的已残破不堪，其他就是些没有训练的部队如暂编第三十师和一些地方部队。

一九四八年十月三十日，沈阳东面已与解放军野战部队接触，当周福成去前方指挥所指挥东面作战的时候，东北“剿总”总司令卫立煌和参谋长赵家骧等溜出总部，去东塔飞机场乘飞机南逃。彼时总部的其他高级官员包括东北政务委员会的高级官员闻讯也赶赴机场，准备同机脱离沈阳，但许多人被阻止，不准登机，有的因抢上飞机被前面的人踢下来，事后被传为笑柄。周福成闻讯由前方指挥所赶回司令部时，飞机已离去多时。周以卫不告而去，未留只字片言嘱托，临危脱逃，不顾属下的苟全性命行动，感到气愤已极。当日晚有“剿总”司令部的总务处处长李万春，东北政务委员会办公厅主任袁克征及其他十余名高级官员乘车至五十三军军部，谈论起来，他们也感到啼笑皆非。在无可奈何的情况下，他们一致声称：“我们是到军部来探问一下情况的，借以表示一下我们的态度，我们绝不妨碍周先生（指周福成）战或和的行动，我们现在是闲散人员。”斯时沈阳市内已经散布如“起义”“放下武器”“城下之盟”等流言。事实也确是那样，如沈阳市商会会长卢广绩暗中已与解放军有联系，又如军队里的第一三〇师师长王理寰力主起义，副军长赵镇藩更主张这样。周福成在这样举棋不定的情况下声言：“如果起义，实在对不起蒋先生（指蒋介石）。”好像他非要报知遇之恩不行。此时的沈阳市内已形成戒严状态，周福成又作了一些零星处置，委任蒲贵麟（第五十三军干训班主任，系日本士官学校毕业）为沈阳警备司令，率领干训班全体员生维持沈阳市内秩序。又派人视察兵工厂（该厂厂长陈修和已不知去向，由总务处处长负责接待），查点仓库，将库存一部分枪支发给尚未领到武器的徒手士兵。但事事多已瘫痪，不能得心应手地做，徒呼奈何！维持至十一月一日，在浑河守备的第二〇七师一部接敌后，有些伤亡损失。当时司令部与守备北面的第一三〇师通话时，竟接到解放军的总机上，说明第一三〇师已与接触的解放军对话了。至此，对第一三〇师的指挥完全失灵。第八兵团司令部驻沈阳市内中国银行，当日晚周已感到四面楚歌，无法维持局面，遂愤然只身移住世合公银行内，不闻不问，听其自然。翌晨第五十三军军部决定通令该军所属驻沈阳市内的军队即时停止射击，放弃对解放军的敌对行动，至此沈阳遂告解放，仅第二〇七师方面尚有局部抵抗。那天凌晨即有一批批轰炸机轮番向沈阳兵工厂轰炸，过午即见解放军部队陆续进城，一辆辆卡车满载收缴的武器弹药器材往返奔驰。同时街上也出现了解放军维持治安人员对于街口的散兵游勇集合一起，送往东大营受训。

三　受训人员的解放

第五十三军因系自动放下武器部队，在三日上午，部分校级军官在军部集合，由东北解放军第三纵队罗舜初政委讲话，主要是慰藉。罗政委并嘱咐参谋人员务必将军用地图保存，准备交接收人员。当时在沈设立四个招待所，将级军官多在第二招待所，周福成另行招待，赵镇藩、王理寰二人给以住所特殊招待。后来将级军官转哈尔滨。至于在第四招待所的校级军官，有的七八天，有的半个月左右全部解放，临行时发给解放证和优待证，根据路途远近酌发路费。有些人的家属住在北平，因为那时的北平尚未解放，特派专人护送至解放军前线，令其自行通过敌占区而返家。当时很多军官异口同声地说："真没想到，敌对数载的我们，今天会受到这样既宽大又优越的待遇，心里真有说不出来的味道！"

第五十三军在沈阳放下武器经过

刘德裕*

国民党第五十三军是旧东北军张学良将军所部，原辖第一一六和第一三〇两个师。一九四七年七月，辽宁省地方保安团的三个团，编为暂编第三十师，列入第五十三军序列。

一九四八年二月，第五十三军第一一六师在辽宁开原以东的西丰，威远堡门被解放军歼灭后，于是把该师番号放在暂编第三十师身上，后来又把暂编第三十师的番号放在辽宁保安总队身上。该总队是一九四八年四、五月间由地方民团并编的，驻沈阳，其总队长（相当于师长）为张儒彬，归第五十三军指挥。

在沈阳解放前两个月，第五十三军军长周福成率第一三〇师由铁岭开往沈阳，担任守城任务。这时该军兵力配置是：军部率第一三〇师、暂编第三十师驻沈阳，第一一六师仍驻铁岭。同年八、九月间东北“剿总”又由地方零星团队如地主武装还乡队等，凑编为辽宁第二保安总队，驻沈阳亦归第五十三军指挥。还有驻沈阳的青年军第二〇七师和其他军队等都归第八兵团周福成指挥。

一九四八年十月解放军向锦州进攻时，蒋介石曾来沈阳指挥，令第五十三军抽调第一一六师和一三〇师归第九兵团司令官廖耀湘指挥，西进援锦。但周福成怕失老本（因其在云南、缅甸远征时归卫立煌指挥过，现在在沈阳又归卫立煌指挥，有旧属关系），再三求卫立煌，转请蒋介石，才把第一一六和一三〇两师留下未动。

一九四八年十月二十七日夜间，我率第一一六师两个团由铁岭开往沈阳，留一个团仍守铁岭，在途中被解放军截击，消灭了两个多营。三十日晨到达沈阳东北二台子，和暂编第三十师并肩防御。当日张儒彬师长

---

* 作者当时系国民党第八兵团第五十三军第一一六师少将师长。

（和我在东北讲武堂同学）来我处，在村子外面他低声对我说："王理寰（第一三〇师长，也和我是同学）已和解放军联系了。算了吧，还打什么！"我说："好，就这么办！"这时本师的当面就是解放军，但并未开枪对战。我因在军部工作多年，人事方面较熟，曾通知军属榴弹炮兵营向解放军炮击十几发，嗣因和张师长会谈后，也就不再指挥该营射击了。斯日周福成还在东陵附近指挥青年军第二〇七师和其他部队向解放军作战，而总司令卫立煌已乘飞机逃离沈阳。本日白天因周福成在前线指挥，未能电话联系，待至晚间再联系时，电话兵已含糊其词，不予接通。是夜九时许，军部榴弹炮营一名和我很熟的排长电话告诉我："今晚我们都睡觉，把枪支放在一起，解放军进来愿拿就拿去。"这番话和白天张师长所说的如出一辙，也就是木已成舟了。当叫通信兵连长转知各部队照办。该连长立即答称："方才军部的电话，各团电话总机都已接听了，我再通知各部队。"以后军部副参谋长刘殿武给我师参谋长马佩生电话，大意是大势已去，各讨方便。马佩生当即痛哭（此两人是国民党中央军校学生，很倾向蒋）。夜半，马不辞而别。

十一月一日拂晓，我正要登车进城向军部联系，这时解放军已到门前，一连长问我何去，我告以进城联系，他并未阻拦。我顺路到张儒彬师部，则知其早已进城了，并得知昨夜军部传达放下武器的电话，是传达全军的，各部队均已照办了。待我进入城内第五十三军军部，见到"剿总"总部和其他部队的将官等，纷来此处，互问消息，探询王理寰师长去北陵与解放军联系的情况如何。午间，解放军大部队即胜利进入城内。当日晚，解放军为在银行集合的百余军官准备晚餐，在该行住三天，即移至小西门内迎宾旅馆，并定名为解放军官招待所，生活上照顾非常周到。在这期间解放军领导机关认为第五十三军在沈阳的行动，是自动放下武器。当我们移住迎宾旅馆时，五十三军副军长赵镇藩并未迁来，王理寰师长虽迁来，但不数日即被解放回家，这是他们对党早有贡献。当第五十三军全军自动放下武器后，所有士兵和一部分军官被解放军收容，团、营、连长等军官大部分送至大西城门外两个大旅店招待，过了十几二十天，陆续发给了解放证，各自回家。在迎宾旅馆住的军官，后送至哈尔滨解放军官教导团学习。

总的来说，这次沈阳解放，第五十三军决心自动放下武器，是大部分士兵不愿内战和一部分下级军官有所觉悟。如电话兵不给师长和军长通电话，再如炮兵排长传达放下武器的电话等，就是一例。

我在沈阳酝酿起义及其结果

王理寰*

一　接到吕正操来信我的思想活动

一九四八年卫立煌到东北以后，极力整训部队，企求挽回颓势。由二月起，沈阳以北铁岭等处无战事。周福成令第一三〇师抽调第三八九团（团长刘汉卿）到辽河西岸驻镇西堡，担任辽河西岸地区的游击任务。

五月初旬，刘汉卿派人送来师部四个人，他们是前在开原被俘的第一一六师师长刘润川，副师长张绍贤、参谋长吴和声、第三九〇团团长傅广恩，现由解放区哈尔滨释放回来，今日相见，悲喜交加。他们想见周福成恳其收容。我以电话请示周，周闻言大加怒骂："这几个东西都被共产党训练好了，和高福源一样①，回来拉拢来了。你把他们四个人看起来，不要和官兵见面。"我没办法，只好安慰他们暂住师部。次日，我以电话报告卫立煌，卫令我把他们送总部来（在滇西远征军时卫都和他们认识）。他们到沈阳见了卫，卫保送他们到南京中训团受训，保持原来阶级。傅广恩临行时把吕正操捎来的信交给我。大意是：

> 近闻师次黄龙②，整军银州③，遥为钦佩。讲武同学，星散各地，均乏联系。监督汉公身在囹圄，安危莫保；西安义举，吾侪当不忘其苦衷。东北沦陷，家乡涂炭，十几年来无人挽

---

* 作者当时系国民党第八兵团第五十三军第一三〇师少将师长。

① 高福源是东北军第六十七军第一〇七师第三二〇团团长，在陕北被红军俘虏，释放回军劝说接受共产党"停止内战，共同抗日"的主张和政策。

② 开原古称。

③ 铁岭古称。

救。日寇降后，方期重见天日。不料内战又兴，荼毒生灵。是非进止，早在洞鉴。兄举足重轻，跷希以待。

弟吕正操鞠躬×月×日

其他同学请代致意，又及。

我看完这信，心中很为踧踖，恐被旁人窥见，当即焚毁。此事如何做起？在国民党军队监视下，稍有不慎，即有杀身之祸，必须俟机稳准图之。这封信的意义，从此谨记在心。

二　与共产党地下工作人员会见

自一九四八年一月七日新编第五军被歼以来，在东北人民解放军强大攻势下，国民党军又连遭失败。一月二十六日新立屯解放，第四十九军第二十六师被歼。二十七日沈南白塔堡遭解放军袭击，附近阵地失掉，卫立煌奉蒋介石命令枪毙第四十九军第七十九师师长文礼。一月二十九日沟帮子解放，沈锦铁路切断。三十日盘山县解放。二月六日辽阳解放，暂编第五十四师被歼。二月十九日法库县解放，歼灭新编第六军暂编第六十二师全部。同日，鞍山市解放，歼灭第五十二军第二十五师全部，师长胡晋生被俘。卫立煌主张固守沈阳、长春和锦州三大战略要点，调第五十三军和第二〇七师固守沈阳。三月五日，第五十三军由铁岭撤到沈阳担任城防，第一三〇师接东陵到文官屯一带阵地。我离开沈阳东陵山嘴子十八年了，今到东陵山上视察阵地，东陵昔时松柏参天，方圆一百多平方里，森林茂密，现在已成平地，陵园佳景，查不可寻。询诸父老，知为国民党军队伐卖一空。

第五十三军从此长期驻沈阳。四月中旬，卫立煌拟询东北民间情况。我介绍王化一往谈，甚洽，卫从此对王化一印象甚好。七月八日，卫接蒋介石密电，谓北平“七五惨案”[①]系王化一鼓动的，令卫在沈逮捕法办。卫召我到第三招待所（卫家）。卫以原电交我看。我说：“今天七月

① 一九四八年七月五日，在北平的东北流亡学生约七千余人，为反对国民党当局对他们的迫害，高呼“反饥饿”“反迫害”“要自由”“要生存”等口号，向国民党北平市参议会请愿。当天下午在国民党北平市参议会议长许惠东住宅外横遭国民党反动军警的残酷镇压，学生死伤多人。

八号距五号仅过三天，火车已不通，化一早在沈阳住，这事可能与他无关。”卫说：“你去告诉他，叫他先去隐蔽隐蔽。我给蒋回电说王化一未在沈就完了。”我于当日晚将此事转告了王化一。

七月十日，王化一邀我到家吃午饭。甫入客室，见一位很沉静的女客，化一站起来介绍说：“冷太太（王佩青[①]化名），这就是王师长理寰大哥。”接着又对我说：“冷太太从乡间来，你不是愿意知道家乡情况吗？咱们到楼上谈谈。”

我们三人到二楼坐下。冷太太先说：“理寰大哥，你的老朋友邹大鹏给你捎好来了。”我说：“咱们小时同学，别开三十多年，他还好，现在做什么呢？”化一接着说：“大鹏在哈尔滨做买卖呢！”我又问：“冷太太是从哈尔滨来吗？那边的秩序还好？”她说：“比沈阳强得多。”化一又提起冷太太来时，高崇民、吕正操、张学思、阎宝航都带信问好，我方明白冷太太是到沈阳工作来的。我于是把前月吕正操有信给我，我也未复，事情须待机而动，隐约地说了一通，希望我们常常联系。冷太太告诉我：“还有两位，一是冷庆元，一是王益[②]，他们在街上有不便处，请加照顾。”我说：“王益同志，胡圣一早就向我提过，他的事情我都知道了，不过未见过面。”从此我每到王化一家就不带外人，由我弟弟王治浩开车，勤务兵仅有孙喜贵，以免外人知道。

有一次，冷太太手提汤药两包，由文官屯向解放军送情报，被我师第三八八团第五连步哨扣留，送到连部。冷太太很沉静地向赵连长讲：“我姓冷，家住朱耳屯（文官屯北），我丈夫病重，村中无药，特到城里天益堂买汤药。连长不信，问问你们师长，他都知道。王师长是我表哥。”赵连长以电话问我。我说：“知道。冷太太是我表亲，他家有病人，你把她送出去，晚间还叫她从你的步哨回来，省得到别处麻烦。”赵连长就一一照办了。次日到王化一家见面，我们三人好笑。

三　锦州解放前后第一三〇师的行动

沈锦铁路被解放军切断以后，蒋介石主张打通沈锦铁路，放弃沈

---

① 是中共派进沈阳的秘密工作人员。

② 冷庆元、王益是中共派进沈阳的秘密工作人员，王益是个化名。

阳，撤退到山东。卫立煌主张固守沈阳、长春、锦州三点战略要地。杜聿明一心要回徐州指挥，摆脱东北残局的参与。三人各怀心事，矛盾无法解决。及锦州垂危，三人束手无策，范汉杰乞救不灵，直推延到十月中旬才再次严令第九兵团廖耀湘率队援锦，廖恐辽西走廊北面敌多，后路失去安全，又要求卫立煌由沈阳城防第五十三军抽调第一三○师进驻巨流河，掩护廖兵团西进。第一三○师于二十一日上午运到巨流河车站，跨巨流河东西两岸占领阵地，师部驻巨流河车站附近。下午三时左右，我奉命到新民县车站在火车上与廖见面。廖把地图展开对我说："现在敌情要注意法库、康平、彰武的方向，第一三○师务要确保第九兵团西进时后方的安全。第九兵团今天晚西进，第一三○师明晨再进入新民县城，固守巨流河至新民之线。俟先头部队通过大虎山，你再继续西进。"

谈毕，我告辞乘车回到巨流河师部，天已大黑，即以电话向第五十三军军长周福成报告见廖耀湘经过。周说："你不能进驻新民，沈阳一发现情况就搬不回来了。我们原定第一三○师进到巨流河为止，廖耀湘离开新民县，你的任务就算完了。你明早火速撤回沈阳。"

次日早全师向沈阳撤回。二十二日午前到北站，刚下车，接军部命令重新调整沈阳防守阵地，其大概情况如下：

（一）暂编第五十三师防守阵地，由东陵南端河岸起（浑河不包含在内），经陵园东侧到山村东北角止。（二）暂编第三十师由山嘴子村东北起至赵家沟村南高地止。（三）第一一六师由赵家沟村南起至文官屯东端止。（四）第一三○师由文官屯东端起经道义屯至裕国车站止（车站不在内）。（五）第二○七师戴朴由裕国车站起经于洪屯车站到揽军屯止。（六）守备第二纵队由揽军屯东端起至浑河沿止。（七）守备第一纵队沿浑河北岸警戒，西接第二纵队，东至东陵南端止。（八）骑兵王昭堃部在浑河南的白塔堡至苏家屯之线上警戒。

第一三○师按命令接完阵地，我到军部向周福成报告巨流河情况。我在新民车站上见廖兵团把汽油、炮弹尽数运走，看情况不想援锦，对于我们这些部队是要牺牲的，固守不能有功，丢掉就是罪名。请他召集各部队长研究，如何应付这个局面。周福成以为不用研究，固守沈阳，敌人来了就打。他说："蒋总统把东北交给我啦！到了那一天，咱们也坐坐这把交椅。"他沉思一会儿又说："你不用怕，沈阳一丢美国必出兵，国际战争就起来啦。蒋总统命令，不得已时还有焦土毁灭呢，什么也不交给共产党。"我说："焦土毁灭未免惨无人道，于心不忍，识时务者为俊杰，军长想想吧。”周大不以为然，接着说：“那个战场里也不能顾虑这个。王理寰，你的勇气哪里去了，塔岗战役[①] 打坏了眼睛你还指挥，今天为什么泄气。”我说：“塔岗是抗日，现在是内战，谁给蒋介石打天下？”周把桌子一拍，大声嚷起来：“王理寰你疯啦！赶快回去，把阵地整理好。否则我要处置你！”我看风头不对，急速退出，登上汽车直回师部。

天黑了，少顷，军参谋长蒋希斌给我来电话，询问前方情况，我答以未发现什么情况，他说，注意前方情况，没事少进城。我放下电话，躺在床上想：蒋参谋长要我少进城，是周军长对我有恶意了，今天不该触怒他。这一夜我想得很多。最后想，第五十三军抗日以来，惨苦遭遇，官兵不愿参加内战，对国民党愤恨在心，登高一呼，势必多方响应。况别的师长也许和我一样心理，打打透光联系起来，周福成呼唤不灵，便成瓮中之鳖。如果不成，单独再走也不迟。一宿未睡，天已黎明。

四　开始向各友军联络

二十三日早饭后乘车到第一一六师师部。刘德裕师长见面先说：“我听说你昨天和‘老五板’（周福成外号）拌嘴啦？你说的我都同意，你可千万别忘掉我。‘老五板’恨得你要死。”我说：“这是造反，弄不好可就掉脑袋。你同意吗？”刘说：“我同意，弄好了就不掉脑袋，你快点办吧！”

我离开第一一六师，到暂编第三十师，张儒彬师长到阵地上视察去了。只有副师长王冠英在。王原是第一三〇师三八九团团长，我们在一起多年。他开口就问我：“外边情况怎么样？咱们打算怎么办？”我把来意和刘师长的意见告诉了他，王冠英也表示同意。张师长没问题，等回来再向他讲。我说一言为定，就离开暂编第三十师指挥所，乘车到浑河沿东北守备第二总队部，恰好毛芝荃总队长在部。我把两师联络的经过和来意向他说了一遍。毛总队长也极为赞成，什么时候开会，通知他就参加。

我想这次的联系大致成功，遂由浑河沿转到同泽街王化一家，把经过的情形和他谈了。王化一说，我去联系第二总队秦祥征，再找赵毅去联络暂编第五十三师许赓扬，找胡圣一把情况通知李维民和王佩青、冷

---

① 指一九三八年春，第五十三军在河南淇县塔岗抵抗日军进攻的一次战斗。

庆元等。

我离开王化一家，乘车回师部，找特务连连长冯克，指示他对师部和指挥所的警戒须特别注意，有找我的，先通知孙喜贵然后再见。当时我心中计划的主要几点是：（一）我和王化一、胡圣一出头，火速召集开会。必要时把化一、圣一、赵毅等接到师部来住，既安全又可随时研究进行办法。（二）找王益、王佩青等派联络员住师部，以便同我师少校参谋邢振乾到解放军部队取得联络，免得发生误会。（三）令无线电队队长铁城昼夜不停窃收各处电报，广播按时记录，随时送阅。（四）令译电组主任王恩泽常去军部译电处，取亲密的联系，探听他们的电稿和拍发电报等。（五）劝卫立煌离沈，劝周福成起义，对卫离沈有把握，但对周起义无把握，必须多费周折。（六）对第二〇七师戴朴能联系便联系，否则必须用武力解决。我们主要的目的是保护沈阳安全。

五　最后五天的努力

二十九日，已得知第九兵团在辽西走廊全部被消灭，沈阳和平解放时期已至。并且几天来听到哈尔滨方面电台广播：高崇民、张学思、吕正操、车向忱、阎宝航等劝告第五十三军，为保全家乡，宜早起义。这是第五十三军各部队长起义的原动力。这天上午八时许，王化一和胡圣一通知我到同泽街二十三号开会。我到化一家，被邀的人已到齐。计有：国防部东北军法执行分监部主任赵毅、暂编第五十三师师长许赓扬、第一三〇师师长王理寰、沈阳第二守备总队总队长秦祥征、副总队长王凤起、沈阳商会副会长卢广绩。首先由王化一发表开会意义，略谓长春、锦州相继解放，沈阳也在倒悬之中，二百万人民生命财产安危系在诸兄身上，能否安全都在诸兄义举。诸兄前来到会，当然是同情者，是否把分担的责任确定，以便大家一齐努力进行起义。大家一致同意，决定事项如下：

（一）请李维民或王佩青、冷庆元派专人帮同到解放军部队取得联系，由王理寰负责。（二）部队何时集结，听候解放军指定地点，再行一致行动。（三）第五十三军各师和守备第二总队联系，由王理寰负责。（四）暂编第五十三师许赓扬同赵毅取得联系。（五）守备第二总队秦祥征和王化一取得联系。（六）骑兵王昭堃由胡圣一取得联系，散会各人分头行动。我回师部，晚间八时许有位高同志（名忘记）持李维民和胡圣一的介绍函来师部住下，以便帮助联系。

二十九日拂晓，我乘车到城内大南门里接胡圣一，甫上车，卢广绩也赶到了，我们同回到第一三〇师指挥所。上午七时许，我派少校参谋邢振乾同高同志出城联络解放军。下午二时许，王化一、赵毅二人来指挥所，我们在谈话间都说周福成顽固。赵毅插嘴说："理寰你干脆把卫立煌扣起来，把周福成枪毙，不然恐怕费多少力量也说不服。"王化一摇摇头。卢广绩和胡圣一都未说什么。我当时驳他说："咱们是主张和平解放沈阳的，以不杀人为好，而且各部队在横的方向上已经联络好了，卫和周现在发挥不了什么力量了。周福成周围尚有保护者，一杀周则秩序就要乱，散兵出来抢掠，商民就要受害。我是主张送卫离沈，劝周起义。"化一说："我同意理寰的主张。"后来赵毅也未坚持其说。晚间，我令副官处处长万永祥招待王、胡、卢、赵等几位的食宿。我又到第三八八团去看看，并告诉刘甲三注意，不要发生误会。

三十日上午九时左右，邢振乾同高同志由解放军联系回来带有信件，内容云：

王师长：

来信敬悉，兄等深明中国大局，以此义举，实为钦佩，我们以一部暂住飞机场，但绝不发生误会，特此敬复并致敬礼。

管松涛①

罗春生

一月三十日

我阅完信件令邢振乾好好招待高同志，晚间还要去联络。午后二时许，忽然卫立煌来电话，令我速到第三招待所一谈。我带卫士乘车前往，进了卫的办公室，见着发白如雪的彭济群，粗胖高大的高惜冰，还有董文琦、赵家骧、董英斌、董佩卿等坐满一屋。他们看见我后边站着卫士，面上都显出惊疑的样子。唯卫立煌和颜悦色，他用手指对面房间，示意入内商谈。我随卫到对面屋坐下。卫说："蒋总统给我命令，叫我到锦西葫芦岛去指挥，把沈阳事情都交给第八兵团司令官周福成负责。我听

① 当时任东北解放军辽北军区独立第二师师长。

董市长说，据秦祥征报告，你们在王化一家开会，对沈阳有办法了，我不走也行。不过董市长他们要求我带走。”我说：“总司令走我就有办法了。我假说外边情况紧得很，要走必须就走，北陵机场已不能起飞，东塔机场尚有四架飞机，再晚了恐怕也不能起飞了。”卫说：“我就走！你们好自为之吧！”说到这很难过。他站起来向外说：“告诉他们走。”我也随同一齐下楼。到大门口，我想送他到东塔机场，卫说：“王师长，你不用送，快回师部掌握一点，恐怕秩序乱了！”如斯各自登车。

我刚回到师部坐下，听到飞机起飞，天已四时多了。估计卫到锦西须得天黑。少顷，万永祥同胡圣一到我屋里来。万永祥说，方才刘师长和张师长来师部，告知师长外出，未进屋就回去了；圣一说，开会的事情，我已向他们细细地讲过，他们很同意一切办法。我才知道刘师长和张师长已来过了。天已晚，一切事情明天再联络吧！

三十一日天将破晓，韩副官进来报告，手拿标语说：“昨天夜里东关大街上满贴标语，欢迎王理寰将军起义。师长，有这事吗？”我说：“上边有令，前线已经停战。今后不再打了，上午要开会，你去把开会的屋子准备好，人到齐后，叫冯连长马上警戒。”早八时许，人都到齐。计有苏炳文、王化一、赵毅、胡圣一、郝光炎、赵雨时、马愚忱、王理寰、王化南等。大家临时推苏炳文为主席，把开会主要内容说明，卫立煌奉命去锦西，恐一般人不明真相，各机关人员难免有逃避情事，国民党的特务也要借机扰乱，大家火速设法安定人心，维持秩序。大家议定分工如下：

（一）苏炳文负责总部和直属各机关的宣传一切事宜，并维持秩序。（二）赵毅负责辽宁省政府及机关的宣传并维持秩序。（三）王化一、马愚忱、赵雨时等担任对群众的宣传。（四）王理寰负责城北区和铁西区的治安。（五）王化南负责城内到浑河沿的治安。（六）卢广绩担任商业界的宣传和维持秩序。（七）郝光炎担任起草和平解放沈阳告民众书（拟送中央日报社刊登）。

大家分担完毕。因周福成顽固，当时推举苏炳文、王化一、胡圣一、赵毅、卢广绩等赴第五十三军军部劝导周福成，于是用车把他们送到城里。午后一时左右，有中共城工部的联络员送来通知一件。如下：

前线负责同志：

第五十三军、第一三〇师驻地为大、小韩屯、八家子、罗

家坟、沙河子、下坎子一带。停战谈判已与军区谈妥。现正待总部命令，向指定地点集结，希勿发生误会。

此致

敬礼

城工部　文山　十月三十一日

附（昨日与军区政委陶铸同志谈好）

我收到通知后，马上令邢振乾同胡圣一到城工部再行联系一次。不料天已大黑迷失道路，不得已半途返回师部。

晚六时许知道劝导周福成的人们都被拒绝，我对周福成仍有关怀不已之情，我又请夏时副师长再去劝周，夏和周系属亲戚。夏时说，我去也劝不好。二十七日，周福成的女儿一人由北平飞来沈阳，痛哭流涕劝她父亲起义。周福成不但未动心，还要枪毙她，她也不怕，说："毙就毙！"最后逼她飞回北平。我又向夏时说："咱们可以死马当活马治，再去试试，行，更好。不行，我们也尽到心了。"夏时乘车进城，刚到周的屋子里，周大怒，骂起来，以手指夏说："你不是和王理寰造反吗？副官处把他押起来。等完了事一齐再办。"夏时未得发一言，就被拖到副官处看起来。夜里十二时前后，夏副师长给我电话，说他已被监视，不能回师，我很后悔，不当令他去劝周。

这天午后三时许，我最惦念的是兵工厂和被服厂，如果发生火险无法补救，决心召开保存物资会议。当时我写了几封信，约定晚间八时在我师军需处（住工业区韩宅）举行。邀请参加的有兵工厂总务处处长徐鉴泉、被服厂厂长赵中丞、"剿总"第一处处长李万春、"剿总"第四处处长张凤奎，第一三〇师粮站站长黄建中，军需处处长贾恩波、副官处处长万永祥。晚八时我到韩宅时，大家已先我到齐。这些人都是第五十三军的老同事，我就开门见山地说，现在沈阳已停战，和解放军达成协定。一二日内他们就进城接收。在这个阶段内，务必要把兵工厂、被服厂以及粮站和仓库保存完整，注意安全，尤其是火险，一旦发生火险，不只厂内混乱造祸，而且市内国民党特务必要借机暴动，请大家研究一个安全办法。大家同意分担任务。兹分任如下：兵工厂物资由徐鉴泉负责保存；被服厂物资由赵中丞负责保存；"剿总"物资由李万春负责保存；第一三〇师粮站由黄建中负责保存；第一三〇师陕西库房由贾恩波负责保存。此外还确定，各处如有意外火险发生和暴动情事，火速通知第一三〇师副官处，派人往救或解决，由万永祥负联系责任。会议完了已过夜半。

十一月一日早八时，接到解放军工作同志纪部（代号）的通知。

高同志：

转知王师长：于洪屯、裕国车站与第二〇七师尚有战事，希从速联络，以便停止战争，并希回条示知。

纪十一月一日

阅毕，马上亲手写一回信，派邢振乾和高同志前往交解放军。信文如下：

纪队负责同志：

来条敬悉。第二〇七师戴旅系青年军编成的，官兵都是国民党员，任何人不能说服，也无法去联络，务请于今天尽力解决，以免有碍沈阳和平解放。如力有不足处，请速告我，当尽力帮助。情形如何，请面告邢参谋和高同志。

此致

敬礼

一三〇师王理寰

十一月一日于大韩屯

早饭后，赵毅邀我去会管松涛、罗春生。车到北陵时，未找到管松涛和罗春生，又转向文官屯方向驰去。车到哈大公路上，遥见四外军队开始集结。我向赵毅说："你看各部队已开始集合了，我须赶快回师部，你自己去吧。见着管、罗二位同志替我致意。"我遂下车，徒步往回走。约摸半里路，望见暂编第五十三师师长许赓扬、副师长徐继章驱车而来。到面前，二人下车，很高兴地和我握手，问："你在这做什么呢？"我说："和赵毅想到文官屯去。看见各部队集结，我就回来啦！你们往什么地方集结？"他们答，开原县二百一十四里拟分四天走，第一天住虎石台，第二天住乱石山，第三天住平顶堡，第四天到开原县。谈话间其部队已过去三分之一，遂告别，我回师部，参谋长谷振寰向我报告，部队已按解放军指定地点集结完了。

译电组主任王恩泽，送来电台收到的周福成给蒋介石的电报两件。

（一）特急（2007密）

大总统钧鉴：卫立煌总司令于三十日下午逃走，沈阳秩序尚好，“敌”屡攻未逞，恳火速补济给养、弹药。谨禀。53A周福成卅晚。甲电。

（二）十万火急（2116密）

大总统亲密，王理寰已叛乱，现正解决中，如何再陈。53A周福成卅晚。乙电。

我看完这两件电报，猜摸周福成的用意，第一电报，表示他仍固守沈阳，向蒋表示忠诚以邀功。第二电报，沈阳失守，嫁祸于我，以推卸责任。

晚六时后，于洪屯至裕国方向枪炮声停息，判断第二〇七师已被解决。少顷，邢振乾和高同志回师，报告第二〇七师已被消灭，戴朴脱逃，余尽数被俘。

十一月二日晨，解放军分四路入城，人人相安，鸡犬不惊，秩序井然。周福成在城内大西门里世合公银号被俘。至此，沈阳城全部解放。

沈阳解放时的暂编第五十三师

许赓扬*

一　接应廖兵团

暂编第五十三师于新编第一军主力加入廖兵团离开辽中地区后，即协同配属的骑兵第三旅（旅长李荣春）接任辽河东岸的全部防守任务。

十月二十六日廖兵团在大虎山一带地区被解放军主力包围，陷于进退失据的极度危机时，卫立煌总司令曾直接打电话给我，告知廖兵团情况不明，第四十九军郑庭笈军长有电话报告，已令速退沈阳，要我立刻率暂五十三师全部轻装渡过辽河西进，接应廖兵团的撤退，特别是要把先退下来的第四十九军及所有溃兵尽量接应收容过来。那时候，卫立煌还认为廖兵团至少是第四十九军，还是可以逃出一部分来的。我立即集结部队于当日午后由卡力马附近渡过辽河向西推进。不料于黄昏后，在牛心坨附近即遭到辽西解放军先遣部队一个独立师的截击。我看到情况不妙，立即命令各团迅速后撤，于二十七日拂晓全部退过辽河东岸。我当即将在河西未见第四十九军官兵踪影及被截击情况以电话报告了卫立煌。其时，实际上廖兵团正在被围歼中。

二　沈阳一度虚惊

沈阳自廖耀湘组成攻击兵团以后，由于行动迟疑，以致留下的部队仍分驻在附近县镇（如第二〇七师在抚顺；暂五十三师在辽中），卫立

* 作者当时系国民党新编第一军暂编第五十三师少将师长。

煌与周福成对辽北解放军的南下，未作应有的考虑，因之对沈阳市这个据点的防守，并未按照原有的工事尽早作好适当的兵力配备。长春解放以后，辽北方面的解放军立即全部南下，向沈阳急进，约在十月二十六日先头部队已到达沈阳郊区。那时在沈阳城东北方面仅有刚刚到达的第二〇七师一个团的兵力，仓促进入阵地担任防御，以致防线被突破，一部分解放军突进到山嘴子、山梨红屯附近。沈阳城顿呈紧张，卫立煌更是恐慌万分。

在暂五十三师刚由辽河西岸退回辽中附近时，卫立煌又来电话，告知沈阳东山嘴子防线已被突破，命令暂五十三师用汽车运输立即开到沈阳东北郊，击退突入之敌恢复原阵地并固守之。并要我立即去总部接受任务。

我当即命令：师直属骑兵营由大民屯急趋沈北文官屯，步兵按第二、第三、第一团的顺序，汽车运输直趋东陵、山嘴子、山梨红屯，击退突入之敌，恢复原阵地，由副师长谢树辉负责指挥。部署完毕后，我即驱车去沈阳总司令部面见卫立煌、赵家骧（参谋长）报告一切。然后接受他们如下的指示："暂五十三师担任沈阳防务的主要方面（即辽北解放军的主攻方面），占领东陵、山嘴子一带阵地，所有归总部控制的坦克、重炮、铁甲车及现在那个地区内的第二〇七师一个团（团长陶毅）统统配属暂五十三师，归你指挥，要立即前去完成这一任务。尔后暂五十三师归周福成指挥。骑兵三旅归总部直接指挥。"卫又对我鼓励一番，要我尽忠职守。我唯唯称是。辞出后即到大北边门外沈海车站师指挥所，这时（约二十七日下午三时），暂五十三师先到达的两个团，在谢副师长指挥下配合坦克及两列铁甲车已经一举把突入防线之解放军李红光支队（朝鲜人）的一部分击退。不多时就恢复并占领了原设的阵地工事，与当面的解放军形成对峙。从而把沈阳一度紧张的形势稳定下来。

当我由总部到达沈海车站时，第五十三军副军长赵镇藩（国屏）代表周福成也来到前线督战。我与他同乘铁甲车到达山嘴子北侧高地前线，那时双方已无激烈战斗，仅有断续枪声。我们一同回到沈海站后，我即按赵的要求把师指挥所推进到毛君屯（我本不想移动），直到沈阳解放。

三 沈阳防守的兵力部署

沈阳经过一度虚惊之后，兵团司令官周福成对沈阳的防御兵力部署作了调整，命令要旨概略如下：

（一）廖兵团情况不明，辽西的解放军主力还在黑山、大虎山一带，当前由辽北南下之解放军先头部队，已经到达沈阳附近，对沈阳在展开攻击部署中。

（二）暂五十三师在击退当面之敌，恢复原阵地之后，负责东北方面浑河北岸、东陵、机场、山嘴子、山梨红屯、毛君屯到沈长铁路以东之线。第二〇七师陶团仍驻守原阵地归暂五十三师指挥，配属在该师防区内的重炮、坦克、铁甲车暂归暂五十三师指挥。

（三）第五十三军暂三十师衔接暂五十三师左翼到北陵；第一三〇师由北陵到裕国；东北守备第二总队担任浑河警戒；第一一六师（将由铁岭撤回）控制在大北关，为总预备队。

（四）第二〇七师担任裕国、于洪屯、揽军屯及浑河北岸全部防守任务，左翼与暂五十三师衔接，现在山嘴子地区的陶团仍归暂五十三师指挥。

（五）沈阳市第二守备总队主力担任市内几个据点防守，一部担任浑河警戒。（余略）

几天以来，前线基本平静，没有战斗。唯山梨红屯暂五十三师二团当面的解放军是独立第四师（李红光支队），官兵全是朝鲜人不通汉语，以致双方时有小的冲突（二团曾被夺去机枪一挺，后来退还）。我因决心投向共产党。命令前方官兵只守阵地，不准开枪。尔后一直保持双方对峙状态，全无战斗发生。

四 一度幻想争取周福成和平解放沈阳

（一）分头做周福成的工作

在沈阳的国民党军主力，除第二〇七师是蒋介石嫡系较为顽固外，其余都是由东北旧军人所掌握的部队。在此大势所趋、人心所向的情势下，自然有一种弃暗投明以求生存的共同愿望。当时人们认为周福成是最主要也是最关键的人物。他是东北军当年所属三十五万大军仅仅剩下的一个军。按当时的形势和他的历史与处境，确有争取与推动他领导起义和平解放沈阳的必要与可能。因此，人们都对他抱有希望，分头对他做工作。苏炳文（东北"剿总"高参室中将主任，曾是周福成的上级），赵毅（东北军法执行分监部中将主任，与周福成是同乡、同学）、卢广绩（沈阳商会副会长，东北知名人士，周福成的老友）均先后往访过周福成，诚劝导，进忠言，促其倡导沈阳和平解放，但均被周严词拒绝。第五十三军的赵镇藩、王理寰、夏时亦曾利用机会分别向周披陈利害，但均无效果。

（二）我也一度幻想推动周福成领导起义

我是张学良将军旧部。一九四六年，我任东北第五保安区司令。一九四七年陈诚到东北，把第五保安区改编为暂编第五十三师，遂即加入新编第一军建制。我是早有弃暗投明决心的。但自度一个师的力量太小，作用不大，想促成沈阳和平解放，并非容易。因此，我也把希望寄托在周福成身上。

十月二十六日，我率部队渡过辽河时，曾派副师长徐继章持我亲笔信面见周福成。信内含蓄地劝他"爱护家乡，勿使沈阳市民遭受兵祸"，表示拥护他领导到底。副师长徐继章与周是小同乡，由他面见周，陈述我的想法，并试探周的态度。动机是希望他领导起义。

二十七日，我由辽西退回辽中后，曾驱车进城，到总部见卫后，即去兵团部，先见到兵团参谋长蒋希斌和第五十三军参谋长郭业儒，他们告知我苏、赵等人见周的情况，然后我面见周福成，委婉地表示拥戴和希望他顺天应人，领导起义。他竟以老前辈的姿态愤愤吵吵地说："他妈的，你们说得可好，那样做（指起义）我怎么对得起蒋总统啊！"我见他已为蒋介石的一张空头支票——松江省政府主席所迷惑（不久前蒋介石曾发表周为松江省政府主席），不可理喻，当即毕恭毕敬地表示服从，然后退出。

（三）在王化一家开过一次会议

约在一九四八年十月二十九日上午，我与赵毅（东北军法分监部主任，是我的老长官）依据事先的商议，一同到王化一家中开会。到场的带兵官只有五十三军一三〇师师长王理寰，市第二守备总队总队长秦祥征和我。外有几位地方人士，如商会会长卢广绩，警察分局局长胡圣一等。王化一说明开会目的是希望和平解放沈阳，研究办法。赵毅首先发表意见，他主张把卫立煌以及一切军政大员全部扣留（不加杀害）；派代表欢迎解放军进城；在广播电台宣布沈阳和平解放……会上，因在扣留卫立煌的问题上有人反对，意见未能一致。终未能达成协议——无结果而散。

至此，我放弃了推动周福成领导起义的想法，也放弃了联合各部队共同起义的想法，下定决心，自己单干，率领暂编第五十三师争取起义。我当即调整部署：以暂五十三师的两个团及二〇七师配属的陶团摆在第一线与解放军对峙，以一个加强团在后方布防，防备周福成袭击，对位置在本师防区内的重炮兵、坦克和铁甲车统统加以严格控制；同时对本师“靠不住”的人（如副师长谢树辉、政工处处长张国维等人），分别加以秘密监视，并提高警惕，加强对内对外的戒备。

五　卫立煌逃走

卫立煌在国民党高级将领中，算是比较开明而并非顽固透顶的。但想使他主动地投降共产党，则实属难能。因此，我们多主张扣留他，以“兵谏”的方式迫使他出面与共产党谈判和平解放沈阳。

第一次是在王化一家开会时，赵毅提出扣卫及所有军政大员的主张，但因有人反对而未果。

十月三十日我师已向解放军进行谈判起义，对卫的震动很大。他在准备逃走时，还亲自打电话告周福成，说“暂五十三师许赓扬态度不稳，要考察并注意他。”实际上是他对周福成也存戒心，怕周不让他走。

三十日午间，赵毅与邱立峥（总部高参）二人为实现“扣卫”一事去市内找市第二守备总队队长秦祥征和王凤起（副总队长），共商实行的办法。因市长董文琦是秦祥征的“恩上”，怕扣卫连累到董，心有不忍。经过协商由秦祥征先去密告董文琦，使其躲开。然后分头由暂五十三师派一个营武装（用汽车）包围卫的现住地（第三招待所），同时由邱立峥单独面见卫（高参见卫是容易的），逼他到电台广播。不料由于秦祥征的这一“告密”（董文琦住在卫的斜对门）全部计划成了泡影。

卫立煌正在第三招待所召集军政大员们准备开会逃跑，当他得知董文琦这一意外消息后，立即命令所有高级官员搭车驰赴东塔机场逃走。他们匆匆忙忙到达机场，等候了约一个多小时，来了两架草绿色C-46型运输机降落。卫立煌和他的副官们先行上去。然后由副官们把守机门，接着上。但因争先恐后，秩序大乱，挤在机梯上的终于被副官们踢了下来，然后关门，飞机起飞走了。第二架飞机随着也开始滑行过来，似乎要到停机位置接人，人们又慌乱起来，而这架飞机根本没有停就一直滑行起飞走了。

搭上第一架飞机逃走的共有八人：卫立煌、赵家骧、政委会副主任高惜冰、安东省政府主席董彦平、辽宁省政府主席王铁汉、沈阳市市长董文琦及新编第一军军长潘裕昆、新编第三军军长龙天武。外有几个随行人员。其余的人员如：吴瀚涛、彭济群与宋子英等，都未爬上第一架飞机。卫立煌逃走的时间是十月三十日下午四时许。

因这时候防守在机场附近的我师第三团，已接到我的命令把机场严加控制起来，以致后来盘旋在空中的飞机未敢降落。使机场剩下的军政大员都垂头丧气，狼狈而返，不得不回到家中，等待做俘虏。

“扣卫”这件事，功亏一篑，使赵毅、邱立峥和王凤起深感懊丧。但因秦祥征当时是带兵的主官，赵、邱、王亦只能徒呼负负而已！

卫立煌飞走的消息传出后，对沈阳的人心士气影响极大。在我，则更感觉可以放手去争取起义了。

就在卫立煌逃走的那天（十月三十日）黄昏后，赵镇藩打电话要我进城到兵团部开会，我当答以“没有工夫”。周福成在旁接过电话说；“你马上到这里来参加会议，我派人到大北边门接你”，我又以“前方情况紧急，离不开，不能去”回答之。实际是周福成已知道我另有打算（起义），我也理解他是打主意扣我！从此，我就把大北边门通城里的道路加以阻绝。

六　谈判起义

由于战局发展甚速，解放军进逼沈阳，我们原与共产党秘密工作人员的联络，远水不解近渴。从十月二十九日起，我连续派出多人分头向各方面解放军寻取联系。十月三十日，我派出的人员中校作战科科长张社民等与解放军独立二师取得了联系，同师长管松涛见了面，随后又会见了解放军辽北军区副司令员赵杰，表明了我决心率暂编第五十三师起义的意愿，并报告了我师实力、防区情况。三十一日，我方人员还面见了解放军辽北军区聂鹤亭司令员和陶铸政委。经三十日、三十一日谈判，暂编第五十三师代表张社民，解放军代表赵杰、管松涛达成了协议。我对协议内容表示满意，并互派军官到对方，以便联络，配合行动。辽北军区派来一位政治部副主任和一位科长，我师派去副师长徐继章。

三十一日晚八时，我召集团长、直属部队的营连长和第二〇七师的陶团长及坦克、重炮、铁甲车的营、队长等开紧急会议，说明已与解放军达成了圆满的协议宣布起义。在场的人都表示赞成。散会后，分别按命令执行各自的任务。二〇七师陶团长回到团部，立即打电话来骂我，表示他要跟其本师（二〇七师）顽抗到底。后来，我们协助由东面进攻的解放军，把该团全部缴械，团长陶毅做了俘虏。

本师第三团团长刘基（军部派来的）也反对起义，只身化装逃走了，我当即派副官处上校主任礼文华立刻去该团代理团长，负责执行起义命令。其他营连和士兵，也有个别因反对起义而逃跑的。

七　解放军进入沈阳城

长春解放后，解放军辽北军区即率领七个独立师（包括两个骑兵师和李红光支队）的兵力南下。及至进到铁岭以南接近沈阳时，得知暂编第五十三师联系起义，认为应当抓住这个时机，于是在谈判协议以后，决定提前进攻沈阳。

（一）为解放军进城让路

我师遵照协议，令知第一线部队让开一条路线：沿沈铁公路的二台子、沈海车站、大北边门。并与前进的解放军密切联系，以免发生误会。同时派参谋人员分头到重炮兵、坦克部队及装甲列车上，监视并控制他们的行动。

沈铁公路上的解放军独立第二师按照预定时间（十月三十一日二十二点三十分）开始向沈阳突进，毫无阻碍地通过我师的防区，于十一月一日凌晨，一举进入沈阳市中心（老城）。当日，在大西门里世合公银行楼上活捉了第八兵团司令官周福成。

（二）沈阳解放

第五十三军的各师于十一月一日按照解放军指定地点，全部放下武器。沈阳守备第二总队始终与我师相呼应，准备起义。在城内协助进城的解放军维持市内秩序后，该部于二日开出城外，第二〇七师（两个旅）因师长戴朴只身化装逃走，部队无人指挥，各营连都困守在碉堡里，本能地开枪射击，以示抵抗。但当他们得知城内的情况后，很快都缴械投降。至此，沈阳完全解放。时间是十一月二日下午。

（三）脱离战场

按照协议，在解放军主攻部队已经进入市中心以后，我师于十一月一日早八时全部在毛君屯至二台子公路附近集结。这时，解放军辽北军区负责前线指挥的赵杰副司令员来到毛君屯与我见面，他热情并很爽朗地说："我代表聂鹤亭司令员、陶铸政委对你们的起义行动表示欢迎，你们为解放沈阳作出了贡献。"与赵杰分手后，我师全部脱离了沈阳战场，向城北沈铁公路旁的新城子前进。

在行军途中，我与副师长徐继章见到军法执行分监部主任赵毅和第一三〇师师长王理寰由北向南徒步走来，赵毅告知我聂、陶二人现在的位置（他意识到我要见他们）。王理寰看到暂五十三师是全副武装行军，似表诧异，我告知到新城子待命。问及他们部队的情况，他答以下午放下武器。然后分手。

在行军途中，我见到聂司令员和陶政委，他们都对暂五十三师起义表示欢迎和慰勉之意。

在行军途中，有国民党飞机两架，来到行军队伍的上空盘旋，仅打了几排机关枪，未扔炸弹。因事先做了隐蔽准备，未受任何损伤。

我们到达新城子以后，赵杰副司令员、辽北军区政治部主任王振乾，都曾来到新城子慰问，并指导一切。

在此期间，我师二团在山梨红屯被李红光支队夺去的轻机枪，原物送还该团；在沈海站被夺去的山炮两门，也由李士廉（分区副司令员）带领一部分战士把原炮送还师属炮兵营，并表示歉意。

那时候，我师官兵的情绪还是并不很稳定的，对"靠不住"的人员我们依然分别加以软禁或监视，并加以教育。

八　暂五十三师起义受到欢迎

暂五十三师离开战场开到新城子地区略事休整（约五天）后，即开赴开原县老城。沿途以及到达开原县，均受到地方党政人员及广大群众的欢迎。开原县县长孟宪民，政委刘希文亲至郊外欢迎，对我师官兵极表热情，照顾周至。辽北省主席阎宝航曾亲到开原代表人民政府向暂五十三师表示欢迎与慰问，在全师干部大会上讲了话，对我师起义官兵备至奖勉之意。

国民党驻沈阳炮兵部队的覆没

高德昌*

抗日战争胜利后，国共双方为了争夺东北，均投入了很多的人力物力。国民党挟其执政党与军队装备之优势，企图速战速决囊括东北全部，但恐苏联红军的介入，其攻势范围不能不限制在北不越过哈尔滨，南不波及旅顺和大连。共产党除依靠自己的力量，也凭借国际支持，积极经营东北大后方；在南则先避敌锋，采取持久作战的方针，“让开大路，占领两厢”就是持久作战方针的概括。内战全面爆发后，到处是烽火燎原，东北战场更是打得如荼似火。不过两年时间，国共双方战力发生根本变化，国民党由强变弱，共产党由弱变强。东北战场的形势特别显著，在解放军强大的攻势下，国民党军被打得只有招架之功，却无还手之力，最后只有困守几个战略据点，苟延残喘而已。

在这样的形势下，我于一九四八年一月初被发表为炮兵第七团团长（原在国防部作战处任副处长），到沈阳去上任，许多亲友们均为我忧喜交集。忧的是该团在沈阳，东北战场已变成火坑，何必为这么个小小团长而去跳火坑？喜的是，搞了这么多年的幕僚，能调出去做个独立部队主官，也是一件喜事。作军人的还怕打仗吗？养兵千日，用兵一时，战争越危险越是建功立业的好机会，况且炮兵团长经常同方面军统帅在一起，再危险也没有在火线上的步兵危险啊！我爱人更不同意我去。另有一位空军联络参谋对我说，东北这条路太艰苦，“处座”（是对我的尊称）要好自为之。我见到范汉杰，他说，你去也好，东北是苦一点，因为共军卡着我们的脖子。许朗轩（国防部第三厅副厅长）说，在这种形势下，我们宜静

* 作者当时系国民党东北“剿总”直属炮兵第七团少将团长，后又改任炮兵第十六团团长。

不宜动，既然发表了，去就去吧，不要留恋，干一段赶快回来。我们这些人，只要国民党不垮台，还愁没有官做吗？七言八语，利害相连，我也有点嘀咕，最后决心：还是去吧！

行前我去拜辞老上级原国防部第三厅厅长后调升联勤副总司令的张秉均。他说，卫立煌新从美国回来，准备到东北去任总司令，而将陈总长辞修调回来。我和卫是陆大特一期的同学，感情尚好，你可搭他乘坐的飞机一同去。卫对东北情况不大熟悉，你可多告诉他一些实际情况。

从南京起飞时，我在机场上同卫立煌见了面，经张秉均的介绍，卫欢迎我搭他的专机同去东北，并且很客气地说希望我以后要多多帮助他共同把东北局面打开。卫的随员大约有十几个人，其中有他的夫人韩权华，还有新由美国炮校毕业回来的老同学罗道善。

飞机到达北京时，傅作义亲自到机场欢迎。他和卫立煌握手寒暄后，发现我也随来，似乎感觉有些诧异，为什么以往常跟陈辞修出门的人，忽然又跟上卫立煌了呢？他跟我握手后轻轻问我："你也同卫总司令去东北吗？"我说我去东北不是当幕僚，而是接任重炮团长。他点头笑了。我同傅的认识，是因为我常随陈辞修出门和他接触过多次，但私下同他并没往来。

东北与华北这两个战场密切相连，休戚相关，今后互相支援、互相呼应的地方很多。当初蒋介石曾一度计划将这两个战场合并为一个战场，交傅作义全权负责。因傅不肯挑这副重担才作罢，仍维持原状。在这生死存亡关头，傅、卫二人可说是难兄难弟，因此他们在晤谈间，都希望要同舟共济，死里求生。第二天，我们就飞达沈阳了。

沈阳对我来说并不陌生。九一八事变前我在这里读中学，抗战胜利后，我又因为职务关系，多次来东北。不过都是飞来飞去，逗留时间较短。而今接掌重炮兵团需要做一个阶段的主人，时间要长。今昔异势，思想上有所不同，对别的事情抱着不在其位不谋其政的态度，遇事少说为佳，以便腾出手来专心致志地整顿我那个炮兵团。

到沈阳首先看到了杜显信，他是炮兵第十二团团长兼东北"剿总"总部炮兵指挥官。我们是熟人，抗战前在南京就认识，他是老炮兵团长了，有一些当团长的经验。我向他取了"经"，就带着两个助手冯藩、胡凤翥去接炮兵第七团了。该团驻沈阳铁西区，卸任团长林日藩，他已经把移交册子造好，准备我去接收。我吩咐冯、胡二人点收。并命令全团官佐照常供职，不得因部队长的更易而抱"五日京兆之心"，希望大家安心工作，共克时艰。我不主张一朝天子一朝臣，也不主张用私人，实际上我也没有私人可用。

当时团的作战任务是沈阳地区防守司令部辖区内的炮兵战斗任务，而炮兵第七团团长又兼防守炮兵队长，所指挥的炮兵部队计有：炮兵第七团全部；炮兵第十二团大部；炮兵第十六团一部；重迫击炮第三团一部；第二〇七师炮兵团大部；共计大小火炮在百门以上，是东北战场上炮兵集中使用最大、最多的一次。其余都是分割使用的。

卫立煌到东北不久，解放军就对沈阳发动攻势，国民党在沈阳的防守部队即展开了所谓沈阳保卫战。我因为兼任炮兵队长，为了协同步兵作战，即指挥上述炮兵向进攻部队反击，利用集中炮火遏制了解放军对沈阳的围攻，使沈阳转危为安。

炮兵第七团是由日本投降后接收其两个重炮兵联队的火炮装备而成的，这种火炮的炮弹在东北存储很多，系日本关东军存留，可说是在短时间内，取之不尽，用之不竭。它的观测器材更是齐全，应有尽有。其编制装备是：团本部下辖三个营，共有十五厘米榴弹炮三十六门，官兵三千余人，骡马近三千匹（都是洋马，因饲养不良，在我接收时只剩下两千余匹）；团长少将，副团长上校，营长中校，连长少校，其他官佐均较步兵团高一级，因为照顾年资关系，编制采用两级制。团本部除正副团长外有中校团附少校团附各一人，少校观测员一人。团设有副官、军需、军械、军医、兽医、书记、政工、司号、马厩鞍工等科室。各科室主任大部是中校级。有通信连、特务连等直属部队。有一个政工队，有男女队员二十多人，办有“炮声剧团”、《炮声周报》。为了培养初级干部，我还办了干部训练班。另外还有疗养院，马匹的兽医院、蹄铁场，修械所，以及弹药、器材、被服、粮秣、杂品等许多仓库。真是麻雀虽小，五脏俱全，一个炮兵团俨然是一个“独立王国”，在铁西区占了好几条大街。

我积极整顿部队准备大战到来，并将火炮油漆成迷彩颜色，和炮十二团的美式重炮外观上基本一致，显示出人强、马壮、炮美的威武军容。新中国成立后，我在北京中国人民革命军事博物馆兵器陈列馆还看见过我过去使用过的花炮呢。

日式十五厘米榴弹炮最大的缺点是笨重，运动不便，不适应作步兵随伴炮用。一门炮要用十六匹洋马挽拽才能行动，在行军和进入阵地时都非常不便。而挽马稍形瘦弱力小就影响它的运动。因此我对骡马饲养调教非常注意，深恐临战贻误戎机。但在被围困的环境中，骡马化的炮兵部队，其困难程度较一般部队为大。我再三叮嘱各营、连长要爱护骡马，做到士饱马腾，机动灵活，此外，在人事上也作了适当调整。经过半年多的努力，炮兵第七团在总军炮兵中即跃入先进行列。树大招风。于是有人想在这个重炮团打主意，这就是后来我调掌炮十六团的根本原因。

原来卫立煌到东北来有另外一种打算，因此他处心积虑想方设法来培植自己的心腹力量。他想叫陈铁、彭杰如搞两个兵团，一个放在锦州，一个放在长春；另外在沈阳抓一个重炮兵团。罗道善同他前来，就是准备当他心腹的炮兵团长。蒋介石在人事上抓得很紧，卫想搞两个兵团也不是那么容易，只得看情势变化发展再见机插手，先把能做到的试着做起来。国民党总军炮兵在东北的只有四个团，其中两个重炮兵团，一个野炮兵团，一个重迫击炮团。当时两个重炮兵团的团长，一个是杜显信，另一个是我，野炮兵团团长是蓝守青，重迫击炮团团长是睢鲁。这四个团长各有各的来头。杜显信是陆军大学十一期毕业，陆大的名教官，同方天、刘云瀚等是同期同学；我是国防部派来的；蓝守青是老资格；睢鲁是军政部学兵队的优秀生，重迫击炮团是化学炮兵另有系统。卫立煌与他的人事处长宋子英研究结果，以罗道善接替蓝守青任炮兵第十六团团长，蓝调任高级参谋。该团是野炮兵团，长期分割使用，其第三营配属锦州指挥所归范汉杰指挥，第一、第二两营随团本部在沈阳附近，也是经常配属沈阳附近各军师协同作战，一时不便抽回。结果该团的团长能亲身掌握的只有一个空团部和一个通信连一个特务排（后改为连）而已。

卫的目的是抓一个重炮兵团掌握在自己心腹手里，在沈阳有两个重炮兵团，这两个团各有长短，炮十二团是美式重炮，系机械化部队，但最大的缺点是弹药不足。一个炮兵如果没有充足的弹药补充，等于是一堆废铁。何况行动起来还需消耗大量油料。而炮七团是骡马化，不需要消耗汽油油料，弹药储存多，补充有保证，用之防守重镇，集中火力，是有一定威力的。况且经过我的积极整顿，该团在东北战场上一再显露头角，卫立煌为便于尔后行动计，能把这个团掌握在自己心腹手中最好。于是他们就想出另外一种花招，叫我同罗道善对调职务。换句话说就是我去当炮兵第十六团团长，罗来当炮兵第七团团长。

对调命令发表后，罗道善很不好意思，偕同杜显信一再向我解释。我说，卫总司令高瞻远瞩，老谋深算，这样调整一定有他的深远考虑，你能与他接近，前途不可限量。炮七团在你手里比在我手里在作战上更能发挥威力，也不枉我对它整顿时所耗费的心血呀。

两个团的编制差不多，为了免除交接的麻烦，只将营连变更隶属，团本部交接了印信关防，换了换番号，我还住在铁西，他还住在东山嘴子。

交接手续告一段落后，我感到轻松。因为各营连均配属出去，家里只剩下一个空团部，好像担子轻了，准备到锦州、秦皇岛视察一番，因为锦州有我团的第三营，秦皇岛驻有一个连。杜显信向我建议说：锦州只是一个营，团的大部分还在沈阳附近，卫总司令倘因事要找你，你不在多么不好，还是派副团长去看看为好。我接受了杜的建议，遂派副团长周凤阁到锦州去了。

周副团长去后不久曾打来一份电报，略云："共军对锦榆线发动攻势，兴城、绥中先后失守，我驻秦皇岛的炮兵连已与营部失掉联系，锦州以北义县地区共军攻势亦烈，守军拼死抵抗，我支援炮兵连曾以猛烈炮火击毙敌军炮兵司令员一人[①]，其他毙伤甚多。"又云："共军来势凶猛，兵力雄厚，炮火旺盛，恐非锦州现有兵力所能敌，必须多多增加兵力，锦州才能转危为安，……"以后锦州战役展开，国民党守军全部就歼，其中有我团的第三营。周之下落如何，我就不知道了。

锦州陷落的消息传到沈阳，全团震惊，我心里也觉得难过。

这时，沈阳人心惶惶，学生游行示威，反对内战，一波接着一波地闹个不休。有人在队伍过去后的马路上发现有"反对剿民"的口号，是用粉笔写的。我判断这些运动都是中共地下党搞的。

东北"剿总"政工处处长魏洪绪，提出了一个异想天开的安定人心的办法：叫炮兵团武装出动，显示力量，借以麻痹人心，鼓舞士气。于是炮兵第十二团就出动了一批炮车，在市内外往返开动，另用一部分步兵荷枪实弹，乘坐汽车打着洋鼓，吹着军号，旌旗招展，散发标语传单，无非是些"援兵不日可到，沈阳万无一失"等自欺欺人的把戏。折腾了一阵，消耗了不少汽油，能否收到安定人心的效果，只有天晓得！

锦州解放不久，长春守军也宣告起义、投诚。沈阳变成孤岛，东北形势急转直下，覆灭命运就在眼前。居民食粮异常缺乏，人心益发慌张，有条件的都争先恐后地抢购飞机票，逃亡而去。

郭忏、吕文贞、邓文仪、罗泽闿、许朗轩、李树正等飞来飞去。在这以前，美军顾问团也曾到过沈阳视察，从他们的口中，我知道他们是

---

① 作者注：关于击毙解放军炮兵司令员一说，我一九八三年夏随辽沈战役历史考察组去义县，方知是解放军炮兵纵队司令员朱瑞将军在义县战斗结束后，在义县城南触地雷殉职，并非受敌炮火而亡。

为安排东北的“后事”而来。有一次，罗泽闿同许朗轩到我在沈阳的住所，问我的打算，我说听卫立煌的。他们很为我担心。他们的意思，是叫我把部队交给卢振江，立即同他们一起回南京去。卢是我的老同事，我在国防部当副处长时，他是我的参谋。他是第五十三军周福成的旧部。我当时思想很顽固，觉得一个部队长在危急时脱离部队而谋个人的安全，是作为军人的莫大耻辱。故未接受他们的劝告，只希望他们把我的家属带走，而自己留下与部队共命运。他们又对我说，国防部原计划将重武器用飞机撤走，剩下轻装步兵突围撤回关内。因为卫立煌及东北将领反对，怕影响士气，只好作罢。这么一来，恐怕要全军覆没，同归于尽了。

过了两天，他们又来，叫我赶快把家属送到飞机场同他们一起起飞。等我把家属送上飞机，同他们握别时，我自己的思想斗争很厉害。我想事已至此，一块飞走吧，还要什么部队？但又想这样飞走太不光彩了，我狠心地留下了。在飞机起飞的刹那间，我看到国防部老同事们的面孔表情，有说不出来的一种感觉。从飞机场回来，我思虑万千，心绪不宁，一夜也未入睡。

我在沈阳的两个营，被配属到攻击兵团随着廖耀湘出发了，其他总军炮兵团也都随廖兵团出发西进，都参加了战斗。最后辽西兵团全军覆没，配属给他们的总军炮兵部队也跟着一起覆没，留在沈阳的仅是几个空团部和几个团属通信连，特务排（连）而已。炮兵连连长冯来勤从辽西战场跑回来向我报告了辽西惨败的一些情况，我预感到自己将来的命运，为了不做俘虏，我想到起义问题。于是叫政工干事于寿山、特务连连长罗启皋两人设法同中共沈阳城工部联系，结果他们得到回答：欢迎我起义，原地不动，沈阳解放时听候指示。我说请他们派个人来，他们说，你仅仅一个空团部，不需要人前去，原地待命好了。我听了半信半疑，在那个紧张的情势下，只好听着吧！

锦州陷落，长春起义、投诚，辽西兵团全军覆没，解放军齐向沈阳前进。沈阳守军慌作一团，卫立煌仓皇飞逃，周福成难当大任，沈阳守军已成釜中之鱼。我同杜显信在卫逃走后曾到飞机场看了一下，只见飞机场有少数灯光，人声沉寂。又到“剿总”大楼一看，发现已人去楼空，地下散失着破碎文件，还有王化一的一件袖呈卫立煌的建议书，劝卫“当机立断，速下决心，机不可失，失不再来，……”我们因为心绪不宁，也无暇细想王化一的“天机”何在，便商量我们几个总军炮兵团应如何行动，才能死里逃生。杜说：“部队既然瓦解，几个空团部，成不了什么气候，放下武器，各奔前程算了。”我说：“就这么办，你赶快通知罗道善和雎鲁。”

解放军进城了，沈阳解放了，只有第二〇七师戴朴指挥的部队打了一个多小时，其余部队纷纷放下武器听候安排了。国民党总军炮兵四个团长，有两个逃进关内（杜显信、罗道善），有两个到解放军官教导团学习（我和雎鲁）。

政工局局长邓文仪三到沈阳

蔡树鸿*

一九四八年春，我由国民党第九十四军政治部主任调到沈阳任东北行辕政工处副处长。政工处编制上属“剿总”，但处内人员任免、调动及政工业务均直接属于国防部政工局，东北国民党军各兵团、军、师等各级政工处的人事和业务亦均归其掌管。仍保持抗日时期国民党军总政治部在各战区设立的一个中间政工机构规模，除经理归所在部队外，余均独立于部队之外。

一　一到沈阳

一九四八年九月，当人民解放军开始向锦州集结时，“剿总”参谋长赵家骧曾在总理纪念周上说：“解放军在锦州集结兵力，只不过故作姿态，如果真要攻锦州，林彪要考虑我们可以从长、沈两路夹攻，北满至南满交通补给线那么长，谅他不会冒这个险。锦州不会有问题。”并说：“沈阳我们有装甲车和美式大炮，有坚固的工事，共军更不敢犯。”赵说话气很粗，似乎很有把握。迫形势一天天紧急，并不是如赵家骧所判断的那样，义县至锦州交通被切断，暂编第二十二师受重创；十月一日义县解放，第九十三军暂编第二十师被歼；锦州告急，人心惶惶。蒋介石于十月二日午后飞来沈阳，召集军、师长以上人员到“剿总”开会，就在第二天国民党军政工头子邓文仪第一次飞来沈阳，向我们主要讲了三点：

（一）要说服动员部队长坚决执行蒋介石的战略决策。总统这次来沈，是为了救你们出去。东北只剩下三个据点，彼此交通均被隔断，这样

* 作者当时系国民党东北“剿总”政工处少将副处长。

大的部队补给单凭空运，我们的运输力量势难长期维持，只有打通北宁路，从共军手中夺回主动权才有出路。这次总统亲自指挥，葫芦岛已集中了精锐部队，从西向东打，沈阳部队从东向西打，一举打开东北局面，这盘棋就走活了。否则，东北一失，华北难保，美国朋友更会说我们无能，势将影响整个战局。你们一定要说服各级部队长，从全局着眼，变被动为主动，不要怕东北丢了，只要我们部队在，丢了可以收复。美国和我们利害一致，不会坐视不管。

（二）加强宣传。在大街上多贴些标语，宣传我们是为了“救国救民而战”和“发扬黄埔精神”。你们也要在各处张贴我们是为了“救国救民”，是人民的“救星”的标语。你们都是黄埔学生，过去总是说找不到共军主力，现在共军主力摆在面前反而犹豫不前，回避战斗。共军过去怕新一军，认为新一军装备好，他们就编了一个顺口溜：“吃菜要吃白菜心，打仗要打新一军。”你们要鼓动官兵，把黄埔过去作战精神发挥出来。

（三）要团结。要以大局为重，不要钩心斗角（指第九兵团政工处处长蔡贤俊和我都表示对魏洪绪不满，也都在觊觎“剿总”政工处处长的位置）。

二 二到沈阳

十月十四日夜晚，邓文仪第二次到沈。他一到政工处，即把我叫起，要我连夜发出通知，于明晨六时在他住地招待所举行记者招待会，有重要消息发布。并对我说：“塔山天明前准可拿下，今天白天我军已攻进了几次。蒋总统亲自指挥海军、空军协同地面部队向共军阵地进攻，海军二十四生的大炮已对准塔山共军的阵地射击。拿下塔山，锦州之围自解，锦沈线即可打通。这关系到东北之命运。天明以前拿下塔山，即出号外，并向官兵宣传这次胜利的重大意义。”但天明以后，塔山依旧在解放军手中屹立不动。我去参加记者招待会，邓文仪已没有昨天那样神气了，他支吾其词地说：“塔山仍在激战中。”事实上这时国民党军已完全失去进攻能力，锦州于当日（十五日）晚即解放。而沈阳《和平日报》仍用头号标题“我军克复塔山”。会后，邓文仪悄悄离开沈阳。

三　三到沈阳

锦州解放，打通锦沈线已成画饼。但蒋介石仍顽固地企图孤注一掷，国民党军将领慑于解放军的威力，怕出击会被吃掉，迟迟不执行蒋妄图收复锦州的计划。放弃沈阳原本早有定案，但国际影响，国内压力，个人威望，蒋介石是不敢明令发表放弃沈阳的。卫立煌也怕做替罪羊和承担历史罪责，他就规避执行蒋介石命令，仍幻想保住沈阳，但又不敢明抗，相持不决。这时，邓文仪第三次来沈。他这次来沈做了两件事：

（一）宣布放弃沈阳。要我们做好准备，随同"剿总"总部撤退到营口。大致是十月二十二日，总部召开扩大部务会议，我去参加，见卫立煌陪同邓文仪进入会场，由卫介绍邓讲话，邓即席宣布"总部撤出沈阳"。并说，廖兵团已向黑山、大虎山攻击前进，掩护主力向营口撤退。总部随主力之后先到营口，如进攻奏效，即以营口为后方，与锦西部队会合，乘势收复锦州，总部即进驻锦州。所有在沈阳直属单位，按战时体制编组，随总部之后行进。说完后，邓与卫双双离开，卫始终未发一言。以后邓即在招待所拟制各单位随总部撤退计划。我派政工处主任秘书帮邓抄写，他告诉我收训大队[①]和青训总队[②]编成一个总队，由收训大队队长任总队长，青训总队队长任政训室主任。这时，沈阳市面上到处是国民党军的家属和一些勤务兵背着大米、白面，美制军用大衣和服装，鸭绒被子等在大街上叫卖，准备逃命。二十六日晚廖兵团政工处处长告诉我，他们司令部已被解放军冲散了，廖已逃到新编第二十二师师部，潘裕昆、龙天武两个军也完了，有人看见他们二人低着头逃回沈阳，整个局面恐怕一两天就会见分晓。他叫我速离开沈阳，我还不信东北国民党军完蛋得这样快。

---

① 收训大队是国民党东北"剿总"政工处管理的一个单位。收容、管训被解放军释放回去的中校以下的军官，不准他们和原部队接触，防止他们宣传共产党的宽大政策影响士气。

② 青训总队是南京国防部政工局在东北所设立的一个集中营，归"剿总"政工处领导，被抓到这里的，一部分是被俘的解放军指战员，民兵和地方干部，绝大部分则是无辜市民和青年学生。学生在允许取保释放时要强迫加入国民党。

（二）号召政工人员假投降。二十七日晚，邓文仪集合所有政工人员讲话。他直言不讳地说："廖兵团电讯已失去联系，沈阳是守不住了。共军讲宽大政策，你们可以假投降，待有机会联系和你们一道被俘的官兵做内应。"顿时会场鸦雀无声，几乎每个人都可以听到自己心脏的跳动。许多人都在私下窃窃私语，蒋介石经常要求我们反复向官兵宣传"被俘不屈"，把它作为精神教育的重要内容。现在兵临城下，号召我们去假投降，战场上打不赢，妙想从我们身上捞一把，又可以向蒋介石邀功。说他对在沈阳的政工人员已作了打入共产党内部的布置。共产党有这样傻吗！当时每个人内心都有一种说不出的滋味，彼此相觑不胜愤慨。第二天邓即不辞而去矣。

附记：

沈阳解放时我自己的思想活动和观感

蒋介石已经完蛋，我仍没有从火坑跳出的决心。三十日午后卫立煌乘飞机离沈。我和军法处处长不约而同至市内机场（浑河机场），见一架最后班机正待起飞，机上有魏洪绪的小老婆和几个军的政工处处长，他们都是"国大"代表，见我一到即出示乘机证件并挤出位子让我坐。我突然想到，这样走是临阵脱逃，要枪毙的。又想自己要了一辈子强，这时逃跑今后怎样见人。怕死和顽固的反动气节观的心理一直往上涌，幻想蒋介石对我们这些高级官员会列在撤退计划内，于是又从机上走下来。午后四时，蒋介石只派一架飞机接卫立煌，机上已挤满逃回来的军长和视察官等。三位副参谋长及各处处长和几百名中、上级军官目送卫的座机高飞远去，都待在那里不动。一会儿传来接我们的飞机降东塔机场，去了扑个空；一会儿又传在市内的机场降落。两个机场相距约二十里，我和魏洪绪就这样来回地奔跑，又困乏，又饥饿，夜寒袭人，心情焦急，有如热锅上的蚂蚁，狼狈不堪。

十一月二日天亮了，一阵稀疏的步枪声，沈阳人民带着胜利的喜悦，迎来了解放军，消灭了国民党守军残余。不到一个时辰，市面秩序井然，商人照常营业，水、电上午即修复，下午发放救济粮。尽管我思想上紧张不安，但无形中一种新的气氛仿佛广东革命时代的情景又呈现在自己的眼前。傍晚，国民党的飞机开始向市区兵工厂狂轰滥炸，激起全市人民无比愤怒和一片咒骂。我自己在逃空袭警报中有说不出的愤恨。第二日晚，我在马路旁高楼下躲警报，街头地堡里一个解放军战士看见我和另一市民惊慌不安，他不知我是一个穿着便衣未逃走的国民党军官，一再大声喊我进地堡内。我不敢进去，但终于执拗不过他那强烈保卫人民安全的责任感和热情诚恳的态度，我进入了地堡内。他站在地堡内持枪监视上空，不断地安慰我们，亲切有逾家人，此时内心感惭交集无地自容。同时也深受教育，领悟到人民为什么那样拥护共产党。从这位战士实际行动中明确告诉我，他们对人民的生命和利益是看得高于一切，处处表现与人民同甘共苦共患难，所以赢得人民的称赞，如果不是自己亲眼看见是不会相信的。最后，自己庆幸能在党的宽大政策和教育改造下，把我从罪恶的深渊中挽救出来重新做人。

卫立煌逃离沈阳前后二三事

姜明文*

一九四八年十月十二日东北“剿总”总司令卫立煌命令驻东山嘴子的“陆军军官学校第三军官训练班”移驻沈阳城内，担任城防和东塔飞机场的警戒。在两日前，少将班主任曾光泽化装逃离沈阳，所有班内事务都由我负责。我召集各大队长及各组长开会，决定第一、二、三三个大队担任城内（砖城）及各关厢的治安；第四大队在东塔机场担任警戒；班本部在中街路南新生银行楼内。十五日各单位即按指定地点进驻，并立即组织了巡逻队和纠察队。此时城内外秩序混乱，一日数惊，散兵游勇趁机抢劫之事，日必数十起，都由巡逻队和纠察队就地惩办。如十月二十一日我亲眼看到在中街内联生鞋店一个散兵买鞋，把鞋穿到脚上就走。店里人追出，这个兵撒腿就跑，正值巡逻队走到，把他抓住将鞋脱下，就地打了五十棍子。像这类事情不一而足，每天各大队汇报统计总有几十起。经过这一段的维持，市面秩序尚称安定。

十月三十日午后，卫立煌和总部一些消息灵通的人员，分乘小轿车、吉普车等疾驶东塔飞机场。军官训练班的第四大队队长王铁寒用电话将此情形立即报告给我，十分钟后王铁寒又来电话说：“卫总司令和参谋长、秘书长还有辽宁省政府主席王铁汉、省保安副司令武泉远等同乘一架飞机走了。还有不少人都没有上飞机，其中有‘剿总’副参谋长宋子英，铨叙处长戴铭忠、副处长潘英杰和高参、参议等人。嫩江省政府主席彭济群由飞机舷梯上被挤下来把腰摔伤了，抬上汽车走啦，没有挤上飞机的人，都垂头丧气地坐车子回去了。”

午后三时许，东塔机场上空来一架飞机，盘旋数周后，抛下一个长圆形的纸筒，外面写着“卫总司令亲启”六个字。王铁寒立即派人将这个

---

* 作者当时系国民党陆军军官学校第三军官训练班少将副主任、代主任。

通信筒送到班本部。我知道卫立煌已走，随将通信筒启开看看里边是什么秘密，内有一张白色带花栏的宣纸写着：“奉总统蒋面谕，着卫总司令立煌即刻飞葫指挥。命令传达者空军副总司令王叔铭。”我看完交给主任秘书刘启文，我说卫总司令已飞走了，这还有啥用，先留着吧！沈阳解放时这个东西随着废纸扔了。

卫立煌临走之前，给第八兵团司令官兼第五十三军军长周福成下达一个命令。命令说：“本总司令外出期间，所有在沈阳的党政军事宜完全由第八兵团司令官周福成负责处理。”周福成立即将命令传达给各机关、单位和部队。第三军官训练班也不例外。周福成受卫立煌的命令后，也给我一个命令，同时还给我一个代理班主任的派令，我看完后说这个时候还来这一套呢，一笑置之。

十一月一日早六时，解放军某纵队由小北城门进城，与我接头后，我将第三军官训练班全部人员武器弹药档案等交给该纵队接收。

十一月二日沈阳正式解放。当晚蒋介石派来几架飞机下了几个“蛋”就算结束了。

我在沈阳空军基地的见闻

林兆祥*

沈阳是国民党空军的重要基地之一。参加东北作战的国民党空军部队，尽是美式装备，实力雄厚，经常有数十架协助作战的飞机驻在沈阳的北陵机场，必要时也派些飞机进驻长春、四平街和锦州。最多时协战飞机多达八十至一百架。沈阳设有空军司令部，司令官为吴郁，副司令官为易国瑞。下设三个处：（一）作战处（处长王世铎），（二）情报处（处长李泽生），（三）补给处（处长彭亚秀），另有督查室（主任杨相林）。司令部的附属单位亦有三个：（一）供应分处（处长张季良），（二）北陵航空站（站长刘启东、副站长林兆祥），（三）警卫团（团长林××）。

沈阳有三个飞机场可以使用：北陵机场、东塔机场、铁西民航机场。但实际上作战飞机及空运机都集中在北陵机场，其他两个机场很少使用。驻北陵机场的空运机经常有数十架，战事紧张，运输繁忙时，亦随时从上海、北平增派空运机，因此，北陵机场停留的飞机密密麻麻地摆满了。

一　锦州、辽西战役中的沈阳空军

一九四八年九月，解放军集结强大的兵力，从北满沿铁路经彰武、新立屯、阜新围攻义县。锦州到义县的交通先被切断。锦州兵力单薄，无力去救援。战事相持半月之久，实在是无法坚守，遂于十月一日被解放军攻克，一个师被歼，守军的师长副师长均被俘。当时虽亦派空军轮回助

---

* 作者当时系国民党空军沈阳北陵机场航空站空军少校副站长。

战，但终阻挡不住解放军的强烈攻击。

义县失守之后，解放军以强大兵力从四面八方直驱锦州。本来锦州预筑有坚强工事，不料解放军在未迫近城沿之时，即以其远程火炮威胁锦州机场，致使飞机场乱了阵脚。沈阳机场曾多次派飞机去侦察解放军炮兵阵地，但解放军掩护得巧妙，又经常移动位置，无法侦知，使国民党空军陷于无用武之地。东北“剿总”总司令卫立煌感到锦州吃紧，十分焦急。他见锦州机场停了一段时间不落炮弹，于是冒险从沈阳空运第四十九军前去增援，只运了两个团，解放军远程火炮又封锁了锦州机场，无法再运，留驻锦州的飞机在混乱中逃回沈阳。当时派去锦州指挥空军作战的是沈阳空军司令部孙参谋长，锦州解放时，孙参谋长化装混在乱军中逃到锦西，后来沈阳方面派飞机将他接回。下飞机时，他说：“共军攻城厉害，十分危险。”

十月上旬，解放军大举向锦州展开攻击，战斗异常激烈。解放军用强烈的炮火猛攻，用挖坑道的方法迫近城边。国民党空军日夜轮番轰炸，但东西“对进”的援兵迟迟不前，毫无进展，不能解锦州之围。解放军总是入夜猛攻猛冲，国民党空军夜间则用空运机满载轻磅炸弹投下阵地，情况最紧张时，每夜都出动轰炸。有一次（时间记不清）两架空运机夜间出发去轰炸，一架先起飞半小时，一架随后起飞，不知何因，当晚这两架飞机都不见飞回。经调查，始知是空中相撞，机毁人亡。又有一次夜间轰炸，讲起来是笑话，飞机装好了炸弹，找不到投弹的助手，临时由我在航空站派一名地勤加油兵随机协助。到底不是专职人员，又没有安全带捆在身上，到达锦州上空，他从舱门将炸弹推下，因用力过猛，随弹而落，白送了一条人命。回想起来，当时我也有责任，不应该派外行人上机协助。空运队对作战的准备工作，也做得太差。

西进兵团到达大虎山即与解放军接火，展开战斗，阵地得而复失，失而复得，打成拉锯战。虽有空军不断助战，也无法继续前进。当时我们在地图上查知情况，颇为着急，锦州方面由于兵力单薄，又缺少炮弹，部队束手无策，士气随之下降，加上解放军炮火厉害，奋力攻城，阵地打得稀烂，十月十五日遂被解放军攻克。

蒋介石得知锦州情况异常，他还冒险来了一趟沈阳。我见有三架飞机护航，蒋介石此去并没有进城，就在飞机场和卫立煌、杜聿明商谈约一个多钟头，临走时还下飞机来和卫、杜两位握手，吩咐他们好好应付战局，便独自飞走了。据说蒋介石飞到锦州上空盘桓了一下，便到葫芦岛将以后作战的事情吩咐各将领后，径飞回北平。

至于葫芦岛的东进援锦兵团，累犯塔山不逞后，又召开会议研究惨败原因，除认为解放军阵地坚固，障碍物纵深是攻击的很大障碍外，都怪空军来迟了配合不当。国民党军将领要求空军提前赶到阵地助战，并在上空多做盘桓，掩护部队前进。同时还要求葫芦岛海军协同炮轰。这时锦州方面，炮声隆隆，十四日早上东进兵团继续猛攻塔山，为了等北平空军到来，发起攻击的时间比十三日稍为推迟。炮兵先集中火力向塔山阵地开炮，海军炮也同时轰击，只等空军一到，部队即冲向敌阵。但飞机到了塔山上空，投下两个五百磅的炸弹，一个落在塔山村后，另一个落在河滩国民党军自己阵地上，伤亡连长以下数十人，当时官兵都骂空军是“饭桶”，盲目投弹，炸到自己人头上。随后又来了两架大型轰炸机，一投完弹即溜走了，有三架战斗机在空中轮回打机关枪，此时地面部队从正面和左右翼侧攻击前进，反复冲锋，都被解放军击退。及至下午攻击停止。国民党军受伤官兵源源运到葫芦岛和锦西，仅伤兵就有三四千人。开会讨论时大家都说，共军阵地堡垒星罗棋布，铁丝网和鹿砦纵深十余米，是攻击前进的最大障碍；各兵种得不到协调，海军舰炮的炮弹和空军投下的炸弹没有将阵地障碍摧毁，在战斗中空军又不得力，不能经常在阵地上空威胁敌人。但怨东怨西，总未敢涉及士无斗志这个失败的主因。

二　沈阳解放前夕空军狼狈撤逃

辽西战役失败之后，解放军急向沈阳推进，把沈阳围困。守军将领都认为解放军兵力强大，无法抵挡，国民党军心已动摇，都愿意放下武器投降。守沈阳的兵团指挥官周福成，一时尚顽固，不肯缴枪。“剿总”总司令卫立煌在十月三十日下午就坐飞机逃往葫芦岛。十一月二日解放沈阳可以说没有发生激战。

沈阳空军原定十月三十日全部撤退，当日我在北陵机场主持站务，很多军政界的高级官员集结在北陵机场，准备搭飞机逃命。上午已运走了一部分人员和行李。及至中午时候，想搭飞机的人越来越多，飞机一着陆，这些人不听安排，都争先恐后爬上飞机，结果飞机超重无法起航。但谁也不肯下来，地勤人员和空军司令部派来的官佐都无法弹压。原留在机场有三架空运机，是专为场站人员最后撤退准备的，到此时他们见情况混乱，均不听命，也擅自起航，只运走了一部分场站人员。正站长刘启东正在机场指挥工作，勉强挤了上去，算逃走了。等我从办公室奔出，飞机舱门已关，无法上去。当时在空中仍有不少架从北平来的空运机，是专来接运撤退人员的，但见地面混乱，不敢降落，盘旋几周，便飞往铁西民航机场降落。从此北陵机场再也没有飞机降落了，战斗机也一起飞光。我和修护组组长梁增光（空军中校）好似热锅上的蚂蚁，不知如何是好。到下午二时左右听说飞机改在铁西民航机场（即浑河机场）降落，想逃命的军政官员，纷纷向铁西奔去。北陵机场因没有飞机起落，已成冷清状态。当我和梁增光驱车到铁西机场时，很多空运机已经走了。这是国民党东北空军司令官吴郁亲自在那里安排的。机场上除警卫部队之外，搭机的人一个也不见了；吴郁也回司令部去了。在跑道中央停着一架空运机，飞行员是姓肖的空运分队长。他对我们说："此机是留待卫立煌和吴司令官使用的，任何人不准乘搭。"我们想，一架飞机能载五六十人，我和梁增光忠于职守，是因为执行勤务，来不及上机逃走，可能允许我们搭乘。我和梁即刻转到司令部见吴司令官，要求他走的时候把我们带走，他叫我们等候，上机时再说。我二人信以为真，老老实实坐在三楼等候。不知什么时候吴司令官已偷偷走了，我二人十分气愤。天色将晚，料想再也无机可搭，只好在司令部住下来。空军还有不少搭不上飞机的人，都显得十分焦急。这天夜里天气寒冷，大家在司令部三楼连身打滚住了一宿。

第二天，果然有几架空运机到达沈阳，改在东塔机场降落，当我二人赶到的时候，机场已集结着两三百人，等搭飞机逃命。而此时东塔机场想搭飞机的人群，又似无笼头的野马，谁又能给予可怜或帮助。只要来了飞机一经着陆，就乱糟糟争先恐后地抢上，无人维持秩序。空军司令部的两位中校处长彭亚秀、张季良在场，也拿不出一点办法。空中的飞机见地面如此混乱，必然是下得去，起不来，只得空机飞走了。我鉴于昨天（三十号）北陵机场的教训，为了求得逃命，就站在一张高桌上，把情况向大家讲明。说不能混乱，混乱了一个也走不掉，要求大家排好队，分好组，每组五十人（刚合一机载量），每组选一个人出来抽签，依次序上机。这些想搭机逃命的人，都认为我说得很对，很快就排好队，分好组，每组指定一人维持秩序，然后请两位处长和北平通话，请派机来撤运。正当大家等得不耐烦的时候，忽见空中飞来一架飞机，大家喜形于色，以为这次一定可搭上飞机了。谁知飞机降落后，停在跑道中央，发动机依然在转动，这两位处长和警卫团团长三个人，坐着小汽车迎上前去，叫大家不要混乱，让他们去接头，当他们三人登上飞机，即刻关上舱门，开足马力升空飞走了。一架能载五十人的飞机，只把这三个所谓高级官员运走，可怜许多低级官佐和技术人员，全被甩下来了。其实当天机场安静无事，为什么忍心这样做呢？受苦有份，临危不顾，军纪何存？怪不得国民党军处处遭到失败，看透了，谁还为他们卖命？又等了大约一个钟头，天色已晚，实在是无望了，各自散回城里，另找窍门。

我和梁增光二人回到城里，便隐藏在熟人家中。连日国民党空军的蚊式轰炸机来沈阳市区盘旋侦察，我们深恐它滥炸，心里惶惶不安。在沈阳市内隐藏，终非久计，在别无良策之下，遂和梁增光计议，带上两个修飞机的机械士万锦文、秦禧良，化装朝营口方面逃走。

三　获得新生

当我们走到离大石桥不远的一个村落，被守岗的民兵留住了，送入村中，招呼我们吃了一餐饭，便派两个持枪民兵将我们押送到大石桥公安局。几次问话，我都说是在军队当文书士，梁增光当军需士，隐瞒了真实身份。幸喜两位同行部属，带有符号在身，公安人员便信以为真，将我们一并送到鞍山附近村落的一个士兵训练队，进行思想改造。不料那里面有几个人熟悉我们，训练队的干部向他们了解到我们的实情。不几天就有一位指导员找我们谈话，开口就说：“你们是空军中级军官，应当去解放军官团学习改造。”我们请求不要转移，希望留在士兵训练队学习三个月期满，便可给路条回家。指导员说：“这是上级规定。”第二天就派人送我和梁增光二人到鞍山市区的一个解放军官团，里面几百人，尽是校尉级官佐，济济一堂，十分热闹，也有许多家属，每天按时学习、开会，按时吃饭就寝，日子倒不觉得难过。

留在沈阳未走脱的空军官佐和技术人员，由解放军的空军部门收容，专设集训班于沈阳市大转盘原国民党空军司令部，决定学习改造半年，凡有技术的全部留用。这些未走脱的技术人员和几个医师，都去报名受训。和我们一道逃走的万锦文、秦禧良是技术工人，只在鞍山附近的士兵训练队学习了半个月，就被放回沈阳，他们也参加了人民空军集训班学习。班里有一百人左右，都是以前的国民党空军同事，生活待遇比在士兵训练队高一些，除吃穿而外，每月还有一点零用钱。由于这两位部下传告出去，大家都知道我和梁增光没有逃掉，于是向集训班的领导反映，派干部找到鞍山，找到了我们，要我们转回沈阳受训，将来依然可以为人民空军贡献所长。我们回想自己为国民党空军卖命半生，辛苦倍尝，最后被抛弃，实在没有再回国民党统治区的必要，便毅然决定回到沈阳。

回到沈阳开了一个欢迎会。在沈阳学习一段时间，又迁往长春。大家安心学习改造思想，建立新的人生观。梁增光只学习了三个月，就派去人民空军某部队当中尉教员，他的家眷在汉口，不久也批准接来，我学满半年，派在长春场站科当干事，后又派到人民空军第五飞机修理厂当检验员，从此走上了新生之路。

从事沈阳解放活动纪实

秦祥征　王凤起*

我俩是国民党沈阳特别市第二守备总队（以下简称“守备二总队”）的正副总队长，从一九四八年四月到同年十一月二日沈阳解放，我们一直同中国共产党地下党的领导从事沈阳解放的酝酿工作。现把守备二总队这些活动的经过写出来，对进一步了解沈阳解放的具体情况，是会有些帮助的。

一　守备二总队的编成及其和中共的关系

一九四八年二月董文琦回任国民党沈阳特别市市长，商调秦祥征回沈阳市政府工作。三月底董要秦就任民政局局长或民众自卫总队队长。秦正在迟疑不定的时候，适逢秦的老友王凤起新从解放区回来，他极力怂恿秦当民众自卫总队队长。王说：“蒋介石的灭亡，即在目前，我们不能跟着他做殉葬品，应赶紧争取带兵，掌握实力，而且要不放过一切机会，能掌握多少力量就掌握多少，不必计较头衔之是否堂皇。到必要时起作用，一位省主席还不如一个小排长。更要紧的是在蒋倒台之前能表明有一个靠拢人民的鲜明立场，而最能表达这个鲜明立场的行动，莫过于战场上的起义。你在沈阳市过去做民众组训工作很久，只要先把沈阳市的民众自卫总队长拿到手，在民众组训的基础上，编组地方武力是顺理成章的事。你又是军校同学，部队编成，部队长不会另派别人，这等于送到嘴里的东

* 作者秦祥征当时系国民党沈阳特别市第二守备总队少将总队长；
王凤起当时系国民党沈阳特别市第二守备总队少将参谋长，后为副总队长。

西，不能吐出去。”秦祥征一九三四年在北京大学毕业后，即由张学良将军保送到国民党中央陆军军官学校特别训练班第一期（核列国民党中央军校第十期）受训。日本投降后，回到东北。从许多实际教训中，逐渐认识到自己走错了路，辱没了北大的革命光荣历史，愧对许许多多进步的老师和同学。再加东北形势急剧恶化，眼看大势已去，若再干下去，势必越陷越深，成为蒋家王朝东北临终祭坛上的牺牲品。但不干又怎样呢？已经上了贼船的人，共产党来了，算起旧账，还不照样得完？！左思右想，自认在劫难逃，每天饮食无味，夜不安枕。忧惶苦闷中，经老友王凤起的指点，真同绝处逢生，当即就任民众自卫总队队长的职务，并相约共同努力，一定要把握住这个机会，搞出点名堂来。

王凤起在国民党中央军校十期、陆大十七期毕业，和秦祥征是小同乡、军校同学。因不满现状，借在国民党陆大上学接触面较广之便，秘密发起“青年将校团”的组织，企图以少壮派代替昏庸老朽的当权派。因考虑到自己资望不够，乃争取到第六战区工作，拥戴陈诚为过渡时期的中心人物，所以这一运动在部队中得到迅速发展。因所拟军事政变计划被特务察觉，王以主犯被捕入狱，前后在重庆磁器口中美合作所的秘密监狱里关了三年半。渣滓洞、白公馆里那种迫害进步分子，剪除异己，杀戮无辜等无法无天的黑暗情形，他都看在眼里。再加上难友罗世文、车耀先、宋绮云、韩子栋（以上皆共产党员）、黄显声等的多方启发，更加强了他对专制独裁的反抗意志。一九四七年出狱后和爱人富平辗转绕道，于十二月底到达解放区的白城子见辽北省政府主席阎宝航。通过阎的关系到哈尔滨后，经过邹大鹏、陈钟和高崇民反复耐心地教导，王毅然接受共产党的领导，愿到沈阳去开展工作。当时授给任务的是邹大鹏、陈钟两同志，送他回沈阳并负责同他联系的是程光烈同志。到沈阳后，即住在秦祥征的家里，董文琦和秦谈工作问题，正是他住在秦家里的时候。

四月初秦就任国民党沈阳特别市民众自卫总队队长，四月中旬即按预定步骤向市长董文琦提出编组沈阳特别市第二守备总队的建议。秦当时以十分关切的样子对他说：“鉴于目前东北已接收各省的主席，多半都改用了军人，市长必须早为之计。否则，在未来的局势发展中市长将和各省主席一样为军人所取代。当此兵源枯竭，正规军不敷用的时候，市长如能提供一支人数逾万的地方武力，必然受到欢迎和倚重。”董说：“就现在的形势和沈阳市所处的地位，以巩固城防的理由，请求编组地方武力，题目正当，可望批准。唯有两点不能不考虑，即前任市长刚把第一守备总队编成，后被‘剿总’拉去改为正规军，市民已成惊弓之鸟，再编第二守备总队，恐不容易。一旦计划被批准，部队成立不起来，岂不自寻苦恼；再者，就是编成了，如果再蹈第一守备总队的覆辙，我们就成了众怨之府，没法干了。”秦说：“市长所虑的正是我和各方面所反复研究过的。根据区长们提供的壮丁名单，可编五个步兵团，说明兵源不成问题。至于第一守备总队被拉走的主要原因，在于所有干部都是‘剿总’拨派的，所以部队编成，一声令下就拉过去了。这次我们编组第二守备总队所有干部，均由市长推荐。现在本市有大批过去东北讲武堂、高等警官学校和伪满中央军官学校毕业的闲散军人，我们若给这些人以投效的机会，加以培训，他们必将以‘生死从之’的精神来报答市长，东北‘剿总’对这样的部队打主意是有困难的。同时，市长也要先和卫总司令说明我们的做法，请他肯定这个部队的地方性，其任务是配合驻军防守沈阳，无论如何，不能再允许改编或补充正规军。”董对这个意见很满意，认为这样做还可以随着解决本市一部分流散军人的就业问题，也是巩固沈阳治安的一个有力的措施，能受到重视和支持，他可以和卫去谈，请秦马上把计划提出来。

一九四八年五月，国防部核准沈阳特别市第二守备总队按一般师编组成立，归东北“剿总”指挥。补给完全由“剿总”负责，人事由市长董文琦推荐，由“剿总”核委。总队司令部直辖三个营（炮兵营、辎重兵营、工兵营），三个步兵团，全总队约为一万二千余人。并派秦祥征为总队长，李振华为副总队长（未到差），王凤起为参谋长，徐毅、刘正宪、王恕分任第一、二、三团团长。总队兵士在经过组训的十八至三十五岁合格壮丁中征集之。干部训练班于六月一日开始，六月中旬总队人事全盘决定。七月一日士兵（八千人）入营。因为沈阳特别市民众自卫总队队长的职务仍由秦祥征兼任，所以守备二总队的士兵征集工作，进行得非常顺利。士兵入营后，东北“剿总”进行了点验，全部编组工作，至此完成。

守备二总队编成后，首先遇到的困难就是什么东西也领不下来。在窘迫中王凤起对秦祥征说：“东北‘剿总’有一位邱立崚高参，是我在西安王曲军官团受训时的队长，为人慷慨仗义，果断有识，敢作敢为。当时他同情共产党‘枪口对外不对内’‘东北军打回老家去’的抗日主张，对蒋介石驱东北军到西北‘剿共’‘借刀杀人’的阴谋手段，非常愤慨。西安事变爆发时，他率部驰赴第一线，阻击国民党中央军于渭南，并电请张学良将军‘以处置杨、常[①]的决心，处置蒋介石’。前些日子在街上不期而遇，以后曾到他家数次，从谈话中看出他的豪气不减当年，对现状极端不满，对张学良将军不能恢复自由，耿耿于怀，对我们编成第二守备总队很重视，对你赞不绝口，还说有机会来看你。这人在‘剿总’高参中资历很深，交际面很广，杜聿明、卫立煌对他都很好，赵家骧还是他的后期同学（邱是东北讲武堂五期，赵是九期），很尊重他。我们若结识上这个人，会有很大帮助。”秦祥征正为人事关系不够，打不开“剿总”这一关而感到头痛，提议马上去拜访他。邱见到我们高兴极了，把两手按到秦的肩上说：“老弟真行，把家乡人用军队的形式组织起来，又把一些人家不要的人团结起来做干部，这叫‘生死兵’，比‘父子兵’都厉害，若再干对了路，老弟可前途无量噢。”秦请他指教，怎样干才算对路？他说：“不嫌我没用，以后慢慢谈，有的是时间。我今天精神上得到很大安慰，得痛痛快快地喝一场。”在回家路上王凤起说：“邱的话今天没说完，还得找机会进一步和他谈谈。我看他好像有点来历。”秦说：“我也感到这个人不简单，既要借重他，当然需要继续和他联络。”遂即派人去请他来便酌。结果，我们还是被邀到他家里去。这次他更诚恳热情，他露骨地提出“应把力量用于反对内战上”。如果这样，他愿从各方面以全力支持我们。秦说：“这得和中共取得联系，时机成熟，内外呼应着干，否则，火候掌握不准，有被敌人消灭的危险。”他说：“这无须多虑，到时自有办法，我们的命也不是咸盐换来的，还能叫它白吃掉。”这时，我们的心里已明白大半。王也说：“必须先和中共取得联系，才能发挥作用。”于是邱就谈他如何为了贯彻“双十二”的精神于一九四五年十月由重庆回到东北的一些情况。他利用东北保安长官司令部松江省宣抚特派员的工作机会，在哈尔滨和东北抗日联军总司令兼哈市市长李兆麟将军取得联系（一九四五年十二月底）。他接受李兆麟将军的指示，积极收编部队，后因李兆麟将军遭国民党特务暗杀，又回到沈阳，先派金之铁赴哈和吕正操将军取得联系，吕亲笔信指示：“要和职位重要的老同学进行横向联系，相机发展工作。”一九四七年冬，中共东北局社会部又派人来沈，嘱即派人去哈联系。此次吕正操将军将关系介绍给中共东北局社会部，由陈某交付任务，指示工作方针。这时，王凤起始知他和邱都是在陈某直接领导下从事解放沈阳的活动。从此，王凤起为了避免惹人注意和专

① 杨即杨宇霆，常即常荫槐。

心致力于守备二总队的工作，便把向党联系的任务交邱负责，由邱统一运筹。

邱掌握沈阳第二守备总队后，首先帮助我们打破了困难局面，得到了补给。如当时有关主办单位对我们提出的预算，老压着不办，理由是没列入战斗序列的部队，不予补给。邱认为这是借机敲诈勒索，故意刁难，于是马上请客送礼，以满足他们的欲望。对中下级有关人员，由我总队经理处长杨伯涵进行拉拢，上面的如副参谋长兼人事处处长宋子英，则由邱居间介绍他的老朋友夏鹤一（国民党沈阳防空司令部中将司令）出面代邀出席了我们为他准备的宴会。席间，夏把第二守备总队成立伊始，遇到的困难和宋谈了，请他关照扶植。此外，主管干部出差要我们送旅费，他们家里的勤务兵也要在总队补名字拿饷。这样一来，第二守备总队居然受到特别关注，不但一切补给不成问题，而且实际领到的东西，比原案所请的还多。

二　巩固内部，扩大联系，准备行动

第三团团长王恕，思想顽固，秦祥征几次开导他，他不开窍，继续反动。秦乃以两次漏勤，废弛团务为借口，请准将其撤职，代之以张剑冲（国民党中央军校九期生，和秦共过患难）。同时，派邱立峥推荐的梁永祯为政训员，掌握官兵的思想情况。又派邱推荐的经理处长杨伯涵兼副官处处长，加强总队司令部的警备。通过这番整顿，第二守备总队的精神面貌大大改观。内部巩固了，团结加强了，我们的心里也踏实了。

在扩大与外部的联系和准备行动方面，主要情况是：（一）与新编第一军暂编第五十三师师长许赓扬的联系。许一向任职东北军，现改编在蒋介石嫡系部队新一军的战斗序列里，感到他的师长职位有随时被取代的可能，心情极度不安。再加国民党的统治行将崩溃，更使他非常苦闷彷徨。当我们了解到他这种情况后，即利用富平（王凤起的夫人）和他的亲信团长韦人侣的关系和他挂上了钩。他表示一旦解放军解放沈阳时，暂编第五十三师坚决配合行动，举行起义。为了坚定他的信念，富平又把他直接介绍给住在开原的中共联络站的负责人。当沈阳解放时，他在阵地率部起义，实践了诺言。（二）邱立峥同志与各方面的联系。联系解职的国民党军少将汪瑢，协助韩某在策动东北骑兵第一军副军长王昭堃反正的工作中，起了一些作用；联系沈阳防空司令部少将参谋长潘甸声，如我工作同志暴露身份不能立足时，可到他家避难。并嘱韩某发生可疑情况，可随时转移到他家里去。联系东北政务委员会办公厅主任袁克征做上层眼线，发现情况，及时通风报信。后来他在卫立煌面前为邱立峰同志辟谣，出力不小。联系南京国防部东北军法执行分监部主任赵毅中将，请协力工作。辽西会战中，赵往劝周福成起义，周不听，几遭不测。又去敦劝万福麟，冀以万的东北元老资望，把各方面都团结起来。万始而同意，后又变卦，突离沈去北平。沈阳解放前夕，赵又与王化一发起组织“沈阳和平解放委员会”（情况详见下文）。（三）秦祥征与王化一的联系。为了多方了解当时沈阳守军情况，商定分头同与军方有关、消息灵通的上层人物，多接触多联系。秦知王化一和几位担任沈阳防守的主力部队长都有关系，乃于十月二十六日到和平区同泽街二十三号王家去拜访。见面后王首先对沈阳当前形势表示焦虑，问秦有何打算。秦愤慨地说：“蒋介石的嫡系部队都撤走咧，一些中央接收大员，也都腰缠累累地滚蛋了，剩下来的就是我们这批东北白帽子和这个孤立无援的沈阳城，难道我们还要昧着天良，跟着卫立煌瞎打，置家乡父老的生命财产于不顾吗？您一向爱护家乡，现在锦州已解放，范汉杰也已被俘，闻廖兵团正遭围歼，眼看兵临城下，时急事迫，我想您不能不有所考虑。”王说：“我考虑过并且和王理寰（第五十三军一三〇师师长）、许赓扬（新一军暂五十三师师长）交换过意见，他们的态度都很好，和你的主张不谋而合。”秦说：“既然这样，您把大家约到一起商量一下，好不好。”王说：“那好啦，就请你到这屋来吧。”秦随他走进一间密室，原来已先有几人在开会。他向大家说：“无巧不成书，秦总队长未等请就来了。”秦入座后，经王介绍，知道他和赵毅发起组织一个“沈阳和平解放委员会”，今天是第一次开会[①]，交换意见。出席这次会议的有王化一、赵毅、许赓扬、王理寰、沈阳市商会副会长卢广绩、沈阳市警察局第九分局局长王化南和胡圣一等。初步交换意见后，决定次日（二十七日）午后仍在王家继续开会，商讨进行办法。第二次会议除参加第一次会的人全体出席外，又增加第二守备总队副总队长王凤起一人。通过这两次会，我们完全掌握了沈阳守军的情况，为而后当机立断，采取行动，创造了有利条件。

① 第一次开会时间同几个人的说法不一，待进一步查核。

三 在工作中遇到的主要危险斗争情况

第二守备总队从成立以来，在开展解放沈阳的酝酿工作中，先后经过四次风险，一次比一次严重，情况如下：

一九四八年八月间，董文琦把秦祥征找到市长办公室，郑重其事地问秦和王凤起的关系。董说：“有几位很重要的人（暗指张振鹭、马愚忱等）对我说，王凤起和共产党的地下党员‘刘二姐’是一伙，他过去因反对‘总裁’坐过牢，这回是和‘刘二姐’从哈尔滨来的，留这样人可要受他的害。”秦说：“王和我是总角交，从军校，陆大以至参加军队工作到现在，没断过联系，他的情况，我差不多都知道。所谓‘刘二姐’的问题，我知道得更清楚，她是沈阳日侨俘管理处副处长刘允纲的元配，因闹家务，不堪虐待，愤而出走与王凤起结了婚，为了避免非议，故化名刘二姐。去冬王带她回昌图鹭树老家住了一个时期，刘允纲就造谣说他们到哈尔滨投共产党去了，企图以此加害于王，不知内情的人，就做了他的传声筒，这就是事实的真相。部队刚成立需要这样一个人帮我们的忙，市长也应该培养这样一个有远大前程的军官，外边谣言，不必听信。”董说：“人倒是个材料，问题是不是靠得住，共产党可不讲交情，我看你还是派人暗中盯他一个时期。”为了打消董的疑虑，秦说：“像我和王这样相知之深再靠不住，就没有靠得住的人了。成立一个部队多不容易，刚刚齐心努力干出点头绪，又有人在暗放毒箭，当此关头，如市长仍如以往信任不疑，则一切流言蜚语，将自消自灭。否则，越怕鬼，鬼越多，事情就不好办了。”董婉言安慰说：“这是王凤起一个人的问题，丝毫不牵涉你和我之间的关系，我提醒一下，你心里有数，随时注意防范，不受其害就得了，不要因此灰心。”

九月初有人密报卫立煌说邱立峙是“和解放区有勾结的危险人物”，引起了卫对邱的怀疑，找政务委员会办公厅主任袁克征了解情况。袁和邱都是东北军的老人，是邱搞地下工作在“剿总”上层中布置的一个眼线。当卫问到他时，他感到问题严重，就毫不犹豫地向卫保证说：“绝无此事。我和邱是无话不谈的老朋友，对这个问题，我敢负完全责任。”卫说：“那好，有机会你去看看他。”袁马上通知邱一同面见卫，疑团始解。这场风险，使邱提高了警惕，尔后的言行特别谨慎，终至任务完成，未露过破绽。

九月上旬，秦祥征因事到“剿总”，一进门迎头遇见姜汉卿副参谋长。他对秦说：“祥征，有一个情况你要特别注意。现在大家对你那个参谋长王凤起议论很多，甚至有人因为他的关系把守备二总队看成是沈阳心腹之患，你可千万不要忽略这个问题，必要时不妨给他调调工作，而且要争取主动，要快。”秦说：“谢谢您的照拂。不过，关于这个人我很清楚，他和共产党一点关系没有，前些日子我和董市长曾对他研究过。但人言可畏，我绝不敢忽视参谋长的指示。”可巧这时国民党兴安省保安副司令刘建华（军统）积极活动，多方要挟，要当第二守备总队的副总队长。秦祥征一方面为了缓和“剿总”对王凤起的注视，一方面为了防止军统特务打入，便佯以明升暗降的借口，请求“剿总”把王调为少将副总队长，参谋长职务请“剿总”兵役科上校主任参谋白澄（秦的学生）接充。

十月二十八日，周福成又把秦祥征找到第八兵团部，很严厉地说：“你那个副总队长王凤起是共产党，你知道吗？”这一突如其来的发问，使秦心情不免有些紧张，秦镇静一下，解释说：“报告司令官，我想这是个误会……”他未等秦的话说完，就大发雷霆，手拍桌子猛然站起来，像要一口把人吞了的样子，吼叫说：“他就是共产党，不许你替他辩护。现在我命令你，马上把他押送兵团部来，准你另保一个副总队长。不然，我就派人把他抓来，副总队长由我这里派去。”秦一看事态严重，再说恐怕连自己也脱不了身，因而连声附和说：“司令官所虑极是，为了沈阳的安全，我一定叫他到兵团部来见您，但望司令官念他是家乡子弟，请以爱护晚辈的慈心，暂时把他看管起来，再详细考查一下为好。我很知道他对东北军和东北团体，一贯是极为热诚和忠实的。”他很不耐烦地说：“好啦，你回去马上就办，我不会不分青红皂白就处置他。”秦边走边想，今天周福成的举动，说明问题已发展到最严重阶段。回到总队部立刻请邱立崿、王凤起来研究对策。邱听完经过情况后说：“我昨天上午到‘剿总’会见赵家骧参谋长探听前方战事情况和他们的意图，赵说，前方情况不好，‘委座’有电，令卫总司令坚守沈阳，拟将辽西战场溃退下来的流散部队收编，凭借坚固工事固守沈阳。从今天周福成的情况分析，说明斗争已由秘密趋于表面化。我们要先机制敌，马上采取行动，绝不能让他们的罪恶企图实现。我估计第二总队带头行动后，许赓扬师必接踵采取行动。这样一来，沈阳将发生急转直下的变化，卫、周两个光杆司令，非降即俘。如此，沈阳可不战而获得解放。”秦、王和白澄都同意邱的分析，当即决定于二十九日夜间举事，把防守浑河第一线部队和维持市内治安的部队完全集中于城内和平、胜利两区。三十日拂晓，集结完毕，并令各直属营、连做好战斗准备，待命行动。当时，秦又提出本月军粮所余无几，下月份军粮已来不及洽领的问题。邱说：“兵站第二十五分监部参谋长唐振海和我们有关系，我马上去请他解决这个问题。”次日（二十九日）午前由第二十五分监部拨借全体官兵五日份的面粉，问题得到顺利解决。

四　第二守备总队在沈阳解放中的主要活动

（一）卫立煌、董文琦、赵家骧仓皇逃走

正当我们积极准备行动时，周福成打来电话，命令把第二守备总队全部开到城南浑河第一线上去，并叫秦祥征立即到兵团部去见他。这显然是因为秦没把王凤起押送去，要收拾第二守备总队。我们为了对抗周的乱命和迫害，即按二十八日的预定计划，于二十九日夜间将在浑河第一线担任防守的两个团，调入城内。三十日拂晓，全总队的兵力集结完毕，对和平、胜利两区实行戒严，严密监视周福成的下一步行动。

三十日上午九时许，赵毅从邱立崢家来总队部，他听说本日午后三时卫立煌、董文琦等在第二招待所开会，他建议由邱立崢带第二总队两个营前去把他们扣起来。邱对赵的意见很赞赏，自信可以完成这项任务。做法是第二总队派两个营把沈阳第二招待所包围起来，由邱进去面见卫立煌，诡称：“全体东北军决定起义，现在已把招待所包围得水泄不通，我是被迫进来转达他们的意见，要求您领导他们向解放军谈判起义的条件，限五分钟内答复，过了这个时限，就认为您拒绝了他们的请求，彼时将不把您当作长官看待，何去何从，请当机立断。”邱、赵二人坚信这样行动之后，卫立煌一定跟他乖乖出来领导大家共同起义。王凤起也同意邱、赵的做法，并拟亲自指挥一个团的兵力去包围招待所。但秦祥征有不同的看法：首先，他认为到会场扣卫立煌不一定有把握，因为第二招待所警戒森严，出其不意进行包围不易，强行包围必然引起冲突。第二总队无实战经验，打响了能否顶得住，是个问题。最稳妥的办法，是促使

许、王两师长马上行动起来，卫立煌和周福成就完蛋了。其次，他相信他可能把董文琦争取过来，从效果考虑，对董应先走这步棋，争取不过来再收拾他不迟。最后，邱立峥说：“这样吧，祥征可对董文琦试做争取工作，切记不要打草惊蛇。我和希坚（赵毅别号）兄去找富平，请她到许师长那里把韦团调来为外围，防止其他部队来干扰我们的行动。第二总队选出两营精干的兵力，由凤起指挥进行扣留卫、周的任务就行了。”大家都同意，就这样作了决定。散会后，我们正送赵毅下楼，董文琦来电话，请秦到市府去。秦随即到了市府董的办公室，董看到秦忙问：“第二总队怎么回事？毛文佐（国民党沈阳市警察局局长）赶紧打电话，说守备二总队情形有些不对，三个团都开入城内，从今晨起和平区、胜利区岗哨林立，实行戒严。警察局附近游动哨更多，他已不便出门。”秦说：“毛文佐报告得对，就是这样。我们二总队已于昨夜集中城内，把和平、胜利两区封锁了。因为长春的郑洞国已放下武器，东北国民党军主力已在辽西全部被歼，现在中共大军已逼近沈阳，我们打不了，也不能打，第二总队的士兵都是沈阳人，为了保全自家的生命财产和妻儿老小，都要求这样做。同时，一个人也应该识时务，不应坐以待毙。”董说：“为什么事先不和我商量？”秦说：“一则怕您不同意，二则因周福成逼得太紧，没有和您从容商量的时间（当将周福成要逮捕王凤起的经过情形告诉了他）。”他惶急地说：“你这样干非吃亏不可，卫老总打不了共产党，收拾你第二总队还不成问题，何况还有个死对头周福成，你的处境太危险了！”秦说：“这一层您不必担心，现在守沈阳的各部队长已采取一致行动了。”董听到这里又问：“你们和共产党联络上没有？”秦说：“大家就是在共产党领导下团结起来的，我们第二总队和共产党发生的关系更早。”这时，董笑了笑说：“那么，上次所谈王凤起的问题，不为无因了。既然这样，我心里就有底啦，我现在决定和你们采取一致行动。”秦说：“我现在和您谈这些，就是因为我们关系够，愿意您走这条光明道路，共产党也知道您有专长，欢迎您过来。”董面现喜色说：“你讲得对，我同意，为了便于研究问题，你今天就把总队部搬到市府大楼来，我也搬到市府来住，免得人心不安，请你回去准备，午后就搬。”秦不虚此行，很满意，愉快地回到总队部。

正当我们调动兵力精选突击部队，向第二招待所运动的时候（午后四时左右），李智林营长来报告已扣住“剿总”副参谋长宋子英，同时也知道了卫立煌、董文琦、赵家骧等都仓皇乘飞机逃跑了。秦祥征闻报之后，木然良久，深深感到政治斗争经验不够，竟被老奸巨猾的董文琦所欺骗愚弄，好事没做好。但相反的一种胜利快感也同时涌上心头，卫立煌逃走了，蒋介石插在东北的这面反人民的帅旗倒了，第二总队的任务完成了！

（二）确保治安，宣传解放

卫立煌逃走的消息传出后，从辽西战场上溃退下来的国民党军，由于军无主官，组织系统破坏，谁也管不了谁。他们企图浑水摸鱼，乘乱大捞一把，然后换上便衣溜之大吉，以致沈阳秩序十分混乱，抢掠之事，不断发生。当晚，接兵站的第二十五分监部参谋长唐振海的电话说溃兵要抢劫仓库，沈阳南站的仓库已被包围，请予保护。第二守备总队当即派兵一连前往制压。因溃兵持有武器，人数众多，相持不下，竟至开火，伤我士兵二人。第二总队又继续出动一个营才弹压住，将一五〇、一五七、一五八、一九五等军用仓库分别保护起来，至十一月一日下午欢迎解放军入城后全部交出。

三十一日晨，邱立峰来总队部商量出动宣传车问题。他说："根据现在情况，我们有派出几部宣传卡车的必要。第一，溃兵太多，都想趁火打劫，不采取办法要出乱子；第二，卫一跑，沈阳的解放基本上等于实现了，我们第一步是做对了，但市民还不知道我们究竟是怎么回事，应即向市民公开表明我们的态度以扩大影响；第三，因情况变化，我们提前开始了行动，以致未能直接和解放军取得联系。我想解放军一定有工作同志潜伏在城内，我们有必要把我们的正义行动大张旗鼓地声张出去，让他们出来领领路。"于是马上指示总队政治部制作标语旗帜，派出宣传沈阳解放的大卡车六辆，每辆配全副武装的士兵二十名，手持旗帜，车的周围遍贴标语，上书"和谈成功""欢迎解放军入城""保护商民财产""取缔散兵游勇""如有破坏安宁秩序者严惩不贷"等口号。当这六部大汽车出现在各主要街道时，市民均报以热烈掌声，成群的人跟在汽车后面欢呼奔跑。与此同时，民众自卫总队部也责令所属各区自卫大队的副大队长督率"清剿中队"（沈阳市十一个区，每区有一常设的"清剿中队"，每中队有步枪一百支至一百二十支）协同第二守备总队士兵维持各区秩序。如发生严重情况即报告总队司令部处理。这样一来，人心安定，市面秩序恢复正常。

（三）和沈阳城工部同志们的会见

宣传解放沈阳的大卡车，果然产生了预期效果。沈阳城工部的两位同志（一位姓张，一位姓曹）于当日午前十时左右来到总队部，表示热烈慰问，深入了解情况后，当即对有关解放军进城双方的联系问题进行了商谈。规定了联系的旗号及昼间夜间信号枪联络法，并发给带有“高觉”两个大字的识别臂章三十余个。

（四）接受市警察局的请求，令照常执行职务

市警察局局长毛文佐（军统特务）于卫立煌逃跑后即隐匿无踪，警察总队华总队长和全市的十一个警察分局长举行紧急会议（三十一日）公推秦祥征兼代局长职务，警察总队愿归第二守备总队司令部节制指挥。秦指示他们要坚守岗位，照常执行职务，等候解放军接收。

（五）欢迎第五十三军合作，中止扣周福成计划

三十一日周福成仍阻挠守军起义，拒绝各方面对他的劝说，企图对第二总队进行惩罚。我们知道，他已成光杆司令。为了使沈阳各部队采取一致行动，干脆把他扣起来比费唇舌好得多。邱立峥建议要王凤起率兵一团以奇袭的手段完成此项任务。秦、王均同意邱的主张，正拟行动之际，接第五十三军副军长赵镇藩（即赵国屏）来电话说：“周先生我们请他休息啦，五十三军这边，大家已推我负责，决定和你们采取一致行动（这个电话是当日十二点钟左右打来的）。”我们对他们的做法，极表欢迎，扣周计划，因而中止。

（六）王凤起火线说戴朴，归途被溃兵绑架

十一月一日拂晓发现第二〇七师之一部仍在西南郊阻击解放军接近城区，枪炮声颇为激烈。邱立峥找我们研究办法。王凤起说：“我和第二〇七师师长戴朴从前在远征军共过事，而且又共同搞过‘青年将校田’，只要我能见到他，说明形势利害，就可使他放弃抵抗，还可能把他拉过来。”邱和秦都认为这样做太冒险，最好带队前往，一面矫传第八兵团司令官周福成“和谈成功，着即停止抵抗”的命令；一面准备如制止不住时，即与解放军夹击之。但王说他深知戴朴的性格，若带兵去就只有

打，谈不到招服了，而且王坚信有说服戴朴的把握，最低限度也能使他放弃抵抗。遂轻装简从乘吉普车前往。在于洪区和铁西区的交界处，王找到第二〇七师的前进指挥所，值戴不在师部，乃留下一封短信给戴，内称："沈阳正和平解放，全体东北军与解放军谈好条件，从现在起停止抵抗，请贵部亦立即停火。如能悬崖勒马，偕手走向光明，实弟之此愿，否则，腹背受敌，何堪设想！以彼此无间，特掬成相告，请速为之计！"王旋即登车急返。进城后行至炮子坟附近，忽枪声突起，所乘汽车轮胎被打坏。车停后一群溃兵蜂拥而上，把王架走，随从人员亦被缴械。王初极惊恐，及至被幽禁于"经济委员会"大楼地下室时，心才落体。原来扣留他的是由辽西战场退回来的新一军的溃兵。他们竟把这块地方当作了他们的独立王国，见到比他们势力大的就放过去，力量不如他们的，就吃掉。邱、秦闻讯后立即派队将"经济委员会"大楼包围，勒令交出王副总队长。他们也就势派代表请求收编。王回到总队部时，西南郊的枪炮声正告沉寂。

（七）欢迎解放军入城

十一月一日午后三点多钟，得知解放军辽阳部[①]是东北解放军某部当时用的代号。到达皇姑区，我们即在邱立嵘同志的率领下偕同第二守备总队参谋长白澄和金之铣（新中国成立后曾在铁道部工作）分乘吉普车三部到两孔桥外欢迎。首先被我们欢迎进城的是余琳政委和张翼部长。他们到第二守备总队司令部后，由邱立嵘、金之铣两同志向他们口头汇报了组织关系和工作情况。并着重汇报了第二守备总队首先发难，吓跑了卫立煌，安定了地方，派人劝说二〇七师的情况。余政委和张部长听取汇报后，又返回去和辽阳部刘贤权师长、曹灿章副师长一同来到总队部，刘师长对我们倍加勉励，曹副师长把刘师长和他自己的名字写在便条上交给我们。一位随军记者探询秦总队长打算什么时候把部队交出？秦说："我们的任务现已完成，以后的事情，听凭解放军领导处理，什么时候接，我就什么时候交。"（这段谈话，当时在沈阳报纸上登过）他们把情况问明白后就走了。不久，张部长和余政委又回来对我们说："上级的意思，为避免无谓牺牲及巩固外围防务起见，请第二守备总队全体官兵马上移驻城西南上沙坨子、下沙坨子、富官屯、李官屯一带、担任对敌警戒任务。同

---

① 是东北解放军某部当时用的代号。

时，也免得解放军进城时发生误会。”我们即遵照指示，当晚冒着敌机轰炸，开到指定地点。十一月二日派车进城接邱立嵘同志研究对第二守备总队的处理问题，适邱外出未遇。后来邱即派金之铣向余琳政委转达他的意见，希望参酌他所汇报的情况，妥当处理。张翼部长又分别征询秦祥征、王凤起的意见，秦、王均表示愿将部队交出。即于同日下午集合全体官兵，由秦祥征、张翼先后带开。秦、王回到家里后，受到城工部和东北军区政治部几位负责同志热情亲切的慰问和生活上的照顾，感到无比的温暖和愉快！

回顾策动沈阳解放

胡圣一*

一九四七年夏天，我收到哈尔滨东北人民政府高崇民副主席的秘密来信指示，要策动旧东北军起义。这年冬季，在沈阳做地下工作的同志，也转来高崇民副主席给我和王化一[①]的密信，切望转达在沈阳进步的朋友们，认清形势，要为和平解放沈阳立功。

一　高崇民的指示与王化一的积极奔走

驻在沈阳的原东北军第五十三军周福成部，所属三个师，即暂编第三十师（师长张儒彬），第一一六师（师长刘德裕），第一三〇师（师长王理寰）。以上的部队将领多与王化一关系友善。刘德裕是王化一小学同学；王理寰和王化一曾在师范同学五年，友谊甚笃。新编东北骑兵军[②]副军长王昭堃，我在陕西时与之相识，抗战胜利回东北以后，又时相过从。我和王化一以此两部队为进行策动工作的主要对象。驻在辽中县的暂编第五十三师师长许赓扬是赵毅的旧部，许和赵久有默契，时机一到，便拟投向人民解放军。而赵毅和王化一既是同学，又都是张学良将军的旧部和高崇民副主席的挚友。高的指示到后，王、赵两人即多次密商，积极策动，相机行事。同时，沈阳市守备第二总队总队长秦祥征因救国会关系和王化一早有联系。华明武（市警察局警察总队队长，早和中共地下工作人员有

---

* 作者当时系国民党辽宁省政府田赋粮食管理处处长兼东北“剿总”军粮采购委员会少将副主任。

① 王化一是东北知名人士，曾任国民党立法委员，国民参政会参政员等职。

② 即东北新编骑兵司令部，司令徐梁，副司令王昭堃。

联系）、王化南是现任警官，王化一早即密嘱向市警察方面进行策动。这对我们在解放沈阳中主动进行策动工作，是一个比较有利的条件。

一九四八年十月，锦州、长春相继解放，接着，辽西的歼灭战也胜利地结束了。沈阳所处，风雨飘摇。哈尔滨派来的两位同志，持高崇民副主席的信来沈阳，督促我们加速进行策反工作，积极配合形势的发展，完成和平解放沈阳的任务。两位同志长期住在沈阳。我同王化一、赵毅等人鉴于时机已到，多次秘密计议积极推动。

二 秘密计议

一九四八年十月下旬的一天傍午，我接到王化一电话，叫我即刻去他家。当我到同泽街他的住所时，先我而来的，已有辽宁省保安副司令赵毅[①]、新一军暂编第五十三师师长许赓扬、第五十三军第一三〇师师长王理寰、沈阳第二守备总队长秦祥征和副总队长王凤起、沈阳商务会副会长卢广绩。另外，东北第二守备总队长毛芝荃，副总队长佟道，是由秦祥征联系的，被邀来到。王宅楼上一间小客厅里，高朋满座，大家虽内心相同，但犹讳莫如深。在开会之前，都保持缄默紧张的态度，不似平时见面时高谈阔论，笑语欢声。王化一主持开会，他简单地分析了目前形势和邀集大家聚会的目的。赵毅毫无顾忌地首先发言："我们每个人的心情是一致的，外面的情况紧张，共军已兵临城下，我们在座的人手下都有部分力量，我们生长在本乡本土，必须对得起家乡人，现在需要有具体表示，已到开始行动的时候了。"接着出席的人都表示了决心，要求早日行动。王化一提出了几点意见："（一）各位自己掌握的力量，务必切实掌握牢，到时行动一致；（二）第五十三军各师长经王师长联系，大致无问题，但周福成顽固不化，是最大障碍，我们必须说服他，最后没办法就要用力量压迫他；（三）哈尔滨来的同志，正在努力同东北野战军部队联系，如果联系上，请大家一致听解放军安排；（四）我们考虑了一个问题，能不能效法西安'双十二'举动，如蒋介石在这几天内再来，当然以他为主要目标，否则把卫立煌等首要分子扣起来一网打尽，为人民除害。"他的话还未结束，秦祥征就插嘴说："放下武器，迎接解放军入

① 赵毅原任辽宁省保安副司令，此时已改任东北军法执行分监部主任。

城，我绝对同意。但把国民党在沈的首要分子一网打尽，我不同意。”我看他有意故弄分歧，急参言说：“放下枪杆及对内行动原无二致。武装起义倾向人民，是历史的事件，千载一时的良机。这页光荣历史，属于我们在座各位，我们就应当亲手把它完成，不可迟疑，我对此行动愿听命于各位。”我的话刚说完，暂编第五十三师师长许赓扬说：“今天谈的问题，是沈阳市安危所系，我和各位一样的心情，没有不同意见，我是赵副司令（赵毅）的旧部，如何行动完全听他的指挥。”王理寰师长接着说：“我一切听化一的。”秦祥征也慢慢吞吞地说：“我也听化一先生的。”至此，初步取得了一致的意见，但具体实施步骤尚未详细研究。初冬昼短，时已天黑，王化一宣布说：“时间已晚，会先开到这里，以后再开会进一步商讨具体问题。不过时局可能急转直下，蒋介石必欲置我于死地。假如我被迫离开此地，或遭受意外，诸位一定仍然按今天决定去做，这里的事由希坚（赵毅）、圣一负责和大家联系。今天出席诸位务请严守秘密，这是‘造反’啊！”当晚我宿于王化一家中。

三　在卫立煌逃离之前

十月三十日，东方尚未破晓，有人匆匆赶来向王化一辞行。他们立于楼梯上，喃喃数语，欷歔告别。化一回到楼上对我说：“方才是辽北省主席徐梁去浑河飞机场，过此辞行，这些高级官吏可能要一起逃跑。”他和我研究为什么他们这样惊慌想逃，可能有紧急情况发生。正说话间，门外汽车声响，有人喊门找化一，原来是辽宁省主席王铁汉。他匆匆忙忙对化一说：“蒋委员长派专机来接在沈阳的高级官员，电报中指定要我通知你和马愚忱必须同机离沈飞京（马在‘国大’代表会上，提议迁都北平，触怒了蒋介石，在‘七五惨案’中他又一切随王化一行动），你斟酌情况吧！”说完便急遽离去。王铁汉已知蒋对化一的用意，他和化一相处很厚，所以只做到传达，而不加催促。王走后，化一对我说：“情况确实变了，我们赶紧商讨应付办法。”未几，马愚忱惶惶来到，他说：“南京派飞机来接在沈大员，指名你我必须飞走，我特来邀你同行。”王化一迟疑半晌，回头对我说：“我去看看情况，能脱身更好，如果我被挟持而走，事情按昨天的决定进行。你赶快去找理寰、希坚商议对策，你们要万分小心。蒋介石在弃城之前，是什么事都干得出来的。”我送他们上了汽车，忽然想起王理寰师长今晨接我去他指挥所的事情，急需返回城里。恰好卢广绩乘车而来，他听说化一已经被逼而走，面有不愉之色，便把我带到城里。我到家后，王理寰即率卫士来舍，并给我带来士兵棉服多套，令我改换服装，马上出城。卢广绩去而复返，也改换了服装，一同上车去第一三〇师指挥所。王理寰因情况有变，化一又走了，心情有些沉重，绕室回旋，筹思对策。他安排师部万副官处长招待我们，便去布置军事。

移时，有吉普车两辆载来两位高级军官，万副官处长趋前敬礼答话。同时万给我介绍说："这位是刘师长，这位是张师长，都是我们第五十三军的。"他两人不住地打量我。我已会其来意，于是上前一一握手，与之攀谈，于自我介绍中毫不隐讳地暴露出我的工作任务。他二人又对我端详了一会儿，其中一位才开言说："我们已经听王师长谈过您，昨天在城里开会原打算一同去参加，为了对外慎重起见，特由王师长一人代表前去，今天我们是来打听昨天会议的结果。不过近日解放军那边攻打很急，我等未下令还击，唯恐双方发生激烈战斗之后，影响和谈，特来和王师长商量如何应付。"我回答说："这样很好，王师长方才出去，昨天会上大家一致同意放下武器，和平解放沈阳，欢迎解放军进城，希望你们一致行动起来。"他们问周福成的态度怎样？我说："他的态度取决于你们这些带兵官的态度。将在外，君命有所不受。大势所趋，周又有何能为。九一八事变后，背井离乡十多年，官兵吃尽了流亡苦头，受尽了蒋介石的折磨。日寇降服，东北重回祖国怀抱，在东北家乡继续流血战争，将何以对家乡父老，何以对当年建立培养你们的张汉卿先生。而从全国形势来看，国民党的垮台是肯定的了。全国各地解放战争节节胜利，我们的行动只要有利于人民，立功赎罪，难道还有什么可以迟疑顾虑的吗？"他们二人表明态度说："我们已下定和平的决心，和王师长一致行动，周司令官能听我们的劝告，我们仍然拥护他，否则各行其是。"言讫，告别回返防地。

不久，王理寰师长自外大踏步走回来，神色微露紧张，良久，告以卫立煌等已经飞走，周福成临危受命，欲肝脑涂地为蒋介石卖命。但是我们不听他的了。今晚你必须会同王佩青[①]等同志，闯过阵地直接和解放军接洽，按我们所决定的，和平放下武器。现在令人担心的是化一的安全。如果他被挟持同去，绝无生还之理。

① 中共派进沈阳的秘密工作人员。

王化一按照通知指定，先到董文琦公馆集合，沈阳的国民党高级文武官吏赵家骧、高惜冰以及政务委员会各委员、各省府主席，市长等均在场。董文琦见到王首先说："委员长派杜聿明偕同空运五千名装备完整的步兵即将到来。"王对董的话摸不着头脑，回答说："那我们还集体撤退干什么？"董说："这是奉命令去开会，不是撤退。"上言不接下语，同时王化一发现有些人神色不对，交头接耳，情绪不安，忽然一个个都溜到楼上董的卧室去了，客室里只剩下王、马两人。王化一感觉到里边一定有问题，他拿起电话问卫立煌："是否蒋委员长要我和马愚忱一定去南京？"卫说："电报上是这样说的。"王说："我还有些私事没处理完，可否晚些时候再去？"卫在电话中大笑说："你自斟酌吧！"接着又说："化一兄好自为之吧！"随即电话就放下了。董的公馆和卫的公馆紧对门，王化一发现卫宅大门敞开，接着两三辆汽车风驰电掣般地开出去，显然卫立煌逃走了。接着在董楼上的大员们，也迫不及待地下楼坐上汽车跟踪而去，只剩下王、马两人无人理睬。事后了解，可能昨天在王化一家开会以后，即有人密向董文琦报告，说王化一主张再来一次"双十二"行动，要把国民党高级官吏一网打尽，并夸大其词，说在今天就要行动起来。因之，他们十万火急地要来了一架专机接他们脱险。他们见了王化一，认为王是来侦察行动、布置工作的。

王化一在董宅拿起电话向有关系的人联络，各方都接不上头，找不到人，机关已经混乱。王向马愚忱说："他们都自顾不暇，大概我们可以不去南京了。"马心情有些沉重，他说："我走不了怎么办？共产党进来不会饶恕我的。"王安慰他说："不要紧，我和你也到飞机场去看看，如果你能走还是走，走不了，我想法保证你的安全。"两人随即赶向东塔机场。

四　国民党高级官员逃跑狼狈相

卫立煌等一行先跑到浑河机场，这时浑河机场已挤满了要想逃跑的人群。一架飞机刚着陆，便被候机人群拥进舱内，连飞机门都关不上。卫立煌等人到此，望机兴叹，无可奈何。这时，驾驶员偷偷告诉卫等转向东塔机场，他设法转到那里迎接。卫等走后，驾驶员假装开动几次，对机内人员们说："机身发生故障，你们已经上来的人，东西不要动，排队下机，站在一边，帮我推动飞机，能开动了你们再依次上来。”这些人不知受了骗，他们怕外人挤进，组织起来，排队下机，帮助推动。这时，驾驶员关上舱门，突然起飞而去。这些人不但没有上去飞机，连个人携带的贵重物品都被人骗去了。并且在飞机启动时，靠近机身的人受了很重的创伤。顿时机场上哭天骂地，开始没有抢上飞机的人，反而嬉笑讽刺起来，呈现一片混乱景象。

王化一到了东塔机场，正是这架飞机着陆以后卫立煌等抢上飞机的时候。来这里的多半是机关中、上级以上的职员和军官的家属，场内充满了大小汽车和人群。驾驶员有了经验，先不开舱门，不设扶梯，一般人也爬不上去。卫立煌等由卫兵保护，上了一辆卡车，卡车的后门正对机舱门，门一打开，卫立煌首先跃进。此时军人的车辆同时也开进机舱门，有不少人跳上拉卫的卡车，蜂拥而入，这些大员们哪里挤得过他们。因此，顿时造成混乱，除了喊叫怒骂而外，枪把子、手杖都挥舞开了。大员们由卫兵们拥护着多数还是挤进去了，当时由卡车上挤掉下来的人也很多，其中有国民党合江省主席吴瀚涛夫妇、嫩江省主席彭济群、“剿总”政务委员会委员王家桢等。还有几个人扶着机翼爬到机顶上，其中一个军人打破了机窗想由窗口进去，当飞机发动徐徐前进时，那个在机顶上的和钻窗口的都被甩了下来受了重伤。丑态百出，狼狈不堪。一时走不了的人，望着飞机大骂：“打仗你们后退，逃命你们抢先。”其实骂的人自己又何尝不是这样呢？王化一看着飞机起飞以后，立即偕马愚忱返回城内，同各方联系。在我和王师长接到他的电话不多久，他同赵毅、王化南、郝光炎等便来到王理寰师长的指挥所，大家一同筹划立即行动的问题。

五 策动起义与周福成的顽固不化

为了便于推动工作，大家主张建立个组织，于是就在座的人，由王化一主持开会讨论，决定组织“和平解放沈阳委员会”，以王化一、赵毅、胡圣一、王理寰、卢广绩、许赓扬、郝光炎、秦祥征、马愚忱等为委员；马愚忱来不及参加，以电话表示同意；另约在沈阳的抗日将军苏炳文担任委员会主任委员；推郝光炎起草和平解放沈阳告市民书；并决定调王理寰师入城负治安保卫责任，并由他暂任警备司令；由秦祥征总队担任防御国民党第二〇七师的反攻（该师布防在沈阳西于洪屯和裕国车站一带）；以卢广绩暂任沈阳市市长；由华明武任警察局局长，王化南任副局长，防止特务及暴徒乘机破坏及扰乱。以上的职责均以到解放军入城为止。在会上还决定由王化一、赵毅、苏炳文、卢广绩负责继续对周福成进行劝说；由我偕同王佩青以及第一三〇师少校参谋邢振乾当夜冒险出城去和攻城的解放军部队接头。

这时第八兵团总部已移至大西门内中国银行，周福成本人仍在东陵附近未归。王化一等准备由王师长约好第五十三军各师长后，明晨一同到总部和周会晤。

黄昏以后，我、王佩青和邢参谋三人乘吉普车去找解放军攻城部队接头。我们先由小西关奔老道口方向前进，到了战斗警戒线以后，因非王师长防地，没法通过，只好沿着公路向第一三〇师阵地前进，几次离开公路，奔向解放军前沿阵地，都被解放军射击退回。因在深夜，不敢高呼，没法辨识，几遭意外，曲折回绕，走了三个钟头时间，到处碰壁。若被别的队伍发现，将更可虑，不得已只好折回，另作计议。我们返抵住所时，已是下半夜两点半钟。王理寰把这个情况，转告赵毅等人，连夜布置，各就自己范围内约束所部，若遇解放军进攻时，一律放下武器，不予抵抗。

在一周之前，万福麟、马占山两人即将飞返北平时，王化一曾向他们探询口气。他两人一致认为国民党大势已去，东北问题没有多久即可解决。王乘机劝说他两人带头起义，他们虽同情，但都有顾虑。万主要是家私之累，马则是看风使舵。万说："我想你和哈尔滨不能没联系，我已嘱咐周全五（周福成的别字）在必要时，要听从你的意见。"马也说他告诉"挺进军"同一行动。两人都说北平是终点站，不能再跟国民党跑了。

王化一在万说过以后，和周福成见过一次面，周没表示完全同意，也没反对，只是说看形势演变如何。卫立煌飞走以前，蒋经国来沈阳代表蒋介石给留沈将领打气，持蒋介石亲笔信到东陵去面见周福成，答应他接掌东北局面。卫走时，蒋介石即发表周福成代理卫立煌职务，周福成利令智昏，顿时趾高气扬起来，和彭济群商量任命袁克征为沈阳市市长，叫警察局局长毛文佐负起本市治安责任。沐猴而冠，发号施令，布置防务，大过官瘾。所以十月三十一日早晨，我们一同都到中国银行去劝说周福成，不待我们开言，周首先发表意见，态度极为恶劣。他说："我受蒋委员长付托，与城共存亡，我有两个月的粮食，足够的弹药，一定和共产党拼个你死我活。迫不得已时，委员长有命令，焦土抗战，我和沈阳市同归于尽。你们穿大褂的不必拿我们穿二尺半的作政治资本，向共产党换取位置。我受蒋委员长栽培，只听委员长的话，其他的我都不听。”周先关上了谈话的大门。王化一先为之分析局势，动以利害，然后说：“若谈到栽培，你和第五十三军全体将士都是张汉卿先生栽培出来的，你更应该报答张先生的知遇。”赵毅、苏炳文也接着晓以大义，动以情感。但周福成顽固成性，始终不为所动，一言不答，以目光扫射他的卫兵和各师长，渐露坏意。王化一看出苗头不对，机警地施展了最后一着，说：“你要知道今天沈阳市内全体人民和军队、警察，都已团结一致，连你自己掌握的部队在内，完全同意迎接解放军入城，你个人能起多大作用？”周福成愤怒地站起来，向着他的几位师长说：“敢？！”紧接着说：“你们可以表示意见啊！”在这千钧一发之际，王理寰师长首先严肃地说：“大势已去，不能再打，我这一师不愿再无辜地替蒋介石牺牲，决定放下武器。”接着副军长赵镇藩劝他不要固执己见。刘、张两师长也相继说：“没法再打下去。”这时周的面色大变，卒然坐下去，低下头凄然地说：“好吧！你们把我安置个地方吧！反正我至死不投降。”王化一说：“请你到世合公银行暂时休息一下，然后再谈。”遂由苏炳文、卢广绩两人陪同周福成带几名卫兵到世合公银行去。这时大家才松了一口气，公推赵镇藩临时代理总司令职务，各师长急速各退防地，准备放下武器，责成华明武、王化南通令各警察分局负责维持秩序，防范破坏。傍午，苏炳文忽回来找王化一，说周福成到世合公银行以后，卧床蒙头大哭，劝止不住，恐生意外，请王化一去解劝解劝。王化一带了一名临时警卫赵铁民前去世合公银行，对周福成极力安慰，告诉他：“只要不反抗到底，不但生命可以保全，在北平、成都的财产都可以保存。”这几句话打动了周福成的心，他这才慢慢地安静下来。王化一回转时，刚走到楼梯一半，听楼梯上面枪栓声响动，并听到有人大声说：“他就是共产党！”王化一急回头一望，是周福成的卫士站在上面，手执手提机枪，枪口朝着楼梯，正在瞄准。王化一大声喊说：“你想干什么？”赵铁民闻声也赶回来，周的卫士连忙把枪又收起来，退回屋去。晚间王化一和赵铁民对我们说这一段危险经过，犹令人心悸。

六　沈阳解放

正当王化一由世合公银行回来，赵毅不放心，也拟到世合公银行去看看，两人在街上会面的时候，只见全副武装的解放军沿马路两边，持枪急进。街上行人并没惊慌，像平时一样看热闹，一声接一声地说："好！共产党的军队进来了。"解放军沿路捡收枪支，有枪必缴，其他物品一概不动。

北陵至大小北关都是王理寰师长的防地，昨夜王已下达不准抵抗的命令，所以今天上午解放军未鸣一枪，由北关长驱直入，到了市中心区，顺利地进占了军事机关，并俘虏了周福成。

下午，我们集中到同泽中学礼堂（现第三中学），邀请解放军独立第一师师长、参谋长到该校和我们见面。我们汇报了工作的经过，他极表嘉慰，嘱我有事时加以联系。这时国民党第五十三军各师离开阵地，按解放军指定的地点放下武器。许赓扬师则在昨夜直接和解放军接头，已首先整顿部队，听候改编。于是沈阳市东、北面国民党防守线均解除武装，只余西和西南隅国民党第二〇七师在于洪屯一带顽抗，一天之内即被完全歼灭。配属于他的沈阳第一、二守备总队，未抵抗即全部缴械。十一月二日，沈阳市完全解放。

和平解放沈阳这一目的终于实现了。美中不足的是和解放军没有直接联系上，没有得到应有的指示，而周福成又顽固死硬，发生阻碍，未能更好地完成任务。仅做到压迫周福成交出指挥权，推动第五十三军所属的部队放下武器，不加抵抗，使沈阳市免于一场兵火之灾而已。

周福成在他被迫离开反动宝座前几分钟，还指令他的政治部主任给蒋介石发一电报。大意谓："我军一三〇师师长王理寰被地方人士王化一、胡圣一、赵毅等人煽动叛变，以致全军瓦解……"（此电稿系在集中受训时逮捕该主任搜得的）。事实确如他所说，当时王化一的社会地位较高，具有说服力，而第一三〇师是五十三军的主力部队，王理寰师长的举措，关系全局，影响非常大，促使了第五十三军全面的瓦解。

卫立煌逃跑前夕，召集省市参议会首脑开会，征询挽救危亡的意见。沈阳市国民党书记长张宝慈，扬言他掌握十万地下军支持卫立煌与城共存亡，迫不得已时，他们也能遵照蒋介石命令，使沈阳变成焦土。他们这种诡计，被我们瓦解工作的行动所粉碎。军统、中统一些特务头子，不但没能施展出破坏手段，而且都没逃出人民法网。沈阳市二百万市民的生命财产保全无虞，这与和平解放沈阳的策动工作，不无关系。不过，应当说明的是，在沈阳做策动起义工作的不只我们，很多人都作了努力。

解放沈阳，是必然趋势，只是时间问题。解放军大军压境，守军已土崩瓦解，已成水到渠成之势，因为国民党的多行不义，东北人民恨之入骨，竭诚欢迎共产党早日到来，则是其主要因素。

辽沈战役

第七章

营口、葫芦岛撤逃

第五十二军营口撤逃记

廖传枢*

在辽沈战役中，国民党投到东北地区的几十万大军，除小部分起义之外，大部分被歼。除锦（西）葫的部队外，唯一逃出战场的只有第五十二军（辖第二、第二十五两个师）。我亲身参与斯役，印象较深。唯事隔多年，又缺乏参考资料，全凭记忆写出，宁可缺漏，不加造作。

日寇投降后，国民党军第五十二军从云南文山地区徒步经麻栗坡、河阳出国境进入越南，接收河内、海防日军武装。一九四五年九月底全部集结于海防附近。十月三十日和十一月三日分两批，由美国第七舰队的特遣运输舰队从涂山港北运，十一月十三日全部到达秦皇岛登陆。十六日出山海关，与第十三军更次攻占绥中、兴城、锦西等县（军次绥中时我由副参谋长升参谋长）。二十六日侵入锦州。算是国民党军进入东北最早的一个军。十二月二十三日继续侵占北镇，二十四日侵占黑山，一九四六年一月十日侵占营口。十二日，第二十五师留一个加强营守营口（十三日即被人民解放军消灭），师主力调沈阳铁西区，军主力集结于新民、巨流河地区待命接收沈阳。第五十二军的第一九五师，因协同第十三军由女儿河出动西犯朝阳、凌源，一九四六年一月十三日抵平泉。因停战协定的签订，未及夺取承德，即留驻平泉担任了一个时期的守备，以后未再归还五十二军的建制。

三月十三日，苏军撤完，军部率第二师进入沈阳。二十一日东犯，次日占领抚顺。四月初，以第二十五师南攻本溪，在上、下高士屯被解放军围困，转移到沈阳东南施家寨、荒山子之线待援。五月三日又会同由辽阳出动的新编第六军攻占本溪。一九四六年十月下旬军部率第二、第

* 作者当时系国民党第五十二军少将参谋长。

二十五师进攻安东（今丹东），城是争到了，可是第二十五师却被歼于叆阳边门。

一九四七年，国民党军先后放弃了安东、通化等据点，一直到一九四八年，始终龟缩在辽南地区，进退于沈阳、辽阳、鞍山、营口之间，该军主力未出沈阳以北一步（仅第一九五师参加过进攻四平街、八面城的战斗，第二师曾短期守四平，旋即交防于第七十一军）。这是能够从营口逃脱的主要因素。

一九四八年九月，该军于辽阳拟效坚壁清野的故技，把农村食粮抢运入城，准备长期固守；而蒋介石几次飞到沈阳，定要集中主力由廖耀湘指挥与解放军来一次决战。并拟将第五十二军划入廖兵团序列。而中上级军官都不愿归廖指挥，实际是不同意出击的方案，认为守且不足，攻更危险。廖兵团西进时，该军第二师奉命开到新民维护廖兵团后方。这时军中气氛非常消沉，普遍抱有“既然无力回天，只好听天由命”的想法。后来听说杜聿明飞到沈阳向蒋介石建议“以营口为后方，必要时可保辽南”的方案，蒋未置可否，似有默许之意。军长刘玉章抓住这个机会，亲到沈阳活动，极力怂恿“剿总”实现这个方案。于是打通营口的任务就落到第五十二军的头上了。第一步把第二师从新民归建，全军皆大欢喜，似乎有了一线生机；并且知道辽南没有解放军主力部队，完成这项任务是没有困难的。十月二十三日拂晓，部队从辽阳、鞍山出动，二十四日黄昏到达营口，沿途仅在海城附近遭到解放军地方武装轻微抵抗，行动未受阻滞。所以要尽快占领营口，是为了实现以营口为后方确保辽南这一方案，生怕中途变卦。

占领营口，从东北全局说，是个通道。对第五十二军来说，就意味着是个立足点，不能不考虑军政配合问题。决定在辽宁省主席王铁汉任命的市长未到任之前，来个“近水楼台先得月”，以便以军政配合为借口，由军部派人充当营口市市长，先行到职视事，再向省府推荐任命。不料这一决定，引起内部逐鹿，尤以政治主任陈炳寰（营口市人）和后方办事处长郭斌卿（刘玉章手下红人）两人相持不让，使刘玉章很为难。二十四日下午三时军部抵大石桥休息，眼看就要进入营口，这个问题得马上解决。我同刘玉章在天主堂里吃面，刘突然向我说：“我看营口市市长由你去兼好，你的意思如何？”我敏感地觉得刘在排挤我，便顺口答应可以，并说不必再兼参谋长了，用以试探刘对我的态度。刘说以后再讲，似无挽留之意。当晚到达营口，我就决心推开军部事务，次日我搬出军部，以

“五日京兆”的心情试图组织市政府。因为几天来不闻廖兵团的捷音，又听当地人讲：“共产党临走说国民党来了，我们让他，他们马上会垮，我们很快就回来。”这些都使我心情很沉重。形势确实很不妙，部队正在构筑工事，准备背城借一，在万不得已时，最后还可以“下海”。

二十七日深夜一点钟。刘玉章派他的卫士来叫醒我，说部队已经出发了。要我马上起来一同走。我想，还上哪里走呢？匆忙赶到刘的住处，门外只有卫士一排、汽车几辆。屋里则有刘玉章、平尔鸣（副军长）、李运城（第二十五师师长）、刘朝槐（副参谋长）相对于残烛之下。我一进屋，刘玉章就将“剿总”当天下午的电报给我看，大意是：廖兵团情况不明，着该军星夜驰援沈阳。我说：“这是‘肉包子打狗’，离开营口，就会前后失据，至多到鞍山就会遭到侧击，明明是送礼。”我又问：“牛庄、盘山已有敌情，总部知道吗？”刘问刘朝槐这个情况报了没有？刘朝槐吞吞吐吐地说：“得到情报时，部队已经出发了。”我说：“这种情况总部可能还不知道。”刘玉章紧接着说：“你马上起草个电报发出去，一面派人通知电台与总部联络。”于是，我就蹲在小圆桌旁起草电报，内容是：“盘山方面有共军大部南下，先头已抵牛庄，判断我军至鞍山附近必遭侧击，援沈无望，进退失据，不堪设想。究应如何，乞立电示。”四点钟，总部有电来，真是急不暇待，大家围着译电员，译一字看一字。复电只说：“来电悉，该军固守营口，已电总统派舰来接。”刘玉章几乎不相信自己的眼睛，再看看电报，说把部队追回，各回原防。李运城从沙发上一跃而起，出门开了吉普车去追部队，后队变为前队，先头部队刘明奎团已抵海城附近，二十八日中午才回到营口，跟着继续修筑工事。二十八和二十九日两天平安无事，但外弛而内张，急于向沈阳和葫芦岛催问船只，担心船来迟了，解放军逼近，就很难脱离战场。因辽河到营口迤北成个反“之”字形，沿河码头至海口约四十里，敌前撤退是很不利的。

十月三十日午后，解放军先头部队已抵营口北约三十里某村（地名已忘），向我军前进据点攻击。刘玉章为尽可能在较远处拒止解放军前进，并掩蔽撤退企图，即派步兵一营附山炮一连增援反扑。解放军吃点小亏，战斗中止。这天黄昏，舰队司令马纪壮（河北南宫人）率两只炮舰到达营口。据他说，登陆艇和商船要在葫芦岛卸空后才能开来。三十一日，船只已到海口，因落潮水浅，不能驶入。十一月一日上午，大小几只登陆艇和一艘商船全部靠岸，决定当天晚上登船逃跑。但船少不敷使用，只好把汽车破坏，丢掉马匹，打破建制，将人员全部“塞”上船。军部集合各部副主官和必要幕僚人员，将撤退要领、船只分配、注意事项等先行下达，进行准备，待命上船。关于掩护撤退，决定利用外围既设据点工事，留置约三十个排哨，每哨配电话一部，在其后适当隐蔽处空置卡车一辆。排哨必须死守，非有命令不得撤退，待大部登船将竣，各排哨同时撤回，利用卡车直驱码头上船。

十一月一日下午，解放军大队涌到，与第二十五师发生激战。为使本晚撤退安全，以军部辎重团（由军中自行装备，火力与步兵团略等）投入战斗，猛力反扑，冲入解放军第二十五师师部所在的村落，进行了激烈巷战（据报得有该师的公文箱）。解放军由于乘胜急进，重武器没有跟上，兼之长途疲劳，无心恋战，于黄昏前向大石桥方面转移。我军仅派小部佯追了一下，主力即乘机撤离阵地，于寂静的寒夜中悄悄趋向码头。夜十一点各特种部队都已登船完毕，步兵部队也开始到达码头。这时，我同刘玉章才上了马纪壮的旗舰。是役尚俘有不少解放军，一部被带上船，一部禁锢于一大厂房内。

我们安安稳稳上了船，外围的警戒也没有什么响动。我心里想，这一关总算过来了。但时值落潮，船不能出海，须待拂晓前涨潮。

这时，刘玉章鼾然入睡，我却睡不着，听外面有无动静。忽然听到外边水兵们在说某处起火，我到甲板上一看，上游河边火光冲天，问是什么地方，众说不一，正惊疑间，岸上有人来说是第二师所乘的船着了火。我马上唤醒刘玉章一同观望，刘一言未发，呆立一阵，回舱去了。我派人找第二师师长尹先甲，有人见他确实上了船，但始终找不到他，真是束手无策。如再找船和变更搭载计划，都不可能。而马纪壮定要把船只全部开到河心停泊，避免同样危险，只得通知第五团团长郭永和和第六团团长侯程达，自行找木船驶向葫芦岛。烧掉的这只船是三北公司的渤海轮，上面装载有炮兵营、通信营、第二师师部和第五、第六两团，炮兵营先上，且在下舱，全部烧光，其他跳入水中淹死的也不少。步兵团开始登船就起了火，吃亏较小。起火的原因，当然都会怀疑是共产党搞的，其实不是的。这条船装汽油到葫芦岛卸下，地板上多被汽油漏湿，上船之前，已指明这种情况，严禁火烛，禁止吸烟，在命令中也列为注意事项。部队登船都由各该部派军官在进口处检查，非本部人员不得上船。起火之后，一直没有发生情况，所以判断不是有人捣乱。后来据逃出的人说，船上没有开灯，有人点上蜡烛，船越来越重，船底触地，失去平衡，船员要求向外侧疏散，无人理会，这支蜡烛因船身倾斜而倒地起火。当时汽车司机张昆以大衣扑救无效，迅速蔓延，人各逃命，就无法挽救了。师长尹先甲混入别的船，到了葫芦岛未敢露面，溜之乎也。后来我从葫芦岛离开第五十二军路过秦皇岛曾碰到他。

十一月二日五点钟，潮涨水深，启碇开船，到海口不远天色已曙，发现东岸飞机场西南有大部队麇集成团，马司令要我到司令塔一同观察，在望远镜中清晰可见，我说定是自己人在找船的，马纪壮将信将疑，叫各炮实弹待命。正在这个时候，离我们这艘船约两三百公尺处左后方水面发现一个跳弹，马纪壮命令开火压制。我说不要打，马说要制压。幸好没对人群瞄准，而是向平阔的飞机场来个面积射，发射的都是小口径的机关炮，虽然瞬时遍地硝烟，但没甚杀伤。刘玉章闻声上来，亦说不打，船已出海。上午八点钟以后驶近“重庆号”，十点钟光景我同刘玉章、陈炳寰上了“重庆号”，桂永清在上边，谈些撤退经过和塔山战况。午饭后，风起浪涌，我们要登陆见杜聿明，桂说浪大难上小艇。等到下午四点，决定由我坠上驳轮到葫芦岛见到杜聿明，报告撤退和失火经过。

十一月五日，郭永和、侯程达两团长各率残部五六百人乘帆船到达葫芦岛，郭升第二师师长，侯继我任军部参谋长。

冀热辽边区司令部的成立及葫芦岛撤退

张千樵　廖铁军*

一　冀热辽边区司令部的组成及人事编制概况

冀热辽边区介于东北与华北两个战区的中间地带，战略位置重要。因此，从东北保安司令长官部时期起，就设置冀热辽边区司令部，杜聿明以其副参谋长李汉萍兼任司令，以王永璋、何际元为副司令，梁筠为参谋长。司令部设在绥中。指挥工兵第十二团，交警第十三总队及保安第四支队，担任绥中的守备及铁路维护。但没有起多大作用。至一九四七年八月，随东北保安司令长官部的结束而结束。该部人员，大多由东北保安司令长官部调用，按其指挥系统而言，是隶属前第一兵团司令官孙渡指挥，但由于李汉萍自恃系东北保安长官部的副参谋长，一贯骄横自大，目中无人，因而不听孙渡指挥，两人经常闹矛盾。陈诚兼任东北行辕主任后，虽未另设冀热辽边区司令部，但有关锦州至山海关、秦皇岛段的铁路维护任务，仍责成秦、葫港口司令何世礼统一指挥。

直至一九四八年一月卫立煌出任东北“剿总”总司令，以辽西走廊关系东北战区后方联络线之安全，乃请准范汉杰为东北“剿总”副总司令。二月一日，范汉杰由青岛到达东北。在秦皇岛组设冀热辽边区司令部。以后发表为东北“剿总”锦州指挥所主任兼冀热辽边区司令官到锦州指挥，辖区由锦州至冀东之滦河东岸，兼受东北“剿总”及华北“剿

---

* 作者张千樵当时系国民党冀热辽边区司令部第三处第一课上校课长；廖铁军当时系国民党冀热辽边区司令部第二处第二课上校课长。

总”的双重指挥，在秦皇岛留置指挥所，由何世礼负责。

该部人员及编制，基本上按照原第一兵团时代的班底，调秦葫港口司令何世礼，辽西行署主任贺奎、原第一兵团副司令官唐云山、第六兵团司令官孙渡为副司令官。孙渡以后调任热河省政府主席，由卢浚泉接任副司令官。

参谋长唐云山（中将）兼，后为李汝和（少将）；少将副参谋长练卓群；第一处少将处长刘石芜，第二处少将处长王仲辅，第三处少将处长王廷宜，第四处少将处长李谟煖，副官处上校处长黄执中，政工处少将处长严毅，卫生处少将处长林策华，军法处（不详），经理科科长程源，以后还成立炮兵指挥部，以黄永安（中将）为指挥官，警卫团团长由副官处长黄执中兼，暂编警卫第二团系于锦州战役前编成，第五十四军干训班大队长何轩叶充团长。另有通信营和四个谍报队。

一九四八年十月上旬锦州范汉杰部被围，卫立煌又派其副总司令陈铁于葫芦岛成立指挥所，指挥葫芦岛部队，企图解范之围，而被阻于塔山。十五日蒋介石曾调徐州“剿总”副总司令兼前进指挥部主任杜聿明飞沈阳，拟令其出任东北“剿总”副总司令协助卫立煌指挥，以挽东北危局。

十月二十日，蒋介石发表杜聿明任东北“剿总”副总司令兼冀热辽边区司令官，任务是指挥驻葫部队东进，接应廖兵团，打通沈锦线。二十日杜即电调徐州“剿总”前进指挥部的主要人员用飞机输送到葫芦岛，组成冀热辽边区司令部，原来的东北“剿总”葫芦岛指挥所同时裁撤。

杜聿明当时在葫芦岛指挥如下部队：

由华北调来之第十七兵团司令部，司令官侯镜如，所辖黄翔第九十二军之第二十一师，另有独立第九十五师（师长朱致一）；

由华北调来之林伟俦第六十二军，辖第一五一师（师长张琛）、第一五七师（师长何宝松）[①]；

阙汉骞的第五十四军，辖第八师（师长周文韬）、第一九八师（师长张纯），以后又以锦州警务处改编之暂编第五十七师，朱茂榛部编入该军建制，临撤退前该师改番号为第二九一师（师长廖楚藩）；

王伯勋的第三十九军，辖第一〇三师（师长曾元三）、第一四七师

① 据查，第六十二军还辖第六十七师（师长李学正），张琛为副军长，第一五一师师长为陈植。

（师长张家宝）；

由营口撤出之刘玉章第五十二军，辖第二师（师长郭永和）[①]、第二十五师（师长李运成），另将原新六军之暂编第六十二师（后改为第二九六师）刘梓皋部拨入该军建制。

十月二十八日杜聿明曾在沈阳与东北“剿总”总司令卫立煌会晤，十月三十日又遵照蒋介石指示乘飞机赴沈阳。飞至中途，接空军副总司令王叔铭自北平地面发来的电报，叫杜不要去沈。当杜在考虑时，又接王第二个电报，叫杜即便到沈阳也不要降落。杜判断沈阳情况必已发生变化，即返航转飞北平。当在北平机场降落时，蒋介石正准备乘飞机离开北平。杜与蒋在机场办公室中谈话后，即日下午又乘飞机返回葫芦岛。此时，卫立煌由沈阳逃到葫芦岛。十一月二日，沈阳即告解放。

沈阳的解放，给杜聿明一个很大的打击。原来蒋给他的任务是相机攻占塔山，协力打通沈锦线，迨廖耀湘兵团在大虎山被全歼，还想在锦西葫芦岛加强工事，负隅顽抗，沈阳一解放，葫芦岛港口又已开始封冻，如不及时组织撤退，有全军覆没之虞。这时驻在葫芦岛的南京总统府战地督察组组长罗奇，秦葫港口运输司令部指挥官何世礼，原范汉杰的副司令官唐云山等高级将领一个个地溜走了，又据情报得悉东北人民解放军已陆续开进关内，走陆路已非常不安全，因此杜聿明亦加紧部署，计划从海上撤走。

二　营口第五十二军漏网及葫芦岛撤退

第五十二军刘玉章部于十月下旬强占营口，企图占领港口，必要时掩护兵团主力从营口撤退。不久廖兵团被歼，刘玉章只得暂时困守营口，旋接卫立煌电令饬该军退回沈阳增防。刘玉章向沈阳行动，中途被解放军阻击，进退两难，即向杜聿明请示，今后如何行动。杜复电仍令其开回营口。由杜派轮船接运。

该军到营口后，即在海城大石桥附近与解放军发生激战，俘战士多人。杜聿明得悉这一情况，即电复刘玉章令其一并装轮运至葫芦岛处

① 据廖传枢谈，第五十二军第二师撤退到葫芦岛后，郭永和被提升为师长，该师原师长是尹先甲。

置。该军所属第二师所乘之“宣怀轮”未及起航，即中弹起火（有的说是由于国民党军争先登轮，岸上官兵向该轮炮击；有的说是解放军炮击，真相如何，无法弄清）。有的烧死，有的跳海溺毙。第五十二军部队损失三分之一。因此刘玉章到葫芦岛见杜聿明时抱头痛哭。杜以该军损失惨重，乃令新六军之暂编第六十二师（后改为第二九六师）刘梓皋部拨归其建制。

杜聿明与海军总司令桂永清商定派轮船由海道撤退，华北调来的运至秦皇岛或塘沽，其余则运上海。根据撤退计划，第一，封锁消息，禁止与当地居民接近交谈，以防走漏消息。第二，征用沿西海口至葫芦岛港口的一切民船，以作部队登船之用。第三，部队撤出后，准备破坏葫芦岛码头设施，责成秦葫港口司令部预先装置大量TNT炸药，以飞机投弹诱发。

关于部队撤退命令由杜聿明亲自下达。当时也只知登什么号的轮船，而开往何地则规定等部队登上轮船后才能拆开命令。撤退的次序是先运侯镜如的第十七兵团部和第六十二军、第九十二军、独立第九十五师、第三十九军、第五十二军，而以第五十四军为掩护部队最后撤退。

在杜聿明主持撤退期间，曾接蒋介石电以徐州方面情况紧张，意欲调杜仍任徐州原职。杜复电以大敌当前，须亲自主持撤退事务，等任务完成再行返徐。经蒋复电同意，延至十一月八日杜率办公室副主任冯石如，第二处处长李剑虹，第三处处长邓锡洸，课长张干樵，政工处处长简洁及少数译电人员乘飞机离开葫芦岛经北平转南京，于十二日返回徐州，重任徐州“剿总”副总司令兼前进指挥部主任。

十一月十日，第五十四军阙汉骞部最后由葫芦岛船运上海，所有冀热辽边区司令部人员均随第五十四军同船运至上海转南京。原拟由火车运徐州归还建制，嗣后因铁路已断，经杜电示留在浦镇。至此，冀热辽边区司令部亦告结束。

辽沈战役

附录

附录一

辽沈战役前后东北地区国民党军大事记

（一九四八年一月至十一月）

一　战役前

一月一日　参谋总长兼东北行辕主任陈诚在沈阳发表元旦告东北军民书，宣布危期已过，战备完成，即将由铁岭、沈阳、新民三路出兵对东北解放区进行扫荡。实际上当时东北国民党军正穷于应付东北人民解放军的强大的冬季攻势。

范汉杰被免去第一兵团司令官兼职，由山东调南京专任陆军副总司令。

七日　新编第五军（第四十三师、一九五师）在沈阳西北公主屯地区被全歼，军长陈林达、师长留光天、谢代蒸等被俘。

十日　蒋介石率国防部作战次长刘斐、陆军副总司令范汉杰、总统府军务局局长俞济时等由南京飞抵沈阳，召开军事会议，追查新编第五军失败责任。

十一日　蒋介石在沈阳接见华北“剿总”总司令傅作义，当晚与刘斐、范汉杰、俞济时等飞返南京。

陈诚引咎辞职。

十五日　范汉杰被任命为冀热辽边区司令官。

十七日　设置东北“剿总”。卫立煌被任命为东北行辕副主任兼东北“剿总”总司令。

二十一日　卫立煌由南京飞北平，与北平行辕主任李宗仁、华北“剿总”总司令傅作义会谈。

二十二日　卫立煌由北平飞抵沈阳视事。

二十五日　第五十四军一部由山东青岛运抵葫芦岛。

二十六日　第四十九军二十六师在新立屯被歼。

二十九日　解放军攻占沟帮子，北宁路沈锦线被切断。

三十日 解放军攻占盘山。

三十一日 陈诚派东北行辕副主任罗卓英飞北平，与李宗仁、傅作义、范汉杰会商华北与东北联防问题。

二月一日 罗卓英、范汉杰由北平同机返沈复命。

五日 陈诚离沈飞回南京。东北“剿总”副总司令郑洞国同行。当晚，陈向蒋介石汇报东北情况。

六日 解放军攻占辽阳，守军暂编第五十四师被歼。

九日 解放军进抵沈阳南郊白塔堡附近，守军第四十九军七十九师师长文礼不战而退。

十二日 蒋介石任命卫立煌兼代东北行辕主任。

十九日 解放军攻占法库，守军新编第六军暂编六十二师被歼。

解放军攻占鞍山。守军第五十二军二十五师被歼，师长胡晋生等被俘。

二十日 蒋介石派国防部第三厅厅长罗泽闿、副厅长李树正携新方案飞沈阳，与卫立煌商讨“将沈阳主力撤至锦州”。卫主张全力固守沈阳。

二十三日 罗泽闿、李树正飞返南京，卫立煌派郑洞国同往，向蒋介石陈述意见，蒋已去庐山牯岭。

二十四日 郑洞国、罗泽闿、李树正转飞牯岭。蒋不同意卫的意见，嘱郑转告卫，立即打通沈锦线，将沈阳主力撤至锦州。

二十五日 郑洞国飞返沈阳向卫立煌汇报。

卫立煌召集将领开会，研讨蒋介石的指示和方案，大家一致赞同卫的计划，不主张实行蒋的方案。卫决定再派东北“剿总”参谋长赵家骧、第六军军长罗又伦飞京面蒋再陈理由。

入夜，营口守军暂编第五十八师师长王家善率部起义，并扣押了第五十二军副军长郑明新等人。

二十六日 营口解放。

二十七日 解放军攻占开原。

三月一日 赵家骧、罗又伦由南京飞返沈阳向卫立煌汇报，蒋介石允“卫在东北暂保现状”。

范汉杰到达秦皇岛冀热辽边区司令部视事。

八日 卫立煌派郑洞国、赵家骧飞永吉（即今吉林市），下达第六十军向长春撤退和炸毁小丰满电站的命令，并布置撤退事宜。

九日 凌晨，第六十军等开始撤离永吉，未执行破坏小丰满电站的命令。

十一日 第六十军撤至长春。

十三日 解放军攻占四平，第七十二军八十八师被歼。

十五日 东北“剿总”副总司令梁华盛兼任沈阳防守司令官。

二十五日 卫立煌兼任东北行辕政务委员会主任委员。

郑洞国在长春兼任第一兵团司令官及吉林省政府主席。

三十一日 卫立煌奉召飞南京。中午过北平，在机场与傅作义长谈后，旋即续飞南京。当晚谒见蒋介石汇报东北情况。

四月一日 上午，蒋介石再召见卫立煌商谈，蒋最后同意卫的意见，暂不将沈阳主力撤至锦州。

二日 卫立煌率刘耀汉（联勤第六补给区司令）拜会美国顾问团团长巴大维，洽谈装备补充和增加运输力量问题，巴表示全力支持。

四日 卫立煌由南京飞返沈阳，着手整训部队，准备坚守沈阳、长春、锦州三大战略据点，并希望美援物资早日到达。

五月七日 因蒋介石又令卫立煌打通沈锦线，将主力撤至锦州。卫再派第九兵团司令官廖耀湘和赵家骧、罗又伦等赴南京见蒋，陈述利害，请示机宜。

五月九日 廖耀湘等由南京飞抵北平，会晤傅作义。

十日 廖耀湘等由北平飞返沈阳，向卫汇报蒋介石同意“沈阳主力行动可稍微推迟一个时候”，卫非常高兴，但对成立机动兵团的指示，坚决反对。

十一日 美军顾问团团长巴大维率顾问及译员共九人由南京飞抵沈阳视察，并会见卫立煌。

十二日 巴大维等视察抚顺。

十三日 南京政府免除陈诚参谋总长兼东北行辕主任的职务。

巴大维等由沈阳飞返南京。

十八日 蒋介石在南京召见东北“剿总”副总司令兼沈阳防守司令官梁华盛。

十九日 东北行辕撤销，其职权与业务归并于东北“剿总”。

二十日 冀热辽边区司令部由秦皇岛移驻锦州。

由山东抽调第九军黄淑部在葫芦岛登陆，归范汉杰指挥（八月，该军又被调回关内）。

二十二日 卫立煌飞锦州及辽西一带视察。

二十四日　解放军攻占长春西郊大房身机场。新编第七军暂编五十六师两个团被歼。以后长春守军即被解放军长期紧紧围困。

六月一日　蒋介石令范汉杰集中力量经营锦州，并加紧准备打通沈锦线。

二十日　海军总司令桂永清到葫芦岛，次日到营口视察海军。

二十九日　卫立煌到铁岭视察，当日返沈。

七月二十日　蒋介石电召卫立煌到南京，决定将冀热辽边区司令部改为东北“剿总”锦州指挥所，仍由东北“剿总”副总司令范汉杰兼指挥所主任。

二十一日　卫立煌由南京飞返沈阳。

三十日　范汉杰依照蒋介石和卫立煌指示，将锦州、山海关驻军编成四个军，除原来的第九十三军、第五十四军（补充为三个师）外，另增新编第五军、新编第八军两个军。

八月二日　范汉杰赶到南京参加整军会议闭幕式。

卫立煌率工兵指挥官李贤到锦州视察工事，当日返沈。

二十日　范汉杰由南京飞返锦州。

二　战役期间

九月十二日　东北人民解放军发动声势浩大的辽沈战役。

解放军出击北宁路昌黎和山海关至锦州段；攻克昌黎并包围了兴城、绥中。锦州、唐山间陆路交通被遮断。

解放军一部进至义县以南地区，开始切断义县同锦州间的联系。

十四日　锦西第五十四军向兴城增援，在兴城以北与解放军激战。

十六日　锦州、义县间发生战斗。

十七日　绥中、兴城间的沙后所被解放军包围。

义县被解放军包围，发生战斗。

二十一日　沙后所守军突围退往兴城。

二十三日　锦州第九十三军暂编二十二师一部北援义县，进至七里河附近受阻，缩回到葛文碑、薛家屯一带防守。

二十四日　卫立煌奉召到南京，蒋介石令卫由沈阳出兵驰援锦州，卫有难色。最后，决定空运第四十九军到锦州增援。

锦北二郎洞、娘娘庙、辛龙台、营盘、旧飞机场等阵地为解放军渗入，发生激战：葛文碑守军被歼，薛家屯守军突围南逃，遭解放军截击，残部退往锦州，锦（州）义（县）间交通完全断绝。

兴城东北地区守军被歼。兴城、锦西间的联系被切断。

二十五日　锦州北部及东北部的重要外围阵地失守。锦北重要前哨据点冒山屯被解放军袭占。第六兵团司令官卢浚泉调集主力一部进行猛烈反击，企图夺回阵地未逞。

二十六日　卫立煌由南京飞返沈阳。蒋介石派参谋总长顾祝同来，监督卫执行蒋的命令。顾、卫飞经锦州上空时电告范汉杰说，“大计已决，即开始行动”（指空运第四十九军援锦）。

二十七日　第四十九军七十九师由沈阳开始向锦州空运。

解放军攻占高桥。

二十八日　第四十九军七十九师（欠二三六团）继续空运锦州。

绥中被解放军攻占，新编第五军二十六师一个团被歼。

卫立煌、廖耀湘再晤顾祝同，请顾返京面蒋陈述东北将领意见，同时表示开始集结部队。

二十九日　顾祝同由沈阳飞返南京向蒋介石汇报东北情况。

卫立煌派“剿总”副总司令陈铁、副参谋长彭杰如去葫芦岛筹组指挥所。

锦州守军以第八十八师、第一八四师、暂编第十八师各一部，企图夺回锦北已失阵地，向锦北达子营、冒山、二郎洞等解放军阵地进攻，均被击退。

解放军攻占兴城，守军暂编第五十七师一部被歼。

锦州机场为解放军炮火封锁，空运被迫停止。

三十日　蒋介石由南京飞抵北平，随行的有南京陆军大学校长徐永昌、海军总司令桂永清、空军总司令周至柔、联勤总司令郭忏、总统府参军罗泽闿以及俞济时等。

十月一日　蒋介石在华北“剿总”司令部召开军事会议，决定抽第六十二军、第九十二军（后仅调去一个师）、独立第九十五师支援东北，另调驻烟台的第三十九军增援东北。上述部队均海运葫芦岛集中，由第十七兵团司令官侯镜如指挥。

解放军攻克义县，第九十三军暂编第二十师被歼，师长王世高、副师长韩润珍等被俘。

二日　蒋介石由北平派飞机空投亲笔信给范汉杰，问其能否将锦州守军撤到锦西，范认为以锦州守军吸引解放军围攻，另由沈阳、关内抽调兵力“东西对进”与解放军在锦州地区决战是一个机会，不主张撤出锦州。

蒋介石由北平抵沈阳。下午在东北“剿总”司令部召开军事会议，听取有关锦州战况的报告，研究援锦方案。蒋向到会将领训话。

三日 蒋介石在沈阳同卫立煌、廖耀湘、第八兵团司令官周福成等继续开会，决定将沈阳地区部队改组为守备兵团和攻击兵团，周福成负责守备兵团，廖耀湘负责攻击兵团。并令廖耀湘率领攻击兵团（后亦称西进兵团）驰援锦州。

下午，蒋介石离沈飞返北平。

华北“剿总”傅作义电令第六十二军不接第八十六军秦皇岛防务，迅即乘轮海运葫芦岛。

四日 陈铁、彭杰如在葫芦岛建立指挥所，准备统一指挥援锦部队。

郑洞国令新编第七军、第六十军各一部组织了一次试探突围的进攻，发现突围困难，后仍退回长春。

五日 蒋介石由北平飞天津，到塘沽视察后改乘“重庆”号军舰赴葫芦岛。徐永昌、桂永清、罗泽闿、俞济时、侯镜如等随行。

廖耀湘向兵团各军下达作战命令，八日开始向新民、巨流河集中。

第六十二军第一五一师海运抵葫芦岛。

六日 上午，蒋介石抵葫芦岛，召集驻军团以上军官训话，并宣布驻锦（西）葫部队统归第十七兵团司令官侯镜如指挥，在侯未到前，由第五十四军军长阙汉骞指挥。陈铁的指挥所被置之一旁。

范汉杰鉴于援军无望，锦州危急，拟当夜向锦西撤退，并分电蒋介石、卫立煌，卫复电令其坚守不动，范遂中止。

第六十二军军长林伟俦率军部到达葫芦岛。

七日 蒋介石乘“重庆”号由葫芦岛抵塘沽，改乘火车回北平。

第六十二军第一五七师海运抵葫芦岛。

八日 廖耀湘兵团主力向新民、巨流河集结。并令先到的新编第三军向彰武城攻击前进。

九日 解放军加紧攻击锦州，范汉杰急电葫芦岛部队增援。

第六十二军六十七师从塘沽海运抵葫芦岛。

廖兵团新编第六军攻占彰武、法库间的叶茂台等地，策应新编第三军向彰武的攻击。

长春新编第七军约两个营出城袭扰，被解放军击退。

十日 阙汉骞兵分三路拂晓强攻塔山，以策援锦州守军之作战，受阻。

独立第九十五师从塘沽海运抵葫芦岛。总统府战地督察组组长罗奇同日抵葫。

郑洞国接到蒋介石要他突围的亲笔信，当即召集师长以上将领研究，一致认为官兵体力甚弱，勉强突围有全军覆没的危险，郑和两军长联名电复蒋介石，说明不能突围的缘由。

十一日 拂晓，阙汉骞、林伟俦一同到前线鸡笼山指挥所，督导第五十四军夺取塔山，第六十二军夺取白台山，然后挺进锦州城郊，但未奏效。

侯镜如率第九十二军二十一师由塘沽海运抵葫芦岛。当日，侯在锦西中学召开军事会议，讨论进攻塔山，增援锦州的作战方案，确定十二日调整兵力部署，十三日发起进攻。

廖耀湘兵团主力未能如期于今日在新民、巨流河集中完毕。

新编第三军攻占彰武。

十二日 廖耀湘兵团第七十一军先头部队到达饶阳河岸，占领几个渡河点。

葫芦岛国民党军调整部署。罗奇亲自在独立第九十五师督导。

卫立煌同总统府参军罗泽闿飞葫芦岛视察，当日返沈。

十三日 卫立煌、廖耀湘、罗泽闿同到新民、彰武台门、新开河一带视察，卫当日返沈。

侯镜如以四个师的兵力继续向塔山猛攻。独立第九十五师担任主攻，是日战斗激烈，突入塔山阵地达九次之多，均遭解放军顽强阻击，进攻仍未得逞。

十四日 上午十一时，解放军向锦州发起总攻，主攻部队突入城内，双方发生巷战。午后四时许，范汉杰与参谋长李汝和到卢浚泉指挥所，召集第九十三军军长盛家兴、炮兵指挥官黄永安等研究战况，决定于黄昏后向锦西突围。

侯镜如指挥锦（西）葫各军按原部署继续猛攻塔山，依然无进展。

廖耀湘下达向新立屯、黑山县方向攻击前进的命令。

长春第六十军军长曾泽生密派人员出长春与解放军联系，表示决心起义。

十五日　蒋介石由南京飞抵沈阳。蒋行前打电话要徐州"剿总"副总司令兼前进指挥部主任杜聿明在徐州候机同行，后杜乘另机于当日稍晚抵沈。蒋在沈写两封亲笔信令空投给范汉杰、郑洞国。令范能守则守，不能守则退守锦西；令郑率长春守军赶快突围。

午后六时许，解放军攻克锦州，守军全部被歼。

廖耀湘兵团新编第一军攻占新立屯。

烟台第三十九军运抵葫芦岛。

十六日　蒋介石由沈阳飞往北平，中途曾到锦西、葫芦岛作短暂停留，怒斥阙汉骞，又口头指定陈铁负责指挥锦（西）葫各军续攻塔山，收复锦州。

蒋介石到北平后即电卫立煌要廖兵团迅速向锦州攻击前进，并派部队接应郑洞国突围。

杜聿明、国防部政工局局长邓文仪、国防部第二厅厅长侯腾等到新民与廖耀湘同赴新立屯视察，杜当夜返沈阳，廖亦回沈请示。

范汉杰被俘。

郑洞国接到蒋介石要长春守军立即突围命令后，迅即召集军长和参谋长等开会，决定十七日拂晓突围。

曾泽生派往解放军联系的人员返回长春。解放军欢迎该军起义，当夜该军立即作了起义部署。

十七日　卫立煌、杜聿明、廖耀湘在沈阳会商，不主张廖兵团再继续西进，决定廖兵团先打下黑山。会商毕，廖即返回新民兵团部。

第六十军军长曾泽生在长春宣布起义。

十八日　蒋介石再度由北平飞抵沈阳，召集卫立煌、杜聿明、赵家骧等开会研究再攻锦州的方案。蒋当日返北平。

陈铁在葫芦岛召开会议，仅要求清点战力，未作攻击部署。

新编第七军派人与解放军进攻长春部队接洽放下武器，达成协议。

十九日　新编第七军在长春放下武器。

东北"剿总"副总司令兼第一兵团司令官、吉林省政府主席郑洞国率兵团直属部队放下武器。长春解放。

应蒋介石电召，卫立煌、杜聿明飞往北平，会商东北国民党军队尔后行动方针。

廖耀湘径电蒋介石，坚主经黑山、大虎山直退营口的方案。

二十日　蒋介石在北平与卫、杜等继续会商。下午，卫立煌、杜聿明同机飞回沈阳。当晚，杜聿明向廖耀湘、第五十二军军长刘玉章下达蒋介石的口头命令。令廖兵团向黑山、大虎山攻击前进；令刘玉章军攻占营口；令周福成率防守兵团守沈阳。

晚间，发表杜聿明任东北“剿总”副总司令兼冀热辽边区司令官，司令部驻葫芦岛。

二十一日 杜聿明向周福成补下蒋介石的口头命令。

杜聿明飞往葫芦岛，召集陈铁、侯镜如、阙汉骞、林伟俦、王伯勋等将领开会，宣布他在沈阳下达的蒋介石的命令，决定锦（西）葫部队二十三日再次进攻塔山。

拂晓，廖兵团开始由芳山镇地区向黑山、大虎山进攻。

二十二日 廖兵团继续猛攻黑山、大虎山。

二十三日 廖兵团以新编第一军、第七十一军、第二〇七师许万寿旅，在重炮掩护下，并向黑山猛攻，反复冲杀，战斗激烈，仍未奏功。廖决心按向营口方向撤退的方案布置行动。

锦（西）葫部队在杜聿明指挥下再次猛攻塔山。

二十四日 廖兵团第七十一军第八十七、九十一师，新编第一军第五十师，新编第六军第一六九师和许万寿旅共五个师的兵力向黑山、大虎山全线猛攻，以达成向营口撤退的企图，战况激烈。

黄昏，廖兵团第四十九军到达黑山东北的半拉门。

第五十二军由辽阳、鞍山袭占营口。

二十五日 廖兵团继续猛攻黑山、大虎山，战况激烈。

第四十九军从半拉门地区出发向南撤退，其先头部队第一〇五师一个团行至大虎山东南之六间房以南遭解放军堵击，师本队亦遭截击。该军被迫停止于大虎山以东大兴庄地区。

新编第三军主力由新立屯向黑山以东胡家窝棚地区转进，后尾部队遭解放军猛烈追击。

黄昏后，第七十一军、新编第一军、新编第六军停止对黑山的攻击，转向胡家窝棚以东撤退。

晚间，廖兵团前进指挥所和新编第一军、新编第三军、新编第六军三个军司令部在胡家窝棚地区先后遭解放军袭击。廖耀湘转移到新编第一军新编第三十师师部。

第四十九军与兵团部失去联系。军长郑庭笈径向卫立煌报告，卫令郑庭笈率部退回沈阳。

二十六日 早晨，第七十一军与扼守胡家窝棚以西高地新编第六军第一六九师和第二〇七师许万寿旅部队换防时，遭到解放军的反击，阵地旋被突破。是日，新编第三军（欠第十四师）遭到解放军攻击后溃散。

连日血战，解放军将廖耀湘兵团包围在大虎山以东、辽河以西约一百二十平方公里的地域内，展开大规模的围歼战。

黄昏前后，廖耀湘接到卫立煌令其迅速改向沈阳撤退的电报，当晚廖遵照卫电示乃令新编第一军军长潘裕昆指挥新编第一军、第七十一军、第一六九师及位于他那里的兵团炮兵部队于二十七日拂晓沿大虎山至新民铁路南北地区向沈阳撤退。廖亲率新编第六军新编二十二师、第四十九军与新编第三军十四师，经大虎山至老达房公路向沈阳撤退。

卫立煌令新编第一军暂编第五十三师立即由辽中渡辽河接应廖兵团，该师由卡力马渡河后，在牛心坨遭解放军截击，迅速后撤，退回辽河以东。

二十七日 清晨，蒋介石派飞机至葫芦岛接杜聿明到北平面授机宜。

午后，杜聿明由北平飞往沈阳，中途在锦西降落，令锦西各部停止攻击，退回既设阵地。

傍晚，杜到沈阳，与卫立煌、赵家骧商定，仍照蒋介石的意旨，令周福成死守沈阳。

廖耀湘兵团各军续遭围歼，已溃不成军。

沈阳守军收缩防区，第五十三军军部及第一一六师（欠一团）于夜间从铁岭南撤沈阳，途中遭截击，留守铁岭的一个团被歼。

新编第一军暂编第五十三师师长许赓扬接卫立煌电令，着该师迅即由辽中开往沈阳增防。

第五十二军军长刘玉章接“剿总”电令该军驰援沈阳。该军报告敌情有变，当夜“剿总”电复该军仍固守营口，并告已电总统派舰来接。

第六十二军发现坚守塔山的解放军已撤离他去，该军旋即进入塔山。

二十八日 廖耀湘兵团全军覆没，廖耀湘、郑庭笈、新编第六军军长李涛、第七十一军军长向凤武等被俘，潘裕昆、新编第三军军长龙天武二人逃回沈阳。

杜聿明由沈阳飞回葫芦岛，计划撤退营口、葫芦岛方面的部队。

三十日 正午，蒋介石派飞机到锦西，命杜聿明即刻去沈阳找周福成，将沈阳防务调整好，再回葫芦岛。当杜飞近沈阳上空时，接王叔铭电称沈阳机场混乱不能降落，蒋令杜仍回葫芦岛。此时，杜决定直飞北平向蒋请示锦（西）葫部队的行动。中午，杜抵北平在机场遇蒋，蒋嘱杜回葫芦岛待命，并叫卫立煌到葫芦岛指挥。蒋旋即飞往南京，杜飞返葫芦岛。

黄昏前，卫立煌由沈阳飞抵锦西。随行者有赵家骧、沈阳市市长董文琦等。一周后，卫奉蒋令飞往北平。

第五十二军在营口以北与解放军发生战斗。

三十一日 周福成电蒋介石："卫立煌弃职逃走，职正调整部署，竭力奋战，孤守沈阳待援。"

十一月一日 廖耀湘兵团覆没后，解放军主力一部迅即向沈阳逼进，第二〇七师顽抗被歼。其余部队纷纷放下武器，有的让开防区通道。是日，解放军进入市区，防守兵团司令官周福成被俘。

桂永清率舰艇在葫芦岛与杜聿明商洽撤退事宜。

二日 第二〇七师师长戴朴化装逃走。沈阳解放。

营口解放。第五十二军第二师及第二十五师一个团被歼，该军军部和一个师部、三个团乘船逃走。

三日 杜聿明电请蒋介石准将锦（西）葫各军撤往蚌埠。蒋电复：第六十二军、第九十二军、独立第九十五师仍归华北"剿总"建制。其他各军撤往上海、南京。

杜遵蒋电示部署葫芦岛部队撤退事宜。

国民党空军轰炸沈阳。

八日 杜聿明离葫飞抵北平。

九日 锦西、葫芦岛的国民党军余部海运南撤。

午后，杜聿明离北平飞往南京。

十日 蒋介石下令将卫立煌撤职查办。

附录二

辽沈战役国民党东北“剿总”指挥系统和战斗序列表

（一九四八年九月—十一月）

总 司 令	卫立煌
副总司令	杜聿明
	郑洞国
	范汉杰
	梁华盛
	孙 渡
	万福麟
	张作相
	马占山
	陈 铁
参 谋 长	赵家骧
副参谋长	宋子英
	郝家骏
	姜汉卿

	袁克征
	彭杰如
高参室主任	苏炳文
第一处处长	宋子英（兼）
第二处处长	郑一民
第三处处长	姜汉卿（兼）
第四处处长	郝家骏（兼）
总务处处长	李万春
政工处处长	魏鸿绪
工兵指挥官	李　贤
炮兵指挥官	杜显信（兼）
通信指挥官	胡碧华（兼）
沈阳防守司令官	梁华盛（兼）
锦州指挥所主任	范汉杰（兼）
副主任	贺　奎
参谋长	唐云山
	李汝和

指挥部队详见下列各表

（一）指挥系统简表

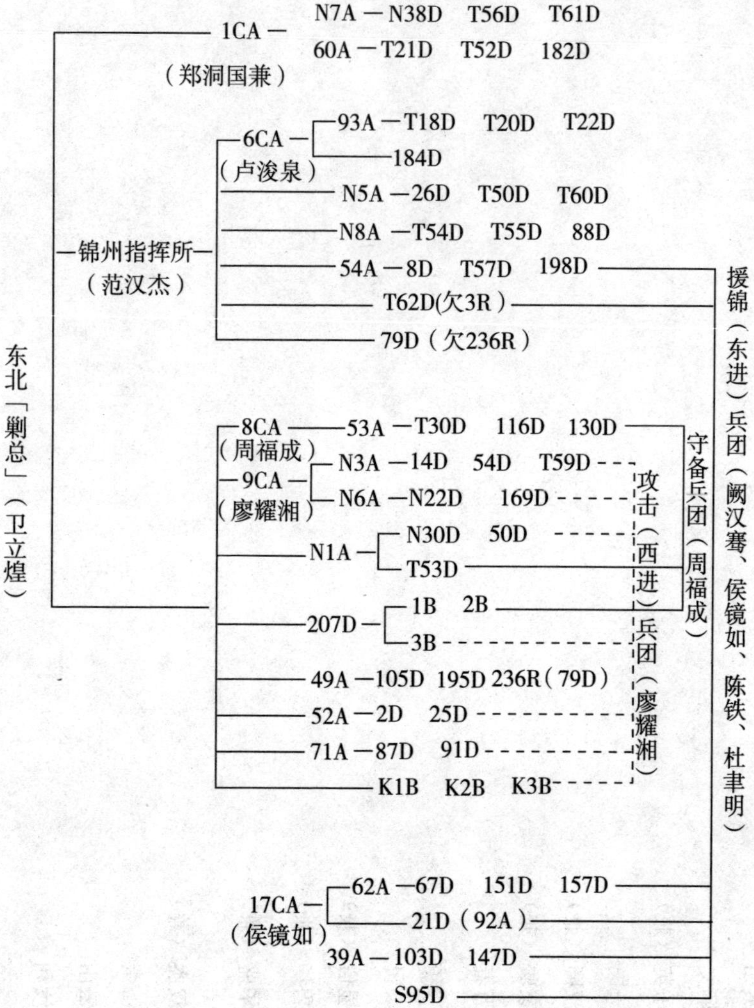
东北「剿总」（卫立煌）
1CA —
（郑洞国兼）
N7A — N38D T56D T61D
60A — T21D T52D 182D
—锦州指挥所—
（范汉杰）
6CA —
（卢浚泉）
93A — T18D T20D T22D
184D
N5A — 26D T50D T60D
N8A — T54D T55D 88D
54A — 8D T57D 198D
T62D(欠3R)
79D（欠236R）
援锦（东进）兵团（阙汉骞、侯镜如、陈铁、杜聿明）
8CA
（周福成）
53A — T30D 116D 130D
守备兵团（周福成）
9CA —
（廖耀湘）
N3A — 14D 54D T59D
N6A — N22D 169D
攻击（西进）兵团（廖耀湘）
N1A —
N30D 50D
T53D
207D —
1B 2B
3B
49A — 105D 195D 236R（79D）
52A — 2D 25D
71A — 87D 91D
K1B K2B K3B
17CA —
（侯镜如）
62A — 67D 151D 157D
21D（92A）
39A — 103D 147D
S95D

注：① 辽沈战役中国民党军先后投入的兵力共有：五个兵团、十六个军、五十一个师（内第二〇七师相当于军，旅、骑兵旅相当于师），连同地方团队共约六十万人。

② 部队标号：兵团（CA）、军（A）、师（D）、旅（B）、团（R）、新编（N）、暂编（T）、骑兵（K）、独立（S）。

③ 战役期间编组的守备兵团（亦称防御兵团）、攻击兵团（亦称机动兵团、西进兵团）、援锦兵团（亦称东进兵团）。本表分别以“══”“……”“——”标示。

④ 184D原属60A序列，因被分割使用未归建，后归第六兵团指挥。

⑤ 88D前属71A序列，来锦州整补未归建，后编入N8A。

⑥ 54A属锦州指挥所指挥，一九四八年十月六日以后归援锦兵团指挥。

⑦ T62D属N6A序列，来锦州整补未归建，归锦州指挥所指挥，一九四八年十月六日以后归援锦兵团指挥。

⑧ 79D属49A序列，空运锦州后，归锦州指挥所指挥。

⑨ T53D属N1A序列，未随该军西进，廖兵团被歼后，归沈阳守备兵团指挥。

⑩ 207D属6A序列，该师兵力相当于军。6A另辖195D在战役期间已拨归49A指挥。据了解，6A实际上是个空番号，战役亲历者多直称207D，故本表未标明6A番号。

⑪ 52A编入西进兵团，但未随兵团西进，而是担负营口方面的作战任务。

⑫ 17CA之G2A、92A之21D，S95D，39A分别在一九四八年十月七日至十五日先后运抵葫芦岛，参加东进兵团援锦作战。

⑬ 留守沈阳的特种兵部队的指挥机构及各地区地方团队均未列入。

⑭ 指挥系统简表和战斗序列表中凡同一职务列两个以上名字者，其意为前后任。

(二)战斗序列表

兵团（CA）			军（A）			师（D）			团（R）		备注
1CA	司令官	郑洞国（兼）	N7A	军长	李鸿	N38D	师长	陈鸣人	112R	李克己	(一)郑洞国是东北"剿总"副总司令兼第一兵团司令官、吉林省政府主席，负责长春方面党政军民全部责任，所辖部队除表列外，尚有一些地方团队。 (二)彭杰如是东北"剿总"副参谋长，兵团副司令一职并未到任。
							副师长	彭克立	113R	曾长云	
							参谋长	李性常	114R		
	副司令官	曾泽生 彭杰如		副军长	史说	T56D	师长	张炳言	1R		
							副师长		2R		
							参谋长	刘大名	3R		
				参谋长	龙国钧	T61D	师长	邓士富	1R	李卓或	
							副师长	宁伟	2R	姚凤翔	
							参谋长		3R	黄醒	
	参谋长			军长	曾泽生（兼）	T21D	师长	陇耀	1R	李树民	
							副师长	任孝宗	2R	李家祯	
							参谋长	杨肇骧	3R	彭让 赵时雍	

	副参谋长	杨友梅	60A	副军长		T52D	师长	李嵩	1R	胡家驹	
							副师长	欧阳午	2R	周曙初	
							参谋长	汤启圣	3R	谢绍贤	
				参谋长	徐树民	182D	师长	白肇学	544R	胡彦	
							副师长	李佐	545R	朱光云	
							参谋长	杨正隆	546R	邓应斌	
6CA	司令官	卢浚泉	93A	军长	盛家兴	T18D	师长	景阳	1R	朱德裕	(一)第六兵团直接归锦州指挥所（主任范汉杰）指挥，负责锦州方面作战任务。 (二)暂编第二十师驻守义县。 (三)第一八四师留置锦州附近，归第六兵团指挥。
							副师长	许义浚 保如光	2R	杨藩 安永松	
							参谋长	李达人	3R	尹龙举	
				副军长	龙泽汇	T20D	师长	王世高	1R	赵振华	
							副师长	韩润珍 赵景高	2R	王灿荆	
	副司令官	杨宏光					参谋长	周谷君	3R	陈敬熙	
				参谋长	殷开本	T22D	师长	李长雄	1R	王振威	
							副师长	苏锦泰 赵思齐 瞿琢	2R	王重基	

（承上表）

兵　团（CA）			军　（A）			师　（D）			团　（R）		备　注
6CA			93A			T22D	参谋长		3R	章学舜	
							师　长	杨朝纷	550R	何文洲	
	参谋长	董汉三				184D	副师长	舒秉权	551R	刘盛昌	
							参谋长	刘国举	552R	何　潆	
	副参谋长										
				军长	刘云瀚	26D	师　长	张越群	76R	郭明俊	
							副师长	何　卓	77R	李　珍	（一）新编第五军是新成立的，驻山海关及秦皇岛、绥中一带，辽沈战役初期，曾
							参谋长	牧　野	78R	郑兰益	

			N5A（86A）	副军长	范玉书	T50D	师　长	罗先之			在驻地附近参加了一些战斗，十一月间调到天津附近，改归华北“剿总”序列。番号改为第八十六军。
							副师长				
							参谋长	卢子元			
				参谋长	裴治镕	T60D	师　长	陈膺华			
							副师长	陈　琨			
							参谋长				
			N8A	军长	沈向奎	T54D	师　长	黄建镛			（二）新编第八军是新成立的，表面上属第六兵团建制，实际上归锦州指挥所直辖。
							副师长	张勋哉 云茂奎			
							参谋长				
				副军长		T55D	师　长	安守仁	1R	周宇宽	（三）第八十八师前属第七十一军建制，后编入新编第八军序列，是该军的主力师。
							副师长	梁炳芳	2R	杨应琦 王　鉴	
							参谋长	梁荣昌	3R	霍亨亭	
				参谋长	李文昭	88D	师　长	黄文徽	262R	崔世超	
							副师长		263R	李英熙	
							参谋长	赵化龙	264R	刘笃信	

（承上表）

兵团（CA）			军（A）			师（D）			团（R）		备注
			54A	军长	阙汉骞	8D	师长	周文韬	22R	王生明	（一）第五十四军调来锦州前其副军长叶佩高升任为第三十二军军长，留驻青岛警备。 （二）暂编第五十七师在东北撤出后改为第二九一师。 （三）第一一六师副师长毛芝荃，战役期间已任东北守备第二总队总队长。 （四）周福成后任守备兵团司令官，除指挥本兵团外，在沈阳地区的第二〇七师（缺第三旅）、暂编第五十三师等部队后亦受其指挥。
							副师长	施有仁	23R		
							参谋长	施有仁（兼）	24R		
				副军长		T57D	师长	朱茂榛 廖楚藩	1R	何轩叶	
							副师长		2R		
							参谋长		3R		
				参谋长	杨中藩	198D	师长	张纯	592R		
							副师长		593R		
							参谋长		594R	袁志孝	
	司令官	周福成	53A	军长	周福成（兼）	T30D	师长	张儒彬	1R	徐连第	
							副师长	王冠英	2R	荣九洲	
							参谋长	韩子玉	3R	关庆厚	
	副			副			师长	刘德裕	346R	丁赞尧	

8CA	司令官		53A	军长	赵镇藩	116D	副师长	毛芝荃	347R	吕伟绩	（一）第六军系青年军第二〇七师扩编，第二〇七师、第一九五师。战役期间第一第一九五师拨归第四十九军指挥。
							参谋长	马佩生	348R	黄冷臣	
	参谋长	蒋希斌		参谋长	郭业儒	130D	师长	王理寰	388R	刘甲三	
							副师长	夏时	389R	刘汉卿	
							参谋长	谷振寰	390R	靳有容	
	副参谋长	赵蕴奇									
			6A	军长	罗又伦 赵家骧（兼）	195D	师长	罗莘莍	583R		
							副师长		584R		
							参谋长	程涤	585R		
				副军长	戴朴	207D	师长	戴朴（兼）	1B	李定一	
							副师长	赵侠	2B	王启瑞	
							参谋长	黄定兴（兼）	3B	许万寿	

（承上表）

兵团（CA）			军（A）			师（D）			团（R）		备注
			6A	参谋长	黄定兴						（一）廖耀湘后任攻击（西进）兵团司令官，除指挥第九兵团外，还指挥新编第一军、第六军、第二〇七师之第三旅、第四十九军、第五十二军、第七十一军及骑兵三个旅等部队。（二）暂编第六十二师在东北撤出后改为第二九六师，改归第五十二军建制。
	司令官	廖耀湘	N3A	军长	龙天武	14D	师长	许颖	40R		
							副师长	董觉民	41R		
							参谋长		42R		
				副军长	杨焜（兼）	54D	师长	宋邦纬	160R		
	副司令官						副师长		161R		
							参谋长		162R		
				参谋长	李定陆	T59D	师长	梁铁豹	1R		
							副师氏	李平	2R		
							参谋长		3R		
9CA	参			军			师长	罗英	64R		

	谋长	杨焜	N6A	长	李涛	N22D	副师长	周璞	65R	
							参谋长		66R	
	副参谋长			副军长	刘建章	T62D	师长	刘梓皋	1R	
							副师长		2R	
							参谋长		3R	
				参谋长	黄有旭	169D	师长	张羽仙	505R	
							副师长		506R	
							参谋长	徐铁男	507R	
			N1A	军长	潘裕昆	N30D	师长	文小山（兼）	88R	卢伯齐
							副师长	谭道善	89R	曾琦
							参谋长	唐山	90R	项殿元
				副军长	文小山	50D	师长	杨温	148R	张永龄
							副师长	罗锡畴 陈时杰 陈坚	149R	谭云生
							参谋长	鲁欣华	150R	谷剑霞

（承上表）

兵团（CA）			军（A）			师（D）			团（R）		备注
			N1A	参谋长	陈时杰（代）	T53D	师长	许赓扬	1R	韦人佀	
							副师长	谢树辉 徐继章	2R	李培根	
							参谋长		3R	刘 荃 礼文华	
			49A	军长	郑庭笈	79D	师长	陈 衡（兼）	235R	吴泽炫	
							副师长	赵明义 陈星樵	236R	文 华	
							参谋长	陈星樵（兼）	237R	窦思恭	
				副军长	陈 衡	105D	师长	邹玉桢	313R	蒋 军	
							副师长	袁冠南	314R	傅元良	
							参谋长	黄 最	315R	顾乐善	
				参谋长	周声夏						
				军			师长	平尔鸣 尹先甲 郭水和	4R		

			52A	长	刘玉章	2D	副师长	罗永年	5R	郭永和	(一)第五十二军自营口撤退到葫芦岛后,郭永和升任第二师师长。
							参谋长		6R	侯程达	
				副军长	平尔鸣	25D	师　长	李运城	73R	李公言	
							副师长		74R	梁济民	
							参谋长	董魁武	75R	刘明奎	
				参谋长	廖传枢						
			71A	军长	向凤武	87D	师　长	黄　炎	259R	张有祺	
							副师长	王卓超	260R	贾运鸿	
							参谋长		261R	聂率淮	
				副军长	熊新民	91D	师　长	戴海容	271R		
							副师长	马鹤锋	272R		
							参谋长		273R		

（承上表）

兵团（CA）			军（A）			师（D）			团（R）		备注
			71A	参谋长	王多年						（一）第六十二军于一九四八年十月间调往葫芦岛援锦（州），十一月间撤往天津。 （二）第二十一师属第九十二军序列，该军只调来这一个师到葫芦岛。十一月间撤回华北归建。 （三）第三十九军于一九四八年十月间由烟台调来葫芦岛援锦（州），十一月间南调蚌埠。 （四）独立第九十五师于一九四八年十月间由华北调来葫芦岛援锦（州），十一月
17CA	司令官	侯镜如	62A	军长	林伟俦	67D	师长	李学正	199R		
							副师长		200R		
							参谋长		201R		
	副司令官	刘春岭		副军长	张琛	151D	师长	陈植	451R	陶相甫（兼）	
							副师长	陶相甫	452R	陈定海	
							参谋长	邓尧民	453R	丘岳	
	参谋长	张伯权		参谋长	谢义	157D	师长	何宝松	469R	陈国洸	
							副师长		470R	黄维亨	
							参谋长		471R	项挥	
	副						师长	李荻秋	61R	杜继新	

	参谋长					21D	副师长	吴冠军	62R	苏子城	
							参谋长	伍朝枢	63R	范寿福	间撤回华北归建。
			39A	军长	王伯勋	103D	师　长	曾元三	307R	王家桢	
							副师长	陈一匡	308R	袁栋才	
							参谋长	牟龙光	309R	裘建之	
				副军长	程　鹏	147D	师　长	张家宝	439R		
							副师长	刘体仁	440R	姚迪民	
							参谋长	张　扬	441R		
				参谋长	张　季						
						S95D	师　长	朱致一	283R	席宸炫	
							副师长	郭　栋	284R	周绍福	
							参谋长	张肇安	285R	詹仰强	

兵团（CA）			军（A）			师（D）			团（R）		备注
			东北新编骑兵司令部	司令	徐梁	K1B	旅长	关邦杰	K1R	乌古廷	（一）东北“剿总”直辖骑兵部队共三个旅，战役期间编入西进兵团。其第一旅配属于第七十一军，第二旅配属于新编第六军，第三旅随兵团后尾行动。
							副旅长	刘余三	K2R	张周荣	
							参谋长	刘景毅			
				副司令	王昭堃	K2B	旅长	张志恒	K3R	张维国	
							副旅长	于维洲	K4R	包善一	
							参谋长	谷俊峰			
				参谋长	关邦杰	K3B	旅长	李荣春	K5R	金殿友	
							副旅长	马尚武	K6R	杨庆和	
							参谋长	华显珍			

附录三

国民党东北“剿总”直辖部队及有关单位表

番号	职称	姓名	番号	职称	姓名	备注
空军第一军区	司令	张廷孟	交警第二总局	局长	冯圣法	
海军第一舰队	司令	梁序穗	装甲兵团	团长	鲍薰南	
宪兵第四团	团长	王介艇	宪兵第六团	团长	沙靖	
工兵第十团	团长	邹浩生	工兵第十二团	团长	王永璋	
辎汽兵第十七团	团长	高莽苍	辎汽兵第二十五团	团长	冯恺	
特务团	团长		通信兵第六团	团长	胡碧华	
重炮兵第七团	团长	高德昌 罗道善	重炮兵第十二团	团长	杜显信	

番号	职称	姓名	番号	职称	姓名	备注
野炮兵第十六团	团长	罗道善 高德昌	重迫击炮第三团	团长	睢鲁	
第六补给区	司令	刘耀汉	军运指挥部	指挥官	牛月村 黄克明	
秦葫港口司令部	司令	何世礼	战车第三团第三营	营长	孙世星	
松北五省绥靖区	总司令	马占山（兼）				

图书在版编目（CIP）数据

原国民党高级将领的战场记忆．辽沈战役/全国政协文化文史和学习委员会编．—北京：中国文史出版社，2018.6

ISBN 978－7－5205－0482－9

Ⅰ.①原…　Ⅱ.①全…　Ⅲ.①辽沈战役（1948）—史料　Ⅳ.①K266.606

中国版本图书馆 CIP 数据核字（2018）第 195203 号

责任编辑：窦忠如　胡福星

出版发行：**中国文史出版社**

社　　址：北京市海淀区西八里庄路 69 号院　　邮编：100142

电　　话：010－81136606　81136602　81136603　81136605（发行部）

传　　真：010－81136655

印　　装：廊坊市海涛印刷有限公司

经　　销：全国新华书店

开　　本：16　　　　插页：28 页

印　　张：31　　　　字数：524 千字

版　　次：2019 年 2 月北京第 1 版

印　　次：2023 年 2 月第 4 次印刷

定　　价：96.00 元

第九十三军暂编二十师义县被歼略图

1948年10月1日

图-4

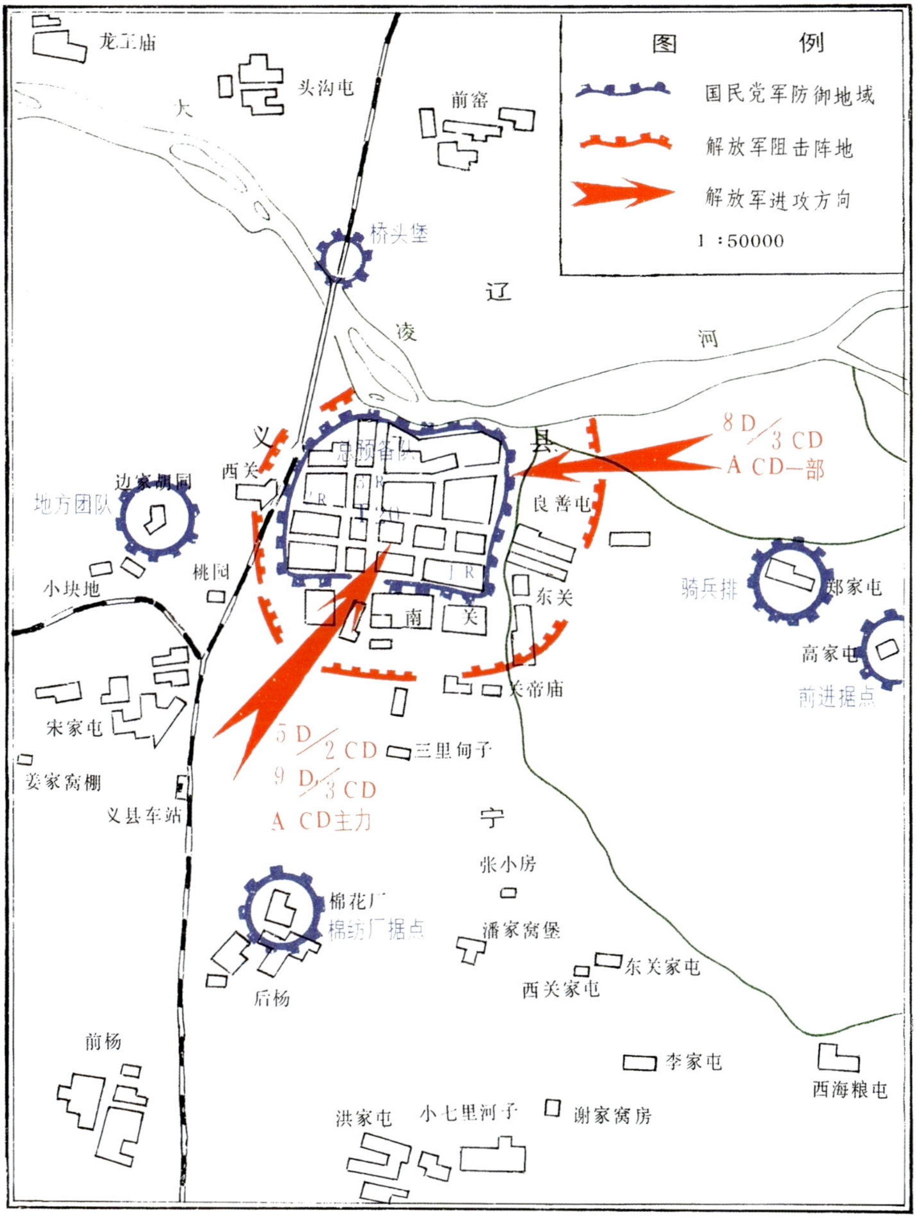

侯镜如兵团北援锦州塔山战斗示意图

1948年10月11日—15日

图-6

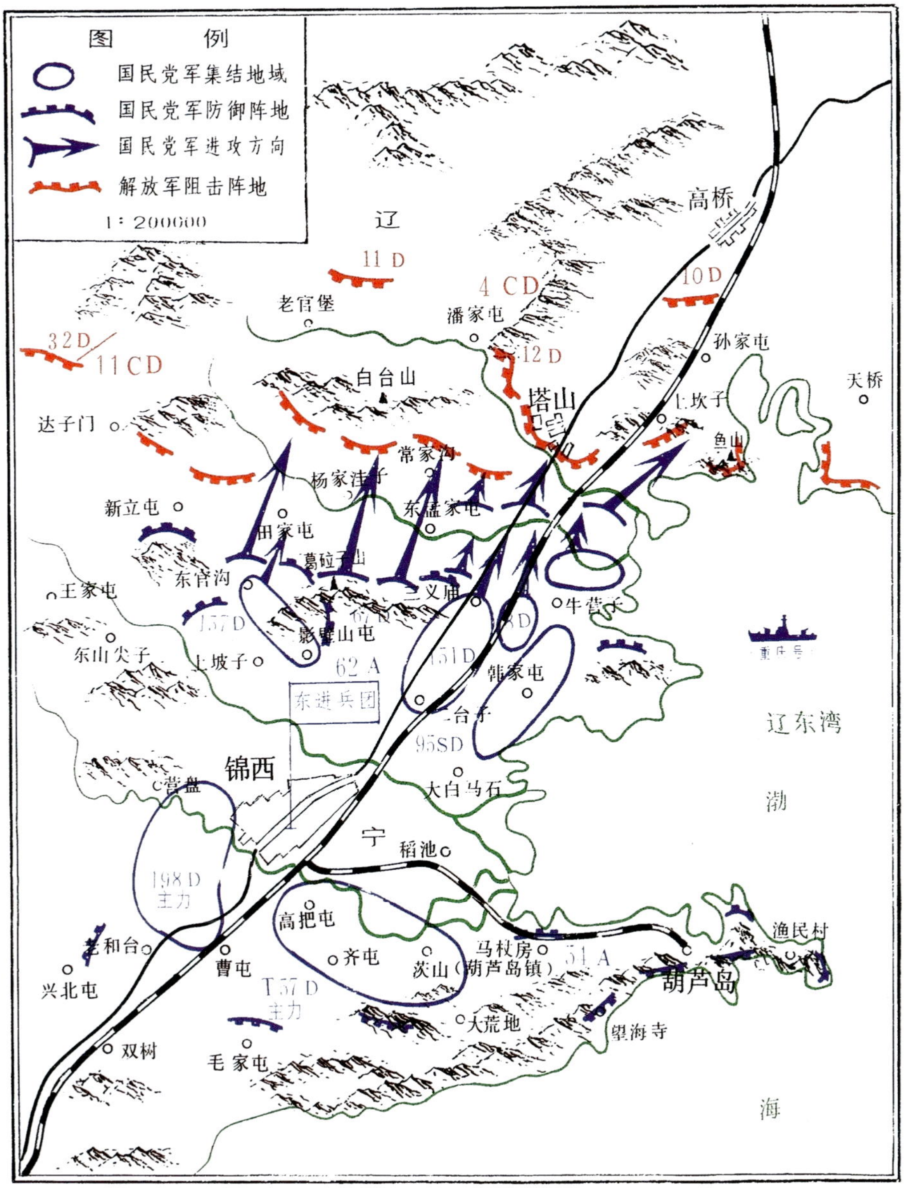

第一兵团固守长春示意图

1948年5月26日—10月19日

图-7

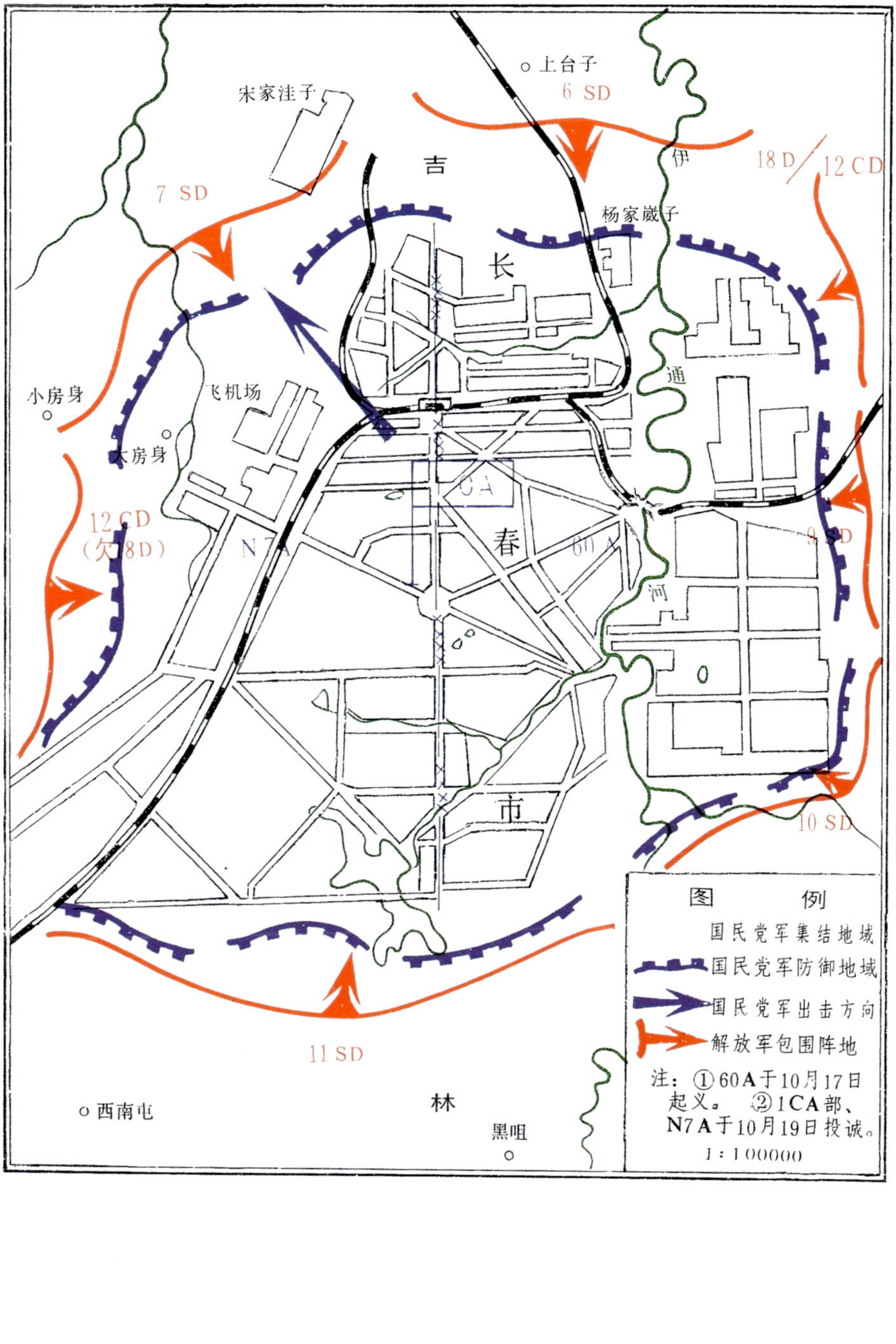

沈阳国民党军兵力部署略图

1948年10月31日

图-9

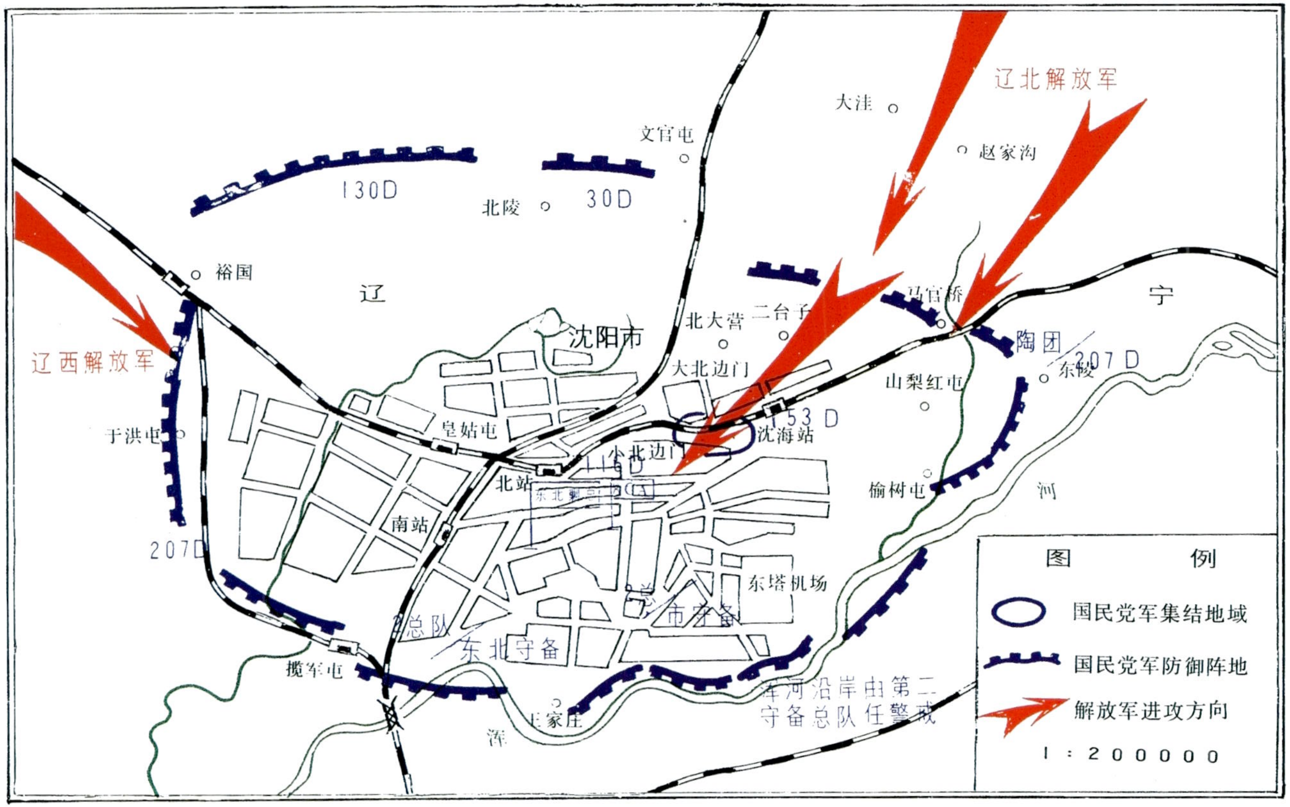